U0154545

考銓制度專題研究

蔡良文　著

五南圖書出版公司 印行

伍 序

　　人才是治國的礎石，賢者在位，能者在職，是國家興盛及人民安康的根基。我國古代選官舉才制度，歷史淵遠流長，直至民國以考銓制度名之，而考者，考試選拔公務人才，玉尺衡鑑專技真才，蔚為國用。銓者，銓審官職等，敘定俸級等。為古代設官分職、禮部吏部翰林院分掌。依據國父孫中山先生民國前6年9月29日所提成立五權分立共和政治，民國17年10月8日公布《中華民國國民政府組織法》確立五院制；民國以來，考試權之內涵，依據憲法除了考試（公務人員暨專技人員）外，並包含任免、銓敘、考績、級俸、陞遷、保障、培訓、褒獎、撫卹、退休、保險等事項，此為完整之考試權。考銓制度，學理通稱人事制度，或國家考試暨文官制度。憲法增修條文考試權的建構，乃指考試，公務人員銓敘、保障、撫卹、退休及公務人員任免、考績、級俸、陞遷、褒獎之法制事項，其具體政策作為，除衡鑑各類專技人才，以保障人民生命財產安全外，亦在謀求公務人員專業專才，適才適所，以及確保公務人員優良素質，中立與倫理服務涵養，人力培育訓練發展與權益保障，俾達選才、育才、用才、留才傳統機制功能。

　　茲以考試院與國家發展之關係言之，國家發展必須藉由行政革新推動，其底蘊實有賴考銓制度與時俱進，配合國家政經社環境需要，發揮公正無私為國掄才，促成社會階層流動，穩固社會安定發展之功能，進而促進國家民主化與現代化，提升政府治理能力和國家競爭力，奠定國家發展建設動能。爰以公務人員為推動政務主力，也是國家最重要的資產之一，如何提升公務人員士氣、回應各界對公務人員的期待與信賴，重建文官尊榮感，擘劃考銓大政藍圖方針，營造公務人員新形象與新使命，乃考試院責無旁貸的任務。

　　良文委員從事公職和教學逾四十年，鑽研考銓制度，始終如一，多年來發表考銓制度論文，希為有志研究和興趣讀者留存冊籍參考並廣為流傳，特彙整成書，以「考銓制度專題研究」為名，分綜論、考選、銓敘、保訓、退養等二十四章，貫通國家考試暨文官制度的變與不變理則，尋求掌握憲法及其精神，推展國家治理、政府人事治理的中道作為，方能有所成也。即昔日政府建置「官制」組織編制，以舉邦治部分；本書指出在憲政體制下，應重視良善治理（good governance）的機制，針對全球化、公民參與與運作資訊科技，配合文官體制四項功能，推動文官體制發展方向，並包括：重視專業與通才、民主課責、彈性多元與資訊化機制，建構合理人力體系架構，高階文官考、訓、用，乃至退休年金改革等等。「官規」人事法制，以利治理部分；本書同時指出「中興

以人才爲本」，開發與羅致高素質人才至爲重要，在官僚體制運作中，其官吏之道，乃是重中之重的核心課題。其中如何區隔「官與吏」，並擬具完整政務人員與常務人員文官制度的體制架構與內涵，爲今日在平衡國家之「新封建」議題上，尤具意義與啓發性（繆全吉，官吏之道），如何會通中外古今之道與策略，是永無止盡的演化與創發的課題。要求遵守「官箴」，以維法紀部分，鑑於高階文官在公務體系扮演重要的角色功能，良文委員特別指出高階文官之內在修練上，如何由中外聖賢教法或經典中，洞悉道的世界觀與人生觀，或從四書五經、道德經、佛經、聖經、可蘭經及易經等，去體悟公門修行的心要，並爲決策或抉擇的參據所在。另附錄有短篇考銓議題之論述、易理在人事治理之啓示。篇篇章章論點見解精闢，文字淺顯平易條暢，可讀性高，更可供考銓保訓實務者參酌。

良文委員喜愛周易，並自有見地，余以其謙謙君子也！爰藉周易謙卦之德行共勉之！《謙》：亨。君子有終。《象》曰：謙，亨。天道下濟而光明，地道卑而上行。天道虧盈而益謙；地道變盈而流謙，鬼神害盈而福謙，人道惡盈而好謙。謙，尊而光，卑而不可逾，君子之終也。按以謙卦，象徵謙虛、謙遜。程頤云：「地體卑下，山之高大而在地中，外卑下而內蘊高大之象，故爲謙也。」亦即以崇高之德，而處卑之下，謙之義也。如此謙誠屬虛地待物、待事及修行，所以能諸事順利。又安履乎謙，終身不易，自卑而人益尊之，自晦而德益光顯，願君子能安履謙順，居正有終，恆常不變，此乃有終則吉也。

今值此書出版付梓之際，有幸承囑略撰數語於卷首，致上誠摯祝福，爰誌爲之序！

伍師霖　謹序於考試院

中華民國109年6月

自序

　　回顧2007年出版「考銓人事法制專題研究」一書，係鑑於任公職以來，對於參與決策、法制建構及審議上所接觸事務，遇有領會與疑問，常欲進一步予以論述及研究。雖業務日益繁忙，然秉持恩師們的提示教誨，公餘之暇勉力就考銓人事相關制度，提出拙見之心未嘗稍減。於今歷任考試院第11、12屆考試委員任內，秉持依法獨立行使職權，並尊重合議制精神，有關考銓重要改革、文官政策不予個別表述外，謹就所發表於各刊物之拙文心得，加以整理，參酌考銓法制之變革與策略人力資源管理思潮之改變，蒐集24篇輯爲一冊，主要以考試院研訂施政綱領的變與不變爲題，見證國家考試與文官制度在運作過程中的變與不變的理哲；並依次展開國家考試暨文官體制、政策的變革與發展等議題。另附短文七篇，暨易理年運與人事治理等觀察，以存個人研究軌跡，亦猶野人獻曝，但供各界參考耳。茲就輯論之脈絡略述如次：

　　民主政治體系下，政府治理的正當性，必須在憲法及其精神下，提出具體政績，更重要的在回應人民需求，而國家文官政策理念與作爲，必須是能因應全球化、資訊化及國家發展，由之釐清出正確的政策議題，並據以有次序的擴展。文官體制變革是一個永無止盡的過程，如何體察運作過程的缺失，或制度本身的不足，必先就公法、公共管理與人力資源管理思潮，政府政務推動需要等課題予以論證，方能提出未來正確發展方向。由於五權憲法爲中山先生首創，在分析中山先生考試權思想與建構過程，可以知悉現行制度是借取我國考試取士思想與實際考試權獨立行使作爲，有其轉折；如何藉由實務運作經驗，讓考試權在憲政體制變革過程，決策階層能洞悉史記：「世異變，則成功大。」的道理，配合時局做合理可行的變革，並尋求在國家體制中的最佳定位及其變革方向，以求其通也。

　　其次，在五權憲法的體制下，有關政務人員類別異於三權體制國家，相對地，除衝擊政府職能轉換調整外，而政務人員的特質，決定政治活動規範內涵，亦影響政務人員與常務人員分工與互動；至於政務人員本身內部的級別，也涉及高階文官政務官化與人才質量配置等議題，再就其機關之進用、俸給及退撫金予以析述時，其必然關係到人才擔任政務人員的意願、羅致與進用，甚至影響到政務人員法制權歸屬問題，均值得政治階層的智慧抉擇，亦將關係國家發展與動能永續的課題。

　　復次，政府爲因應政治變遷與國家建設需求，以及扮演國家人力資源之策略規劃與管理者之一，讓人才蔚爲國用。在考選政策內涵上，除由「考用配合」到「用考配

合」，選拔最適格人才；多元考試取才的考選方法彈性化與時代性；重視專技人員考試的國際化及普及性，以加重其轉任公務人員的比例等，皆謂重中之重的課題。再以公務人員之核心職能是政府治理能力的縮影，如何透過教考訓用過程，強化文官職務之核心職能，務求與時俱進，以提高個人、組織績效與國家總體競爭力。所以，先就部分教育科系考量公務需求，在人才選拔時重視其職能分析；合理區隔政務、常務及契約進用人員之配當，在人才培訓時，重視其核心職能，發現其發展路徑是具備高度正向因果關係。所以，未來國家人力資源必須教考訓用環環相扣，密切配合調整因應之。

再次，在保障暨維持功能上，就保障功能而言，公務人員為政府機關執事的主體，為讓公務人員能安心任事，發揮潛能，就其保障制度的設計上，如何在公務人員公法上職務關係與其保障救濟體系中，取得衡平，且有異於特別權力關係下的保障救濟措施，至關重要。在維持功能上，公務人員退休制度由恩給制轉變為共同提撥制，其立法設計與目的，因為經濟因素、財政議題，使其退休法制之良法美意已然改變，爰更形成了社會關注的政策議題。在改革過程，倘能重視其歷史脈絡與現行國家財政狀況，做一衡平的抉擇，是主政機關所關注的，在改革過程中，應重視配套思維的周延性，但因種種因素，而讓改革失焦，未來希冀各界均能順乎天道天德，以為良善決策之參照基準。因為任何制度的改變，必須掌握其趨勢與可能發展，依循「變以漸」的道理，方能相輔相成。

至於附錄壹包括：地方特考與高普考試的合併或分流、專技人員轉任公務人員、政務人員法制的建構，及引進多元人力資源觀念來探討；另外，主訴重點在於臨時契約進用人員的定位與權義，以及各界關心年改後的配套措施，作為提出基金管理組織再造及變革調整等。而附錄貳主要是：在變局中探討象棋哲理如何在人事管理的應用與感通之處。又易云：「觀乎天文，以察時變，觀乎人文，以化成天下。」是否可以對公務人生有其殷鑑之處？再以最近三年之元會運世人事治理年運，分析了解各年各該本卦之由來，試著提出其深蘊意涵與心法，希望世人均能體會其深細的道理。

最後，本書蒙考試院伍院長錦霖賜序，將永銘五內，其次在編纂過程感謝：忠勇、癸藝、啓貴等三位參事，忠一、婉麗、琇蓉、家琪、胤安等同仁提供修正意見等，暨得承楊董事長榮川及副總編輯靜芬、責任編輯郁婷等編輯團隊的協力，均一併致上最深之謝忱。對本書之出版，仍虔誠信守「謙卑是最高貴的因」，任何疏漏不夠圓滿之處，敬祈　方家包容指正。

 蔡良文　謹序於世賢居

中華民國109年6月

目次
CONTENTS

壹、引兒

　　一個民主國家要達成「善治」（good governance）的目標，通常有兩種制度之配合運作：其一民主制度，其二文官制度。民主制度，自然不待多言，而文官體系作為人民與政府之間的橋梁，絕非僅是技術或管理的層次，文官體制的建立與發展，與政治的關係是密不可分（關中，2011）。爰以文官治理的能力和觀念必須與時俱進，而改變治理的模式與提升治理的品質，再導引良善治理的形塑，所以，文官體制改革是一個永無止盡的永續發展過程[1]。

　　考試院負責我國文官制度擘劃，國人與政府當局均能重視考試院功能之重要性，並予以有利發展之時空環境，藉使其能充分發揮選拔、培育、發展、保障人才等功能（伍錦霖，2014：527-577）。考試院在憲法賦予職掌範圍內，自第7屆即有各該屆之施政綱領，並遵循次第推動各該年度之施政計畫外，亦常經由行政、考試兩院副院長會商，希冀行政院共同支持與協力文官制度之改革。在第10屆民進黨執政時期，則增加政務座談，對當時之重大政策改革，先彙聚行政系統意見，以掌握其政策方向。第11屆於施政綱領之外，更提出「考試院文官制度興革規劃方案」與「考試院強化文官培訓功能規劃方案」（以下簡稱兩方案），作為施政之方針。第12屆施政綱領承續第11屆建構國家考試與文官體系之系絡，啟動嶄新的文官制度興革歷程，期革新文官體制，回應人民期望，並研議成立策略小組與行動小組，配合施政綱領與前瞻人力再造策略，其研訂過程確實掌握「變」與「不變」的精神，值得分析。要之，面對全球化與各國政府再造浪潮下，國家考試暨文官制度之變革如何配合政府治理環境的「變」而掌握「時」，以求其「通」，是筆者關心的，此即所謂「趣（趨）時是也」，以達求「變」、求「通」[2]（參照蔡良文，2008：9）。

1　兹再就我國近年文官體制的發展觀之，此一過程受公法及公共管理思潮、先進民主國家文官體制發展、國內政府再造（reinventing government）的影響，值得關注。再以國父　孫中山先生創立五權憲法，承襲中國傳統政治制度與文化，其立憲之精神與內涵，似以德治為體，民主與法治為用（桂宏誠，2009：250-278），尤其是考試權建構的思想底蘊必然重視德治與善治是也。

2　文官制度的內涵未能配合時代環境而進行策略調整，仍維持著「高度法令化」、「高度集權化」及「高度一致性」的情形，這些特徵與各國文官改革的趨勢，例如分權、彈性有著相當大的差異，若干法令變成繁文縟節（關中，2011：4）。

貳、施政綱領研議理念意涵與後續發展

　　考試院自成立以來，除依憲法職掌訂定之施政綱領外，相關改革工作都需透過院部會暨行政院人事行政總處的合作完成，為期能夠順利推動，就其研議背景與理念意涵略述之，其一，全球化、資訊化時代下，考試院應本於憲法及憲法精神所賦職權，因應國家政策及政經環境變遷，以前瞻、創新的精神再造公務人力，積極推動國家考試改革及建構現代化文官體制；其二、汲取考試院推動文官制度興革規劃方案等改革之經驗，除以考試院第12屆施政綱領為基礎，供各部會機關年度施政計畫及預算案之參據外，為期能依其迫切性、務實性、可行性，視政經情勢變遷脈絡，參照施政綱領與國家政策方向，選擇由院就重點跨域（部會總處）政策，作為列管之重要方案。

　　按以考試院第12屆施政綱領體系（如後附圖），就其前言觀之，在建構現代化文官體系、打造高效能政府、增進人民福祉、提升國家競爭力、貫徹五權憲法精神、強化教考訓用運作系絡為「願景」。其總目標為建構與國際接軌之考試制度，選拔優秀公務及專技人才；整建前瞻性、公正性、合理化、高效能之人事法制，實施績效管理；強化公務人員核心價值、倫理觀念、人文素養；完備保障培訓法制，恢弘保障培訓功能，以保障公務人員權益，提升公務人力素質；漸進推動退撫法制改革，建立監管獨立運作制度，保障基金資產安全，提高基金績效，合理給養退撫，安定退休人員等。

　　在願景與總目標下，同時考慮外環境（全球化、資訊化、政經社文科變遷）、內環境（政府一體、跨域治理）因素，訂定政策方針，分別為配合國家發展方向，檢討修訂考銓保訓政策及法規，健全文官制度等項。另以電子科技日新月異、變遷快速，為及時回應外界對文官興革之訴求，宜善加利用，俾掌握民意，並會持續關注大數據的發展趨勢或加以運用，讓文官制度興革更易於推動與落實，爰本文闡述之行動方案，係以法制職掌為主要標的。

　　在考試院第12屆成立初始，筆者等以為應依據「研訂具體之行動方案」、「強化決策與行政聯結」、「建立管制考核之機制」等原則，研提「第12屆施政綱領調控機制與行動方案」[3]，以具體執行為核心理念，即以計畫、步驟、管考為準則，逐步進行，落實相關政策。再以國家文官制度改革，除力求業務職掌兼具效率效能外，文官政策之前瞻發展，亦等同重要，故在行動方案之外，再予研析公務人力再造案。換言之，即在考試院第12屆施政綱領下，行動方案小組與公務人力再造小組雙軌併行[4]，共同為文官制

3　104年3月5日考試院第12屆第25次會議臨時動議第2案「蔡委員良文、王委員亞男、詹委員中原、陳委員皎眉、李委員選、周委員玉山、黃委員婷婷、張委員明珠、馮委員正民、蕭委員全政、趙委員麗雲、周委員萬來、黃委員錦堂、謝委員秀能、周委員志龍、張委員素瓊、楊委員雅惠提：考試院第12屆施政綱領之釐定，係以憲法所賦職掌，配合國家永續發展，擘劃考銓大政，並能構建現代化文官體系，除每年研訂之施政計畫外，為期跨域治理落實，應由考試院發揮總調核機制功能，並請所屬各部會及行政院人事行政總處依施政綱領，就職掌部分擬定行動方案，俾利有效執行與提升政府效能乙案」。

4　104年3月12日考試院第12屆第26次會議臨時動議第3案「詹委員中原提：建請將第25次會議臨時動議第2

度革新努力。公務人力再造小組（又稱策略小組），係以考試院所屬考選部、銓敘部以及保訓會所負職掌，分為考選、銓敘、保訓等三組，各分組依據施政綱領之立項意旨，積極把全球化納為政策制定與施政之一環，並就所主管法規制度與業務，參酌先進國家經驗與做法，擘劃並提出我國文官制度的改造方案，以利新一世代文官制度之建構與發展，落實前瞻公務人力再造工程[5]。茲篇幅有限暫略，爰本文謹以筆者等所提之行動方案為主軸，闡述行動方案建構之理念、具體措施，並試以文官治理暨其變與不變的思維，加以評述之。

要之，行動方案之研提理念，係鑑於二十一世紀全球化、資訊化時代，考試院必須實踐憲法所賦予職掌，並應從跨院、跨部會之高度，以「彈性、多元、鬆綁」為思考，以「簡化、分權、授權」為手段，以「務實、可行、具體」為策略，全面檢討革新考銓法制。

參、施政綱領之補強配套作為

本行動方案除了主要依據考試院第12屆施政綱領訂定外，另參酌相關法案進度、社會各界或立法院關切議題、因應國家未來社會發展需要等因素全盤考量，具「總體」與「個體」思維，「總體」係屬跨域治理業務，需由院屬部會或總處協力合作或協調處理；「個體」則主要由單一部會本於職掌辦理，包括考選、銓敘、保訓、基金等四項業務，爰行動方案內容包括「跨部會」、「考選」、「銓敘」、「保訓」及「基金管理業務」等五大部分，每一項分列數個「行動方案」（註：推動第12屆施政綱領之執行方案），以及「執行計畫」、「具體做法」（註：落實（跨）部會業務之細部計畫）。調控機制部分，則視議題之輕重緩急、預算的編列或法案之立法期程等，配合第12屆未來之五年任期，逐年管考，定期追蹤執行情形或據以修正，並敘明主、協辦機關，研議構想，惟實際政策方案，以考試院研訂完成發布為準。本節謹就原始立案精神與內涵，加以敘明。

一、跨機關業務部分

（一）高階文官的考訓用制度之改革

「中興以人才為本」，尤其是高素質人才開發與羅致，為各國之共識與課題。所以

案蔡委員良文等十七位委員提案，提本次會議繼續討論，併將考試委員第14次座談會討論事項『詹委員中原提「推動制定公務人力再造行動策略事宜」及何委員寄澎提「如何擬訂並推動考試院第12屆委員考銓保訓重要興革事宜」二案』，以臨時動議提出，三案併同交付全院審查會審查」經決議：「蔡委員良文、詹委員中原及何委員寄澎等三案，交全院審查會併案審查，並由高副院長永光擔任召集人。」在案。

5　參照104年5月14日、5月21日考試院第12屆公務人力再造策略方案小組會議紀錄。

維護文官制度良善發展是必要的（蔡良文，2011），且為面對全球化的挑戰，各國政府要重振公共服務體系，以提升全球競爭力，尤需政府體系之公務人力資源，皆能具備工作所需的能力、知識、態度與視野（Klingner, Nalbandian, & Llorens, 2010: 40-84；蔡良文，2008：36-53）。優秀的公務體系關係國家整體運作，高階文官更是扮演政策領航的重要角色，不僅應符合國內民眾期望，更應符合國際趨勢，具備決策力、領導力、管理力等前瞻思維，以落實政府的整體服務願景。故高階文官考選、訓練、任用制度應予併重，以符國家用人之需要（參照詹中原，2010：1-3；彭錦鵬，2007：635-679）。

茲就本議題言，首先，就建構高階主管特別管理制度，考試院前曾提出「建構高階主管特別管理制度」規劃，借鏡OECD國家建構高級文官制度之經驗，延攬優秀人才進公部門服務，筆者認為如以憲法精神下的文官體制中，引介高階主管特別管理制度（條例）[6]，能順應世界潮流，更能活化機關人力資源，實屬用人之政策的重要議題。倘制定立法過程受到各種批評干擾因素時，則對現行初任高階文官之考選之高考一級及特考一等，未來適切採行評鑑中心法（AC）或多元考試方法等，當為考選制度的重大革新。其配套者，如能併予推動「公務人員考績法」及「公務人員陞遷法」改革，針對現行公務人員績優表現，審慎規劃給予較快速調升職等、官等及優先陞任之機會，縮短優秀公務人員晉陞時間，強化考績激勵及擇優陞遷之功能，健全高階文官人才庫。其次，倘前述所提高階文官改革制度受限於法令而尚需時研議，建議先從培訓面著手，精進簡任升官等訓練，改善需求調查與評鑑方式；並精進高階公務人員中長期發展性訓練，運用評鑑中心法嚴謹選訓、實施高效度職能評鑑。

最後，鑑於中國大陸、日本、韓國近年提倡儒學與經典課程，日本與韓國的高階文官訓練之課程內容均有含括《易經》與《論語》等經典之研修，中外先聖先賢典範事蹟透過研習，當可於深化文官之人文素養，型塑良善人格品質，有其提升行政效能，我國高階文官之培訓亦可借鏡（考試院第12屆第3次會議臨時報告）。中高階文官訓練部分，其古代經典專題內涵除公務倫理、《易經》、西方古典經典外，尚包括各宗教教義、哲學體系、倫理道德等議題，如此當可真正提升公務人員之價值感與使命感。高階文官之職能發展對於國家建設非常重要，選拔才德兼具符合高階文官職能者，方能在國家發展過程承轉正常運作，配合政務人員引領國家往更高層次前進。

（二）全面性檢討考試類科、職組職系簡併與考試方式調整

國家考試類科科目之設計，與職組暨職系相關，回顧職組暨職系名稱一覽表之研修動態過程，58年計一百五十九個職系，76年大幅簡併為五十三個，而後陸續新增為六十

6　根據OECD國家的經驗，建構獨立的高階文官制度是基於下列理由（OECD, 2008）：第一，建立合作的文化，打破部會各自為政的分裂情形。第二，創設一個更彈性的甄補及進用條件。第三，釐清政治與行政的分界。第四，促進改革（fostering reforms）。惟制度無法全部移植，必須配合我國憲法與文化環境，始具可行性。

個等，93年則調整至九十五個職系，自95年開始實施。考試議題形式上應考量用人需求之配套外，長久之計應由結構上研究思考，而訂定職組重要考量是工作性質，而職系須考量工作性質及相關學識等。研訂類科應就職務說明書等做整體規劃，配合機關學校所定之職掌及職務之職能、專門職業法規及機關之實際內容。未來，除朝向簡併類科方向辦理，亦可考量將考試科目分類別分等別，甚至減少應試科目與延長考試時間，以為因應，俾能減少考試科目之龐雜性及聘請委員之難度，相對可助於提升考試信效度與鑑別度。至於精進考試方法與技術，因篇幅所限暫略。

（三）全面整建公務人力資源資訊整合分析

資訊科技的快速進步，電子化政府儼然係世界趨勢，為有效運用公務人力資源，建置「全國公務人力資料雲端服務平台」、「全國人事待遇（成本）資料庫及分析系統」、「全國公務人力資料」之倉儲及分析系統。全面性整合考選、銓敘、保訓、人事總處之資料，使考銓保訓業務都能利用網路線上立即傳輸、報送、處理及查詢等作業，供考銓保訓相關統計分析與文官重要政策決策參考，以期在公務保密、資訊安全及個資保護前提下，全面運用人力資源，並透過建構人事待遇及公務人力等資訊之雲端服務平台，進行跨部會機關界限的資料交換、擷取及運用，共通、共享以達雲端服務平台效益。另為提升考選服務品質，研議漸進推動國家考試線上閱卷，以期精進試務效率與效能。

二、考選部分

（一）典試法修正後相關整合配套方案

104年1月20日立法院第8屆第6會期第18次會議三讀通過「典試法」全文修正，並經總統同年2月4日公布，主要修正重點如下：1.實務界具相當資歷者，亦得擔任典試委員，參與典試工作。2.因應未來可能採行量尺分數或百分位數等轉換方式，使國家考試之評分更臻於公平。3.得公開徵求、交換或購置國內外試題，以擴大題庫試題來源。4.在不影響考試客觀與公平前提下，踐行國家考試資訊公開，開放應考人得申請閱覽試卷。惟不得有抄寫、複印、攝影、讀誦錄音或其他複製行為。5.為照顧弱勢，增列身心障礙者應國家考試相關權益保障之法源。考政機關業已針對「典試法」修正後，未來將配合檢視研修（訂）「典試法施行細則」等子法規達二十七種，進行研修中，未來典試工作將更為周延，以提高考試鑑別度與國人的信賴度。

（二）檢討公務人員特種考試制度，落實特考特用精神

就特考特用之檢討，目前重視者，為檢討警察人員考試分流雙軌制，以及審慎檢討新制司法官及律師考試。茲以有關司法官考試錄取人員，因普遍社會經驗不足，考用

制度均待強化；多元晉用未盡發揮功能；擔任法官或檢察官須具律師證照及工作經驗等（參見103年9月24日第12屆第3次委員座談會），均應配合機關用人與社會觀感予以解決。至於警察人員，就監察院調查報告而言（參見103年10月29日第12屆第5次委員座談會），主要意見略以，自100年起對警察人員進用改採雙軌分流制度，內外軌人員錄取率差異懸殊，有悖國家考試公平原則，引發社會爭議，洵有未洽；警察特考採雙軌制，二者錄取人員進用背景、教育程度，甚至社會觀念等均不同，可能形成二種「族群」不公平競爭或排擠之局面，似不利警察體系之健全發展，相關單位應研議並檢討改善，尋求最合理可行的解決方案。

三、銓敘部分

（一）政府再造與六都形成，全面檢討中央與地方職稱官等職等員額配置準則、職務列等

在全球化經濟的競爭壓力下，我國政府組織面臨各種挑戰，政府積極推動組織改造，展現改革決心。任何組織改造，非僅將既有行政組織重新編排組合或數目縮減，同時必須透過組織結構功能之重整、人力資源之配置，讓各機關從組織結構、業務功能、人力資源及行政流程等，由制度到心態澈底轉變，亦即必須同時型塑新的行政文化，方可致之（蔡良文，2012：9-24）。

我國史上最大組織改造工程，經過二十多年努力，已邁入新的里程，自101年1月1日起，配合機關組織法案立法進程，將陸續上路，三十七個部會精簡為二十九個，各層級之機關總數由七百六十個將精簡為六百七十個以下，減幅一成二，展現國家領導階層的沉默魄力。為期行政院組改順利及保障現職人員權益外，未來就各官等職等員額配置比率之修正，涉及財務問題及組織結構之合理與衡平，爰宜考量政府財政及退撫基金財務負擔能力，參酌中央及地方機關組織調整後之列等結構、單位設置及職務配置變動情形，審慎研擬。有關六都改制後（含相關十六縣市）地方機關設置、員額管制措施及職務設置等情形，應積極全面配套檢討之。

（二）公務人員基準法及政務人員三法之推動方案

就法律層面而言，「公務人員基準法草案」，考試院曾在89年至101年五度會銜行政院送請立法院審議，但迄今仍未獲立法通過，為宣示政府改革的決心，考試院第12屆仍列為優先審議的法案。有關「政務人員法草案」就政務人員之進退、行為分際、責任範圍及權利義務之事項做一完整之規範，實刻不容緩，必須積極推動完成立法。至政務人員之俸給，目前係依行政院所頒「全國軍公教員工待遇支給要點」三、規定政務人員之給與，照「政務人員俸給表」所定標準支給。以行政命令規定政務人員俸給事項，究

非法制常態，故「政務人員俸給條例草案」[7]亦有儘速審議通過，早日施行之必要。至於「政務人員退職撫卹條例修正草案」是爲建立更完善之政務人員退職制度，吸引優秀人才蔚爲國用而修正，亦應配套完成修法程序（該條例於106年8月通過，其影響待評估）。

（三）三元人事法制之聘任、聘用人員等推動方案

政務人員、常務人員及契約人員共同組成政府整體人力，「契約人員」包括聘用人員、派用人員、機要人員、約僱人員及職務代理人等。契約人員已是世界各國的發展趨勢，其目的主要是將其轉變爲政府人力運用的彈性化工具，活化政府人力資源，增加彈性用人管道，相關職務應以「功能性」爲取向，以職務涉及低公權力或高度專業技術之人力爲對象。在憲法精神下，重構公務人力三元進用策略。倘聘任人員尚屬「公務人員基準法（草案）」之常務人員，而未來完成立法後，聘任人員應經考選部公開競爭程序甄選，其權益方能與一般公務人員相同（參加公保、退撫基金等），至於聘用人員係屬契約用人，相關權益係定於契約，無法享有一般公務人員法定的權利（無法參加公保、退撫基金等，但準用「公務人員保障法」）。

（四）退撫年金與俸給改革，建構社會安全網絡政策

健全的年金制度，不僅是退休人員晚年生活的保障，也是社會穩定與和諧的基礎。我國正面臨無法逆轉的人口老化現象，加上日益增加的政府社福財務負擔，如不及時採取年金改革措施，未來只會付出更大的代價。102年4月11日考試院將「公務人員退休撫卹法草案」[8]送請立法院審議，並於同年5月27日經立法院司法及法制委員會完成審查，但因朝野無法達成共識，仍未能完成立法程序，是否可把握「圖難於易」原則，再進一步去通盤檢視，研提配套漸次可行方案予以推動之。

（五）強化文官優質文化，營造廉能公義政府

馬總統一再提醒：「人民的信賴是政府最重要的資產，而貪腐則是侵蝕這個信賴最強烈的腐蝕劑」當政府失去人民的信賴時，再好的政策也難以推動，當治理的正當性

7　「政務人員退職撫卹條例修正草案」，考試院會銜行政院於106年5月11日函請立法院審議，案經立法院司法及法制委員會審查後，提報立法院第9屆第3會期第1次臨時會第3次會議與親民黨黨團、陳委員其邁等二十二人及時代力量黨團逕付二讀之提案併案討論，並經決議修正通過。該條例業經總統106年8月9日華總一義字第10600095511號令修正公布全文四十條，除第19條至第23條、第25條、第26條及第34條至第36條自107年7月1日施行外，其餘條文自公布日施行。

8　公務人員退休撫卹法草案，考試院於106年3月30日函請立法院審議，案經立法院司法及法制委員會就該黨民進黨團、段委員宜康等二十四人、時代力量黨團及親民黨團分別擬具之提案併案審查後，提經立法院第9屆第3會期第1次臨時會第3次會議討論決議：「公務人員退休撫卹法草案名稱修正爲公務人員退休資遣撫卹法；並將條文修正通過。」該法案經總統106年8月9日華總一義字第10600095491號令制定公布全文95條，除第7條第4項及第69條自公布日施行外，其餘條文自107年7月1日施行。

遭受質疑時，無論政府的效率有多高，也只是事倍功半。新加坡前總理李光耀亦說「如果政府失去正直，我們會成為毫不重要的島嶼」、「為了生存，必須廉政」（關中，2011：6）。公務人員代表國家行使公權力，使用與分配公共資源，影響民眾的權益甚鉅，自宜有高於一般行業的倫理規範，使其遂行職務有所依循。爰必須深化訓練與落實公務倫理，即除講求專業與效率外，必須考量公共利益、公平正義、課責等價值，並應持續宣導與豐富公務倫理價值（具體指明倫理的核心價值）、強化公務倫理教育、落實公務人員行政中立法（更加具體規範行政中立、政治活動）、離職後就業限制規範更加嚴格具體等（旋轉門條款）（參見West & Berman, 2012: 213-227）。

四、保訓部分

（一）提升保障事件審議品質，研議改制為文官法庭之可行性

公務人員保障係屬考試院憲定職掌，公務人員與國家關係，業由特別權力關係走向公法上職務關係，如今保障權與司法領域之行政爭訟，其個案性質之最終管轄，似仍有調整空間。筆者提出設置文官法庭的構想，其一，透過完備言詞辯論或案件調查權，俾使保障事件程序更為周延；其二，參照美國功績制保護委員會，日本人事院下設有公平審查局，其組織結構及運作程序等，均值得我國參考。未來或可考量依官等採審議分流，簡任官等循行政訴訟途徑提起救濟，薦任、委任人員循復審程序，重新研析設計相關公務人員保障救濟途徑。

（二）發展e化課程，推動混成式學習（含全面e化文官培訓教材）並整合兩院所屬訓練機關（構）之數位學習平台

目前考試院國家文官學院、行政院公務人力發展中心、行政院地方行政研習中心分別建置「文官e學苑」、「e等公務員」及「e學中心」等數位學習平台，基於資源共享，國內相關訓練機關之數位學習平台宜整合成單一平台。

五、基金業務部分

金融海嘯後各國對退休基金之營運策略趨於審慎。尤其公務人員退撫基金應秉持正派、專業、負責的經營，因為退撫基金重在長期投資，並重視安全性、收益性及避險措施。有關退撫基金投資績效在整個基金財務運作上，實扮演相當重要的角色[9]。其改善方式，除考試院關前院長中所提長遠擬將管理部門行政法人化外，筆者認為亦可從下列方式著手進行，其一，提高資金運用效率，尤其是資金運用效率仍有可改善空間，尚宜

9　在年金制度改革方案中，提升投資績效是最重要亦是社會成本最小的方案。根據實證研究發現資產配置（asset allocation）可決定投資組合報酬率高達90%以上，如何運用有限資源並將資源的效用發揮到最大，在相同風險下求取最大報酬，是基金操作的重要使命，而廣續探討退撫基金管理組織型態，必須了解目前基金管理組織的困窘之境。

重新檢討妥善運用；其二，全面檢討委外機制，並包括資訊不對稱所引發之逆向選擇與道德風險等代理問題，以及獎懲制度不夠周延（包括無法利益共享、損失分擔以及績效管理費之設計等）等問題；其三，多元布局，增加基礎建設、不動產、天然資源等另類資產之投資，並增加海外投資比重；其四，減少公務人員俸表結構中年功俸級數，對退撫基金財務減輕，應有實質助益，短期修法雖緩不濟急，惟長期應併同修正公務人員俸表結構等。整體而言，應考慮世代均衡、行業特性等問題，即係涉及軍、公、教、勞、農、漁等各類人員間及其各世代權益衡平等議題，允宜通盤審慎推動完成（蔡良文，2013，考試院院會書面報告）。

肆、施政綱領研訂過程之初評——代結語

　　回顧考試院在自由地區運作，超過一甲子，與行政、立法、司法、監察等四院立於平等地位，共同配合推動國家建設，更為我國文官法制奠定良善穩固的基礎，並贏得國人高度信賴。依愛略特（R. H. Elliott, 1985:7）指出西方行政價值的變遷中，在政黨政治形成初期官爲爲選勝者分配政府重要職務之分贓主義時期，逐漸發展到考試取才到個人功績表現時期。我國與西方民主國家在政黨政治與文官體制的發展互動過程似呈現逆向發展的方向，我國是先進入功績主義時期，再步入政黨政治運作時期，且不必經由分贓主義時期，的確是台灣經驗奇蹟與文官體制特色。

　　如今，在全球化、資訊化及知識經濟的時代裡，政府必須提升施政績效；亦須縮短政策、法規與實務運作之間的落差，所以文官制度的建立與改革，至為關鍵，亦是考試院基於主管機關立場責無旁貸的重要議題。由於擬訂文官具體行動方案，旨在將施政綱領能在既定計畫下逐步進行。

　　綜上，考試院成立以來，研訂多屆的施政綱領，依其理念思維，可相對界定為「不變」的改革作為，乃能掌握憲法及憲法精神，推展國家治理與人事治理之中道作為，如此動而順之，長久之正道也。且以居上之道，必持恆德之功，不可躁動不常，方能有所成矣！又其經過兩院副院長的協商，政務座談，即在能掌握改革之「變」的思維。按以兩院若持本位主義，即生相就而相剋之象，必須讓其志趣同，方可相得，乃「變」之理則與目的。當然兩院以國家利益與人民福祉為前提，如此體順則無違悖，且得時得位，乃處於變革之至善者也。相對於第12屆在施政綱領下，對區隔爲以行動方案小組的「不變」，而以「變」為思維的策略方案小組，其中「變」與「不變」之理則同矣！

（本文原載於人事行政季刊，第192期，2015年7月，頁59-68；另部分內文配合法制變革，略做修正。）

外環境：全球化、資訊化、政經社文科變遷
內環境：政府一體、跨域治理

願　景			
願景	建構現代化文官體系　打造高效能政府　增進人民福祉　提升國家競爭力		
	實徹五權憲法精神		強化教訓用運作系絡
1. 總目標（前言）	1-1 建構與國際接軌之考試制度，選拔優秀公務及專技人才。	1-2 整建前瞻性、公正性、合理性、實施績效管理：強化公務人員核心價值、倫理觀念、人文素養。	1-3 完備保障培訓法制，恢弘保障培訓功能，以保障公務人員權益、提升公務人力素質。
			1-4 漸進推動退撫法制改革、建立監管獨立運作制度、保障基金資產安全，提高基金績效、合理縮費退撫、安定退休人員。
2. 政策方針（總綱）	2-1 配合國家發展方向，檢討修訂考銓保訓政策法規，健全文官制度。	2-2 貫徹憲法考試用人精神，實踐憲法考、訓、用連貫性，拔擢優秀人才。	2-3 整併職組職系及考試類科，精進考試方法與培訓機制，完善選才、育才與留才制度。
			2-4 推動公務人員基準法制，實賈文官法制之健全與運作。
			2-5 建構多元取才法制，建立政府彈性任用人管道，以活化政府之人力資源。
	2-6 奠定既有文官人事法制之基石，以宏觀、創新角度檢視現行法制，提升人力資源管理及發展之功能。	2-7 合理保障公務人員權益，以激勵其勇於任事。	2-8 強化文官培訓功能，型塑終身學習環境，打造專業、關懷、廉能之公務人員。
			2-9 循序漸進推動退撫法制改革，鞏固年金財務安全，以確保全體公務人員退撫權益。
			2-10 善用資訊科技、創新考銓、保訓業務，提升行政效率與品質。
			2-11 依據人權保障、性別平等及關懷弱勢之精神，擬訂考銓相關政策及法規，以落實人權保障及性別平等。
分目標（考選、銓敘、保訓、基金管理及監理）			
行動方案：承分目標，請部會依本院施政綱領經長之，俾理路一貫，並配合管制考核與預算編列等執行，方能克竟全功。			

考試院第12屆施政綱領體系圖

壹、前言

文官體制改革是一個無止盡的永續過程。就我國近年文官體制的發展觀之，此一過程受公法及公共管理思潮、先進民主國家文官體制發展、國內政府再造（reinventing government）的影響，值得關注。倘就OECD國家在1980年代末到1990年代初所進行的文官體制改革觀之，被採為改革之事項依其比重排序，分別是：精簡員額、人力資源管理的分權與下放、改變管理辦法、改進平權措施、改革職位分類、彈性工作時間、採用營運成本措施、改善績效評估制度、大幅改革考選、陞遷措施、改革薪資體系等（OECD, 1996: 18；彭錦鵬，2005：91）。上述種種事項均涉及整體的文官體制變革議題。

我國晚進文官體制運作的缺失可歸納如次（繆全吉，1978：129-138；蔡良文，1998：39-40）：（一）官僚結構充滿繁文縟節，易於造成人員縛手束腳，抑制公務人員的創造力；（二）法令僵化繁雜，缺乏彈性，限制公務人員創新思維空間；（三）對除去人員因循的惰性傾向，缺乏激勵向前之具體機制；（四）公務人員考試方式未能更多元化、彈性化，難期擴大吸收、儲備高級文官或科技人才；（五）人事法規未能適度鬆綁，以致政府機關間、政府與民間機構間之人才交流機制不足；（六）未能建立文官長制度，亦未明確劃分常務人員與政務人員職責，以致難以落實責任政治；（七）未能強化行政機關之用人彈性，即由於各機關組織法非僅規定部會之權責，且訂定其員額、職稱及內部組織等，如須修法，則頗費時日，難以因應各部會配合主客觀情勢變化，機動調整內部組織及人員晉用之需要。至於當前我國文官制度的主要缺失要為：（一）文官體系的相對封閉與僵化；（二）公務人力激勵與發展性的功能不足；（三）行政中立文化有待建立（關中，2008：5-12），如何診斷，其專業力、執行力與忠誠品德，並提出解決之道，確為要務所在也。所以，為求釐清公法或公共管理思潮，暨政府再造與業務推展方面的需要，爰必要配合其功能面向予以逐項論證，方能正確導引未來發展方向。[1]

1　考試院八十周年慶，象徵考試權的隆替過程中，將邁入新世紀的紀元，爰就新世紀文官體制變革中，謹就其重要議題加以論證研析，藉以探究其新展方向，並請方家指正。

貳、文官體制變革論證之面向淺析

民主國家之文官體系扮演多重的角色，如：憲法價值的保障者（Rohr, 1986），此有別於司法院為憲法之維護者（翁岳生，1985：475-480）；是社會正義的執行者（Frederickson, 1990: 228-237）；亦是公共利益的促進者（Hart, 1984: 111-119）；所以，在民主政治體制中，公務人員不僅被要求應有專業知能、效率、效能外，更須因應民主政治，保有倫理道德（Kettl, 1990: 411-419）；又政務人員與常任公務人員（事務官）扮演之角色應予釐清，其相關法制亦應分別制定，分軌而行。甚至有所謂的契約人力進用一途，而形成所謂三元人事管理的文官體制。

政府事務得區分為政治性與行政性，當然其中有難分割之處。行政性包括政府任務、人事……，且必須本土化地展開，外國經驗固可充當參考，但不宜單純抄襲外國（黃錦堂，2002：1-19）。易言之，舉凡政治性理念思維可借鏡外國，但有關行政性之文官制度與運作技術等，應由本土開展也。同時，文官體制變革必須在憲法精神下（翁岳生，2008：11、117-133）[2]，進行抉擇與建構。

再者，在文官體制變革中，文官制度入憲，將考試權從行政權抽離，是世上獨有的制度。所以，任何可行的改革方案，必須在憲法及憲法精神規範下推展之，茲檢視憲法上之有關規定如下：（一）有關考選方面：1.公務人員之選拔，應實行公開競爭之考試制度。非經考試及格，不得任用（憲法第85條）；2.公務人員任用資格與專門職業及技術人員執業資格應經考試院依法考選銓定之（憲法第86條）；3.人民有應考試服公職之權（憲法第18條）。（二）有關銓敘任用方面：1.公務人員之銓敘、退休、撫卹事項（憲法增修條文第6條）；2.公務人員任免、考績、級俸、陞遷、褒獎之法制事項（憲法增修條文第6條）。（三）有關保障方面：1.公務人員保障事項（憲法增修條文第6條）；2.中央及地方官吏之銓敘、任用、糾察及保障事項，由中央立法並執行之，或交由省縣執行之（憲法第108條）；以往有關文官制度人事行政之研究，多以考銓制度、法規為主要內容，次輔以人力資源管理理論（傅肅良，1995；徐有守，1997；趙其文，1997；蔡良文，1992、2006）。

最後，由於各國國情不同，且政治文化與體制迥異，如何找出我國現有制度之各種問題，並漸進改革與整頓，茲為了解本國之特殊體制與國情，先對其文官體制之功能予以分析，爰歸納為：（一）經由多元考選制度與政策規劃之調整，暨政府彈性用人政策與法制之變革，以落實引進與甄補性功能；（二）經由績效管理與考核，配合修訂考

2　國家機關遵守憲法，是憲法應具規範效力（憲法優位），互為表裡；政治性與行政性繫於確保憲法優位性的機制，在我國憲法的發展、釋憲制度的發展與人權保障，受到政治環境影響頗深。儘管大環境變遷，釋憲制度與政府制度及實際憲政之間相互動的關係，依然存在。又憲法的重要性不僅是憲法的規範（法條），更是憲法現實面向（verfassungsurealitat）。「憲政」存在之前提在於憲法被具體落實，是一部「活憲法」或「有實際作用的憲法」。該研究名曰憲法精神的導引功能，即是活憲法。

績法制，落實發展性功能；（三）推動績效俸給及彈性福利之法制與措施，展現激勵性功能；（四）以行政中立法制之建構，以及退撫制度之改革，賡續實現維持與保障性功能，並進一步讓公務人員勇於任事，免除後顧之憂。所以，本文之論證議題以上述四大功能六項相關變革面向予以淺析之，希望能在面對全球化與各國政府再造浪潮下，配合公法思潮與政府治理環境的「變」而掌握「時」，以求其「通」，是筆者關心的，此即所謂「趣（趨）時是也」，以達求「變」、求「通」，讓文官體制之變革，既能提升文官行政效率與效能，又有因應內外環境需要的迫切感與執行時機制，方可達到可長可久之境域也。

參、國家考選體制變革之論證

在憲法考試用人精神下，若將考選制度與策略人力管理與核心能力運用整合，可得出政府考選政策的評估架構，包括文官考選之分權化 vs 集中化；功績制原則 vs 代表性原則；考試成本 vs 長期用人成本；組織業務需求 vs 核心職能與取才效度等。再者，有關考試機關在考選人力的技術方法上，是否配合調整？或者，在應考人應考資格適切規範其基本專業能力後，並加強人文科目之測驗與評量，以提升新進公務人力之人文素養能力，此涉及考選政策之價值選擇的問題[3]，爰條析其價值選擇相關議題之論證如下。

一、文官考選試務委外化的論證

在公法及公共管理思潮的潮流中，考選政策轉型為漸進授能與分權化之施政作為，而考選人才之集中化或分權化考量，主要立基於專業化、公平性與公信力。以前述觀點檢視，整體而言，我國目前無任何政府機關或民間機構優於考選部。而在試務經濟與效率的訴求下，考選部亦在精益求精，配合政府再造，擴大機關之參與，授能地方政府，漸進推動各類公務人員、專門職業及技術人員考試的分權化政策，今後宜綜合考量各牽涉層次，並循修正考選部組織法途徑，成立試題研究單位；其次，在討論考試委外化或試務工作委託辦理之同時，亦應重視以積極作為提高考試之信度與效度，而以「中立才能」及「適才適所」原則進用人員，以及改進公務人力評估技術，強化「用考配合」，更為考政機關應重視的課題。

3　因為在功績行政價值與民主政治價值的鐘擺中，無疑地，無論在組織改造、考政與試務方面，都應著重在功績行政價值的提升。此因選賢與能蔚為國用為考試權獨立的基本目標與價值，並非屬政治任命之分贓，無論任何政治變遷，在憲法規定下，由公正、公平之考試機制或機關以司其事，則能達成為國舉才，提升行政效能之目的；而考試之試政與試務也只有遠離政治操控，才有提升行政價值之可能。所以，如何在憲政體制及憲法精神下，對考選政策之漸進授能與分權予以探討並做調整規劃，確有實益與必要，然各種取才如捨考試之信度與效度等行政價值於不顧，只為達成某種政治意象而做授能與分權，終將戕害考選制度的健全發展。

二、文官考選的價值抉擇的論證

有關人權或個人權利價值的體現，主要涉及實質公平面向，而有關人權價值與功績制價值的選擇，則須在社會公平與公開競爭中求取制度之衡平，除針對特殊弱勢族群，以特考方式進行甄選外，其餘均不宜因其不同身分而有特別之規定，以確保社會多元族群都能在公平、公開原則下進行考試競爭，以體現落實人權與功績制之價值衡平。再就公務人員與專技人員的屬性不同，所以，對功績性價值或人權價值的抉擇應有所不同，前者，為公共服務者且與官僚體系中特有的人事管理制度，應重視功績性價值；而後者，為社會服務者，可偏重人權性價值，例如體格標準，除特殊傳染性疾病以外，似可寬鬆規定。

三、任用考試演變之論證

公務人力選拔早期有所謂「資格考試」與「任用考試」之論辯，經討論考量國情因素後採「任用考試」制度，但事實上考試極難準確依任用需要人數錄取，亦由於考試院與行政院人事行政局對錄取人數之認知差異，以致原「考用配合」或「考用合一」已變質為以任用為優先標準之「用考配合」。在考選方法與技術上，考選部宜配合環境進行法制改革，期以精進符合時需。目前高普考與特種考試為符公務人力進用的本義，其相關考選政策有待漸進調整，又公務人力中之技術類各職系人員，似宜優先變革因應之；至於公務人力中之行政類各職系人員應於配合用人機關需要人數外，加成錄取名額，以因應用人彈性需求。未來則基於任用需求，考選策略設計上，必須因應環境需要，將原始的政治性目標轉向行政性、管理性目標發展。

四、多元化管理在公平取才間的論證

通常公務人力資源之甄補，首重以立足點平等之方式取才，據此設計一套公平、公正、公開的考選方法，致代表性價值較被忽視。又策略性人力資源管理在人才引進與甄補決策中，須以彈性、公平、信度與效度做為選才之出發點，從人權角度檢視考選制度，進一步導入多元化管理觀念，調合社會弱勢、少數族群與國家之利益，並積極推動性別主流化與參考相關國家之反歧視規範，檢討各項職務所需之知識技能、選擇客觀之人力篩選標準以確保公平，同時採行多元考試方式，即視其考試性質而有多元可行的評量方式，以提升其信效度與達到預測效度（predictive validation）之要求（Rosenbloom & Kravchuk, 2005: 224-226）；並調整工作環境及管理制度以落實多元管理與參與；另按工作性質簡併與調整考試類科、強化訓練淘汰機制等各個層面改進，使所有公務職位均得考量忠誠（忠於憲法及法律）與才德並重下，期客觀多元知識與技能，獲致最優秀的公務人力。

肆、政府用人體制變革之論證

　　在世界潮流與內外環境變遷中，我國政府用人應於憲法精神下，強化政務領導職務，型塑高級文官民主素養，並配合政府再造落實各機關策略性人力資源管理。其成功之關鍵因素，在避免政府再（改）造流於只有政府行政部門單方積極回應，而未得國會之政治支持或滋生合憲性之疑慮，落入推動改革績效不彰之政策窘境。

　　再者，探討政府用人政策規劃與運作，除考量現行憲法規定及精神外，似可再參照 Lepak & Snell（1999: 37）所提人力運用模式，配合政府再造政策，提供建構彈性用人政策之思維與策略。[4]至公務人力體系作為，在落實民主政治和增進治理能力作為上，主要依賴幾個次級系統層級（政務層次、策略層次、行政管理層次以及技術執行層次等）及其相互間之配合。通常政務層次的功能主要係決定政府政策和公共資源分配的方向，並能體恤民情，認識與回應熱情的能力，且政務人員必須為政策決定負起政治責任；而策略層次、行政管理層次及執行技術層次則是維持政府持續運作之三個層次，這三個層次包括常務文官與契約人力，均必須依政務層次所制定的方向運作，不能背離政策方向。其中高級文官群則介乎政務層次及策略層次，扮演關鍵角色（彭錦鵬，2005：61-100）。高級文官群之培養，可分為政府強力培育高級菁英及政府扮演市場型態（market type）的協調角色（施能傑，2005：5-7）。當然每一層次均有其應負之職能設計，每一層次系統的主要職能定位清楚，扮演不同之政策角色，政府運作之良窳，端賴上述四個層次是否密切結合，亦即考試院文官制度興革規劃方案，所提確立政務、常務人員及契約用人三元管理法制體系（考試院，2009：15-19）。[5]更必須思考各層次所需人力本質上之差異，制定完善之人事管理制度，始能維持、激勵或吸引具有各項職能之人才，方可建構政府人力完整內涵與架構。茲就其議題論證之。

一、政府骨幹文官與輔助人力運用間的論證

　　我國政府用人政策規劃與運作，須先考量現行憲法規定及精神（參照王作榮，2008：303-315），再進一步引進推動策略性人力資源管理，妥善進行人力資本規劃，發展有效之人力運用策略，以因應高度專業人才與一般行政人才之需求；且以中央與地方人才進用標準是否一致，其交流管道如何，釐正規劃似應併同考量的；而有關平

4　有關Lepak與Snell所述橫縱座標所示之人力資源的價值性，係指人力資源對組織的價值程度，亦即人力對顧客產生的效益與組織雇傭成本間之比值；人力資源對組織的獨特性，即所具知能的特殊性、難以學習模仿之程度。

5　確立政務、常務人員及契約用人三元管理法制體系：（一）健全政務人員人事法制，並審慎擴大政務職務範圍；（二）整建常務人員法制：依據我國憲法以公開考試用人的常務人員體系，乃係文官之中堅主幹，其員額最多，相關法制自應完整建構；（三）健全政府契約用人制度：在常任文官制度之外建構一套完整之契約用人制度，以應臨時性、季節性、特殊性之用人需求。其主要內容包括：是類人員與國家之關係係採公法上之契約關係，其身分及權利義務依契約為之，明定所占之員額比例上限，與常任文官有明顯區隔，另對其退職等權益，亦應合理規劃，至少應具勞工相關法案之水準。

等就業機會（equal opportunity）精神與人權，反歧視相關規定的參考亦有其必要。再從Lepak與Snell所提出的四種人力運用模式，輔以OECD國家之公務人力雇傭關係發展觀察來看，我國政府之人力進用策略，即除固守核心或骨幹文官依考試進用及長期培育養成外，如何以發展人力資本雇傭部分人力，從契約人力與購買人力資本進行彈性人力之進用，為我國未來公務人力進用應予重視的議題。

二、進用人才方式差異與其間權益保障之論證

　　公務人力進用略分選舉政治相關政務人員、考試專才相關之常任人員，以及臨時性專業性相關之契約性用人等方式，目前除常任人員進用法制外，政務人員法制僅退職撫卹部分已立法，其餘考政機關雖研擬相關草案，惟均尚未完成立法程序，而契約性用人法制並不健全，仍待統整研議（朱愛群，2004：92-95）。上開種種，仍須在憲法原則及精神下進行規劃。政府對不同進用人才方式應與各該類人員之權益配合規劃，在政務職位制度方案上，應於各機關組織法規明定適度增加其總數與比例，並謹慎設置政策襄贊職位，並對待遇及去留問題深入研究；在高級行政主管職位制度方案上（考試院，2009：33-35）[6]，為避免形成任用私人之情形，或因「旋轉門條款」阻礙一流人才進用，除應組成公正公開之甄選委員會，審慎評選適用對象及人數比例，並明確訂定績效考核標準，而渠等離職之保障規定應適切完備之；在契約進用人力制度方案上，宜循序漸進推動，確保甄選程序公正公開，避免任用私人，並與永業性職位之薪資福利、退休等制度明顯區別，才能達到減少人事費用之目的。又因涉及權義問題，其相關規定應以法律規範之，其以法規命令定之者，應有法律授權。

三、契約性進用人員有關忠誠度與歸屬感的論證

　　契約性進用或彈性用人，若僅以行政命令、行政規則來規範，一則似不符中央法規標準法規定，二則保障與維持相對不足。再者，關於契約進用人力的忠誠感與歸屬感的問題，在國內面臨SARS侵襲期間，契約性人力離職率相當高，顯示其不足之處，唯有透過長期培育發展，建立組織與自我關係之平衡價值，才能落實歸屬承諾；而在面對公私利益衝突時，應以法令為依歸，貫徹依法行政之原則。就整體而言，人才的進用與甄

6　高階主管至少扮演三種角色：（一）高階主管人員是機關內的真正專家；（二）高階主管是公司經理人，是組織中的CEO（Chief Executive Officer）；（三）高階主管是政務官與常任文官的政策聯結者和潤滑劑。高階主管的職責：（一）高階主管要為績效、成果承擔最大的責任；（二）高階主管是領導而不是管理；（三）高階主管的核心能力：執行力、高度廉潔而有效率的行為、系統思考等。事實上，以高階管理能力而言，概念化的管理能力比具體化的專業能力還重要，高階主管的「跨領域流動」（cross-sector mobility）應成為人事改革的重要課題。另對於如何建構高階主管特別管理制度之實際作為：明確訂定高階主管職務之範圍為簡任第十職等（含）以上正副主管職務，將其拔擢、陞遷、考核、體給等事項制定特別法律，建立有別於現行一般公務人員之特別管理制度，其建制重點如次：（一）嚴謹選拔；（二）進入文官學院專業訓練；（三）建立國家高階主管人才庫；（四）成立跨部會之甄選培育委員會；（五）建構專屬體給制度；（六）建構嚴格考核及退場機制。

補政策之改變應該是漸進的，故在公部門用人政策思維漸導向與私部門交流取才之發展時，亦應在我國憲法規定之考試用人前提下，有關人才進用離退時之權益保障，應在彈性取才專業倫理與忠誠承諾價值間取得平衡。

四、策略性人力資源管理實務運作的論證

政府人力之進用政策及法制變革中，無論是內外環境變遷或政府用人需求，均應本於憲法精神，設計考試用人與彈性用人政策之衡平方案，並從策略性人力資源管理觀點出發，落實彈性、公平的人力運作策略，發展效率與廉能的政府。當人事法制與管理上，在面臨策略人力資源管理的衝擊，如何使其具有統一調控亦兼具彈性運用的機制，是必要漸進改革的課題。申言之，落實憲法用人及策略性人力資源管理之下，政府人事行政與管理運作乃是在組織結構與人力資源範疇，進行策略（strategic）與權變（contingent）調適的過程，並對國家政務、公共政策推動之人力運用問題，做出回應與提升公務產能也（關中，2009：培訓所演講）。

伍、績效俸給與福利制度變革之論證

人事行政任務之一，在於調和社會公眾的期望，就撙節預算與兼顧公務人員俸給待遇權益，提出兩全其美的均衡政策，當能贏得民意機關的支持。所以，如何設計適當的俸給、待遇政策及俸給水平，以節省用人費用，並吸收優質人力進入公務體系，為人民提供良善周全服務，是一項重要的議題（蔡良文，2007：10-28）。良善合理的福利互助措施，確能鼓舞成員之感激心理與高昂士氣，具有激勵之功能，因此，機關首長或單位主管應予適切的激勵管理工具（Snell & Bohlander, 2007: 382），如遷調（建議）權或獎金福利措施等，又現行法制有何更彈性運用空間，且能落實各該領導管理者的權責？另對績效獎金制度之建立有否良策？茲簡述其相關論證如次。

一、書面績效與實質績效如何鑑別之論證

即績效俸給制度，主要植基於績效的衡量，但如何縮小書面績效與實質績效的落差，且就實質衡量？如何區隔或考量其是否僅為當前短期之表面績效而長期是「利空」？或影響長遠之績效而短期未能察覺？因為書面績效與實質績效的落差主要起因於機關環境、年資與人情因素，致使考列評等流於形式，解決之道在於依規定切實做到以「同官等」為考評之比較範圍，必要時進行主管與部屬之互動面談，以功績制原則落實績效考評，強調專業加給的公平性、「只加不減」的俸給政策、避免有福同享、甲等過多的考績制度，才能建立個人權益與福利、彈性俸給待遇與功績褒獎等績效導向的俸給制度。再者，亦須調和俸給公平與業務需求未能及時因應之困境；復且，績效俸給非僅

重視形式或「短利長空」的績效，必須重視績效考核的「發展性」功能並強化兼具「激勵與發展」價值機制，方能區隔釐正或考量績效短期效益的可能後果評估，或辯證短期利益之表徵績效，其潛在影響在長遠利益。或許公正無私的考核衡鑑機制及開明學驗俱豐的領導階層是重要的前提要件與基石也。

二、多元績效獎金相關問題的論證

公務人員依法申報所得稅，以及會計單位清楚交代預算支出方式及流向，乃依法行政之一環，更為公務人員當為之義務，而績效獎金制度通常依私部門經驗以秘密效果較好，但亦無法獨立於預決算制度之外。又績效獎金發給之目的係為激勵組織中績效表現良好之成員，然績效獎金制度之秘密效果僅為眾多功能性工具選擇之一，對於其激勵效果不可以偏概全，機關首長或單位主管應考量單位屬性與合理情況，進行適切的激勵管理，調和行政性與發展性之績效評量機制，方能建立相對客觀與公平且多元評核的績效獎金制度。

三、獎金福利措施在激勵管理運用的論證

目前廣義之俸給待遇涉及公務人員權利義務事項而未以法律定之者，為公務人員福利部分，尚待法制化。故為強化文官體制之激勵性功能，其中以建議機關首長或單位主管將遷調（建議）權或獎金福利措施作為激勵管理工具，在公平且客觀的立場下，或可進一步考量將俸給內容調整為以現行俸給待遇為主之基本薪俸、合理的職務加給以及依工作績效而發給個人或單位之績效薪俸，以彈性活化激勵管理工具。再者，除可適切考慮多元進用人員激勵差異性機制外，可增加便民服務獎金制度，以激勵同仁士氣，強化為民服務機制以提升公務效率，甚至考量在該機關總俸給待遇中提撥一定比例，作為首長依成員工作成果與績效服務，予以額外薪資或獎金，亦不失為激發士氣、增進公務生產力的可行辦法，且能同時落實領導管理者的監督權責。所以，無論是落實360°考核機制或實施平衡計分卡制度（吳品清譯，2006：307-320）[7]均是必要的！

四、彈性設計的福利制度之論證

在考量政治價值與行政價值的衡平下，政府強調效率、彈性與兼及公平、代表性價值，造成俸給體制之變革中，有對於來自俸給法制、俸給政策與俸給管理的改進，甚至包括考試院與行政院共同研訂各機關之彈性俸給制度設計的可行性研究；而關於全國統

7　平衡計分卡為組織提供了透過策略目標、評量因素與目標來傳達組織願景與策略的架構，平衡計分卡之實行成功關鍵要素包括：支援與參與、優先順序、專案團隊的組成、專案範圍、以組織策略為基礎的計分卡、定義明確的評量因素、評量因素之間與因果關係、訂定目標、與現有控制制度的關係、確保評量因素與評量的可行性、以資訊科技為基礎的簡報與支援系統、訓練與資訊、學習與資訊、學習型組織的發展、追蹤概念等在決定專案前必須考量的議題。

一之福利及各機關自行規定之福利措施，由於涉及政府財政與中央地方機關間之情形不同，希冀在短期內建置全國合理化福利制度，似有其困難。且因彈性福利制度設計，尚需考量國家經濟、社會發展，財政情形等因素，不可貿然為之。但如何配合績效管理及政府施政的福利制度，求得彈性多元，並與公務人員貢獻度相稱，仍為重點所在。

陸、績效考核與淘汰機制變革之論證

　　公務人員績效考核和淘汰機制與文官法制之健全、公務人員士氣之激勵等有極密切的關係，如何透過績效考核[8]公務人力，加強管理，並強化獎優汰劣與人力成本意識觀念？如何運用績效考核，達到人力專業化與通才化之合理配置，以強化文官課責機制之建立？公共事務涉及機關目標達成與機關間之協調溝通，更關涉文官的價值感、使命感，能否用績效管理與評估來衡量（Rosenbloom & Kravchuk, 2005: 226-231）？為提升整體組織績效，如何建立績效考核與獎優汰劣之退場機制（林明鏘，2007：16-17）[9]？均為值得研議的課題。謹提相關論證如下。

一、績效考核在激勵發展價值機制的論證

　　現代人力資源管理的績效考核有別於傳統的人事管理，強調個人為核心，重視公正、發展、參與以及整合與支持等面向，但在實際考核中，上述要件又往往有其現實之困難與謬誤，現實環境與理論的落差，乃落實績效考核須克服的關鍵問題。績效考核須分為「行政性」與「發展性」的功能，才能加強政府績效管理，同時須導入策略性人力資源管理理論，以強化其「激勵與發展」價值機制，朝向考核工作績效重於全人格的評斷、診斷性重於獎懲性、考績資訊正確性與程序正義之結合等方向，進一步強化獎優汰劣機制與人力成本意識觀念。

8　績效考核可分為對政府治理績效之評量（performance measurement）及對行政體系組織成員各別績效之評定，民主課責亦是民主文官體制發展過程中必需重視的課題。如美國之「績效與成果法」（Government Performance and Results Act, GPRA），以「績效與成果法」的內涵觀之，其係經由國會等非行政部門的外部干預與介入，要求組織提出策略規劃，並進行預算控管，同時加上「財務長法」（Chief Financial Officers Act, CFO Act）搭配的財政控制，來共同發揮外部監督制衡的功能。事實上，美國「績效與成果法」的實施，其最大的意義，在於促成政府機構的改革典範從「官僚驅力」（bureaucracy driven）朝「公民驅力」（citizen driven）方向發展，而使得行政模式能與當代的治理結構（governance structure）結合。

9　至於政務人員之退場機制，在退職規定上，依「政務人員退職撫卹條例」第4條第2項已就「免職」及「任職屆滿未續任」加以規定，至於有任期保障之政務人員，為確保其獨立行使職權之「公益價值」，目前似不宜增列其強迫免職規定。另績效考核可分為對政府治理績效之評量及對行政體系組織成員個別績效之評定，其關涉民主課責，亦是民主文官制發展過程中必需重視的課題。

二、績效管理在團體績效與個人績效間的論證

公務人員之價值感與使命感，係由行為理論探討個人內在需求與價值，亦為馬師婁（Abraham H. Maslow）所提出之成就感或自我實現或靈性審美之需求表徵，而績效管理與考核不宜僅由數量或書面及文字績效表達，對於內在抽象要素之衡量，宜從發展性的功能出發，將考績（核）結果用以協助人員了解本身之工作能力，並藉由適當的計畫提升、改善其工作智能，進一步建立個人未來目標，配合組織未來發展策略，方可衡鑑或凸顯績效考核之抽象概念的影響力；而關於行政性價值需求以考績結果作為調薪、獎金、陞遷、汰劣的憑據，因衡量標的不同，故無法於此精理衡鑑之，因此，建立團體績效評比機制，清楚設定組織與個人目標及策略，是用績效考核來衡鑑價值感與使命感的影響程度之重點所在。

三、績效考核人力合理配置之論證

績效考核除應達獎優汰劣之功能，並得按績效差別考列等次外，且可強化公務人員淘汰機制，在積極面具有降低績效不佳員工比例的功能，而在消極面具有汰劣的作用，而透過此留優汰劣或培訓的途徑，可落實政府部門人事政策的功績原則，顯現政府對績效改革的決心，進一步就機關各單位性質特性分業務類與行政類做適切分類考核，達到人力專業化與通才化之合理配置，以利塑造公平、合理的工作環境、提升組織績效和有效運用公務人力資源；再者，透過績效考核所建立之淘汰制度亦能強化對文官的課責機制，其績效稍差者可先予培養觀察強化其能力，使其從事行政行為與行政決定時，在行為態度上能恪守相關法規與符合組織所設定之績效標準。又此包括強化常務人員之考核懲處及淘汰養的機制，暨政務人員之退場機制之建立。

四、績效考核在鑑別不同官等與實質績效上的論證

政府人力資源管理各項決策最重要的議題之一就是公平，其亦為績效考核的核心要素。依理而論，考評因素的設計，應考慮職務性質與職位高低，對於不同機關與職位應規劃不同的考評因素，並宜以多元可行的「平時考核」，作為考列評等之具體依據，必要時可進行主管與主管間、主管與部屬之面談，以增加互動，而非僅就書面績效進行評核。除特殊事件外，須依規定儘可能做到以「同官等」為考績之比較範圍，且不以考列甲等作為酬庸之手段，使機關內不論職位高低，均立於平等地位，依考核項目逐一評比。如使考績能依法衡平、客觀辦理，必須減少政治干預，與降低年資及人情因素對於升遷之影響，進而強化功績、專業與倫理、品質兼具之衡平原則。

五、績效考核在知識管理與人力發展的論證

凡良好且有效的績效考核制度，能客觀衡量並檢驗績效是否符合組織預設標準，

同時從中修正個人與組織目標的偏差，以符合組織需求。且以未來的考績制度應從現行之行政目的，朝向發展性目的方向變革，使考績結果運用在人力訓練與發展上（關中，2008：7-9）。因此，有效的績效考核可帶動員工進行學習以改正偏差，進而整合資訊，發揮組織成員之顯性與隱性知識傳承功能，並凝聚組織成員的向心力，以落實推動知識管理，引導文官體制賡續學習創造生產力，觸發學習型的政府組織產生，實踐服務型政府之運作。申言之，有關績效考評因素的設計、考績之比較範圍與客觀性之潛取，都是影響良好績效考核體制之關鍵，若能強化其正面功能，於員工之學習與知識管理定有助益。

柒、行政中立法制發展之論證

公務人員行政中立事項，採單獨立法規範，創世界先例，除凸顯我國特有的政治環境與民主轉型之特色外，亦可充分表明我國政府為因應政治發展之需要，推動行政中立制度之決心。行政中立法制之建構已歷經十餘年，其間也經歷過兩次政黨輪替，文官體制內化行政中立的文化，是政府長期關注的課題，在型觀過程中，不外：（一）常任文官的行政中立應屬「有政黨傾向的中立」；（二）常任文官要成為政治偏好及政策觀點上的「隱形人」；以及（三）各機關最高常任文官成為防範「政治駭客」入侵的「防火牆」等，易言之，政務人員應尊重常務文官，而常任文官亦須保有上開「去政治化」的認知與自覺（關中，2008：9-12）。

一、行政中立在價值抉擇上的論證

就行政中立的價值範疇而言，筆者認為可分為個人、組織及憲政體制面向，其中文官乃代表社會價值的保障者、社會正義的執行者以及公共利益的代行者角色，關鍵在於文官體制具有實踐行政中立之意願與價值取向，具體落實行政倫理規範，調和公共行政與民主行政價值，進而提升公共服務之品質。再者，由於民主政治的運行逐漸穩定，人民對於政府的服務效率與要求日益提高，在政治價值上，反應其代表性、政治回應性與政治課責性；在行政價值上，則有其理性、公正、經濟、效率、效能與行政課責性等核心要素；兩者在民主憲政下所追求之行政中立模式，即為創造公共人事行政管理的平衡，同時帶動人事政策、人事管理與組織設計的妥善規劃，亦達到政府再造所欲建立之廉能政府目標，強化善治之理念，以提升國家競爭力。

二、行政中立法案應否直接規定救濟規範的論證

由於公務人員應與人民同受國家法律之制約，秉諸憲法價值與精神，共同建立廉能、公正的政府，其中公務人員應本於誠信原則與良知良能的作為，營造良好的誠正信

實管理組織系統與環境，並將行政裁量中的「物化」動機、觀念，強化成尊重人性尊嚴與實踐社會正義的德行裁量，同時重視法治素養，兼及德行，以強化執行公正之倫理意涵，確保政治中立與行政中立、文官中立，其行政作為不受不當政治干預，活化政府部門的功能。而檢視「公務人員行政中立法」，即先前立法院委員會通過之版本，考試院歷次所送立法院之各版本均就依法行政、執行公正予以規範以及合理政治活動限制規範，與該法第15條有關救濟程序雖有所規範等，但在考量信賴保護原則暨有權利、有義務亦宜有救濟規定下，未來似應含括保障懲處及救濟實體相關規定，且非僅在該法案間接規範適用其他相關規定，似較為妥適周延。

三、行政中立法制主政機關應否改隸的論證

「公務人員行政中立法草案」之合法化過程，若考量政治性之高低程度，或可由公務人員保障暨培訓委員會主政，因該會政治性較低，又該會為主管公務人員訓練進修法制機關，並與國家文官培訓所，負責行政中立、政治中立訓練，基於由組織文化之型塑到相關法制建構，非僅有助於強化行政效能，且應當是理路與脈絡一貫無疑。所以，此建議在組織系絡與學理方面，有其高度可行性，值得進一步研議。

四、行政中立法制之緣起與內涵變動的論證

考試院自民國83年即致力於「公務人員行政中立法草案」的研訂工作，期間或因朝野各黨派意見不同，或因政黨輪替朝野政黨主客易位，而造成立法進度的嚴重落後，但終於在98年6月10日經總統公布施行，使得我國正式邁入民主鞏固時期與境域。筆者研究，就學術思潮發展及先進國家之實踐，可知文官中立乃時代潮流所趨，也是確保公務人員依法行為，不介入政爭亦不受政黨不當干預，[10]能本其專業職能全力推動公務，公平、公正履行職責，維護公共利益的必要手段。故整體而言，在行政中立法制與憲法衡平價值之間兩者不可偏廢，方能有助於體制系絡之聯結，以收事半功倍之效。當然，倘未來公務人員能完全落實依法行政，不因個人或黨派或團體有差別待遇，且能在善治

---

10 有關「行政中立法草案」之研擬，送立法院審議通過，公布以來，筆者曾先後於考試院會第9、17、27、36及43次會議發言，除表示我國正式步入民主鞏固時期，並期望銓敘部多加宣導，以及行政中立法施行細則研訂應多考量其規範密度，縝密可行，及部分公立學術機構研究人員準用本法疑義之澄清說明。另關院長在第36次院會指出略以，這部法律的制定，只是建立我國文官中立政治文化的起步，接下來我們要積極宣導這部新法律的內容，讓政務人員、民選首長、民意代表及文官體系的所有成員，都能夠了解這部法律的立法精神、旨意及規範內容。同時，考試院基於主管機關的立場，也要對這部法律的實施結果，做好評估的工作，並適時向社會提出報告。更於第45次院會中再次重申本法重要性，並認為有關「公務人員行政中立法」部分：（一）本法名稱用「行政中立」不「政治中立」，即表即表示負有行政責任者，始有本法之適用。（二）「準用」並非「適用」，僅身分或行為與公務人員的性質不相牴觸之範圍內，違反相關禁制規定時，始須依本法準用之規定辦理。行政中立法並無限制言論自由，與講學自由亦無涉，係外界誤解或別有用心者之曲解。惟若中院研究人員不論是否兼任行政職務，均排除「行政中立」的準用，宜請該院先行訂定相關內部行政規則，合理規範行政中立事宜，以免自外國家法律規範。

理念下，以公共利益爲依歸執法公正；而人民守法觀念已深根落實，良善法治的文化已型塑，則行政中立法之內涵，或可考量僅以合理的政治活動規範爲核心範圍。

捌、退撫體制變革之相關議題論證

公務人員的退撫制度變革，關涉守法盡職之公務人員，退離時，予以適時保障與照顧，俾其保有尊嚴與無後顧之憂，如此可再引進年輕才俊之士，使人事新陳代謝，提高行政效能。有關公務人員退離照顧制度，不但關係公務人員的生涯規劃，也影響到公務人力供給素質之優劣，其改革不可不慎重。有關公務人員退撫制度尚存有許多問題（考試院，2009：44-45）[11]，且以近些年來，倍受國人高度關注的18%優惠存款退休所得合理改革方案，考量其立基背景、改革過程及未來發展，是否須爲必要調整？其次，有關維持及保障決策功能的退撫改革方案法制化過程等，都有其值得論證之處。

一、公私人力資源之分合在退撫設計上的論證

公務人員服務年資與擔任職級，與其擔任公職之貢獻與職責程度是成正比的，因此公務人員退休金、撫卹金給付之計算基準，應以年資與等級爲主，並按照貢獻程度不同而有所區隔，以鼓勵在職時之貢獻。如公務人員在職亡故，亦應按照撫卹之原因，區別其給付標準，對於不畏危險犯難，因執行公務而亡故者，亦應有特別加發之規定，以鼓勵公務人員勇於任事。惟在公務人員與國家之特別權力關係轉爲公法上平權（職務）關係後，除基於信賴保護原則，妥善調整處理外，在公私部門人力資源有效運用之合流思維下，公務部門退撫年資之採計，涉及層面極廣，未來必須以多面向之功能角度，配合主客觀環境變遷，落實退休撫卹與人力新陳代謝的理想目標。

二、契約性之彈性用人涉之退撫制度限制之論證

我國公務人員與國家之關係及其相關之權益規範，均異於歐美國家，在引介國外退撫制度時，應做全盤考量與周全的配套措施，尤其是憲法未修或不可修的情形下，尤應審慎變革。早年恩給制有退撫經費籌措方式不當，影響預算平衡、月退休金給付比例，有悖制度常規以及退撫實質所得仍難安老卹孤等問題，因而改採「共同提撥制」以改善恩給制之缺失。退撫現制之設計，不僅注重退休人員生活保障，更強化自助精神與公平理念，建立公務人員在職負擔部分退休準備之觀念與責任；再者，55歲加發5個基數之規定將予以刪除以及85制之改革，都係爲配合法律思潮、主客觀環境變遷、政府財政狀

11　退撫制度尚存之問題略以，多制併行易因有混淆而產生困擾、退撫基金經營發展仍有瓶頸、退休給與尚未建構完成三層年金、退休給與及運作已有財務隱憂、退休年資採計不符高齡化趨勢、公教保險權義財務已漸失平衡、退休人員缺乏多元化照護措施。

況等因素，所爲適時適當的改革。[12]未來在憲法精神下，因應彈性人力管理與契約化人力之引進，仍需以漸進改革方式，健全公務人員退休撫卹制度。[13]

三、公保養老給付優惠存款改革上的論證

公務人員退休所得合理化改革方案宜審慎周延且漸進而行，由於其涉及層面及因素繁多，單一公保養老給付的優存措施，一般立法體系不易申算設計，且由於朝野立法委員溝通不足，立法系統與行政系統溝通有待強化，致改革之迫切性及美意失焦，反徒增改革之阻礙。未來其改革方向應從人力資源策略管理觀點出發，以公平正義、合理合宜、貢獻與報償衡平爲原則，在涉及公務人員權益與公法上財產請求權事項，基於信賴保護原則，應愼重處理，以免影響公務人員對政府之信心。先前考量退休合理所得與財政負擔、社會觀感等要因的改革案，以及98年的退撫制度新修正的改革方案，主管機關均應密切留意立法院審議動態情形及愼重處理。

四、政黨介入退撫制度改革上的論證

退撫制度之變革，原應就純文官體制整體角度考量之，但在朝野政黨爲求選舉勝選之下，遂具相當之政治性，以致改革美意失焦，間接造成立法與行政部門之溝通失調；而文官體制在恪守行政中立原則下，須以全民利益爲依歸，忠誠履踐憲法所賦予之職責，但自89年政黨輪替後，我國正式進入民主鞏固時期，值此政務人員與常務人員磨合過程，兩者在決策與執行中互爲調配，落實「專家權威」與「政治回應」的平衡，當能使相關制度變革順利推行。同樣地，在退撫制度及改革上，常務人員研提退撫改革方案，不可有過多的「自利」思維與做法，而政務人員考量公民社會之觀感與政務推動順利之衡平，對退撫制度之決定應有公正的抉擇，當然爭取立法部門之支持更是必要的。

玖、結語

從文官體制相關理論及政策、實務之分析，可以得知：文官體制之發展有其延續性及深耕性，即使政黨輪替亦難以大幅變革，但基於政府治理之變遷，落實責任政治與民主課責的要求，推動文官體制改造，經常是新政府展現新人新政的政治操作手段，更有

12　考試院文官制度興革規劃小組指出，健全公平合理的退撫保險制度應包括：完成現階段退休法制改革、建構新一代退休制度（除現行「確定給付制」之外，另附加採行「確定提撥儲金制」；新制由實施後之新進人員開始適用，現職人員有條件地選擇新、舊制）；取消公務人員退休年資採計上限規定；多元化經營管理退撫基金；建立具公平性之公教保險制度；建立社會安全之退休照護體系（包括研究設立公教退休人員養生村之可行性、建置退休人力志願服務平台、建立公務人員退休團體輔導機制、整建完整之退休公務人員福利措施）。

13　上開議題於106年8月9日制定公布之「公務人員退休撫卹資遣法」，已予刪除或修正。

其急迫性，其改革幅度、深度及格局或有不同，然基本上文官體制之變革是一種永續的過程。

考試院文官制度興革規劃小組業已針對考選、培訓、考核、退撫等現行制度提出興革建議，並提出建立以「廉正、忠誠、專業、效能、關懷」為核心價值的新公務倫理，期望全體文官據以強化心理建設，進而實踐於日常工作中；並建議建構政務、常務及契約人員之三元管理體系，將使各類人員依其特性適用不同的法制，對於選拔政府所需人才，將更具彈性，並特別重視專屬之高階文官體制建構，希冀帶動提升全體文官之效能。同時亦可參酌本文所提六項論證與面向，分別融入其近、中、長程規劃方案之推動進程中，當然如何落實相關法制之研修及妥訂配套措施，均有賴考政機關及其他各機關之通力合作，方可致之。

綜之，文官是國家政務的推動者，也是公共服務的提供者，必須建立彼此間之聯結機制。所以，國家應建立一個集全國菁英於政府的文官體制，培養公務人員具有卓越優質的服務熱忱、對民眾需求有預測力、回應力，以及能準確預測環境變遷方向的能力。整個文官體制必須是能因應任何政治變遷響，為一超穩定的結構體，同時也是一個具有高效率、效能與執行力的動能體制，以能達成提升人民福祉與國家競爭力的目標。

（本文原載於文官制度季刊，特刊，2009年12月，頁1-24；另部分內文配合法制變革與體例調整，略做修正。）

國家文官是國家政務的推動者，也是公共服務的實務執行者。在面臨全球性競爭壓力的情況下，先進民主國家均建構一套具高效率、回應性與責任性的文官體制。為實現政府改造的理想與目標。因此，文官體制改革是一個無止盡的永續發展過程。而此一過程受公共管理思潮、先進民主國家文官體制發展、國內政府再造的影響，值得關注。

在民主政治體系下，政府治理的正當性，必須在憲法及憲法精神下，除了依賴其具體的政績外，更重要的是來自於回應人民需求能力，其回應性愈高，治理的正當性就愈高。因此，維持常務文官的專業及回應政治（務）首長與人民的需求，即是調和官僚政治與民主回應的重要機制。故而國家文官體制運作，在因應全球化、資訊化以及知識經濟快速發展需要，先有賴國家文官政策理念的導引與展現，繼之建構施政綱領及政策議題，俾能有次序、有節奏穩健推展。

壹、文官政策理念、功能與價值

國家文官體制運作的內涵，包括人事政策、人事法規，以及實務的人事管理。在全球化、資訊化以及知識經濟快速發展的時代裡，政府應重良善治理（good governance）的機制。但如何提升施政績效？如何縮短政策、法規與實務運作之間的落差？則有賴文官政策理念的導引與落實。

一、政府的良善治理

（一）因應全球化

在全球化的趨勢下，政府的角色與責任，與過去差別很大，必須具備領航、服務、溝通、整合等多重功能，政府必須深切地體認，局勢將不斷持續變動，唯有掌握亂局、站穩腳步及妥善規劃，方能具體展現政府治理的實質效能。國家進步之快慢強弱，端視公務人員之素質，即可知其結果，亦即公務人力的發展絕對是競爭力的關鍵因素。

（二）重視公民參與

「參與」（participation）是良善治理的要件，透過「賦權」（empowerment）可提升政府的政策品質。民眾藉由參與各種活動，表達對公共議題的意見，可以讓政府的治理更貼近民意；而良善的政府治理則能包容更多元的公民參與，減少反對或衝突，提升人民對政府施政的信賴度，使政策的執行更具成效；同時，對政府決策產生「課責」（accountability）。

（三）運用資訊科技

面對環境的變遷，政府如能掌握先機與資訊，便能取得競爭的優勢。因此，世界先進國家莫不致力於資訊科技，而「電子化政府」便成為政府因應世界潮流與社會變化的重要措施。其相關運用之技術亦關涉決策品質，必要重視。

二、文官體制的功能

人事考銓及保訓業務經緯萬端，政府體系要能有效運作，實有賴實務之人事管理功能的有效發揮。文官體制基本上由四個重要的人事管理功能所構成，分別為：（一）引進與甄補性功能；（二）激勵性功能；（三）發展性功能；（四）維持與保障性功能（參照繆全吉、彭錦鵬、顧慕晴與蔡良文，1990；蔡良文，2006）。

（一）引進與甄補性功能

指經由公務人力資源探勘後，繼之篩選的人力引進工程，最後由各機關首長對考選合格人員派以適當職務，暨決策階層決定人才彈性進用方式的過程，以及在憲法精神之下，如何配合政府改革需求，進行彈性用人之興革。主要可分為：1.考選集中化下的彈性配套設計；2.功績性或代表性價值的比重，依考試性質決定；3.考用配合政策由政治價值向行政價值方向彈性調整；4.公務人力甄補應兼具公平理論與多元管理；5.在憲法精神下重構人力進用策略；6.考試用人與非常任人員之進用方式、比例及管理應有區別；7.人事一條鞭應在功績需要與政治回應下調整作為。

（二）激勵性功能

激勵性功能，係為提升公務人員能力與工作士氣，貢獻社會國家等；主要政策工具是褒獎激勵與待遇福利，政府較重視之績效福利係給予公務人員生活水平所得優裕福惠等，以促進公務人員之團體意識等。主要可分為：1.績效俸給制度植基於考核的鑑別度；2.績效獎金可採秘密與無需申報為原則；3.加強首長或主管多元績效建議獎金建議權責；4.審慎推動彈性俸給制度及配套多元福利措施。

（三）發展性功能

　　發展性功能，主要指涉強化成員之工作知能、改善態度、激發潛能及獎優淘劣，促進成員自我成長及運用生涯規劃之理念；其政策工具要有考績、績效考核與淘汰機制、升遷發展；並涉及政務人員之行為規範及其退場機制。主要可分為：1.加強績效管理提升人事管理功能；2.提升便民與服務品質來衡鑑行政責任與政治責任；3.重視績效強化課責機制；4.績效考核應落實形式與實質兼具的功能；5.以績效考核強化組織知識管理功能。

（四）維持與保障性功能

　　維持與保障性功能，人事法制除要求公務人員行政中立、依法行政、執法公正、受合理政治活動限制規範外，亦應使受到違法或不當處分之公務人員，能經由救濟程序得到合理補償，保障合法權益，以建立其與國家間民主對等及合理權利義務關係；並藉良善的退休撫卹制度，讓公務人員退而能安，退而有所養，又此必須包含政務人員退職撫卹制度之興革，以達到廣義的維持與保障性功能。主要可分為：1.深根行政中立，強化政府善治機制；2.重視保障救濟機制，落實行政中立價值；3.公私部門服務年資相互採計的退撫制度。

三、當前文官政策面臨的重要課題[1]

（一）文官體系的相對封閉與僵化

　　文官體系在學術用語上又可稱為「官僚體系」（bureaucracy），文官體系實際運作上容易傾向於保守、封閉或僵化，是因其本身具有的兩大特性所造成：第一，它是獨占性的，政府組織結構與文官體系具有「久任性」（permanence）的特質，組織並沒有面對被裁併的危機，故容易缺乏自我改造與追求進步的動力及誘因；第二，就是整個文官體系的基本設計，很重視自我防弊的功能。在組織結構上它是層級節制，而且要用嚴密的法規來規範公務人員的行為，或是作為公務人員行為的準則。久而久之，文官就會認為只要「依法辦事」，就算是忠實執行職務，而其他的事情對文官而言，都非是重要的。

（二）公務人力激勵與發展性功能不足

　　我國先以重視有效處理績效不佳成員，以確保管理權的完整性，基本上是以功績原則、管理高權、課責原則及救濟原則為基本主軸（Bruce, 1989: 323-339）。爰以早期是以行政性目的為激勵手段的考績制度，此種制度無法發揮激勵的效果，同時也使人事

1　摘自關中（2008），文官制度和考試院，97年9月接受立法院同意權審查所提之書面報告。

機制更為僵化。考績制度應著重於「發展性目的」，亦即將考績結果運用在幫助成員了解自己的工作能力，並藉適當訓練改善成員的工作能力，將考績作為人力資源發展的手段。

（三）行政中立文化仍待深化

目前我們所認知的行政中立，主要是指常任文官能公平、公正與無私地對待每一政黨，要做到不是件容易的事，亦需要靠政務首長認同行政中立的理念。然而，以下三點，是參考英國如何做到常任文官行政中立的經驗後，才發現這正是我們尚待建立的政治文化，分別為：1.常任文官的行政中立應屬「有政黨傾向的中立」；2.常任文官要成為政治偏好及政策觀點上的「隱形人」；3.各機關最高常任文官應成為防範「政治駭客」入侵的「防火牆」。

四、未來文官體制的推動方向

（一）爭取文官改革的認同

改革必須有公民參與的因素，「以人為本，以民為主」讓民眾有表達意見的機會，如此法案提出來方能獲致外界的接受，才能減少改革的阻力。

（二）建立現代化文官體制

文官體系首要確立行政中立的文化，行政中立文化的建立，消極上，可避免公務人員介入政爭或利益輸送等情事；積極上，可保持公務人員的專業性，以及國家政事推動的連續性。有三個面向可同考量。其一，制度面：政務官與事務官分際之建立，政務官的選任應有專法加以規範，而事務官的人事管理法規則以專業知能、功績為取向，兩者依不同制度進入公務體系，並各自扮演不同角色；其二，程序面：涉及與權益有關的事項，應朝建立明確的行政程序來辦理，即使公務人員依循民主程序，尤其在行政裁量時可避免偏差；相對應的則可確實保障個人的權益；其三，內涵面：公務人員應本於道德，堅守中立立場，忠於國家，並本於個人職務之專業能力，公正、客觀的執行公務。

（三）落實公務人員核心價值

考試院在第11屆文官制度興革規劃方案中，已提出五項文官核心價值，分別是廉正、忠誠、專業、效能與關懷，並訂定各類服務守則，要具體落實這些價值與守則，還需要有執行的策略。除了興革方案所提加強公務倫理宣導、落實「公務人員行政中立法」之施行，以及加強公務倫理考核等三項執行層面做法，未來應繼續推動與強化：1.推動「公務人員基準法草案」之立法；2.提出公務人員核心價值之執行策略。

（四）強化激勵型與發展型的人事制度

考績制度應該要與工作表現聯結，強化績效管理，否則人民無法了解公務人員的表現。在保障公務人員合法權益之時，必須同時鼓勵與要求公務人員主動工作、勇於任事、追求創新和熱心服務。績效管理方式若不當，公務人員自然就會認為考績不公，更遑論鼓勵人員。

（五）制定性別思維的文官策略

性別平等亦是一種價值，一種思維方式，以人為本，可讓不同性別的人，生活得更有人性、更平等、更有尊嚴，文官制度自不例外，而基於性別思維之文官政策，才能使政務的推動，真正體現每一層級想法，更貼近人民。相關做法為：推動代表性文官人事法制、國家考試納入「性別意識」、檢視人事法規、性別意識之培訓。

貳、文官制度在我國的政經社會發展[2]

文官制度的內涵及其運作，反映著當時政治、經濟及社會環境的需求，以及執政者希望透過文官政策達成何種目標的價值取向。我國的文官在國家走向經濟奇蹟、民主改革及社會開放的過程中，扮演重要的角色，也必然會對未來的經濟、政治與社會走向產生重大影響（關中，2011：223）。

一、文官制度與台灣的政治發展

（一）威權體制下的文官制度

民國38年政府撤退來台之際，政府體制屬於戰時體制，機關運作的特色是軍人主政及實施戒嚴，強調安全及穩定。國民黨政府與軍隊，實際上是緊密結合的結構，文官體系只是扮演協助軍事統治的工具性角色。另外，基於對五權憲法體制的尊重，政府對於健全文官體制仍保持積極的態度，文官法制一再進行整建，公務人事各項管理法制均已大致齊備，基本上，已然建立現代化文官體制的雛形。

（二）民主改革階段的文官制度

民國76年，國內政治情勢有了極大的改變。就政治體制而言，解除戒嚴後，台灣的政治與社會變遷進入轉型階段，此一快速轉型過程中，國家機關與民間社會皆發生許多

2　關中（2011），文官制度與台灣政治、經濟和社會的發展，文載於文官治理：理念與制度革新，頁223-263。

重大改變，文官制度上也面臨許多改革的壓力。在這段期間，我們推動與民主政治發展密切相關的改革有三：其一，政務人員與常任人員的合理區隔；其二，行政中立的法制建立與文化；其三，回應地方自治的需要。

二、文官制度與台灣的經濟發展

台灣經濟奇蹟之所以成功，因政府將其運作重點，由軍事國防逐漸轉移到經濟建設，許多財經技術官僚在國家機關領導階層支持下，充分發揮主導經濟發展走向。政策多數有賴技術官僚的規劃與執行，而事實也證明這些政策，對於台灣的經濟成長做出巨大的貢獻。

三、文官制度與台灣的社會發展

（一）公開競爭取才，促進社會階級流動

民國39年政府遷臺後，考試院隨即舉辦首次全國性高普考試，對於當時緊張局勢具有穩定社會惶惶人心的政治象徵作用，爲維持此一象徵及穩定人心，每年辦理高普考試從未間斷，由於考試強調公平性、不分階級，也促進社會階層的流動。

（二）照顧弱勢族群的文官政策，提升社會公平正義

台灣在文官政策上，對於弱勢者的照顧，有二項世界少見的考試，即原住民族特考與身心障礙者特考，這二項考試可說是我國文官政策中，對於保護弱勢群體的最具體作爲。

綜上，我國文官制度淵遠流長，人事法制大致備齊，在政治民主轉型發展中，甄拔優秀文官進入政府體系，爲台灣做出許多貢獻，但隨著民主深化，文官卻無法回應民眾對公共服務質量的要求，亟待改革，而制度是成長的，國家文官政策必須因應時空環境的改變，不斷調適，當然許多法令內容雖會不斷增刪改變，但五權分立的基本架構，以及人事法制適用於全國各機關之原則，並不因時代變遷而有改變。

參、政治變遷下不同執政黨之文官體制變革概述[3]

在歷經政府再造與考試院第10屆以來各項施政改革，及因應政、經、社、文、科環境變革，甚至說爲配合轉型正義之目標，文官政策之變與不變，及其策略方向正確與否，均值得關心與探討。

3　蔡良文（2008），政治價值流變中國家考試之變革，國家菁英，第4卷第2期，頁1-18。

一、政治變遷中文官政策之政治價值抉擇

在我國政治變遷中文官政策價值之發展，從歷程上觀察，由長期浸潤於威權體制下，轉變爲民主政治體制。整體國家發展過程中，如執政黨流派之爭、憲政體制改革的缺失、國家認同爭議、省籍情結的糾葛，官僚系統因應政黨輪替的衝擊，以及原住民族自主意識之提高等等因素，可能使官僚系統中文官價值機制混亂，執行事務產生偏頗，倘當權者先爲圖己方便與私自利益，將政府人事進用作爲政黨分贓、個人恩寵工具，而生所謂的「分贓、恩寵型」人事行政價值，繼而改革時，則有公開競爭考試、用人唯才、要求免於政治干預的中立、理性、效率、專業、公正的功績制價值產生；再者，更進一步在功績原則下，再輔以社會公平、平等的代表性理念，已然形成另一種重要的人事行政價值觀。

在人事行政實務運作上，就是注重人力之才能、專業，並透過理性的管理，以發揮最大的效率，但給予少數、弱勢地位族群優先機會的社會公平價值，卻可能造成效率的降低（吳瓊恩，1996：180-185；江明修，1997：76-77）。學者施能傑、林鍾沂在研究台灣文官甄補時，提出「恩寵型」、「功績型」及「代表型」三種甄補特質，其中，「恩寵型」具有高度的政治性意涵，「功績型」以公平、效率的行政理念爲重，而「代表型」則具有民主、平等及代表社會各種人口特性的價值，足以涵蓋學理與實務中所顯現的人才甄補相關價值取向（林鍾沂，1998）。公法學者法治斌教授則認爲：現代公務人員制度的內涵除中立價值之外，尚須兼具行政任務推行的效率化及專業化等價值。公務人員制度必須能建構出足以體現行政首長權責相符的機制。換言之，欲使行政首長承擔行政任務成敗的政治及法律責任，相對地，亦必須建構一個能聽從其依法指揮、監督的現代公務人員制度。簡言之，現代公務人員制度也應包含責任政治所衍生之責任價值（法治斌，2002：8）。此種論點與筆者主張良善的文官政策價值的平衡點，是求取政治價值（民主價值）與行政價值（秩序價值）的鐘擺過程的綜合體，有其相通之處（蔡良文，2008a）。

綜之，探討人事行政的價值，在配合現實政治發展的需要與新公共行政學重視社會公平、正義價值的思潮下，現代公務人員制度之內容，除強調「中立」外，也是「民主」、「效率」、「專業」、「責任」、「保障」等價值的複合體，在功績制原則下，上開多元價值間之潛在衝突、緊張對立在所難免，此進一步體現在「社會代表性價值」上，值得關注。

二、各時期之政府再造與文官體制變革

（一）「政府再造綱領」時期（民國87年至89年）

87年1月由行政院頒布「政府再造綱領」，啓動政府再造推動計畫。該計畫明示：政府再造的總目標爲引進企業管理精神，建立一個創新、彈性、有應變能力的政府，以

提升國家競爭力。擬訂的行動方針爲：組織要精簡、靈活，建立小而能的政府；人力要精實，培養熱忱幹練的公務人員；業務要簡化、興利，建立現代化、高效率的法令制度。負責推動政府再造之組織爲政府再造推動委員會，其任務爲擘劃再造願景，擬訂政府再造策略，審查各項推動計畫，評估政府再造推動績效，協調解決跨小組及機關有關問題，下設組織再造、人力及服務再造、法制再造等三個小組，其運作內涵從略。

（二）政府改造委員會（民國89年至97年）

　　爲提升國家整體競爭力，當時總統府依經濟發展諮詢委員會議的結論成立政府改造委員會，由總統兼任主任委員，於90年10月25日舉行第1次委員會議。政府改造委員會揭示改造願景爲建立具全球競爭力的活力政府，並提出顧客導向、彈性創新、夥伴關係、責任政治、廉能政府作爲改造的五大理念，希望達成四大改造目標：1.彈性精簡的行政組織；2.專業績效的人事制度；3.分權合作的政府架構；4.順應民意的國會改造。

　　在推動「政府改造」的政策作爲時，除要強化立法與行政部門之良性互動、建立倫理文化、建立減輕政府財政負擔、重視企業成本觀念及加速推動民營化措施外，茲就與人事機關相關之「彈性精簡的行政組織」、「專業績效的人事制度」加以分述如下：其一，彈性精簡的行政組織：目標將三十六個部會簡併爲二十三個部會及若干獨立機關，並檢討人事法規及考銓制度；取消鄉（鎮、市）自治選舉，鄉（鎮、市）長改由縣長依法派任，建立中央與地方二級政府機制；其二，專業績效的人事制度：爲因應民主政治與民主社會的趨勢，政府人事政策應該推動改革以實現民主服務、績效課責、專業創新、授能活力等四大願景。

（三）「文官制度興革規劃方案」時期（民國97年至103年）

　　在考試委員第11屆成立後不久，即於98年1月成立「文官制度興革規劃小組」，透過跨部會局之合作及相關法制配套建構，提出的文官制度興革規劃方案，本方案之目標，在於再造國家新文官，即能掌握時代脈動、因應國家需要、順應人民期望，遵循憲法考試用人基本政策、落實功績制原則、參酌各國經驗並運用現代管理技術，以達成再造國家新文官之目標，俾建立一流政府，提升國家競爭力。至於其內涵茲簡述爲：建基公務倫理、型塑優質文化；統整文官法制、活化管理體系；精進考選功能、積極爲國舉才；健全培訓體制、強化高階文官；落實績效管理、提升文官效能；改善俸給退撫、發揮給養功能。

（四）「公務人力再造策略方案及行動方案」時期（民國104年迄今）

　　行政院組織改造五大基礎法案在「分批完成立法，分階段施行」原則下，已完成立法之新機關自101年1月1日起陸續施行。截至107年底，行政院函送立法院審議之新機關組織法案，已完成二十四個部會及所屬機關·（構）共一百項組織法案。目前仍有內

政部、經濟及能源部、交通及建設部、農業部、環境資源部等五個部與一個相當中央三級獨立機關核能安全委員會尚待立法，上開未完成組改機關之組織法草案（共四十四項），行政院亦已函送立法院審議中。因此，鑑於新機關在施行前，須籌備周妥，始能順利施行，「行政院功能業務與組織調整暫行條例」所規範的組織與職掌調整、預決算處理、財產接管、員額移撥與權益保障、法規制（修）定等配套措施，均有必要繼續適用，以無縫銜接到位，該暫行條例第21條規定已於106年12月27日修正公布，將其施行期限延至109年1月31日止，以為適法。

再以當前之策略作為，即104年考試院第12屆考試強調建構國家考試與文官制度之系絡，並配合當前政府治理環境的變化，規劃「公務人力再造策略方案」與「行動方案」，期能革新文官體制，回應人民期望，並於106年8月再予充實與修正，將於後述明之。此二方案係為落實協調教考訓之連貫性，精進考試方法與培訓機制，建立政府彈性用人管道，實施績效管理制度與公平合理保障公務人員權益等，以健全文官制度，落實人權保障與性別平等，型塑善治的文官文化，提升政府行政效能，並面對全球化的趨勢與國家發展的需要。

總之，茲就政治變遷下，整體文官體制之變革梗概，略述如上。在在顯示文官體制永續發展，不因不同執政時期而有巨大的變革，其發揮政治穩定的功能。

肆、現行考試院施政內涵與作為

一、考試院角色定位[4]

我國憲政架構所以將考試院獨立於行政院之外，是希望考試院積極扮演健全與維護文官體系者的角色。因此，考試院除在憲法所定職掌下賡續推動多項施政作為外，還應在下述三個方面賡續扮演好應有的角色：（一）在政黨政治、責任政治和行政中立三者之間取得平衡；（二）儘速完成現代化文官制度的法制化；（三）積極推動提高公務人員效能和效率的法制整建工程。

考試院作為國家最高考試機關，為因應國內政治變遷，以及迎向全球化而提升國家競爭力，應配合政府改造工程研修各類人事法規。因此，考試院在文官法制的改革方面，要以「服務取向」及「功績取向」為經，「合理化」及「人性化」為緯，構築具有「企業家精神」的文官體系再造工程。在此一基礎下，文官制度尚需不斷地檢討修正，包括重新檢討各種公務人員考試的信、效度，研究重建初任高階文官的進用管道，強化「功績型的升遷與待遇制度」、「重建激勵與發展並重型的考績制度」及「建構學習型公務人力培訓制度」等，都是考試院應該繼續努力的重點。

4　摘自關中（2008），文官制度和考試院，97年9月接受立法院同意權審查所提之書面報告。

二、現行文官政策主要內涵

考試院在憲法賦予職掌範圍內，自第7屆即有各該屆之施政綱領，並遵循次第推動各該年度之施政計畫外，亦常經由行政、考試兩院副院長會商，希冀行政院共同支持與協力文官制度之改革。

茲以考試院第12屆文官制度改革的總綱領，除退休年金制度改革，於後述明外，其政策目標主要有四項：（一）符合專業與通才需求的文官制度；（二）民主課責的文官制度；（三）彈性多元的文官制度；（四）資訊化的人事制度與決策。在這四項政策目標之下，各有許多主要的改革議題，分述如下：

（一）符合專業與通才需求的文官制度

在全球化的複雜快速變遷情形下，專業分工的體系勢必要再重整，目前文官體系的基本建置原則，不論考選、銓敘、保訓制度，仍然是高度分工的體系，未來應該往重視通才特質與通才深化的方向調整。主要改革議題如下：

1. 考選方面，應注意單一的專業已無法適切解決目前全球及多元化所帶來的新興形態的複雜問題。為因應這股跨領域的風潮，相關國家考試的考試類科與科目必須研議配合調整，以符實需。其考試方式應重視多元可行的評量方式（Rosenbloom & Kravchuk, 2005: 223-228）。

2. 銓敘方面，茲為落實專業維持與通才深化之政策目標，需修正的制度包括：第一，職組暨職系名稱一覽表；第二，與職組職系設計密切相關的規定；第三，為強化中高階文官的通才能力；第四，擬推動建置之高階主管特別管理條例，在制度設計上必須反應此一精神，例如，遴選階段，宜重視其廣博的知識；在任用上可設計較彈性之輪調制度（在109年施政計畫中，基於行政、考試兩院權責運作尚未完全釐清與考量雙方和諧，暫緩規劃）。

3. 保訓方面，公務人員保障制度功能，係以行政價值為其核心，旨在保障制度規範周延完備，確保公務人員權益，以激勵公務人員勇於任事，而無後顧之憂。另為因應全球化對於政府職能及文官體系的衝擊，培訓部門更須掌握公務人員必須具備通才特質及通才深化的原則，在不同培訓課程中強化此一政策目標。

（二）民主課責的文官制度

主要改革議題包括：1.政務三法草案的推動；2.績效管理制度之改革與落實；3.強化倫理培訓、完備倫理法制與行為規範。

（三）彈性多元的文官制度

第12屆施政綱領的重點在於數量彈性，除了常任文官之外，要運用契約性全職或兼

職人力、臨時性人力等，透過多樣化人力的組合，控制人力成本，也提供政府推動績效管理的有利環境。另一個值得彈性化的改革議題是考選方法的彈性化，為達成替機關選拔最適合人才的目標，應依據實際需要選擇最適當的方法。

（四）資訊化的人事制度與決策

就文官制度而言，資訊化帶來的影響，如人事業務的資訊化，包括作業系統及決策系統。主要改革議題如下：1.整合行政、考試兩院所屬訓練機構之數位學習平臺、建置大規模開放式線上課程（massive open online courses, MOOCs）；2.開放政府，提高政府透明度與課責機制；3.善用大數據分析，提升考銓人事決策品質。

茲就上述四個政策目標與主要改革議題，列表如下：

政策目標	主要改革議題	施政綱領內容[5]
符合專業與通才需求的文官制度	1.考試類科與考試科目的檢討。 2.職組職系名稱一覽表暨相關規定檢討。 3.現職人員調任辦法及職務輪調制度。 4.高階文官特別管理制度。 5.培訓課程置入相關概念。	總綱三、通盤檢討整併職組職系及考試類科，精進考試方法與培訓機制，完善選才、育才與留才制度。 考選二、檢討整併考試類科，調整應試科目，精進考試方法與技術，提升選才效能。 考選四、因應全球化及國家發展趨勢，研析各專業領域人力需求，建構前瞻及與國際接軌的專技考試制度。 銓敘六、審議機關組織法規及編制列等，檢討職組職系，強化職務管理，有效運用公務人力資源，因應國家發展需要。 保訓四、完備高階公務人員培訓制度及人才資料庫，強化中長期發展性訓練，培育與舉薦具全球視野、人文關懷的全方位領航人才。
民主課責的文官制度	6.政務三法草案之推動。 7.績效管理制度的改革與落實。 8.強化倫理培訓、完備倫理法制與行為規範。	總綱四、積極推動公務人員基準法與政務人員法制，完備文官體系。 總綱八、強化文官培訓發展功能與終身學習環境，落實行政中立與倫理規範，建立廉能政治的基礎，打造具優質競爭力的文官團隊。 銓敘二、推動政務人員法制，建置政務人員權利義務、俸級及退撫事項，以利延攬優秀人才。 保訓七、深化公務倫理與行政中立訓練，培養機關善治文化。

5　施政綱領的內容，依序分成前言、總綱、考選、銓敘、保訓、退撫基金監理與管理等大項。

政策目標	主要改革議題	施政綱領內容[5]
彈性多元的文官制度	9.文官法制的彈性化。 10.彈性化的用人：聘任與聘用條例草案。 11.彈性化待遇規劃。	總綱五、建構多元取才法制，建立政府彈性用人管道，以活化政府人力資源。 銓敘三、研訂聘任及聘用人員人事法制，因應特殊機關的需求，活化文官任用管道，建立多元取才的彈性用人制度。
資訊化的人事制度與決策	12.整合兩院所屬訓練機構之數位學習平台、建置大規模開放式線上課程（massive open online courses, MOOCs）。 13.開放政府，提高政府透明度，強化人民對政府課責機制。 14.善用大數據分析，提升人事決策品質。	總綱十、配合電子化政府，善用資訊科技，運用即時動態資料，創新考銓保訓業務，提升政策品質。 考選六、推動國家考試資訊化，善用雲端科技及大數據分析，提升考選決策品質及電子化服務。 銓敘九、配合政府服務創新，提供跨機關資訊整合平台，提升銓敘業務服務品質與效能。 保訓六、……發展網路與實體混成學習機制，型塑公務人員終身學習環境。

伍、重要文官政策議題討論

一、公務倫理與公務人員核心價值[6]

　　監察院王前院長作榮指出公務人員要有擔當、有正義感，重振良善的政風體系。諸如文官不朋比為奸，反官官相護。且以官何會怕民？其理由不外乎（一）怕事；（二）怕錢；（三）怕惡勢力。更進一步指出：「國家之敗，由官邪也。」所以，建議參照蜀丞相諸葛亮治蜀之策，以為殷鑑，即「科教嚴明，賞罰必信，無惡不懲，無善不顯。至於吏不容奸，人懷自屬，道不拾遺，強不侵弱，風紀肅然也。」而守法必自政府及官員始。申言之，當今改革萬事莫如整飭政風急，王前院長認為整飭廉潔政風須從：其一，嚴格的法治精神；其二，嚴正的政治與社會道德；其三，完整的人格要求，公眾人物尤然也（參照王作榮，1996：102-120），斯言至今可參也。

　　依據國際透明組織（Transparency International, TI）公布2018年全球清廉印象指數（Corruption Perception Index, CPI），在全球一百八十個納入評比的國家和地區中，丹麥以88分取代紐西蘭的87分，成為全球最清廉的國家，芬蘭、新加坡、瑞典和瑞士則是

6　蔡良文（2002），國家考試與文官制度——王前院長作榮對文官制度的貢獻與啟發，文發表於王作榮教授與國家發展研討會。

同樣以85分名列第3，挪威則是以84分名列第7。台灣2018年在八個涵蓋台灣之原始資料的計算下，得分為63分，排名全球第31名。在2011年後，台灣整體廉政情況評比結果皆在61分至63分之間，目前正進入穩定停滯期。至於代表政府執行公權力的公務人員則必須具有擔當與執行力，以展現其「能」的基礎工程，方能建構完備的廉能政府。

按實現廉潔效能的政府，首在政治的革新、法制的完備與落實，尤須將公務倫理價值內化至文官體系中。一般而言，公務人員須具有管理性的價值（managerial values）、政治社會性的價值（political social values）與法律性的價值（legal values）。這三項的價值是公務人員對外界所必須達成的目標，即屬公務人員外顯式之價值。至於公務人員內觀式之價值，即行政過程中，公務人員所須履行之個人式價值，有廉潔、誠實、正直、中立等。

再者，公共服務就是一種公共信賴，民眾期待文官能夠公平地提供公共利益，並合理有效地管理公共資源。雖然各國政府均有其獨特的文化傳統、政治與行政系絡，但通常卻面臨著類似的倫理挑戰，在處理倫理議題上也呈現出共通性。經濟合作暨發展組織（Organization for Economic Cooperation and Development, OECD）的國家，普遍定有公共服務的核心價值或所謂的倫理或行為守則，依其普遍性程度，排序前八項的價值分別是：公正無私（impartiality）、依法行政（legality）、廉潔誠實（integrity）、透明（transparency）、效率（efficiency）、平等（equality）、負責（responsibility）、公平正義（justice）。

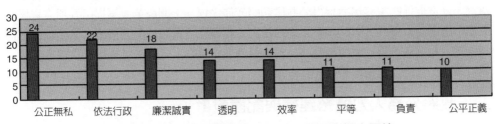

圖3-1　OECD國家最普遍的八項公共服務核心價值

（圖內數字為具有該項公共服務價值的OECD國家數）

考試院於98年第11屆第39次會議通過之文官制度興革規劃方案的首要任務，即是建立文官之核心價值。透過內隱掌握正確的信念與見識，進而導引出外顯的正確言行。考試院參照行政院於97年發布之廉正、專業、效能、關懷四項核心價值，而提出五項文官的核心價值，分別是「廉正、忠誠、專業、效能、關懷」，其內涵略以充實如下：

核心價值	重要內涵
廉正	以清廉、公正、行政中立自持,自動利益迴避,公平執行公務,兼顧各方權益之均衡,營造全民良善之生存發展環境。
忠誠	忠於憲法及法律,忠於國家及全民;重視榮譽、誠信、誠實,並應具道德感與責任感。
專業	掌握全球化趨勢,積極充實職務所需知識技能,熟悉主管法令及相關政策措施。實踐終身學習,時時創新,保持專業水準,與時俱進,提供全民第一流的公共服務。
效能	運用有效方法,簡化行政程序;研修相關法令、措施,力求符合成本效益要求,提升決策品質;以對的方法,做對的事;明快、主動、積極地發揮執行力,以提高行政效率與工作績效,達成施政目標,提升國家競爭力。
關懷	時時以民眾福祉為念,親切提供服務;對人民之需要及所遭遇之困難,以同理心及時提供必要之協助與照護,增進人民信賴感。並培養人文關懷與多元文化素養,以寬容、民主的態度,讓族群間相互尊重與包容,社會更加和諧。

　　考試院期待以廉正、忠誠、專業、效能及關懷之核心價值,祛除官僚負面文化,強調廉政治理、公民性的治理結構,型塑文官優質之組織文化,俾有助於建立有正確決斷力、明快回應力、高度執行力之團隊。如何內化為富倫理的優質文化,是長期應持續推動之艱鉅及具意義的工程也。依據相關先進國家經驗顯示,政府公務倫理法制的健全與落實,係為促進國家善治與獲得公共信賴的較佳途逕。上開興革方案提出五項文官核心價值仍應繼續宣導外,有關統整之倫理法制、相關執行策略或配套措施,必須積極建構與強化。相關做法為:賡續推動「公務人員基準法草案」之立法;提出文官核心價值之執行策略;強化公務倫理相關配套措施等。

二、政府公務人力體系建構與配置設計[7]

　　公務人力體系在落實民主政治和增進治理能力的作為上,除參照Lepak & Snell(1999: 31-48)之彈性人力運用模式與思維外,主要可參依幾個次級系統層級及其相互間之配合,如圖3-2(蔡良文,2008b:79-82):

7　蔡良文(2008),我國文官體制之變革——政府再造的價值,台北:五南圖書出版公司,頁79-82、85-89。

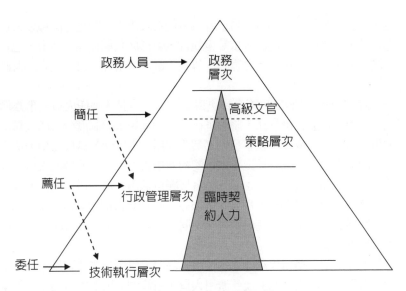

圖3-2　政府公務人力體系建構系統

（資料來源：筆者整理）

　　依圖3-2所示，通常政務層次功能主要決定政府政策和公共資源分配的方向，政務人員須為政策決定負起政治責任；而策略層次、行政管理層次及執行技術層次則是維持政府持續運作之三個層次，這三個層次必須依政務層次所制定的方向運作，不能背離政策方向。其中高級文官群則介乎政務層次及策略層次，扮演關鍵角色（彭錦鵬，2005）。高級文官群之培養，可分為政府強力培育高級菁英及政府扮演市場型態（market type）的協調角色（施能傑，2005）。當然每一層次均有其應負之職能設計，每一層次系統的主要職能定位清楚，扮演不同之政策角色，政府運作之良窳，端賴上述四個層次是否密切結合，更必須思考各層次所需人力本質上之差異，制定完善之人事制度，始能維持、激勵或吸引具有各項職能之人才，如此亦建構政府人力完整內涵與架構。前述契約性進用與憲法有關公務人員任用資格與專技人員執業資格應經考試院依法考選銓定之規定，如何整合聯結與釐正，是必要思考之議題。

　　我國政府機關人員在基本架構上除政務人員外，可區分為常任人員與非常任人員兩大類，其中常任人員制度係以公務人員任用法為主要架構，人員之進用以考試用人為主。至於非常任人員之進用，主要係輔助機關任用體制之臨時用人，非應經常性且長期性政務推動所設，有其期限與目的性，與常任人員之永業性有所區別。

　　契約人力之進用，除人員所具身分均為臨時性及不必具有考試任用資格即得進用外，其餘如設置目的、進用依據、資格條件、敘薪標準、進用期限、考核獎懲、退離撫卹、給假及權益保障等事項均不盡相同。另現行臨時人員所適用之相關法令，均有進用

期限之規定。惟實施多年來，臨時人員已成為方便首長用人之門徑，除機要人員須隨機關長官同進退外，各機關多未能確實依計畫執行，致形成長期存在之情形，已背離非常任制度之建制精神，加上進用管道之寬鬆，導致人數不斷增加，反形成政府財政上沉重負擔。

回顧考試院在92年1月29日政策會議決議：（一）檢討「聘任人員人事條例草案」與「聘用人員聘用條例」合併立法，將整併後之契約進用人力制度分為四大類：機要性質之契約進用人力、專業或技術及事務性之契約進用人力、涉及低度公權力或完全不涉及公權力之契約進用人力、臨時性或定期性契約進用人力；（二）契約人員之進用，應於相關法律中明定公開之甄選機制；（三）各機關擬進用聘用人員，應依機關性質，於職務出缺時，逐步進用，且契約進用人數上限以不超過該機關預算總人數15%為原則。但業務性質特殊機關，報經主管院核轉考試院同意，不在此限；惟各院進用聘用人員總比例，仍不得超過預算總人數15%。

銓敘部依上述決議，積極規劃建立彈性用人制度，研擬完成「聘用人員人事條例草案」，現行「聘用人員聘用條例」及「派用人員派用條例」則擬配合廢止，併案於94年1月28日函送考試院審議。惟考量政府機關整體用人規劃，經銓敘部再行研擬，更名為「契約人員人事條例」並配合廢止「聘用人員聘用條例」，於106年4月22日函送考試院會審議，並於同年5月11日召開全院審查會審查，經決議略以，請銓敘部考量相關人員之法律關係及定位等，併同「公務人員基準法草案」做整體規劃設計後，再行提報考試院審議。

三、高階文官考訓用制度改革

根據OECD國家的經驗，建構獨立的高階文官制度是基於下列理由：第一，建立合作的文化，打破部會各自為政的分裂情形；第二，創設一個更彈性的甄補及僱用條件；第三，釐清政治與行政的分界；第四，促進改革（fostering reforms）。

（一）國外高階文官制度

考試院借鏡歐美各國建立高階文官發展經驗，規劃建構我國高階主管特別管理制度，惟制度無法全部移植，必須配合環境成長，始具可行性，惟其中部分做法仍值得我們參考。說明如下：

1. 競爭性機制方面：按擴大甄補範圍有助於找到更適合的人才，開放外補有也助於形成競爭性的文化，讓保守的官僚體系接受外界的刺激。英國高級文官最大特色之一，就是高級文官的出缺，由傳統的「內升制」改為兼採公開甄補[8]。
2. 考試用人方面：即為獲致最優秀的領導者，在原有人事制度架構下變革，將甄選

8　彭錦鵬主持研究（2005），高級文官考選與晉用制度之研究，台北：考試院研究發展委員會。

機制適度採用公開競爭的方式，尤其是不排除從文官體系以外而來的人才；至於公開競爭取才係依工作分析而得來的工作職能要求，作為遴選的核心標準訓練制度，並且注重高級文官領導才能之培訓[9]。

3. 固定任期方面：高級文官團的制度採用固定任期制後，才能夠使得高階職位的輪替具有制度性的力量，從而防止高級文官久任一職的情況[10]。

（二）我國取得簡任資格條件

1. 薦升簡訓練：本訓練是一種有效激勵的措施，亦是機關首長用人取才的重要管道。爰未來高階簡任職主要透過訓練來達到培育人才目的，如何達到預期的訓練效果，為國舉才以及激勵士氣，遂成為此一培育途徑必須重視的重要課題。其中未來薦升簡訓練規劃方向為：(1)提升訓練成效；(2)職能項目與高階公務人員中長期發展性訓練聯結；(3)跨域協調時數可再考慮增加。

2. 簡任官等員額：91年1月29日修正公布的「公務人員任用法」第17條第2項規定，晉升簡任官等除經簡任升官等考試及格外，亦可經參加晉升簡任官等訓練合格，取得晉升簡任職務的資格。考試院爰於91年6月間訂定薦任公務人員晉升官等訓練辦法，並配合興革規劃方案第4案「健全培訓體制、強化高階文官」，於102年11月25日修正發布該辦法，將參訓資格條件、遴選評分、成績評量等涉及受訓人員重大權益事項納入規範，並增訂受訓名額分配及遴選相關規定，以解決未搭配應具相關學歷及主管職務經驗，易造成簡任人員難以勝任其職務，且經由升官等訓練取得簡任資格者人數眾多，但可獲陞遷者人數甚少所生怨尤之情形。

四、考績制度改革

現行考績制度流於形式，不具激勵效果，無法發揮獎優汰劣的功能，業已阻礙公務體系的正常發展。考試院第11屆曾針對考績制度中有關考核項目未能與工作績效緊密結合、甲等人數比率過高難以凸顯獎勵績優之目的、淘汰機制功能不彰以及個人考績未能扣合機關（或單位）之團體績效等項提出檢討，並擬具「公務人員考績法修正草案」，以強化績效管理思維，該修正草案於101年10月18日函送立法院審議，惟因其中所訂丙等退離機制與人數比率等條文未取得共識，而未完成審議。

其後，銓敘部經召開多次公聽會及徵詢專家學者、機關代表之意見後，於107年復重行研修「公務人員考績法」。本次考績法之修正，並基於年金改革後著重正向激勵公務人員戮力從公之考量，酌調研修面向，於107年9月25日，再將「公務人員考績法修正草案」函送立法院審議，目前尚未完成審議程序。

9　郭倩茜（2011），我國高階主管特別管理制度之規劃策略——兼論英、美、荷、韓四國與我國之比較，文官制度季刊，第3卷第4期，頁77-104。

10　彭錦鵬（2007），高級文官團制度之聚合趨勢，歐美研究，第37卷第4期，頁635-679。

本次草案修正重點為：（一）將績效管考精神納入考績宗旨，並本覈實考評之旨採計考績任職年資；（二）由各主管機關或其授權之所屬機關自訂考核細目，以符機關實際考評需求，俾益提升績效表現；（三）增訂優等等次，貫徹獎優激勵之積極性目的；（四）明訂丙等退離機制，並使其具有輔導改善功能，十年內三次考列丙等予以資遣或依規定退休，而受考人考列丙等後，十年內一年優等或連續三年甲等可抵銷丙等記錄一次，以作為不適任者之退場機制；（五）明訂考列各等次之條件，俾使考評標準明確化，提升考績作業之公正、客觀性；（六）增訂團體績效評比結果得作為考績之參考，型塑團隊合作之組織文化；（七）納入面談雙向溝通機制，深化績效考評之信度及效度，進而提升整體行政績效。

本次修法除延續過去歷次修正草案之精神外，並考量考績作業實務執行面之可行性；是以修正草案仍維持乙等年終考績晉級及升職等規定，並考量現制軍人、教師及司法官等尚無相當甲等或丙等人數比率限制等衡平性，且現行銓敘部部長及行政院人事行政總處人事長聯名箋函已能有效控管各機關甲等人數比率上限，爰不明訂各等次人數比率，但明訂各等次條件，避免僵固侷限，俾回歸考績覈實考評本旨。整體而言，本次考績法之研修，期望充分發揮考績獎勵、發展、輔導、汰弱、懲處之功能，一方面獎勵績優公務人員，發揮考績正向功能；另方向亦透過落實公務人員績效管考，提升政府服務品質及行政效能，以重塑文官形象，俾使優質公務人力，成為提升國家競爭力之重要力量。

五、退休年金制度改革

（一）退休年金改革背景及立法精神

近年我國因國家人口結構改變（人口老化及少子女化雙重危機）、退休人數累增、退休年齡逐漸下降，致政府及退撫基金財務支出壓力與日俱增等困境，不得不對公務人員退休及撫卹制度進行合理妥慎的調整。以目前我國所面臨無法逆轉的人口老化現象，加上日益增加的政府財務負擔，如不及時採取年金改革措施，未來只會付出更大的代價。當然年金改革仍須其他配套措施，如：提升投資績效。106年8月9日總統令制定公布自107年7月1日施行之「公務人員退休資遣撫卹法」（以下簡稱「退撫法」）主要改革背景、過程、立法精神及內容大致如下：

1. 改革背景

自84年7月1日起，退休金準備責任制度從恩給制轉換為儲金制，並由政府與公務人員共同成立公務人員退休撫卹基金（以下簡稱退撫基金）支應退撫經費，實施迄今二十一餘年來，由於客觀情境已迥異於退撫新制建制之初，以致政府對於公務人員退撫經費之籌措，日益困窘；退撫基金所需退撫財務支出亦年復一年增加，爰就公務人員退撫制度重加檢討並力謀改善。主要分二層面觀察之。其一，內外環境的變化：首先，

人口結構急速改變，按以我國人口逐漸老化加上近年公務人力發展趨勢，退休公務人員數，大於相對初任公務人員，形成退撫基金之退撫支出逐漸擴大，收入則逐年減少，以致政府與退撫基金之經費支出壓力與日遽增；其次，公務人員退休年齡偏低，即退休公務人員平均退休年齡呈現下降趨勢，加上國人生命餘年增長及人口結構快速高齡化，已使公務人員退休給付年限增長；再次，公務人員自願退休比率提升，依銓敘部及基金管理會統計資料顯示，公務人員「自願退休比例偏高」；間接有政府機關菁英人力提早離開職場而影響政府機關之經驗傳承與競爭力提升之疑慮。

其二，制度設計未及調整：首先，退撫基金長期不足額提撥，衝擊基金永續性上，即退撫新制係採確定給付的給付機制，加上不足額提撥政策，導致退撫基金規模已逐漸縮減；其次是退休人數持續累增上，由於退休人數持續累增，致政府對於公務人員退撫經費之籌措，日見困窘，亦導致退撫基金之財務收支，產生失衡情形。

2. 改革過程

在經過100年延後月退休金起支年齡之改革後，銓敘部研擬退撫法草案函陳考試院審議通過後，於102年4月11日函請立法院審議；惟迄至立法院第8屆委員任期屆滿前仍未完成立法程序。105年蔡總統英文上任後，成立總統府國家年金改革委員會，以改革國家年金體系，永續發展公共年金制度為其設立目的，並將公務人員退撫制度納為國家年金體系改革之一環。因此，銓敘部再考量公務人員文官制度永續發展，配合國家年金改革政策，並參酌世界先進國家公部門退休年金機制之改革經驗（多採行延後月退休金起支年齡、調降退休所得替代率，分散退休金準備責任，並兼顧國家資源之合理分配），研提「退撫法草案」，並經立法院相當幅度修正而三讀通過。

3. 立法精神

茲就其改革意旨及內涵，其立法精神略以，其一，考量已退人員因應經濟變動之能力，採循序漸進方式，將其納入調降退休所得之範圍，俾一方面逐步調降屬於政策性福利措施之優惠存款利率，並給予最低金額之保障；其二，針對現職人員部分，採多面向及漸進式之改革措施；其三，規劃中長程目標，針對109年7月1日以後新進人員之退撫制度，喻示應重行規劃並另以法律定之；其四，納入人道關懷、照顧弱勢精神；其五，促進公、私部門之人才交流，保障公務人員離職後原有任職年資權益，增設職域轉換之年資保留及年資併計領取月退休金機制。

（二）年改後之公務人力運用初評

針對公務人力未來趨向老化問題部分，公務體系如何因應解決？至少可分為四個課題。

1. 公務人力運用上，由於年金改革大幅調降退休所得，將可能造成人員久任（尤其是簡任人員），影響年輕人報考國家考試意願及機關人力新陳代謝，未來，應訂

定人事等其他配套措施，以兼顧現職與新進人員的衡平與權益。

2. 年齡管理上，政府部門應配合退休年齡改革，修改工作期間的訓練、遷調；對於組織內不同任職年資與年齡的現職者，進行不同的重點溝通；至於新進人員，則提供公務生涯規劃發展前景，並預爲規劃安排。此外，政府應能考慮於適當時機調整待遇，以鼓勵現職同仁，在不增加政府未來退休金支出的前提下，調整專業加給。

3. 強化公務倫理方面，對現職人員而言，應積極了解年金改革對其生活安排、士氣等可能之影響，並加強對現職公務人員的關懷與激勵，減少年金改革對現職人員與組織文化之影響。

4. 推動老化健康活躍，成爲「清高老人」：年金制度提供老年基本經濟安全的保障，健保與長照則提供基本醫療保健的照顧，至於老人休閒、學習與無障礙生活空間或交通設備等亦至爲重要。銓敘部應與相關公務人員退休協會合作，並配合長照制度，或可解緩年金改革對高齡老人的衝擊。

陸、結語

　　回顧各國在建立一個集全國菁英於政府的文官體制，培養公務人員具有卓越優質的服務熱忱、對民眾需求有其預測力、回應力及能準確預測環境變遷方向的能力。在民主國家之文官體制應是一個不受政黨輪替與政治變遷影響，仍能穩定運作的關鍵力量；加諸全球化與政經社文科環境的衝擊，包括天災、疫情的挑戰，政府必須有更大的責任與能量，加速推動重構現代化的文官體制。所以，高效能、高素質之文官團隊與體制，才是政府施政能夠產生最大效能的基石。

　　綜之，在全球化、資訊化及知識經濟的時代裡，政府應提升施政績效，而文官體制的整建與變革，至爲關鍵，亦是考試院基於主管機關立場責無旁貸的重要議題。而考試院於每屆之初，擬訂國家文官具體施政綱領與方案主要作用，俾利考試院憲定職掌，能在有計畫及有步驟的情形下逐步進行，更有助於相關國家政策的實現。故而文官法制革新，非僅公部門體系內的人事管理問題，亦必須能體現外在政治、經濟、社會、文化、科技環境的變化與重要，確實提升文官素質與能量，增進國家競爭力。

（本文主要爲作者撰寫108年國家文官學院簡任升官等訓練教材；部分內文配合法制動態，略做修正。）

壹、前言

　　古云：「明主勞於選人，而逸於任賢。」即謂選人是人事行政的基礎，行政首長辛勤地選用適當人才，使政府機關內，非但賢者在位，能者在職，一般平庸愚劣分子無法容身，且行政首長可減輕很多負擔，全力推展政務（唐振楚，1965：97）。又強國之道在於法治（rule of law）之建立與執行。蓋人才乃政治之動力，國家之柱石；法度為國家之威權。登進人才、修明法度，人治熔於法治之中，乃建國之要義。所以考試權之實際運作，不僅關係憲法上所規定國民享有之應考試服公職之權，亦關係到政府能否拔擢人才，建構「選才、育才、用才、留才」之人力運用機制，提高行政效率與效能，增進人民福祉。

　　任何國家之憲政體制建構，均有其立憲精神，在所有憲定事權中，均離不開「權力分立原則」（doctrine of separation of powers）之設計與安排，然歐美先進國家之「三權分立」，或晚近美國聯邦行政機關（或官僚體系）所形成之第四權（the fourth branch of government），均有別於中山先生獨創之「五權分立」之憲政體制[1]，且以「五」者為易理卦爻中多功多成之數也[2]。在歐美權力分立的大思潮下，我國五權憲法架構受到挑戰與衝擊，解嚴後經歷多次修憲，考試權之內涵與行使也做了部分的修正，調整運作至今，也歷經兩次的政黨輪替，期間也經歷無關體制之變革與考試權運作之調整，應進一步去評估，了解其發展脈絡。

　　按以民國89年台灣地區首次政黨輪替，民進黨執政時期，由於主張三權分立憲政架構，無疑對考試院是一項衝擊。[3]回顧考試院上述期間在推動文官制度過程中，在功能

1　本文早於99年3月25日（星期四）至29日（星期一），在馬來西亞檳城舉辦的「孫中山與黃花崗之役——庇能會議與海外華人」國際學術研討會中發表。

2　中山先生領導國民革命，歷經十次起義，終於產生亞洲第一個民主共和國體制，易理之以革卦為代表：按革乃水火相息，巳日乃孚，革而信之，喻「天地革而四時成，順乎天而應乎人」，且以革新的政績證實政府信用，譬喻本卦是離火革兌金，我們見金被鎔化以為是破壞，及見到鎔後的金器，才相信這鎔化的工作並不是破壞，故曰巳日乃孚，革而信之。當革的時候而不革，便是違天理，悖人情，所以在當革的時候，必須要革，故曰革之時大矣哉！又本卦變法與成功的因素同其第五爻。乃謂「九五以剛明之資，居中履正，為有孚之微」也。

3　但考試院配合政府改造，推動文官制度之改革，卻不是因為面臨存續危機後才發動。論者認為，通常任何組織競爭存在的條件，決定於國家體制功能，與國家資源分配上，但當時考試院存廢的關鍵並非僅在

上與資源分配上，其評價是正面的。在首次政黨輪替前考試院所做之文官制度改革，其指標如政治民主化影響文官政策內涵、依憲政改革釐定考試院職權、增設公務人員保障暨培訓委員會、強調公職利益迴避與行政中立、廢除甲考而建構循序漸進的各等級特考架構，開辦身心障礙特考，重構原住民族特考等，以及軍公教人員之退撫制度的重大改革等，皆是重要成果。再於97年再次政黨輪替，重新由國民黨執政，一切又回到憲政主軸，亦是重新思考考試權之發展的關鍵時期。[4]

綜之，在政治變遷中，對五權憲政體制之衝擊，似乎已降至最低，而政黨輪替已成常態之運作，倘再就全球化風潮下，民主化橫掃全球，而歷經911恐怖攻擊事件，[5]重大天然災害與海嘯風災後，似乎讓世人重新思考現行西方民主體制的應變能力。朱雲漢在「全球進入政治體制多元競爭時代」一文中（2010：A18）指出略以，非西方世界開始全面崛起，而新興民主政體由於內部運作機制未克正常執行，出現危險與崩解情勢，未來世界如何因應環保節能低碳經濟與控管巨大的三災及大不同調的自然災變的大挑戰，何種政治體制能勝出尚難預料。復就學術研究論，將中山學術研究之重心置於全球化方向研究，深獲高教評鑑中心之肯定；且以全球化不是同質化或趨同化；全球化亦不等於西方化等命題本質而論（曹俊漢，2009：V、1-16），據此中山先生政治思想與政治體制是一個值得重新深思的議題，其中就未來考試權思想的發展則是筆者關心的議題。

貳、中山先生考試權思想與建構

台灣地區憲政運作過程中，有關考試權之獨立行使之意涵、考試院的組織與職權之設計是否理想可行，一直是爭論不已的課題。中山先生五權憲法理論主張政權、治權釐清區劃，而以國民大會為最高政權機關，治權機關則五權分立。其中尤為特別者為監察院及本文論述焦點之考試院。按各國多數公務之規劃與執行，均操於官僚體制文官手中，無論由多元政體（主義）（polyarchy）、菁英理論（elite theory）、馬克思主義理論（Marxist theory）與統合主義理論（corporatist theory）的研析，均不難看出官僚體制之獨特性與優越力量，為獨立自主的機制。[6]易言之，健全文官體制，為使我國加速邁

於此，而尚包括於意識形態之爭執上：一種價值抉擇的議題。考試院組織是否健全？功能運作是否無可取代？在職掌範圍內之資源分配是否客觀公正？在國人心目中其聲譽是否崇高？是否深植人心？

4　文官制度入憲，將考試權從行政權抽離，是世上獨有的制度，也為我國之政治經濟發展及政黨輪替時的政治穩定，留下不可磨滅的貢獻。

5　全球化定義多種，最普遍者認為是一種發展的現象（Giddens, 1999），而911事件後，對全球化有新的思維與挑戰（Held & Mcgrew, 2007）。筆者不反對全球化思潮，但不可忽略本土化議題，即應就其性質而有所取捨，方是正道。

6　國內政治變遷快速，多年來除了探討三權或五權體制架構外，如何使官僚體制能更具民主性、回應性，當為重要課題。因為誠如史特勞斯（E. Strauss）所言：「現代人必須生活在現代官僚制度的巨靈之下，問題非在如何將它宰製，而是如何使它馴服。」

向現代化道途的重要法門也。五權憲法是參照中山先生之建國理念所制定，而中山先生思想則承襲中國傳統政治制度與文化，其立憲之精神與內涵，似以德治爲體，民主與法治爲用（桂宏誠，2009：250-278），尤其是考試權建構的思想底蘊必然重視德治與善治也。茲分就考試取士之思想與考試權獨立行使之作爲暨現行考試權在制度設計上之轉折，略加分析。

一、傳統考試取士之思想要析

春秋以降，官守世襲，仕者世祿之制，雖趨式微，但仍爲貴族社會所牢守（楊樹藩，1982：2）。惟因戰亂不已，致社會的流動，產生一種新士人階級，社會上發生許多學派，培養不少士人（余英時，1982：32-36）。士人階級中，如墨子謂：「官無常貴，而民無終賤，有能則舉之，無能則下之。……」（張純一，1975：67）荀子云：「先祖當賢，後子孫必顯，行雖如桀紂，列從必尊。」復云：「以世舉賢，雖欲無亂得乎哉？……。」（楊家駱，1976：301-302）於是強烈呼籲：「雖王公士大夫之子孫，不能屬於禮義，則歸之庶人。雖庶人之子孫也，積文學身行，能屬於禮義，則歸之卿相士大夫。……。」（楊家駱，1976：301-302）雖士人有滿腹經綸之才，然難有脫穎而出之困境，但他們主張之「賢者在位，能者在職」，要求人君「尊賢使能」。此種口號很快傳布天下，終動搖貴族政治（薩孟武，1969：55），亦爲文官體制奠立之理論含因。迨秦有天下，廢除封建，世官既已不存，代之而有公開取士之制（楊樹藩，1982：3）。就官僚制度言，於秦時已具有雛型，至漢武帝時乃見確立，均在掄拔人才，以蔚爲國用。前述人才之構成要素有德、才、學、識。在我國考選制度史上，因不同階段有不同之功能與價值取向。當今之世，政府「要建國，不能不有人才。一個人的智識道德，不僅繫乎一生之成敗，且影響到民族之興亡」。古人云：「得人者興，失人者亡。」此乃真言。「須有感於世界新潮之來襲，政府與學人應有先見之明」（張君勱，1969：346）。凡以吉凶必先有其兆，如何先機而發，或俟機而動，乃爲政者不可不察者。

再者，古人爲國愛才，破格提升的，如李綱之舉宗澤，宗澤之識嶽飛，此種識拔下士於眾人之中的歷史，可以說是前後接踵、不遑枚舉。而古人爲國求才，更是「外舉不避仇」，其舉仇重用的如晉祁奚之舉解狐、韓信之用李左車等史蹟，實亦指不勝屈。尤其舉賢自代的，如公叔文子使其臣大夫僎與文子同升諸公；如鮑叔進管仲於桓公，而且自己願以身下之。是故管晏列傳中云：「天下不多管仲之賢，而多鮑叔能知人也。」此種所謂「成功在子何殊我」的雅量美德之偉大人物，更是史不絕書，這亦就是成大功、立大業、開國中興的大將，必不可少的一種器量和德性（蔣中正，1967：168-169）。易言之，今日政府需用人才，其相關法制在於考試法、任用法、陞遷法等，如何能傳承古代取士用才之精隨，則執事者必時時切記者也。[7]

7　因人才者，爲具有專業知識經驗、組織、領導才能、綜合規劃決策及有氣節、有操守、有擔當的才俊碩

　　要之，我國考試取士之思想與價值標準，有悠久傳統，其間所不同者，只是重視之層面、程度上的差異，各代有其共同之特質存在，且有明顯的脈絡可尋，爾後當另為文論之，於茲從略。

二、考試權思想之淵源與制度設計轉折概析

　　考試權思想在中山先生政治思想體系中，占有極重要之地位，可由主張考試權獨立，使與行政、立法、司法、監察四權立於平等地位，予以證明。[8] 而學者研究指出，五院之間的互動關係，非如三權之下的分權與制衡，而係採「事」與「人」二元化的分工與合作機制（蔡良文，2005a：35-61）。易言之，五院之互動關係，呈現之分權結構為：

（一）行政、立法、司法三院，採納三權之分權模式，以「制衡」關係為其運作主軸。

（二）行政、監察、考試三院間，係沿襲自中國傳統的政治制度，超越黨派政治，對政府「用人」進行考核與監督。考試權負責公務人員的考選與銓敘，管控政府公務人員晉用語進階的「引進（甄選）」管道。監察權則職司風憲，摘奸發伏，負責彈劾，糾舉不適任的政府人員，糾正其政策錯誤，並管控著公務人員的「淘汰（退場）」管道。行政、監察、考試三院之間，係以「分工合作」為其運作主軸，其運作關係如圖4-1：

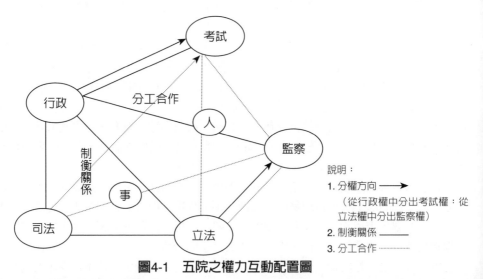

説明：
1. 分權方向 ——→
　（從行政權中分出考試權：從立法權中分出監察權）
2. 制衡關係 ——
3. 分工合作 ⋯⋯⋯

圖4-1　五院之權力互動配置圖

（資料來源：周陽山，2010：559-560）

　　彥之士。再予區分，則政務官與高級文官首重其器量、德性、學識俱佳者，常務文官重才能與學識俱佳者，而契約進用之臨時性人才應注意其特殊性，故凡能得人用人之體制，則政府有能，國家必強也。

8　按整個五權憲法學說承襲固有傳統政制者，乃以考試、監察最為顯著。考試權行諸久遠，自隋唐開科取士以還，其主要功能，如普及文化、統一價值體系、增速社會流動，打破階級、官人有定準等。

在「事權」與「用人」的二元分工機制下，五權憲法之運作，其一，按照西方「多數民主」與「分權制衡」的憲政主義原理，自中央至地方，層層節制，形成完備的三權制衡體系，以確保民主機制的有效運作；其二，則賡續中國傳統獨特之考試與監察兩制，在中央設立考試與監察兩院，並結合現代民主體制的運作規範，使其從「人民監督」與「分工合作」角度，確保「善治」理想的落實（周陽山，2010）。

現行憲政體制中考試院之設置，可以說直接採納其精神與原則。孫中山先生主張考試權獨立之理由略有：（一）以考試濟選舉之窮，即考試不只限於下級官吏尚包括公職候選人（孫中山，1981a：205-206）；（二）造成萬能政府的必要條件，五權憲法之設計重於五權之分工，倘行政權過度膨脹，非其主張，他說：「這考試權如果屬於行政部，那權限未免太廣，流弊反多，所以必須成了獨立機關，纔得妥當」（孫中山，1981a：205-206）。至於考試用人之理由略有：（一）考試用人最為公允，在政治制度之運作更具深遠的意義；「采（採）用五權分立制以救三權分立」（二）考試用人足以拔擢真才，使有才、有識之士，廣為進用，庶可澄清吏治，達到「野無抑鬱之士，朝無倖進之徒」（孫中山，1981b：3）之理想。

由於學者引述中山先生不同文獻（告），而有不同認知，有認為孫中山先生所主張之考試權不包括銓敘等人事行政權者，大多為法政學者；而認為孫中山先生所主張之考試權應包括銓敘等人事行政權者，則多為研究五權憲法之學者專家。惟以何者為宜，或宜做如何劃分、釐清，有賴吾人採擇與設計。

按考試權之範圍溯及中山先生對考試權內涵界定，主要見諸各重要文告、法規中，即早在民國前7年（1905年）之「三民主義與中國民族之前途」一文指出考試機關設置之必要性；次見民國前1年（1911年）之「大總統公布參議院議決臨時約法」中；民國3年（1914年）之「中華革命黨總章」第31條規定：考試院職務如考驗任事資格、調查職員事功定其勳績等，已將銓敘行政業務涵蓋其中。

復且中山先生未曾擬定過具體的憲法草案，但就目前所知的歷史文獻中，葉夏聲曾在民國12年（1922年）6月依中山先生之命，草擬了一部「五全（權）憲法」，當可視為最符合中山先生理念的憲法草案。根據葉夏聲所稱，該草案完成後即進呈中山閱覽，而「先生覆書聊致慰勉。……竊幸前作，猶未至叛離先生之本意」，[9]且該憲法草案研

9　葉夏聲為廣東番禺人，1905年留學日本法政大學，並參加同盟會。1912年任南京臨時政府秘書，1913年任第1屆國會眾議院議員，「二次革命」失敗後流亡日本，並為孫中山的秘書。1917年9月任南方的大元帥府秘書，軍政府代理內政部次長等，1922年第二次恢復國會時，再任眾議院議員，後任廣東法政專門學校校長、廣東高等法院院長等職。上述葉夏聲的簡介，係大陸學者臧運祜的部分考察結果，他並依此認為葉夏聲和孫中山的關係應是非常密切，詳見臧運祜（2005），孫中山先生五權憲法的文本體現——葉夏聲「五權憲法草案」研析，文輯於曾一士總編輯，第八屆孫中山與現代中國學術研討會論文集，台北：國父紀念館，頁273-274。葉夏聲（1991），五全憲法，引自繆全吉編著，中國制憲史資料彙編——憲法篇，台北：國史館，頁225。原文或為誤印為五「全」憲法，對此稍有修正者，可另參沈雲龍主編（1981），中華民國憲法史料，台北：文海出版社。有關之評價可參見關中（2009），文官制度與考試院，文載於繼往開來，贏得信賴，台北：考試院。

擬的時間稍晚於孫中山演講「五權憲法」，故對於掌握中山的五權憲法理念，應具有相當程度的參考價值（參照關中，2009：167-195）。

　　葉夏聲所擬的「五全（權）憲法草案」，分成九章共七十二條條文。這部憲法草案將「國民大會」規定在第1章的「總綱」中，且在條文中同時提到五院時，考試院則列為五院之首。不僅如此，該憲法草案的第2章章名即是「考試院」，而該章所規定的考試權多規定舉辦官吏之考試，而且以該章共規定十二條，亦屬各章中條文數最多者。且以該草案第17條及第23條規定略以，[10]其中所述相關之官制，以及上述民國3年「中華革命黨總章」規定包括銓敘行政業務脈絡，應可推論包括任用以降多項人事行政之事權，且包括民選首長、議員等公職候選人資格之檢覈事項。[11]因此，我們便可以此來推斷，在中山先生的憲政理念中，考試院實具有非常崇高的地位。

　　當然，中山先生之中央政府體制設計，即宜認定為：唯一的政權機關為國民大會，而治權機關之五院，除司法院應秉持公（正）義、獨立原則之仲裁機關外，其餘乃是各有專司、分工合作的，其理念與現行憲法對中央政府體制之設有別，尤其在國民大會虛級化，及完成「精省」後之精簡政府組織層級時，五院之互動關係，其與中山先生理想之國家政府體制設計，有更大的落差，當然更重要的五權體制目前僅施行在台灣地區，其可能影響值得評估，至於其未來走向，亦值得深思。

參、考試權在現行憲政體制之設計與運作

　　按研究制度應如傅宗懋教授所云：「非僅在說明此一制度之為何，更應說明其如何運作及其功能為何。否則不過霧裡觀花，難見真貌」（傅宗懋，1967：2）。即以要真確認識制度，應注意歷史源流與其生態環境，知其來龍去脈之演化及其著重巧能運作的實象分析。當然，制度之運作與變革，除主客觀環境因素之影響外，人的因素扮演重要的角色。吾人認為制度之設計，除注意防弊外，尤應重視其積極興利之功能，五權體制亦然。當然，良善的制度設計，必有賴決策階級（包括行政系統與國會系統）的忠實執行。

10　第17條：「考試院為中華民國最高考試機關，有舉行考試甄別資格，及分派各省地方主試，並監督管理之權。」第23條：「考試院官制及其他規則，另定之。」
11　在我國有關公職候選人檢覈自民國69年起實行，其檢覈類別由地方擴及至中央，惟自83年起至90年2月止，因立法院介入，僅對民意代表候選人之學歷資格審查或各級民意首長再分別加列行政經驗條件之簡便檢覈規範亦被迫全面廢止。據此對於部分學者主張「中央選舉委員會」改隸考試院之建議的可行性，在此政治氛圍下，可謂難上加難矣！

一、考試院憲定職權在權力分立上之分析

　　行憲後考試院之職權係承接訓政時期考試院而來，[12]亦包括考選與銓敘兩者，屬於廣義考試權。民國31年制定之「人事管理條例」第1條規定：「中央及地方機關之人事管理，除法律另有規定外，由考試院銓敘部依本條例行之。」確立考試院具有主掌全國人事行政工作之地位。民國36年憲法施行後，考試院乃為憲定機關之一，機關體制趨向合議制，設置考試委員並裁撤考選委員會，改設考選部。考試院的職權主要係依憲法第83條規定，掌管國家考試、任用、銓敘、考績、級俸、陞遷、保障、褒獎、撫卹、退休、養老等事項。81年至83年間，為解決自民國56年以來，行政院人事行政局[13]與考試院銓敘部均掌人事權之雙軌制窘境，因而有第一次憲法增修條文第9條之出現，當時修憲原意，乃在限縮考試院之職權，而將部分人事行政權及相關業務移轉至行政院人事行政局（以下簡稱人事行政局）或授權各行政機關。然而，自修憲之後，考試院職權與組織不僅未見縮減，反而擴大組織編制，並對相關職權之自我界定與行使方面更積極與擴大，除凸顯其於憲法中的「正統」地位外，更彰顯考試權的價值與意義。

　　依現行憲法之設計考試院為一獨立超然的合議制機關，依「考試院組織法」，以及「人事管理條例」規定，考試權運作中之人事人員獨立自成系統，為事權統一之管理體制。茲就行憲以來考試權之功能運作，分從權力分立觀點與銓敘部和人事行政局權責分工兩方面，略加分析。

（一）權力分立觀點

　　考試權落實到實際制度時，是否一定要採「五院平行並立」、相互聯屬、無傷統一的觀點？或是宜採相互制衡或相互合作的觀點？學者間看法不一。依筆者觀察，先進國家之人事職權，多由獨立超然的機關行使，如美國功績制保護委員會（Merit System Protection Board）（Klingner & Nalbandian, 2003: 10-12）、英國文官委員會、日本人事院等。惟其組織層級尚非內閣層級。按權力分立之目的，原在防止國家體制中任何屬性權力侵及民權；從分權與制衡的原則，及中國人傳統思想價值觀而言，將屬於廣義行政權的考試權分出規劃設計，是合理可行的。又五權分立在權力制衡關係上，較諸三權分立複雜，為期憲政運作順暢，理應相互分工與合作，彼此尊重，以維憲政秩序。當然「行政」與「立法」之互動，依然為五權憲政運作之重心與主軸，司法權為紛爭之最後仲裁者；其餘兩權，則扮演輔助性角色。[14]於此，僅先說明五權分立之「權力相互作

12　考試權之實際運作，民國17年底北伐完成後，進入訓政階段。訓政時期考試院之職權，除考選權外，又有銓敘權（見「中華民國國民政府組織法」第5章）。

13　民國101年2月6日配合行政院組織改造，改制為「行政院人事行政總處」，以下同。

14　西方三權思想，係建基於對統治者之不信賴，因此建構權力分立與制衡的配套設計；而五權分立之說，則著重於機關間相互聯屬，平行並立，各司其職，以建構有效能的政府。五權憲法緣自中山先生之五權分立思想，在憲定權責劃分，乃至歷次修憲後之五權分立情形，其發展脈絡，的確值得進一步釐清。

用與制衡」關係，其間有憲法明文規定者；有經大法官闡釋憲法條文予以釐清者；有大法官依據「憲法之精神」積極匡補、續造者；亦有現制下關係不明，猶待以解釋闡明或以修憲補充者。當然大法官有關五權憲政之「權力分立原則」之解釋，依其發揮之主要作用，可分為「水平分權」、「垂直分權」、「權力相互制衡」、「權力相互尊重」、「維繫憲政體制」以及「司法審查權限」等六大類（湯德宗，2002：280-302）。其中有關權力相互制衡中，關於「考試、立法兩權關係」之解釋案，在釋字第155號解釋從寬適用「法律保留原則」；釋字第268號解釋則嚴守「法律優位原則」，雖自憲法角度解釋似有不足，但至少進一步強化上述兩權運作原則。總體而言，在行憲六十多年以來五權憲政運作尚稱順暢，在歷經七次修憲後，已然對立憲精神與架構做了大幅更動。又此時正值國內民主鞏固之際，如何在過渡時期中尋求權力分立之穩定發展，值得賡續關心的。

（二）銓敘部與人事行政局權責的分工

依照人事管理條例規定中央及地方機關之人事管理，除法律規定外，由考試院銓敘部依該條例行之。惟依「動員戡亂時期臨時條款」規定設立人事行政局以還，人事管理權因之割裂。人事行政局主管行政院所屬各機關之人事業務，雖未全然違法，至少發生權限競合問題。目前有關銓敘行政由銓敘部掌理，與人事行政局之設立，在形式上確實易予人有機關重疊、權責不明，甚至有侵犯考試院職權之嫌。[15]另就兩者實際職權運作，其共有項目多同，所不同者為職權行使範圍不同、權限不同，且人事行政局往往依照「行政院所屬各級人事機構設置管理要點」辦理，而忽略「人事管理條例」規定等，在行政程序法施行後，上述要點之效力為何，有必要加以正視。雖然由銓敘部與人事行政局按月舉行業務會談，對雙方溝通、協調有正面功能，但其合憲性之維持仍須重視。

二、憲政環境變遷考試權的職權規範分析

國民大會於89年4月24日完成修憲重任，陳前議長金讓於閉會前發表「憲法的傳承，歷史的開創」指出：國大修憲證明國內政黨政治已逐漸成熟，雖然修憲過程曲折複雜，至少完成精簡政府組織層級與國民大會虛級化等成果（陳金讓，2000：2）。當然也有部分人士或學者宣稱：「修憲後是爭議的開始。」或謂台灣地區充斥「意識型態思

15　茲就其實際運作情形，分兩方面述之：（一）人事管理系統方面：目前銓敘部主管總統府、立法、司法、考試、監察四院及其所屬各機關人事管理業務，係透過各機關人事機構為之，並非直接管理各機關人事業務；人事行政局主管行政院所屬各部會局署、直轄市、縣（市）政府，及公營事業機構之人事管理業務，亦係透過各機關之人事機構為之。自形式觀之，銓敘部行使之範圍廣，惟實質上則反之，且差距極為懸殊，約莫百分之五。所以考試院如何賡續加強與行政院之溝通，以發揮銓敘行政功能，亦為急務。（二）事權劃分方面：考試院關於所掌事項，得向立法院提出法律案，具有提案及修改考銓相關法案權。而人事行政局對人事政策及人事法規，只有研擬、規劃、建議之權，既無決定權亦無提案權。而考試院對人事行政局之工作亦有監督權。此乃關切考試權發展人士所關注的主要問題之一。

考模式」。事實上，我們認為我國已經進入公民社會與民主鞏固的時代。茲檢視憲法暨其增修修文有關考試權規定如下：

（一）有關考選方面

1. 公務人員之選拔，應實行公開競爭之考試制度。非經考試及格，不得任用。（憲法第85條）
2. 公務人員任用資格與專門職業及技術人員執業資格應經考試院依法考選銓定之。（憲法第86條）
3. 人民有應考試服公職之權。（憲法第18條）

上述憲定職掌主要落實於「公務人員考試法」、「專門職業及技術人員考試法」等相關規定。而目前為人質疑者，即公務人員非經考試，不得任用？專技人員非經考試不得取得執業資格？究其原因，質疑者不在考試本身，而在於考試方式與方法不夠靈活，未能配合各類人員之特質與需要，做彈性規定與運用。

（二）有關銓敘任用方面

1. 公務人員之銓敘、退休、撫卹之法制及執行事項。（憲法增修條文第6條）
2. 公務人員任免、考績、級俸、陞遷、褒獎之法制事項。（憲法增修條文第6條）

上述規定，較為人爭論者，如考試與任用應合一或配合？人事一條鞭制度是存是廢？中央與地方文官任用制度合流或分軌以及績效管理引入公部門考績制度內等問題，事實上是有討論空間，如需改革，必須配套行之。

（三）有關保障、侵權責任方面

1. 公務人員保障法制及執行事項。（憲法增修條文第6條）
2. 中央及地方官吏之銓敘、任用、糾察及保障事項，由中央立法並執行之，或交由省縣執行之。（憲法第108條）
3. 另廣義公務人員之法官，有關終身職保障。（憲法第81條）

上述規定，值得討論者，如是否須在憲法上明白宣示公務（人）員之保障原則及保障之程度？公務（人）員之保障是否宜與法官之保障做同等或類似文字上之規定？有關國家賠償責任之銜接或是否與保障規定相融合？均可再探討分析（林明鏘，2000：6）。

4. 凡公務（人）員違法侵害人民之自由或權利者，除依法律受懲戒外，應負刑事及民事責任。（憲法第24條）

（四）憲法其他有關規定

1. 考試院院長、副院長、考試委員，由總統提名，經立法院同意任命之。（憲法增

修條文第6條）

2. 考試院關於所掌事項，得向立法院提出法律案（憲法第87條），有關考試院（暨所屬部會）提出之法律案，包括預算案。

3. 考試委員須超乎黨派以外，依據法律獨立行使職權。（憲法第88條）[16]

要之，為因應改後的政治生態與憲政運作，國家領導人與執政者應能在現行憲政架構下，讓考銓機關賡續在憲定職掌範圍，選拔各類國家建設人才，建立合理的專家政治體制，強化功績制原則，並賦予迴避政治力的行政中立內涵、保障文官權益、增強人事行政運作機制，共同提升公共服務品質，提高國家競爭能力。

肆、政府再造對考試權之影響分析

自我國近年文官體制的發展觀之，其過程受公法及公共管理思潮、先進民主國家文官體制發展、國內政府再造（reinventing government）與良善治理（good governance）思維架構的影響，茲舉其要分述如次。

一、民進黨執政時期對考試權之影響

89年民進黨執政之後，對國民黨推動之政府再造方案未能承續，而另啟「政府改造」的思維，主張以「三權分立重建小而有效率、權責分明的政府」，擬將五權整合為三權之政府運作體制，認以現在考試院所掌理的考試與銓敘兩種權力，本來就是人事行政權，是行政權所不可分割的一環。將考試行政與其他行政權分開，妨礙行政效率。且以銓敘行政本無獨立行使之必要或可能，需要獨立行使者為狹義之考試行政，只要設立獨立運作的國家考試委員會，就可達其目的。根據上述思維，可以了解到，若在三權分立政府構想之下，考試院的「院」級地位是不需存在的，考試權的獨立只需以「委員會」的層次設立即可；而銓敘與其他人事行政權，本應歸屬行政權，在行政權與人事權相結合的情況下，行政組織才得以更有效率的運作，這是當時精簡政府，促進行政績效的想法。又廢除考試院之院級地位，乃是從三權分立政府體制思考下必然的邏輯結果；但此推論式的主張，忽略了「三權分立」政府體制的特點與缺點（參照高永光，2006：1-22），值得審慎衡酌之。

---

16 我國憲法第88條僅規定：「考試委員須超出黨派以外，依據法律獨立行使職權。」但誠如「文官制度和考試院」一文中，關院長指出略以，目前社會大眾對於考試院在憲政體制中的地位，認為其應是個超然與獨立的機關。所謂的「超然」，是指超然於政黨政治之上；而所謂的「獨立」，是指獨立於行政院之外，也可指每個考試委員可依據法律獨立行使職權。無論憲法第88條應做何種解釋，目前考試院的決策是採合議制，並不是由首長單獨決定的首長制。同時，考試院院長、副院長及考試委員都有六年的任期保障，而和擁有提名權的總統之四年任期錯開。這兩項制度的設計，使考試院更加強化了其超然與獨立的地位。

　　再者，就此時期有關組織層面之設計而言，考試院組織之調整在「以三權分立重建小而有效率、權責分明的政府」的原則下，即在求合併總統、行政院與考試院的職權，貫徹行政一體。筆者暫不論考試、監察是否應與類如國外之三權平行，但考試院所有事權是必須獨立、超然運作的，不受任何政治干擾與滲透（蔡良文，2002：62）。另就功能與政策運作層面而言，民進黨政府改造之願景爲「具全球競爭力的活力政府」，[17]其中彈性精簡的行政組織與專業績效的人事制度，即是政府人力運作與管理之範疇，而考試院身爲最高人事主管機關，有其責任進行相關的考銓革新與調整。因此，在因應憲改後的政治生態與憲政運作上，考試院就考銓制度與文官體制上做了許多的努力與革新，而民進黨也能在現行憲政架構下，讓考銓機關賡續在憲定職掌範圍上運作。

　　復以外國政府再造的歷史與具體施行經驗觀察，如英國稍早之財務改革方案（Financial Management Initiative, FMI）及在FMI之後針對文官體系改革，所推動的續階計畫（Next Step）之附屬機關改革方案。前者主要在改善公務部門之財政能力，並藉由勞務外包，以減輕政府之負荷，而後者希冀對文官體系進行重組，在於有效縮減政府支出與職位，擴大民間參與，改變文官體系之價值觀等等。另世界銀行在1997年提出「變革世界中的政府」（The State in a Changing World）報告中，對於政府提出重新思考的觀念（The World Bank, 1997），相對應地，與民間社會（civil society）的自主性、擴大化也形成一種互爲消長的趨勢。政府遂向「小而美」、「小而能」方向發展。但我國政府整體組織職能，常因國內重大選舉因素，使得該政府事務有增無減，形成反轉路徑發展，確屬必須慎重思考的議題。

　　要之，文官體制之發展有其延續性及深耕性，雖造成考試權之潛在危機，包括憲法設計的不平衡、憲法規定的彈性、三權思想的作祟、其他權利的排拒及考試院立場似欠堅定等五大危機（徐有守，1999：2-16），但事實上，文官體制似亦非政黨輪替所能加以大幅變革，且基於責任政治要求，推動文官體制改造，經常是任何新政府展現新人新政的政治操作手段。其所代表的意義，即「功績用人」與「政治用人」價值與利弊得失之衝突與取捨。究竟我國在國民黨重新執政後之民主化過程中，考試院組織如何調整，關涉文官體制應如何發展的議題。

二、良善治理與考試院的定位試析

　　通常「發展型國家」具有五項特質（Chambers Johnson）：（一）追求經濟成長；（二）重視技術官僚；（三）以功績制培育技術官僚；（四）結合社會菁英；（五）與企業界合作。就台灣發展經驗的特色觀察，包括專業性、自主性、延續性、統合性、有

17　其理念爲「顧客導向、彈性創新、夥伴關係、責任政治、廉能政府」，其欲達成之五大目標爲「彈性精簡的行政組織、專業績效的人事制度、分權合作的政府架構、順應民意的國會改造、興利創新的服務機制」。

競爭力。[18]而文官體系在台灣政經社文科發展中扮演重要的角色，也證明健全的文官制度對於政府追求「良善治理」，實具有關鍵性的功能。考試院功能符合上述「發展型國家」五項特質的2、3項，而「良善治理」的八項特性亦值得參考。

　　惟依愛略特（R. H. Elliott, 1985: 7）指出西方行政價值的變遷中，在政黨政治形成初期官職為選勝者分配政府重要職務之分贓主義時期，逐漸發展到考試取才到個人功績表現時期。在我國早期依中山先生考試權獨立與考試用人思想，而先行落實功績主義精神的文官體制，且許多政務官多來自技術官僚層級，形成高效能政府的表徵。惟隨民主政治發展，甚至兩次的政黨輪替，屬行功績主義的文官體制面臨應配合政治回應與政治課責等衝擊，以及在邁入民主鞏固時期價值，常務官如何配合政務人員施政作為，調適其角色與定位，變成極為重要的倫理課題。易言之，我國與西方民主國家在政黨政治與文官體制的發展互動過程似呈現逆向發展的方向，我國是先進入功績主義時期，再步入政黨政治運作時期，且不必經由分贓主義時期，的確是台灣經驗奇蹟與文官體制特色。

　　據此而論，考銓制度的健全為現代國家提升政府效能不可或缺的重要環節，為了甄拔賢能、杜絕倖進，使人盡其才，才盡其用，均有賴超然獨立於政黨派系之外的考銓機關。[19]吾人綜析英、美、法、德、日等國之人事機構類型，無論在部內制、部外制（早期）或折衷制，其整體人事行政權皆在最高行政權（三權分立下之總統或內閣總理、首相）之統轄下；而我國考銓人事行政主管機關之考試院則係獨立於行政權（行政院）之外，未來無論憲政架構如何調整、分工與制衡，有關考試權獨立行使之意涵，至少應包括以次原則（蔡良文，2005b：194-208）：

（一）維持組織設計機能一致，收事權統一之效。

（二）確立國家典試獨立運作，衡鑑國家建設人才。

（三）避免政府贍恩徇私，適切維護激勵與發展功能。

（四）配合各機關人事需求，平衡人事之自主與彈性。

（五）確保行政中立，型塑德才兼備行政倫理文化。

（六）強化對機關人事監督機制，確保功績才能原則。

（七）重視公務人員尊嚴與權益，強化維護與保障救濟制度。

　　要之，89年首次政黨輪替，民進黨主要決策階層曾主張考試院雖然可能調整機關層

18　至於何謂「良善治理」呢？「聯合國亞太經濟社會委員會」（U.N. Economic and Social Commission for Asia and the Pacific, UNESCAP）列出了以下八項特徵或因素：（一）參與（participation）；（二）法治（rule of law）；（三）透明度（transparency）；（四）回應性（responsiveness）；（五）共識取向（consensus-oriented）；（六）公平與包容（equity and inclusiveness）；（七）效能與效率（effectiveness and efficiency）；（八）課責（accountability）。

19　吾人認為，配合與制度建構、施行息息相關的社會環境條件，進行整體性思考時，就不得不承認：在特別講究人際關係與親疏遠近的中國傳統文化氛圍中，獨立的考試制度的確為歷朝歷代提供了社會階層垂直流動的機會，更為民間保存了對公平懷有高度期待的可貴空間。就除弊而言，不論就憲法賦予考試院的功能、考試院過去的整體表現、考試委員的個人形象及專業素養觀之，顯然都是正面的。就興利而論，所謂廢考試院可以精簡政府組織、減輕財政支出，恐怕只是想當然耳說法。

級，但基於公務人員考選、銓敘、保障、培訓及退撫基金管理業務所具有的超然、中立的特性，曾擬參考日本人事院具有獨立的法規、預算、員額等自主權利的做法，及參照我國司法院預算獨立的作法加以規劃，以維護考銓機關的超然獨立，進而確保公務人員嚴守行政中立，避免政治力的干擾與介入，秉持公正立場為民服務。如今民國97年再次政黨輪替，執政的國民黨最高領導人與主要決策階層主張維護五權憲政正常運作，相信未來考試院職權更得以正常運作與發展（蔡良文，2009a：35-61）。

伍、考試權的發展──考試院職權變革方向

　　政府事務得區分為政治性與行政性，當然其中有難分割之處。行政性包括政府任務、人事……，且必須本土化地展開，外國經驗固可充當參考，但不宜單純抄襲外國（黃錦堂，2002：1-19）。易言之，舉凡政治性理念思維可借鏡外國，但有關行政性之文官制度與運作技術等，應由本土開展也。同時，文官體制變革必須在憲法精神下，（翁岳生，2008：11、117-133），[20]進行抉擇與建構。又考試院在「良善治理」上的三大工程：分成「基礎法制工程」、「結構功能工程」與「修繕機能工程」三個層次。所謂「基礎法制工程」是指轉型為現代化與民主化文官體制的基礎法制，包括「公務人員基準法」、「政務人員法」與「公務人員行政中立法」等重大法案。這三個法案分別是要統攝全盤人事法制及規範常任文官基本的權利與義務、釐清政務人員與常任文官的分際，以及推動常任文官行政中立文化的確立。其次，「結構功能工程」是指架構出文官制度骨幹的考試、任用、考績、陞遷、俸給、培訓及退撫等制度，而其中又可分類為「甄補與引進」、「激勵」、「發展」以及「維護與保障」四種政策功能類型。最後，文官制度無論就制度設計或觀念變革中，尤其是在實施過程中需要從實務案例中發現問題，進而予以修改和增刪，這就是所謂的「修繕機能工程」，包括破除官僚舊習慣以及建立職場新組織倫理文化，並全力推動廉能政治（參照關中，2009：89-102）。茲依次分析如次。

一、考試權的基礎法制工程

　　在討論考試權核心三法之基礎法制工程前，有關政府再造的法有「中央行政機關組織基準法」、「行政院組織法」、「中央政府機關總員額法」以及「行政院功能業務與

20　國家機關遵守憲法，是憲法應具規範效力（憲法優位），互為表裡：政治性與行政性繫於確保憲法優位性的機制，在我國憲法的發展、釋憲制度的發展與人權保障，受到政治環境影響頗深。儘管大環境變遷，釋憲制度與政府制度及實際憲政之間相互動的關係，依然存在。又憲法的重要性不僅是憲法的規範（法條），更是憲法現實面向（verfassungsurealitat）。「憲政」存在之前提在於憲法被具體落實，是一部「活憲法」或「有實際作用的憲法」。該研究名曰憲法精神的導引功能，即是活憲法。

組織調整暫行條例」，均於99年2月3日修正或制定公布。其中行政院組織改為二十九個機關，包括十四部、八個委員會、三個獨立機關及四個二級機關，其變革至大，於此筆者必須指出，人民關心者為是否提升政府效能以及人民福祉，所以，必要重視受調整機關業務之銜接賡續推動，而待退機關人員之士氣必須提振之，使整個再造工程做到無縫接軌，方可致之。

（一）公務人員基準法草案

　　本法之制定，旨在彰揚憲法精神，統攝全盤人事法規，除確立全國公務人員共同適用之基本規定外，同時兼顧各種個別人事制度之差異，俾在大同之中容有小異，於分殊之中求其共通；以收綱舉目張，相輔相成之效，並促成整體人事制度之健全。其目的分述如次：1.界定公務人員定義與分類：本法所稱「公務人員」並不侷限於憲法第85條、第86條應實施公開競爭考試及考選銓定之人員。2.釐清公務人員與國家關係：由「特別權力關係」，[21]再引伸「公法上職務關係」之概念。3.保障公務人員合理權利：公務人員之權利，一般可歸納為身分保障權、經濟受益權、集會結社權及其他權利等。4.確定公務人員基本義務：由於本法將取代「公務員服務法」，爰對公務人員之義務詳予規定，並明文排除公務人員義務不確定論，相對確定公務人員義務範圍，同時檢討修正已不合時宜之現行規定，期使全體公務人員知所遵循。5.建立共同標準統攝人事法令：將若干原則性及共通性事項，單獨制定一個法律，作為各種公務人員個別法律之基準，較為合宜可行。6.適應特性需要靈活管理方式：本法一方面規定，本法未規定者，適用其他法令之規定；一方面復允許依各類別公務人員之特性需要，分別另定有關任用、俸給、考績、陞遷、退休、撫卹等法律，以兼顧現狀，並因應未來發展需要。另其相關變革較大者為「公務人員考績法修正草案」，配合績效管理，增加團體績效等；以及因應人口老化及刪除55歲加發5個基數等之85制「公務人員退休法修正案」[22]，於茲暫略。

（二）政務人員法草案

　　現行政務人員適用之法律僅有「政務人員退職撫卹條例」一種，專為政務人員退職撫卹事項詳做規定，其餘如：政務人員之範圍、任免、行為規範、權利與義務等事項，或尚付闕如，或散見於相關法令中，迄無統一完整之法律規範，遂致適用上輒有困擾。復以近年來我國政黨政治迅速發展，民眾對民主政治要求日益殷切，並對出任政府職位之政務人員期許甚高；因此，就政務人員之進退、行為分際、責任範圍及權利義務等事

21　司法院釋字第187號、第201號、第243號、第266號、第298號、第312號、第323號及第338號等解釋，均已陸續修正此一特別權力關係之見解，司法院釋字第395號、第396號解釋理由書及第433號解釋文並已正式使用「公法上職務關係」一詞，其後相關者有司法院釋字第455號、第466號、第483號、第491號及第575號等解釋。

22　業於106年8月9日制定公布的「公務人員退休資遣撫卹法」中刪除或修正。

項做一完整之規範，實已刻不容緩；故「政務人員法草案」已於98年4月3日送請立法院審議，實有儘速審議通過，早日施行之必要。[23]至其相關者包括「政務人員俸給條例草案」，以及「政務人員退職撫卹條例部分條文修正草案」等，亦必須配套推動完成立法。要之，上述之法為建構政務人員與常務人員二元體系或增列契約進用人員三元體系，為必要儘速完成的基礎法制工程。

（三）公務人員行政中立法

為健全文官制度，加強對公務人員之保障，實有必要建立公務人員共同遵守之行政中立法制。「公務人員行政中立法」之制定、施行，可使今後公務人員有關行政中立之行為分際、權利義務等事項有明確之法律依據可資遵循，俾使其於執行職務時，能做到依法行政、公正執法，不偏袒任何黨派，不介入政治紛爭，以為全國人民服務。對於提升政府效率與效能，健全文官體制，助益尤多。另鑑於憲法或法律規定須超出黨派以外之政務人員，其遵守行政中立規範之要求，應與常任文官之公務人員相同，爰依其職務特性，納入本法規範，以臻完備，本案業於98年6月10日制定公布，其施行細則亦完備程序，是屬邁入民主鞏固時期之最佳證明。

二、考試權發展的結構功能工程

（一）引進與甄補政策功能

在憲法考試用人精神下，若將考選制度與策略人力管理與核心能力運用整合，可得出政府考選政策的評估架構，涉及考選政策之價值選擇的問題。[24]有關人權或個人權利價值的體現，主要涉及實質公平面向，而有關人權價值與功績制價值的選擇，則須在社會公平與公開競爭中求取制度之衡平，除針對特殊弱勢族群，包括原住民族與身心障礙者等，以特殊方式進行甄選外，其餘均不宜因其不同身分、性別而有特別之規定，以確保社會多元族群都能在公平、公開原則下進行考試競爭，以體現落實人權與功績制之價值衡平。

公務人力體系作為，在落實民主政治和增進治理能力作為上，主要依賴幾個次級系統層級，包括政務層次、策略層次、行政管理層次，以及技術執行層次等及其相互間之

23　本案於101年6月25日再次函送立法院審議。

24　因為在功績行政價值與民主政治價值的鐘擺中，無疑地，無論在組織改造、考政與試務方面，都應著重在功績行政價值的提升。此因選賢與能蔚為國用，為考試權獨立的基本目標與價值，並非屬政治任命之分贓，無論任何政治變動，在憲法規定下，由公正、公平之考試機制或機關以司其事，則能達成為國舉才，提升行政效能之目的；而考試之試政與試務也只有遠離政治操控，才有提升行政價值之可能。所以，如何在憲政體制及憲法精神下，對考選政策之漸進授能與分權予以探討並做調整規劃，確有實益與必要，然各種取才如捨考試之信度與效度等行政價值於不顧，只為達成某種政治意象而做授能與分權，終將戕害考選制度的健全發展。

配合。[25]當然每一層次均有其應負之職能設計，亦即考試院文官制度興革規劃方案，所提確立政務、常務人員及契約用人三元管理法制體系（考試院，2009：15-19）。[26]更必須思考各層次所需人力本質上之差異，制定完善之人事管理制度，始能維持、激勵或吸引具有各項職能之人才，方可建構政府人力完整內涵與架構。

我國政府用人政策規劃與運作，須先考量現行憲法規定及精神（參照王作榮，2008：303-315），再進一步引進推動策略性人力資源管理，妥善進行人力資本規劃，而有關平等就業機會（equal opportunity）精神與人權，反歧視相關規定的參考亦有其必要。再從Lepak與Snell所提出的四種人力運用模式，輔以OECD國家之公務人力雇傭關係發展予以觀察，我國政府之人力進用策略，即除固守核心或骨幹文官依考試進用及長期培育養成外，如何以發展人力資本雇傭部分人力，從契約人力與購買人力資本進行彈性人力之進用，為我國未來公務人力進用應予重視的議題。

要之，落實憲法用人及策略性人力資源管理之下，政府人事行政與管理運作乃是在組織結構與人力資源範疇，進行策略（strategic）與權變（contingent）調適的過程，並對國家政務、公共政策推動之人力運用問題，做出回應與提升公務產能也（參照關中，2009：國家文官培訓所演講，自印本）。

（二）激勵性決策功能

人事行政任務之一，在於調和社會公眾的期望，就撙節預算與兼顧公務人員俸給待遇權益，提出兩全其美的均衡政策，當能贏得民意機關的支持。所以，如何設計適當的俸給、待遇政策及俸給水平，以節省用人費用，並吸收優質人力進入公務體系，為人民提供良善周全服務，是一項重要的議題（蔡良文，2009b：10-18）。

績效俸給制度，主要植基於績效的衡量，但如何縮小書面績效與實質績效的落差，且就實質衡量？績效俸給非僅重視形式或「短利長空」的績效，必須重視績效考核的「發展性」功能並強化兼具「激勵與發展」價值機制，方能區隔釐正或考量績效短期效益的可能後果評估，或辯證短期利益之表徵績效，其潛在影響在長遠利益。機關首長或

---

25 通常政務層次的功能主要係決定政府政策和公共資源分配的方向，並能體卹民情，認識與回應熱情的能力，且政務人員必須為政策決定負起政治責任；而策略層次、行政管理層次及執行技術層次則是維持政府持續運作之三個層次，這三個層次包括常務文官與契約人力，均必須依政務層次所制定的方向運作，不能背離政策方向。其中高級文官群則介乎政務層次及策略層次，扮演關鍵角色（彭錦鵬，2005：61-100）。由於社會、科技環境變遷迅速，全世界的公私團體急切地尋求高級人力資源（hightalent human resources），如同探勘能源一樣，幾乎是普遍的現象（繆全吉，1978b：147）。高級文官群之培養，可分為政府強力培育高級菁英及政府扮演市場型態（market type）的協調角色（施能傑，2005：5-7）。

26 確立政務、常務人員及契約用人三元管理法制體系：（一）健全政務人員人事法制，並審慎擴大政務職務範圍；（二）整建常務人員法制：依據我國憲法以公開考試用人的常務人員體系，乃係文官之中堅主幹，其員額最多，相關法制自應完整建構。（三）健全政府契約用人制度：在常任文官制度之外建構一套完整之契約用人制度，以應臨時性、季節性、特殊性之用人需求。其主要內容包括：是類人員與國家之關係係採公法上之契約關係，其身分及權利義務依契約為之，明定所占之員額比例上限，與常任文官有明顯區隔，另對其退職等權益，亦應合理規劃，至少應具勞工相關法案之水準。

單位主管應考量單位屬性與合理情況，進行適切的激勵管理，調和行政性與發展性之績效評量機制，方能建立相對客觀與公平且多元評核的績效獎金制度。

要之，強化文官體制之激勵性功能，其中以建議機關首長或單位主管將遷調（建議）權或獎金福利措施作為激勵管理工具，在公平且客觀的立場下，或可進一步考量將俸給內容調整為以現行俸給待遇為主之基本薪俸、合理的職務加給以及依工作績效而發給個人或單位之績效薪俸，以彈性活化激勵管理工具。

（三）發展性決策功能

績效考核須分為「行政性」與「發展性」的功能，才能加強政府績效管理，同時須導入策略性人力資源管理理論，以強化其「激勵與發展」價值機制，朝向考核工作績效併重於全人格的評斷、診斷性重於獎懲性、考績資訊正確性與程序正義之結合等方向，進一步強化獎優汰劣機制與人力成本意識觀念。建立團體績效評比以及聯結個人績效機制，清楚設定組織與個人目標及策略，是用績效考核來衡鑑價值感與使命感的影響程度之重點所在。

績效考核除應達獎優汰劣之功能，並得按績效差別考列等次外，且可強化公務人員培訓與淘汰機制。又此包括強化常務人員之考核懲處、專業培訓及淘汰養劣的機制，暨強化政務人員之退場機制，尤其是對有任期之政務人員之調節與退場措施之建立。

要之，未來的考績制度應從現行之行政目的，朝向發展性目的方向變革，使考績結果運用在人力訓練與發展上（關中，2008：7-9）。因此，有效的績效考核可帶動員工進行學習以改正偏差，進而整合資訊，發揮組織成員之顯性與隱性知識傳承功能，並凝聚組織成員的向心力，以落實推動知識管理，引導文官體制賡續學習創造生產力，觸發學習型的政府組織產生，實踐服務型政府之運作。

（四）維護與保障性決策功能

公務人員行政中立事項，採單獨立法規範，創世界先例，除凸顯我國特有的政治環境與民主轉型之特色外，亦可充分表明我國政府為因應政治發展之需要，推動行政中立制度之決心。政務人員應尊重常務文官，而常任文官亦須保有上述「去政治化」的認知與自覺（關中，2008：9-12）。公務人員能完全落實依法行政，不因個人或黨派或團體有差別待遇，且能在善治理念下，以公共利益為依歸執法公正；而人民守法觀念已生根落實，良善法治的文化已型塑，則行政中立法之內涵，或可考量僅以合理的政治活動規範為核心範圍。

公務人員的退撫制度變革，關涉守法盡職之公務人員，退離時，予以適時保障與照顧，俾其保有尊嚴與無後顧之憂，如此可再引進年輕才俊之士，使人事新陳代謝，提高行政效能。有關公務人員退離照顧制度，不但關係公務人員的生涯規劃，也影響到公務人力供給素質之優劣，其改革不可不慎重。有關公務人員退撫制度尚存有許多問題（考

試院，2009：44-45），[27] 在公私部門人力資源有效運用之合流思維下，公務部門退撫年資之探計，涉及層面極廣，未來必須以多面向之功能角度，配合主客觀環境變遷，落實退休撫卹與人力新陳代謝的理想目標。

　　要之，在退撫制度改革上，常務人員研提退撫改革方案，不可有過多的「自利」思維與做法，而政務人員考量公民社會之觀感與政務推動順利之衡平，對退撫制度之決定應有公正的抉擇，當然爭取立法部門之支持，更是必要的。

三、考試權發展的修繕機能工程

（一）重視核心價值與核心能力

　　經濟合作暨發展組織國家（Organization for Economic Cooperation and Development, OECD）於年度報告中指出：各會員國的主要行政核心價值，其內涵之優先順序為：客觀中立、恪守法紀、誠實廉潔、透明公開、行政效率、公平公正、負責盡職、公道正義（OECD, 2004）。另該組織公共管理委員會（Public Management Commission）研擬「文官公務倫理之管理原則」（Principles for Managing Ethics in the Public Service），作為會員國檢視行政倫理的指涉架構。考試院文官制度興革規劃小組業已針對考選、培訓、考核、退撫等現行制度提出興革建議，並配套提出建立以「廉正、忠誠、專業、效能、關懷」為核心價值的新公務倫理，期望全體文官據以強化心理建設，進而實踐於日常工作中。復以，公務倫理有助於公務人員在政治變遷中，解決執行公務時，所面臨的價值抉擇問題，在政府治理環境變革，暨行政改革與政策透明化的賡續推展過程中，建構廉能機制。申言之，建立興利與防弊機制規範價值的衡平模式，亦是重要課題。所以，行政倫理的規範的流變與相關公務倫理法制建構，的確扮演著重要角色，亦為值得賡續探討的議題。

　　要之，在討論行政人員行事倫理，除應遵守法令規範外，由於不同層級人員的角色與定位不同，對公共利益亦可能有不同的認知，或許來自公務人員個人的價值認知或因不同層級人員所受的監督與影響不同，但彼此間有其聯結關係，就是憲法（精神）與國家利益。再以引介OECD國家有關公務倫理的管理法則，及其基礎工程的各種法令規範、運作機制，以及相關輔助支持之配套措施與環境，均是希望我國在建立法制架構的同時，對於型塑良善的倫理文化與行政運作機制，能多所借鏡，以營造健全的公民社會，建立善治的政府，促進國家發展。

27　退撫制度尚存之問題略以，多制併行易因混淆而產生困擾、退撫基金經營發展仍有瓶頸、退休給與尚未建構完成三層年金、退休給與及運作已有財務隱憂、退休年資採計不符高齡化趨勢、公教保險權義財務已漸失平衡、退休人員缺乏多元化照護措施。

（二）建構完備的公務人員倫理法制

我國公務倫理法制之建立，其時間亦相當長遠，除憲法相關規定外，在1930年代的公務員服務法可謂內容豐富之倫理規定，惟政、經、社、文、科環境變遷，的確有大幅修改的空間與需要，尤其是1990年代起考試院研擬之「公務人員基準法草案」，即希於該法完成立法後，即將公務員服務法廢止，惟近年來行政部門有倡議研究綜合性的倫理法制的立法工程，值得留意。茲就建構完整公務倫理法制體系，依次略加析述之。

1. 「公務人員基準法」（統一規範共同適用基本事項）：落實憲法精神，對於公務員之身分保障、依法令執行職務、爲全國人民服務、限制參加政治活動事項予以規範。
2. 「公務員服務法」有關倫理規定：主要略可歸納爲：(1)道德宣示之倫理事項；(2)公務員與長官之個別倫理關係；(3)公務員應「有所爲」之倫理事項；(4)公務員「有所不爲」之倫理事項。
3. 公職人員利益衝突迴避法之有關倫理規定：本法之立法宗旨與目的，爲促進廉能政治、端正政治風氣、建立公職人員利益衝突迴避之規範，有效遏阻貪污腐化暨不當利益輸送。
4. 其他相關公務倫理規範法制概述：主要爲(1)「公職人員財產申報法」：本法實施多年，於民國96年3月21日經總統公布修正。修正重點爲建立財產強制信託制度、落實動態財產申報制度，增訂財產來源不明之說明義務。(2)「政黨法草案」：爲透明政黨財務，建立政黨公平合理的競爭機制。(3)「遊說法」：指遊說者意圖影響被遊說者或其所屬機關對於法令、政策或議案之形成、制定、通過、變更或廢止，而以口頭或書面方式，直接向被遊說者或其指定之人表達意見之行爲。(4)「政治獻金法」：其立法之目的在於規範及管理政治獻金，促進國民政治參與，確保政治活動公平及公正，健全民主政治發。而政治獻金指對從事競選活動或其他政治相關活動之個人或團體，無償提供之動產、不動產或其他經濟利益。(5)「立法委員行爲法修正草案」：本法於民國88年1月15日制定。立法院第5屆第2會期民進黨立委曾提修正草案，要求納入公職人員利益衝突迴避案部分規範，但未通過，第6屆兩黨委員亦分別提出修正草案；民進黨也研擬提出黨版修正草案。

（三）對研提「我國統合性政府倫理法草案」意見分析

依據行政院研究發展考核委員會（以下簡稱研考會）於96年中委託中華民國歐洲聯盟研究協會，對我國政府倫理法草案所做相關研究計畫，其指出：近年來多數國際組織均強調，應優先建立統合性倫理法制，俾能達成透明治理與廉能政治；又以對政府治理透明與公職人員倫理之要求，就當前處於民主鞏固關鍵時刻的台灣而言，是刻不容緩必

須積極正視的課題。筆者認為如擬再制定「政府倫理法」，似應先就所擬規範內容與現有法律規定及其規範內容加以比較，定位其究係整合現有立法，或補足現有法律闕漏。其內容應能含現有法律，並檢討現行法律需否廢止或修正；倘無法整合現有法律統合立法，其規範內容似應與現有法律（含草案）有所區隔。

要之，公務人員均能重視公務倫理的發揚，使我國行政邁向重倫理與負責任的行政，在激烈的國際競爭中，促進國家發展，並盼公務人員以身作則，發揮同理心、關懷情，自我約束與負責，配合實踐倫理道德，創造和諧融洽的公務環境，開創與型塑卓越服務的公共組織文化，培養組織成員為一富有活力與動能的自我管理團隊（self-managing teams），以提升公務服務品質，完成國家發展目標。

陸、結語

文官體系因受到多年政治鬥爭氛圍與政黨輪替，致存在人才流失、文官心理不安、工作士氣低落及價值分歧的衝擊，或許有賴政經社文科如何回歸正常運轉，且在親中與排中之統獨氛圍似未消失，除了政治人物化解衝突，建構正向對話平台，避免民主發展困境，當下，文官如何扮演中流砥柱與力挽狂瀾角色，是考試院因應變革刻不容緩的議題。而如何提升政府效能與國家競爭力，以及公務人力素質與熱情能量，是考試院責無旁貸的重大責任。

考試院的職權除專技人員之衡鑑外，主要是全國文官法制的最高主管機關，必須彰顯其超然與獨立的機關特性，方能有效發揮憲法所賦予的職權。因此，考試院在依據憲法及法律行使職權時，必須排除政治、宗教及種族等的意識型態糾葛，且全力落實考試院的憲定職權，以維持國人高度信賴的美譽。

綜之，由於各國國情不同，且政治文化與體制迥異，如何找出我國現有制度之各種問題，並漸進改革與整頓，爰經歸納分析略以，經由多元考選制度與政策規劃之調整，以及政府彈性用人政策與法制之變革，以落實引進與甄補性功能；經由績效管理與考核，配合修訂考績法制，落實發展性功能；賡續推動績效俸給及彈性福利之法制與措施，展現激勵性功能；最後以行政中立法制之建構，以及退撫制度之改革，賡續實現維持與保障性功能；並進一步讓公務人員勇於任事，免除後顧之憂。所以，本文在探究中山先生考試權思想與制度建構，及其在現行憲政體制之設計與運作，並提出考試院未來之發展方向，無非冀望能在面對全球化與各國政府再造浪潮下，配合公法思潮與政府治理環境的「變」而掌握「時」，以求其「通」，此即所謂「趣（趨）時是也」，以達求「變」、求「通」，讓中山先生考試權思想非但能順應時代潮流與發揮變革的導引功能，更讓使文官體制之變革，既能提升文官行政效率與效能，又為因應內外環境需要的

迫切感，強化其執行機制，達到可長可久之境域也。

（本文原載於孫學研究，第8期，2010年5月，頁21-53；特別謝謝兩位匿名審查先進的寶貴建議，雖已參酌修正，然文責由筆者自負。另部分內文配合法制變革與體例調整，略做修正。）

壹、前言

　　國父說：「政者眾人之事，治者管理；管理眾人之事謂之政治。」再「為政在人」、「人為政本」、「中興以人才為本」……，說明國勢之強弱，政治之隆污，在國家是否得人，而人才之獲得，則有賴於公開、公平、公正之考選制度（蔡良文，1993：1）。政府興替之道，在於建置完備之典章制度，如建立完善司法制度，屬行法治決心；並能建立一套文官制度、組成廉能政府。惟其根本之道則於重視優良傳統政治文化，建構新的思想觀念，讓台灣邁向眞正現代化國家的行列（王作榮，2010：27-28）。故而人才與制度的優劣，關係國家之興衰治亂，如何甄拔優秀人才蔚為國用，實有賴考試院[1]事權功能之有效發揮。

　　古人亦云：「明主勞於選人，而逸於任賢。」即謂選人是人事行政的基礎，行政首長辛勤地選用適當人才，使政府機關內，非但賢者在位，能者在職，一般平庸愚劣分子無法容身，且行政首長可減輕很多負擔，全力推展政務（唐振楚，1965：97）。又強國之道在於法治（rule of law）之建立與執行。蓋人才乃政治之動力，國家之柱石；法度為國家之威權。登進人才、修明法度，人治熔於法治之中，乃建國之要義。所以考試權之實際運作，不僅關係憲法上所規定國民享有之應考試服公職之權，亦關係到政府能否拔擢人才，建構「選才、育才、用才、留才」之人力運用機制，提高行政效率與效能，增進人民福祉（蔡良文，2010：23）。

　　前監察院院長王作榮擔任考試院考試委員（73年9月至79年8月）、考選部部長（79年9月至85年8月）任內，推動考選政策及行政業務革新，深獲各界肯定，確為建構良善文官制度，尤其是公平、公正、公開之國家考試制度，奠定良好基礎，考試院邱前院長創煥更以「學問淵博、見解獨到、是非分明、擇善固執」，深刻描繪王前院長之智慧與為人。王前院長退職後，仍堅持中華傳統士大夫之精神，投筆媒體針砭時事，為文評論鐵筆直言，道出對時下經濟、政治等各種議題之關注與反思，均為受業後輩揣摩、學習

1　有關考試院，民國18年由關岳廟改建，大門外照牆，棐而新之，一面書寫「教養有道，則天無枉生之材；鼓勵以方，則野無抑鬱之士；任使得法，則朝無倖進之徒」。接待室懸二聯，一曰：「入此門來，莫存升官發財思想；出此門去，要有修己安人功夫。」一曰：「務材訓農、通商惠工、敬教勸學、授方任能。」

之典範[2]。王院長的自我期許，民國97年發動海內外知識分子以「天下興亡為己任的傳統文化精神產生力量，建設美好健康的新台灣」，希冀終渠一生，都在希望台灣成為一個現代社會，享受西、北歐國家的文化與物質生活水準。因此極希望為文廣為流傳，指引後來者一條可行的路，一個可期盼實現的努力目標（王作榮，2008：4）。

綜上，本論文研究範圍，主要在陳述王前院長有關國家考試與文官制度等想法、思維與施政作為的史蹟，以及試著探討渠衍生的價值、理念之影響與導引考試機關之施政作為，亦是本文研究的目的，其餘暫略或可爾後另外為文探討。又以我國與西方民主國家在政黨政治與文官制度發展互動過程，呈現逆向發展的方向，我國在威權體制下先進入功績主義時期，再步入政黨政治運作時期，而不必經由分贓主義時期。惟相對地，我國近二十年來，決策階層特別重視憲政發展與政治改革，相對應的文官制度改革較為遲緩，亦未受到政黨各界普遍的重視與支持，於此鄭重提出呼籲，俾利喚起政治階層的感動與重視，謹併此陳明。

貳、改革理念——健全文官制度與廉能政府

王前院長多次在大作中指出：無論遠從中外的歷史看，近從各個現代進步國家的典章制度看，都可看出富強之國立國的支柱與良善的民主憲政運作不外三點：（一）嚴格的法治及普遍的守法精神；（二）健全有效率、廉潔的、中立的行政體系與文官制度及廉能的政府；（三）完善的教育及高品質的人民（王作榮，1996b：269；1999：11）。或亦曾深切指出文官制度為建立廉能政府的必要條件。無健全文官制度，即無有效率的政府；且在民主政治之下，政府時常更替，若無健全文官制度，勢必影響行政的中立及永續（王作榮，1999：169）。王前院長在經濟學領域占有一席之地外，以其為國服務之公務生涯，亦然深刻體會到建立文官制度的重要性。

至於，對文官制度之論述較完整者，在王前院長於83年撰寫「文官制度與國家前途」一文，闡述對文官制度之理念，並認為文官應具有下列特性：（一）文官之任用，必須具一定之資格及程序；（二）文官要有適當的訓練，使其知識日新又新，跟得上時代，不致成為無能的文官；（三）文官的俸給、退休、養老，都有適當的安排，足以過一個文官的生活，足以養廉，不致成為貪污的文官；（四）文官的考績、陞遷、褒獎都有一定的標準和程序，不是亂來，不能中間插隊，使文官都有前途，以維持文官的工作士氣；（五）文官都是終身職。所謂終身職，不是曲解為占據到死為止，而是到退休年

2　王前院長在95大壽壽宴中指出：對邱前院長稱許渠為人正直，即使是吵架，也會痛痛快快地大吵一架，吵完即可「一笑泯恩仇」，毫無恨意，乃「直心即道場」的寫照，或是「放一座大海在心中」、「做個平凡中的偉人」，誠如日常法師言：「人生活是在征服自己的內心，不是征服或跟別人鬥，征服自己的煩惱，才是真正的大丈夫。」或為證嚴上人：「普天下沒有我不愛的人」的境域也。

齡，不得無故降或免職，使文官可以依法獨立行使職權，抗拒政黨及民代、長官的關說，所有以上五點都用法律規定加以保障，這就是文官制度。而這一套文官制度主要作用爲形成一個廉能政府；保持行政中立與維持行政的連續性（王作榮，1999：11）。要之，王教授既有深厚理論背景，亦有實踐的機緣，在考試委員與考選部長任內，嚴格遵守文官制度，克盡厥職，全力革新業務，開創新局面，確立考試舉才信譽，主政期間則發揮考選部之機制功能。此外，王前院長於考試院八十周年慶時，特別爲文期許現任考試院院長關中，以渠有爲之膽識才氣，爲台灣建立一完整文官制度[3]，並建議成立研究小組，以及建立培養政務官的制度。綜合其改革理念主要分析如下：

一、健全文官制度，建立現代化國家

王前院長認爲我國文官制度有其優良的歷史傳統，民國以降，文官制度與專門職業及技術人員考試制度均明定於憲法第85條、86條，非常崇高慎重。但經渠比較日本、新加坡、英國、法國、德國等先進國家的文官制度，認爲我國係未能認眞執行，考績、陞遷、訓練、進修亦多未能落實，以致文官品質不一。甚至指出：過去百餘年來，無法完全由農業社會轉型爲工商業社會，仍有落後與混亂現象，主要即因缺乏完整文官制度與優秀有尊嚴與榮譽的文官[4]。且以再由工商業社會轉型爲二十一世紀之資訊與高科技社會，相隨而來的社會、經濟與政治組織結構，1980年代文官制難以勝任，因此，爲國家前途與人民福利，必須傾全力建構一個完整的、現代化的文官制度（王作榮，1996a：242-243）。尤其目前之「十倍速時代」，文官的服務態度、責任與能力上均與過往不同，如何強化文官制度功能，更是刻不容緩的課題。

其次，自我國文官體制的發展觀之，除承繼我國優良傳統考試取才與人才任使制度外，近年則受公法及公共管理思潮、先進民主國家文官體制發展、國內政府再造（reinventing government）與良善治理[5]（good governance）思維架構的影響。按以國

3　關院長中指出：我們處在一個變革的時代裡，英特爾前總裁安迪葛洛夫（Andrew S. Grove）曾說，現在是「十倍速時代」（Only the Paranoid Survic）。我們對於文官的要求也和過去不同。在服務態度上，我們要求文官要有同理心；在責任上，我們要求文官將績效視爲責任；在能力要求上，我們希望文官具有回應力、專業力及執行力。提出擔任院長的期望與夢想。其一，我希望我們時刻記得爲國、爲民服務的初衷，取得人民對政府的「信任」、「民無信不立」，公信力是政府治理的基石；其二，我希望在政策推動上，要展現我們的「執行力」，執行力是來自政府部門團隊合作，有了「公信力」和「執行力」，才能提升國家的競爭力；其三，我希望有一天，公務人員能成爲社會上最被尊敬的職業，我們的能力、品德和操守，深受人民的信賴，人人以擔任公務人員爲榮，使一流的文官成爲中華民國享譽世界的標幟（關中，2012：314），誠是導引實現現代化效能國家發展之基礎。

4　王前院長認爲近代以來，我們並不是沒有文官制度，只是我們的文官制度並不完整，也沒有建立起自己的權威，以致於人人都可以打破這個制度。以我們現在的情形來看，有一點是值得特別提出來討論的，那便是考試制度的敗壞。考試任官是建立文官制度的第一步，必須檢討、澈底改革，恢復它原有的尊嚴與榮譽（王作榮，2008：310-311）。

5　良善治理的特徵或因素有：（一）參與（participation）；（二）法治（rule of law）；（三）透明度（transparence）；（四）回應性（responsiveness）；（五）共識取向（consense-oriented）；（六）公平與包容（equity and inclusiveness）；（七）效能與效率（effectiveness and efficiency）；（八）課責

家民主化、現代化發展情形而言，政務人員與常務人員無疑為國家統治與領導的主體，政策的推動或公權力的行使均有賴政務官的領導與文官的有效執行（蔡良文，2010：34）。因此，維持文官制度完善運作，係為國家善治之關鍵因素。再以，王前院長長期觀察國家社會發展進程曾指出政府決策過程中最令人擔憂現象，包括：分不清國家利益與個人利益，缺少判斷與決斷力（王作榮，1996b：41-44）以及深刻理解到健全文官制度的重要性，多次適時為文鼓吹朝野政治人物與各界，或尊重或積極完備文官制度，可謂念茲在茲，至誠感佩。

綜上，回顧我國從威權時期到真正步入民主政治，文官制度均扮演重要角色。諸如因應民國76年解嚴後，總統直選、地方自治、政黨政治等，考試院82年邱前院長創煥陸續推動考試院組織再造工程，以及積極推動相關法制再造工程，掀起第一波改造工程。包括考試院組織之修正法，公務人員保障暨培訓委員會的成立，而法制上「公務人員基準法」、「公務人員行政中立法」、政務人員三法草案；而現階段，為提升國家整體競爭力，解決「政府效能」的不彰問題，基於政府一體，必須發揮院際之間與部會之統合綜效，基於跨域合作治理（cross-border cooperative governance）政策思維，98年考試院關院長中又提出「考試院文官制度興革規劃方案」等各項興革事項[6]，這些興革精神皆與王前院長改革文官制度建立現代國家的理念一致。當然，文官體制衡平設計，以配合中央與地方自治之變革，也關涉跨域治理（cross-boundary governance; governing across boundary）（Perri 6 et al., 2002；紀俊臣，2008：26-33），亦是未來應關切的議題。

二、維護公開競爭考試，延攬優秀人才

國家考試長期以來獲致外界普遍的信賴與支持，主要即在於能夠堅守公平、公開、公正原則[7]。王前院長於考試院考試委員、考選部部長任內，致力於維護國家考試公

（accountability）等。

6　其中文官制度興革方案係為再造國家新文官以提升國家競爭力，包括六大興革事項：「建基公務倫理，型塑優質文化」、「統整文官法制，活化管理體系」、「精進考選功能、積極為國舉才」、「健全培訓體制、強化高階文官」、「落實績效管理、提升文官效能」及「改善俸給退撫、發揮給養功能」。六大興革方案由上而下，首先第1案擬奠基文官制度的公務倫理之核心價值，進而型塑優質之組織文化；其次第2案擬全面統整文官法制，以活化管理體系，興革檢討建議就政府部門內性質迥異之三類人員構築分流管理制度，既重視常任文官體制之穩定性，並兼顧政府用人之靈活性。進而依序以第3案至第6案，針對常務人員人事制度之興革建議，以問題導向方式分就四類目前文官體制具改革急迫性之議題，提出興革建議，各案均涉部會局之業務範圍，需跨部門之通力合作，始收興革之效。

7　戴傳賢院長在第1屆高等考試，為實地考察所建立之考試制度是否妥善，爰請任該考試之主考官（典試委員長），其過程中虛心坦懷，體驗所得，認以，（一）考試為獎學勵才登庸官吏良制（學校考試成績，可做政府考試時之一種成績）；（二）考試制度與學制密切連帶關係；（三）考試權之獨立行使，為五權憲法之精神，且以教育、考試、任用、監察之一貫連絡；（四）考試行政機關組織等之改革重在求考試能適應實際需要，並得有適當之典試人員（參見文存20年9月第1屆高考總報告書序）。首屆考試因在水潦縱橫中舉行，因考量相關因素，希早放榜，督促執事人員工作甚嚴，提早發榜，於榜示後再加覆算，予以召開典試委員會補救，准予補及格。戴先生以此錯，殊與考試信譽有妨，乃自請嚴正處分，結果主考官罰俸，由1月至3月。先生猶以為輕，主席蔣公中正先生言，若必再重，以後將無人敢作主考（典試委員長），先生始不復言。可謂主其事者勇於負責，厚以責己，恕以待人；其後中央辦理之考

開競爭原則，除信念的堅持外，亦付諸實際之改革行動。王前院長曾謂：「遠自1984年起，我擔任了六年的考試委員[8]。在我擔任這一職務的期間，我就感覺到憲法第85條所規定的『公務人員之選拔，應實行公開競爭之考試制度』，在私利影響之下，受到嚴重的曲解與濫用，以致這麼重要的一個國家文官考試制度，竟受到各種利益集團的侵蝕，殘缺不全。這些利益團不能透過公開競爭的考試制度進入文官系統，便製造各種理由與藉口，或是曲解公務人員考試法，或是成立特別法，以明顯違反憲法規定的不公平方式，達到進入文官系統的目的。破壞了國家文官考試制度的尊嚴與信譽，降低了文官的水準，將那些憑公開競爭本應進入文官系統的萬千平民百姓的應考人擠出在一旁」（王作榮，1996a：433-434）。

　　再者，王前院長在考選部部長任期（79年至85年）內，維護考試公平的主要措施略以，修正「公務人員考試法」，建立公平考試用人制度：鑑於公務人員考試有許多不合理之處，包括特考繁多、甲等特考影響中低階文官士氣、特殊族群加分影響考試公平等。王前院長主導修法並得到立法部門支持完成立法程序，改革重點包括：明訂各種考試成績計算，不得因身分而有特別規定「取消華僑應公務人員考試加分」；廢除甲等特考，明定特考特用限制轉調原則；放寬各等級考試應考資格；從嚴辦理軍人轉任公職各項考試，限制轉調機關，縮減優待範圍等。至於對機關改制辦理未具任用資格考試，採從嚴方式辦理：由於長期以來臨時性派用機關改爲正式機關時，多在組織法中加入現職未具任用資格人員由考試院限期辦理銓定資格考試之條文。所以，王前院長在部長任內從嚴辦理類此任用資格考試，類科設置、科目訂定、考試科目數、命題閱卷標準等，均比照公務人員高普考試辦理。其後公務人員考試法修正通過，未具任用資格考試因不符公開競爭原則，遂不再辦理。

　　要之，王前院長深切體會維護競爭考試以公正掄才之理念，於考試委員任內洞悉部分考試或曲解或違反憲法考試精神與公務人員考試法等，而於考選部長任內發揮其專業聲望與人脈，幾乎完成其理念，讓國家考試達到符合憲法之公開競爭之精神，可謂既能尊重體制又能兼顧理想抱負，乃懋績卓著，爲政務首長之最佳典範[9]也。

三、肆應政黨政治，維持行政中立

　　在民主政治運作中，任何國家政務之策定與執行有賴全體公務人員推動，而因國家

試，執事者皆能恪恭將事，不至逾越，建立國家考試之信譽，贏得國人信賴與支持，前賢主政者之典範功不可沒也（參見考試院考銓叢書指導委員會，1984：24-26）。

8　王前院長作榮認爲考試委員的主要任務是：（一）決定人事政策；（二）釐定文官制度；（三）維護及監督文官制度的健全運作（王作榮，1996a：268-271）。

9　考試院爲合議制機關，考試委員爲合議制成員之一，其主張論述倘未得多數成員同意，即較難成案與遂行，惟爲部會首長其政策論述與可資運用資源，則與考試委員角色功能不同，致如何落實維護公開競爭考試之內涵則有所差異，或許其考選部長可對考選政策之規劃、執行具有主動性，而考試委員則重在合議決定考銓人事政策，釐定文官制度及維護、監督文官制度的健全運作等，其結果不同也。

處在高度變革的時代，無論在服務態度、責任與能力均待強化。而政務人員應有管道培養穩定政策領導能力，此非任何選舉戰將或功臣即可勝任的。因爲政務人員至少應具備下列條件：分析內外情形與界定公共問題的能力；尋求或提出備選方案之智識，抉擇能力及決心，策動與運用政治資源的能力；發揮政策說明論辯及斡旋妥協的能力；可依其地位與權力掌握及推動組織變革的能力；依隨政黨選舉成敗或政策改變而進退之理念與情操（吳庚，1992：188-189；吳定等，1998：277；任德厚，1992：286-288；蔡良文，2006a：199-200）。國家政務領導應能應天順時，處理國家大事，亦可以孔子用以律己之四句戒語：毋意、毋必、毋固、毋我。[10]做事的方法非常簡單，那就建立制度與登庸人才（王作榮，1996b：35）。

　　國內應該如何培養政治人才，以肆應政黨政治需求？王前院長主張政務官應該由政黨培養，可以經由競選的方式進入各級民意代表機構，從事實際的政治磨練之後，再進入各級政府機關擔任首長。可以具備比較開闊的胸襟及比較熟練的技巧，而此正是政務官所不可或缺者。[11]如今，不過在全球化的衝擊下，國家發展與國家治理（state governance）面臨取向之調整與變遷，全球化與經濟、環境問題，導致其解決之道必要全球共同因應，而全球治理（global governance）成爲共同追求的模式（Held & McGrew, eds., 2007；曹俊漢，2009：175-201）。爰於「全球治理」思維下，政務人員之培育理念應體認全球治理、良善治理之特徵與因素並配合調整，其進用除須重視其忠誠，黨性、承諾外，亦必須對行政與管理業務具有足夠之認知，方能順利遂行政策及任務，此亦爲當前政務人員所須面對之重要課題（參照Svare, 1985: 228-229；蔡良文，2011：20-21）。

　　再者，王前院長肯定行政中立有利於政治的穩定發展。渠認以如行政不能中立，則執政的政黨便可利用行政體系的權力與各種便利，以求在競爭中得勝。每一個執政的政黨都如此做，行政變成爲黨爭的工具，甚至有政黨執政時，發起所謂「菁英入黨」等，其腐敗與混亂便會隨之而來，不僅政黨政治難以建立，國事也將敗壞無疑。筆者在民國83年「公務人員行政中立法草案」研擬之初，即爲文指出有關行政中立之運用範圍包括有三：其一，公務人員在自身權力運作與外在權力的競爭中求得平衡點，屬公務人員在個人中立的範疇；其二，對社會大眾利益卻係採以同一標準，既不徇私，也無倚重倚輕之別的組織體系中立的範疇；其三，公務人員平時執行職務必須依法行政，選舉時以中立原則超然於政黨競爭之外的對憲法國家整體的中立角色範疇（蔡良文，1993：11、

10　申言之，毋意便是斷事要憑眞知灼見，要有根據，不能以意爲之，推測或懸想其如何；毋必便是做事要有幾分把握，要認識現實，面對現實，不能有一廂情願的想法；毋固便是寧事不能圈於成見，善於接納別人的意見；毋我便是處事要大公無私，不摻入個人的喜悲，不引進個人的恩怨，不計較個人的得失。

11　在培植政治的一般人才方面，渠主張最好的方法是從兒童時期就開始培養。著重兒童智慧的啓迪、性向的發掘、基礎知識的灌輸、觀察、分析，以及判斷力的鍛鍊和團隊精神及領導才能的培養，經過層層淘汰之後，通常進入大學之學生，領導才能以及領袖氣質便已有相當之基礎。倘能循序進入高級政務參贊位置，一定已經具備與其職位權力相稱之訓練培植背景與智能（參照王作榮，1996a：311-312）。

1998：29-30）。此外，王前院長亦堅決主張政務官與事務官分開。所謂文官制度只適用於事務官；政務官可以自由選任，不受制度約束，但亦須隨時可以去職。事務官之選任則必須遵循一定制度，並爲終身職，可任職到退休年齡爲止（王作榮，1996b：245-247），且以健全文官制度具有行政中立強化作用，以及建議培養建構影響深達政務官培植與養成制度之改革思維，讓政務人員均應做到「大夫無私交」之胸懷，能以國家利益、公共利益爲先（王作榮，1996b：59-60），以符合民主政治發展。

　　要之，在實施政黨政治的民主國家，無待流血革命之政黨更迭乃爲普遍現象，而爲確保民主政黨政治之發展，就必須依賴中立文官，以維持行政的穩定性與持續性。文官中立、政治與行政分離，是政黨政治發展的必然產物，惟過去常有所謂高階事務官「升任」政務官情形與誤解，此者皆與我國早期先發展良善的功績制度，而忽略民主政治發展有關。因此，行政中立之落實執行與政務人員法制之確立，爲我國走向民主政黨政治的重要關鍵因素。

參、重要考銓政策與掄才貢獻

　　公務人員考選之目的與方法，常隨時代思潮與行政需要而做調整，當前爲提升新進公務人力之工作職能與人文素養能力，此除應調整變更其考試方式及應試科目等外，尚涉及考選政策有關公平性（施能傑，2003：165-176）與價值選擇的問題[12]（蔡良文，2008：48-61）。由於考選的公平問題，從考選的行政理性功績化程度分析之，可分類爲；程序公平（procedural justice）、實質公平（substantive justice）與互動公平（interactional justice）。無可諱言，我國文官考選向來具有若干政治意義，例如打破社會階級、鞏固政治統治、維繫政府治理等，行憲以來之實際措施則包括分區定考試錄取名額、退除役軍人、華僑加分優待、部分爲特定身分而辦理之特考等。文官考選之政治意涵或政治價值，除凸顯其時代與政治的重要性外，相對性衝擊功績性價值與考試公平性問題。如何改革，通常易受到體制性的制約，不易就舊有規章進行變革，如何因應時局變遷或引介現代學術潮流，對考選價值進行反思與辯證，爲考驗決策者的決心與勇氣。王前院長於考選部長任內掌管國家考選大政，針對國家考試弊端堅持改革理念，推動許多改革，確爲執政者表帥，舉其重要事蹟說明如下：

12　美國公共人事管理內在衝突，體現在四種傳統社會價值與三種當代社會價值之彼此互動上。前者爲政治回應（political responsiveness）、組織效率與效能（organizational efficiency and effectiveness）、個人權利（individual rights）以及社會平等（social equity）。後者爲個人課責（individual accountability）、有限與分權的政府（limited and decentralizes government）以及社區責任（community responsibility），重視非營利（non-profit）與非政府組織（non-governmental organization）之參與。如何調和傳統與當代價值，是美國人事行政管理理論與實務界重視的課題。

一、廢除甲等特考與研提替代方案

「考試用人」雖具功績制運作原則，但如有政治意涵的操作，經由應考資格、錄取標準等特定條件之設計，很容易使考選機關喪失獨立甄拔人才的功能，使考試僅具形式意義，未必真正公平、公正、公開。甲等特考建制初始，固為政府遴用高級人才，惟部分類科被疑未能真正以公開競爭方式擇優取才，引起考試院內與立法院之關注，終為立法院修法廢除，而改以其他方式取才。

王前院長擔任考試院第7屆考試委員任內，於第3次院會即提出「甲等考試宜廢止，另擬新考選辦法，以解決當前高級文官任用問題」一案，惟未獲院會通過[13]，由於考試院為合議制，考試委員角色與定位與行政首長迥然不同，爰以改革僅將考試程序（74年起分為兩試，並加考筆試一科）及類科設置、任用方式等相關規定略做修正，以減少考試用人或因人涉類科之疏失而已（蔡良文，1993：262-263；江大樹，1997：325）。茲就討論甲等特考存廢的意見方面，提案人王作榮委員當屬於「改革者」型，[14]其他委員有的屬之，有的應屬於「政策評估者」型。本案在考試院第7屆院會議第5、6、7次會議中，有四位委員分別對王委員所提八項辦法提出「修正意見」或「質疑」。但王作榮委員對本案曾提出說明以：提案中所提辦法並不是重要部分，任何一項皆可加以修改。……重要的是提案的精神與目的，本案最主要目的，在建立中華民國文官制度，我們現在應遵守文官制度（蔡良文，1993：258-259）。

由於機關首長與委員角色功能不同，在王前院長出任考選部部長一職後，雖時有

13　本案之審查會經於73年12月11日及74年2月計五日、3月15日……3月25日、4月1日及4月8日，先後舉行六次。其間並於74年1月25日及2月4日，舉行整理小組會議兩次，茲將其審查經過與內容，分述如下：第1審查會經就王委員提案及現行法律、政策與實際需要等因素詳加研討結果認為甲等特考不宜輕言廢止，爰作成兩項決議：（一）甲等特考對目前考試用人選拔高級人才仍有必要，應繼續舉辦。（二）關於甲等特考考試方法與技術之改進，由林副院長召集及侯委員健、王委員作榮、王委員華中、傅委員肅良、姚委員蒸民、瞿部長韶華、陳部長桂華、卜局長達海八位組成整理小組，對現行有關規定加以檢討，並研擬修正草案，另提出「關於特種考試公務人員甲等考試規則」、「應考人著作發明審查規則」與「特種考試公務人員甲等考試口試辦法」等多項建議。本案提考試院第7屆第33次會議討論，會中，並提出對甲等特考之幾項建議。前述三項規定，業於74年5月29日由考試院修正發布。此次甲等特考修正之重點為：（一）將考試分為一、二兩試，第一試為筆試及著作發明審查，第二試為口試；第一試不及格者，不得應第二試。（二）放寬應考年齡由55歲改至58歲。關於著作發明審查規則之修正重點為，申請審查之專門學術著作或發明除須與應考類科性質相關外並以最近五年內公開發表為限（蔡良文，1993：262-263）。

14　王委員在提案中舉出八點意見（辦法）：（一）鄭重建議廢止甲等特考；（二）引用「動員戡亂臨時條款」，請總統當典試委員長；（三）五年之內舉辦一次甲等特考，十年之內舉辦兩次，十年之後甲等特考永不再開辦（按係原辦法第8項）；（四）十年之內舉辦的兩次甲等特考，一次為現任或曾任簡任以上主管而不具任用資格者開辦，另一次為得有博、碩士學位或高考及格者開辦（按原辦法並定有所有報名者均具結錄取之後，十年之內不得從事其他職業）；（五）兩次考試合計錄取人數以二百人為限（按為原辦法第4項）；（六）考試及格者，至革命實踐研究院或其他研究機構受訓等候分發，受訓期間為一個月至三年（係辦法第5項，且定有成績良好者得保送到國外深造，深造人數不得少於總額五分之一）；（七）考試及格者，可取得擔任司、處、局、署長和次長的資格，各機關遇有上項職務人員出缺，必須在錄取人員中選任，或由機關內合格者升任，不得以任何理由在此之外任用不合格之官員；（八）尚未確立新原則之前，暫時停辦甲等特考。

來自行政部門舉辦甲等特考之需求壓力，惟仍一再堅持不舉辦的立場，並積極研擬刪除甲等特考之法源依據[15]（蔡良文，2008：92）。期間81年5月4日王前院長列席立法院報告「甲等特考有關問題」，特別指出不舉辦甲等特考之論理根據：「文官制度之基本精神，在於公平公開競爭之考試，錄取優秀人才進入政府工作，此等文官必須從基層做起，逐次歷練，鍛鍊人格品行，增進知識及累積工作經驗，培養工作能力及工作意願，建立業務上必須之社會關係與統率能力……，自不能容許對具有較高學位者給予極簡單之考試，便躍登文官系統高位，對其品格、經驗、能力、知識、工作意願一無所知，過去對政府與人民亦無重大貢獻，且此必然啓投機倖進之門，養成輕浮躁進之風，而另一方面則嚴重打擊學驗俱佳、工作努力之文官。……。」要之，由於此種考試，違背文官制度基本精神，並對中低階常任文官士氣造成打擊；更由於部分應考資格及考試類科，常針對特定應考人而設，考試公平機制形同虛設；而部分機關占據要津者，即使參加甲等特考落榜，仍然續任原職，致甲等特考錄取者僅能另行挪缺俾辦理分發，而部分錄取者往往不得分發（王作榮，1999：263-266）。

嗣立法院法制委員會在盧委員修一等提案指出甲考之弊，涉及（一）黑官漂白；（二）大開後門；及（三）打擊公務人員士氣等。考試公平性遭受破壞，對國家考試與運作有深遠的影響。王作榮部長在立法院法制委員會報告時指出：「個人曾擔任六年考試委員，深知甲考之弊病，因此，自任考選部長一職後，即決定不再舉辦；個人乃依法行事，非設有堅持本身之立場」（立法院，1993a：416-418）。82年4月立法院再度作出「甲等特考應予廢止」之決議（立法院，1993b：91），其決議略以：「（一）考試院依公務人員考試法第十九條訂定之應考資格，應依從寬原則儘速檢討修訂，並於半年內送本（立法）院備查。（二）第二條第二項……。」即要求考試院儘速將「公務人員考試法修正案」送交立法院審議。同年7月考試院所送考試法修正案內容頗多，而因民進黨立委堅持廢除甲考有其象徵性與迫切性意義，最終在84年1月，先行完成第3條之修正並刪除第17條（甲考應考資格）條文，立法院在三讀通過修正草案時，再作成兩項附

15　其發展過程略以，考試院積極與行政院溝通及研議考選部意見後，在81年4月30日召開考試院第8屆第77次會議，決議：爲配合用人機關需求，同意82年舉行公務人員特種考試甲等考試，並從嚴辦理；又該項考試如何從嚴辦理，推副院長及全體考試委員、考選部長、銓敘部部長審查：並邀院會全體列席人員參加；由副院長召集。爾後考試院爲期公務人員甲等特考從嚴舉辦之方式即早定案，付諸實施，以配合用人機關需要，遂由林金生副院長召開四次審查會（時間分別爲81年6月2日、6月25日、7月9日、7月23日），審查會在鄭重考選部職掌前提下，爰據考選部意見，逐項詳加研討，於第8屆第94次會議通過所提「從嚴辦理甲等特考十項審查意見報告」。由此可悉考試院、行政院基於爲國延攬人才及國家整體人力運用之長程規劃，主張甲等特種考試確有維持之必要；惟考選部長王作榮卻一再聲明，甲等考試徹底破壞了國家文官制度的精神。且其執行結果又偏常軌太遠，成爲特權階級、黑官漂白、輕易獲得高等文官之捷徑，及若干政務官之跳板，打擊廣大中基層公務人員士氣，廣泛引起他們的不平及憤慨，故決心停辦，並準備修法廢止（蔡良文，2008：92）。王部長作榮主張甲等考試廢考之最主要理由不在於其弊端時傳，而在於其完全破壞文官制度之精神。其理由以（一）高級文官之產生，除具有適當之專業知識外，尚須具相關之辦事能力、領導統御能力、各方人際關係、品德、操守及良好之工作態度；（二）阻礙正常文官升遷管道；（三）破壞考試公平性，因人設類科，限於少數特定人選；（四）成爲政務官之跳板，擾亂文官體系。

帶決議略以：（一）甲等特考廢除後，引進高級人才進入文官體系之管道仍應維持，請考試院通盤規劃更公平、合理之人才考選方案，儘速提出考試法修正草案送本（立法）院審議；（二）取消甲等考試後，考試院應在一年內提出進用高學位人才方案[16]。至其他修正草案之各配套措施，包括廢除甲等特考改以高考一級考試及一等特考方式取才等，則遲延至85年1月方才完成立法程序，誠屬不易。

　　要之，甲等特考立案創設之目的，旨在引進高學歷而有志之士，投入公務人員體系，可謂立意良善，惟發展稍長後，即出現不少之爭議，而有見仁見智之觀點，贊成與反對者各有其立論點，爰以廢甲考而改以高考一級考試，似乎成為考政機關與立法機關關切之共識前提。惟自新制高考一級考試舉辦以來（截至100年止），僅二十七人及格，似乎未得用人機關青睞與支持，值得後續研究。復以自89年至97年期間，歷經政黨輪替、高階文官離職率或退休比率相當高，是否應予適切外補需求，似值重視，而相對之高階文官發展性培訓更形重要。復鑑於OECD國家鑑於高階文官為政務人員與常務人員之承轉角色與職能，則應特別重視高階文官之選用與培育。所以，我國高階文官其除應具備憲政化、專業化、中立化外，更應有強烈配合政務人員政策的行動力，未來有關高階文官選拔、任用、遷調與培訓等途徑，有待各相關機關多所著力，儘速推動改革之。

二、檢討停辦或從嚴辦理封閉性考試

（一）改進退除役軍人轉任公務人員特考

　　特種考試退除役軍人轉任公務人員考試，就應考對象而言，為非完全公開競爭之考試，考選部於79年度考試院工作檢討會第1次提案將本項考試限期停辦，以符考試之公平、公正及公開原則，經考試院檢討結果，為使已準備參加本項考試之應考人有緩衝時間及心理準備擬於80年、82年及84年再舉辦三次後即予停辦。本案經提考試院第7屆第285次會議通過後，函請行政院提供意見。行政院並於79年10月24日函復，為貫徹政府輔導退除役官兵就業政策暨配合國防建軍需要，是項考試仍宜繼續辦理，惟考試方式及標準可研究改進。全案經考選部審慎研究，擬具甲、乙兩案於80年2月函報考試院核議，經第8屆第30次會議決議：「1.本項考試繼續舉辦；惟試務應由考選部收回自辦。2.關於本項考試之方試及標準等由考選部研究改進，報院核議。」80年8月考選部函報考試院修正考試規則，除依考試院決議將本項考試試務收回自辦外，應試類科、科目、成績計算、體格檢查與及格人員之訓練等均完全比照公務人員高普考試方式及標準辦理。為健全文官制度，提高文官品質，本項考試有否再繼續辦理必要，頗多爭議。85年1月17日修正「公務人員考試法」第23條明定，本項考試有關後備軍人之加分優待，仍依現行規定辦理，自88年起，其及格人員以分發國防部、退輔會及其所屬單位任用為

16　立法院民國85年1月12日（85）台院議字第0123號函。

限，至加分優待，並以獲頒國光等勳章乙座以上，或因作戰或因公負傷依法離營者爲限（王作榮，1996a：15-16）。

（二）從嚴辦理國軍上校以上軍官外職停役轉任公務人員檢覈

本項檢覈的改進措施主要爲增加筆試、限制轉調機關與年限，以及降低口試成績比重。於80年6月14日修正檢覈規則，除審查證件外並規定：1.上校以上軍官申請檢覈轉任一般機關職務者，兼予筆試四科。2.將級軍官除申請檢覈轉任一般民政（限兵役行政）、交通行政或交通技術職系簡任第十職等以上職務者，兼予筆試專業科目二科。轉任人員自轉任起十年內，不得轉調原轉任職系以外之職務任職。3.上校以上軍官申請檢覈轉任國防部或行政院國軍退除役官兵輔導委員會及其所屬機關職務者，除口試外，兼予筆試專業科目一科或審查知能有關學歷、經歷證明及論文。轉任人員自轉任起十年內，不得轉調其他中央或地方機關任職。

此外，於82年11月9日考試院修正發布「國軍上校以上軍官外職停役轉任公務人員檢覈筆試、口試、審查知能有關學歷、經歷證明及論文或實地考試辦法」第9條條文，將口試及筆試合併舉行者，由原口試成績及筆試科目平均成績各占50%，合計滿60分爲及格，修正爲口試成績占20%及筆試科目成績占80%，合計滿60分爲及格；並將普通科目之應試科目「國文」修正爲「中華民國憲法」（王作榮，1996a：18-20）。

（三）適時停辦現職公務人員任用資格考試與銓定資格考試

按以76年7月15日政府宣布解嚴，警察機關接辦機場、港口安全檢查任務，爲貫徹「不中斷」、「不疏漏」、「不脫節」原則，規定先行借用警備總部原檢管工作人員繼續支援執行安檢工作。原在警備總部擔任安檢行政工作人員，在解嚴後，隨任務移轉內政部警政署之原常備、預備軍官及在警政機關實際從事安檢行政之工作人員，因未具公務人員任用資格，前經報奉考試院核定，於78年退除役特考及警察特考中，設置安檢行政人員類科，各舉辦過一次考試。復因安檢行政人員係過渡性解決該類人之任用資格問題，情況特殊，爰於79年再報請考試院決議，視實際需要，與退除役特考併同辦理，但以一次爲限，故80年舉辦過本項考試後，爾後即不再舉辦，以回歸正常用人途徑。又爲衡平各種考試之素質，王前院長作榮於擔任考選部部長任內，均秉持從嚴原則辦理特種考試，並大量減併公務人員特考，已回歸高普考試主流化與特考高普考化等政策原則，著有實績[17]（王作榮，1996a：102）。

---

17 在從嚴辦理公務人員特考方面，如台灣省基層公務人員特考應試科目，過去多年來皆較公務人員高普考試爲少，自民國77年起，該項考試應試科目已完全比照公務人員高普考試辦理。另調查人員特考、警察人員特考、退除役特考，除逐漸將考試試務收回由考選部自行辦理，亦自80年起，增加乙、丙等考試應試科目數，與公務人員高普考試拉平，以維持整體公務人力素質。至於因應各用人機關業務需要，不再另行舉辦公務人員特種考試，如中央銀行特考79年起即予停止舉辦；並於85年召開會議研商將特種考試中之政風人員特考、捷運人員特考、稅務人員特考、金融人員特考、保險人員特考、高科技或稀少性技

　　由於許多機關於改制時，常於組織法中規定其未具法定任用資格之現職人員，由考試院限期辦理考試，以定其資格。考選部依法行政，便必須辦理是項考試。王前院長於考選部部長任內六年來計辦理80年中央研究院現任行政人員任用資格考試等六項任用資格考試，但此類封閉性考試深爲各界所詬病，爲從嚴辦理是項考試，乃於83年10月12日訂定「辦理公務機關未具任用資格人員考試處理要點」，規定是類考試類科設置、科目訂定、科目數、命題閱卷標準等均比照全國性公務人員高等暨普通考試規定辦理，並規定以總成績滿60分爲及格，專業科目有一科成績爲零分，或專業科目平均成績不滿50分者，均不予錄取。又考試院對臨時機關人員進用及改制爲正式機關時，亦做出政策宣示：「現已成立之臨時機關改制爲正式機關，於制定或修正組織法律時，宜請不訂定任何任用資格考試（或銓定資格考試）之法律依據。」[18]此外，並於研修公務人員考試法時，於該法第2條規定，公務人員之考試，以公開競爭方式行之，其他法律與本法規定不同時適用本法，修正案於85年1月17日修正公布後，不再辦理是類任用資格考試（王作榮，1996a：52）。

三、調整改進專技人員考試錄取標準及研修法制

　　首先，基於79年以前專技人員高普考試之錄取標準，因命題難易、閱卷寬嚴不同及採行平行線錄取方式，常造成各類科錄取率相差懸殊之不公平現象，以及同一類科每年錄取人數及錄取率忽高忽低，尤其是律師、會計師等考試之情形更爲嚴格，筆者當時忝爲考研會兼執行秘書，參與研提方案供決策參考。擬案中包括略以：甲案，近十年各該類科平均錄取率；乙案，前項平均錄取人數加各該類科十年平均社會需求，平均計算爲其錄取率；丙案，以甲案各該類科平均錄取率與T標準分數（16%）相加後除以2的錄取率；丁案，參採T標準分數公式，以16%爲錄取率等。本案經王部長批示竟然採丁案，令筆者驚訝與讚嘆不已。爰自80年起本項考試即參採教育測驗統計學T標準分數常態分配理論，以錄取人數爲各類科各科目均到考人數16%爲原則，分別決定各類科錄取標準，但應考人考試總（平均）成績低於50分或其考試成績依有關法令規定不予及格者，均不予錄取；應考人總（平均）成績已達60分且非有關法令規定不予及格者，均予錄取後，上述情形已獲改善，專技人員考試效度亦因之大爲提升（王作榮，1996a：41）。

　　再者，針對「專技人員考試法」若干運作不順暢之處進行檢討，其要項包括：1.專技人員考試種類範圍不明確；2.檢覈規則日益擴大遭致社會批評；3.專技特考等級不明，無從比照高普考試；4.應考資格列有檢定考試及格，有以考試取代教育功能之嫌；5.應考消極資格條款限制過嚴等（王作榮，1996a：48），爰爲提升專技人員素質，避

術人員考試之公開競爭考試部分等皆併入高普考試舉辦。又將性質相近之特種考試及非經常舉辦之特種考試，予以合併舉辦以簡化試務。如外交領事人員、外交行政人員與國際新聞人員、空中警察人員與警察人員、軍法人員與司法人員、公平交易管理人員與技術人員等考試，均予合併舉行。

18　民國83年10月1日考台秘議字第10468號函。

免因考試方法、命題難易、評閱寬嚴不一或落實正規教育及強化考試訓練之程序等情形，乃研修「專技人員考試法修正草案」，修正內涵爲：1.明定專技人員定義範圍；2.考試等級分爲高等、普通、初等三等，特考等級比照列等；3.取消檢覈，將其精神融入考試；4.配合時代需要，放寬應考資格消極條款限制；5.專技人員應經正規教育養成，刪除檢定考試，並增列落日條款，以維護相關人員權益；6.增列成績複查法源依據、考試程序訓練法源依據、報名費證書費法源依據等。本案經多年立法努力，至考選部吳部長挽瀾任內於88年方得完成立法程序，誠屬不易[19]也。

四、舉辦弱勢族群特種考試

　　王前院長一向強調考試的公平性，認爲不可以「特考」代表一種特權，且爲免部分人士獲得不正當利益，影響考試的公信力，於立法院審查「公務人員考試法修正案」時，對於舉辦弱勢族群特考有違考試公平性原則，仍堅持立場。王前院長即曾答復立委：「殘障人員假如在考試上給予特殊待遇，這就與其他人以特殊利益取得考試優惠是一樣的。假如這樣的話，公務人員考試法將不完整。……此外，殘障福利法的規定是對具有工作能力之殘障者，方在機關占有2%（現行修正爲3%）的任用名額。工作能力基本上必須取得考試的通過」、「特考以及加分在公務人員的考試中，就容易造成公平性的喪失……」、「主席、各位委員：站在考選部長的立場，對於殘障人員特考的舉行，我的意見是不同意，現在貴委員會如要這樣決定，我也沒辦法。」惟當時民進黨立法委員陳水扁先生等大力支持殘障人員應考試服公職之憲法權益，主動提案增列殘障（身心障礙特考）特考法源依據，並獲支持順利完成三讀，於85年1月修正公布，並於同年7月首度舉辦殘障（身心障礙）特考。該次考試院典試委員長則請副院長毛高文先生擔任，應屬特例，亦爲考政機關表示重視之作爲。

　　本政策議題屬於行政、功績制與政治、代表性抉擇議題之重要原則目標，涉及實質公平面向，對於廣義社會弱勢族群人員的優惠規定。在美國傳統文官系統在公共工作中強調「功績價值」的系統，由於社會多元與人權法案之重視，逐次調整爲著重「平等就業機會」和「防止種族與性別歧視的積極行動」。在人員甄補上，包含積極地防止發生不公平情事，確定所有人都獲得公平機會的公開競爭原則，以確保女性、殘障者和其他（政治背景、種族、膚色、宗教、祖籍、年齡等）應受保護者，均能公平地表現在組織職務上（Denhardt, 1999: 228-234; Klingner & Nalbandian, 2003: 10-12）；同樣地，筆者以爲在外補人才之考試方面，應避免對弱勢族群，予以加分或降低錄取標準，以免影響公

19　在專技人員考試方面，律師考試向爲各界所關切，在採以維持T標準以來錄取率均不及10%，爰經修正考試規則方式，以打破專業成績未滿50分不予錄取之限制，而錄取率則在8%，近些年來考政機關爲解決外界及應考人之期待，爰已從事新制之改革，即該考試第一試及第二試錄取人數均修正爲以全程到考人數33%擇優錄取，爰其錄取率爲10.89%，在民國100年首次舉辦，其結果外界之評價與影響，有待深切評估。

務人員工作士氣等事情發生。所以，在我國目前除身心障礙人員特考、原住民族特考及退除役特考外，其餘均不可因不同身分而有特別規定。1990年代初我國舉辦殘障人員特考，至目前舉辦身心障礙人員特考，依法進用身心障礙者於政府部門；以及由早期高普考試重視按省分區定額，到舉辦山地特考及成立原住民族委員會進用原住民及培育原住民公務人力，辦理原住民族特考等，以照護原住民族的就業機會，均是合乎時代之多元化人事管理潮流的人事政策價值流變中的因應作為（蔡良文，2008：59-60）。至於對少數族群之客家住民，如何維護其應考試服公職（客家族群縣市）之權？可將一般民政名額釋出部分改列客家事務行政類科名額，適切落實代表性、多元性價值方面，是值得重視的課題。

綜上，王前院長有鑑於文官對國家發展的重要性，文官考試應秉持公平公正公開競爭原則，對於違反公開競爭者，均能力予捍衛，如當時或如甲考之因人設類科或轉任考試之不公情事，或為捍衛考試程序之正義與功績原則，而反對辦理，即便是身心障礙特考亦然。以後者而言，即使在立法院答復委員質詢，仍不改政務官政策主張，獲得朝野立委的尊重。同樣地，在國會通過決議與配合用人機關需求，考選部長對身心障礙人士雖主張應在社會福利多予照護，仍依立法院決議，照程序從嚴辦理，至於一般文官考試則堅持主張不可有違公平公正的功績原則。

肆、對現代文官制度的啓發與影響

面對全球化與各國政府再造浪潮下，文官制度之變革如何配合政府治理環境的「變」而掌握「時」，以求其「通」，是筆者關心的，此即所謂「趣（趨）時是也」，以達求「變」、求「通」（蔡良文，2008：9）。一個國家要達成良善治理的目標，應有兩種制度的配合運作：第一，能課以責任的民主政治；第二，重是功績的文官制度，兩者缺一不可[20]。因此，與多元開放社會相呼應的文官制度有三：一是公開競爭取才促進社會階層流動；二是多元代表性的文官；三是廉潔透明的文官體制（關中，2012：291、303）。此與筆者向來主張考選目的旨在略以，選拔優秀人才，促進社會流動及確保政治清明；至於民主化文官體制之趨流，至少包括無任何特權介入的公平公開之考選制度，由任用保障趨於主體權益之發展，從人性管理到人員理性潛能的發揮以及從文官中立，進展到倫理價值判斷抉擇等，是有其相同之發展脈絡（蔡良文，1998：10-14；2010：456-459）。

倘就政府事務言得區分為政治性與行政性，當然其中有難分割之處。行政性包括

20　我們需要什麼樣的文官制度呢？從上述三個變化來看，本文提出三個構想：第一，我們需要一個與自由民主政治配合的文官制度；第二，我們需要一個與多元開放社會相呼應的文官制度；第三，我們需要一個符合時代潮流趨勢的文官制度（關中，2012：291）。

政府任務、人事……，且必須本土化地展開，外國經驗固可充當參考，但不宜單純抄襲外國（黃錦堂，2002：1-19）。易言之，舉凡政治性理念思維可借鏡外國，但有關行政性之文官制度與運作技術等，應由本土開展也。同時，文官體制變革必須在憲法精神下（翁岳生，2008：11、117-133），[21] 進行抉擇與建構。又考試院在配合「良善治理」之文官制度改革上的三大工程：略分成「基礎法制工程」、「結構功能工程」與「修繕機能工程」三個層次。所謂「基礎法制工程」是指轉型爲現代化與民主化文官體制的基礎法制，包括「公務人員基準法」、「政務人員法」與「公務人員行政中立法」等重大法案。這三個法案分別是要統攝全盤人事法制及規範常任文官基本的權利與義務、釐清政務人員與常任文官的分際，以及推動常任文官行政中立文化的確立。其次，「結構功能工程」是指架構出文官制度骨幹的考試、任用、考績、陞遷、俸給、培訓及退撫等制度，而其中又可分類爲「甄補與引進」、「激勵」、「發展」以及「維護與保障」四種政策功能類型。最後，文官制度無論就制度設計或觀念變革中，尤其是在實施過程中需要從實務案例中發現問題，進而予以修改和增刪，這就是所謂的「修繕機能工程」，包括破除官僚舊習慣以及建立職場新組織倫理文化，並全力推動廉能政治（府）（參照關中，2009：89-102；蔡良文，2010：21-53）。要之，文官制度變革涉及層面至深且廣，惟誠如前述，本文旨在聚焦於王前院長對國家考試與文官制度之理念作爲暨渠對後來制度的啓發與影響，其餘暫略，謹分述如次：

一、保障人民應考試、服公職基本權

我國憲法規定以，應考試與服公職爲人民的基本權，爰以國家考試爲我國憲政層次之制度性設計與保障事項。因此，舉凡國家考試之應考資格、考試方式、成績計算等等，均無分男女、宗教、種族、階級、黨派，而有不同之差異。國家考試公開競爭之原則，代表人民有權利參加國家考試，在考試資格方面對每人都必須同等對待，在機會均等的條件下公開競爭，至於應試資格與實習等相關規定亦爲考試院之憲定職掌範圍。[22]

（一）落實國家考試公開競爭原則

我國在憲法層級中提出實行「公開競爭」之考試，乃爲甄拔公務人員之最高功績精

21　國家機關遵守憲法，是憲法應具規範效力（憲法優位），互爲表裡：政治性與行政性繫於確保憲法優位性的機制，在我國憲法的發展、釋憲制度的發展與人權保障，受到政治環境影響頗深。儘管大環境變遷，釋憲制度與政府制度及實際憲政之間相互動的關係，依然存在。又憲法的重要性不僅是憲法的規範（法條），更是憲法現實面向（verfassungsurealitat）。「憲政」存在之前提在於憲法被具體落實，是一部「活憲法」或「有實際作用的憲法」。該本研究名曰憲法精神的導引功能，即是活憲法。

22　大法官釋字第155號解釋略以，考試院爲國家最高考試機關，得依法定職權訂定考試規則及決定考試方式；有關63年基層特考規則有關實習之規定及其實習辦法之核定，均未逾越考試院職權之範圍，對人民應考試之權亦無侵害，與憲法並不牴觸。

神原則。憲法第85條規定，公務人員之選拔，應實行公開競爭之考試制度，非經考試及格者，不得任用。而所謂的「公開競爭」，包含兩種意義：一是「公開」；另一是「競爭」。[23]現行退除役軍人轉任公務人員特考、國軍上校以上軍官外職停役轉任公務人員檢覈即與「公開」、「競爭」原則不符，王前院長為維護考試制度的尊嚴及文官的水準，反對部分特考的舉辦，特別重視公開競爭，確保障了人民應考試服公職之權。此亦為取才之價值抉擇之議題。

再者，根據「遠見」與「104人力銀行」合作的調查發現，20歲到40歲的年輕人，有四成受訪者表示公務人員是他們最想從事的行業，這跟日本及新加坡的大學生一樣，當公務人員也是台灣年輕人的第一志願（徐仁全，2011：9），另據「1111人力銀行」最新調查顯示，高達八成八以上的上班族想捧公家的鐵飯碗，其中二成六的上班族已著手準備公職考試（中國時報，101年2月17日A6版），而各種考試報名人數屢創新高，根據考選部的統計，截至100年底報考公務人員考試突破五十萬人次，顯示參加國家考試確為年輕人重要「大試」，任公職意願強，因此，文官考試之公開競爭原則必須積極推動。

公務人員考試為國家掄才主要管道，重視程序正義使人民機會均等參加考試，以及講求考試信、效度俾考用配合外；實質的正義，諸如性別與應考年齡上不得有不合理對待或差別待遇、符合特定不利差異者始得優待等，必須予以關注。就人權保障而言，其不僅為世界各國追求普世價值外，亦為馬總統英九先生宣示的重要政策，兩人權公約相關理念即應作為健全考試法制的準據。現階段考試院為落實人權保障，成立人權工作推動小組，並於年度預算增列人權保障相關工作項目預算，其中考選業務部分，將就刪除國家考試分定男女性別條件規定、取消或放寬兵役條件限制及各項公務人員考試年齡上限等涉及平等權進行檢討，這些議題均是進一步落實國家考試公開競爭應該努力的方向。

按以有關文官制度運作，關涉人權或個人權利價值的體現，主要涉及實質公平面向，而有關人權價值與功績制價值的選擇，則須在社會公平與公開競爭中求取制度之衡平，而國家考試除針對特殊弱勢族群，以特考方式進行甄選外，其餘均不宜因其不同身分而有特別之規定，以確保社會多元族群都能在公平、公開原則下進行考試公開、公平、公正之競爭，以體現落實人權與功績制之價值衡平。再就公務人員與專技人員的屬性不同，所以，對人權價值或功績性價值的抉擇應有所不同，前者為公共服務者且與官僚體系中特有的人事管理制度，應重視功績性價值，而後者為社會服務者，可偏重人權

---

23 公務人員考試之公開，係指「程序的公開」以及「應考資格的公開」。前者是指一切考試過程，諸如考試的公告、考試結果的公布，均應公開，使有志參與者均得以知悉，並使社會大眾了解考試結果。後者是指公務人員考試，其應考資格、應僅有「公務人員考試法」所規定的積極資格與消極資格之限制，不得有黨派、種族、籍貫、膚色、宗教、信仰、性別或身分等的限制。至於競爭，則有擇優錄取的性質，並非達一定成績者均予錄取，亦即並非僅是鑑別有無勝任某一職務之知能。許濱松（2002），中華民國公務人員考試制度，台北：五南圖書出版公司。

性價值，例如體格標準可寬鬆規定。[24]

要之，國家考試有關典試與試務方面，都應著重公開競爭原則，並期功績行政價值的提升，而選賢與能蔚爲國用，爲考試權獨立的基本目標與價值，且必賴由公正、公平之考試機制與考選機關以司其事，提升考試之信度與效度，則能達成爲國舉才，提升政府行政效能之目的。

（二）強化考用合一或考用配合政策

本項政策議題涉及用人機關的需求，如何及時補充所需公務人力，包括適格人才之衡鑑[25]與考選時程之縮短等，其源頭則關涉到任用考試與資格考試以及考選程序之簡化（蔡良文，2008：44）。但事實上，此一規定至爲簡明，達成則極屬不易。首先，錄取名額與職位缺額間不易配合，因考試及格人員之錄取，基本上應視成績而定。若成績優良人數超過預定錄取人數，如斷然對成績優良人員不予錄取，顯非得當；若成績適格者遠不及所需人數，倘超額進用，則濫竽充數，尤非所宜。考試院內部經多年討論，漸漸形成資格考試與任用方式之甲乙二說。[26]姑不論何說有理，事實上極難準確依任用需要人數錄取。考試院多年來，於每年高普考試決定錄取人數之前，均與辦理行政院所屬機關分發工作之人事行政局（總處），非正式研商。早期考試院方面輒因應試人成績優良，希望超額錄取；人事行政局（總處）方面通常可能做有限之名額放寬，但大部分則以超過原有定額之錄取名額無法分發爲辭。此種實際運作情形，演成考試錄取人數視任用機關所需名額而定，以致原「考用配合」或「考用合一」已變質爲以任用爲優先標準之「用考配合」（蔡良文，2008：44-45）。

在考選方法與技術上，考選部在配合環境進行法制改革下，期以精進符合時需。目前高普考與特種考試爲公務人力進用的意義，其相關考選政策有待漸進調整，又公務人力中之技術類各職系人員，似宜優先變革因應之；至於公務人力中之行政類各職系人員

24　通常公務人員資源之考選與甄補，首重立足點平等之方式取才，據此設計一套公平、公開的考選方法來選拔人才，致代表性價值較被忽視。又策略性人力資源管理在人才引進與甄補決策中，須以彈性、公平、信度與效度作爲選才之出發點，從人權角度檢視考選制度，進一步導入多元化管理觀念，調合社會弱勢、少數族群與國家之利益，並積極推動兩性平權與參考相關國家之反歧視規範，檢討各項職務所需之知識技能、選擇客觀之人力篩選標準以確保公平，同時採行多元考試方式、調整工作環境及管理制度以落實多元參與，並加強考試類科工作性質之說明、強化訓練淘汰機制等各個層面配合，使所有公務職位均得考量對國家、憲法之忠誠與才德並重下，以客觀的知識與技能，引進及甄補最優秀的公務人力。

25　適格人才，即符合機關策略性人力資源發展所需人才，其人才之標準與技術在公開競爭前提下，隨時空環境需要而改變，選拔各層級最適當的人才之謂。

26　甲說主張「資格考試」，認爲應僅依考試成績錄取人員，使之具有考試及格資格，但不考慮是否分發任用。乙說主張「任用考試」，認爲應配合職缺名額錄取人員，並予以分發任用。按以，考試用人除重視公開競爭與公平、公正之前提下，尤其應重視政府總體策略性人力資源管理與各機關用人需求，由於各種國家考試之錄取率大多維持在3%至6%左右，所以人力素質皆有一定水準，以致於有關考試取才應符合機關真正需要的人才之議題，較未受到用人機關的苛責，未來考政機關除重視「考用配合」、「任用考」或「資格考」之外，尤應強化機關人力資源需求。

應於配合用人機關需要人數外，加成錄取名額，以彈性運用，因應用人需求。未來則基於任用需求，考選策略設計上，考選政策從同樣地原始的政治目標必須因應環境需要，轉向行政性、管理性目標為主體的發展方向，易言之，重視職能分析與考試科目內容之相關性為其重視的方向。至於其實務作業上，考用合一原則係指考試與用人的配合。依「公務人員考試法」第2條第2項規定：「前項考試，應依用人機關年度任用需求決定正額錄取人數，依序分發任用。並得視考試成績增列增額錄取人員，列入候用名冊，於正額錄取人員分發完畢後，由分發機關配合用人機關任用需要依考試成績定期依序分發任用。」同法施行細則第3條第2項：「本法第二條第二項所稱用人機關年度任用需求，指銓敘部及行政院人事行政局（總處）於年度開始前或申請舉辦考試時函送考選部有關考試等級、類科、人數等用人需求核實者。……。」所以，考用期程前後約需十個月且易有保守估缺情事，影響機關用人以及應考人權益。[27]考試院於98年6月提出之「考試院文官制度興革規劃方案」，業將「改進人力評估技術，加強考用配合」納入興革事項，使提列職缺更能趨近機關職務出缺之實際情形，考試錄取的人數能充分配合機關人力需求。[28]

　　綜上，筆者認為基於任用需求領導考選策略的設計觀點，考選政策原始的政治目標必須因應環境需要，轉向管理性目標為主體的方向。除了考試資格必須體現憲法的平等無歧視精神外，積極增進考選效度是考選政策努力的重要主軸，期由此落實考選政策的實質公平性。且以知識性成員是未來機關組織的最珍貴資產，缺乏處理公共事務問題能力與知識的文官是無法產生競爭力的，兼具人文素養的成員，會主動自我鞭策與學習，增進公共服務的能力。因此，目前以高普考與特種考試為公務人力進用的考選政策有待漸進調整外，筆者重申未來公務人力中之技術類各職系人員是否參照公務人員高等考試三級考試社會工作人員等類科之應考資格，應否先具備專業證照資格方能應試之例，值得研處因應之（蔡良文，2008：47-48）。

27　按目前辦理公務人員高普初等考試查缺作業，係配合考選部年度考試作業期程辦理，即於考試辦理前，由銓敘部及人事行政總處，請各用人機關提報翌年年度任用計畫考試職缺並彙整後，送考選部辦理考試公告相關事宜（以高普考試為例，約為每年12月至2月），至各用人機關於考試公告後之職務臨時出缺擬申請考試分發人員，則列入增列需用名額比例控管，並須依考試院規定之增列需用名額比例控管，即提列增列需用名額比例以不超過各該錄取分發區、該類科原公告需用名額70%為原則，如報職缺數不是十人之類科，所增列之需用名額不得超過公告需用名額一倍（中華民國100年3月10日考試院第11屆第127次會議審議通過）。

28　未來要做法包括：（一）提高各機關報缺比例：以各用人機關提報公務人員高普初等考試任用計畫之統計數據為基礎，要求機關提高考試報缺之比例，並列入人事行政考評，促使各用人機關確實查缺；（二）檢討專門職業及技術人員轉任公務人員制度之政策與成效，並研究其對公務人員考用之影響，進行必要之改革；（三）辦理人力評估與人力資源規劃之訓練：延聘專家學者辦理訓練課程，提升各機關人事人員對於人力評估及人力資源規劃之能力；（四）研究建立「評估公式」：聘請專家學者研究建立各職系需用人力評估之「評估公式」以為人力評估參考，並視執行情形適時檢討。

二、形塑廉能政府之基礎工程

廉政爲民主國家之基本要求，世界先進國家多將其列爲政治革新要項，馬總統英九先生97年就任之初即提出「廉能政府」的概念，期待公務人員能夠做到「清廉、勤政、愛民」的理想目標，而爲使公務人員負此重責大任，必須建立正確的現代行政倫理[29]價值觀。在課責的民主制度下，雖相對較能防止貪腐情事發生，但因環境變遷快速，公共行政面對之事務錯綜複雜，服務對象由單一轉向多元、業務內容則涉及跨域，且往往非現有法令所能規範，文官同樣地即須憑藉著專業知能作出妥適之解決方法。是以，早在二十世紀末，邱前院長創煥即提出主張略以，文官必須經由培訓，具備「與時俱進」的專業知能與具有高效回應及高超的品德操守，才能跟上時代的腳步，穩健踏實的發展[30]。爾後，歷任院長或考試院會均極重視之。據此而論，本議題至少應包括建構與落實公務人員的核心價值職能；重視建置高階主管（文官）特別管理制度；[31]以及強化文官的發展性訓練等，茲分陳如次。

（一）建構公務人員之核心價值

王前院長指出公務人員要有擔當、有正義感，重振良善的政風體系。諸如文官不朋比爲奸，反官官相護。且以官何會怕民？其理由不外乎一，怕事[32]。二，怕錢。三，怕惡勢力。更近一步指出：「國家之敗，由官邪也[33]。」所以，建議參照蜀丞相諸葛亮治蜀之策，以爲殷鑑，即「科教嚴明，賞罰必信，無惡不懲，無善不顯。至於吏不容

---

29 陳德禹教授指出：現代行政的基本價值原則要分爲二方面，其一，行政的道德原則，包括愛心（仁民愛物之心、關懷與付出無所求等）、公正（公平與正義、人道行政的基礎）、服務（重視公共性與責任）以及誠信（眞心眞意、知行合一與表裡如一等）；其二，行政的實踐價值原則，包括人本（道主義價值（重視人的主體性、自主性及發展性）、民主主義的價值（尊重人的權利、平等性及法治、民意、責任）、科學主義的價值（求實、理性、探險與自由精神，重視道德品質、嚴謹治事）。陳德禹（2011），公共行政核心價值與倫理，人事行政季刊，第176期，頁46-59。

30 在面對跨世紀國家發展中，我們認爲一個現代化的政府是（一）能重視實質結果、重視法制的政府；（二）能重視人民心聲、人民需求的政府；（三）能透過權威的分權化、建立合作機制的政府；（四）能不斷找尋方法，確保行政良善運行的政府。所以現代化的公務人員應是（一）具有尊嚴、有操持、有能力的政府代表者；（二）具有正義、有擔當、有魄力的法令執行者；（三）具有熱情、有耐心、有方法的全民服務者；（四）更是與國家、政府、人民結合的生命共同體。（邱創煥，1996：3-4）

31 由於高階文官扮演極其關鍵的角色與功能，亦關涉政府治理良善與否，有關建置高階主管特別管理制度至關重要，且以又爲建構政務人員與常務人員之團隊默契，必須要建立均衡的政務與事務分界架構或法制（Denhardt, 1999: 237），惟與王前院長之思維理念較爲間接，於茲暫略。

32 在台灣地區101年3月以來最大的新聞事件之一，就是彰化禽流感疫案案，農委會許防檢局長因涉嫌隱匿H5N2高病原性禽流感，依「動物傳染病防治條例」第12條第1項規定，防疫機關接獲相關疫情通報即應前往處置。又報載該局長在專案會議中說出：「不急著下判定」、「最好等老闆下台後再開會」，此事是「護主」？「官官相護」？或「另有隱情」？是「違法失職」、「已戮力從公」？此是否應證筆者常自省：「把醜話講在前面，不可陷長官於不義」，執事者值得深思。

33 所謂官邪，即是政府官員，特別是位高權重的官員，假借國家所賦與之權力，或爲固祿保位，或爲圖謀金錢利益，或爲一時情欲所蔽，而不惜忽視法律，曲解法律，違背法律，破壞法律，而給與某些個人或集團以不當得之利益，包括地位及金錢利益在內。

奸，人懷自屬，道不拾遺，強不侵弱，風紀肅然也」。而守法必自政府及官員始。申論之，當今改革萬事莫如整飭政風急，王前院長認為整飭廉潔政風須從：其一，嚴格的法治精神；其二，嚴正的政治與社會道德；其三，完整的人格要求，公眾人物尤然也（參照王作榮，1996b：102-120），斯言至今可參也。

依據國際透明組織（Transparency International, TI）公布貪腐印象指數（corruption perception index, CPI），台灣在97年的第39名是史上最差成績，98年及99年小幅回升至第37名及第33名。如果將經濟與政治發展程度納入考量，台灣已步入經濟富裕與政治民主的國家之林，但是我們的廉潔度卻是較為遲緩[34]。而100年公布的貪腐印象指數，我國評比分數首次超過6分，達6.1分，全球排名上升至第32名，清廉狀況是十七年來的歷史新高。台灣排名連續三年向上提升，同時名列全球進步最多的五個國家之一，顯見近年來，政府對於貪污防治已有若干成效，正邁向優質治理之途。相對性，公務人員必須有擔當與執行力，以展現其「能」的基礎工程，方能建構完備的廉能政府。

按以實現廉潔效能政府，首在政治革新、法制完備與落實，尤須將公務倫理價值內化至文官體系中。在民進黨執政時期，行政院93年訂定發布之核心價值為創新、進取、專業，筆者即為文指出，就指引公務人員推動業務所應持態度之面向而言，其做法值得肯定。惟公務人員所應具備的核心價值，如自行政倫理面向觀察，上述三項核心價值顯有不足。就「創新」而言，倘吾人執著於凡事持「批判性思考」與「創造性突破」，不斷推陳出新，而對過去甚有價值者，則認不足惜，而欲盡去之，則其間是否產生失衡？就「進取」而言，活力與執行力固為達成目標所不可或缺者，惟倘目標一開始就設定錯誤，則「進取」適足以速致失政。就「專業」而言，吾人如祇就所具「專業」立場，求績效之表現，而忽略與不同立場者之溝通，或未計及為追求績效所可能造成外部社會成本的重大支出，則其是否適當？均值深思（蔡良文，2006b：25-27）。

考試院於98年6月18日第11屆第39次會議通過之文官制度興革規劃方案的首要任務便是建立文官之核心價值，透過內隱掌握正確的信念與見識，進而導引出外顯的正確言行。考試院參照行政院於97年發布之廉正、專業、效能、關懷四項核心價值，而提出五項文官的核心價值，分別是「廉正、忠誠、專業、效能、關懷」，其內涵略以充實如下：

核心價值	重要內涵
廉正	以清廉、公正、行政中立自持，自動利益迴避，公平執行公務，兼顧各方權益之均衡，營造全民良善之生存發展環境。
忠誠	忠於憲法及法律，忠於國家及全民；重視榮譽、誠信、誠實並應具道德感與責任感。

---

34 台灣透明組織新聞稿，http://www.tict.org.tw/c_index.html（最後瀏覽日：2011年3月10日）。

核心價值	重要內涵
專業	掌握全球化趨勢，積極充實職務所需知識技能，熟悉主管法令及相關政策措施。實踐終身學習，時時創新，保持專業水準，與時俱進，提供全民第一流的公共服務。
效能	運用有效方法，簡化行政程序；研修相關法令、措施，力求符合成本效益要求，提升決策品質；以對的方法，做對的事；明快、主動、積極地發揮執行力，以提高行政效率與工作績效，達成施政目標，提升國家競爭力。
關懷	時時以民眾福祉為念，親切提供服務；對人民之需要及所遭遇之困難，以同理心及時提供必要之協助與照護，增進人民信賴感。並培養人文關懷與多元文化素養，以寬容、民主的態度，讓族群間相互尊重與包容，社會更加和諧。

　　要之，考試院期待以廉正、忠誠、專業、效能及關懷之核心價值，袪除官僚負面文化，強調廉政治理、公民性的治理結構，型塑文官優質之組織文化，俾有助於建立有正確決斷力、明快回應力、高度執行力之團隊。如何內化爲富倫理的優質文化，是長期應持續推動之艱鉅及具意義的工程也。

（二）推動高階文官發展性訓練

　　王前院長一再指陳，文官一定要有適當的訓練，期能日新又新、與時俱進，不可成爲無能文官，所以，要提升治理績效，與人才管理角度，重視公務人員的訓練，絕對是三贏的策略。就政府而言，可提升行政效能、國家競爭力；就公務人員而言，可提升工作績效、專業素養；就人民而言，則有優質的服務。以文官體制四大功能，「引進與甄補、激勵、發展和維護保障」來看，訓練即是發展性功能的最重要環節，也可以說是公務人力能否與時俱進的關鍵。89年12月考試院配合「國家文官學院」改制成立所提出之「強化文官培訓功能規劃方案」。該方案設立「建置考訓結合新制」、「訓用考陞合一」、「培訓體系功能與資源整合」及「建構高階文官發展性培訓制度」[35]四大方案目標，並根據四項目標提出具體的革新建議，以及訂定推動的步驟、分工和應該完成的期程。其中爲落實「建構高階文官發展性培訓制度」此目標，規劃嚴謹選訓機制、導入

35　高階文官發展性訓練：本項訓練是鑑於高階文官扮演的重要角色，爲了使高階文官的能力、視野和氣度向上提升。公務人員保障暨培訓委員會（以下簡稱保訓會）在98年修正組織法，新增「高階公務人員之中長期培訓事項」之職掌，該會爰研擬「高階文官飛躍計畫」（Take Off Program for Senior Civil Servants, TOP-SCS），在99年及100年試辦，101年正式推動，其目標是要培育具「卓越管理」能力、「前瞻領導」氣度及「政策民主」風範的高階文官。在培訓層級上並區分爲「管理發展訓練」（十至十一職等）、「領導發展訓練」（十二至十三職等）及「決策發展訓練」（十三至十四職等）。關院長亦同時指出：除此之外，行政院亦曾多次辦理類似訓練（如國家發展研究班、國家策略研究班、國家政務研究班等），未來高階文官的訓練，國家文官學院可與行政院人事行政局（總處）進行細緻的分工，中長期訓練由國家文官學院負責，短期或特定政策需求的訓練由行政院人事行政局（總處）負責，雙方並可在課程設計、學分採計上相互合作（關中，2010：361-370）。

職能評鑑系統、發展全人培育訓練內涵及設計多元化訓練課程。

再者，有關發展性訓練，[36]關院長中提出培訓的三個層次模型略以，分別是國家、組織及個人。就國家層次的培訓，是基於環境分析的需求；組織層次的培訓，是結合組織分析及工作分析所做的需求；個人層次的培訓，則是根據人員分析的需求，並將考試院推動「公務人員考績法修正草案」的重點──「拔優輔劣」──的概念置入。按國家層次是指從政府整體的需求來看待培訓制度與政策，因此，辦理培訓係為國家發展之需要。在民主政治體制下，長期而言，培育優質的公務人力是政府良善治理的要素之一，也是行政運作良窳的關鍵；就短期而言，新的執政者會有新的政策主張，這些主張自然也需要反應在政府人力資源發展計畫上，使全體公務人力了解新的政策方向。例如兩岸政策的開放、廉能政府，均是馬總統就任後的重要主張，公務人員的基礎訓練即可反應此一方向，這種做法並非要將訓練活動政治化，而是在訓練策略中適當反應政治首長的理念，以落實責任政治（關中，2010：361-370）。

承上，雖然憲法及其增修條文對於公務人員訓練的權責歸屬並無規定，但從憲法本文來看，考試院不僅為考試機關，實為國家最高人事考銓行政機關，訓練既為人事行政與管理的重要環節，理為考試院之職掌應無疑義，只是憲法規範的模糊性，造成行政院與考試院在訓練權責上之爭議，未來強化兩院之部、會、總處之溝通，只要「人才是國家的，資源是共享的」有其共識，相關爭議也非爭議也。

三、建構政黨政治之發展利基

民主政治發展中，政府角色定位扮演舉足輕重的地位。而政務人員為國家政務推動之動能源泉，而常務人員則為行政穩定發展之基礎，爰以建構國家政黨政治發展議題，至少應包括完成政務人員三法之立法，以及落實完備行政中立相關法制，茲分述如次。

（一）儘速完成政務人員三法立法

王前院長長期主張政務官（人員）應由政黨培養，且經選舉產生為主，甚至主張從兒童即開始培養，實際民主政治發展情形而言，台灣地區的確培養出不少傑出的政治人才。究公務人員法制而言，常務人員法制體系完備，而政務人員相關法制之建構完備至為重要。我國為五權憲政體制國家，爰於「政務人員法草案」第2條第1項第1款所稱「依政治考量而定進退之人員」，大抵符合西方民主國家所界定之政務官範圍。至於其他依憲法或法律定有任期及任命程序獨立行使職權之人員，係屬特別的廣義政務人員（蔡良文，2011：20-21）。

36　所謂「發展性訓練」主要係指針對公務人員未來工作發展、職位遷調的需要，所進行的中長期、前瞻性訓練，其目標重點不在為目前工作技能的精進，而係著重開發潛能，提供宏觀新視野，並含蘊其情懷（襟懷）格局與器識，以因應個人及組織未來發展。其目的就是要讓公務人員的潛能、視野和氣度能向上提升，具備更高職務能力的要求。

我國政務人員之退職給付本無專法規定，32年公布之「公務人員退休法」規定「本法除關於命令退休之規定外，於政務官準用之。」嗣銓敘部曾草擬「政務官退休條例」，惟立法院於審議時將草案十九條文刪除而遭擱置；其後銓敘部又再擬具「政務官及特任級人員退休條例草案」，於49年呈請中央核示略以，該法案尚無創立之必要。迄至民國60年間，爲配合人事革新之「延攬人才方案」，考試院與行政院會銜函送「政務官退職酬勞金給與條例草案」，經立法院審議完竣於61年2月公布施行，始有規範政務人員退職之專法（蔡良文，2008：240-241）。

有關歷次研提政務人員法草案其規定主要之方向，大致包括：政務人員係向國家、民眾負責，故要求其須公正無私，廉潔自持，保持良好品德，並對國家忠誠，且須致力於其主管職務，以維護國家與人民之權益；政務人員參與國家行政方針之決策，涉及國家安全，因此，提名或任命政務人員前，須對其進行涉及國家安全及重大利益事項查核；再者，政務人員應公忠體國，故除就職務上應守密事項爲證言者，應經服務機關或上級機關之許可外，不論在職或離職均負有保密義務；復以政務人員掌握國家政策方針，擁有操控政府運作權力，有關政務決策階層惟有具引領風騷、導引變局、調控趨勢，才會同時具有大格局的思維架構，因其決策可能影響國家發展並牽動整個官僚體系，故應具備旰衡時勢決定政策所需知能，乃屬基本要求。因此，未來法制上尤著重於政務人員忠誠、品德、操守之要求規定，俾維護國家與人民之權益[37]（蔡良文，2011：20-21）。

至於政務人員退場機制規範上，俗云：「上台靠機運，下台靠智慧。」似乎是政務人員去留之最佳詮釋。對於無任期保障之政務人員，從政黨政治理論與運作上，「高風險、低保障」之政治課責價值，其間涉及政治誠信、政治倫理等問題，惟在告知免（去）職之程序上，似可再細緻化，以維護當事人的尊嚴；在他律自律併行下，亦可顧及政務領導團隊之形象，維護公共利益之價值。至於有任期保障之政務人員的退場機制，應盡速完成立法。因爲爲確保其獨立行使職權，不受不當之政黨政治之影響，且其任命多由國會同意，所以在確保其任期獲得保障與獨立行使職權之設計前提下（司法院釋字第589號解釋），爲避免「假停職之名，行免職之實」依憲法或法律規定有一定任期者，非有法定原因，諸如公務員懲戒法規定之撤職、各機關組織法律所定免職等事由，不得任意免職，應予相關法律規範之（蔡良文，2010：18-21）。至於，有任期之政務人員，於任期內主動請辭，除應得提名者之同意外，是否應先知會或經國會同意，似值研究。

37　政務人員應具有君子風範與倫理的品格，不可只講利害的（孫震，2003：第4篇），亦即政務人務是具有擔當與有品格者（高希均，2009：128-129、147-148、157-158）。主政者領導君子爲要，不可爲小人所影響，小人者，余秋雨先生所描述的「沒有立場的遊魂」，擁有「轉瞬即逝的笑臉」，說出「無法驗證的美言」，做出「無可檢收的許諾」，而高希均先生則加上，對主人「具有不可或缺的忠誠，對周圍捏造四面八方的埋伏與危機」。主政者不可不察也（蔡良文，2011：20-21）。

（二）落實建構完備行政中立相關法制

如前所述，以民主國家發展經驗觀之，公務體系中有賴穩定之政黨政治，其執政者經由選舉取得地位，由其民意代表或選任之政務官，負責政策之推動；在推動政務過程中，則須有健全之文官制度，嚴守行政中立原則，公務人員執行既定政策，兩者相輔相成，方能使國家長治久安。王前院長曾說：「所謂行政中立，即是文官系統依法行政依法律推行政務，不受各利益團體的影響，不受各黨派的操縱，中立的行使職權。」行政中立除可防範執政者私心用人弊端，如美國歷史上有名的「分贓制度」（spoil system），而且可以維持政府體制的穩定運作，不受政黨更迭或意識型態衝突的影響，利於新政府的作為。「民主政治就是政黨政治」。在民主國家之政黨輪替乃為常態，亦即在民主政黨政治之下，政黨的執政中更迭是暫時的，而保持國家運作之永續發展，則有賴超然於政黨之外而依法行政之文官。所以，文官團隊在秉公處理業務，同時要留意其治理的正當性。[38]申言之政黨輪替既為民主政治成熟發展之常態，執政者必須與文官充分合作，並尊重其專業及行政經驗，始能為執政者貢獻心力。我國已步入民主鞏固時期，而政黨政治已然成型，貫徹行政中立正是建立執政者與文官團隊間互信的最有效基石。

考試院於83年提出「公務人員行政中立法草案」，至98年6月10日制定公布，共歷時約十五年。中立法雖係以常任公務人員為對象，但依憲法與法律獨立行使職權之政務人員、教師如握有行政資源或權力者，亦同樣受到拘束，相關行政作為均須維持中立。行政中立法除了以王前院長提示的依法行政予以評量外，由於常務人員逐漸在政策規劃上扮演重要地位，不再只是要求其執法公正之單純政策執行者，而無法完全免除政治活動之干擾，故必須基於權責，秉持社會公義與世代正義作為，方為良善治理之皓的。

至於政務人員的行政中立或其政治活動合理限制規範議題，我國法制上並未對「政治活動」做定義，僅適度規範政務人員某些政治行為。爰以訂定基本原則，即職務屬性政治性較高者有較寬廣的活動領域；職務屬性越需要獨立、公正、客觀行使職權者，活動領域愈小，即禁止領域愈大（關中，2009：26-27）。依「政務人員法草案」之規定，政治活動規範可概分兩類，一為具有政治目的之職權或行政資源濫用禁止，其次為列舉之政治活動或行為禁止。另外，除該二類之政治活動基本限制規範外，針對依據憲法或法律規定須超出黨派以外之政務人員，在其須超出黨派以外獨立行使職權，宜更有嚴謹之行政中立規範考量下，除上開二類限制外，另規定其於任職期間不得兼任政黨、其他政治團體或公職候選人競選辦事處之職務，介入黨政派系紛爭，於規定之上班或勤

---

38 有人說，「行政中立」就是要「依法行政」。但是，只是依法行政還不夠。「依法行政」是民主國家「法治原則」下所導引的結論，也是支配立法權與行政權關係的原則，強調的是「依照民主過程所制定的法律來行政」，涉及行使權力是否具有「合法性」（legality）。但「行政中立」則是指民主政治之下，政黨競爭是否公平？人民自由意志是否能夠充分表達等，影響的是治理的「正當性」（legitimacy）（關中，2012：293）。

務時間，從事政黨或其他政治團體之活動，爲支持或反對特定之政黨，其他政治團體或公職候選人主持集會、發起遊行、領導連署活動或在大眾傳播媒體具銜或具名廣告，公開爲公職候選人站台、遊行或拜票。

我國法制上，對於政務人員除政治活動之限制規範外，較爲外界關切者略以，其一，政務人員在辦公場所之政治活動限制規範上，對於政務人員在辦公場所懸掛、張貼、穿戴或標示特定政黨、其他政治團體或公職候選人之旗幟、徽章或服飾等政治立場之表達，係做限制規範。其二，特別政務人員之政治活動規範上，「政務人員法草案」將部分法官與檢察總長等排除適用，而經三讀通過之法官法，對於法官等之政治活動規範，僅規定不得介入政黨之活動，故值得注意者，乃政務人員法制定前，部分法官與檢察總長之其餘政治活動規範，係屬自律範圍，抑或須準用「公務人員行政中立法」之相關規定。此外，針對職務屬性特殊之銓敘部長、人事行政局長（總處之人事長）、法務部長、國防部長等，是否有必要提高其政治活動規範密度，亦須再視我國民主政治發展情形，予以思考調整。其三，政務人員如擬參加公職選舉，依考試院84年9月7日第8屆第239次會議決議起即規定以，從候選人名單公告之日起至投票日止，應請事假或休假。「政務人員法草案」第17條亦規定，政務人員登記爲公職候選人者，自候選人名單公告之日起至投票日止，應依規定請事假或休假。另「公務人員任用法」第26條之1規定，機關首長參加公職選舉者，自候選人名單公告之日起至離職日止。但未當選者，至當選人名單公告之日止，不得任用或遷調人員。是以，現行有關規範允許政務人員帶職參選，惟於特定期間需請假，且不得任用或遷調人員。然如具任免權責之政務首長，在上開限制期間前，即被所屬政黨規劃爲公職參選人，則如何避免其於限制期間外，運用職權作爲競選資源，在尚未有相關規範，而於選舉頻仍情形下，爲日後需嚴肅面對之課題（蔡良文，2011：23-24）。

伍、結語

由於王前院長念茲在茲健全文官制度，重視國家考試之公開競爭原則，兼及行政中立、文官訓練等事項。當然，公開競爭之考選機制，賡續提高考試的信效度，以精進衡鑑符合社會需求之專技人才外，併考量應考人權益及配合用人機關需求，得以達成爲國舉才目標；重視文官績效考核（績）與職能之訓練，得以提升文官治理智能、素質與效能，並能強化人民福祉等，相互呼應，可見王前院長全觀型之格局與真知灼見之智慧，值得敬重與效法執行之。

考試院的職權除專技人員之衡鑑與因應全球化需求外，主要負責全國文官法制的最高主管機關，爰以必須彰顯其超然獨立的機關特性，方能有效發揮憲法所賦予的職權。因此，考試院在依據憲法及法律行使職權時，必須排除政治、宗教及種族等的意識型態

糾葛，且全力落實考試院的憲定職權，以維持國人高度信賴的美譽。此亦然係呼應王前院長所重視的，讓考選與文官制度恢復原有的尊嚴與榮譽，建立高度現代化的國家。復以，考試院第11屆考試委員積極扮演跨部會政策規劃角色，完成「考試院文官制度興革規劃方案」、「考試院強化文官培訓功能規劃方案」及「考試院檢視相關業務之人權保障與國際接軌報告」。各方案共同特色及在聯結考試院暨所屬部會及人事行政局（總處）事權之統整運作，亦即落實跨院際、跨部會之「跨域合作」、「跨域治理」的政策作為。至於文官培訓方案則是配合改制成立的「國家文官學院」所提出研訂。又兩人權報告除係回應馬總統先後提出人權保障的宣示，以人權保障議題係動態發展性概念，未來將以超越兩公約指標，作為健全主管法令及行政措施的準據。

　　綜上，王前院長的理念與政策作為，是大公無私的，是憲政精神的維護者，從公開競爭的公正掄才，到人才之任使、強化人才之培訓、俸給退養之照護，重整文官倫理與政風，並應落實行政中立，避免成為行政體系政黨鬥爭之工具，均在重構公民社會，建立廉能與高度發展的國家。長遠以觀，考試院等尤應配合政府於100年提出之「黃金十年國家願景」的八大願景中之「公義社會」、「廉能政府」以及「世代正義」等議題，全力配合協力完成，在重整與強化文官體制變革中，必能提高公務人員的素質、熱情與能量，更是提升政府效能與國家競爭力的基礎工程也。

（本文原發表於「王作榮教授與國家發展研討會」（2012年），國立台灣大學社會科學院經濟學系、台灣金融研訓院主辦，台北市。文內有關考銓業務法規資料，特別感謝（時任）考選部李參事震洲、（時任）考試院胡科長淑惠及（時任）姚專員婉麗協助，惟文責由筆者自負。另部分內文配合法制變革與體例調整，略做修正。）

壹、前言

「中興以人才為本」，尤其是高素質人才得開發與羅致，為各國之共識與課題。所以維護文官制度發展是必要的。美國行政學家華爾圖（Dwight Waldo）曾提出：「政治是希臘的，行政是羅馬的」（Our politics are Greek, our administration is Roman）（"A Theory of Public Administration Means in Our Time a Theory of Politics Also." *Political Science and Politics*, Fall, 1978, 20(4): 906）。繆教授全吉（以下敬稱繆教授或繆老師）先生則以一個研究公共行政與人事行政的大師，就世界政治演進總體而言，提出「官僚體制是中國的」（But our bureaucracy is Chinese）。而官僚體制就是文官制度，亦即所謂官吏之道，故而中國官僚體制，與希臘的政治及羅馬的行政，鼎足千秋，為人類政治社會文明之三大礎石，洵不誣也（繆全吉，1990a：40）。[1]

繆老師曾指出：人事行政為行政之次系統，惟為政在人，成事在人，如何使人與組織結合，運用裕如，而發揮行政之轉化功能，為現代國家政治發展之根本。如今，筆者更認為人事體制或文官政策改革，必須配合政府施政願景與方針，方能符合人民的期望。申言之，必須能滿足人民需求，達到行政課責，促完成政府施政績效目標，為奠立良善治理[2]（good governance）的基礎。而其成敗關鍵，則在於有無健全的文官制度與

---

1 有關中國官僚體制，時見議論，惟官吏名稱，頗難有明晰之辨念，綜上，繆教授曾提出下列四個線索，甚具參照價值與時代意義。（一）理念型官僚體制：官僚體制的發達，必須是封建沒落以後之事，惟封建政治，其有行政事務之處理，乃屬應有之義，溯其源流，渺不可察。要之，基於孔子中心概念，無論淤人做事，均應有理想之標準，期勉達到理想與實際之合一，斯之謂仁。其表現於個別之「臣」到理想之「臣」，所型塑理念型的官僚體制，經孟荀踵事增華，大致上指引了官吏之道的方向。（二）官吏異途：由於士吏分品、吏役合流與官吏異途，使中國政治制度上，形成兩個階層。所謂理念型的官僚體制為官之標準而不及吏，從此，吏無前途，當然以吏為利，其流弊亦可想像耳。（三）官吏與幕賓三角關係：中國官場實際上，乃是由官、吏與幕友三個集團，形成一種非設計的平衡。故若謂中國真正的官僚體制，不應限於官僚，應包涵幕賓與吏役，始能得其真象。（四）現代官僚體制的整合：季清行新政，改革官制，依據當時頒布的法令，確實將官幕吏胥，整合而為一種新的官僚體制。事實上尚未見具體實施，清廷傾覆。所謂新官制，名副其實，確是官吏一體，不過是上官下吏之垂直系統，由於時間短促，難謂已建立官吏之道。辛亥革命，南京臨時政府，三閱月而結束，雖文武百官尚未建構系統，但確亦出現現代之官稱。未久袁世凱政權名為民國，實即滿清官僚之延長，迄北洋政府之敗亡而告終。其間文官法令之頒布，未必普遍認真推行，但多少具有現代文官制度一之雛型。

2 「聯合國亞太經濟社會委員會」（U.N. Economic and Social Commission for Asia and the Pacific, UNESCAP）針對「良善治理」列出了以下八項特徵或因素：（一）參與（participation）；（二）法

文官政策，以提升文官素質與行政效能。尤其在面對全球化與政治變遷中，配合政府治理環境的「變」而掌握「時」，以求其「通」，是筆者關心的議題，而時時勤習經典，並思索先哲先賢之教誨與經驗智慧傳承而予以創新發展，是必要的功課。

回顧繆師在台灣大學等校授課，係秉持課程目標，以真正能達到「學術與行政溝通」、「理論與實務結合」為要求。渠平時投書媒體針貶時事，無論是政治革新、行政改革或人事行政相關議題，均能鐵筆直言，受到各界關注與政府參採，吾輩深以繆教授在學術界是位學養精湛、見解獨到、是非分明、擇善固執與愛國愛人的學人典範，亦為受業後輩學者效法的典範。爰以本文係先思索繆老師有關文官人事制度與文官政策改革的想法、思維，及其對現行體制啓示或會通，並試著探討所衍生之價值理念的影響。

貳、繆教授對人事制度之建構內涵

我國古今文官制度（現代稱以人事制度）之差異，最主要者為古代「官與吏」是分開的，官由初級到高級，由地方到中央均有一定人事管道可資流通。相對地，當前文官制度問題在於文官流轉問題，且以古今之文官均為政府決策執行的核心骨幹，惟基本性質是改變的。所以，相對應的不可以現今文官考試標準、方式來評價以前的考試標準與方式等等。易言之，文官制度選賢舉才與用人為才之背後價值精神雖是相通的，其方法、目標則是相異的，且其體制建構內涵亦有不同，本節試擬介述早期繆教授對現代人事制度之建構意涵與渠擬議完整文官制度的體制架構內涵，藉供卓參。

一、對人事行政系統模式建立之建構（繆全吉，1990b：56-59）

繆教授指出：人事行政是研究行政機關人事運作過程的一門學問。按人事行政素來是行政的主導、管理的靈魂，而行政結構與功能更是政治系統轉化過程的關鍵。不過，人事行政雖為公共組織的主導巨靈，但就系統而論，則宜為行政之次系統。在研究人事行政內涵與過程，為首先採以系統模式加以析述，讓人事行政的系統化與跨域思維能做有效的聯結，殊值敬佩。繆師認為人事行政系統以人成事，比之產業，輸入之「原料」，經工廠「轉化」過程，輸出了「產品」的模式，則人事系統則輸入為「人」，經「轉化」過程，輸出雖仍是人，但已是「人」所發揮之功能或績效成果等，復因「人」在組織中之新陳代謝，對曾竭盡其才能，蔚為公共服務而離開公職者，絕非如廠中之「人渣」，理應注意其返休息養老等事宜。

至於各主要過程之內容要項系統，繆師認為，人事系統之輸入：就行政系統所需要

治（rule of law）；（三）透明度（transparency）；（四）回應性（responsiveness）；（五）共識取向（consensus-oriented）；（六）公平與包容（equity and inclusiveness）；（七）效能與效率（effectiveness and efficiency）；（八）課責（accountability）。

的人材，著重其能力的發揮作用、產生效果。故對人事行政從環境中輸入的人力資源、人力預測及預期之人力運用，須有全盤之了解，則公務人力資源始能從人力需求、人力獲得、人力培訓及人力運用有合理開發與使用之可能。其次，就人事行政之引進面向，自探勘、發掘及考選做客觀的分析，俾能了解行政系統與其他社會系統在競取國家菁英之情勢。再以人事系統之轉化：主要係探討國家菁英進入行政系統後的人力運用與管理。就其在系統中如何任用、銓敘、獎懲、陞遷、發展、考績及獲得何種待遇與福利等人事行政之運用與維護，診斷其病癥、對症下藥、促其痊癒，並且加強保健（保障），使之不斷發展才能而貢獻於組織，後者以85年成立的公務人員保障暨培訓委員會，誠是此思維而發展出的組織，併予述明。故人事行政輸入、引進、轉換等作用之發揮，即為提高公務士氣，使行政系統能日新又新，止於至善之境。

再者，繆師特別重視人事行政作為，除提出應重視行政中立外，尤應關懷行政倫理，亦即官箴議題[3]，對照目前行政發展過程中，政府特別重視公務人員核心價值，真是先見之明也。繆師指出：行政倫理係現代新行政，強調行政不可能有價值中立，必須伸張社會公道，而決策無分主管、非主管，即使基層人員，均有自由裁量之決定，其必影響組織之權益。因此，行政倫理已成官僚體制最關切的課題，亦為人事行政轉化過程之基本動力[4]。

最後，以人事系統輸出，指稱公務人員早期奉其一生為無定量的「勤務」之特別權力關係，至今之公法上的平權關係，惟其過程同樣涉及人盡其才、才得其用、用得其所等課題，建構為行政系統運轉之原動力。如前所述，由於人為萬物之靈，人雖年老體衰又不能正常工作，或機關、單位或職務之調整而投閒置散，甚或死亡，必須繼續將人事行政延伸於資遣、退休、養老及撫卹，甚至喪葬、慰問等福利工作。其為人事系統特有之輸出項，乃「化腐朽為神奇」之社會功能。要之，公務人力資源之運用、社會安全制度及公務人員安養問題均為公務人力系統輸出之重要議題。

二、對文官體制建置過程中的實務作為之觀察（繆全吉，1990d：15-20）

台灣地區之人事行政或謂文官體制的實務發展過程，繆師特別指出：台灣地區，自

3　公務倫理是公務人員透過執行公務過程而反應在價值的選擇及行為的具體標準。換句話說，公務倫理是指在行政體系中公務人員在角色扮演時應掌握的「分際」，以及應該遵守的行為規範（邱華君，2007；蔡良文，2007）。倫理道德為人類「心靈」活動中的核心價值與行為規範，亦是行政倫理的精髓所在。我國社會自古即重視「倫理」，不僅在家庭中如此，即大至於社會、國家中，亦莫不皆然，更遑論今日公務人員在職場之中。James L. Perry曾謂行政人員面對的五大挑戰有：維護憲政秩序、具備技術才能、處理公共期待、管理複雜任務、表現倫理行為等。誠所謂「愛人不親，反其仁。治人不治，反其智。禮人不答，反其敬。行有不得者，皆反求諸己。其身正，而天下歸之」——古今中外的倫理哲思正有若合符節之處。

4　對照考試院第11屆研擬文官制度興革方案之第1案「建基公務倫理、形塑優質文化」，尤顯其時代性與重要性。

明鄭與清代移民，經二百多年之開發，內地化的過程相當快速與普遍，尤其劉銘傳建省以後；所建樹之近代化基礎，不遜於沿海各省。再經日本五十一年的占領，雖然不脫殖民地式的統治，然其為取卵而飼雞起見，當光復時之台灣，農田水利、交通設施、產銷組合……戶籍地籍等基本資料，尤其機關學校之建築，以及國民教育之普及，譽為全國之翹楚，殆係寫實，為祖國接管理提供良好之環境。光復台灣設省，日式官僚體制則逐次轉化[5]，亦是光復之始，台灣地區官僚結構之不易保持常態。申言之，任何組織運作有其成長歷程，人員經驗與體制運作，難以於全盤全新人力更換後，依然保有先前的工作品質與能量，必須要漸進改革，爰以遷台初期官制、教育沿襲日本舊制，但官僚體系人員轉化，則在國家考試輔以政治價值較高者，如社工特考、國軍退除役官兵特考等進用人才，而人事分類法制亦在借鏡國外職位分類之制度下，進行摸索式、漸進式改革，均是例證。

再者，在國家考試成為國人最為信賴的制度，繆教授曾指出，中國自古是考官不考吏。筆者認為國家考試亦係因應民主政治需求的漸進轉變的過程。所以繆教授認以，嗣考試院成立，開始正式之文官考試，逐步建立現代的文官制度。尤其孫中山先生構思的考試權獨立傳統，在戴傳賢院長擘劃確實讓此指引理念型的官僚體制能成長進步。當台、澎、金馬一地，四十年來默默地，進行文官革新，現在非經考試不得任用的公務人員制度，確已顯現傳統官吏之道的新包裝，將為現代理念型官僚體制推進一大步，亦為「台灣經驗」之一重要貢獻。

綜觀政府於民國18年公布「考試法」，22年公布「公務員任用法」，38年公布「公務人員任用法」。來台後繆師指陳，41年2月及43年12月修正「考試法」，43年1月修正「公務人員任用法」、「公務人員俸給法」、「公務人員考績法」。嗣後為實施職位分類，56年6月公布分類職位公務人員考試、任用、俸給及考績等四法，又配合需要四法於同年12月、58年8月及62年12月，三度修正，使公務人員簡薦委與分類職位兩制並行，而滋生諸多問題，終至75年立法院通過「公務人員考試法」、「公務人員任用法」、「公務人員俸給法」及「公務人員考績法」，並於76年8月起施行。從此考試法區分為「公務人員考試法」與「專門職業及技術人員考試法」兩法制。但任用人事法制之分期則走向兩人事法制合一，兼取兩者之長而捨其短，此一推陳出新之人事法制，為中國官僚體制現代化之新里程。至於繆師對其他文官制度之改革，或謂完備的文官系統

5　日本歸還台灣，重新設省並其承續日本官僚體系之運作，略如：（一）有現成之各級衙署，建築堂皇，足以維持公權力之尊嚴。（二）光緒以來新官制，原來借鏡日本，此次，既沿用日本遺留舊制二百三十六種，又留用日本官僚以維公務之繼續性。因之，中日官制基於近代中國摘取日本；而古代日本又模仿中國，本是同根生，遞以漢字代日文，雖不中而不遠矣。（三）台灣國民教育發達，較之當時內地到處是文盲，則基層公務人力資源，不虞匱乏，接收之初，過渡期間暫用日本語文，嗣漸改用本國語文，亦屬便宜行事，惟中上級官員日治時代鮮有台籍，如以階級最高敕任官〔相當簡任〕之杜聰明先生，並非行政人員，乃是教授之同於公職待遇而已，試問如何能立時三刻，將日籍官僚全以本地人士替代，此為官僚人員轉化之困境。

之擬議，均容於下目論之。

三、完整文官系統建構內涵之擬議

就整體文官制度之建構與發展言，繆教授認為現行文官制度為戴傳賢先生建置，其體系完備，惟過程未得良好環境成長，復部分制度雖已成長執行亦有不當之處，至效果不彰，特別是職位分類制等，在民國67年間即提出文官系統結構性建言，茲舉渠重要建議簡述如次：

首先，就全國公務人員（事務官）未達全國一盤棋的運用公務人力，應就其性質分成七大系統：（一）一般行政人員；（二）司法人員；（三）外交人員；（四）事業人員；（五）警察人員；（六）科技人員；（七）教學人員（學校職員歸為第一類行政人員），並將上開類別系統仿軍中經歷調任制度而善加利用，其職位可上下層級機關或主管非主管調任之；且各系統之高階人員應為通才，必要時，可在各系統間互相流通（此即目前簡任十二職等以上人員，各職系可相互調任的先見之明也）。而對中級人員可設「關鍵性職位」可經由改敘其他系統，以靈活運用人員。

其次，建議長程培養國家行政基本幹部方面：包括重視高普考（國家基幹人才）的長期培養計畫，並恢復其訓練，以完成其考試程序；甲等考試定名為最高考試，主要吸收與培養行政高級人才（上述培養相當於古代翰林院之作用）；簡化公務人員職位分類考試，而與高普考合併之。

再次，就各系統的發展，除了特殊的職位需要特殊的人才外，其他均可依法任用，尤著重機關間的調動。亦試舉其以下之原則進行：（一）初任人員應由基層履歷，即普考及格由基層機關開始；高考及格由縣市開始。（二）依個人能力及志趣、作為職務調整之參據，且每一職位應有一定任期（以三年為度），期滿做檢討。（三）在系統內調整，打破單位、機關之限制。（四）在升遷制度上，除避免「彼得原理」產生外，似可考慮可以「降官而不減俸」方式處理。（五）研訂一套流通管理及可行辦法。（六）有超然獨立的人事評審會，負責人員調動、升遷。（七）依年齡別選擇前四項，年輕人請由機關機關服務，年長或資深者在中、上級機關負責，其退休金由上級機關負責等。

綜上，繆師建構之完整人事政策，其公務人力運用之最高的原則，係以最少的公務人員辦最多的行政工作，且於其比較當時之英、美、日、韓等國的中央政府公務人員數與人口數時，認為我國是較少的，並建議持續應予重視者，乃公務人員素質之提高，賡續淘汰冗員，精實行政業務，俾能以最好的人力資源投入行政系統，俾能建立行政大國之目標（繆全吉，1978：129-138）。

四、整合性分析架構──對筆者的啟發

筆者師承繆教授研究文官體制變革，向來重視Elliott、Klingner與Nalbandian以及Levine等學者的觀點，於體察國內政、經、社、文、科環境變遷與政府再造過程，融入

筆者主張之政治價值與行政價值的鐘擺現象，研析國內政府再造中文官體制價值的流變與抉擇。茲如法治斌教授曾指出：現代公務人員制度也應包含責任政治所衍生之責任價值，可以說係「中立」、「效率」、「專業」、「責任」、「人權保障」等多元價值之複合體。江大樹教授也指出：文官政策可分成甄補性、管理性與保障性三類，分別對照公平、效率及中立等不同的價值，其並依歷史階段變遷，分別戰後台灣文官政策價值的演進，提出五階段之說（江大樹，2000：159）。筆者長期以來主張良善的人事文官體制價值與平衡點，是求取政治價值與行政價值鐘擺或抉擇過程的綜合體系，與上述學說均有其相似之處（蔡良文，1998：113-117）。經由對公共管理思潮、各國政府再造經驗之研究，以及長期親身直接或間接參與，從我國政府再造及文官體制變革過程中得到的啓發，筆者爰曾在憲法精神下[6]（翁岳生，2008：117-133），試擬建構文官體制功能變革的價值抉擇架構（蔡良文，2008），茲以回顧各國文官系統不斷擴張成長，幾乎成爲政治過程的真正主導者，對國家生存發展影響深遠，又爲改革文官系統最重要的原則必須兼顧民主與效率，才能重振國家公信力、公能力與公權力。故早期學者主張文官體制改革涉及「民主原則」與「效率原則」的改革方向（參照Downs, 1967; Kaufman, 1981；蕭全政等，1994：1-24）。事實上，與筆者將之轉換爲政治價值（代表性、政治回應、政治課責）與行政價值（理性與公正、效率、效能）是相通的，而文官體制改革，事實上，是主動考量制度運作之動態平衡與鐘擺互動的改革動態過程（蔡良文，2008）。爰以憲政精神所隱涵之價值流動與導引的文官體制變革脈絡，是至爲清晰可循者，其內涵發展將於後述明之。

參、繆教授對文官體制發展評述與迴響

一、繆教授對台灣地區文官體制發展之評述

繆教授曾指出政府遷台四十年來對官僚發展累積之好壞經驗（繆全吉，1990d：22-26），可以扼要條目於次：

（一）好（應強化）的經驗

　　1. 考試制度深植入民心：非經考試不得任用，原是憲法條文，現已爲人人所共識，

6　國家機關遵守憲法，是憲法應具規範效力（憲法優位），互爲表裡；政治性與行政性繫於確保憲法優位性的機制，在我國憲法的發展、釋憲制度的發展與人權保障，受到政治環境的影響頗深。儘管大環境變遷，釋憲制度與政府制度及實際憲政之間相互牽動的關係，依然存在。又憲法的重要性不僅是憲法的規範（法條），更是憲法的現實面向（verfassungsurealität）。「憲政」存在之前提在於憲法被具體落實，是一部「活憲法」或「有實際作用的憲法」。該研究名曰憲法精神的導引功能，即是活憲法（詳參閱翁岳生，2008：1-134）。

亦為國人所信賴。另因我國設有獨立考試院，對行政人員負責任的行為加以控制，塑造公務人員均為有為有守具有道德勇氣的公僕，莫要於慎選新進的國家菁英。蓋考試政策的方向，足以導引士風的趨流，考試類科的重點，必然反應社會的價值，故全盤系統改進考試的技術與程序，確為良善行政裁量與效能的奠基工程（繆全吉、彭錦鵬、顧慕晴與蔡良文，1990e：547-552）。

2. 考銓法規日趨完備：公務人員自考選、任用、銓敘、考績、級俸、褒獎、懲處、訓練、發展、陞遷、保障、保險、福利、退休、撫卹以及養老等（養老在修憲時已併入內政部社會福利事項等）均有一套制度；尤其公務人員任用法規中不再列有國民革命若干年之資格，以及其他比敘、甄審、登記、銓定等取得資格，確實將黨政軍分開。事實上，借才自黨工與軍職者，日漸減少。對照之下，大陸（當時）迄尚在研擬國家公務員制度，竟將黨政分離與政企分離，視為理想目標，足見當時中共祇有黨幹而無文官之特異狀況。

3. 文官傳統之根深柢固：早期事務官仍為國家領導人力之豐富資源，民國76年內閣改組新內閣八部中有四為部長（內、外、財、經），即是考試出身，揚名中外而位極人臣，足見當時公務人員團隊，確是政務人力之寶貴資源（產）。當時配合時空需求，政務官與事務官劃分之由來，與民主政治、政黨政治、議會政治的發展有很大的關係，且以制度是長成的，且是漸進發展，台灣地區建置良善的型模值得肯定（繆全吉，1984：277）。

4. 公務人員制度健全發展：此一總體公務人員行業，正代表多元社會之特徵；反觀中共集體主義（當時）之下，所有行業均為公營，亟待改革。按現代民主國家中，政府應具有高度的回應能力，民意對於龐雜行政業務的需求，既直接而又強烈。所以，政府必須隨時針對需要，採取適當的反應，在民主的原則下，以行政效率與效能為依歸。由上申論，民主國家，應建立一個精簡、彈性、有應變能力的高效能政府，而在民主行政的服務人民，要求兼顧效率與效能的達成。茲以本議題在當時之事實，台灣地區的確大幅領先大陸地區，值得述明。

5. 強化人事機構功能之發揮：人事人員除了負責靜態的應用一套法規、政策等各種技術活動，扮演幕僚機關中的技術專家（technical specialists）外，宜注重動態的企業精神之引介公務人力資源策略管理角色；亦即重視其協力作用（synergy）本質的活動，如何調和衝突的價值、環境之變遷與機關內利害關係人間人力之運用等，使用機關（構）成為一個和諧與動態的組合體（Klingner Donald E. & John Nalbandian, 1998）。長期以來，人事一條鞭事實發生運作，使人事運作有通盤之整合功能。

（二）壞（應改善）的經驗

基本上，官僚體制內在本身，相對地屬封閉之系統，繆老師指陳古今中外官僚體制

之通弊外，[7]特別提出台灣地區具有特色之壞經驗，以供警惕與檢討：

1. 統一薪俸之後遺症：剛自大陸撤守，財源枯竭，為維持公務人員之生活，表示同甘共苦，不問階級發給相差無幾之統一薪俸，另配以實物。久而久之，不僅下官無上進心，而上官亦有何必多負責任，謹慎者枵腹者從公，守分者兼差或多報差旅加班費以資補貼，而狡點者貪污以自動調整待遇。如此，官體制何能為人尊敬。嗣後，經濟繁榮，待遇也逐年調整，而統一薪俸之後遺症仍在，不僅上下級之俸給差距折算現金不敢拉大；馴致要而且恢復戰前之高低較大差距，竟然成了理想之目標，值得深思。

2. 為調劑考績獎金之輪流考列甲等：甲等人數，逾三分之二至四分之三，幾無限制，使考績功能不能發揮，致功過不分，是非不明，人事制度不能創新進步。且以官僚結構充滿繁文縟節，易於造成人員縛手束腳，抑制公務人員的創造力；法令僵化繁雜，缺乏彈性，限制公務人員創新思維空間；對除去人員因循的惰性傾向，缺乏激勵向前之具體可行機制。

3. 節省人力物力之精簡政策：長期以往，為精簡人力而精簡易使組織編制缺乏彈性，不能因應世界潮流之變化，使優秀之公務人員集團難發揮各行各業之主導角色。文官體制變革之論證事法規未能適度鬆綁，以致政府機關間、政府與民間機構間之人才交流機制不足，未能強化行政機關之用人彈性，即由於各機關組織法非僅規定部會之權責，且訂定其員額、職稱及內部組織等，如須修法，則頗費時日，難以因應各部會配合主客觀情勢變化，機動調整內部組織及人員晉用之需要。

4. 訓練發展之權責未有著落：蓋憲法並無規定，迄仍未能建立訓練之組織與體系，使公務人員不能全面有計畫與時俱進之發展。再加現行（當時）訓練教材教法之落後，更是效果不彰。此外，由訓練與升遷未有適當之配合，使整個公務人員不能發揮在行政系統中轉化之動力作用。另今後政府機關人力結構的變化必然逐步的邁向「能力密集」的「精兵主義」，而非僅考慮量的擴充，因之除應注重新進人員的素質外，尚應積極規劃公務人員訓練培育體系，將現職人員依其職位納入各階段之訓練，並擴大赴國外研究進修的範圍，使中低層人員亦有充實新知的機會，充分開發公務人力資源，提升人員素質，用人自然日趨精實（參閱繆全吉、彭錦鵬、顧慕晴與蔡良文，1990e：303-305）。政府於85年成立公務人員保障暨培訓委員會，並組設國家文官學院（前身為國家文官培訓所），完成公務人員訓

7　官僚體制對於外界環境處於不確定之狀態，文官為免動輒得咎，往往不求有功，但求無過，少做少錯、不做不錯。因之，等因奉此，墨守成規，安於現狀，未肯積極創新。更加層級節制的體制之中，權雖自上而下，然因年深積久之公務人員，熟於掌故，為保職能安於位之利害，早已結成同盟，無異一個機關中，各有城堡之勢，難能動搖。如此，上制下，下防上，自難有行政效率之可言。至於違法失職，濫權越權，以權謀利……諸如此類，均屬古今中外官僚體制之通弊，於此不贅。

練進修法之立法，其效能顯著，於後述明之。

二、對文官體制價值與功能之轉化與因應

（一）價值與功能轉化之內涵

　　有關人事行政價值議題，隨著政經社文等環境變遷，且表現回歸個人主義的自由小型政府及社區承擔社會競爭群體責任（參見陳德禹，2003：237-249；Klingner & Nalbandian, 1998: 5-8）。茲以新的價值與功能轉化符合社會價值、文化採納執行，似應漸進而行，不宜貿然全盤引介。筆者以為除考試院暨相關考銓人事組織結構，可考慮適時配合中央行政機關組織基準法之意旨適切修正外，包括文官政策的內涵、其決策功能與取向，其中略可區分為引進與甄補性功能、激勵性功能、發展性功能、維持與保障性功能等，此四種功能與取向合力構成「以人成事」的政策目標與價值體系如次（參照繆全吉、彭錦鵬、顧慕晴與蔡良文，1990e；蔡良文，1993：206-208）：

1. 引進與甄補性功能，乃是指經由公務人力資源探勘後，繼之篩選的人力引進工程，最後由各機關首長對考選合格人員派以適當職務，及決策階層決定人才彈性進用方式的過程。在公務人員進用上，係在憲法精神之下，如何配合政府改革需求，進行彈性用人之興革，或謂就二元人事體系上適切建構成三元的人事體系。

2. 探討激勵性功能，為提升公務人員能力與工作士氣，貢獻社會國家等，其主要政策工具，如褒獎激勵與待遇福利。長期以來政府似較重視之績效福利，係給予公務人員生活水平所得優餘福惠等，以促進公務人員之團體意識等，而對績效俸給遲因外在因素而未積極推動，併予敘明。

3. 探討發展性功能，主要在強化成員之工作知能，改善任事態度，激發潛能及獎優淘劣，進而促進成員自我成長及運用生涯規劃之理念；其主要政策工具是考績（績效考核）與淘汰（退場）機制、升遷發展；並間接涉及政務人員之行為規範及其退場機制。

4. 對於維持與保障性功能上，指出人事法制除要求公務人員行政中立，依法行政、執法公正、受合理政治活動限制規範外，亦應使受到違法或不當處分之公務人員，能經由救濟程序得到合理補償，保障合法權益，以建立其與國家間之民主對等及合理權利義務關係，並經由重視公務倫理，以建構其良善政治的基礎工程。再以藉良善的退休撫卹制度，讓公務人員退而能安，退而有所養，又此必須包含公務人員退撫、保險法制及政務人員退職撫卹制度之興革，以達到廣義的維持與保障性功能。

（二）價值與功能之回應

　　承上，筆者認為，從政治價值與行政價值的連續光譜中，在不同時代中，存在著政治價值與行政價值的鐘擺現象。且同名為政治價值或行政價值，在不同年代，其呈現於人事政策之意涵亦異矣！就政治價值中之代表性價值而言，在我國文官體制政策上，昔日威權體制下的文官政策之「引進與甄補功能」，有關公務人員考試之分省區定額規定、退除役官兵特考以及早期的社工特考、山地行政人員特考等；而在民主體制下，「引進與甄補功能」轉變為身心障礙特考、原住民族特考等；再如早期的「黑官漂白」，因係「無資文官」，而被認為有特權或分贓之嫌，如今則轉變成擴大政務人員範圍，開放部分政策參贊職位供彈性延攬高級文官人才。就後者而言，若其衡平與遴選機制不當，無非分贓主義的再現，其公平性值得懷疑。[8] 所以即便是Klinger與Nalbandian（2003: 62-83）提出：傳統與二十一世紀文官體制特質之變革內涵，亦應妥慎引介，因為文官體制變革中，新舊價值多元並存，必須採取整合性途徑思維。

　　其次，在文官體制之「激勵性功能」發展上，係以績效俸給與福利而言，早期公務人員俸給主要考慮公務人員基本生活所需與政府財政問題，即重視個人權利價值，而忽略多元貢獻社會之代表性價值；經濟發展後，亦考量國家財政與民間社會薪資之平衡性，以作為研訂公務人員俸給的原則方案。易言之，必須依當時客觀環境因素，理性公正調和個人權利及經濟效率之成本因素，並考量社會期待公務人員之多元貢獻、回應政務首長政策宣示，以及功績褒獎、單位或個人績效獎金等政治回應價值，甚至涉及國內各種大選因素，亦必須同時考慮，可謂專業與複雜。至於彈性福利措施如：保險、急難救助、健康檢查、相關生活津貼或年終慰問金等，必須在撙節財政支出與激勵公務人員士氣間，尋求衡平。

　　再次，關於文官體制之「發展性功能」方面，向來我國公務人員素質向為國人所肯定，但其服務則往往被評價為沒效率與效能，其原因可能有多種，或是社會誤解，或是對公務人員期望過高，或因不當的政治力干預等，均可能影響公務服務的品質與社會觀感；而後者涉及理性與公正的價值抉擇。又公務人員個人職能與組織效率之互動，可能因公務人員落入「單向度者」（one-dimensional person）思維，而未能具備直觀統合的透視能力（吳瓊恩，1997：5-7），此與民主素養的培育有關，如何強化公務人員培訓，至關重要，尤其是高階文官的發展性訓練，[9] 更是刻不容緩的課題。按以公務人員

8　又引進與甄補人才若過度強調行政價值之公平性，可能難以羅致奇才異能之士，以為國用；若過於重視社會代表性，則將傷害功績主義價值；若過於強調工具理性價值，則易於忽略人性尊嚴價值。

9　考試院98年6月18日第11屆第39次會議通過「文官制度興革規劃方案」第4案「健全培訓體制，強化高階文官」，其中「建構完整之高階文官、主管培育歷練體系」及「建構高階主管特別管理制度」列為中程方案。另99年12月2日第11屆第114次院會通過「強化文官培訓功能規劃方案」，其第4案「建構高階文官發展性培訓制度」。該方案定位為發展性訓練（包括簡任第十職等至第十四職等），所謂發展性訓練（development training），係為未來發展或晉陞職務所需預為準備之訓練，其訓練課程以不同階段職務進行分析，各階段發展性訓練課程應具區隔性且環環相扣，並據以建構帶狀培訓課程。藉由長期紮實培

「官位」思想日形淡薄，所以績效考核評量上，對於管理性目的價值與發展性的價值有所不同。至於發展性功能在政治回應價值上，積極建立政務人員與國會議員及政務人員與公務人員的良善互動機制是重要的。易言之，必須要強化民主治理機制。

最後，在「維持及保障性功能」方面，由於目前國內政黨過度競爭，造成一般事務泛政治化及意識型態之分化，且因利益團體之激化而混淆社會公益價值；公眾權利意識的奔放高漲，民氣活絡亟待疏導；大眾傳播媒體的競相設立，各種言論之傳播肆行無阻等，導致政府角色功能，急需配合調整與強化。值此之際，行政中立法並以行政程序架構、行政倫理宣示、政治活動規範、保障救濟（包括罰則）等為主要內容，當有其實質意義。[10]若就其中行政倫理而言，亦因時因地而不同，過往強調「忠黨愛國」倫理的觀念也因時因地而不同。過往強調「忠黨愛國」的公務人員價值取向，今日已然轉型，[11]在價值多元、民主行政中，考試院先就行政院提出「創新」、「進取」、「專業」三項核心價值及其以「廉正、專業、效能、關懷」為基礎，進一步頒布「廉正、忠誠、專業、效能、關懷」作為公務人員行事之準繩（蔡良文，2010b：398）。再以探討退撫政策的變革中，發現國際金融環境與政經情勢變遷，均影響其制度的改變。就此政策之政治價值中如早期強調「恩給制」退休金給予，所重視的包括社會安養與倫理機制、政治貢獻與退撫所得衡平機制；如今在原有「恩給制」到「儲金制」過渡時期，如何於「信賴保護原則」與「國家財政負擔」暨「世代正義、世代包容」及「社會觀感」之間取得衡平點，亦應有動態的思維與做法。[12]

育，使高階文官工作知能隨著職務陞遷而成長，消除「彼得原理」之現象，以達到「人盡其才、適才適所」之境域。

10 筆者期待政黨之間應在憲法共識與法治基礎上，相互監督、競爭，確守政黨政治之常規，所以應重視政治活動規範等之政治價值，並與常務人員之中立管理才能機制及依法行政、執法（行）公正等行政價值取得衡平，以深化文官體制之民主化、中立化、專業化特質。

11 在「忠黨愛國」的倫理觀，在政黨輪替過程中，往往高階文官在政權交接時期面臨複雜的政治忠誠問題，除了必須同時與卸／新任政務官互動，還要在交換「換軌」（包括政策、人員）之時，確保行政機關有效運作，甚至如筆者要代理一段時間的政務職位（參照熊忠勇，2012）。美國的經驗指出，政務官與事務官之間彼此都存在著迷思，除了先天的角色差異外，有些是來自於誤解，因此Ferrara與Ross給予政務官最重要的建議便是「溝通、溝通、溝通」（Ferrara & Ross, 2005: 29）。黃東益（2010）則認為「角色認知」以及「信任關係」為影響我國政務官與高階文官互動的主要因素，建議應強化政務官以及事務官對於職位的角色認知，同時透過不同方式建立政務官與事務官的信任關係，並提出：傾聽彼此、態度開放、探究（政策）系絡、誠懇以對、分享理念等五點建議。

12 至於新舊制之給予比重與改革幅度，除考量功績報償及提高工作效能、安老撫孤目的外，規劃展期年金方案與改變退撫金籌措方式，暨退撫基金營運議題，如資產配置提高投資報酬率等，均應有動態價值衡平與抉擇的理念，以求取與民間企業、勞、農、漁等團體平衡的政策作為。又考試院（銓敘部）於102年4月函送立法院審議之「公務人員退休撫卹法」等案指出：現行公務人員退休及撫卹制度自84年7月1日實施至今，對公務人員退休生活的保障確發揮了非常有效的功能，但在該制度實施的這十八年間，由於客觀情境相較於該制度建制之初，已迥然不同；尤其在最近這幾年，整個制度的運作已經面臨了「退休人數年年激增、退休年齡逐漸下降」、「退撫基金的財務缺口已經危及退撫基金永續經營的根基」及「國家人口結構改變（人口老化及少子化雙重危機）所造成的政府退撫經費支出壓力與日俱增」等困境，所以政府不得不對公務人員退休及撫卹制度進行合理妥慎地調整（參閱草案總說明）。

肆、繆教授文官政策理念與現行文官興革之會通

　　從文官體制相關理論暨政策及實務之分析，並依循繆教授對於人事政策之評述與官僚體制功能之提示卓見，深知文官體制之發展有其延續性及深耕性，即使政黨輪替亦難以大幅改變，或基於責任政治要求，而推動文官體制改造，亦經常是新政府展現新人新政的政治操作手段；即便是經由政府再造[13]工程，除應留意組織結構功能重整外，亦須重視人力資源之配置與型塑組織文化等，當然，其等改革之幅度、深度及格局或有不同，然基本上文官體制之變革則是一種永續的過程。申言之，任何時期有關人事政策的核心內涵必然涉及「功績用人」之行政價值與「政治用人」之政治價值之調整的動態過程，至於其中蘊涵之利弊得失、衝突取捨，端賴執政者的抉擇。茲就繆老師之評析，對應四大功能之改革政策方向的會通，述明如次：

一、引進與甄補性功能的人事政策方向

（一）功績性或代表性價值的比重與擺盪，依考試性質審慎決定

　　有關人權或個人權利價值的體現，主要涉及實質公平面向，除針對特殊弱勢族群或少數族群，以特考方式進行考選外，其餘均不宜因其身分不同而有特別之規定，以確保社會多元族群都能在公平、公開原則下，參加公務人員與專技人員的考試。由於各種考試屬性或有不同，對人權之代表性價值或效率之功績性價值的抉擇，亦應有所不同。通常公務人力之甄補，首重立足點之平等，比較忽視代表性價值，在人才進用上似有不足。從政治價值之人權觀視之，可導入多元化管理觀念，調合社會弱勢、少數族群，甚至國家之利益，並積極推動性別平權與反歧視規範，檢討各項職務所需之知識技能、以客觀之標準篩選人力，同時採行多元考試方式，落實多元管理與參與，適切強化功績價值。如以全觀式觀點來看，應特別重視繆師指陳者，應選拔具有引領士風與高道德勇氣

13　行政院組織再造四法（「行政院組織法」、「中央行政機關組織基準法」、「行政院功能業務與組織調整暫行條例」、「中央政府機關總員額法」）99年1月12日經立法院三讀通過，為打造一個精實、彈性、效能的政府著實踏出歷史性的一步。未來行政院將從三十七個部會減為二十九個部會級機關，成為十四部、八會、三獨立機關、一行、一院、二總處，將從101年1月1日施行。其改造過程不可謂不大，宜周全配套，以期達業務無縫接軌之首要目標。行政院組織改造四法案業已完成立法程序，改造工程正式啓動，其配套措施包括：組織結構調整、法規整備工程、財產接管整備、預決算之處理、員工權益保障、資訊調整以及檔案移轉等七項，必須積極辦理。其中涉及考試院權責部分，外界較注意員工權益保障，但中央二、三級機關組織法律案，分由立法院不同委員會審查，是否符合官制官規，且相關法規整備工程亦可能涉及銓敘部之權責。另立法院附帶決議，包括「為提升行政效率，行政院研究發展考核委員會研擬行政程序簡化方案」、「機關員額未來應於五年內降為十六萬人」、「為強化各部組織功能，由行政院會同考試院就司長之職務列等部分，提出檢討」。茲因政府再造的任務，並非將既有行政組織重新編排組合，或僅關注機關數目，必須留意組織結構功能之重整、人力資源之配置，尤須遵守憲政精神與公共利益。要言之，公共組織的設計、運作必須能符合倫理的公民精神也（ethical citizenship）（Cooper, 1991: 91-92），組織職能之運作，亦必要能考量團隊意識之型塑與新團隊之重構，即機關組織應特別重視變革之高效能之營造，型塑新的組織文化，以期適應變革及良善發展。

的文官，所以，除考選資格必須體現憲法平等無歧視之精神外，積極增進考選效度亦是考選政策努力的重要主軸，以落實考選政策的實質公平性。目前以高普考與特種考試進用公務人力的考選政策，有待漸進調整，並重視公務倫理，尤其是公務人員中之技術類各職系人員，宜參照專業倫理與取得證照制度作為優先變革之課題。

（二）考用配合政策，由政治價值向行政價值方向彈性調整

公務人員選拔，由早期之「資格考試」發展到「任用考試」，但事實上，人事因素多端，考試查缺極難準確依任用機關需求人數錄取，以致原「考用配合」或「考用合一」已變質為以任用為優先標準之「用考配合」。未來基於任用需求，增額錄取與用人計畫之強化機制應予重視，而考選政策因應內外環境需要，宜由原始的政治目標，轉向行政性、管理性目標方向發展。在民進黨執政時期發生考選的命題與複查考試成績等爭議事件，諸如閩南語試題案、原住民族公務人員考選、兩性平等等多元化與公平性議題。相對地，考選業務在程序上及實質上，亦有所改進。申言之，國家考試重在公平、公正取才外，尤應重視提高考試之信度及效度，以「中立才能」及「適才適所」原則進用人員，惟有促進功績行政價值的提升，才能遠離政治操控，達成公平公正為國舉才目的，亦如符繆師所言，文官考選體系，為保有國家菁英人力之重要寶庫。

（三）在憲法精神下，重構公務人力三元進用策略

配合政府再造，我國政府用人政策須先考量現行憲法規定及精神，再妥善進行人力資源的規劃與運用，發展有效之公務人力運用策略。參照Lepak與Snell所提出的四種人力運用模式，輔以OECD國家之公務人力雇傭關係發展情形（蔡良文，2008），我國政府之人力進用策略，除固守憲法考試取才之核心或骨幹文官之進用，及經由長期培育養成文官長人才，從契約性人力與購買人力資本，進行彈性公平之人力進用，並予離退時之權益保障，且應就彈性取才之專業倫理與忠誠承諾間之價值取得平衡，俾能達成繆師所提公務人員能發揮各行各業之主導角色。至於政治性職位（或政務人員）之設置與設計，不僅是數量的問題，更須重視應該擺在中央或地方政府；整體或個別組織中的層級位置。爰以職位的設計若有不當，諸如五都一準[14]地方政府是否均設置政務職位之機關首長或為常務單位主管，若全部設置政務職位，除了將剝奪永業文官的升遷機會外，也可能影響其適當參與政策形成的機會，值得深思重構。

二、激勵性功能的人事政策方向

（一）績效俸給制度，應能植基於考核的鑑別度高低

通常績效的衡鑑，重視書面與短期績效，而解決書面與實質績效落差之道，在於依

14　103年12月25日桃園縣升格為直轄市後，通稱為六都。

規定切實做到以「同官等」以上為考評之比較範圍，必要時，進行主管與部屬之互動面談，以功績制原則落實績效考評，強調專業加給的公平性，避免如繆師所言：為期有福同享、甲等過多的考績制度，才能建立維護個人權益與福利、彈性俸給待遇、功績褒獎及將組織單位（團體）績效與個人考績聯結，有效聯結個人與組織價值、行為發展，並依次建立績效導向俸給制度。績效俸給不可重視形式或「短利長空」的績效，必須重視績效考核的「發展性與結果性」功能，並使其兼具「激勵與發展」之價值機制。爰以考量受予機關首長或單位主管單位屬性與合理情況，進行適切的激勵管理。茲為進一步強化行政價值所欲達成的考核、懲處及丙等強制比率之輔弱機制外，對丁等或重大過失之退場機制功能，必須深入研究，俾能達成激勵與退場（淘汰）衡平機制。

（二）審慎推動彈性俸給制度，適切檢視多元福利配套措施

由於公務人員俸給體制所承受的包袱壓力已重，而軍公教待遇調整的政策與管理，往往考慮經濟景氣與國家財政負擔，倘欲期完備公務人員俸給與福利制度，並不容易。同時為避免繆師所言之統一薪俸之後遺症，及適切拉大上下層級間差距之理想。整體而言，除積極改善俸給制度之設計或待遇之調整，並適切拉大上下層級待遇差距外，亦應併同考量退休制度；即重視在職彈性俸給制度設計及對退休所得合理化之衡平。至於福利措施，由於涉及中央地方機關間財政收支情形不同，宜配合績效管理，並審酌公務人員貢獻度、功績、褒獎、回應政務首長政策要求間之衡平，採行彈性俸給與獎金之多元政策變革方案。要之，在國家整體資源分配中，於俸給待遇福利支給之比例，應就其永久性、制度性、臨時性與緊急性需求，予以妥適設計，並能依循彈性與績效原則，提出互為消長、互為補足之道。

（三）授權主管以上核發績效獎金之自主性，並強化品德激勵

通常俸給內容可調整為包含現行俸給待遇之基本薪俸、合理的職務加給及依工作績效發給個人或單位之績效薪俸，以活化激勵管理工具。同時，可考慮對多元進用人員採差異性激勵機制，增加便民服務獎金制度。為落實領導管理者的監督權責，或可配套採擇360°考核機制及平衡計分卡制度等。另考試院為落實文官制度興革規劃方案，關於建構人力發展型激勵制度的具體興革建議之意旨，在新修正公務人員品德修養及工作潛能激勵辦法，明定公務人員個人或團體在本機關內具有所列優良事蹟者，即時給與獎勵，其獎勵方式、名額、核定程序及表揚等由各主管機關訂定，以授權彈性及時獎勵措施，以補強調整俸給待遇之不足，本辦法之實務作為上應能如繆師所提示者，積極培養有為有守具道德倫理者的理想，茲以新修正之模範公務人員產生規定及擴大公務人員傑出貢獻獎選拔範圍等，當有助於提升公務人員品德修養及激勵工作潛能。

三、發展性功能的人事政策方向

（一）加強績效管理提升人事管理功能

　　現代人力資源管理的績效考核強調以個人爲核心，重視公正、發展、參與以及整合與支持等面向，但在實際考核中，應克服現實之困難與謬誤，重視績效管理。如上，績效考核須分爲「行政與管理性」與「發展與激勵性」的功能，以強化上開價值機制，並達獎優汰劣與減少人力成本之目標。且以績效考核之考評因素，應考慮職務性質與職位高低，對於不同機關與職位應規劃不同的考評因素，並應以多元可行的「平時考核」爲依據，以避免繆師所提輪流考列甲等（或乙等）之流弊。所以，除特殊事例外，須依規定做到以「同官等」爲考績之比較範圍，而其比例可審酌調整，並減少政治干預，重視功績、專業與倫理兼具之衡平性。

（二）提升便民服務品質來衡鑑行政責任與政治責任

　　公務人員應具有強烈的價值感與使命感，而績效管理與考核不宜僅由數據或書面表達對於內在抽象要素之衡量，亦宜從爲民服務與發展性的功能出發，以考績（核）結果協助人員了解本身之工作能力，藉以改善其工作智能，並使個人目標配合組織發展策略。在行政與管理性價值需求上，可以考績結果作爲調薪、獎金、陞遷、汰劣的憑據。而藉由人民滿意度是否提高之調查，可衡鑑政務人員政治回應力，建立其轉任與退場機制。復以民主政治應符民主課責機制要求，及與繆師所云；在民主行政的服務人民，兼顧效率與效能之達成是相契應的。在員額配置與行政作爲上，除重視人力專業化與通才化之合理配置，以利塑造公平、合理的工作環境、並符合公共組織所設定之績效標準，回應社會大眾對政府之公共課責。藉此並區分常務人員之考核、懲處、淘汰機制，以及建立政務人員「他律自律，雙重併行」之課責規範、倫理義務與退場機制。

（三）以績效考核強化組織知識管理功能

　　在強調績效考核的政府再造工程中，有效的績效考核可帶動成員進行學習，改正偏差，進而運用電腦整合資訊，推動組織知識管理（KM），使組織成員顯性與隱性知識得以傳承，尤其在政府組織再造過程中，必須重視組織文化之重塑；員額合理配置，尤其是凝聚組織成員的向心力，建置強有力的行政團隊，並可適切強化行政價值之學習創造生產力，觸發學習型政府組織的產生，實踐政治價值服務型政府之運作，合理調和政務人員與常務人員之良善互動，提升政府效能。至於「強化文官培訓功能方案」之「建構高階發展性培訓制度」，尤應加強行政院與考試院的溝通達到共識，方可於底於成也。

四、維持及保障性功能的人事政策方向

（一）重視保障救濟機制，強化行政倫理價值

公務人員應本誠信與良知良能的行事，營造良好的誠正信實管理組織系統與環境，並落實行政中立之核心意旨，能將行政裁量中的「物化」動機、觀念，強化成尊重人性尊嚴與實踐社會正義的德行裁量，同時重視法治素養及品德，以強化執行公正之倫理意涵，確保文官中立。試如繆老師所云：現代行政不可能有價值中立，必須伸張社會公道正義，重視行政倫理。另外，面對政黨輪替或政府改組中，文官均能維持行政中立之公務倫理，而且能求得「政務官」與「高階文官」間之誠信互動（關中，2013：161-166），傾聽彼此、態度、氣度、風度、開放而高超，方能建構國家發展與政府改造過程中之良善衡平與合作機制，對此議題則是當前公務倫理的急務，必須正視。再以，基於「信賴保護」及「有權利即有救濟」之原則，未來在行政中立法案中規範救濟相關程序，似較為妥適周延。

（二）推動行政中立法制宣導，落實民主功能

考試院自83年即致力於「公務人員行政中立法草案」的立法工作，其過程中或因朝野各黨派意見不同或因政黨輪替朝野政黨主客易位，遲至98年完成立法。就學術思潮發展與確保公務人員依法行政、不介入政爭、不受政黨不當干預、能本其專業職能全力推動公務，及型塑良善法治文化與建立善治機制，積極推動完成「行政中立法」確屬必要，賡續實執行方能強化民主功能。更進一步建議行政中立法制宜改由公務人員保障暨培訓委員會主政，係基於「行政中立」之性質，其主管機關之政治性色彩宜低，方利於推動相關事宜。公務人員保障暨培訓委員會，政治性較低，且主管公務人員訓練進修之法制，並與國家文官學院，負責行政中立、政治中立訓練，其委員具獨立性，故宜由該會主政，並融合公務道德倫理議題，進行組織文化之型塑及相關法制之建構與強化工程。

（三）公私部門服務年資相互採計的退撫制度

公部門退休撫卹制度之設計，重視公務人員服務年資、擔任職級，及其擔任公職之貢獻與職責程度，以鼓勵在職時之貢獻。公私部門人力資源共同有效運用之合流思維，未來如落實於政策，則雙方退撫年資如何採計；或成就退休條件，或同意購買年資（以高就低）；或許採計其保險年金部分，或全額併計？另早年由於恩給制與政府財政情況，其退撫經費籌措方式不當，而影響預算平衡、月退休金給付比例，遂改採「共同提撥制」以改善「恩給制」之負擔與不足。未來除因應多元主客觀因素，除已刪除55歲退休加發5個基數之規定外，並已於102年4月函送立法院之「公務人員退休撫卹法草案」，分別針對現職人員（延後月退休金起支年齡、調降退休金基數內涵等）、已退人

員（調降退休金基數內涵、調整優惠存款制度等）及新進人員（建構多層次年金制度）外，如現職人員之「85制」調至「90制」之改革外，如採行彈性人力管理與引進契約化人力，其可能衍生之退撫問題，亦必須及早研議。[15]

（四）加強行政與立法部門溝通，落實推動退休撫卹制度變革

　　由於此改革方案涉及層面及因素繁多，單一公保養老給付一項的優惠存款措施，實非一般立法體系所能申算設計，除應加強立法系統與行政系統溝通外，其改革應以公平正義、合理合宜、貢獻與報償衡平為原則，且涉及公務人員權益與公法上財產請求權事項，應兼顧信賴保護原則、財政負擔以及社會觀感（世代正義、世代包容），慎重處理。理論上，從事退撫制度改革應純就文官體制內涵調整因應，但常任人員研提退撫改革方案時，且避免有過多的「自利」思維與做法，然政務人員較考量政務推動之順利，國會議員則較重視公民社會觀感等。所以，退撫改革必須在行政部門之政務人員及常務人員，暨立法部門間建立互賴互信良善關係與運作機制，方能致之。此乃任何文官體制改革，應再三置意者。

（五）提高基金收益率，重視各類人員衡平

　　有關退撫基金投資績效在整個基金財務運作上，實扮演相當重要的角色。其改善方式，除關院長中所提長遠擬將管理部門行政法人化外，至少可從1.提高資金運用效率，尤其是資金運用效率仍有可改善空間，尚宜重新檢討妥善運用；2.全面檢討委外機制，並包括資訊不對稱所引發之逆向選擇，以及道德風險等代理問題、獎懲制度不夠周延（包括無法利益共享、損失分擔以及績效管理費之設計等）等問題；3.多元布局，增加基礎建設、不動產、天然資源等另類資產之投資，並增加海外投資比重；4.減少公務人員俸表結構中年功俸級數，對退撫基金財務減輕，應有實質助益，短期修法雖緩不濟急，惟長期應併同修正公務人員俸表結構等。整體而言，考試院本（102年）次改革所涉層面廣泛，其所考慮世代均衡、行業特性等問題，即係涉及軍、公、教、勞、農、漁等各類人員間及其各世代權益衡平等議題，允宜通盤審慎推動完成。

伍、結語

　　由於文官是國家政務的推動者，是公共服務的提供者，也是協力作為社會權威性價值的分配者，所以，國家應建立一個集全國菁英於政府的文官體制，培養公務人員具有卓越優質的服務熱忱、對民眾需求有預測力、回應力以及能準確預測國內外環境變遷方

15　106年8月9日制定公布之「公務人員退休資遣撫卹法」已另有規定。

向的能力。且以文官體制理應是一個不受政黨輪替與政治變遷影響，仍能穩定運作的關鍵力量，因此政府有更大的責任，加速推動建構現代化的文官制度。

　　繆老師長期關心文官制度之發展，提出政府遷台四十年發展的考試制度深入民心、考銓法規法制完備及人事機構功能之發揮等好經驗；亦對壞經驗提出針貶之道，令人讚佩學習。尤其對我國官僚體制發展有深入卓越的研究，如提出傳統官吏之道，基於理念型之標準，常發生脫節，往往形成官吏異途，現代重新整合為官吏貫通，而大幅度提高往昔吏之地位，並將「高」官轉變為中央政務人員與地方政務官，且屬依政黨與民意進退。「台灣經驗」最值得稱道的，應該是大家不注意的文官制度，正因為習以為常，才是真正落實官吏之道。易言之，台灣地區發展健全的文官制度，而今政黨政治，誠是特殊的台灣經驗，因為文官體系是民主治理的代理人，深切影響民主體制之深化與鞏固。在台灣地區民主化推動進程中，由於民主文化之缺乏，至以民主主義變質為民粹主義，為期文官體制能體現民主治理之回應、課責與透明核心內涵，考試院應積極推動「公務人員基準法」、「政務人員法」、考績法制工程外，尤應內化公務人員行政倫理。當然行政倫理有其外在的、客觀的及規範的面向，以法令規章、守則、習慣等方式呈現，誠如繆老師所言，其核心還是在公務人員「心中的那把尺」。如何讓文官把握社會公平正義與專業判斷的平衡點，此時此刻尤具深意。

　　綜上，為求政府治理有能、自治有方，國家文官扮演中流砥柱角色。為期建立良善治理之行政團隊，文官制度之最高目標在於讓組織成員能深切體會「法度立，倫理正，乃恩義之所存在也」（周易，家人卦），透過自我鞭策及要求，能時存誠信（修身）、威嚴治家、推及治平天下，終得吉祥與大有慶也（周易，頤卦）。或以孔子云：「道千乘之國，敬事而信，節用而愛人，使民以時。」之「愛人」，亦由修身齊家為始，推展至愛國愛民之心志。誠是現代文官政策發展的核心工程也。

（本文原發表於繆全吉教授逝世二十周年紀念——傳統與現代行政會通的歷史見證學術研討會（2013年）；另部分內文配合法制變革，略做修正。）

壹、前言

　　考選制度與政策之變革發展涉及層面甚多，舉其要者如：關於對考用合一政策之變革，究採分權化，授權各機關辦理選拔人才？或以專（集）權化，由考選部統一辦理考選人才？其理論基礎何在？又有關人權或個人權利價值的體現，對於專技人員考試或公務人員考試均採同樣價值標準？或謂係人權價值重要抑或功績價值較為重要？其主在討論策略性人力資源管理與多元化管理理論下，人才引進與甄補決策的定位與功能為何？對身心障礙及原住民族等弱勢族群之優惠政策，是否宜進行論辯抉擇？再進一步可討論有關考試方法、技術如何再求精進。在確保憲法所定公開競爭原則，並考量高等、普通、初等考試及相當特考之不同等級、類別、擬取人才之特性，彈性運用考選方法與技術，以功績需求、成本效能，為未來施政之評估架構與施政準則，以期因應社會需求及國家發展需要，是吾人關切的議題。至於高階與科技文官之考選，如何使具有高學歷及有經驗之人員，得以較佳之機會條件進入公務體系，以強化政府人力素質（考選部，1996：413），亦為吾人必要關注的課題。

　　五權憲法是我國憲政體制最獨特之處，必須彰顯其超然與獨立的機關特性，才能有效地發揮憲法所賦予的職權（關中，2008：1-20），而且必須有一流的文官，才有一流的政府，才有一流的競爭力，而考試院職司公務人員與專技人員之遴選與考照，對國家之發展與競爭力之提升影響深遠，因此，就考選制度之興革，應依時空變化，社會變遷，循序漸進，以達為國掄才之目標（楊朝祥，2009：10）。誠如筆者經常提出者：國家考試在面對全球化與政治經濟情勢變遷下，如何在「變」中掌握「時」，以求其「通」，即能「趣（趨）」時是也。

　　要之，考選政策與體制的變革與發展，除因應政治變遷與政府再造價值之導引外，面臨多元價值與分權思潮衝擊時，考政機關須扮演公務人力資源之策略管理的變革者。在確保憲法及憲法精神的原則下，本文將依序論述公務人力進用策略之重建；公共服務思潮下對分權化之抉擇；考用配合的變革方向；考試價值之衡平取向；考試方法與類科科目之檢討等。同時併案檢視考試院於第11屆第39次院會通過之文官制度興革規劃方案中有關考選政策方案之內涵，或許可提供良善落實或補強之道，及讓人才均能蔚為國用之良善作為也。

貳、在憲法精神下重建公務人力進用策略

在我國無論是配合政府再造、獲取人才價值標準、推動政府用人政策，均須先考量現行憲法規定及精神，再妥善進行人力資源的規劃與運用，發展有效之人力運用策略。即便是要參照三元人事管理體制[1]發展趨勢，輔以OECD國家之公務人力雇傭關係發展情形，政府在人力進用策略方面，除固守核心或骨幹文官以考試進用及經由長期培育養成高級文官人才外，應有人力資本及成本效益觀念，及考量以契約人力與購買人力資本，進行彈性人力之進用，此包括引進高科技且機關培養不易之人才，惟均不可忽略憲法規定及精神。當然，倘政府目前用人政策朝向三元人才運用方式進行，其三元人才應按個別人才進用之方式，規劃各該類人員之權利義務。包括在政務職位制度方案上，應於各機關組織法規明定適度增加其總數與比例，並謹慎設置政策襄贊職位；在高級行政主管職位制度方案上，應審慎評選適用對象範圍及人數比例，及明確訂定績效考核標準；在契約進用人力制度方案上，應確保甄選程序公正公開，避免任用私人，且應與永業性職位之薪資福利、退休等制度明顯區別，並以法令規範之。高級人才的進用與甄補政策之改變應該是漸進的，在公部門用人政策逐漸傾向與私部門交流取才發展時，仍應在我國憲法規定之考試用人前提下，以永業性者為主，其他臨時性契約性高級人才之進用為輔。

再者，在政府再造下，我國政府用人政策之規劃與運作，或策略性人力資源管理之推動，妥善進行人力資本規劃與運用策略；而有關平等就業機會（equal opportunity）精神與人權，反歧視相關規定，亦有參考必要。而Lepak與Snell所提出的四種人力運用模式，及OECD國家之公務人力雇傭關係發展經驗均為我國未來公務人力進用應予重視研究之議題，深入研究類此議題，當能對國家政務、公共政策推動所遇公務人力運用問題，做出回應與提升其產能也。

最後，高級文官之培養與甄補，涉及政府用人方針，更對政務職位制度設計，此包括其員額及參照的職務等級之規劃。在契約進用人力制度方案上，亦應漸進改革，在公部門用人政策逐漸傾向與私部門交流取才發展或謂「搶人才」、「借頭腦」時，仍應在

---

1 三元人事管理體制，茲依文官制度興革規劃方案揭示者：即確立政務、常務人員及契約用人三元管理法制體系：（一）健全政務人員人事法制，並審慎擴大政務職務範圍：允宜積極推動政務人員法及其體給條例革案之立法，以及「政務人員退職撫卹條例」之修法，另為強化政府治理效能，宜適度放寬政務職務範圍，將中央三級機關中，掌理高度政策決定或職務性質特殊之首長，審酌能否納入政務職務，先建立合理且一致之標準。（二）常務人員法制：我國憲法以公開考試用人的常務人員體系，乃係文官之中堅主幹，其員額最多，相關法制自應完整建構。1.職務分類制架構之檢討改進；2.各專業人事法制之整修；3.建構公私人才交流法制；4.研究廢止派用人員派用制度。（三）健全政府契約用人制度：為活化政府人力資源，增加彈性用人管道，應以現行聘用及約僱人員為適用對象，在常任文官制度之外建構一套完整之契約用人制度，以應臨時性、季節性、特殊性之用人需求。並建議建構政務、常務及契約人員之三元管理體系，此三類人員因進用方式不同，其權利、義務及職責等亦有所差異，若以同一套法制綜合規範，難免造成適用上的困難，三元管理體系之建構，將使各類人員依其特性適用不同的法制，對於選拔政府所需人才，將更具彈性。

我國憲法規定之考試用人前提下通盤規劃，方可提升其可行性。

參、公共服務思潮下考選分權化的抉擇

在公共服務思潮之轉變與政府再造的價值抉擇中，考選人才方式究採集中化或分權化，主要立基於專業化、公平性、公信力及人力成本效益等因素。

在美國政府再造的潮流中，對於縮減政府的規模與範圍的主要理由，要有政府被認爲沒有效能；可符合個人自由、責任與課責的更高價值，以及減少財政支出（參照Klingner & Nalbandian, 2003: 4-5）。國家建設以人才爲本，考選部曾擬擴大機關之參與，授能地方政府，並推動各類公務人員、專門職業及技術人員考試的分權化政策，以及研究以行政法人方式設置專責「試題研究中心」暨推動專責「試務中心」[2]。或謂在試務規模經濟及公正性之考量下，考選部即使推動委託辦理考試，亦宜本先中央後地方，先政府機關後民間團體之原則來執行（李震洲，2002：3）。且以成立任何機構，均將牽涉各業務單位職掌的重大改變，人員大量移撥等，其身分地位、權利義務及保障、退撫等事項之調整與設計，均應事前妥善規劃，方能順利推展。筆者主張擴大組設常設典試委員會（非僅是同一年度同一考試舉辦二次以上者）（蔡良文，1999：291-296），似亦值得考政機關思考。最後，在考量考試委外化或試務工作委託辦理之同時，尤應重視提高考試之信度及效度。而公開招募人才（recruitment）或功績選才（merit selection），都是一種鼓舞人心的做法，亦是一種古老傳統的運作方式（參照Shafritz & Russell, 2002: chap:10），以「中立才能」及「適才適所」原則進用人員，其中關係考試的信度與效度，則是考政機關重視的課題。

要之，考選政策在考量授能與分權化過程中，除上述組織設計調整，試務委託之配套措施，尤其應注意考試信度與效度之提升議題；易言之，考試方式、考試科目等與擬任職務之核心工作知能的聯結性或專門職業及技術人員之專業核心知能之聯結，應予強化及提高，將述於後。

2　試題中心旨在使該中心在用人預算與財務等制度上擁有較大彈性，本企業化精神，推動試題分析研究發展工作，達成「試題型式多元化」、「命題品質專業化」及「分析作業資訊化」之目標。試務中心旨在以統籌運用人力資源，提升考試技術及試務品質，建立試務作業標準化制度及使業務單位專責辦理試政工作，藉由各階段試務工作標準化之建立，簡化試務流程，縮短試務時程。在立法院第5屆第2會期法制、預算及決算兩委員會第7次聯席會議作成主決議：試題研究中心缺乏法源基礎，不宜設置，「試題研究及分析」業務由題庫管理處辦理。今後如維持民進黨時期之政策，則宜循修正「考選部組織法」途徑，設置該中心。事實上，筆者必須嚴肅地指出，目前政府研議中之行政法人化及其已實施個案中，必須要能強化其監督機制，或除弊重於興利思維與做法，則易於造成類似「大考中心」新的官僚化現象。

肆、公務人員考用配合的變革發展方向

　　公務人力選拔歷經多年並涉及教考訓用問題[3]。至於考用政策變革上，已由早期之「資格考試」發展到「任用考試」，但事實上考試極難準確依任用需要人數錄取，以致原「考用配合」或「考用合一」已變質爲以任用爲優先標準之「用考配合」。未來基於任用需求，考選政策因應環境需要，部分特定性質考試，宜由原始的政治目標，轉向行政性、管理性目標方向發展。至少由高級文官之外補考試開始推展之。

　　考用配合的議題涉及用人機關的需求，如何及時補充所需公務人力，包括適格人才之衡鑑[4]與考選時程之縮短等，其源頭則關涉到任用考試與資格考試以及考選程序之簡化[5]。此一原則至爲簡明，但達成極屬不易。首先，錄取名額與職位缺額間不易配合，因考試及格人員之錄取，基本上應視成績而定。若成績優良人數超過預定錄取人數，如斷然對成績優良人員不予錄取，顯非得當；若成績適格者遠不及所需人數，倘超額進用，則濫竽充數，尤非所宜。

　　根據上述用考配合之施行，考試院縱然準確配合任用需要足額錄取，但經錄取之人員，仍多有不能接受分發前往機關報到任職者。[6]爲解決上述困難，考試院先後曾採取多項措施肆應。最初爲准許具有合理原因之及格人保留分發資格，待原因消滅後再申請辦理補分發。68年起考試院改採區分兩類報考及錄取辦法[7]。此一方式，顯然較爲進步，可以解決較多的問題，且將任用考試與資格考試兩種錄取觀念兼籌並顧。但實施若干年後，形成第二類人員累積太多，消化困難，糾紛滋生，也影響考用合一政策之貫徹。75年1月，原「考試法」廢止，上述區分兩類辦法亦廢止[8]。及至85年1月17日，

3　考試取才通常先定其應考資格條件，再考量任用才能條件。由於國內教育水準提高，從95年至97年的趨勢，高考三級及格者，擁有博碩士學位者已達四成；而普考及格者幾乎完全是「高資低考低用」，值得檢討（參見關中，2008：5-6）。

4　適格人才，即符合機關策略性人力資源發展所需人才，其人才之標準與技術在公開競爭前提下，隨時空環境需要而改變，以選拔各層級最適當的人才。

5　38年政府遷台伊始，中央政府採員額凍結原則，不進用人員，但公務人員高普考試依法仍每年或間年舉行，當時及格人員僅取得公務人員任用資格，並不予分發，至51年8月，「考試法」增列第22條，明文規定考試及格人員應予分發任職。56年行政院人事行政局成立，其組織規程賦予該局以行政院範圍內考試及格人員分發之任務。57年，考試院乃配合上述發展，修正上述第22條。自此，考試及格人員分發工作，開始依法由銓敍部與人事行政局採雙軌方式辦理（徐有守，2000：214）。61年修正「考試法」時並增列第15條規定：「公務人員考試，應配合任用計畫公開競爭舉行之。」是爲考用合一政策法制化之開始。

6　經歸納考試及格人之正當原因有三：（一）仍尚在職（原即有職，不欲離原職）；（二）仍在學（例如大學畢業後入研究所就讀）；（三）仍在役（正服兵役中）。再者，到職後不旋踵即離職，政府固然不再予以辦理第二次分發，但機關無人可用之事實已成。

7　即將及格後能立即接受分發前往到職者，區分爲第一類，照預定缺額錄取；不能者爲第二類，按成績優劣錄取，且於不能立即接受分發之原因消滅後，得申請補分發。

8　85年「公務人員考試法」，規定公務人員考試錄取者，應接受定期訓練。訓練完畢及格者，始爲考試及格，發給證書分發職務。依現行公務人員考試錄取人員訓練辦法規定，此一訓練，period四個月至一年不等。考試錄取人員如未經接受訓練期滿成績及格，則仍爲未及格人員，其錄取成績爲無意義。如接受訓

「公務人員考試法」大規模修正，規定考試被錄取人仍應接受訓練。但新增規定，公務人員考試採正額錄取與增額錄取併行方法[9]，此一方法，亦兼顧資格考試與任用考試兩者之利，且因訓練辦法仍繼續施行，故可適切解決上述之困難。當然對於稀少性科目亦常有錄取不足的現象，應進一步研析改進（徐有守，2000：240）。考選部曾擬議提出任用考試改為資格考試之構想，惟經第5屆立法院法制、預算及決算兩委員會第7次聯席會議審查考試院暨所屬部會92年度預算時，作出決議：現有公務人員考試採「任用考」制度，未來亦應採此一模式，不得改為「資格考」制度。至於考試院文官制度興革規劃方案小組指出考試與任用之問題，主要在於用人機關查缺過於保守，每於考試舉辦後再要求增列需用名額；中央機關採商調方式進用者為多，影響整體考用配合之發展。同時也提出其改進之道，略以，改進人力評估技術，加強考用配合：（一）提高各機關報缺比例：以各用人機關提報公務人員高普初等考試任用計畫之統計數據為基礎，要求機關提高考試報缺之比例，並列入人事評比，促使各用人機關確實查缺；（二）檢討專門職業及技術人員轉任公務人員制度之政策與成效，並研究其對公務人員考用之影響，進行必要之改革；（三）辦理人力評估與人力資源規劃之訓練：延聘專家學者辦理訓練課程，提升各機關人事人員對於人力評估及人力資源規劃之能力；（四）研究建立「評估公式」：聘請專家學者研究建立各職系需用人力評估之「評估公式」，以為人力評估參考，並視執行情形適時檢討。

　　要之，筆者認為基於任用需求領導考選策略的設計觀點，考選政策原始的政治目標必須因應環境需要，轉向以管理性目標為主的方向。除了考選資格必須體現憲法的平等無歧視精神外，積極增進考選效度是考選政策努力的重要主軸，期由此落實考選政策的實質公平性。為採行多元化的遴選評量工具，對於高普考與特種考試之考選政策，除員額人數之配合，有關人力素質之提升等，均有待漸進調整外，是否仿公務人員高等考試三級考試公職社會工作師類科，應先具備專業證照資格方能應試之例，對於公務人力中之技術類各職系人員之考選，亦採相同做法並予優先變革之，亦值思量。[10]

　練，則必須專心投入實務訓練機關工作（實際係在執行公務人員職務）。此一辦法，可解決上述所遇之
　困難，而考用合一政策大致可以達成。

9　即先依預查缺額錄取人員，是為正額錄取；而後視成績之優劣，得酌予增加錄取若干名，是為增額錄
　取。增額錄取者不予分發，俟正額錄取人員分發完畢後，已無可資分發時，各機關需用人時，得函知
　分發機關同意後，自行就增額錄取名冊中遴選人員派代，並補辦考試錄取後之訓練。惟增額人員於同一
　考試下次舉辦放榜時未獲遴用，其考試錄取資格即自然消失。97年1月16日「公務人員考試法」修正相關
　規定，視考試成績列增額錄取人員，列入候用名冊，於正額錄取人員分配完畢後，由分發機關配合用
　人機關任用需求依考試成績定期依序分發任用。

10　自99年起，高考三級建築工程職系增設公職建築師類科；又102年1月23日修正公布之「公務人員考試
　法」第19條（按，現為第17條）規定，因用人機關業務性質需要，得配合訂定須具備相關專門職業證
　書，始得應考之規定。該法修正後，高考三級計新增公職土木工程技師、公職食品技師、公職醫事檢驗
　師、公職測量技師、公職藥師、公職護理師、公職臨床心理師、公職諮商心理師、公職營養師、公職醫
　事放射師及公職防疫醫師等11類科，另公務人員特種考試國家安全局國家安全情報人員考試三等考試新
　增公職資訊技師組。

伍、公務人員考試價值衡平之抉擇取向

　　民國80年代我國舉辦殘障人員特考，至目前舉辦身心障礙人員特考，依法進用身心障礙者於政府部門；以及由早期高普考試重視按省分區定額，改以基層特考辦理；由舉辦山地特考及成立原住民族委員會，到以原住民族特考進用原住民及培育原住民族公務人力，比較全面性地照護當地住民服務公職權益，以及重視原住民的就業機會，均是合乎時代潮流的人事政策價值流變中的因應作為（蔡良文，2008：1-18）。茲就身心障礙人員及原住民族考試分述如次。

一、身心障礙人員特考之變革

　　照顧身心障礙者為憲法增修條文及身心障礙者權益保障法所規範，更是政府積極推動的重點政策。我國於民國69年制定「殘障福利法」，86年修正為「身心障礙者保護法」，96年7月11日修正為「身心障礙者權益保障法」，該法第16條規定：身心障礙者之人格及合法權益，應受尊重與保障，對其接受教育、應考、進用、就業、居住、遷徙、醫療等權益，不得有歧視之對待。關於身心障礙者特種考試，「公務人員考試法」第3條規定，為因應特殊性質機關之需要及照顧身心障礙者、原住民族之就業權益，得舉行一、二、三、四、五等之特種考試。另「身心障礙者權益保障法」第39條規定：各級政府機關、公立學校及公營事業機構為進用身心障礙者，應洽請考試院依法舉行身心障礙人員特種考試，並取消各項公務人員考試法對身心障礙人員體位之不合理限制。為保障身心障礙者應考試、服公職之機會，考試院爰訂定公務人員特種考試身心障礙人員考試規則，並將身心障礙人員特種考試由不定期舉辦增加為每年辦理一次，使身心障礙者有更多機會進入政府機關服務，並檢討取消各種考試體格檢查規定，改進國家考試之軟硬體設備，提供身心障礙應考人特別照護措施，期能營造更友善的應考環境，落實考試無障礙之政策目標。

　　本考試分一等考試、二等考試、三等考試、四等考試、五等考試[11]。應考資格為中華民國國民領有各級政府核發之身心障礙手冊或殘障手冊，具有本考試一、二、三、四等別應考資格表所列資格者，得分別應本考試一、二、三、四等別考試，五等考試不限報考學歷[12]。本考試於85年7月首次辦理，接續於88年、90年、92年、94年、95年、

11　本考試首次舉辦時原考試名稱為「公務人員特種考試殘障人員考試」，後配合「身心障礙者保護法」規定，修正為「公務人員特種考試身心障礙人員考試」，同時鑑於本考試原採行之分區錄取方式，因應考人往往跨區報考需用名額較多之錄取分發區，無法達到分區錄取就地取才之實益，列冊候用人員亦因無法跨區適用，滋生困擾，爰參採用人機關及應考人建議，刪除分區錄取方式。本項考試自93年起，於本考試所提報之職缺，均不予限制中、重度視障及重度聽障者報考；95年1月13日修正本項考試規則，全面開放身心障礙人士報考本項考試，以照顧各障別者之應考試權益。

12　85年至94年本考試應考人身心障礙類別達十三種類，包括：視覺障礙；聽覺或平衡機能障礙；聲音或語言機能障礙；肢體障礙；智能障礙；重要器官失去功能；顏面傷殘；自閉症；染色體異常；先天代謝異常；其他先天缺陷；多重障礙；慢性精神病。其中又以肢體障礙者報考為最多。為使應考人順利應試，

96年及97年舉辦考試，其中以肢體障礙（上下肢）人數最多，聽覺機能與聲音語言機能障礙其次，未來是否考量依不同障別分訂錄取名額之可行性，對其可能工作升遷發展預為籌謀，妥為因應。

二、原住民族特考辦理之變革方向

　　台灣省政府為鼓勵原住民青年參加山地地方自治及經濟建設工作，並解決其任用資格問題，經考試院於44年6月7日發布「特種考試台灣省山地人民應山地行政人員考試規則」，並於45年首次舉辦考試，為低於普通考試之特種考試，並限具山地人民身分者報考，係原住民族特考之發端。後經多次修正變革，甚至於憲法中明文規定[13]。後為落實憲法對於原住民族保障之規範，90年12月26日修正公布「公務人員考試法」第3條，正式將原住民族參加公務人員考試取得公務人員任用資格予以特別立法保障，明定為照顧原住民族之就業權益，得為具原住民身分者舉辦封閉性之原住民特考。之後，本項考選法制配合考試院對於原住民族考銓政策及制度之重視，於90年至93年間四度修正，分別增設各等別及類科，放寬應考年齡及體檢標準，並配合原住民族相關法制將考試名稱定為「公務人員特種考試原住民族考試」，使原住民族公務人員考選法制更臻周全完備。本考試採集中報名、分區錄取、分區分發方式辦理，其錄取分發區分為一般錄取分發區及蘭嶼錄取分發區。應考資格以中華民國國民具有原住民身分者為限；報考蘭嶼錄

本考試提供多項優待及協助措施，包括：（一）視覺障礙者：視覺障礙致閱讀試題有困難者，予以1.延長每節考試之作答時間二十分鐘；2.提供影印放大各兩倍之試題及測驗式試卡。另對於視覺障礙矯正後優眼視力不及0.1或全盲者，提供應考人自行選擇以點字設備及點字試題或盲用電腦及語音試題應試。（二）聽覺障礙者：予以1.安排誦手語或口語溝通之監場人員及服務人員擔任監考及服務工作；2.以大字報書寫方式表示上、下場鈴聲及說明注意事項。（三）上肢肢體障礙者：上肢肢體障礙致書寫試卷有困難者，予以1.延長每節考試之作答時間二十分鐘；2.提供放大兩倍之測驗式試卡。雙上肢肢體障礙致書寫試卷困難者，得申請使用電腦作答，由考選部提供電腦及磁片協助應考人作答，並延長每節考試作答時間二十分鐘。（四）下肢肢體障礙，行動不便者：1.安排特別試場應試；2.以輪椅入場應試者，安排適用之特殊桌椅；3.本身未具備輪椅，由考選部提供輪椅。（五）腦性麻痺者：因腦性麻痺身體協調性不佳致書寫試卷有困難，申請使用電腦作答者，由考選部提供電腦及磁片協助應考人作答。另並延長每節考試之作答時間二十分鐘；實地考試延長考試時間四十分鐘。（六）多重障礙者：於不影響考試公平原則下，均可由應考人主動要求試務機關，配合提供相關輔助工具，俾利應試。

13　59年為提升本項考試及格人員素質，以應山地建設需要，本項考試應考資格修正為高級中等以上學校畢業，考試院修正發布「特種考試山地行政人員考試規則」，為相當於普通考試之特種考試。嗣於63年修正為「特種考試山地行政及經濟建設人員考試規則」；65年起為配合考試院簡併公務人員特種考試政策，本項考試暫停辦理，改於特種考試台灣省基層公務人員考試設置類科辦理，惟仍限山胞身分者報考。77年起，鑑於各級民意代表反映，以及新制「公務人員考試法」於75年1月公布實施，考試院訂定發布「七十七年特種考試山地行政及技術人員考試規則」恢復本項考試之舉辦；80年訂定發布「八十年特種考試台灣省山胞行政暨技術人員考試規則」；復為地域性考量，於82年請辦考試時，定名為「八十二年特種考試山胞行政及技術人員考試」；85年起，為落實憲法增修條文第9條第7項「國家對於自由地區原住民之地位及政治參與，應予保障」之精神，加強培育原住民行政及技術人才，貫徹原住民政策之推行，將「山胞」一詞修正為「原住民」。89年4月25日公布之憲法增修條文對原住民族就業權益明文予以保障。

取分發區者並須具台東縣蘭嶼鄉籍或設籍該鄉連續滿五年以上者爲限。[14]本考試自45年起至97年止，共辦理二十七次。爲解決原住民特考不足額錄取之問題，考試院除在法制面修正考試及格標準、改進考試方法予以解決外，是否考量其專業科目總成績45分以上，50分未滿者，施以多元專業訓練六個月，訓練合格者予以正式錄取進用之可行性。另在實務面則研究於辦理考試時，增聘較了解原住民文化之典試、命題或閱卷委員，參與相關考試之典試工作，以符該項考試特性。至於該特考是否列考族語[15]，及是否建立「民族自治」體制或建立「準國與國關係」上的文官體制，其涉及層面至爲深廣，應另深入研究[16]。當前急務在擴大行政參與空間，提供誘因，給予待遇加給，適切提升地方機關人員職等，改善原鄉、交通、資訊及生活居住環境等，俾讓原住民人才留鄉，以解決人才外流問題並提升原住民公務人員素質。申言之，逐漸恢復原住民族部落之道德、倫理、貼近原住民族心聲與意願，以調和原住民族與政府、國家之關係，爲其基礎工程（參照蔡良文，2004：46）。

陸、全面檢視公務人員考試方法與類科科目

雖然考選部近年來已致力於提升考試之信度及效度，如著手辦理相關研究改進措施，不過亦有學者指出台灣考選政策上對考選評量工具之效度，向少積極性的作爲，兩大考選政策母法，典試法和公務人員考試法沒有任何條文或文字提及效度問題（施能傑，2002：17），筆者認爲，類此建議值得考選部在法案總說明及條文說明中予以

14　因蘭嶼錄取分發區不足額錄取比例長期偏高，嚴重影響機關用人，爰於107年12月18日修正發布考試規則，刪除蘭嶼錄取分發區，並配合修正應考資格規定。

15　原住民族語言發展法於106年6月14日公布施行，其第25條第1項規定：「本法施行三年後，原住民參與公務人員特種考試原住民族考試、公費留學考試，應取得原住民族語言能力認證。」考選部於107年4月30日函陳「原住民族特考規則修正草案」，擬增訂自109年6月15日起，應取得原住民族委員會核發之族語認證合格證書，始得應考之規定。案經107年12月13日考試院第12屆第217次會議作成附帶決議以，原住民族語言別繁多，而族語認證之普及化及標準化尚有疑慮，將族語認證列爲原住民族特考應考資格，有無違反國家考試公平、公正、公開核心價值，請考選部會同原住民族委員會釐清。嗣108年5月8日考選部函陳後續辦理情形，經考試院會議交付小組審查會審查完竣後，提108年9月5日考試院第12屆第252次會議決議，原住民族委員會如認族語認證的辦理具普及化、標準化及公信力，將族語認證列爲原住民族特考應考資格並無影響考試公平性之虞，亦未妨害原住民報考原住民族特考權利，請原住民族委員會具體敘明函送考選部，供研修原住民族特考規則參考。考選部將俟原住民族委員會函復相關說明後，辦理後續修法事宜。另報考109年原住民族特考者毋須出具族語認證證明，併予敘明。

16　原住民族特考是否依族群分區考試或依族語分組考試，因各界看法不同，將視「原住民族自治法」之立法進度，配合研修「公務人員考試法」相關條文，並視是否分族群設置原住民族自治區，研修相關考試規則，再做進一步之細部規劃。若擬建立原住民族與台灣地區之政府新夥伴關係，則於立法院通過「原住民族自治法」，設立原住民族自治區後，依其需要就其人事法規配合做特別規範，使國家考試制度及文官制度依據憲法尊重民族意願之精神，調合原住民族與國家之間的利益，解決原住民族公務人員各項問題。其根本之道，仍在於從速成立「民族自治」體制也。至於在建立「準國與國關係」上，則更涉及「準外交關係」，甚至「國籍法」、「公務人員考試法」、「公務人員任用法」等人事法制之全盤調整。

體現，並配合研修法案。又有關考試方法之精進與彈性運用，尤其是在高級人才、科技、文化等人員選拔，如何解決社會疑慮，又不執著於筆試，值得未來考政機關不惜人力、物力積極研究執行，以期達到內容效度（content validity）之基本需求，並能提升試題之鑑別度、同時效度（concurrent validation）與建構效度（construct validation），達到預測效度（predictive validation）之要求（參照Noe, Hallenbeck, & Wright, 2004: 174-175; Rosenbloom & Kravchuk, 2005: 224-226）。因為值此國際化的時代，任何國家的考選制度必須與世界接軌，不只要考慮類科的設置以及考試內涵的訂定，亦必須顧及考試科目、應用語文與國際接軌，乃能達成證照互採的接軌目標（考試院，2008；楊朝祥，2009：9），所以，如上所述，考量部分技術類行政人員應先具備該專業合格證照者方能應考，亦是與國際接軌的方法。本節擬就國家公務人員考試方式及主要考試類科科目舉其要述明之。

一、公務人員考試方法之改革

在各種國家考試中，高普考歷史久遠，51年8月29日修正之「考試法」規定特種考試應於高普考試及格人員不足或不能適應需要時始能舉行，並將特種考試明定分甲、乙、丙、丁等。84年1月13日修正「公務人員考試法」，刪除甲等特考。85年修正該法，將特考分為一、二、三、四、五等，90年規定限制轉調期限修正為六年。茲分高等考試及特種考試列述其考試方法如次。

（一）高等考試方式之內涵：現行高考三級考試專業科目以筆試為主；二級考試分筆試與口試；一級考試之考試方式分三試舉行，第一試筆試，第二試著作或發明審查，第三試口試，第一試未錄取者不得應第二試，第二試未錄取者不得應第三試[17]。要之，高考一級考試分為三試的流程，確屬信效度較高的考試方法與技術。據學者專業研究，國家考試效度所關涉之指標，至少包括考試方法之分階考試、分試，考試技術之類科科目之合理化設計，以及考試試題之申論式、測驗式、混合式等類型。而上述指標，在選取用人機關需求之適格適量的人才，必須考量或滿足其關連性（考試內容與實際工作）和敏感性（考試方法技術與應考人優劣程度）（施能傑、曾瑞泰與蔡秀涓，2009：28-29；劉坤億，2009：35-47）。

另在高考一級考試的改進方案中，其重點在於吸引博士畢業且具一定年限工作經驗者進入公務體系，並且提高考試及格人員可以取得簡任第十職等任用資格，以

17　其中口試採以團體討論，以評量應考人主持會議能力、口語表達能力、組織與分析能力、親和力與感受性、決斷力、判斷力及共同參與討論時之影響力、分析能力、團體適應力、壓力忍受性及積極性，以有效衡鑑應考人之領導與溝通協調能力，俾遴選適合機關所需之專業人員，達到考用配合提升其關連性之目標。當然主其事的口試委員，應兼及理論與實務的組合，所以應配套建立口試委員人才庫建立，並注意於提升考試效度。

增加應考誘因。而經由三試的流程，檢視其專業知能，政策議題解決力、推理力、決斷力及團體合作力等，為目前國家考試較為嚴密、信效度較高的考試方法，未來更宜適切增列內部高考三級以上服務成績特優人員應試資格以及增加及格人員一定期間之培訓研習課程，使渠等更具格局、氣度與關懷性，亦可於較短期間讓傑出有能力的新血菁英進入高級文官團隊中，既可增益良善競爭，並能注入與提升機關組織的活力。

（二）各等級特種考試的考試方式方面，均大致與高考一、二、三級及普通初等考試之考試方式相同，其中較為特殊者為國家安全局國家安全情報人員特考三等及四等考試以及調查人員特考均分三試，其中第二試為體能測驗。另警察人員特考與基層警察人員特考以及關務人員特考、調查人員特考均規定本考試錄取人員須經體格檢查合格者，始能分配訓練。又外交領事人員、外交行政人員暨國際新聞人員特考之第二試為口試或實地考試及口試（考試院，2009a：60-84）。

　　要之，關於國家考試依其等級性質，其考試方法採分階段或分試考試或單一考試，其中高考三級87年起分二階段考試，95年又恢復一階段考試，如此存在之問題值得疑慮，尤其是在98年公務人員高普考試報名人數超過十二萬人以上，其考試方式更值得深思，因為就審慎取才的觀點，有謂「請神容易送神難」，若選出不稱職的公務人員，其後所付出之人事成本難以估計，且對組織績效與士氣之影響更是不利。所以，考選人才應跳脫傳統低廉考選成本的觀念，改以選拔適格適當人才的角度，重新建構選才成本的評量機制。未來各種國家考試的考試方法就目前採行方式，倘能配合採評審（量）中心法，提高其考試效度，且再輔以嚴格之三個月的及格後基礎訓練，當有助於選拔優秀的人才，蔚為國用。

二、公務人員考試類科之設置分析

　　就83年開始舉辦之高考一級考試原未訂定應考資格表及應試科目表，係由有關機關在請辦考試時併提擬設置之考試類科及其應考資格、應試科目，93年5月13日訂定發布高考一級考試規則，明定各類科應考資格及應試科目。95年配合高等教育之發展趨勢及職組職系之修正，將原列十三類科修正增加為三十四類科，俾廣納更多元之高級文官人才。按考試類科之設計，涉及考選政策、考試效度及考試用人議題，且其彼此間息息相關（彭錦鵬，2005b：35-61；2009：61-63），初步建議是行政類科較多於技術類科，有比較大的合併幅度，而同時兼採效度較高的考試方式為之[18]。至於其應考資格僅列博士學位，技術類對於博士學位原有類科別限制，95年修正放寬不限類別，俾廣開人才來源管道。又此思潮或許可由高等教育發展趨勢，檢視歷年國家考試及格人員之學歷條件

18　因為考試方法雖關涉考試成本問題，但其成本觀念應建立於選拔長期人力運用之成本效益，而非僅一、二、三試或為筆試、口試而已。

之公布情形，基於學位取得與學分採計更多元的發展（曾慧敏，2007：26-30），可得到考試類科與應考資格可簡併調整，考政機關應特別關注考試效度之提升議題。又其錄取標準與成績計算，在第一試筆試占40%，第二試著作或發明審查占35%，第三試口試占25%，合併爲考試總成績，第一試錄取人數按各類科全程到考人數25%擇優錄取，錄取人數未達需用名額三倍者，按需用名額三倍擇優錄取；[19]第二試著作或發明成績60分以上者，均予錄取；第三試按各類科需用名額決定正額錄取人數，並得視考試成績增列增額錄取人數。惟因通過考試者僅取得薦任九職等任用資格，本項考試自85年至97年計舉辦十二次考試，各機關僅提報三十三名缺額，實際錄取二十一名，未能有效達成設置本考試，以拔擢具博士學位優秀人才之目的。爰再研擬「公務人員考試法第15條修正草案」，就公務人員高考一級考試應考資格增列須具三年優良經歷條件，銓敘部並配合研擬「公務人員任用法第13條修正草案」，使高考一級考試及格人員取得簡任第十職等任用資格，俾建構周延完善之高階文官初任人員進用制度。經考試院第11屆第30次會議通過上開修正案，並於98年4月10日函送立法院審議中。[20]

　　至於高考二級考試以民國97年爲例，設人事行政等十五類科；又高考三級97年設一般行政等七十三類科（考試院，2009a：59-60）。另較特別者，乃其後爲順應時代變遷與國家建設發展趨勢，及配合兩岸交流及培育大陸事務專才，考量各部會專業趨向不同、職缺隸屬職系不同，爲免衍生任用問題，依各部會業務屬性及職缺隸屬職系，分別於相關類科增設兩岸組，以資因應，使新進人員同時具備原屬部會業務專長及大陸事務專長。而是類人員考試原考量以特種考試方式爲之，似無法真正進用各部會所需之專業人才，造成用人機關不願報缺之情況，因此，考選部於不變動職系及科目之情況下，經參採以往分科目取才之例，做相對之設計。經考試院審查會建議先將各類科組細分爲一般組及兩岸組以符所需，應考人只能選擇其中一組應考，而兩岸組之應試科目均列考大陸政策與兩岸關係，其考試內容參酌各大學大陸事務研究所建議，應符合從事此類專業人員之需要，並依考試科目不同，分列需用名額，以配合用人機關之需求，同時考量應考人未來之升遷及發展，可使政府於最短之時間內進用所需之人才[21]。

19　現行（109年）高考一級第一試錄取規定爲，第一試錄取人數按各類科需用名額及增額錄取需求酌增錄取名額；如其尾數有兩人以上成績相同，皆予錄取。

20　「公務人員考試法第15條修正草案」經考試院於98年4月10日函送立法院審查，惟於立法院第7屆會期內未審查通過，屆期不續查。考試院於101年2月29日再次函送該條文修正草案，並於102年8月27日函送「公務人員考試法修正草案」（草案內容包含高考一級應考資格修正），惟經立法院審查，高考一級應考資格未增列須具三年工作優良經歷條件。「公務人員考試法」於103年1月22日經總統修正公布。

21　在審查會中，仔細衡酌，基於本案係因應用人機關需要，配合兩岸交流及培育大陸事務專才等政策，考選部原規劃所提四個方案，即：（一）職組職系名稱一覽表行政類普通行政職組下增設大陸事務職系，高考二級再據以職系增設大陸事務科；（二）對於高考二級普通行政組一般行政職系，除原有一般行政類科以外，再增設大陸事務類科；（三）採取特種考試方式取才；（四）在現行高考二級原有類科依過去高考三級實施經驗，部分（一或二科）專業科目採配套試方式辦理。第4案即爲本修正案，筆者負責本案議之召集人，基於各類科內之分組，其最主要目的係因應各機關有關大陸事務的用人需要而做修正，將十個職系分別加設兩岸組，當然爲配合用人需要有其正面價值。雖然該考試職系或類科

要之，有關類科科目之簡併調整方面，就各類科整體而言，宜對行政類科再適切簡併，專技類科配合業務需要亦適切簡併與增設，同時就各類科之考試科目先予以合併，再就各科目考試時間予以加長或許是可行之途徑。[22] 至於特種考試等級相當者，亦可參酌檢討改進之。最後，宜就目前核心工作知能，依職能指標分析，檢討改進各種國家考試之類科設置，以嚴謹之應考資格條件及合乎職能智識需要的應試科目設計，涵融公務人員之核心價值（廉正、忠誠、專業、效能及關懷），選拔最優秀與最適格之人才。

柒、結語

考試院於民國19年成立以來，將屆八十周年[23]，已舉才無數，為國家建設，提供良好公務人力資源。惟發展至今，考試之公平性與價值衡平抉擇，以及機關用人需求之衡平性等均要作調整，易言之，考選政策變革中的變與不變，值得賡續關心與探討。或可於未來研討第12屆施政綱領[24]或於增補文官制度興革規劃方案中，予以酌加著墨規劃論述之。其次，為遴選人才，國家考試除須在考試方法技術謀求精進，考試內容涉及信度與效度，也是取才的關鍵因素，誠如第11屆施政綱領揭示：加強職能分析，加強試題分析回饋機制，以及建置多元優質題庫，增進試題鑑別等，亦如文官制度興革規劃方案所提之視考試性質研議採行多元評量方式、分試或分階段考試；建立職能指標標準作業程序；通盤研訂建置優質題庫方案，以及改進命題及閱卷技術，也包括研修「典試法」，增訂預試、標準分數法源。

再者，在憲法考試用人精神下，若將考選制度與策略人力管理與核心能力運用整合，可得出政府考選政策的評估架構以及其價值取向之抉擇，包括文官考選之分權化與集中化；功績制原則與代表性原則；考試成本與長期用人成本；組織業務需求與核心職能與取才效度等。其所涉及之層面，至少包括考試機關在考選的人力、技術、方法上，

之下再分組及設選試科目，而此分組亦當然難免造成配合用人機關之需要，而對考試分類分科的目的精神造成極大的衝擊，誠如筆者在考試院第31次會議報告對本案未完全滿意，而是現階段可以接受的可行方案，比較不會產生不公平的情形。

22　職組暨職系名稱一覽表於108年1月16日修正發布，並自109年1月16日施行，為配合新職組暨職系規定，考選部經檢討公務人員高等考試三級考試暨普通考試類科設置，擬具考試規則修正草案，於108年5月9日函請考試院審議。案經考試院召開五次全院審查會，審查竣畢，審查報告提同年7月11日考試院第12屆第244次會議通過。「公務人員高等考試三級考試暨普通考試規則」於108年7月15日修正發布並定自109年1月16日施行，高考三級一百二十二個類科修正為一百一十三個類科，刪除現行宗教行政、技職教育行政、消費者保護、公產管理、醫務管理、企業管理、海洋資源、生物多樣性及商品檢驗等九類科，財務審計類科及績效審計類科自110年1月1日起合併為審計類科；普考七十八個類科修正為七十一個類科，刪除現行宗教行政、技職教育行政、審計、公產管理、企業管理、海洋資源及地質等七類科。「公務人員高等考試一級考試規則」、「公務人員高等考試二級考試規則」均將適時配合檢討修正。

23　至109年1月6日已屆滿九十周年，並編纂「中華民國考試院院史」以為紀念。

24　第12屆任期將於109年8月31日屆滿。

應配合調整之。就應考人應考資格適切規範其基本專業能力後，並加強人文科目之測驗與評量，以提升新進公務人力之人文素養能力等等，均涉及考選政策與體制之價值選擇的問題。

　　綜之，公務人員考選體制變革中，應考量價值的抉擇與試政及試務之遠離政治操控，賡續檢討各項職務所需之知識技能、選擇客觀之人力篩選標準，以確保公平，同時採行多元考試方式與方法技術、調整工作環境及管理制度，以落實多元管理與參與，並加強考試類科工作性質之說明、強化基礎訓練淘汰機制等，使所有公務職位均得在忠誠與才德並重標竿下，以客觀的知識與技能建構之取才方式，引進及甄補最適格之公務人力。

（本文原載於國家菁英，第5卷第3期，2009年9月，頁3-17；特別謝謝兩位匿名審查先進的寶貴建議，雖已參酌修正，然文責由筆者自負。另部分內文配合法制變革與體例調整，略做修正。）

壹、前言

　　全球化時代下，因應人才流、資訊流、資金流等變遷，全球思維產生重大衝擊，從國內面臨之少子化、高齡化等國安議題，到國外之英國脫歐（withdrawal of the United Kingdom from the European Union, brexit）到美國川普效應（the Trump effect），我國政府面對國內外情勢的動盪，為提升國際競爭力，政府文官體制應適時變革，而其前端之考試取才政策，實應先能與時俱進而有所調整，如何甄補最適人力，發揮最大效能，是考選政策如何兼顧通才專才之培育與選拔，值得深入討論。要之，國家考選政策及體制的變革與發展，除因應政經變遷與政府再造價值之導引外，面臨上述多元價值與分權思潮衝擊時，考政機關須扮演公務人力資源之策略管理的變革者（蔡良文，1999）。

　　復依愛略特（R. H. Elliott, 1985: 7）指出西方行政價值的變遷中，在政黨政治形成初期，官職為選勝者分配政府重要職務之分贓主義時期，逐漸發展到考試取才之個人功績表現時期。在我國早期依中山先生考試權獨立與考試用人思想，而先行落實功績主義精神的文官體制，且許多政務官多來自技術官僚層級，形成高效能政府的表徵。惟隨民主政治發展，甚至第三次的政黨輪替，雖云落實功績主義的文官體制，然於面臨應配合政治回應與政治課責衝擊，如擬擴大政務人員及機要人員等進用，且在邁入民主鞏固時期，常務文官如何配合政務人員施政作為，調適其角色與定位，均成極為重要的倫理課題[1]。

　　由於功績主義所主導的文官考選過程，乃係指公務人力資源運用之目的，在求人與事的適當配合，以增進工作效率與效能。所以考試為國家政府選拔人才之正途，而考試制度在我國歷史上有其光輝一頁[2]。就公務人員以考試方式來遴選，如何真正甄拔優秀人才，除先定位考試之選拔人才之「任用考」或「資格考」外，而其關切核心，乃考用

1　易言之，我國與西方民主國家在政黨政治與文官體制的發展互動過程似呈現逆向發展的方向，我國是先進入功績主義時期，再步入政黨政治運作時期，且不必經由分贓主義時期，的確是台灣經驗奇蹟與文官體制特色。如今，在民主政治變遷中，如何因應政府擬議擴大政務人員與機要人員進用等變革調整，值得另外為文討論（參閱蔡良文，2014：457）。

2　我國歷代賢臣良相，大多出身考試。國父有鑑於此，乃主張考試權獨立，建立良好的考試制度。憲法明定公務人員之選拔，應實行公開競爭之考試，非經考試及格者不得任用，是以凡有從政者，除選舉的公職人員、政務官或特殊任用者外，必須參加考試，方能任用（蔡良文，2014：11）。

配合之關鍵議題。復推論其內涵，在考試用人之制度面上，首需面臨職組職系、考試類科的問題。按以我國公務人員職位架構區分為行政與技術兩大類，再各分為若干職組，職組底下則再區分為各個職系，以及相對應設置考試類科（配套應考資格、考試科目規定）。因此，職組職系規定（銓敘部）與考試類科設置（考選部），在考用配合上具上下游關係，所以，考試類科隨著職組職系的調整（或整併）而連動，至於考試方式或考試科目內容，必須考量各該職能之核心職能，甚至其未來職務調整之基本職（知）能，方能因應用人機關之需求。實務上由於職組職系區分過細，有礙機關用人彈性、公務人員不易轉調（受限於職組職系調任規定），以及難以培養跨域專業人才等問題，迭有職組職系與考試類科配套簡併之倡議，如何研提可行方案，為本文論述所在。

貳、由「考用配合」到「用考配合」

本議題涉及層面至少包括「資格考」與「任用考」，以及重在通才或專才之應考資格與應試科目之設計，當然亦重視在公平取才間精進考試方法、考試類科整併、科目配合設計等議題。

一、強化考用合一政策作為

本項政策議題涉及用人機關的需求，如何及時補充所需公務人力，包括適格人才之衡鑑與考選時程之縮短等，其源頭就關涉到「任用考」與「資格考」以及考選程序之簡化（蔡良文，2008：44）。此一規則至為簡明，達成則極屬不易。首先，如錄取名額與職位缺額間不易配合，因考試及格人員之錄取，基本上應視成績而定。若成績優良人數超過預定錄取人數，如斷然對成績優良人員不予錄取，顯非得當；若成績適格者遠不及所需人數，倘超額進用，則濫竽充數，尤非所宜。考試院內部經多年討論，漸漸形成「資格考試」與「任用考試」方式之甲乙二說。暫不論何說有理，事實上，極難準確依任用需要人數錄取。考試院多年來，於每年高普考試決定錄取人數之前，均與辦理行政院所屬機關分發工作之人事行政局（總處），非正式研商。早期考試院方面輒因應試人成績優良，希望超額錄取；人事行政局（總處）方面通常可能做有限之名額放寬，但大部分則以超過原有定額之錄取名額無法分發為辭。此種實際運作情形，演成考試錄取人數視任用機關所需名額而定，以致原「考用配合」或「考用合一」已變質為以任用為優先標準之「用考配合」（蔡良文，2008：44-45），於後述之。

復查考選部在配合環境進行考選法制改革下，期以精進符合時需。目前高普考與特種考試為公務人力進用主軸（力），其兩者錄取種類與名額配置甚或「主從」關係之定位等議題，其相關之考選政策有待漸進調整。但公務人員考試中之技術類各職系人員，似宜優先變革因應之，而公務人員中之行政類各職系人員，除應於配合用人機關需要人

數外，加成錄取名額，以彈性運用因應用人需求。現今，基於各機關任用需求，考試選才政策，從早期多淪於政治目標，以因應政治環境需要，到逐漸轉向行政性、管理性目標爲主體的發展方向。易言之，晚近以來考選政策思維較重視職能分析與考試科目內容之相關性，是其重視的發展方向。至於，實務作業上，依「公務人員考試法」第2條第2項及同法施行細則第3條第2項規定[3]，考用期程前後約需十個月，且易有保守估缺情事，影響機關用人以及應考人權益。考試院於民國98年6月提出之「考試院文官制度興革規劃方案」，係將「改進人力評估技術，加強考用配合」納入興革事項，使提列職缺更能趨近機關職務出缺之實際情形，考試錄取的人數能充分配合機關人力需求。

綜上，在政府基於任用需求領導考選策略的設計觀點，其原始重視政治目標必須因應環境需要，轉向管理性目標爲主體的方向。所以，除了考選之應考資格必須體現憲法的平等無歧視精神外，積極增進考選效度是考選政策努力的重要主軸，由此落實考選政策的實質公平性。尤其知識性成員是未來機關組織的最珍貴資產，缺乏處理公共事務問題能力與知識的文官是無法產生競爭力的；尤須兼具人文素養的成員，會主動自我鞭策與學習，增進公共服務的能力。因此，目前以高普考與特種考試爲公務人力進用的考選政策，有待漸進調整兩種之用人比例外，筆者重申未來公務人力中之技術類各職系人員，賡續參照公務人員高等考試三級考試公職社會工作師等類科之應考資格，應否先具備專業證照資格方能應試之例，值得研處因應之（蔡良文，2008：47-48），至於其應試科目應請加入通識人文科目與內涵，當應重視的。[4]

二、提升用考配合之行政作為

在我國無論是配合政府再造、獲取人才價值標準、推動政府用人政策，均須先考量現行憲法規定及精神，再妥善進行人力資源的規劃與運用，發展有效之人力運用策略（蔡良文，1999）。人事制度在實務運作上，即是「官制」與「官規」，前者，包括各機關內官職之組設與組織運作規範而言；後者，乃指人事管理制度，以及其行爲規範守則而言。就考用配合之流程中，乃公務人員考試之目的，除在配合用人機關需求，積極選拔人才外，亦應重新考量經由教育途徑造就人才之特質。故而選才、育才、用才及留才的過程，自其必須環節相扣，亦即教考訓用配合政策之理念作爲。就考選行政而言，究其底蘊應可界定於考試類科、應試科目之合理設計，而相關課題之考試方法、技術與

3　依當時之「公務人員考試法」第2條第2項規定：「前項考試，應依用人機關年度任用需求決定正額錄取人數，依序分發任用。並得視考試成績增列增額錄取人員，列入候用名冊，於正額錄取人員分發完畢後，由分發機關配合用人機關任用需要依考試成績定期依序分發任用。」同法施行細則第3條第2項：「本法第二條第二項所稱用人機關年度任用需求，指銓敘部及行政院人事行政局（總處）於年度開始前或申請舉辦考試時函送考選部有關考試等級、類科、人數等用人需求核實者。……。」

4　在民國102年立法院通過之「公務人員考試法」第17條第3項規定，公務人員考試類科，其職務依法律規定或因用人機關業務性質之需要須具備專門職業證書者，應具有各該類科專門職業證書始得應考。其審核標準，由考選部報請考試院定之。目前已開辦三年，至其效能結果，值得進行評估，將於後述之。

題庫之建立，亦當併同討論。

　　回顧考選部在民國75年考選工作研究委員會成立之初，即責成主管單位研擬「設置、調整考試類科及科目作業應行注意事項草案」，案內決定：在考試類科之設置、調整，依擬任職務之職系為原則，如同一職系內，包括性質不盡相同者，必要時才予分組；其應試科目之擬訂、修訂，依五年內各該考試資料、銓敘部職系有關資料、用人機關就擬任職務所需學識經驗、知能條件等有關資料、中等學校以上必修課程內容及學術研究團體及個人意見資料，以及在限期內對設置、調整及修訂考試資料及科目時，或有特殊需要或社會輿論有重大反應時，得擬訂問卷，廣徵各界意見，併同作為設計參考[5]。至今民國98年止高普特考多配合95年開始實施之四十三職組與九十五職系設計，而做大幅度調整。要之，公務人員考試在配合用人機關需求，必要考量其職系或職務設置情形而定。

　　在考試應試科目方面，由於規劃良善之科目，始有助於正確有效的測試應考人程度，以真正拔擢優秀人才；就目前考試專才價值思維，其題目設計與考試時間規定下，其考試科目數似不宜減少。若能改變考試方式，即除筆試外，輔以其他如口試、著作發明審查、或審查知能有關學歷、經歷證明等方式，則科目數可以酌減或科目合併，考試時間加長亦可考量。未來，如何彈性運用不同考試方式，以選拔各類適格人才，是有其必要的，而及格人員任用後，轉任問題之配套設計，應併同考量，以期周延可行。若配合簡併類科時，除考量學校課程外，亦應考量機關用人需求，有關考試專業科目應依職務等級職務說明或工作分析、專業程度等分層級加以設計，使能真正拔擢最適格人才，以蔚為國用。

　　至於各種考試題庫之建立方面，按考試試題形式，要分測驗式試題、申論式試題與混合式試題等[6]。自99年起配合考選部成立各種考試業務基金制度，倘能善用資源與人才（用對的人），當能有效地提升試題品質。茲因申論式試題重於靈活運用，俾能適應、配合學術思潮、社會政經現況及考驗應考人之學術素養，故是否應大量建立申論式試題，似應進一步深入評估；再者，建立題庫時，除應考量上開因素外，亦應將於題庫試題之預試制度，以作為命題委員之參考，及據以調整試題難易度、修正題幹、選項等之重要參考；當然，考試品質之提升，除事前之周妥準備工作外，對於題庫試題試前或試後之分析研究工作尤應積極進行，用以供充實更新題庫之參考。就長期而言，筆者建

5　據此原則程序，考選部於民國78年研擬「公務人員考試類科及應試科目改進意見」問卷，時筆者負責研究案之推動執行，本案係落實教、考、用配合政策之基礎工作，亦係積極與學術機關、專家學者配合，以尋求考選之精進與突破，以合理設計完整考試類科科目體系。就目前實施以來，均以每三年賡續檢討改進為原則，以期與時俱進，選拔優良人才。

6　考選部自民國70年起即有題庫建立之擬議，至民國72年共編擬五科試題題庫；自73年起，陸續有「考選部推行學科測驗六年工作計畫」以及「考選部建立申論式試題題庫三年工作計畫」使得試題題庫工作有長足進步與發展，對考試命題品質之提升，助益甚大。自民國80年10月起，考選部全力建立各種考試科目之試題題庫，且在民國95年起全面建立申論式試題題庫。

議考選部應成立題庫研發中心或成立題庫發展署，置各有關專業人員，即期以網羅各學科專家及測驗專家共同參與試題分析與題庫規劃研究工作，並專門追蹤研究考試結果之正確性與公平性，及評估考試之信度、效度（蔡良文，2014：199-201）。

考選部近年來已致力於提升考試之信度及效度，如著手辦理相關研究改進措施，不過亦有學者指出我國考選政策上對考選評量工具之效度，向少積極性的作為，兩大考選政策母法，「典試法」和「公務人員考試法」沒有任何條文或文字提及效度問題（施能傑，2002：17），筆者認為，類此建議值得考選部未來在法案總說明及條文說明中予以體現，並配合研修相關法案。又有關考試方法之精進與彈性運用，尤其是在高級人才、科技、文化等人員選拔，如何解決社會疑慮，又不執著於筆試，值得未來考政機關不惜人力、物力積極研究執行，以期達到內容效度（content validity）之基本需求，並能提升試題之鑑別度、同時效度（concurrent validation）與建構效度（construct validation），達到預測效度（predictive validation）之要求（參照Noe, Hallenbeck, & Wright, 2004: 174-175; Rosenbloom & Kravchuk, 2005: 224-226）。因為值此國際化的時代，任何國家的考選制度必須與世界接軌，不只要考慮用人需要與類科的設置及考試內涵的訂定，亦必須顧及考試科目、應用語文與國際接軌，方能助益於達成專技人員證照互採的接軌目標（考試院，2008；楊朝祥，2009：9）。

三、小結

為選拔真正優秀的公務人力，讓公務人員專業知能與時俱進，提升公務人員人文關懷素質，進而增進政府施政的效能，擺脫「文官黑洞」的夢魘，建立公務人員教、考、訓、用配合制度有其重要性與必要性，也就是如何避免彼此間出現「教者自教、考者自考、訓者自訓、用者自用」的斷裂問題。亦即掌握考試必須是任用與教育之間的橋樑，考試的類科必須與學校的教育相結合，用人機關亦有相當主動的用人選擇權，提出相關職務所需資格條件，且在進入公務體系後，如何賡續精進專業知能與人文關懷素養，建立系統化的訓練，予以有計畫的、長期的培養，以活絡文官體系動能。要之，如何在公務人力資源管理的前端，考與用的密切聯結，甚或用考配合，則須先同時考慮到考試類科設置與職組職系高度聯結的政策議題。

參、國家考試等級類科沿革與多元考試取才檢討分析

依據考試院第12屆施政綱領「壹、總綱」之「三、通盤檢討整併職組職系及考試類科，精進考試方法與與培訓機制，完善選才、育才與留才制度」、「參、銓敘」之「六、審議機關組織法規及編制列」等，檢討職組職系，強化職務管理，有效運用公務人力資源，因應國家發展需要」，以及施政綱領之行動方案之跨部會業務之「二、全面

性檢討考試類科與整併職組職系及考試錄取人員訓練機制」，通盤檢討整併職組職系與考試類科，係為第12屆考試院既定政策與具體執行計畫，必須積極推動。究其底蘊，應包括國家考試等級之變革、考試方法之調整，至考試類科應試科目之設計等議題。甚至包括全面檢討專技人員轉任公務人員條例之定位與適用範圍、部分技術類行政人員，應先具備該專業合格證照者方能應考等，爰以，本節擬就國家公務人員考試方式及主要考試類科科目之設計，以及應重視如何提升考試之信度、效度及鑑別度等，其相關之轉任條例及公職專技人員考試亦併同討論之。茲舉其要述明之。

一、公務人員考試等級之考試方法之改革

在各種國家考試中，高普考歷史久遠，民國51年8月29日修正之「考試法」規定特種考試應於高普考試及格人員不足或不能適應需要時始能舉行，並將特種考試明定分甲、乙、丙、丁等。民國84年1月13日修正「公務人員考試法」，刪除甲等特考。85年修正該法，將特考分為一、二、三、四、五等，90年規定限制轉調期限修正為六年。茲分高等考試及特種考試列述其考試方法如次。

現行高考三級考試專業科目以筆試為主；二級考試分筆試與口試；一級考試之考試方式分三試舉行，第一試筆試，第二試著作或發明審查，第三試口試，第一試未錄取者不得應第二試，第二試未錄取者不得應第三試。要之，高考一級考試分為三試的流程，確屬信效度較高的考試方法與技術。據學者專業研究，國家考試效度所關涉之指標，至少包括考試方法之分階考試、分試，考試技術之類科科目之合理化設計，以及考試試題之申論式、測驗式、混合式等類型。而上述指標，在選取用人機關需求之適格適量的人才，必須考量或滿足其關連性（考試內容與實際工作）和敏感性（考試方法技術與應考人優劣程度）（施能傑、曾瑞泰與蔡秀涓，2009：28-29；劉坤億，2009：35-47）。

再者，高考一級考試的改進方案中，其重點在於吸引博士畢業且具一定年限工作經驗者進入公務體系，並且提高考試及格人員可以取得簡任第十職等任用資格，以增加青年學子應考誘因。倘經由三試的流程，檢視其專業知能，政策議題解決力、推理力、決斷力及團體合作力等，為目前國家考試較為嚴密、信效度較高的考試方法，未來更宜適切增列內部高考三級以上服務成績特優人員應試資格，以及增加及格人員一定期間之培訓研習課程，使渠等更具大格局、氣度與關懷性，亦可於較短期間內，讓傑出有能力的新血菁英進入高級文官階隊中，既可增益良善競爭，並能注入與提升機關組織的活力。

至於各等級特種考試的考試方式方面，均大致與高考一、二、三級及普通初等考試之考試方式相同，其中較為特殊者為國家安全局國家安全情報人員特考三等及四等考試，以及調查人員特考均分三試，其中第二試為體能測驗。另警察人員特考與基層警察人員特考以及關務人員特考、調查人員特考均規定本考試錄取人員須經體格檢查合格者，始能分配訓練。又外交領事人員、外交行政人員暨國際新聞人員特考之第二試為口試或實地考試及口試（考試院，2009：60-84），如何檢視彼此之差異性，適時統合

之，是可考慮的議題。

　　要之，關於國家考試依其等級性質，其考試方法採分階段或分試考試或單一考試，其中高考三級民國87年起分二階段考試，95年又恢復一階段考試，如此存在之問題值得思慮。因為就審慎取才的觀點，有謂「請神容易送神難」，若選出不稱職的公務人員，其後所付出之人事成本難以估計，且對組織績效與士氣之影響更是不利，主政者應予正視改善。

二、公務人員高考一、二級考試的類科調整分析

　　首先，就民國83年開始舉辦之高考一級考試原未訂定應考資格表及應試科目表，係由有關機關在請辦考試時，併提擬設置之考試類科及其應考資格、應試科目，93年5月13日訂定發布高考一級考試規則，明定各類科應考資格及應試科目。95年配合高等教育之發展趨勢及職組職系之修正，將原列十三類科修正增加為三十四類科，俾廣納更多元之高級文官人才。筆者同意，按考試類科之設計，涉及考選政策、考試效度及考試用人議題，且其彼此間息息相關（彭錦鵬，2005a：35-61；2009：61-63），初步建議是行政類科較多於技術類科，而有比較大的合併幅度，而同時兼採效度較高的考試方式為之。至於其應考資格僅列博士學位，技術類對於博士學位原有類科別限制，95年修正放寬不限類別，俾廣開人才來源管道。又此思潮或許可由高等教育發展趨勢，檢視歷年國家考試及格人員之學歷條件之公布情形，基於學位取得與學分採計更多元的發展（曾慧敏，2007：26-30），可得到考試類科與應考資格可簡併調整，考政機關應特別關注考試效度之提升議題[7]。惟因通過考試者僅取得薦任九職等任用資格，基於本項考試自85年至97年計舉辦十二次考試，各機關僅提報三十三名缺額，實際錄取二十一名，未能有效達成設置本考試，以拔擢具博士學位優秀人才之目的。爰再研擬「公務人員考試法第15條修正草案」[8]，就公務人員高考一級考試應考資格增列須具三年優良經歷條件，銓敘部並配合研擬「公務人員任用法第13條修正草案」，使高考一級考試及格人員取得簡任第十職等任用資格，俾建構周延完善之高階文官初任人員進用制度。[9]

　　至於高考二級考試以97年為例，設人事行政等十五類科；又高考三級設一般行政等七十三類科（考試院，2009：59-60）。另較特別者，乃其後為順應時代變遷與國家建

7　茲就本考試其錄取標準與成績計算，在第一試筆試占40%，第二試著作或發明審查占35%，第三試口試占25%，合併為考試總成績，第一試錄取人數按各類科全程到考人數25%擇優錄取，錄取人數未達需用名額三倍者，按需用名額三倍擇優錄取；第二試著作或發明成績60分以上者，均予錄取；第三試按各類科需用名額決定正額錄取人數，並視考試成績增列增額錄取人數。

8　經考試院第11屆第30次會議通過上開修正案，並於民國98年4月10日函送立法院審議。惟因適逢立法院第8屆改選，法案因屆期不續審，未來如何規範尚待觀察。

9　「公務人員考試法第15條修正草案」後經考試院於101年2月29日再次函送該條文修正草案，並於102年8月27日函送「公務人員考試法修正草案」（草案內容包含高考一級應考資格修正），惟經立法院審查，高考一級應考資格未增列須具三年工作優良經歷條件。「公務人員考試法」於103年1月22日經總統修正公布。

設發展趨勢，及配合兩岸交流及培育大陸事務專才，考量各部會專業趨向不同、職缺隸屬職系不同，為免衍生任用問題，依各部會業務屬性及職缺隸屬職系，分別於相關類科增設兩岸組，以資因應，使新進人員同時具備原屬部會業務專長及大陸事務專長。而是類人員考試原考量以特種考試方式為之，似無法真正進用各部會所需之專業人才，造成用人機關不願報缺之情況，因此，考選部於不變動職系及科目之情況下，經參採以往分科目取才之例，做相對之設計。經考試院審查會建議先將各類科組細分為一般組及兩岸組以符所需，應考人只能選擇其中一組應考，而兩岸組之應試科目均列考大陸政策與兩岸關係，其考試內容參酌各大學大陸事務研究所建議，應符合從事此類專業人員之需要，並依考試科目不同，分列需用名額，以配合用人機關之需求，同時考量應考人未來之升遷及發展，可使政府於最短之時間內進用所需之人才。實施至今，其成效如何，值得適時評估之。

要之，有關公務人員考試各類科科目之簡併調整方面，似乎僅是配合用人機關需求增減，或在同一類科予以分組取才，對於整個簡（整）併或做結構性之變革，至今未見，爰以未來除配合職組職系調整案之大幅改變外，目前似乎可先對行政類一職系內多類科適切簡併，專技類科配合業務需要或適切簡併或增設，同時，就各類科之考試科目先予以合併，合併之科目考試時間予以加長，或許是可行之途徑。而特種考試等級相當者，亦可參酌檢討改進之。

三、專技人員轉任公職與公職專技人員考試檢視分析

關於考試用人，除了一般外界所熟悉的公務人員考試高普考試或相當等級特種考試外，另有專技人員考試與公務人員考試之公職專技人員類科考試兩種，暨其彼此間如何靈活運用（轉任條例），以符機關用人需求與政府政務推動之需要，應跨領域思維與建構之。

（一）專技人員考試轉任公務人員任用之意旨

回顧民國75年前國家公務人員考試技術類各科別考試總成績滿60分者，可兼取專技人員考試及格執業資格（證書），而考試法區分為「公務人員暨專門職業及技術人員考試法」，即無兼取之制度設計，82年8月4日制定公布「專門職業及技術人員轉任公務人員條例」，期間於88年、94年與97年經三次修正。按公務人員與專技人員二項考試之目的、應試科目與錄取（及格）方式或人數等，原有差異，專技人員得以轉任公務人員，應屬政府多元取才思維之政策，僅具輔助公務人員考試用人的功能。

目前專技人員轉調設有兩種條件：1.職系的限制，轉任以其與考試等級相同、類科與職系相近職系為限；2.任職年資的限制：各機關轉任人員於實際任職三年內，不得調任其他機關任職。而實際轉任職系則依專技人員得轉任公務人員考試類科適用職系對照表之規定辦理，該對照表自83年訂定發布後，期間經過九次的修正，得轉任類科的增

減，受到專技用人政策、公務人員相關考試類科錄取情形、機關用人需求等因素影響，因此，在檢討整併公務人員考試類科調整應試科目之際，專技人員考試之定位、應試科目設置、是否符合社會需求，以及其服務一定年限，得以轉任公務人員以符機關用人等，均須一併檢討。當然，此限制影響轉調人員之升遷或職涯發展，亦是值得通盤檢討的議題。

（二）公職專技人員考試類科之設計

102年1月23日修正公布之「公務人員考試法」第17條規定，因用人機關業務性質需要，得配合訂定須具備相關專門職業證書，始得應考之規定。考試院乃訂定「公務人員考試須具備專門職業證書始得應考類科審核標準」，作為新增公職專技人員類科之審核依據。目前計有公務人員高考三級考試新增公職土木工程技師、公職食品技師、公職醫事檢驗師、公職測量技師、公職藥師、公職護理師、公職臨床心理師、公職諮商心理師、公職營養師、公職醫事放射師及公職防疫醫師等十一類科，以及特考國家安全局國家安全情報人員考試新增公職資訊技師組。按考量公職專技人員類科應考人之執業能力業經國家考試衡鑑並已具若干年工作經驗，除注重專業法規外，更應重視其溝通能力、人格特質及應變能力等，爰考試分二試舉行，第一試筆試列考兩科，第二試採口試。

公職專技人員類科制度係屬考選制度重大革新，考試院於制度創建伊始，即作成實施三年後應檢討成效，並就是否發揮原定效益決定續辦與否之附帶決議。由於公職專技人員等十一類科自103年開始辦理，105年10月考試榜示後，已實施三年，未來考選部須依上開附帶決議辦理。[10]因此，考選部在檢討整併公務人員考試類科調整應試科目之際，無論是否續辦公職專技人員考試，對於是否在應考資格之限制，對國民應考試服公職是否產生疑義？目前設計之考試方法、程序乃至相關應試科目是否能甄選符合機關所需人才，均須併同檢討。

四、小結

有關國家考試類科科目之簡併調整方面，在銓敘部全面調整職組職系完成前，就各類科整體而言，宜對行政類科再適切簡併，專技類科配合業務需要亦適切簡併與增設。

10　有關公職專技人員類科考試成效檢討，考選部於公職專技人員類科考試辦理三年後，審酌用人機關需求、評估考試效益，擬具公職專技人員考試檢討報告，建議部分類科續辦理或不再辦理、考試方式一致化調整改進，以及檢討專技人員考試全部科目免試制度等，提106年7月27日考試院第12屆第147次會議該部重要業務報告，經移列討論事項決議交全院審查會審查。審查報告經107年5月24日考試院第12屆第188次會議決議，請考選部會同銓敘部、行政院人事行政總處儘速組成專案小組，檢討現有政府進用專門職業及技術人員管道，並研議最適切之選才、任用、待遇、陞遷、留才等整體配套措施，於六個月內提出檢討報告與相關法制作業建議案。嗣考選部於同年12月17日函送政府進用專門職業及技術人員途徑檢討報告，經108年1月17日考試院第12屆第222次會議決議交付全院審查會審查，並於108年2月14日召開第1次審查會，以考選、銓敘兩部均朝限縮方向檢討，無法滿足政府專技用人需求，請考選部、銓敘部及人事總處檢討規劃後，再續續審查。

同時，就各類科之相關考試科目先予以合併，再就合併之各科目考試時間予以加長，或許是可行之途徑。至於特種考試等級相當者，亦可參酌檢討改進之。再者，宜就目前重視核心工作知能之價值抉擇未改變前，依職能指標分析，檢討改進各種國家考試之類科設置，以嚴謹之應考資格條件及合乎職能智識需要的應試科目設計。至於考試方法之革新與多元取才思維下，就專技人員轉任公務人員之重新定位，以及公職專技人員考試之檢討評估，均宜以整全思維架構，方為可行之上策。

肆、考試類科與職組職系簡併檢討分析

一、考選部現行應試類科與科目之檢討要析

　　由於職組職系區分過細，有礙機關用人彈性、公務人員不易轉調（受限於職組職系調任規定），以及難以培養跨域專業人才等問題，迭有職組職系與考試類科配套簡併之倡議。而兩者的關連性（職組職系設置與考試類科多寡），則包括「一職系一類科」（此為考試類科設置原則）、「一職系多類科」以及「一類科對應多職系」等三種態樣，因此，公務人員考試類科簡併，除考試類科本身如何調整問題外，尚須受到職組職系簡併的連動而須相應調整。

　　根據考選部統計[11]，公務人員考試之考試類科高考一百三十一個（一級五個、二級二十六個、三級一百個）、普考六十二個、初考十五個、特考三百四十八個、升官（資）考一百五十一個、軍人轉任考八個，部分類科數目雖未高於現行九十六個職系數目，但未來類科設置，在對應職組職系且在一職系一類科之原則下，考試類科勢將大幅簡併。至於未來是考選部採主動變革方策，還是配合銓敘部職組職系改革方案，主政者應予抉擇。

二、銓敘部對現行職組職系之檢討分析

　　依據「公務人員任用法」第3條規定，職系係工作性質及所需學識相似之職務（註：76年施行人事新制，職系由一百五十九個大幅簡併為五十三個，期間經過多次修正，目前為九十六個）；職組則係包括工作性質相近之職系（註：76年施行人事新制，職組由二十三個增加為二十六個，目前為四十三個）。按職系之設置，可因應考試類科設置取才、職務配置；職組之設置，則有利機關用人、工作調派。因此，職組職系的多寡與設科取才、人才任使息息相關，必須因應實際政府施政需要，非為簡併而簡併。惟如政策走向簡併彈性，僅能循相關設置基準辦理，並減少職組職系數目為主。

11　考選部（2016），中華民國104年考選統計，台北：考選部，頁38。

關於通盤檢討職組職系部分，銓敘部在考試院第12屆已分別於103年12月2日、104年2月25日與5月26日提報委員座談會，5月26日座談會銓敘部所提職組職系檢討案，至於職組職系如何整併？[12]目前就規劃方案而言，係將現行四十三個職組（行政類十五個、技術類二十八個）、九十六個職系（行政類四十五個、技術類五十一個），簡併為職組二十一個、職系四十四個，惟經座談會作成結論：「構想可行，請繼續進行規劃，委員發言意見，請斟酌辦理：一、職組職系整併改革之說理須再強化。二、整併後之職系職組名稱可更為廣泛以減少各方阻力。三、為因應整併，考試科目可設置共同科目或給予選考，以滿足不同類別應考人之考試需求。四、請銓敘部參考委員意見修改整併計畫，並再提報委員座談會。五、公務人員之加給部分，請人事總處於整併議題座談會召開時，提供更精確之說明，考試科目整併部分亦請考選部提供更進一步之規劃。」嗣部研擬職系說明書、職組暨職系名稱一覽表等兩修正草案，函徵相關人事機構表示意見，並於105年3月31日公告新修正版本，將現行九十六個職系再修正為四十一個職系；復於6月、7月邀集相關主管機關就有爭議職系之調整進行討論，再將九十六個職系（行政類四十五個、技術類五十一個），檢討修正為四十八個職系（行政類二十個、技術類二十八個），未來將適時陳報考試院。[13]

三、考試院委託研究建議事項

考試院於105年委託研究，以銓敘部104年5月提出之「通盤檢討整併職組職系案規劃情形」進行評估，考試院委託研究指出（張四明，2016），我國係簡薦委制之品位分類及官職等級之職位分類，兼採兩制合一的人事分類體制，現行公務人員之職位分設四十三個職組（行政類十四個、技術類二十九個）和九十六個職系（行政類四十五個、技術類五十一個），再規劃對應之考試類科與應試科目。職組職系之區分與設置，旨在於因應專業分工、專才專業之考量，但目前職組職系的區分過為繁雜瑣細，不僅妨礙行政機關用人彈性，亦造成公務人員轉調不易、難以培養通才等困境。是以，公務界對於現行職組職系設置之妥適性以及考試類科過多的問題迭有檢討簡併的強烈呼籲。經檢討現行職組職系及考試類科設置，綜合文獻檢視與質性資料分析的結果，獲得重要發現如次：

（一）多數贊同職組職系應朝整併方向修正，但在特定職組職系整併上各有不同的附加

12　104年5月26日委員座談會，銓敘部提出五大原則：（一）重整職系核心職能，便於設科取才經濟；（二）配合組織調整情形，合理區分工作內涵；（三）整合不同專業人力，因應彈性用人所需；（四）確保專才通才並重，提升整體施政效能；（五）參考學校系科設置，辨別職系所需學識。惟此一分類方式施行至今意見分歧，有認為分類過為繁雜瑣而須整併者；有主張維持現狀者；或有機關提出增設新職系者。再以，職組職系之檢討，在教考訓用政策脈絡下，除須審酌各機關用人需求外，亦須將各大專院校科系變動情形及人才培育數目、國家考試各類科修正情形等因素納入考量。

13　職系說明書、職組暨職系名稱一覽表業由考試院於108年1月16日以考臺組貳一字第10600096801號令修正發布，為使各機關及公務人員能充分了解修正情形，並預為因應，爰自109年1月16日施行。修正後職系由現行之九十六個調整修正為五十七個，職組由現行之四十三個調整修正為二十五個。

意見。又實務界認為銓敘部所提方案改革幅度較大，建議採行漸進調整、分階段進行改革。且須同時考慮公務人員的權益保障及考試類科的對應調整等配套措施。

（二）以「簡併、通才、彈性」為原則，行政類以通才為導向、技術類強調專業取向。但行政類十一職等以下依然強調專才。

（三）銓敘部審核行政機關職組職系之增設案時，主要考量該機關所提出需求的必要性、急迫性與牽涉的範圍有多廣。再者，職組職系與考試類科之整併是屬於上下游之關係，考試類科必須配合職組職系之簡併而連動調整。

（四）職組職系之設置與考試類科多寡的關連性，包括「一職系一類科」原則、「一職系多類科」，以及「一類科對應多職系」等三種態樣。從考試類科與應試科目數來看，高普初考試共有三百四十個考試類科、一千四百八十六個應試科目，「一職系一類科」的原則顯然並未落實遵循。

（五）部分國家並未設置職組職系的架構，考試類科之規劃主要考量該職位之工作性質及核心專業職能。但我國考試類科之設計主要是配合職組職系而來，廢除職組職系整體的架構牽動我國人事制度之通盤檢討與變革，改革工程誠屬不易。

按以絕大多數的學者專家肯定銓敘部整併方案的方向正確，但亦提出特定職組職系的整併應略做修正調整[14]。同樣地，參與座談之學者贊同目前銓敘部提出的整併方案，因現今許多職組職系之工作內容，並無太高專業性和特殊性，但國家用人機制的主要關鍵在於考選，倘僅考專業科目，專業科目代表的僅為知識，惟能力、態度價值等並未涵蓋在內。另外建議將職組整併擴大，進行小幅度的改革即可，以職組作為框架廣納不同的專業人才。且以職組職系設置之歷史脈絡一直在「多到少」與「少到多」之間來回擺盪，職系數目則呈現不斷擴充的趨勢。惟以職組職系之簡併為浩大工程，考試類科設置則受職組職系調整之連動影響，爰以考試類科之設置與後續的改革工程更為複雜，在整併的規劃上也可能較為困難。再者，該報告指出，參照前述各章節資料之彙整分析，尤其在三次座談及三次訪談之質性資料分析的結果顯示，參與者對於整併方向雖有

14　行政類職組職系部分，譬如，地政與醫務管理和普通行政的專業差異較大，不宜合併；不過，醫務管理可併入技術類的衛生醫藥內。原住民族行政、客家行政如併入一般行政，因有政治因素，不易通過修正案。勞工行政與社會行政、社會工作的專業有所差異，不宜合併。財稅行政與金融保險行政併為財金行政職系，其所需專業不大相同，需要再做考慮。智慧財產行政、農業管理、企管、商管、工業行政合併為產業管理行政，農業管理的性質與其他幾項差別較大，不適合整併。人事行政可併入一般管理職系，目前看不出其存有特殊職能。筆者認為：公務人員考試與專技人員考試之考試方法，如何提升國家考試之信效度及鑑別度，均涉及教育與測驗管理等，又公務人員退休年金改革，涉及退休（撫卹）層面，尚包括俸給（階）加給及年金精算等專業知能，非管理職可承擔者。在技術類職組職系之調整，農牧技術與獸醫若合併成畜牧獸醫職系，兩者性質確實較為相近，但獸醫職系人員可能需要執照，因此兩者併在一起恐怕不大適當。都市計畫技術與景觀設計合併為都市計畫與景觀職系，這兩者的工作性質與所需專業仍有區別，故整併不太適合。此外，參與銓敘部四場次說明會的中央與地方機關代表也指出：海巡署公務人員進用將朝向文職化，建議維持海巡行政職系；另建議於安全職組之下維持移民行政職系，消防與災害管理職系的專業及工作內涵不同，建議維持消防行政職系和災害管理職系分立。

共識，但對整併之項目及內容，其看法大相逕庭，就其幅度大小其見解殊異。

基於此，該報告建議行政類職組職系整併方案和技術類職組職系亦整併方案供委託機關參考。該兩案均以銓敘部整併方案爲基礎，參酌實務界專家意見只修正行政類部分職系的名稱；如刪去「管理」字眼，「一般管理行政」修正爲「一般行政」或稱「綜合行政」，「文教管理行政」修正爲「文教行政」，「產業管理行政」修正爲「產業行政」，其餘均維持銓敘部原有的規劃。

在改革策略上，職組職系的簡併宜採行分階段調整、漸進方式進行；如有共識部分可以較大幅度地進行改革；若爭議較多者，則先行擱置爭議，繼續研議替代的整併方式，並加強公務人員的溝通工作，以凝聚續階整併工程之共識。此外，針對職組職系整併引發公務人員權益的衝擊，應研議並納入相關的配套措施，以及強調對政策利害關係人溝通說服的重要性。至於職組職系整併以後，應當如何考試用人取才，考試類科之修正與調整，未來仍待考選部規劃辦理。

伍、主管機關對研究案研處意見與未來應有之規劃

一、主管機關對研究建議之研處意見要析

本節僅針對該研究結果，經考試院函請所屬部會，以及人事總處研處之，相關權責機關提出研處意見如次，予以表列之。

考試院委託職組職系研究相關機關研處意見摘要一覽表

結論與建議事項	相關機關研處意見
一、確立職組職系與考試類科應朝向簡併的方向進行。	1.公務人員職組職系之規範係銓敘部擬訂，考選部於各職系下設置各項考試類科，進而在考試類科下訂定應考資格與應試科目，並研擬各科目之命題大綱，據以辦理考試。用人機關如有新增考試類科需求，則依據「公務人員考試設置新增類科處理要點」辦理。 2.未來職組職系通盤檢討案，不論行政類或技術類，均有將現行五或六個職系整併爲一職系者，考選部將配合確立考試類科之設計或擬訂原則。（考選部）
二、現行考試類科應朝簡併方向進行，並須跟隨職組職系之簡併而連動調整。	考試類科之修正與調整係屬考選部權責，爰尊重該部之規劃。（行政院人事行政總處）

結論與建議事項	相關機關研處意見
三、建議將職組整併擴大,進行小幅度的改革即可,以職組作為框架廣納不同的專業人才。	職組職系區分或設置是否合理妥適,攸關機關是否得以遴選適任之人選以推動業務,其調整須審慎為之。本項建議職組整併擴大,實質放寬現職人員所得調任之職系範圍,雖有助於機關人力彈性運用及人員職務歷練,惟以公務人員考試類科之設置,係依據職系而設置,若僅整併職組,而未整併職系,將難以減少考試類科設置。(銓敘部)
四、由於職組職系的簡併本身就工程浩大,考試類科設置又受到職組職系調整連動之影響,可見相較於職組職系之整併,考試類科之設置與後續的改革工程更為複雜,在整併的規劃上也可能較為困難。	銓敘部將現行部分職系整併為一職系,似應考量各該職系之職務所需之學識、知能具共通性,但實際整併的方案是否與職系的定義相契合,不無疑義。又實務上,選試科目須分訂需用名額,無異於增設類科;又部分應試專業科目採選試方式,其專業性是否足以符應用人需要亦須考量,選試科目應如何訂定,恐難有共識,不論採選試科目或另在同一職系下設置兩個以上之類科,均歸屬同一職系,考試及格人員之專業知能或許尚能符合初次分發任職機關之需要,嗣後調任他機關同職系職務時未必符合需求。(考選部)
五、本研究採用銓敘部於104年5月26日提考試院第12屆考試委員第22次座談會報告之整併職組職系方案為基礎,提出甲案(維持職組、職系)、乙案(取消行政類職組): 1.在改革策略上,建議職組職系的簡併宜採行分階段調整、漸進方式進行;如有共識部分可以較大幅度地進行改革,若爭議較多者,則先行擱置爭議,繼續研議替代的整併方式,並加強公務人員的溝通工作,以凝聚續階整併工程之共識。 2.乙案廢除職組之設計的變動幅度過大,現階段恐不宜貿然實施;且乙案僅針對行政類進行變革,對於技術類則仍維持職組之設計,制度未求一致性,恐生更多適用之問題,故本研究以可行性較高之甲案為最終建議。	一、有關本研究建議職組職系簡併採分階段進行,其中有爭議之原住民族行政等職系,宜持續研議調整方式,並加強與公務人員之溝通等節: 1.現行職系仍維持者,原則仍保留於原職組,而由現行職系整併之職系,則依「職系說明書修正草案」各職系之工作內涵、公務人員考試之應試專業科目及大學相關學系必修科目,詳慎斟酌檢討修正後各該職系之工作性質,予以重行區分職組。 2.鑑於本次職組職系大幅整併後,對於日後機關人才羅致及現職公務人員調任權益等影響甚鉅,銓敘部歷經多次召開會議研商及函請各機關提供建議,滾動修正職組職系之架構,目前暫定將現行九十六個職系(行政類四十五個、技術類五十一個),檢討修正為四十八個職系(行政類二十個、技術類二十八個),為期周妥,俟依各機關修正意見,再據以研議一覽表及其備註欄調任規定。 3.又本次職組職系之修正,變動頗大,修正情形對於人事業務影響深遠,為使各機關得順利辦理後續相關作業,並避免現職公務人員產生權益受損之疑慮,嗣後銓敘部將透過舉辦宣導座談會之方式,加強對各機關人員之說明。(銓敘部) 二、職組職系應朝簡併方向進行,並採漸進調整、分階段改革與現階段銓敘部規劃之職組職系整併方向相符,爰尊重本事項主管機關銓敘部權責。(行政院人事行政總處)

要之，茲就上開相關機關研處意見觀之，在未於簡併職組職系完成前，部會及總處研處意見，似未見有較大幅度改革的意圖。對行政類建議刪去職組規定更有不同意見，或建議採以選試科目一節，認其對未來人員遷調亦有不足之處；又如大量簡併職組職系之擬案，部分機關尚有疑慮，甚至影響現職人員權益等，爰以建議分階段、漸進改革方為上策，值得主政機關審酌之。

二、未來應有之規劃

（一）在制度結構上

其一，按公務人力進用培育包括考試、訓練及任用三階段，各階段應各有分工，現行應試科目多係對應大學校院教育課程之學科，即將擬任人員須具備之工作知能分由數個專業科目來評量；惟實務上，公務人員面對案件處理，須綜合運用其專業知識方能判斷，並提出可行的擬議方案，其統整、歸納思考及判斷能力相對重要，未來宜考量在應試科目設計上納入統合性科目。由於考試係一次性的評量，爰對於可經由時間教導培養或經由實際工作獲得者，非必要之法規建議不列入考試科目。而各應試科目間應有明顯區隔，例如部分類科同時列考行政學、公共管理、公共政策等，其領域似有重疊之處；應試科目宜包括擔任公務人員應具備之基礎能力（包括知能與知識），現行各類科共同科目為國文、法學知識與英文，是否能評量出基礎能力。再者，應試科目數過多，以日本為例，其公務員考試雖分試進行，惟其第一試分別以測驗題測試應考人之基礎能力與專門能力；第二試除團體討論及面談外，筆試以申論式試題（一科，二或三題）測試其專業能力，應試科目數少，但測驗之知識與知能面向廣泛，可供我國思考。當然其考試及格之接受訓練（實習）期限較長，德國亦然[15]。

其二，職組職系部分，研究結果均建議朝向簡併方向進行，例如將現行九十六個職系整併為四十八個職系，不論行政類或技術類，均有將現行五或六個職系整併為一職系者，公務人員考試類科設置如仍以一職系設置一類科為原則，應試科目設計必須調整，以修正後職系說明書所列職務內容之共通核心職能為考量，部分科目宜採統合型評量設計。而不宜將各職系說明書所列之工作項目各擇一至二個專業知能列考，否則將致擬任人員無法勝任工作。另外也須配合各等級考試及格人員之擬任職務性質設計應試科目，例如薦任第六職等人員、委任第三職等人員與委任第一職等人員之工作性質不同，其工作涉及擬訂規劃或定型式事務之比重不同；又委任第一職等人員在任用上不受職系限

---

15 德國一般職系之公務人員，先經篩選過程，通過者才取得實習資格，實習期間頗長，結束時必須通過國家考試（「取得職系資格之考試」），但專門職系者則無此實習過程與考試。其前述基本條件及資歷者，得向各邦主管機關申請測試經挑選後，參加實習（國內有翻譯為「受訓」者），受訓期間依職務等級而有不同：（一）簡易官等：六個月；（二）中級官等：二年至二年六個月；（三）中高級官等：三年；（四）高級官等：二年至二年六個月。易言之，考試取才先以通才為主，但要經過較長時期之實習訓練，再通過取得資格之考試方為正式任用之公務人員。詳參閱黃錦堂、蔡良文等，考試院104年度考銓業務國外考察德國考察團考察報告，頁45-51。

制，其應試科目之設計似可著重於共通性基礎能力。

　　其三，由於「請神容易，送神難」，所以考選人才應跳脫傳統低廉考選成本的觀念，改以選拔適格適當人才的角度，重新建構選才成本的評量機制。未來各種國家考試的考試方法就目前採行方式，倘能配合依考試等級需要參採評審（量）中心法等，提高其考試效度，且能再輔以嚴格之三個月之基礎訓練，以及經九個月以上的實務訓練，當有助於選拔優秀的人才，蔚為國用。且以目前核心工作知能，依職能指標分析，檢討改進各種國家考試之類科設置，以嚴謹之應考資格條件及合乎職能智識需要的應試科目設計，在考試錄取後之基礎訓練與實務訓練，能涵融公務人員之核心價值（廉正、忠誠、專業、效能及關懷）課程，選拔最優秀與最適格之人才，是值得通盤檢討之課題。

（二）在執行技術上

　　其一，一職系多類科——以一職系一類科為基準[16]：即朝設置一類科整併，並配合調整應試科目，如須增加考試科目，則在專業科目數不變之原則下，在特定專業科目加註（包括○○），明列相關考試科目（註：104年5月26日委員座談會委員建議：為因應整併，考試科目可設置共同科目或給予選考，以滿足不同類別應考人之考試需求）。

　　其二，一類科對應多職系——選定一職系設置類科：以一職系一類科為原則，經綜合考量該類科之機關用人需求、應考資格或專業科目，選定一職系設置類科。惟如該職系已設有其他類科，則處理方式同上，在特定專業科目加註（包括○○），明列相關考試科目。

　　其三，新增應試類科——以一職系一類科為基準：即仍以一職系一類科為原則，除原未設類科之職系外，經審酌機關用人需求、應考資格或專業科目，對應相關之職系後，設置考試類科。惟如該職系已設有其他類科，則處理方式同上，在特定專業科加註（包括○○），明列相關考試科目。

　　其四，多年來報考人數較少類科，調整辦理方式或刪除該考試類科；配合職系之簡併，凡刪除之職系，不再設置考試類科。而應試科目中專業科目雷同度高者，先予合併為一類科[17]。至於考選部有關高普考試類科設置，在配合考試院（銓敘部）新職組暨職系規定，亦做小幅度修正。[18]

16　依「公務人員考試設置新增類科處理要點」第1點規定：「各項公務人員考試以一職系設置一類科為原則。」

17　茲就上開研究報告，有學者指出以高考三級而言，普通科目兩科、專業科目六科，行政類考試類科應試科目雷同情形占多數（專業科目）、技術類雷同情形較少，但也有高度雷同情形，如行政類同屬一般行政職系之一般行政、一般民政兩類科，六科專業科目有高達五科應試科目相同；同屬廉政職系之法律廉政、財經廉政兩類科，有四科專業科目相同。技術類同屬電力工程職系之電力工程、電子工程與電信工程三類科，六科專業科目則有高達四科應試科目相同。筆者必須指出，究其修正之原意，乃是考選部在無法固守一職系一類科前提下，爰設計該職系下之多類科之應試科目中設置二至四科目相同，以減少考試科目數，並合乎同一職系任用之原則，乃屬必然與合理之設計。

18　為配合109年1月16日施行之新職組暨職系規定，考選部檢討公務人員高等考試三級考試暨普通考試類科

陸、結語

在公共服務思潮之轉變與政府再造的價值抉擇中，考選人才方式究採集中化或分權化，主要立基於專業化、公平性、公信力及人力成本效益等因素。國家競爭力來自於政府公務人力資源的能力，文官法制不應只有靜態的人事規範，更應具備動態的職能管理。目前公務人員可說是「一試定終身」，只要通過公務人員考試及格與任用後，大部分人幾乎一輩子都在做其考試範圍的工作。在目前考選人事法制中，除經由國家考試（含筆試、口試、著作及經歷審查等）再經基礎訓練及實務訓練，方能完成考試程序。辦好國家考試可說是公務人力把關的首要關鍵。在策略性人力資源管理的發展趨勢下，將人與事密切結合，除重視靜態的年資、學歷等條件之外，必須採以動態的職能（competency）作爲人事管理的基礎。如此，既可避免「考用不一」、「產學脫節」之批評，而考試必須再從「用人」端思考問題，倘能在考試錄取人員之基礎訓練（保訓會），實務訓練（以用人機關與保訓會爲導向），將能達到「爲國舉才」選拔「適格人才」的目的。

現今考試的辦理思維上，已然多以機關的職能爲出發點，並作爲考試考題內容、考試方法等之重要準據。所以，推而及之，如何考出眞正優秀的人才，係取決於職組職系與考試類科的連續設計。按職組職系與考試類科具上下游關係，考試類科隨著職組職系的調整而調整，惟簡併做法不必全然俟職組職系通盤檢討案定案。關於職組職系與考試類科設置，考試院如政策決定以簡併爲原則，減少職組職系數目即符合政策目標，但須審愼考量相關整併因素，非爲簡併而簡併；至於減少考試類科數，考選部除須適時配合銓敘部通盤檢討案而調整，或本一職系一類科原則，逐步進行簡併外，甚至涉及國家考試取才是否先以通才爲主，在任用時方配合用人需要，再加強其專（業）才知能；或繼續堅持目前考試政策主要在於配合用人需要，對考試類科科目之設計，均以重視其職務之職能爲主，亦是考政機關應重視的政策思維與抉擇。

綜上，公務人員考選體制變革中，應先考量通才或專才價值的抉擇，再以試政及試務之遠離政治操控，賡續檢討各項職務所需之知識技能、選擇客觀之人力考選標準。同時採行多元考試方式與方法技術，甚至任用時之改善工作環境及管理制度，並加強考試類科相關之職務工作性質內涵、落實基礎與實務訓練之淘汰機制等，使所有公務職位均

設置，擬具考試規則修正草案，於108年5月9日函請考試院審議。案經考試院召開五次審查會，審查竣事，審查報告提同年7月11日考試院第12屆第244次會議通過。「公務人員高等考試三級考試暨普通考試規則」於108年7月15日修正發布並自109年1月16日施行，高考三級122個類科修正爲一百一十三個類科，刪除現行宗教行政、技職教育行政、消費者保護、公產管理、醫務管理、企業管理、海洋資源、生物多樣性及商品檢驗等九類科，財務審計類科及績效審計類科自110年1月1日起合併爲審計類科；普考七十八個類科修正爲七十一個類科，刪除現行宗教行政、技職教育行政、審計、公產管理、企業管理、海洋資源及地質等七類科。其他考試規則將參照上開修正結果，視各考試辦理期程儘速研修，俾滿足機關需求並使應考人有所依循。

得在忠誠與才德並重標竿下，引進及甄補最適格之人才，俾利公務職能之提升，強化政府效能與國家競爭力。

（本文原載於國家菁英，第12卷第4期（48期），2016年12月，頁14-35；特別謝謝兩位匿名審查先進的寶貴建議，雖已參酌修正，然文責由筆者自負。部分內文配合法制變革與體例調整，略做修正。）

壹、前言

在全球化、資訊化及知識經濟的時代，政府必須要提升施政績效，增進人民福祉，而投入更多的人力與資源以培訓文官，是三贏的主要策略。因為政府的績效及文官的能力之提升，民眾將因此獲得較高品質之服務。此亦正是近年來各國所追求「善治」（good governance）之境域（參照關中，2011：7）。是以，現代文官必須強化核心職能，考試院在體認到公務人力為政府重要的資產動能前提下，並且全面投入推動「文官制度興革規劃方案」改革，期能掌握文官改革契機，並在激烈的國際環境中，提升競爭力，贏得尊嚴與尊重。

茲就文官制度新發展方向而言，任何文官政策應為永續過程、全觀型的概念來看待。易言之，文官體制與政策應以引進與甄補性功能、激勵性功能、發展性功能、維持及保障性功能等四項功能（蔡良文，2008：274-286），來以展延文官體制之深度與廣度。由於政府機關組織各職務職能是政府機關治理的能力，申言之，係指政府各組織體展現其制定正確政策並予落實執行，俾達成國家政策目標之總體能力。準此而論，職能之內涵至少分為靜態法制、動態運作及變動機制，又其內化到文官體制變革中，如何配合調整、改善、強化，為吾人關心的議題。

要之，我國文官制度為落實人盡其才與適才適所之旨，以銜接公務人員官職等職組職系與職能上之落差，且以系統化方法發掘、分析、診斷人員職能需求，並配合相關人事管理規劃與措施，以有效降低職能落差，提高個人、組織績效與國家總體競爭力。而在重視採行文官體制之變革與融入職務核心職能上，顯得格外重要，尤其在教考訓用過程中，如何區隔與分工合作，是值得深入研究。

貳、核心職能相關概念之內涵

一、核心職能之需要性

在政府再造過程中，引進企業家精神是重要的。其中企業之經營理念均視「組織成

員為企業最重要的資產」，尤其適格人才，是最重要的資產。當組織成員個人特質與組織文化、價值觀相契合（Person-organization Fit, P-O Fit），以及組織成員個人技能與工作內容相契合（Person-job Fit, P-J Fit）時，而適合度高的人員，即是組織應投入資源培育的人才。所以組織透過「核心職能」的發展與評鑑找出P-O Fit高的人才；另外，透過建立「專業（功能）職能」盤點與工作績效評估找出P-J Fit高的人才，因此人才管理的業務便從界定「適格」的人才開始，而「學習地圖」便是協助組織、人力資源部門與個人進行辨識與培育人才的工具之一，組織在建構學習地圖時，以學習地圖以職能分析為基礎[1]，並且將學習地圖與組織成員的職涯發展結合[2]。早期在公務部門如以人事人員的工作分析與職涯發展是相結合的，而工作分析則建基在職務說明書、職組職系名稱一覽表，以及職等標準，讓組織成員了解自身職務特質，以及渠等與相關職組職系之聯結性，並且知悉渠等未來職涯發展的路徑。如今，政府逐漸重視能結合職能分析，當使公務人力資源運用與各職組職系人員之發展建立網絡，是當前推動的重要課題。

二、核心職能的組織與個人層面觀

通常有關能力的研究，起源於D. McClelland在1970年代早期應美國外交部所做的研究，此研究計畫在於找出預測人員績效表現的新測量方式，並減低傳統智力測驗及性向測驗所產生的誤差（劉宜靜，2000：14），其後於1973年發表「測試能力而非智力」（Testing for Competence Rather Than Intelligence）一文，被譽為心理學領域中能力運動（competency movement）的濫觴（Spencer & Spencer, 1993: 3）。而核心職能（core competency）的適用範圍是橫跨組織與個人的。在組織層面部分，如C. K. Prahalad與G. Hamel在1990年「哈佛管理評論」（Harvard Business Review）之「公司的核心職能」（The Core Competence of the Corporation）一文中，強調重視將其定義為：一組特殊之技能或科技，以創造利益與創造競爭優勢，同時塑造企業文化及其價值觀，亦可調整經營策略，導引企業邁向成功之途（沈介文，1999：141-150）。筆者認為：任何機關組

1　學習地圖應建立在職能模型的基礎上，如果組織是房子，地基就是人才資本發展系統，而撐起房子的支柱就是職能。組織先有願景，為了實現願景，展開營運策略，再向下延展至部門與個人策略，根據這些發展職能，因此，職能即是個人為了組織目標而應具備的能力，一般分成核心職能與專業職能，更重要地是職能裡頭涵蓋的「行為」，必須清楚地界定，讓成員明白組織所期望展現的價值，以及符合這些價值的行為是什麼。許多組織定義核心職能只有短短幾個字，例如：精實，但卻缺乏定義，導致每個人各自表述，因此給予扼要明確的定義。成員的學習地圖就能根據職能所規範的行為，設計相關課程，例如有效團隊合作等，最終目的就是讓成員改變行為，符合職能要求。參照蔡士敏、藍家祺（2010），學習地圖儲備未來成功能量，能力雜誌，8月號。

2　隨著組織愈趨龐大，專業分工愈趨精細，成員進入組織，應有一份自己的職涯地圖，從本身職務出發，垂直與水平的發展職務有哪些？通常晉升的時間多久？這些職務需要什麼樣的能力？有哪些課程可以培養這些能力？成員可以在網路上看到完整的職涯地圖，點選不同職位可以看到完整的職能定義、評鑑標準與學習課程，成員有一條清晰的事業發展脈絡，不會產生在組織內升遷遙遙無期的感受。此外，將每個職等的職能透明化，也能減少升遷過程中主觀印象的影響、以及黑箱作業的疑慮，而如何引介到龐大的公務系統，值得未來進一步研究。參照同上。

織核心職能爲組織的一種累積學習結果，具有獨特的競爭優勢，是一種整合的綜效，並具有可應用性；任何組織核心職能被重覆使用或分享時，是能量的蓄積與強化。如何匯聚政府機關不同組織核心職能，建構縝密可行的核心職能網絡，是考銓人事機關的重責大任也。

　　核心職能在個人層面上，通常指成員在工作時所必需具備的內容或資格，亦即某方面的知識與技能，其對於產生關鍵性的成果有決定性的影響力（李聲吼，1997：51-58）。1998年版的公共政策和行政國際百科全書中，定義職能（competency）爲在一些合適的既定層次上，有知識、技巧和能力去施行特定工作的責任（陳金貴，1999：6-14）。Lucia與Lepsinger（1999）認爲核心職能的內涵包括：與生俱來的性向與個人特質，加上後天學習的技能與知識，而行爲則是先天與後天各種能力的綜合產物，其間的關係如圖9-1。

圖9-1　能力金字塔

（資料來源：Lucia & Lepsinger, 1999: 7）

　　Spencer與Spencer（1993: 9-11）等認爲有動機、特質（traits）、自我概念、知識和技能五種深層特性的類別，後兩者是最容易發展的特性；前三者爲構成一個人的核心人格特性，是最困難發展部分，其中，又以動機和特質的發展難度又高於自我認知概念（包括態度、價值或自我圖象）。換成用冰山模式來表達的話，技能和知識乃是顯露於外看得見但體積較小的冰山，另外三者是隱藏於水面下看不見但體積更大的冰山

（icebergmodel）表示職能的特性。[3]

參、核心職能之功能類型與演化發展

一、功能與類型方面

以「職能」為基礎的私部門人力資源管理具有功能為：（一）釐清工作之規範與期望；（二）聯結個人勞績與組織經營策略；（三）創造職場之活力；（四）發展公平合理的人力資源體制。「JMAM職能研究會」（2002）認為，職能之功能特徵，略以：

（一）以新的概念來說明與解釋成員的能力：基本上，職能係指在特定職務上之高績效者的能力要素與行動特徵；職能要素的來源是在職者的具體標竿與模範，雖非抽象，然且具有未來性。

（二）重視成員的學習與發展：注重成員天生之潛在能力的開發與發展，且重視經由後天學習訓練而獲得的能力。

（三）能力之評核對象是較重視可客觀外顯的行為特徵：相對於成員深層的、內隱的人格部分，能力則重視外顯的與可測定的行動表現；所以，能力研究之焦點在與績效成果直接關連的部分。

（四）不同於工作分析所得到的職能特性：傳統工作分析是以工作內容為主，認為職務特性是影響績效的要因，而職能則著重於成員的行動特徵內涵與潛在能力。

由於核心職能為組織藉以學習分享而掌握競爭優勢之關鍵，通常核心職能如前所述，略有靜態的核心職能，是使組織在各項基本活動中，保持競爭優勢的知識、能力；動態的核心職能：使得組織能機動性地改善其內部各項活絡的知識、能力，如危機管理機制與團隊工作文化；至於變動機制（創新）的核心職能：使組織及早辨識出獨特性、差異性的價值類別或內涵，並率先發展出前瞻性策略，付諸實行與做出適當反應者（參照陳銘祥，2005：2-2-6、2-2-7；李漢雄，2000）。申言之，就靜態法制的核心職能而言，關涉公部門機關組織的執行效率高或低，能否有效地執法與執行政策，按行政機關執法澈底，任何違法的事件皆有法律的適用（即制裁的施加）；故而法制未立者，即雖有法律的制定與政策方可施行，倘未能有效執行，違法者多半未受到法律制裁者。就動態運作的核心職能而言，公部門的組織或機關能有效協調內部意見與能量，制定出有效

3　Spencer與Spencer指出五種型態的職能特質：（一）動機：一個人對某種事物持續渴望，進而付諸行動的念頭，例如成就取向的動機；（二）特質：身體的特性以及對情境或訊息的持續反應，例如反應靈敏與好眼力；（三）自我概念：一個人的態度、價值及自我印象，例如自信心；（四）知識：一個人在特定領域的專業知識；（五）技巧：執行特定生理或心智工作的能力，例如分析性思考與概念性思考。可參照魏梅金譯（2002：17-19）、李大偉（2010）國家考試職能評估方法之研究與談資料。

性、可行性高的政策，並能適度回應民意的要求，如開發中國家之政府是否有能力行定正確且步調一致的經濟發展策略，為經濟是否能迅速發展的關鍵因素者屬之；就變革創新的核心職能而言，公部門的機關組織能先機而發，預見政策問題之發生，並預謀適當解決之道屬之（參照陳銘祥，2005，同上）。

二、演化與發展

以核心「職能」為導向的人力資源管理與以「工作內容」為導向的人力資源管理，在其觀念的改變，或由靜態觀到動態觀，其導向與內涵，亦有所調整。茲比較如下表。

	工作內容導向的人力資源管理	核心職能導向人力資源管理
人資管理的功能面向	工作分析、職務說明書為早期人力資源管理重點，「工作分析」係指人員甄選、任用、訓練、獎懲、考評、發展等；「職務說明書」則係指工作實務內容。兩者均難以指出明確可評量之工作績效。	以「職能」為導向能顯示出個人之工作績效，並且能界定、建構、評估職能。此途徑導向乃在尋求組織中績效優異者及其特質後並加以培訓養成。
形成途徑架構網路	依工作分析與職務說明書分配工作予組織或成員，形成龐大的組織人力結構圖。	開始重視生產力、發揮人員才能，並了解人員工作能力與績效，組織的任務，在發掘具核心能力者，並加以培訓養成。
可能面臨的主要挑戰	1.政府職能不斷改變，職務說明書往往無法因應時代的需求。 2.此途徑不利於領導與發掘可用人才，以及創造組織競爭優勢。	1.「職能」定義應更具體明確性。 2.投入時間與預算去釐清與尋找具職能發展潛力者，與績效良好者之差異。
人力資源管理的功能角色	所有人事管理與措施均應符現行法令規章。	1.帶領組織強化競爭優勢，以及發掘最適人才進行培育，使其達成高績效。 2.持續營造以核心職能為導向的組織環境。
人力資源管理規劃次級系統	1.較著重於人員多寡數與費用。 2.認為組織發展模式依傳統模式發展。 3.重視以「量」的觀點從事人力資源規劃。	1.較著重人才能與以職能導向下，能為組織帶來的利益。 2.組織未來不一定會依過去模式發展。 3.重視以「質」的觀點從事人力資源規劃。
人員甄補與選拔次級系統	1.依行程序甄補人員。 2.應試者應符合職務說明書即可。 3.應試者學經歷與相同條件達成某個標準，將能勝任該職務作為。	1.依過去成功案例與管道來甄補具發展潛力的人員。 2.甄選人員係依其是否具達成工作職能而定。 3.將應試者與職能模式相較，衡鑑其是否擁有成功特質，以及在工作上有傑出之表現。

	工作內容導向的人力資源管理	核心職能導向人力資源管理
人員培訓養成次級系統	1.區分培訓需求與管理需求。 2.著重人員智能、技巧、態度是否符合組織要求。	1.管理者應著重於解決組織內阻礙人員職能發展的措施。 2.依每個工作所要達成之績效,設計其應有之核心職能。
績效管理次級系統	1.按工作績效給予績效獎金。 2.著重加薪、陞遷等相關議題。	1.定期對於人員進行職能評估。 2.鼓勵並協助人員達成高目標績效。
績效俸給次級系統	吸引與留才端賴其是否能達成現行組織目標。	吸引與留才端賴其是否能發揮其潛能達成高組織績效。
職涯發展的路徑	職涯發展過程較為含糊、不清楚的。	職涯發展目的在於協助人員發現自身職能,有助於組織找出具發展潛能者並加以培訓。

〔資料來源:See Dubois & Rothwell, 2004: 11-3〕

　　近些年來,各機關逐漸重視核心職能之引介,其發展方向似也印證Athey與Orth（1999: 215-226）所曾指出之職能建構方法的變化趨勢:其一,賡續積極運用參與式職能途徑;其二,職能內涵之可使用時間週期愈來愈短;其三,注入與強化未來績效需求面向;其四,特別重視團隊與過程性的面向;其五,職能建構與組織學習觀點相結合等。上述發展趨勢中,特別是面對著組織經營環境快速變遷,職能內涵之使用性週期將縮短,均需融入未來性之觀點等,其發展趨勢對政府部門發生極具參考之價值。要之,「職能運動」正積極導入政府人事制度中,而運用職能模式成為政府人力資源管理之的重要議題。

肆、教、考、訓、用與職能分析

一、各層級人員之核心職能概述

　　由於面臨全球化與國家競爭壓力的環境需求,領導者應具備變革的核心職能,而中高階主管亦有此需要,方能發揮其職責角色。又變革領導者的核心職能至少包括:生理商數（physical quotient, PQ）其內涵為:充沛體能、儀態端莊自若及堅忍果決明快;靈性商數（spiritual quotient, SQ）其內涵為:誠摯關懷,心靈健康自在及尊重傾聽;創意商數（creative quotient, CQ）其內涵為:創新求變、危機處理及運用科技;情緒商數（emotional quotient, EQ）其內涵為:了解自我、了解他人及圓融和諧;智力商數（intelligence quotient, IQ）其內涵為:頭腦清晰、思慮縝密及理性分析;道德商數

（moral quotient, MQ）其內涵為：律己嚴明、義利之辨及仁德服人等（參照楊振昇，2007：1-11）上述六個層面的核心職能，可供參考。

　　至於文官體制中，文官職能之優劣為國家競爭力優勢的重要指標，此職能包含各管理層級職務所需之管理核心職能、不同部門間所具特有的專業核心職能，當然亦包含每位公務人員應具備之達成工作、目標的基本能力（參照黃一峰、陳衍宏，2007：3-12）。不同層級人員具備之專業能力與管理能力內涵不同，其核心職能亦有所不同。

　　按以現代民主國家崇尚民主行政積極建立負責任、有效能的政府，因之除了推動政府改造外，公務人力素質之提升與觀念的調整是必要的（蔡良文，2010：446）。是以民國93年行政院人事行政局[4]（以下簡稱人事局）完成之核心職能，除了共通性的管理核心能力外，對於能凸顯各機關特性的專業性核心能力，則訂定行政院所屬機關專業核心能力項目選訂作業方式，從工作分析的角度，由各機關自行進行專業核心能力的選定作業。茲就高階主管（十二職等）而言，主要任務在將機關首長的願景具體規劃為政策、方案或法規，並領導部屬澈底執行。高階主管必須具備前瞻、卓越理念及建立願景等能力，洞悉組織外在環境變化，掌握政府政策精髓，將施政理念深化至機關施政策略。此層級人員著重策略思考及領導統御，而業務操作執行面的要求則不顯著。另外，就中階主管（九職等）而言，此層級人員為機關內最貼近基層及民眾之主管人員，其工作內容重點在配合政策研訂計畫、設定工作目標、評估工作進度，迅速回應同仁及顧客意見、解決問題，以維持工作團隊的運作及政策計劃的持續進行；必須具備相當專業操作能力，亦應具備政策執行、管理實踐、人際溝通等技能（黃煥榮，2009：45）。

　　人事行政局目前已建構完成中高階主管人員管理核心能力項目及評鑑方式，並根據各方意見提出修正，根據98年7月21日新修正版本，在高階主管的管理項目及評鑑方式，包括國內外環境情勢分析、願景目標與策略性思維、領導能力與協調合作、績效管理與政策行銷、風險與危機管理、法治素養、人文素養等七項。至於中階主管的管理核心能力方面，則包括目標與績效管理、創新服務與流程管理、問題追蹤與解決能力、知識管理與經驗傳承、溝通表達能力、情緒管理、法治素養及人文素養等共八項。至於公務人員保障暨培訓委員會高階文官飛躍計畫，99年啟動「高階文官飛躍計畫」（Take Off Program for Senior Civil Servants, TOP-SCS）的試辦案，預定101年正式推動，其目標是要培育具「卓越管理」能力、「前瞻領導」氣度及「政策民主」風範的高階文官，其實施成效與經驗的累積，是值得期待的，面對未來公共服務的挑戰，將更為有系統性、前瞻性地建立文官核心職能。

二、教考訓用與職能分析的聯結性淺析

　　由於「職能基礎」（Competency-based）的人事資源管理在公、私組織推行多年，

4　101年2月6日改名為「行政院人事行政總處」，以下同。

運用在人力資源管理的各項功能與價值，包括教育、甄補、考選、培訓與能力開發、人事考核、陞遷與俸給報酬、遷調派任以及再培訓或退場等，其概念如圖9-2所示。

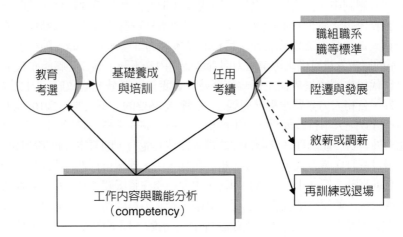

圖9-2　公務人力資源管理與核心職能

（資料來源：作者自製）

換言之，核心職能與各人力資源運用構面有以下之關連：

價值與功能面向	公務人力資源活動與價值抉擇
選才	甄補、考選、考選方法、社會評價與地位
用才	工作與發展計畫、職涯路徑、強化成員的專長、個性與潛能
育才	培訓歷練、課程設計、接班梯隊計畫
留才	績效考核、陞遷、發展、保障、維持機制或功能

茲依上述圖表之概念分析，再介述其相關理念脈絡於次：

（一）教育體系與人事行政

教育體系是人才的搖籃，而公務人力的素質與能力，則其基礎能量完全取決於教育的成果，如何使教育制度與人事行政制度配合，為國家走向現代化的重要目標。因之，優良的教育體系是奠定人事制度的優良基礎工程。蓋優秀的公務人力之基礎，在學校教育，端視其是否養成德智體群美均衡發展的成果。實際上，人事行政業務之考選、任用、訓練、進修等，均是可配合或借助學校教育的正規體制而進行（蔡良文，2010：15），如何與時俱進，相互協力，是重要課題。

（二）人才選拔與職能分析

　　我國傳統人才選拔包括延攬與遴選，選拔得當，則天下英才盡入吾縠中；選拔不當，則雞鳴狗盜之徒充塞其門。當然人才選拔涉及工具成就取向、政治回應、功績取向、社會公正（Levine et al., 1990: 329-331）；儘管，人才選拔的價值可能因時空，以及政、經、社、文、科環境而有不同，但如何掌握時代脈動，選拔國家需要的各類適格人才，此乃不變之法則，至其考選方法之精確選用及如何選拔適格人才，涉及工作分析或職能分析雙向的引介之課題（施能傑，2010：17-35）。

（三）人才任使與善治之建基

　　人才選拔在知人，人才任使則在善任，知人於先，善用於後，相互聯貫，始具成效。其包括進用、派任、晉陞、調遷、考選、獎懲等人事管理措施，皆以適才適所為依歸。如何配合政府再造工程，建構更好的治理型態——善治之境域，文官任使調控等，均應配套調整因應之。

（四）人才培訓與核心職能

　　凡經延攬、遴選及任用之人才，皆已具備相當程度之學識才能，但人才之培植是無止境的培育歷程，何況現代工作知識技術能力日新月異，非不斷學習與歷練實不足以稱職。此一培育學習的過程，在人事行政稱之為「訓練與發展」，其核心除重視工作智能、潛能之開發外，尤應重視其器識與志節，乃人才發展之境界，均為現代機關組織培育人才主要途徑。

　　要之，公務人力是推動政務之根本，根據擔任各職位（務）所需具備的基本才能德行，決定公務人力的甄補引進考選、任用、遷調、培育、運用，是確保機關組織能符合業務推展所需人力的重要管理策略。由於政、經、社、文、科環境的變遷，尤其是知識經濟時代，公務人力已成「知識工作者」、「知識管理者」，亦即「職能」之發揮，已由一般工作任務之完成，到要求績效表現的回應性。易言之，公務人員核心職能，須因應環境需求而改變與調整，而核心職能至少應包括公務人員不同層級人員之基本核心價值的確認，以及專業能力、自主能力與管理能力的養成與運用，如此，方能完成機關組織的目標與使命，以為福國利民之基礎。

伍、核心職能發展路徑

　　茲以98年6月18日考試院第11屆第39次會議通過「文官制度興革規劃方案」，第4案「健全培訓體制、強化高階文官」之「5.強化核心職能之訓練」；於99年12月2日考試

院第11屆第114次會議所通過「強化文官培訓功能規劃方案」，更是強化以「職能」爲導向的具體作爲：第1案：增加錄取名額，落實選訓功能，完善考選機制，其革新建議如建立各類科核心職能，並據以強化考試與錄取人員訓練內涵；第2案：結合培訓任用考績陞遷有效提升文官行政效能，其革新建議如落實現職人員訓用合一；第3案：建構高階文官發展性培訓制度，其革新建議如導入職能評鑑系統，確認高階文官核心職能需求。茲就組織成員之甄拔、任用陞遷、培訓發展、與職組織系、職等標準核心職能之間互動關係與路徑，建議如次：

一、引進考選與核心職能

　　國家考試部分，從追求形式上的公平，轉而爲實質性公平，包括考試的信、效度，使甄選人才眞正符合用人機關需要；即從傳統「考用配合」轉爲「用考配合」，其中凸顯文官核心職能之重要性。目前國家考試係以專業細化方式遴選相對優秀人力，每一類科對應著根據「公務人員任用法」所訂的職系，目前政府在高等教育設立相關科系極爲彈性與多元，實務上應相對之配合之處，如有執行困難時，則建議由技術類考試相對應之技職教育的全面配套規劃做起，並視其成效推廣至行政類別。此外，考試院第11屆施政綱領亦指出，「加強職能分析，檢討改進各種考試之類科設置、應考資格與應試科目，並精進考試方法，提升考試鑑別力，以符合政府及社會用人需求」。即從職能（核心職能）評量的角度，以俾提升公務人員工作知能與專技人員執業能力，希冀儘速並透過分析各類職務及職業所需具備之核心職能，據以檢討改進各種考試類科設置、應考資格與應試科目，落實教考訓用完全配合之目標，並由考選部組推動委員會，儘速逐步推動相關事宜，以提高考試信度與效度。[5]

二、任用陞遷與核心職能

　　「職能」是執行工作職務應具備之能力，其與工作績效間具有正向因果關係，因此，爲有效提升行政效能，公務人員培訓內容應結合工作職場所需知識與技巧，依據各職務屬性規劃不同之核心職能訓練，使培訓與任用相結合，經核心職能專業訓練及格者，能得優先陞遷機會，又面對著外在環境快速變動，高績效工作的職能內容勢必不是靜態，個人與團體績效行爲所需相對核心職能宜定期檢討，尤其以中基層主管人員，目

5　茲就考試院第11屆施政綱領——加強職能分析，考選部執行情形如下：爲推動國家考試職能分析工作，俾據以配合檢討修正應考資格、應試科目及命題大綱等作業，並供各相關作業規劃參考，考選部於99年委託完成「建立國家考試職能評估流程之研究」，即依據該研究所建立之職務能力指標作業程序及評估流程，擬定國家考試職能評估流程作業手冊，俾供建立考試類科核心職能之操作準則，並成立職能分析推動委員會，由考選部部長及保訓會主任委員擔任召集人，自100年4月起邀集人事總處、銓敘部、保訓會及中央各部會相關用人機關，分五梯次共同推動職能分析作業，業於102年12月完成。全部作業協辦之主管機關達二十六個，計已完成公務人員高等考試八十六類科、特種考試五十八類科、專門職業及技術人員高等考試三十四類科，共計一百七十八類科。

前公務人員初任為期「考用合一」，且人員依「資績」與「教育」等逐級陞遷，未來強化建立以職能導向的陞遷發展制度為重要課題。

三、培訓發展與核心職能

目前保訓會與人事局均針對公務人員核心職能項目選定進行委託研究或訂定計畫，人事局前曾選定中高階主管核心職能並運用於人力資源管理過程，保訓會於94年及98年分別完成公務人員各官等非主管人員共通能力架構，及高階文官決策能力、領導能力、管理能力及人格特質四構面核心能力。至於人事局地方行政研習中心針對地方公務人員進行職能評鑑作業，將公務人員依性格分為老虎、海豚、企鵝、蜜蜂及八爪魚等五種，此種人格測驗中，亦應在培訓及職能建置併同思考。又根據加拿大政府2005年重新修正主管領導核心職能圖像（leadership competencies profile）以面對未來公共服務的挑戰，此圖像包含四項核心職能──「價值與倫理」（values and ethics）、「策略思考」（strategic thinking）、「承諾與敬業精神」（engagement）及「卓越管理」（management excellence），各領導核心職能定義明確[6]，其中「價值與倫理」、「承諾與敬業精神」，尤重視其正負向行為範例之借鏡。

四、職組職系、職等與核心職能

為因應中央行政機關政府再造及地方之五都一準，建議銓敘部儘速就職組職系先配合政府職能作結構性調整，積極研擬配套措施，並加以重新理順建構。至於職等標準及相關配套，亦宜配合各類別各層級公務人員核心職能之檢討而融入修正之，對職組職系調整融入核心職能於工作內涵中，或建置雙職系之必要性等，俾政府再造工程更臻完善。

陸、結語

綜上，公務人員的職能為政府改革工程的成功關鍵要素之一，各國政府除在觀念上認知公務人員職能之重要性外，亦進一步落實以職能概念為公務人員考選、任用、陞遷、發展與其他公務人力資源管理措施。將往以年資、工作內容、教育程度為核心的人事體系，逐漸大量引入將為以職能、績效為核心的人力資源管理機制。

6　保訓會於100年5月19日至27日，由蔡主任委員璧煌率團參訪加拿大文官學院，除接洽我國高階文官赴加培訓事宜，並獲致諸可供我國學習之經驗，如明確定義領導核心職能，並依次長（deputy minister）、助理次長（assistant deputy minister）、司處長（director general）、科長（director）、管理師（manager）及視察（supervisor）等六個不同主管層級，明定各應符合之正負向行為範例。參見100年6月9日考試院第11屆第140次會議，公務人員保障暨培訓委員會重要業務報告。

　　職能因素在運用於個人或組織之中，如何從宏觀與微觀角度融入並配套設計，是考政機關推動的主要業務之一。由於職能因素必須與時俱進，其未來性更是必要的觀點，尤以建構高階主管職務能力圖像為然。要之，我國文官制度必應強化各層級人員，尤其是高階管理層級之工作內容分析外，宜應請儘速全面併同與職能分析為基礎，建立職能指標標準程序等作為，俾於教、考、訓、用中融合在選才、育才、用才及留才的脈絡機制中，增強公務能量，並配合政府再造工程與地方制度變革，共同強化政府職能與提高國家競爭力。

（本文原刊載於T&D飛訊，第19期，2011年，頁3-15；部分內文配合法制作業與體例調整，略做修正。）

壹、前言

　　人力資源運用之基本前提爲維護人性尊嚴、建立積極人事功能，及規劃與執行人力政策。引申其義，則在符合人盡其才與適才適所等要求。而公務人員的引進，即經由公平、公正、公開方式考選，以爲服公職的初步，在人事行政與人力資源管理中占有極重要的角色。考選體制變革與政策方針，面臨多元價值與分權思潮之衝擊，其功能定位，應做漸進而必要調整；考試取才之對象與標準，應時時加以檢討；考試方法、技術則應再求精進。同時亦應考量與因應整體組織人力資源管理[1]（Lepak & Snell, 1999; Klingner, Nalbandian, & Llorens, 2010: 65-84）的需要，確保憲法所定公開競爭原則並考量不同等級、類別人才之特性，彈性運用考選方法與技術，以功績需求、成本效能，爲未來施政之評估架構與施政準則，以期因應社會需求及國家發展需要。又政治變遷或政黨輪替後[2]，必會牽動文官體制之管控與調整，尤其是在高級文官之進用變革方面。甚至考銓決策者或學者們多認爲，考銓機關在文官體制變革與考銓政策研訂上，必須花70%的心力在建構良善的高級文官制度，30%心力則花在其他文官改革上即可。

　　依我國公務人員考選制度之設計，高等考試及普通考試於初創之際，即被視爲公務人員掄才之主體，其後，爲肆應用人機關業務性質特殊需要，於高普考試及格人員不足或不能肆應需要時，辦理各項特種考試；至於高階文官之考選，除以高等考試爲

1　有關公務人力資源管理之基本理念有：（一）政府人力資源管理政策制度重視策略分權化：強調主管機關扮演規劃政策方向、技術協助與功績監督角色，賦予各業務機關有再根據機關策略職能需要，自主規劃的更大彈性空間，創造一個政府各業務機關與人力資源政策主管機關多贏的績效管理環境；（二）政府人力資源管理制度應減少法律化：提供業務機關進行策略管理與授能活力的基礎，非屬員工權利及保障事項，不必以法律規範。簡言之，制度化不必過度依賴法律化，而是依賴更多的領導、溝通與協商；（三）兼顧政府人力資源資產與成本的雙重特性：政府一方面重視政府人力資源的培養、訓練與發展，不斷改善人力資本與資產，同時也重視人力資源是政府經營的重要成本支出，由此創造出一個政府與公務人力間雙贏的工作夥伴關係環境。

2　通常政黨輪替後，新政府爲了及時掌握國家機器，與公權力工具，必掌控資訊管道與權力管道，以因應民意及施政政策作爲，其對舊有文官體制之衝擊，甚至衝突在所難免。參照余致力（2002），台灣行政學研究的新課題：政黨輪替對文官體系的衝擊與影響，文載於張金鑑教授百齡誕辰紀念會暨學術研討會論文集，頁1-33。南韓轉型過程的經驗，亦復如此。參見蔡家增（2005），南韓轉型：政黨輪替與政經體制之轉變，頁225-257。所以，除文官法制鬆綁，引進民間人才之管道外，亦須重視擴充政務職位以加強政務領導，並彈性增加考試及格之高級文官及臨時性契約人才之進用。

主要之進用管道外，前為配合國家發展，延攬高科技人才或旅居海外之傑出學者專家歸國服務，曾師法美國高級公務員之建制，辦理高於高等考試之甲等特考，甄補高級公務人力，嗣因各界對於甲等特考之考試方式、應考資格等仍有不同意見，對其存廢多所討論，迄至1995年1月13日「公務人員考試法」修正，廢除甲等特考，並於1996年1月17日修正「公務人員考試法」，將高等考試分為一、二、三級，使具有高學歷之人員，亦得以較佳之機會條件進入公務體系，以強化政府人力素質[3]，並以高考一級考試為國家最高層級之初任考試。因屬高級常任文官之主要來源，其法制設計及實務運作，攸關國家高級文官之素質，自應審慎衡酌並不斷改進，以符國家用人之需要。惟自公務人員高等考試一級考試辦理以來。因各機關提報職缺過少，應考資格無法滿足機關需求，及格人員取得任用資格過低，著作發明審查條件過嚴，難以吸引博士報考。如何檢討改進，為當前文官制度興革重要課題。本文爰就甲考之沿革、執行經過及廢考予以析述，並研析高考一級、二級考試辦理梗概，惟限於篇幅及為論述聚焦，乃以其類科科目之設計為主要範圍，以就教高明。

貳、甲考的建置執行與存廢分析

一、甲等考試之沿革、舉行與廢考

民國30年代，政府舉辦之高普考試，其及格人員僅取得任用資格供政府機關遴用，初無分發任職之規定，及格人員難免奔走請託，以達任職之目的。觀諸公務人員考試制度之沿革，對於高階文官之甄補，曾配合國家發展之需要，辦理高於高等考試之甲等特考。此制度之增設肇端於37年7月21日修正之「考試法」，依該法第7條規定，特種考試高於高等考試者，其考試法另定之。迄至51年8月29日修正「考試法」，於第2條第2項明定，特種考試分甲、乙、丙、丁四等，並於第18條規定甲等考試之應考資格，但均未另定特種考試法律，亦未辦理該項考試。直至57年3月28日，考試院發布當年特種考試公務人員甲等考試規則，同時發布甲等考試口試辦法，並於同年5月20日舉行第一次甲等考試，以審查著作發明作為考試方法，嗣後於民國60年至民國77年陸續辦理十次及76年辦理研考人員特種甲等考試一次。共計錄取五百零三人。

由於甲等特考辦理之目的係為延攬尖端科技之人才及海外傑出學者進入政府部門服務[4]。惟該項考試辦理後，各界迭有批評，對其存廢問題有所爭議，考選部爰於79年

---

3   考選部（1996），公務人員考試法修正案專輯，台北：考選部，頁413

4   甲等特考係王雲五先生於民國46年赴美出席聯合國第12屆大會，順道考察研究胡佛委員會報告建議及執行情形後，於47年奉派主持總統府行政改革委員會時，在總結報告時建議建立，並於51年修正「考試法」時，正式建制甲等特考。但因美國胡佛委員會之立意，係就政府各機構現有才能卓越、成績優異的

修正「公務人員考試法」時，基於常任文官中之高階文官除學識能力之外，尚應兼具品德、操守、工作態度、領導統御等能力，而這些都須在長期工作中磨練、觀察、培養才能得到。培養高級文官更應包括淘汰、陞遷、進修、獎懲等，均非甲等特考僅有考選人才功能所能含括。在施行過程中，82年是關鍵年，當行政院人事行政局於81年1月17日函考選部並檢送行政院暨所屬機關民國82年請辦考試計畫，表示人事行政局根據考選部來文分函各單位，徵詢各機關用人需求後，建議以甲等特考方式考選六十一人，卻遭考選部長堅決反對，考試委員即對部長未經院會決議，逕自對外發表「強硬措詞」表示不滿，並以為甲等特考是否舉辦，是考試院會的職權。故於考試院第8屆第67次會議（81年2月20日召開），建議與行政院直接溝通，亦即由考試院出面確認行政院對甲等特考需求性。

考試院積極與行政院溝通及研議考選部意見後，在81年4月30日召開考試院第8屆第77次會議，決議：為配合用人機關需求，同意民國82年舉行公務人員特種考試甲等考試，並從嚴辦理；又該項考試如何從嚴辦理，推副院長及全體考試委員、考選部部長、銓敘部部長審查；並邀院會全體列席人員參加；由副院長召集。爾後考試院為期公務人員甲等特考從嚴舉辦之方式即早定案，付諸實施，以配合用人機關需要，遂由林金生副院長召開四次審查會（時間分別為81年6月2日、6月25日、7月9日、7月23日），審查會在尊重考選部職掌前提下，爰據考選部意見，逐項詳加研討，於第8屆第94次會議通過所提「從嚴辦理甲等特考十項審查意見報告」[5]。由此可悉考試院、行政院基於為國延攬人才及國家整體人力運用之長程規劃，主張甲等特種考試確有維持之必要；惟考選部長王作榮卻一再聲明，甲等考試澈底破壞了國家文官制度的精神。且其執行結果又偏常軌太遠，成為特權階級、黑官漂白，輕易獲得高等文官之捷徑，及若干政務官之跳板，打擊廣大中基層公務人員士氣，廣泛引起他們的不平及憤慨，故決心停辦，並準備修法廢止[6]。

永業文官中，甄拔適格人選以應高級職位需要，基本上是內陞制度；而中華民國甲等特考之舉辦，則係內陞、外補併重，二者國情環境等均有差異。

5　十項審查意見為：（一）甲等特考及格者取得之任用資格問題；（二）甲等特考及格者應否一律施以實習問題；（三）大專院校教師升等論文，得否用於甲等特考送審問題；（四）甲等特考現有一百二十九科別，宜否簡併問題；（五）甲等特考筆試科目數目問題；（六）是否配合現行研究所學制修正甲等特考應考資格問題；（七）應考人任職財團法人之經歷，得否採認問題；（八）甲等特考是否僅辦技術類不辦行政類問題；（九）應考人著作審查方式問題；（十）考試及格者之分發作業，審查會同意以公開分發方式辦理。

6　王作榮部長主張甲等考試廢考之最主要理由不在於其弊端時傳，而在於其完全破壞文官制度精神。其理由以（一）高級文官之產生，除具有適當之專業知識外，尚須具有相關知識、辦事能力、領導統御能力、各方人際關係、品德、操守、及良好工作態度。所有此種高級文官之品質，均需要經過長期在工作上之歷鍊與培養，包括實地工作經驗、淘汰、升遷、進修、獎懲、及主管對其所做之長期觀察與評價，絕非一簡單之專業知識考試所能達成。（二）阻礙正常文官陞遷管道。文官系統有如金字塔，愈上升，路愈窄。正常文官終日伏案，辛勞備至，而望斷升遷之路，終其一生難以升到簡任職者，所謂萬年科長、終生六職等或七職等稅務員，比比皆是。另一方面，甲考之士，一登龍門，便是簡任級職。國家如何對得起這些忠勤職守之中基層公務人員，而這些忠勤公務人員又如何能長期對國家、對職務忠勤？

　　立法體系就此有如下反應：當時立法院委員盧修一、謝長廷等七十三人，爲公務人員考試中之甲等考試，有違文官制度精神，且實行以來，其公平性遭社會詬病，爰提案要求修改「公務人員考試法」第3條第2項爲「爲適應特殊需要，得舉行特種考試分乙、丙、丁三等」；並刪除同法第17條。將舉辦甲等特考之法律依據予以廢除。此提案修正「公務人員考試法」原本之設計，使公務人員之外補考試分高等、普通及初等三種，特考則分爲一至五等，甲等特考不復存在。國家考試的內容雖沒有太大的變動，惟考試系統之設計，取才之目的及名稱則有新的面貌。後經考試院通盤檢討研議，於1995年修正「公務人員考試法」廢除甲等特考。

二、甲等特考之執行情形回顧分析

　　國內早期之高級文官的來源不外內升與外補兩種，而經考試及格後取得高級文官任用資格者二，一是經簡任職（或十職等）升等考試及格，一是甲等特考（或十、十一職等初任考試）及格，前者係屬內升性質，後者兼具外補之精神，藉外界學者專家，與其他優異分子投入行政機關，帶動機關蓬勃朝氣，可能因其及格者，往往派任主官職位或關鍵職位或有其他情形，所以其數額雖少，但在重要性與受矚目之程度上，卻遠超於前者。

　　甲等特考法源及各項相關法規於57年建置完備後，即於57年3月30日依法公告舉辦57年特種考試公務人員甲等考試，並於同年8月20日榜示，計報名一百人錄取三十九人。至77年止，二十年間甲等特考共舉辦十次，錄取五百零三人。其總平均及格率爲25.85%，似達到可以適切引進高級人才之誘因比率也。

（一）應考資格

　　甲等特考應考資格，自民國51年修正「考試法」設置該考試以來，於61年、69年及

身爲考選部部長，開甲考方便之門，使倖進之士充斥仕途，又如何對得起國家及本身職守，更如何對得起萬千中基層公務人員！（三）破壞考試公平性。甲等特考常是針對特殊人選，因人設考試類科，因類科設特殊考試科目，使具有報考資格者，限於極少數特定人選，具有考試能力者，亦限於此少數特定人選，等於保送人選，不幸而失敗，亦可仍任原職，而其他考試及格者，仍難得分發任用。（四）成爲政務官之跳板，擾亂文官體系。論者常舉例某某顯要，某某青年才俊，均係甲考及格，可見甲考眞能拔擢人才，豈可輕言廢止。誠然。但問題在於舉辦甲考之目的，係爲選拔事務官，並非選拔政務官。某些人士，特別是權貴子弟，以甲考爲跳板，進入高級文官體系，養其聲望二、三年，即成爲政務官，此對文官體系有何裨益？至於其他理由方面，如容易發生流弊，茲以流弊之發生，可以從用人機關開始，經過人事主管機關，至於考選部，可以單獨發生，亦可聯手發生。82年申請舉辦甲考情形，政府實施文官制度已四十餘年，施行甲考亦已二十五年。在此期中，循正常文官途徑培養晉升人才，要多少高級文官有多少高級文官，何至於每一機關缺少那麼一個、二個人，而要舉辦甲考，不惜破壞文官制度，及製造不公平。武官由於有良好培養制度，而且均從基層排連長做起，要多少將官有多少將官，從未聽說用甲等特考，空降若干將官。再以嚴守法律制度，依法行政方面。即凡屬於考試院職權者，均採條文列舉主義，予以條列，其條文結尾均有由考試院定之或類似字樣。其餘未有此類字樣之實質條文，則爲概括性立法授權給考選部，考選部得逕行依法執行任務，不必報考試院定之。此類條文均爲行政或技術性，無關政策。

75年分別修正增列[7]。在實際運作過程中，對於甲等特考之應考資格限制而言，相關研究所博、碩士學位、相近科系任教等條件較明確亦無爭議，而「專攻學科的工作經驗以相當薦任職者」，較有爭議，過去曾有應考人薦任工作年資不足，不服考選部不准報名之處分，而向考試機關提起訴願、再訴願之情形。本項規定，若從拔擢專門人才與行政領導人才之觀點言，重視其工作經驗與歷練，應無不合。所以有謂：從法的角度，應考資格限制有其法律授權依據；從情、理的角度，高級文官應該由中級文官產生，這樣才不致太衝破人事升遷之管道，如此出身的高級文官才能真正了解基層疾苦，而又具前瞻性的開創眼光和綜合判斷協調能力。倘係完全拔擢外部專門人才，則工作經歷之年限，部分資格者可做適當調整，則按博士畢業者，似無需服務年限之規定。

　　再者，甲等特考之應考資格，除參酌「考試法」第18條之規定外，並針對各應考類科予以相當程度之限制，一般而言，建設人員類科較行政人員之限制為嚴，而法制人員亦嚴於一般行政人員，此當與其專業性之高低有關。另對高考及格服務六年成績特優之解釋，限定為「最近六年內（薦任職），考績或考成三年在八十分以上，其餘不低於七十分，有證明文件者」。倘比較歷次之應考資格之規定，亦可發現，增列應考資格條款，最低服務年限縮短，但按類科之概括規定較有變動，例如57年、62年、67年，行政人員各類科之應考資格中，均有「或其他相近學門博（碩）士學位」、「或其他相近科系講授主要科目」規定。在70年，此種彈性規定，僅在教授或曾任副教授二年的資歷採計上，除法定列舉之科系外，其他相近系科教授專門科目亦得採計。而以博士、碩士身分應考者，則無其他相近學門博士、碩士學位的適用規定，僅以各類科應考資格表中明定學門之學位為限，即由寬而嚴。但再看75年特種考試公務人員甲等考試規則之應考規定，除民選縣（市）長的系科採限定規定外，博、碩士身分應考者，亦列有「或其他相近學門」之彈性規定，並增列：或在國內外具有規模及聲譽之民營機構，任職有關專攻學科，得比照公營機構相當薦任工作二年（博士）、四年（碩士）以上，成績優良，有證明文件者亦得應考。而對本項之應考資格之認定為：國外私營機構出具之證明文件，應經我國當地駐外單位簽證；「國內具有規模及聲譽之民營機構」，係以經濟部登記有案之民營機構中，其資本額實收新台幣肆仟萬元以上，且營業額年達新台幣壹億貳仟

7　修正內容簡述如下：（一）1972年增列高考及格人員報考規定：考試院為配合政治革新，適應當時情勢需要，經提送「考試法第18條修正草案」（甲等特考應考資格條款），函請立法院通過，並經同年2月5日公布施行，依通過後條款規定，除將「高等考試及格就其錄取類科在機關服務六年以上，成績特優有證明文件者」納入甲等特考應考資格外，亦修正原應具工作經歷博士三年、碩士五年、副教授三年之報考資格，分別減少為二、四、二年，以擴大延攬人才。（二）1980年列民選縣市長規定：考試院於1980年函請立法院審議「考試法部分條文修正草案」，於第18條增列第5款，規定「公立或立案之私立專科以上學校畢業，並曾任民選縣市長滿六年，成績優良，具有專門著作者」，案經立法院通過後，同年11月24日公布施行，使優秀之民選縣長，亦得藉甲等特考途徑，貢獻其行政經驗與專長。（三）1986年增列公營事業機構董事長或總經理或副總經理報考規定：1986年1月24日公布之「公務人員考試法」，應考資格中再增列「公立或立案之獨立學院以上學校畢業，或經教育部承認之國外獨立學院以上學校畢業，或高等考試及格，曾任公營事業機構董事長或總經理三年以上，或副總經理六年以上，成績優良，有證明文件者」。

萬元以上者爲認定標準；至其資本額及營業額數目，分別以各該公司執照及繳稅證明所載數字爲採認依據。復依「公務人員考試法」（75年1月24日總統公布）第17條第6項，將大學畢業或高考及格，曾任公營事業機構董事長或總經理三年以上或副總經理六年以上者，納入甲等特考之應考資格。要之，甲等特考之應考資格之形式、實質要件有逐年（次）放寬之趨勢，可以降低標的團體間的相對剝奪感，亦足以網羅社會各階層之菁英分子，蔚爲國用。

（二）考試方式

甲等特考之考試方試，自57年開辦以來，在74年以前僅有著作發明審查（60%）、口試（40%）二種，75年甲等特考改以「筆試一科及著作發明審查」（兩者各占50%，加總後占總成績之70%），以及口試（30%），之後始增加筆試一科。79年8月修正考試規則時將筆試由一科增爲二科，筆試成績達錄取定額人數後，參加第二試之著作發明審查，最後參加第三試口試，後因廢除甲等特考，故並未付諸實施。

按以本考試在辦理過程中，均在提升考試信效度方面改進，早期摒棄專業科目的筆試方法，採以著作發明審查及口試，但強調公平競爭及消除特權等疑慮，又在75年起加考專業科目，且有逐次增加科目之外界壓力。對於「公務人員考試法」第8條規定之多元考試方法，確有未見其有計畫、逐次落實執行之憾也。

（三）考試類科

就歷次甲等特考類科設置比較，十次考試共設一百九十三類科，其中行政類一百二十類科，技術類七十三類科。而以75年設置五十八類科最多，76年只設研考人員甲等特考一類科最少。由歷次舉辦考試之類科的遞增，從贊成思維觀之，除證明國內科枝發展、工業轉型……政府職能改變，技術類科增多，所需人才層擴大，需外補學有專精之高級人力外，復證明甲等特考之舉辦價值受用人機關的支持配合，亦得社會肯定。惟由反對思維之評析，如因人設考科，保障特殊專長，甚或特定人選，或謂權貴子弟之高官之跳板等不一而足。茲就其類科設置情形，列如表10-1。

表10-1　歷年甲等特考類科設置比較表

年度		57	60	62	66	67	68	70	75	76	77
設置類科	行政	11	7	4	8	5	8	20	36	1	20
	技術	5	2	2	5	3	7	12	22	-	14
合計		16	9	6	13	8	15	33	58	1	34

（資料來源：考選部，1990：77）

至於甲等特考及格者，其素質整齊堪為我國歷來各種國家考試之最，僅就及格人員之應考資格予以試析：從及格人員分析，其學歷之高，為其他各種國家考試之冠。其中得有博、碩士學位者四百五十一人，以「曾任教授」或「副教授二年以上」者三十七人。以高考及格六年工作經驗成績特優經歷報考者有十四人，以專科以上曾任民選縣市長六年成績優良經歷報考者，僅有一人。其中博士、教授應考人達到各該試錄取標準之人數逐次提高，顯示本項考試之重視專門知識與選優之功能。惟就75年所增列之國內外具有規模及聲譽之公民營機構，任職該專攻學科之相當薦任（經理級）工作二年（博士）、四年（碩士）以上，成績優良，有證明文件者，未見一人及格，似乎顯示公民營事業機構人才引進之不易，值得未來研議高級文官進用體制規劃設計之參考。

三、甲等特考之評議分析

82年拙作[8]曾提出下列意見：首先，就甲等特考之辦理，旨在拔擢高級人才，其本意在配合用人機關之任用計畫，所以，對於錄取人數之決定，必要時，得視成績酌增錄取名額，以應及格人員因志趣、才幹、職位不合或經訓練、試用不合格時，可資任用超額錄取人員。甲等特考的取才標準，即重專家身分或行政領導才能者，按兩者得兼，誠屬上乘，未能得兼，則建設人員應偏重專門學識能力，而行政人員較偏重於行政領導能力。當然，機關中上層職位，要求通才與專家的適當混合是必需的，以避免英、美兩個以前之情況：「在英國，科學家抱怨他們永遠無法擔任為行政職人員所壟斷的管理職位：在美國，類似的抱怨是科學家不做實驗工作、反而去擔任他們並不適合的管理職位，終致毀其才能」，我國目前在借重科技人員，並轉任行政主管時，應避免類似之情形發生，故英美兩國之情況，值得借鏡。

其次，有關改進該項高級文官考試之評量方法：

（一）甲等特考之類科，係針對用人機關提出之任用計畫而設置。基於高級行政人員職系適用範圍較廣，通識之比重大於專業知識，所以，凡行政職系只列等在十一職等以下者，不宜設置類科。除尖端、專門科技方面外，其他類科可適度歸併為一類，行政人員之類科設置，筆者認為可採取擴大該類科範圍、與對本類科之應考資格之限制酌予放寬，以增加考試取才廣度及其公平性。

（二）筆試宜講求理論與實務配合：按筆試科目之命題，應依其科目性質，力求理論與實務配合。究其目的，除消極目的，在驗證應考人之著作或發明是否他人捉刀外，其積極目的，宜在鑑別應考人有無履行職位職責之能力。所以，除專門科技類科外，命題委員應同時聘請專家學者與高級行政主管共同參與命題。或以行政個案研析，當為可行的建議方案。

（三）重視學經歷之評估：學經歷的評估，係對應考者之教育及經驗程度的評價。因為

8　摘自蔡良文（1993），五權憲法的考試權之發展──甲種特考個案分析。

一個人的教育、訓練與經驗，在某一限度內，能反映出渠所具有的知識、技術與能力，對此能適當的評估，當能正確地預測其未來在工作上的知能。所以，在品評學經歷時，其方式有：採服務年資，或分析其才能之實質、或兩種合併實施。學經歷的評估其評分方式略以：甲種評分法考慮經歷年資，至於教育程度可作為條件之一，其經歷又分為有效經歷與次要經歷；乙種評分法：係考慮其資歷所顯示之才能實質——知識、技術與能力，將其詳細列舉，作為評分因素，而不考慮其資歷年限；丙種評分法，此為甲乙之綜合，即仿甲法先將應考人全部有效經歷，做一全盤性評分，所得分數為基本評分，再仿乙法將該任務所需要之知識、技術和能力做全盤考量予以若干的加分，再採合併酌給分數；丁種評分法，係採「工作要素法」決定評分，其要素係根據該職位之工作分析得來。上述四種評分法之目的，在對應考人之教育、經驗、能力及品行等作評量，用以彌補筆試法之不足。

參、我國高級文官之重新建構的理想型模

一、高級文官考選的發展動態分析

在甲等特考廢除後，我國並無高級文官的單獨人事制度，各官等人員均依相同之人事法規辦理考績、核敘俸級，亦即現行人事法制並未對於高階文官之考試、任用、陞遷、薪俸、考績等單獨建制，亦未就其所含括之範圍加以界定，一般概念上係將簡任第十二職等以上之職務視為高階文官，而依中央及地方機關組織法規所定，大部分列簡任第十二職等之職務多分布於中央三級以上機關，而地方機關除直轄市政府府本部之秘書長、副秘書長及部分參贊性職務如顧問、技監及參事外，台灣省除台北縣政府與議會比照直轄市之職務列等外，各縣市政府及縣市議會至96年12月時止，僅有主任秘書一人係列簡任第十一職等至第十二職等。自96年地方制度法修正通過起主任秘書改成為秘書長，並有列簡任第十二職等至第十三職等之議。依「公務人員任用法」第6條規定，各機關組織法規所定之職務，應就其工作職責及所需資格，依職等標準列入職務列等表。必要時，一職務得列二至三個職等。前項職等標準及職務列等表，依職責程度、業務性質及機關層次，由考試院定之。必要時，得由銓敘部會商相關機關後擬訂，報請考試院核定。

另依職等標準規定，簡任第十二職等之職務，其職責係在法律規定及政策或行政指示下，運用頗為廣博之學識及豐富之行政或專業經驗獨立判斷，以獨立執行職務；綜理或主管中央各主管機關以下或省市級職責甚艱巨之機關或單位全盤業務；襄助長官處理職責甚艱巨之機關業務；辦理技術或各專業方面工作艱巨，涉及對國家有重大意義之創

造性、發明性計畫、設計、研究或審理業務；辦理其他職責程度相當業務。在處理業務時，高級文官通常需要與本機關內外高級人員、中央或省市級民意機關接觸，推行本機關或單位政策、重要業務或探討職務上計畫、設計、研究、審理事項，爭取各方面之支持合作，或獲取共同結論；並需建議、創新、決定本機關或單位政策、施政計畫、業務方針或對國家具有深遠影響之新觀念、新制度；其對本機關或單位政策、施政計畫，就職務上所作決定或建議有約束力或影響力。由於現行人事制度的設計及執行結果，引導非政治性任用的永業或常任文官追求久任、重視工作保障，因此常被外界批評[9]。

二、國外高級文官選用標準舉隅

以各國高級文官之核心能力而言，面對全球化的挑戰，各國政府要提升全球競爭力，關鍵即在於政府體系之人力資源能否具備工作所需的能力、知識、態度與視野。根據研究指出許多國家政府部門均已建立對高級文官之能力要求。美國聯邦政府人事管理總署（OPM）經由多年經驗與研析，在1990年代初提出領導效能架構，規劃不同層次主管人員應具備的獨特能力與共同基本能力。人事管理總署也列出擔任高級行政職職位（senior executive service）共同必備的核心能力條件。1994年後採用五大面向為：策略遠見、人力資源管理、計畫發展與評估、資源規劃管理、組織代表性與外部溝通聯繫。目前採行的是1998年新修正的「高階主管人員核心資格條件」（executive core qualification），包括變革領導、員工領導、結果導向、企業洞察力、建立結盟和溝通五大面向，各個核心資格條件面向均有細部的特性說明和能力面向。

加拿大聯邦政府公職服務委員會（Public Service Commission）很早就針對助理部長（Assistant Deputy Ministers, ADMs）等政府內最高階層常任文官訂定應有的核心能力，共分為五個能力領域（智價、規劃未來、管理、關係和個人等能力面向），十四項核心能力事項。高階主管被預期的功能角色包括：業務管理與推動、政策規劃與建議、影響內閣決策或有機會參與內閣的決策過程、管理地區性業務、負責許多幕僚性工作的管理、和部長與副部長等政治首長直接互動。另外，聯邦政府公職服務委員會經過多年研究，提出「整體觀的有能力圖像」（Wholistic Competency Profile, WCP）模式（Public Service Commission of Canada, 1996），希望適用於加拿大的文官。另外英國、澳洲和紐

9　文官制度過度追求久任與保障，易於導致抗拒變革、年資重於能力及績效、職務權威高於知識討論分析、高度依法令和規定辦事、分工辦事不重視溝通協調；文官人力遴選管道與方法單一化，難減少徇私用人，但難以活潑和迅速遴拔歷練豐富的高階文官；高階文官很少有政府以外工作職場的工作經驗，對於民間組織的經營方式不甚了解；高階文官卓越領導和有效管理的能力不足，對組織策略管理的關切和了解過低；人力培養缺乏獨特制度，偏向封閉式取才，不利培養宏觀與開放創新的領導管理能力，不利於人力資源的知識管理與創意活動；對績效管理的重視不足，無法獎優汰劣，難以表現民眾期盼的優越生產力行為；缺乏成本意識，不重視公共服務的成本效益或成本效能分析；高階文官人力發展的專業化與通才化定位模糊，影響人力運用的核心哲學；不重視終身學習，缺乏動機與壓力持續學習，有時對部屬的學習活動也未必高度支持等。

西蘭也就政府高階行政主管職位，提出適合該國環境所需的高階文官核心能力[10]。

三、我國高級文官建置之政策回顧分析

　　為因應各國政府再造之共同趨勢，並肆應國內外經濟環境快速之變遷，回應外界對政府及高階文官的批評意見，政府改造委員會專業績效人事制度研究分組91年建議建立高級行政主管職位制度，以強化政府高階主管的卓越領導和管理能力，提供並鼓勵富有經驗的民間優秀人才，進入政府部門服務之管道，引領活力創新與注入新血，師法歐美先進國家，在政府建立類似大型民間企業組織的執行長或專業經理人制度。高級行政主管是一種任期制的聘用職位，職位本身原則上是定位成非政治性職位、非永業性職位，政治首長給予充分的管理權限，但要求高級行政主管對所掌功能業務，負管理績效的成敗及去留責任。因建議內容涉及人事政策及考選、任用等考銓法制之重大事項，與考試院職掌息息相關；考試院在92年1月29日政策會議中，決議：「有關配合政府改造委員會結論之高級行政主管職位制度方案上，可由五方面進行改進：（一）研擬政務人員法草案及研修各機關組織法律，以增置政務職位吸納高級行政主管職位；（二）部會常務次長仍維持現制，惟為配合首長用人需要，得於部會中增置『顧問』或其他適當職稱之職務，職務列簡任第十三職等至第十四職等，作為常務次長之調節性職位；（三）納入高級行政主管職位制度方案之職務，應採正面表列方式予以明定（例如經濟部國際貿易局局長、財政部證券暨期貨管理委員會主任委員等）；（四）研修聘用人員聘用條例，增列聘用人員遴選程序及甄選委員會組成，以期建立公正、公開之遴選制度；（五）增列聘用人員得兼任主管職務之相關規定。另外對於現行公務人員高考一級考試及格『取得薦任第九職等任用資格』之規定，修正為取得簡任第十職等任用資格，以擴大高級行政主管職位進用管道，請主管機關等進行專案研究。」

　　復經考試院舉辦三場次公聽會，分別邀請學者專家出席，廣蒐各界意見。其間銓敘部亦擬具相關問題函請中央暨地方共一百零四個機關表示意見，於歸納各機關意見後召開會議研商，經綜合學者專家及各機關意見，或有認為規劃之高級行政主管為一任用、聘用雙軌制，並定位為非政治性及非永業性職位，先期包括中央政府各部會常務次長及各部會所屬一級機關首長，俟累積經驗後，將改稱為高級文官職位制度，並將部會內一級單位主管予以納入。其遴選程序擬分為限現職公務人員申請，仍採任用關係之封閉型，及非現職公務人員亦得申請，獲遴用者採聘用關係之開放型，並規劃非現職人員之實支薪資較同級現職人員為高，以增加市場之吸引力[11]。

10　施能傑（2003），高級文官的能力需求，文載於彭錦鵬編，高級文官考選與晉用制度之研究，考試院92年考銓研究報告，頁8-12。

11　高級行政主管職位制度方案主要內容：（一）制定高級行政主管職位法，高級行政主管職位為文官職位，不同於政務職位之隨政策決定職位者異動，其適用對象為中央政府各部會常務次長和各部會所屬一級機關首長，俟累積經驗後，擬將本制度和國外一樣改稱為「高級文官職位」制度，將部會內部一級單位主管均納入；（二）高級行政主管職位出缺時，由相關部會和所屬之院，先行決定僅採封閉型（即僅

要之，如何尋求調整政府改造委員會建議與現行永業文官制度之平衡點，以增加其可行性，是重要議題。筆者檢視在民進黨執政之「朝小野大」情勢，以及當時之執政黨的妥協性不強，如何化解執政之窘境，常不得要領，致其文官制度之改革成效不佳，整個高級文官體制與機制建立未能克竟其功，引領文官體制動能，可謂大幅衰退，值得另外為文，深入研析。

肆、公務人員高考一二級考試的建置與發展

一、高等考試一級考試及同等級特考之發展

公務人員高等考試一級考試為廢止甲等考試後的最高等級的對外公開競爭之外補文官考試，雖名為一級考試但可分為兩階段論之。首先第一階段為考政機關為替代甲考廢除以後，在擢拔碩士以上學歷之優秀人才為政府機關所用，提升政府決策品質，同時可避免具博碩士參加原高等考試，而造成高資低考，79年將高等考試依學歷分一、二級舉行，擁有碩士以上學位者，得參加高等考試一級考試，經錄取者，取得薦任第七職等任用資格。惟以王作榮先生於79年9月接任考選部長，同年12月考選部即向考試院提出「公務人員考試法修正草案」，其中第3條將公務人員分為高等、普通及初等考試三級，即擬議廢除高考一級考試，使高考不再按學歷分級舉行，揆其立法意旨，其原因略以：78年以前高考並未依學歷分級舉行，且大學畢業甚至具碩士以上學位報考者比比皆是，而79年高考一級考試及格者絕大多數係擔任薦任第六職等職務；用人機關如提報大量之薦任第七職等職缺，則影響本機關內部人員之升遷；反之，如匿缺不報或提報缺額過少，即形成科別設置不公，甚至失去舉辦考試之意義。因此廢除高考一級考試，毋寧說是二害相權取其輕的做法[12]。

本案在考試院全院審查會時，由於行政院人事行政局對改採資格考試、取消甲等考試與高考一級考試等問題和考選部立場相左；且考試委員間之態度亦無法達成共識，考試院第8屆第37次院會決議，予以擱置保留。

二、高考一級考試方式之內涵

現行高考一級考試之考試方式分三試舉行，第一試筆試，第二試著作或發明審查，

現職公務人員申請）或開放型（容許現職和非現職公務人員申請）的遴選程序，再進行後續過程。常務次長總數中一定比例採取封閉型之遴選程序。經獲適用者先經試用階段後，方正式任用、聘用，原則上三年為一期，但期滿得依其績效表現不斷續約；（三）高級行政主管職位待遇本高風險高報酬的精神規劃，並區分為現職公務人員和非現職公務人員分別適用的薪資表，均得支領年終獎金，並依其工作績效狀況發給不同之績效獎金。

12　參考選部（1996），公務人員考試法修正案專輯，頁30。

第三試口試，第一試未錄取者不得應第二試，第二試未錄取者不得應第三試，各方式之內涵：

（一）第一試筆試應試科目列考三科：考量應考資格規定應考人需具備博士學位，已具相當學識程度，本考試及格人員取得薦任第九職等之任用資格，為高級文官儲備人才管道之一，其第一試筆試列考「策略規劃與問題解決」、「英文」、「專業應試科目」三科，以評量工作所需核心智能。其中「策略規劃與問題解決」係配合不同類科之需求而分別命題，期能兼顧理論與實務，並透過情境敘述的方式，從個案演繹，讓應考人就某項政策議題，規劃可行方案，提出分析意見，進而探討解決方法，以衡鑑應考人未來性潛能，亦可以初步鑑別應考人的專業知能之優劣程度。

（二）第二試著作或發明審查：其目的在衡鑑應考人專業知能及於各該專業領域之創新發展能力。依著作或發明審查規則規定，應考人之著作或發明應屬報名前五年內經出版公開發行或在國內外學術刊物發表，且與所應考類科性質相關，應考人依規定也可繳交其他足資證明專門學術著作或發明之文件，一併列入評分之參考。

（三）第三試口試：採團體討論，以評量應考人主持會議能力、口語表達能力、組織與分析能力、親和力與感受性、決斷力、判斷力及共同參與討論時之影響力、分析能力、團體適應力、壓力忍受性及積極性，以有效衡鑑應考人之領導與溝通協調能力，俾遴選適合機關所需之專業人員，達到考用配合提升其關連性之目標。當然主其事的口試委員，應兼及理論與實務的組合，所以人才庫建立亦是配套的作為，以注意於提升考試效度。

要之，由上述高考一級考試考試方式分為三試的流程中，確屬目前國家考試中，其考試信效度較高的考試方法與技術，按以學者專業研究，國家考試考試效度所關涉之指標至少包括考試方法之分階考試、分試，考試技術之類科科目之設計合理化，以及考試試題之申論式、測驗式、混合式等類型。而上述指標，在選取用人機關需求之適格適量的人才，必須考量或滿足其關連性（考試內容與實際工作）和敏感性（考試方法技術與應考人優劣程度）[13]。

三、高考一級考試類科之設置分析

83年開始舉辦之高考一級考試原亦未訂定應考資格表及應試科目表，係請辦考試時併提擬設置之考試類科及其應考資格、應試科目，93年5月13日訂定發布高考一級考試

---

[13] 參照施能傑、曾瑞泰與蔡秀涓（2009），美國、英國和日本中央政府初任文官的甄補制度介紹，第5卷第1期，頁13-34。劉坤億（2009），從多元角度檢討分階段考試之利弊得失，國家菁英季刊，第5卷第1期，頁35-48。彭錦鵬（2005），從英美等國文官制度發展探討我國考試制度改進方向，國家菁英季刊，第1卷第3期，頁35-61。彭錦鵬（2005），全球競爭下的高級文官新制構想，考銓季刊，第42期，頁18-43。蔡良文（2006），政府改造與彈性用人政策，考銓季刊，第46期，頁28-63。

規則，明定各類科應考資格及應試科目。95年配合高等教育之發展趨勢及職組職系之修正，將原列十三類科修正增加爲三十四類科，俾廣納更多元之高級文官人才。按以考試類科之設計，涉及考選政策、考試效度及考試用人議題，且其彼此間息息相關[14]，初步建議是行政類科較多於技術類科，有比較大的合併幅度，而同時兼採效度較高的考試方式爲之[15]。至於其應考資格僅列博士學位，技術類對於博士學位原有類科別限制，95年修正放寬不限類別，俾廣開人才來源管道。又此思潮或許可由高等教育發展趨勢，檢視歷年國家考試及格人員之學歷條件之公布情形，基於學位取得與學分採計更多元的發展[16]，可得到考試類科與應考資格可簡併調整，考政機關應特別關注考試效度之提升議題。又其錄取標準與成績計算爲，第一試筆試占40%，第二試著作或發明審查占35%，第三試口試占25%，合併爲考試總成績，第一試錄取人數按各類科全程到考人數25%擇優錄取，錄取人數未達需用名額三倍者，按需用名額三倍擇優錄取；第二試著作或發明成績60分以上者，均予錄取；[17]第三試按各類科需用名額決定正額錄取人數，並得視考試成績增列增額錄取人數。

　　爲改進高考一級考試及任用制度，考試院於96年3月28日函送立法院審議之「公務人員任用法修正草案」、「公務人員考試法修正草案」，將高考一級應考資格增列三年工作經驗，及格人員取得簡任第十職等任用資格，惟於立法院法制委員會審查時，部分委員有不同意見，爰決議予以保留。嗣經召開三次朝野黨團協商會議，仍決定維持原條文，即高考一級考試及格人員取得薦任第九職等任用資格，應考資格不增訂工作經驗條件。後考量公務人員高考一級考試爲現行公務人員等級最高之初任考試，惟因及格人員僅取得薦任第九職等任用資格，並敘第九職等本俸一級，須任職五年並經簡任升官等訓練合格或簡任升官等考試及格，始取得簡任第十職等任用資格，實難吸引博士級人才報考；復因薦任第九職等職務在中央機關多屬專員、編纂職缺，爲科長儲備人選，機關難以釋出缺額，在地方政府則多屬主管職缺，無法提報，致本項考試自85年至97年舉辦，十二次考試，僅提報三十三名缺額，錄取二十一名，未能有效達成設置高考一級考試，以拔擢具博士學位優秀人才之目的。爰參酌本院前揭函送立法院審議條文，研擬「公務人員考試法第15條修正草案」，公務人員高考一級考試應考資格增列三年優良經歷條件，銓敘部並將配合研擬「公務人員任用法第13條修正草案」，高考一級考試及格人員取得簡任第十職等任用資格，俾建構周延完善之高階文官初任人員進用制度。因此，在

14　參照彭錦鵬（2009），考選制度的觀念革新──以簡併考試類科及考試及格人員地方歷練爲例，國家菁英季刊，第5卷第1期，頁49-67。

15　因爲考試方法雖關涉考試成本問題，但其成本觀念應建立於選拔長期人力運用之成本效益，而非僅一、二、三試或爲筆試、口試而已。

16　參照曾慧敏（2007），從高等教育發展趨勢談國家考試學歷資格之規範，國家菁英季刊，第3卷第1期，頁17-32。

17　現行（109年）規定爲第一試錄取人數按各類科需用名額及增額錄取需求酌增錄取名額；如其尾數有二人以上成績相同，皆予錄取。

考試院第11屆第30次會議，考選部與銓敘部提報「公務人員考試法」第15條、「公務人員任用法」第13條及「公務人員俸給法」第6條等修正草案，上開法案修正案，經決議通過並於98年4月10日函送立法院審議中。[18]

綜上，在高考一級考試的改進方案中，其重點在於吸引博士畢業且具一定年限工作經驗者進入公務體系，並且提升考試及格人員取得簡任第十職等任用資格，以增加應考誘因。而經由三試的流程，檢視其專業知能，政策議題解決力、推理力、決斷力及團體合作力等，為目前國家考試中考試方法較為嚴密、信效度較高的考試方法，未來更宜適切增列內部高考三級以上服務成績特優人員應試資格以及增加及格人員一定期間之培訓研習課程，使渠等更具格局、氣度與關懷性，亦可於較短期間讓傑出有能力的新血菁英進入高級文官團隊中，既可增益良善競爭，亦能注入與提升機關組織的活力。

至二十一項公務人員特考中，僅高科技稀少性取才困難特考、原住民族特考及國防部文職人員特考設有一等考試，其中高科技稀少性取才困難特考從未舉辦考試，原住民族特考一等考試未曾提報缺額，國防部文職人員特考則僅95年提報一等考試名額並錄取三名。又98年公務人員高考一級考試提列需用名額僅人事行政類科一人，由行政人事局提報薦任第七職等至薦任第九職等專員職缺，似乎說明用人單位不樂衷於由此管道進用人才，值得深入觀察，以謀解決之道。

四、高等考試二級考試類科科目改革方案分析

（一）法制現況分析

公務人員高等考試二級考試規則於93年5月13日訂定發布施行，其應試科目表計列八十四類科，嗣為配合新修正之「職組暨職系名稱一覽表」自95年1月16日起實施，於95年4月27日首次修正該規則部分條文暨附表一「公務人員高等考試二級考試應考資格表」、附表二「公務人員高等考試二級考試第一試筆試應試科目表」。該次類科之修正係以一職系設一類科為原則，類科名稱與職系名稱相同，惟為配合分發機關及用人機關之建議，部分職系下仍設置二類科，計於六十三職系下設六十八類科。嗣於96年7月16日及97年5月7日各再修正一次應考資格表。

後為順應時代變遷與國家建設發展趨勢，並配合用人機關建議部分職系修正（增設）考試類科或應試科目、應考資格及政府用人需求，乃修正（新增）部分考試類科及應試科目。又為配合兩岸交流及培育大陸事務專才，考量各部會專業趨向不同，職缺隸屬職系不同，為免衍生任用問題，依各部會業務屬性及職缺隸屬職系，分別於相關類科增設兩岸組因應，使新進人員同時具備原屬部會業務專長及大陸事務專長。考試院於98

18　「公務人員考試法第15條修正草案」經考試院於98年4月10日函送立法院審查，惟於立法院第7屆會期內未審查通過，屆期不續審。考試院於101年2月29日再次函送該條文修正草案，並於102年8月27日函送「公務人員考試法修正草案」（草案內容包含高考一級應考資格修正），惟經立法院審查，高考一級應考資格未增列須具三年工作優良經歷條件。該法於103年1月22日經總統公布施行。

年4月23日修正發布「公務人員高等考試二級考試規則附表」，修正重點如下：

1. 應考資格部分：配合用人機關任用需要，增設體育行政、司法行政、農業行政、漁業行政、農村規劃、農業機械、農產加工、藥事、養殖技術、水產資源、水產利用、生物技術等十二類科，其應考資格係參酌高等考試二級考試應考資格體例訂定。另原農業化學類科修正為土壤肥料類科，應考資格酌作修正。

2. 應試類科及科目部分(1)應試類科：a.原未設類科之職系：司法行政職系設司法行政一類科、農業行政職系設農業行政、漁業行政二類科；藥事職系設藥事一類科；生物技術職系設生物技術一類科；b.原已設類科之職系：教育行政職系增設體育行政一類科；農業技術職系增設農村規劃、農業機械二類科；農業化學職系原農業化學類科修正為土壤肥料類科，並增設農產加工一類科；水產技術職系增設養殖技術、水產資源、水產利用等三類科。(2)應試科目：計有一般行政、戶政、文化行政、教育行政、新聞、會計、經建行政、衛生行政、史料編纂、土壤肥料（原為農業化學）、植物病蟲害防治、生物多樣性、資訊處理、核子工程等十四類科修正或增列科目。

（二）考試類科科目案之審議過程分析

如上所述，本修正案係為順應時代變遷與國家建設發展趨勢，因應政府用人需求及配合兩岸交流及培育大陸事務專才，依各部會業務屬性及職缺隸屬職系，於相關類科分別增設選試科目因應之，使新進人員同時具備原屬部會業務專長及大陸事務專長。而是類人員考試原考量以特種考試方式為之，似無法真正進用各部會所需之專業人才，造成用人機關不願報缺之情況，因此，考選部於不變動職系及科目之情況下，經參採以往分科目取才之例，做相對之設計。經考試院審查會建議先將各類科組細分為一般組及兩岸組以符所需，應考人只能選擇其中一組應考，而兩岸組之應試科目均列考大陸政策與兩岸關係，其考試內容參酌各大學大陸事務研究所建議，應符合從事此類專業人員之需要，並依考試科目不同，分列需用名額，以配合用人機關之需求，同時考量應考人未來之升遷及發展，可使政府於最短之時間內進用所需之人才。

在審查會中，仔細衡酌，基於本案係為因應用人機關需要，配合兩岸交流及培育大陸事務專才等政策，考選部原規劃所提四個方案，即：1.職組職系名稱一覽表行政類普通行政職組下增設大陸事務職系高考二級，再據以職系增設大陸事務科；2.對於高考二級普通行政組設一般行政職系，除原有一般行政類科以外，再增設大陸事務類科；3.採取特種考試方式取才；4.在現行高考二級原有類科依過去高考三級實施經驗，部分（一或二科）專業科目採配套選試方式辦理。第4案即為本修正案，筆者負責本案審議之召集人，基於各類科內之分組，其最主要目的係為因應各機關有關大陸事務的用人需要而做修正，將十個職系分別加設兩岸組，當然為配合用人需要有其正面價值。雖然該考試職系或類科之下再分組及設選試科目，而此分組亦當然難免造成配合用人機關之需要，

而對考試分類分科的目的精神造成極大的衝擊，誠如筆者在考試院第31次會議報告對本案未完全滿意，而是現階段可以接受的可行方案，比較不會產生不公平的情形。

本案討論中，以吳委員泰成意見最具代表性：其一，專才專業的問題——本案在十個職系底下分組，其中有二、三個職系還分三個組，事實上，只是考試分組，考後即不分組，實務上沒有多大作用。其二，考試科目設計要重專業或潛能問題，前者為既有專業知能，後者是重視其能力及未來性。其三，分組科目內容與職系說明書有頗多差距之問題——基本上在於訓練的問題。因此，把一個職系拆成多個分組是否為對的政策，值得深思。至於有關大陸事務人才之進用究係用高考一級或特考方式辦理一節：用人機關和考選部以與第11屆施政綱領不合，有適法性疑義等理由，建議考選部與用人機關應再行衡酌。

最後，有關本次修正方案考試科目中，國史館建議史料編纂類科專業科目三，較具爭議。按國史館原所提修正之科目為「中華民國史與臺灣史研究」，其所修正理由略以，「根據國史館組織條例第1條規定，國史館掌理纂修國史事宜；第11條規定，國史館為加強臺灣史之研究、修纂及重要史料之審訂彙編，設置臺灣文獻館。此外，國史館年度國史修纂工作計畫，以中華民國史與臺灣史為主要範圍。同時因受限於高等考試二級考試科目數量無法增加，而二者研究的時間範圍與對象有所差異，須同時列入考試科目，因此，建議將現行考試科目『本國近代史研究』變更為『中華民國史與臺灣史研究』，以進用具備史學素養等專業人才協助修纂」。原擬修正案之科目易陷入統獨爭辯，經審議結果，再修正為「中華民國史研究（包括臺灣史研究）」，將不再有統獨爭議問題。

伍、高級文官考選體制新發展方向

從文官體制相關理論及政策、實務之分析，可以得知：文官體制之發展有其延續性及深耕性，即使政黨輪替亦難以大幅變革，但基於責任政治要求，推動文官體制改造，經常是新政府展現新人新政的政治操作手段，惟其改革幅度、深度及格局或有不同，然基本上文體制之變革是一種永續的過程。至於高級文官之進用變革上，其所代表的即涉及「功績用人」之行政價值與「政治用人」之政治價值之調整過程，其中蘊含利弊得失、衝突與取捨。因此，在引進高級文官之未來發展方向，需關注者：

一、在憲法精神下重構人力進用策略

無論是配合政府再造，獲取人才價值標準、政府用人政策，均須先考量現行憲法規定及精神，再妥善進行人力資源的規劃與運用，發展有效之人力運用策略。參照三元人事管理體制發展趨勢，輔以OECD國家之公務人力雇傭關係發展情形，政府之人力進用

策略，除固守核心或骨幹文官以考試進用及經由長期培育養成高級文官人才外，應發展以人力資本及成本效益觀，及考量從契約人力與購買人力資本，進行彈性人力之進用方式，尤其是引進高科技且機關培養不易之人才。

二、考試用人與非考試用人之進用與管理方式應有區別

高級文官之培養與甄補，涉及政府用人方針，按以政府目前之用人政策正朝向三元人才運用方式進行，所以三元人才應按其進用人才之方式，規劃各該類人員之權利義務。在政務職位制度方案上，應於各機關組織法規明定適度增加其總數與比例，並謹慎設置政策襄贊職位；在高級行政主管職位制度方案上，應審慎評選適用對象範圍及人數比例，及明確訂定績效考核標準；在契約進用人力制度方案上，應確保甄選程序公正公開，避免任用私人，且應與永業性職位之薪資福利、退休等制度明顯區別，並以法令規範之。高級人才的進用與甄補政策之改變應該是漸進的，在公部門用人政策逐漸傾向與私部門交流取才發展時，仍應在我國憲法規定之考試用人前提下，尤其是考量其以永業性為主，其他臨時性契約性高級人才之進用為輔。

三、考選集中化下的彈性配套設計

在公共服務思潮之轉變與政府再／改造的價值抉擇中，考選人才之集中化或分權化，主要立基於專業化、公平性與公信力以及晚進重視人力成本效益分析。考選部有關文官考選價值抉擇之具體方案為精益求精，配合政府再造，擴大機關之參與，授能地方政府，漸進推動各類公務人員、專門職業及技術人員考試的分權化政策，以「中立才能」及「適才適所」原則進用人員。如何提升不同考試的信效度，關涉取才的價值觀，或謂重視才德兼備，或特別重視核心專業工作能力，不一而足，此似乎涉及考選的集中化或分權化下何者易於達成的論辯，值得重視。

四、考用配合政策由政治價值向行政價值方向彈性調整

公務人力選拔由早期之「資格考試」發展到「任用考試」，但事實上考試極難準確依任用需要人數錄取，以致原「考用配合」或「考用合一」已變質為以任用為優先標準之「用考配合」。未來基於任用需求，考選政策因應環境需要，部分特定性質考試，宜由原始的政治目標，轉向行政性、管理性目標方向發展。至少由高級文官之外補考試開始推展之。

五、全面檢視調整高考之考試方法與類科科目

首先，就高等考試一、二級考試方法之分階段或分試考試方面，查以高考三級87年起分二階段考試，95年又恢復一階段考試，如此存在之問題值得疑慮，尤其是在98年公務人員高普考試報名人數超過十二萬人以上，其考試方式值得深思，因為就審慎取才的

觀點，有謂「請神容易送神難」，若選出不稱職的公務人員，其後所付出之人事成本難以估計外，對組織績效與士氣之影響更是產生不利的影響。所以，前述多位學者指出者，考選人才應跳脫傳統低廉考選成本的觀念，改以選拔適格適當人才的角度，重新建構選才成本的評量機制。目前高考一、二級的考試方法向稱良好，惟倘能配合未來修正之高考一級考試，能採以評審（量）中心法，提高其考試效度，且再輔以嚴格之三個月的及格後訓練，當有助於選拔優秀的高級人才，蔚為國用。其次，就類科科目之簡併調整，其具體建議為行政類科應再適切簡併，專技類科配合業務需要亦適切簡併與增設，同時採以考試科目予以合併，而各科目考試時間加長或許是可行之途徑。

陸、結語

回顧我國高級文官之進用，首推公務人員甲等特考，有關甲等特考廢止之時，筆者即為文[19]指出略以，甲等特考或許成歷史名詞，但其功過仍值得研究探討。倘若甲考廢除，則有關之文官培訓體系之建立與強化是刻不容緩的，如何增進公務人員素質，提升公務品質，應是高級文官考試改革時，所應併同考量的重要課題。當然，甲考為高考一級考試取代，惟以在用人機關需求性不足、對應考人之誘因及發展性低、考政機關（包括分發機關）推動力不佳、高級文官內升與外補嚴重失衡、民進黨執政時之朝小野大的國會生態下，高級文官團隊之建立，一直是理論與實務界關注的課題。如今，國民黨於97年重新執政，且在國會絕對多數的政治生態，尤其鑑於英美等先進國家中央主管機關直接介入規劃與執行高級文官職位之進用政策與思維，所以，目前能否積極建構符合我國實需的高級文官進用制度，是值得期待與觀察的。

綜之，考選體制面對多元化管理與分權思潮之衝擊，其主動性似在調整中，即由考用配合政策，已然轉為用考配合政策，目前考政機關通常多尊重用人機關之需求及人才選拔之條件，所以如何選拔符合用人機關需求之人才及予以適切嚴謹的訓練，均是必須正視的課題。至於在建構高級文官團隊時，必然應先確認其育才、取才標準與核心能力指標，並考量其行政或專技人才之屬性，而其考試方法與技術，應考量其信效度及長期人力考選運用之成本效益分析，且其應試類科與科目設計亦是重要課題。

（本文原載於人事行政季刊，第169期，2009年10月，頁36-53；部分內文配合法制變革與體例調整，略做修正。）

19　蔡良文（謹識）（1993），甲等特種考試修正之立法過程分析，人事行政，第107期，頁36-57。

壹、前言

　　通常政府再造的學術理論與基礎，多從公共行政理論發展脈絡中，找到政府再造及其核心之文官體制價值變遷的源頭思維。學者亨利（Nicholas L. Henry）從歷史演進的角度分析行政學理論的發展，曾借用孔恩（Thomas Kuhn）於1962年提出的「典範」（paradigm）概念，將行政學理論發展歸納爲五個典範變遷時期，以說明行政學理論在不同階段所關注的重點（Henry, l995: 21-49；蔡良文，2008：9-10）。在晚近之新公共管理學者Owen E. Hughes（2003: 9）歸納分析[1]，政府組織需要精簡、減少支出、解除管制、權力下授、業務民營化及市場導向。惟以，在新公共管理思潮下政府改革非僅單純執行技術改革，更重要的是公部門角色之調整及管理方式之改變（Hughes, 2003: 8; Denhardt & Denhardt, 2003: 13），故將之視爲公共服務改革的新典範（Hughes, 2003: 45; Good, 2003: 155）[2]，亦即「新公共服務思潮」除功績原則外，亦著重政治的回應、政治課責、社會公平、平等、代表性等理念，已然形成多元管理的人事行政價值觀。人事行政運作上，本即注重才能、專業，並透過理性的管理，以發揮最大的效率；但給予少數、弱勢地位族群優先機會的社會公平價值，卻可能造成效率的降低（吳瓊恩，1996：180-185；江明修，1997：76-77）。如何取得衡平點，是必要併同考量的議題。

　　行政院組織改造工程歷經二十三年漫長推動，在民國99年1月12日終於完成「行

1　政府所受批評有三：（一）規模（scale）過大、消耗過多的資源；（二）管理範圍（scope）太多太廣；（三）做事的方法（methods）貧乏且無效率。

2　新公共管理理論係以文官體制之「技術理性」爲基底，引進「競爭的市場機制」與「具體的變革策略」，促成行政組織轉型，重新型塑行政文化與重構公務人力運用機制，期以大幅提高政府行政效率與效能，加強應變與革新能力，強化治理能力（參照江岷欽、劉坤億，1999：10）。因而論者認爲此一理論與體制運作有其限制，諸如忽略民主責任、公民參與價值、民主開放性，以及偏重組織內部宰制、過度迷信創新、輕忽原有的信仰價值等（Bellon & Goerl, 1992: 131-132; Terry, 1993: 394；江岷欽、劉坤億，同上；詹中原，1999：39-40；孫本初、陳衍宏：7-10），而有新公共服務理論（new public sevice）之倡議與反思（Denhardt & Denhardt, 2000: 549-559）。新公共服務理論以「民主的公共資格理論」、「社會與公民社會模型」、「組織的人本主義與溝通理論」爲基礎，即重視公民導向、公共利益；強調公民資格、策略思維、民主行動；體認「課責並非容易的事」，服務比領航更重要，以及非僅關注生產力，尤其重視人性價值（孫本初，2006：53-56，另以上參考書目，均轉引自此，特此述明。）。要之，新公共服務理論係對新公共行政價值主張之修正，亦同時有助於新公共管理的補強，所以，參照新公共服務理論所建構的政府再造架構，以及其所延伸的文官體制變革方向，除可紓解新公共管理應用於當前政府再造過程所面臨的困境，亦能提供未來文官體制變革的方向。

政院組織法」及其配套法案「中央行政機關組織基準法」、「行政院功能業務與組織調整暫行條例」、中央政府機關總員額法之三讀程序，並於同年2月3日公布，行政法人法亦於100年4月27日公布施行。組織調整關涉人員配置等工作經緯萬端，為達無縫接軌，宜周全配套措施。按政府再造工程除對公共學術思潮之引介，與先進國家改造之經驗的借鏡外，其消極目的是精簡組織、員額，解決政府財政負擔，而積極目的則在於提升國家的全球競爭力，亦即在調整提升政府治理能力。世界經濟論壇（World Economy Forum）或「國際管理發展研究中心」（International Institute for Management Development, IMD）等國際組織，在衡量政府體制競爭力，而對政府再造工程之成敗，與文官體制功能的強弱，亦具極密切之關係。爰以本文先概述行政院組織改造政策之背景及相關理論及實務，再從各界對組改過程中反映之問題，提出在文官體制變革之管理措施中，政府應有的作為，以供決策及執事者推動組織改造過程中之參考。

貳、行政院組織改造政策之背景

一、組織改造歷程簡述

　　「行政院組織法」，於民國36年3月31日制定公布，於37年5月25日施行前，歷經三次修正。其後於38年3月21日、41年11月20日、69年6月29日三次修正，僅就第3條、第5條設置機關之條文修正；38年修正時，將十五部三會一局，大幅精簡為八部二會一處；41年修正增列新聞局，維持組織型態迄今；69年修正僅將司法行政部更名為法務部。其間為處理新增事務，行政院依其組織法第6條及相關作用法規定，陸續增設部會層級機關，至76年時，行政院所屬部會層級機關已達二十七個，自此開始規劃行政革新及組織調整，從77年10月至98年4月間，六度將「行政院組織法修正草案」函送立法院審議，而部會層級機關數，於95年國家通訊傳播委員會設立後，總數已達三十七個[3]。

　　97年7月行政院設立組織改造推動小組，重新檢討行政院組織法修正案；馬總統在98年元旦並宣示：「政府改造的目的，是要打造一個『精簡、彈性、效能的政府』，以大幅提升國家的競爭力。這個政治工程已經醞釀了二十年之久，卻始終因為局部阻力而無法落實。今年我們要下定決心，排除各種困難，推動行政院組織法的修正工作，合理調整部會數量與功能職掌，以回應社會各界的殷切期盼。」同年4月13日「行政院組織法修正草案」第六度函請立法院審議，設十三部九會三獨立機關四其他機關（共二十九個機關）；99年1月12日立法院三讀通過，同年2月3日經總統令公布，確立行政院設

3　詳細內容參閱行政院研究發展考核委員會之行政院組織改造主題網，有關組改軌跡網頁之行政院所屬機關組織調整沿革表、歷次行政院組織法修正重點對照表、行政院組織法部會對照表。

十四部八會三獨立機關一行一院及二總處之新架構，將現行三十七個部會精簡爲二十九個，並自101年1月1日開始施行。[4]

二、推動組織改造之理由

在全球化經濟的競爭壓力下，我國政府組織面臨各種挑戰，根據洛桑國際管理學院（IMD）所做的國家競爭力報告（如表11-1），我國西元2008年整體排名第13名，其中「政府效率」排名16，於是政府積極推動組織改造，朝野對於組織改造的重要性已有共識，形成有利改革的氛圍，政府亦展現改革決心，在政府效能上力圖革新，2010年我國政府效能排名大幅進步至第6名、2011年第10名；在商業效率排名亦均大幅進步至第3名情況下，總體排名2010年躍升爲第8名，2011年爲第6名，另世界經濟論壇（WEF）在一百三十九國家中，其總體競爭力我國排名第13名，未來若能持續改善政府效率，將有助於國家競爭力的提升。此外，由於我國行政院部會層級機關數達三十七個，遠多於世界各主要國家的部會數（大多在十五至二十五個之間），長久運作以來造成人員及財政負擔增加、組織僵化、功能定位不清、無法適應環境變遷等問題，爲增進政府的彈性與效能，亦亟待適度整併。

表11-1　近年國際管理學院（IMD）對我國競爭力之評比

項目	2004年	2005年	2006年	2007年	2008年	2009年	2010年	2011年
總排名	12	11	17	18	13	23	8	6
一、經濟表現（economic performance）	22	17	25	16	21	27	16	8
二、政府效率（government efficiency）	18	18	23	20	16	18	6	10
三、商業效率（business efficiency）	6	6	13	17	10	22	3	3
四、基礎建設（infrastructure）	18	16	18	21	17	23	17	16

（資料來源：IMD World Competitiveness Yearbook 2011；每年5月公布排名）

4　迄本（109）年1月爲止，行政院所屬部分機關尚有未完成組織改造者，如內政部、經濟及能源部等五個部會。該等機關應請盡速依限完成組織改造的法制程序。

三、行政院組織改造關鍵法制建立因素

　　回顧二十三年漫長研議與推動的行政院組織法修正過程，觀察在行政、立法往復折衝協調下，所通過之修法內容，至少可以從以下四個面向來觀察其立法結果：

（一）國家（政治）領導階層價值判斷與抉擇

　　就領導人物的影響而言，政治制度的變遷，隨政治思想之趨向、政治勢力之消長，以及政治人物之特質而變動。組改過程所涉制度再造、法制變動，國家或政治領導階層等政治人物的意願與價值抉擇，往往成為促成改革的重要關鍵。馬總統在競選期間，主張成立文化、農業、海洋、及環境資源等專責部會，以及性別平等、社會福利專責組織，進而促成文化部、農業部、衛生福利部、環境資源部、海洋委員會之設立。惟行政院組織法變動最鉅的思維，當屬蒙藏委員會裁併為大陸委員會下之蒙古、西藏事務處[5]。在政治現實考量下，領導階層思維隨時空背景轉變，行政院組織改造亦隨之因應，雖該階層人員不多，然其政治性象徵意涵至深且大，不可不察也。

（二）壓力（利益）團體之政治訴求

　　壓力團體是社會發展多元化下的結果，為爭取他們的特定族群或政治利益，會向國會或政府機關施壓，要求政府接納其主張，可謂是政府之外對決策過程最有影響力者。從行政院組織新架構觀之，保留僑務委員會，維持現行外交部與僑務委員會分立的組織型態；客家委員會、原住民族委員會均單獨設立，都是政治多元主義下妥協的結果。當然其相關組織再造後的變革，涉及價值鐘擺的現象與抉擇。所以文官系統的價值鐘擺如過度傾向於以效率、效能及經濟為主的行政價值，而忽略代表性、政治回應、政治課責的政治價值，必然引發衝擊，如何求其衡平點，亦是行政決策階層與國會領導階層，對應於壓力團體政治訴求中的價值抉擇及其支持取向。

（三）國會各政黨力量之消長

　　從76年開始，行政院組織法修正草案先後六度函送立法院審議，歷經俞國華先生等十三任行政院院長及89年後之二次政黨輪替。按76年解嚴之後，為應國家政務需要及前瞻社會發展趨勢，行政院組成專案小組，通盤研究，完成行政院組織法修正草案，於77年10月首度函送立法院審議，惟為因應動員戡亂時期終止後業務發展之需要，79年6月撤回提案。89年第一次政黨輪替後，民進黨政府組成「政府改造委員會」，由陳水扁總統兼任主任委員，積極推動政府改造事宜，91年4月行政院依政府改造委員會通過

5　以往在國民黨於大陸時期及播遷來台長期執政時期，中華民國秋海棠地圖，長期不變，到了第一次政黨輪替民主進步黨（以下簡稱民進黨）執政時期開始改變，現今包含大陸地區之中華民國全圖，位於大陸地區之地理，係依照現況並使用中華人民共和國之行政區劃，海棠消失，母雞也變小。

之行政院組織調整方案，研擬「行政院組織法修正草案」函送立法院審議，嗣因93年6月23日「中央行政機關組織基準法」公布施行，依該法第35條規定意旨，同年9月行政院再次函送立法院審議，並撤回原送草案，惟部分條文於黨團協商時未獲共識，因屆期不連續，94年2月、97年2月「行政院組織法」二次重送立法院審議。89年以後民進黨政府時期，立法院第5屆立法委員之席次（如表11-2），中國國民黨（以下簡稱國民黨）與親民黨、新黨之立法委員合計席次均略爲過半，由於朝野互動不佳，行政部門與國會各自擁有不同主張，哪些部會應該留下、哪些應該裁撤，難以達成共識；尤其朝野政治勢力勢均力敵、席次相差不大，彼此認爲有政黨輪替之可能，增加法案通過之難度與複雜度，終未能完成立法。97年5月國民黨政府重新執政，旋即成立「行政院組織改造推動小組」進行研議，98年4月將行政院組織法函送立法院審議。時值第7屆立法委員共有一百一十三席，國民黨席次占有率超過七成，在國會一黨優勢之情況下，加以行政部門展現推動組織改造之決心，促成組織改造法案順利完成立法，顯見除了府會協商與政黨形勢外，國會政黨力量直接影響政策之兌現。

表11-2　第2屆至第7屆立法委員選舉結果統計

黨籍 屆次	總席次	國民黨		新黨		親民黨		民進黨		台灣團結 聯盟		無黨團結 聯盟		其他／ 無黨籍	
第2屆 1993～ 1996	161	95	59%	-	-	-	-	51	31.7%	-	-	-	-	15	9.3%
第3屆 1996～ 1999	164	85	51.8%	21	12.8%	-	-	54	33%	-	-	-	-	4	2.4%
第4屆 1999～ 2002	225	123	54.7%	11	4.9%	-	-	70	31.1%	-	-	-	-	21	9.3%
第5屆 2002～ 2005	225	68	30.2%	1	0.4%	46	20.5%	87	38.7%	13	5.8%	-	-	10	4.4%
第6屆 2005～ 2008	225	79	35.1%	1	0.4%	34	15.1%	89	39.6%	12	5.3%	6	2.7%	4	1.8%
第7屆 2008～ 2012	113	81	71.7%	-	-	1	0.9%	27	23.9%	-	-	3	2.6%	1	0.9%

（資料來源：國立政治大學選舉研究中心網站資料庫，作者自行整理）

（四）立法院議事日程之排定

國家重大政策須主管部會擬定具體法案，經行政院會議通過後，送立法院審議，經立法院三讀通過，總統公布生效，行政機關始能依法行政。而法案送進立法院後，須先由「立法院議事處」排定相關提案，編入議事日程，進入「程序委員會」，由程序委員會負責最後定案，向院會提出建議。法案能否順利排入立法院議事日程，提院會完成一讀，影響舉足輕重。立法院第5屆、第6屆時，行政院組織法修正案等組織改造法案，即有多次被阻絕於立法院議事日程外或經院會決定退回程序委員會重新提出。另立法院法案審查在委員會審查階段最重要，審查的先後順序，召集委員編排議程時如有意排除特定議案，或議案審查後，全案未能審查完竣即遭擱置或另定期繼續審查，均會影響法案進程。行政院組織法修正草案於98年4月13日函請立法院審議後，旋即於同年月28日一讀並交付委員會審查，同年5月至12月間召開八場次審查會、一場次公聽會及一場次朝野黨團協商，99年1月12日完成三讀程序，議程安排上充分展現完成立法決心。

參、組織改造變革管理之理論架構與實務運作介述

推動任何組織改造，非僅將既有行政組織重新編排組合或數目縮減，同時必須透過組織結構功能之重整、人力資源之配置，讓各機關從組織結構、業務功能、人力資源及行政流程等，由制度到心態澈底轉變，亦即必須同時型塑新的行政文化，方可致之。有關變革管理之理論，可以作為我國推動行政院組織改造各階段作為的參考。

一、Cameron、Freeman與Mishra等人的組織員額精簡策略

1993年學者Cameron、Freeman與Mishra等人經由研究調查，分析組織員額精簡的三項策略，可作為理解我國推動「行政院組織法」修正至99年1月12日立法通過行政院組織改造法案推動歷程的理論基礎。茲參照敘述如下（孫本初，2005：464-466；2011：362-367）。

（一）組織重新設計策略（organization redesign）：此一策略焦點置於工作業務的縮減，其內涵包括縮減組織功能、裁併部門、減少組織層級、工作重新設計等。此一策略是以工作流程和組織設計來帶動組織的變革，並為避免組織成員人數減少，導致成員需分擔較多工作，形成工作量超荷及倦勤的現象。依我國推動政府改造的歷程而論，87年1月行政院頒布「政府再造綱領」，組織再造方面之工作重點與策略為簡併部會、統一事權、明確分工。91年「政府改造委員會」通過之行政院組織調整方案，建立在「規模精簡化」、「建制合理化」、「強化政策的領導與統合」、「落實業務與組織的合理劃分」、「組織彈性化」等五個改造目

標上。99年2月3日修正公布「行政院組織法」，除由原設三十七個部會層級機關精簡為二十九個外，及其相關之「中央行政機關組織基準法」透過機關數及內部單位總量管制，減少中央機關組織層級及內部單位層級，以達行政組織「精實」之目標，均從組織重新設計，以達成減少行政程序，縮短決策時程之目的。

（二）公務人力縮減策略（workforce reduction）：此一策略焦點關注減少組織成員人數，其內涵包括遇缺不補、鼓勵優惠退離、解任、轉任等。該策略除能立即縮減組織編制外，同時亦能有效地喚起組織正視目前既存的困境、減少日常支出成本並凍結組織及員額，以求進一步之變革。中央政府機關總員額法將五院及所屬各級機關員額總數高限定為十七萬三千人[6]，並規定應定期評鑑人力狀況，對不適任人力採取考核淘汰（退場）、資遣、不續約、訓練、工作重新指派等管理措施，各機關配合組織調整情形，應重行檢討員額配置之合理性；為增進人力精簡效果，行政院得不定期採取具有時限性之優惠離職措施，並明定得跨機關員額總量管理、不得增加預算員額及員額應予精簡之情形等，使員額調整彈性化，抑制員額膨脹。

（三）系統的策略（systemic strategy）：此一策略係以改變組織文化及組織成員的態度、價值等為焦點，將組織員額精簡視為組織改造的途徑與持續的過程。它並非如公務人力縮減策略能立即見效，甚至必須針對公務人員訓練、系統診斷及團隊建立等方式投注較多的資源。因其投入資源較多，亦較費時，故其獲致之組織員額精簡成效是最大的，不可輕忽也。

二、Beckard與Harris的促進組織過渡時期主要活動與結構

中央行政機關之部會的公務人員在邁向101年1月1日起陸續啟動的新組織架構前，將面臨許多挑戰。1987年學者Beckard與Harris提出促進組織過渡時期之三項主要活動與結構可供參照對應分析，其主要內涵如下（Beckhard & Harris, 1987）：

（一）活動規劃：在此過渡過程中，製作變革路徑圖，指出欲成功經歷過渡時期，所須從事之特定活動與事件，然後明確地將相關活動加以規劃，並將其整合，同時將工作與組織變革之目標及其優先順序予以聯結。又此，活動之規劃亦應獲得高層管理階層同意，以及在組織變革過程中能予適當回饋。茲為順利銜接組織改造法案完成立法程序之組織改造作業，行政院配合組改法案立法結果訂頒「行政院組織改造組織調整後續推動規劃」、「行政院組織改造配套措施後續推動規劃」，就各機關組織調整規劃及作業時程、調整作業及程序等予以明定規範，以引領各機關組織調整配套措施。

6　按現行中央政府機關總員額約十六萬四千人，「中央政府機關總員額法」所定員額高限十七萬三千人係保留未來員額成長之彈性空間。依立法院當時之附帶決議，機關員額未來應於五年內降為十六萬人。

（二）承諾規劃：承諾規劃通常是發展政治支持的涵因，找出關鍵性之領導者與團體，並得到渠等對變革所需之承諾，尤其贏得支持是重要之關鍵。馬總統競選政見及98年元旦宣示推動組織改造之決心，行政院吳院長於行政院院會中指示，公務人員權益在組織改造過程中獲得百分之百的保障，希望所有同仁配合組織改造，安心在自己的崗位上全力以赴，為建立公務人員對組織改造信心之關鍵領導人物，考試院關院長在院會提示全力支持與配合，誠是重要的助益。

（三）管理結構：組織在變革的過渡時期中傾向出現模糊的情況，因此，需要建立特殊之管理結構來管理變革，此管理結構應包括有權力動員資源以促進變革之人員，以及具有人際與政治技巧足以引導變革之人士。其他替代性管理結構方案包括：由行政主管或領導者來管理變革；賦予方案管理者協調處理過渡時期；正式組織除可監督正常之運作外，亦可擔負變革管理之任務；由主要顧客代表參與管理變革之方案；選拔大多數成員可信任之中立人士管理過渡時期；或由代表不同組織功能與層次之成員管理變革過渡時期。在實際組改幕僚工作之分工，亦應處處顯見其用力之足跡也。

三、「過渡管理團隊」（Transition Management Team, TMT）的基本任務

變革管理企圖將組織中之各種勢力維持平衡，而後維持良善的互動形成共識，俾利變革之推動更形順遂。在實務中有項不錯之策略選擇，即是成立「過渡管理團隊」（參照周旭華譯，2000：82-88）。

首先，必須針對TMT的特性進行理解。組織變革之目的，在於提升組織績效。因此，TMT絕非層級節制架構下的一個層級，亦非疊床架屋之手法；更不是為重要性漸失的高階管理人員刻意安排之酬庸職位，而是要監管大規模之變革工作，以確保所有提案相互配合的單位。TMT最高執行長必須公開忠實擁護組織轉型，及清楚說明組織往新方向前進的背景及道理，因為大多數之變革工作，最根本者在於讓資訊能跨越舊有而過時之界線，據此適度安排組織內部對話有其必要性，而TMT本身除可以獲得此種效果外，更能將其理念落實在組織變革中之各個成員。又為達此目的，TMT的基本任務有（吳復新等，2010：361-362）：TMT最高執行者與高階管理人員應協助建立共同願景，且安排多次討論使每位成員都能清楚自己的活動與組織的整體方向。

（一）激勵對話與提供合力開創的機會：又組織越大，功能區隔將越強，導致所有作業方式易成正式且固定之模式，前者，如此跨層級與跨部門之變革則不易成功。TMT應跨越藩籬協助不同層級與部門的對話，以達成變革之共識。後者，所有變革皆倡導「授能」（empowerment），但實際做法卻難有一致之定義。TMT不可能把所有溝通與教育工作一肩挑起，故必須學習與創造有關之設計者、協調者與支援者的相關活動，俾利共同合作。

（二）提供適切的資源及確保資訊暢通與建立和諧共識：TMT應有兩類型的重要權力，其一是分配資源，以促進某些事情發生之權力；另一則是終止不必要方案計畫之權力，前者可掌握變革流程，後者可節約無關變革的資源。至於在組織轉型期間，組織之成員可能會有所抱怨，認為高層所述言行不一。TMT之任務即在注意那些足以損害變革工程聲譽之不一致做法，使各種意見表達能達成共識與維持一致。

（三）預測、辨認整合專案，並處理人的問題，並讓關鍵多數人有所準備：當組織推動變革之際，必有各種專案小組、團隊等。TMT的任務是在整合各項專案後，產生持續推動變革之動力，以貫徹計畫。「人」的問題仍是變革之核心。因此，溝通與人力資源方面的相關議題，以及創造蒐集、展布資訊（息）之管道與機會，若能透過垂直與水平的傳達，正是TMT的推動工作之核心與要旨。變革的先期試行到常態擴充之進程相當複雜，故一旦發動變革之後，就應該把經驗複製及學習移轉所需之策略與資產，納入變革計畫之中，TMT的功能便是確保這些關鍵的多數人與經驗得以保存、傳承成為推動變革的有力動能。

　　茲就「過渡管理團隊」之任務與做法，對於中央部會在行政院組織改造過程中，具有參考與啟發作用。行政院為推動組織改造，延續97年7月成立之行政院組織改造推動小組既有之決策機制，由行政院副院長擔任召集人，聘任嫻熟政府改造實務及理論之顧問一人至二人，其中亦將考試院副院長延聘為重要顧問，並置委員十二人至十六人，由行政院院長就政務委員、行政院主計處主計長、行政院人事行政局局長、行政院研究發展考核委員會主任委員、銓敘部部長等相關部會首長或學者專家派（聘）兼，統合組織改造各項工作之規劃、協調及執行作業，對於凝聚更多的助力，促進組織改造作業順利推動，並使變革的資源有效利用、化解組改阻力，俾組改效用極大化、願景得以成為最高指導原則，具有相當助益。事實證明行政院初期進行之相關部會改造是相當平順的。

四、Reed與Vakola維繫變革的動力

　　如何維繫組織變革的動力？是推動變革中的核心議題，目前許多管理技術之理念均可達到組織轉型之目的，例如：企業流程再造（business process reengineering, BPR）、組織員額精簡（downsizing）、學習型組織（learning qrganization）、知識管理（knowledge management）、全面品質管理（total quality management, TQM）、績效管理（performance management）、目標管理（management by objectives, MBO）等，或多或少均可涉及組織轉型之目的。惟組織文化深層變革之主要目的在於「文化」實乃維繫變革推動最主要的助力能源。Reed與Vakola（2006）認為，組織文化與變革在組織需求分析發展過程中，扮演著重要的角色，而需求分析過程中最簡單之部分，係決定所採用之方法，而最困難之部分，則在於處理、了解文化及變革議題產生與調適涵融之。

　　對學習發展和需求分析過程採取行動研究途徑，可以凸顯層級節制的動態面

（dynamics of hierarchy），包括是否獨裁，組織體制如何運作，人們如何產生變革，以及成員參與之重要影響。要之，若以「訓練」組織成員以促進組織變革，則「需求分析過程」尤顯重要，因此舉可以使組織成員學習界定和處理特定之變革議題，而非消極地接受，其能量是不變的。組織文化的改變，可將「反應式」（reactive）之組織轉變為「前瞻性」（proactive）之組織，以策略途徑的觀點觀之，其發展程序會影響組織變革，相關內容可以參考「學習型組織」部分。為使變革的動能可以維繫推展，茲參照Reed與Vakola（2006）提出之論點說明之：

（一）強化參與的重要性：利害關係人或標的團體係自始就參與其中，透過焦點團體之參與，相關訊息會產生回饋避免變革阻力之產生。而高階主管人員在變革過程中所扮演的角色，是人人可以向其諮詢，並提出具體建議。若組織成員之參與可促進以團隊為基礎之決策制定，將有利於修訂人力資源發展的優先順序。參與過程亦可促進對學習、發展等內部資源和技術之確認及控制。組織成員對個人諮詢過程有何需求，以及此過程可能達到何種可能性之程度，將有更清楚地聯結或推估。高階主管人員應在廣泛的組織變革過程中，參與聚焦程度較小的團體，並須要對指導小組（steering group）之參與有所承認，此舉可協助高階主管人員重新塑造某種特定方式來處理相關事務。各機關配合行政院組織改造作業自99年6月起，成立任務編組型態之「新機關籌備小組」，下設組織調整及綜合規劃、員額及權益保障、法制作業、預決算處理、財產接管及辦公廳舍調配、資訊改造及檔案移交等相關配套工作分組，由機關人員派充或兼任「籌備小組」成員，透過籌備小組平台，同仁可以參與組織調整作業規劃，並溝通及解決組改過程所遭遇之各項問題，進而增進認同感及凝聚共識。

（二）建立協力與合作機制與學習型組織的建構：在重新塑造組織變革的計畫過程中應建立協力與合作機制及途徑。自焦點團體處所獲得之過程要素和途徑發展，應納入協力與合作的互動機制模式中。經由過程評估、焦點團體、面談程序可促進團隊合作，因此，團隊合作與協力，應被視為積極變革之途徑。學習型組織系絡中的過程設定，重視過程準則的行動研究（process modeled action research）以及學習過程（learning process）、行動過程與評估。推展此項評估報告將進一步形成相關模型之建構、修正和補充。評估探究途徑（evaluative inquiry approach）包括焦點團體中之學習，以及進一步之相關互動模式。學習型組織之建構有助於變革的維繫，除形成深層組織文化之改變外，相關的推動步驟、紀錄、評估，亦可成為後續組織相關變革檢討之重要參考。學習型組織的建構以及團體成員間之互動，在未來推動組織轉型時，為值得寄予厚望的行動策略模式。

肆、各界反映人事變革問題及政府應有作爲

　　行政院強調組織改造必須遵循「精實編制與人力」、「彈性靈活政府運作」兩大原則，在執行過程中，要加強對所屬同仁的溝通，共同細心、耐心推動組織改造，並使所有公務同仁都能安心工作，提升政府效能，以建構一個足以面對未來挑戰與民眾期望的理想政府，建立良善機制，增進人民福祉與國家競爭力。作者經就推動組改過程接獲或聽聞公務同仁反應的問題及意見，以及因應組改啓動人事相關作業整備情形[7]，提出未來各機關推動組改過程中，在人事變革管理的措施上，惟仍應可再加強之事項如下：

一、組織調整與人員安置方面

（一）公務人員擔憂組織調整後，業務性質改變，業務量不減反增；不同機關人員配合機關整併或業務調整移撥，組織文化之調適與融合困難，因而產生阻礙變革心理。組織變革過程中的變動不安，考驗著組織之應變力，所以上位者應透過加強行銷宣導，型塑共同願景；並推動由學習型組織管理，進一步到教導型組織領導與管理，發揮引導或教導功能，藉由經驗傳授，培養各階層領導人，爲組織的發展與革新而努力，帶動良善的改革。

（二）各機關中部辦公室人員異地辦公，組織調整規劃時，該等單位在功能設計上將與新部會職掌進行整合；在權益保障上原則採「人員就地安置」，以減少所受衝擊。因此，原中部辦公室之核心職能未來應予強化，並整合有限資源，充分運用既有人力。爲使人員能符合未來政府機關之需求，應加強專長轉換訓練，使人員經由專長轉換訓練取得新任工作專長，以因應各機關進行組織調整、業務變動時之公務人員移撥安置、單位轉型或功能調整之需要。

二、優退人員與人力規劃方面

（一）有些機關存有優質公務人員與不適任同仁同時優退，似未見長程人力規劃，可能有經驗傳承困難，短期內難以完成無縫接軌及經驗傳承之問題。爲避免經驗傳承中斷及優惠退離之實施造成人才斷層，影響日後業務執行，行政院組織改造推動小組已編印「行政院及所屬機關組織調整作業手冊」，就檔案移轉、業務移交、資訊系統轉移等事項，研訂配套機制供各機關遵循辦理，以確保工作經驗及知識順利轉移。惟在機關內部仍應落實職務代理及工作輪調制度，使成員具備多樣化工作技能，以及建立「知識管理系統」、「知識庫」及學習型組織之良好學習氛圍與個人學習動力，使知識分享持續而有效率。

7　面臨的可能問題及其加強改善措施，參照行政院人事行政局吳局長泰成100年11月4日回復作者同年9月29日箋函所附資料。

（二）在精省時，優惠退離要件雖規範明確，但同意優惠退離之員額須精簡，因此，能否辦理優惠退離，最後裁量決定權掌控於機關首長，中央組改亦然。依「行政院功能業務與組織調整暫行條例」規定，各機關得於組織業務調整生效日前七個月辦理公務人員優惠退離措施，最多加發七個月慰助金，原則該暫行條例權益保障規定適用對象依法均有提出申請優惠退離之權利，由服務機關依據組織業務調整情形，認定是否屬須精簡者；辦理優惠退離後原編列預算員額須配合減列。按優惠退離之員額須精簡，工作若未精簡，同意人員優惠退離會造成機關人力不足。反之，工作已精簡，如不同意人員優惠退離，可能造成不公現象。由於得否優退涉及人員權益，同意優退與否可能會遭遇民代關說與內部人力調配等問題，故行政院研訂「優惠退離准駁行使及員額職缺控管處理原則」，規定優惠退離認定條件，以及優退申請之處理程序上，須經新機關籌備小組審酌是否為須精簡人力，未來實際執行時，應就機關業務推展及人力配置狀況等因素，覈實准駁，以確保優退公務人力屬於須精簡者。

三、成員權益與組織認同方面

（一）精省時改隸或被安置於中央機關之原省屬公務人員，多數人員職等提高，人員陞遷發展相對於行政院組改涉及機關層級調降，其組織承諾高。行政院組改使公務人員產生之不安全感、不確定感或未來陞遷管道受阻等疑慮，可能影響個人對於工作之投入及組織承諾，因而降低個人與組織之績效，致使組織改造效益打折。為避免組織改造因人員不滿而產生負面影響，行政院組改採行之權益保障配套措施，包括配合行政院組織改造移撥人員特考特用限制之放寬、派職原則、調任新職後之待遇支領原則，以及其他有關成員住宅輔購貸款、宿舍之處理、訓練進修、組織調整之前一年度年終考績（成）之作業方式、原支（兼）領月退休金人員之月退休金、子女教育補助費、撫慰金、年撫卹金、遺族子女教育補助費與退休人員優惠存款差額利息之支給機關，原退休（職）組織成員及成員遺族之照護機關認定等權益保障事項，已規範於「行政院功能業務與組織調整暫行條例」，以及依該條例訂定之暫行條例施行期間人員（工）權益保障處理辦法等相關規定；涉及編制審議、職務歸系、人員派代送審、退休案件核定等事項，亦已研議彈性調整、簡化流程等配套措施，俾公務人員在組織調整之員額移撥及員額調整過程中，仍能安心工作。

（二）行政院組織改造服務團「走動式服務」專案小組於100年8月上旬至9月底，訪問各機關籌備小組，就關切議題與相關同仁以座談方式溝通，並了解機關同仁對於組織改造之建議，惟同仁之間在公開場合，與私下意見有落差。未來各機關宜進一步了解移撥人員組織承諾與工作滿足之情況與影響因素，以提振其工作士氣；在執行「政府組織改造」之重大組織變革時，亦應推行由下而上之參與管理，形

塑成員對工作之期望與對機關之認同感。

四、機關層級與阻礙因素方面

（一）行政院組織改造推動小組責成各主管機關，希針對所屬各三、四級機關同仁辦理
宣導說明會，使其了解權益事項及組改相關規劃，惟執行時對四級機關同仁或有
聽取意見之安排，惟其組織變革可能面臨之問題，相關機關應更費心了解及解
決。另二級機關由三十七個部會精簡成二十九個，中央行政機關組織基準法規定
三級機關署、局總數上限七十個，並對二、三級機關內部單位數予以設限，因
此，二、三級機關組織有所精簡，三級機關常務正、副首長職務減少設置，以及
二級機關至少有八個機關首長、副首長、同仁，未來須予特別關注之，包括在其
上級機關設置顧問或相關調節性職務，以期組織變革之人事爭議降低，讓組改順
暢之。

（二）二級機關方面，尤其勞動部、農業部、衛生福利部、環境資源部、文化部與科技
部等六個新興或改制的部，應研議如何強化其設部之新意與動能，以帶動國家發
展與感動人心的契機。另特定公共事務組織將改以法人化、企業組織型態推動執
行，如中山科學院改為行政法人，使其在人事及經費運用上更有彈性；航港體制
走向行政與企業分離，分置航港局及臺灣港務股份有限公司，期以更有效率及彈
性之經營型態，提供更好的服務。面對組織類型趨向多元化，相關配套措施，包
括人員權益保障及其運作方式等，宜有完善規劃，以有效發揮組織效能，並應依
立法院三讀通過行政法人法之附帶決議，俟各該法人成立三年後評估其績效，據
以檢討行政法人持續推動之必要性，審慎推動組織轉型為行政法人。人才進用部
分，基於機關用人彈性需求或特殊專業需要，部分文教、研究、訓練機構人員比
照聘任用人，以及首長採常務聘任或政務常務雙軌進用，未來實際進用人員，應
本用人唯才、適才適所原則，延攬適當人才。

伍、結語

從先進國家政府再造的背景因素觀察，我國形成政府再造風潮亦係以提升政府效
能，並撙節政府財政支出為前提，由精簡組織員額以至於引進私部門變革經驗。我國史
上最大組織改造工程，經過二十多年努力，已邁入新的里程，自101年1月1日起，配合
機關組織法案立法進程，將陸續上路，三十七個部會精簡為二十九個，各層級之機關總
數由七百六十個將精簡為六百七十個以下，減幅一成二，展現國家領導階層的沉默魄
力。此外，亦應對於朝野政黨與立法委員的支持，多所著墨。

綜之，組改係進行各機關業務及組織調整與整併，期以更合理之配置達到提升行

政效能與國家競爭力之目的，並非以機關裁撤或人力精簡爲目的，各階層均必須戒愼虔誠，漸進、和諧、穩健地推動。整體而言，改變的過程中對組織成員造成之衝擊與不安，宜持續提供成員公開明確資訊，建立其信賴與信心，因爲組改過程中，人員若無法得知正確的相關訊息，自然易於過度詮釋所得資訊，不利組改工程之推動，所以細心、費心、用心，才能使人員都能安心工作。要之，組織過程中最基礎工程在於須有配套人事管理措施，方能使成員願意全心投入，降低抗拒變革心理，並支持改造工程，達成無縫接軌，暨「精實、彈性、效能」之政府組織改造目標。

（本文原載於公務人員月刊，第189期，2012年3月，頁9-24；文內有關法規動態及相關資料蒐集等，特別感謝（時任）銓敘部法規司黃科長惠琴協助，惟文責由筆者負責。部分內文配合法制變革，略做修正。）

壹、前言

行政院組織再造四法（「行政院組織法」、「中央行政機關組織基準法」、「行政院功能業務與組織調整暫行條例」、「中央政府機關總員額法」）民國99年1月12日經立法院三讀通過，為打造一個精實、彈性、效能的政府著實踏出歷史性的一步。未來行政院將從三十九個部會減為二十九個部會級機關，成為十四部、八會、三獨立機關、一行、一院、二總處，將從101年1月1日施行。[1]其改造過程不可謂不大，宜周全配套，以期業務無縫接軌之首要目標。[2]且以立法院亦有附帶決議，[3]關切其技術執行層面及關鍵職位職能強化之設計，如何落實完成，均是眾所關切的議題。而人民是否可以感受到政府效能之提升，人民福祉是否亦能受到更多的照拂，則是筆者最為關切的課題。

因為政府再造的任務，並非將既有行政組織重新編排組合，或僅關注機關數目，必須留意組織結構功能之重整、人力資源之配置，尤須遵守憲政精神與公共利益。易言之，政治價值之憲政秩序及公民精神，暨行政價值理性之闡揚，以及效率與效能的提升，為政府再造必須遵行之原則。所以，政府再造於政府組織改革之本質在於國家利益、公共利益及人民福祉。申言之，公共組織的設計、運作必須能符合倫理的公民精神也（ethical citizenship）（Cooper, 1991: 91-92），申言之，組織職能之運作，亦必要能考量團隊意識之型塑與團隊之重構，即機關組織應特別重視高效能之績效管理議題。

---

1 其中十四部包括內政、外交、國防、財政、教育、法務、經濟及能源、交通及建設、勞動、農業、衛生福利、環境資源、文化、科技等部，其中科技部、文化部、環境資源部及衛生福利部為新增。八個委員會包括國家發展、大陸、金融監督管理、海洋、僑務、國軍退除役官兵輔導、原住民族、客家。其中國家發展委員會由行政院研考會改制，現行的體育委員會、國家科學委員會、青年輔導委員會、蒙藏委員會、原子能委員會將走入歷史，並新設海洋委員會。三個獨立機關為中選會、公平交易委員會、國家通訊傳播委員會。一行為中央銀行，一院為國立故宮博物院，二總處則是行政院主計總處與行政院人事行政總處。另對於人事、主計改為機關，且設該二總處未設資訊長、法制長有學者提出不同看法（葉俊榮，2009），或許可供未來參考。

2 行政院組織改造四法案業完成立法程序，改造工程正式啟動，其配套措施包括：組織結構調整、法規整備工程、財產接管整備、預決算之處理、員工權益保障、資訊調整以及檔案移轉等七項，必須積極辦理。其中涉及考試院權責部分，外界較注意員工權益保障，但中央二、三級機關組織法律案，分由立法院不同委員會審查，是否符合官制官規，且相關法規整備工程亦可能涉及銓敘部之權責。

3 包括「為提升行政效率，行政院研究發展考核委員會研擬行政程序簡化方案」、「機關員額未來應於五年內降為十六萬人」、「為強化各部組織功能，由行政院會同考試院就司長之職務列等部分，提出檢討」。

　　茲績效管理除績效評估及發展外，尚包括組織目標設置、確保組織成員及績效產出與結果暨與組織策略目標相符的一套完整與統合性系統架構與回應機制。而C. Cokins（2004: 1）等認為績效管理至少包括：是個過程，使成員對績效目標之達成內涵與做法形成共識；且必能增加成功或達成績效目標的可能性（吳定等，2009：535-541）。所以，政府再造四法通過後，待遂行其目標之際，則必須重組建構完整之績效管理的流程與策略。政府推動績效管理至少應考量撙節經費，回應民主課責之績效結果，重視責任與建立控制機制方可致之。

　　最後，雖然政府再造強調建立「小而能、小而美」的政府機制。惟面對政經社文科的環境變遷與人民需求之擴張，新公共議題不斷被揭露，並待政府解決。復且國內重大選舉時，政黨候選人亂開支票，以極盡討好之能事，對政府再造之小而能與小而美理想形成反諷，所以，如何在憲法精神下建構，兼顧社會公平正義與個人權益衡平的思維，賡續推展績效管理與實施策略人力資源管理，以提升政府效能，乃成必要思考的議題。

貳、政府再造與良善治理

一、新公共管理思潮與政府再造

　　通常政府再造的學術理論與基礎，應從公共行政理論發展脈絡中，找到政府再造及其核心之文官體制價值變遷的源頭思維。學者亨利（Nicholas L. Henry）（1999：90-92）從歷史演進的角度分析行政學理論的發展，曾借用孔恩（Thomas Kuhn）於1962年提出的「典範」（paradigm）概念，將行政學理論發展歸納為五個典範變遷時期，以說明行政學理論在不同階段所關注的重點（張潤書，1998）。這五個典範時期，包括：（一）政治與行政分立的時期（1900年至1926年）：有關公開考試、專業用人、功績升遷、永業保障、依法行政等現代文官法制之基本運作原則，應予確立；（二）行政管理時期（1927年至1937年）：認為考試須具社會公信力，受到肯定，且能選拔到專業、中立、才能優異的人才，以提升行政效率；（三）公共行政即政治科學時期（1938年至1955年）：係以官僚組織政治行為的個案研究或比較研究為主，如建構不同的生態行政研究模式對文官體制的官僚行為型模，有更深一層地了解；（四）公共行政學即管理時期（1956年至1970年）：開始從行為主義強調的科際整合研究取向出發，發展各種管理科學的理論與技術，對文官體制之文官核心職能與組織行為有進一層的研究成果；（五）新公共行政學派發展時期（1970年以後）：強調重視人的價值、行政倫理與官僚責任，研究的焦點包括行政環境與官僚角色、數量方法與預算管理、組織理論與人事行政等，也反映當代政府體系所面臨的現實困境（Wamsley & Wolf, 1996: 355-356；吳瓊恩，1992）。

新公共管理（new public management）源於紐西蘭自由黨政府及英國保守黨政府縮減政府規模及改進政府績效的策略，並以公共選擇理論（public choice theory）、代理人理論（principal agent theory）、交易成本理論（transaction cost theory）及規範性價值為理論基礎。新公共管理學者Owen E. Hughes（2003: 9）歸納，政府所受批評有三：（一）規模（scale）過大、消耗過多的資源；（二）管理範圍（scope）太多太廣；（三）做事的方法（methods）貧乏且無效率。因此，政府組織需要精簡、減少支出、解除管制、權力下授、業務民營化及市場導向。易言之，在新公共管理思潮下政府改革非僅單純執行技術改革，更重要的是公部門角色之調整及管理方式之改變（Hughes, 2003: 8; Denhardt & Denhardt, 2003: 13），故將之視為新公共服務改革的新典範（詹中原，1999：39-40；Hughes, 2003: 45），因其關涉政府再造或重建治理能力的課題，其內涵包括績效管理與策略人力資源管理，有助於改善政府體質，提升國家競爭力。

二、外國政府再造經驗的啟示

政府再造係對公共部門運作之績效與管理，進行導引性與系統性的改善工程，對內須健全文官體制，對外須結合民間資源，前者較偏重工具理性及以國家為中心的改革理念，後者強調公民社會的建立及公民參與（江明修，1998：10）。易言之，即要摒棄傳統的官僚作風和政府萬能之想法，引進現代企業的經營理念，強化政府職能運作，提高行政效率，加強政府服務品質，以達便民利民的目標。歸納各先進工業化國家自1980年代以來陸續進行政府再／改造的背景因素，主要原因包括：（一）政府功能不彰，統治正當性合法性遽降；（二）新古典經濟學崛起與新公共管理理論之引介（孫本初，2006：149-151），指引政府改革行動；（三）私部門變革成功，刺激公部門變革；（四）科技環境急速變遷，改變政府之運作方式。所以，總結各國政府再／改造之目的，即不脫離撙節施政成本及提高政府效能的考量。當然推動過程也造成自由主義論者、保守主義論者、市場機能論者、員工取向及人力資源論者的五種迷思（參照孫本初，2005a：82-83；Osborne & Plastritk, 1997: 13）。

在面對新時代的新挑戰，傳統公共行政顯然已欲振乏力，只有透過新公共管理的途徑方能反敗為勝（Farnham & Horton, 1996: 24-25）。而各國政府再造之特色，除上述之背景因素相似外，略有（孫本初，2005a：81-91）：（一）各先進國家政府再造的目的趨於一致：其終極目的，均不脫下列兩項：1.撙節施政成本；2.提高政府效能。（二）各先進國家政府再造的路徑趨同：「經濟合作暨發展組織」（OECD）的二十四個會員國均面臨沉重的改革壓力；壓力的來源包括全球經濟的劇烈競爭、心生不滿的公民、反制政府的犬儒主義（cynicism of antigovernment），以及日益窘迫的財政危機。所稱的「因應之道」（Osborne & Plastrik, 1997: 8-11；引自江岷欽與劉坤億，1999：14），其中直接關涉文官體制者如：精簡文官體系，實施「業務民營化及公司化」，強調「顧客導向」，包括文官體制設定明確的服務品質標準，以及標竿學習及評量績效。（三）

組織精簡成為撙節施政成本的必然手段，但英、美等國也發現其所衍生文官士氣低落的負面效應，亦值得重視。（四）大幅度進行文官體制改革：舉凡英國「續階計畫」所揭櫫的「執行機構」與執行長制、紐西蘭「政府組織法」所施行的策略性人力資源政策。永業化文官已逐漸由契約僱用制所取代，其變革幅度依序為英國、紐西蘭、美國、日本。（五）廣泛運用市場的自由競爭機制，並以顧客導向的公共服務為政府再造的基本理念，積極運用績效管理作為；其共同目標為建構績效型政府。（六）憲政體制與政治因素，如英國、紐西蘭為內閣制、美國為總統制國家，仍將考驗各國的政府再造運動。綜之，從先進國家政府再造的背景因素觀察，我國形成政府再造風潮亦係以提升政府效能，並撙節政府財政支出為前提，由精簡組織員額以至於引進私部門變革經驗，因應科技環境變遷亦然。有關各國政府再造基本理念路徑與因應之道，均可供借鏡，而文官體制改革策略、憲政體制與政治因素影響再造運動之經驗，尤應記取，妥為因應。至於新的政府治理、新公共服務管理核心理念與運動，所應重視的相關問題，亦應面對解決之。

三、文官改革與良善治理

通常「發展型國家」具有五項特質（Chambers Johnson）：（一）追求經濟成長；（二）重視技術官僚；（三）以功績制培育技術官僚；（四）結合社會菁英；（五）與企業界合作。就台灣發展經驗的特色觀察，包括專業性、自主性、延續性、統合性、有競爭力。而文官體系在台灣政經社文科發展中扮演重要的角色，也證明文官體制變革對於政府追求「良善治理」，[4]實具有關鍵性的功能。考試院職能符合上述「發展型國家」五項特質的二、三項，而「良善治理」的八項特性亦值得參考。

惟愛略特（R. H. Elliot, 1985: 7）指出西方行政價值的變遷，從政黨政治形成初期官職為選勝者分配政府重要職務之分贓主義時期，逐漸發展到考試取才到個人功績表現時期。在我國早期依中山先生考試權獨立與考試用人思想，而先行落實功績主義精神的文官體制，且許多政務官多來自技術官僚層級，形成高效能政府的表徵。然隨民主政治發展，甚至兩次的政黨輪替，屬行功績主義的文官體制面臨應配合政治回應與政治課責與代表性等衝擊，以及在邁入民主鞏固時期，常務文官如何配合政務人員施政作為，調適其角色與定位，變成極為重要的專業與政治倫理課題。易言之，我國與西方民主國家在政黨政治與文官體制的發展互動過程，似呈現逆向發展的方向，我國是先進入功績主義時期，再步入政黨政治運作時期，且不必經由分贓主義時期，的確是文官體制發展之特

4　何謂「良善治理」？「聯合國亞太經濟社會委員會」（U.N. Economic and Social Commission for Asia and the Pacific, UNESCAP）列出了以下八項特徵或因素：（一）參與（participation）；（二）法治（rule of law）；（三）透明度（transparency）；（四）回應性（responsiveness）；（五）共識取向（consensus-oriented）；（六）公平與包容（equity and inclusiveness）；（七）效能與效率（effectiveness and efficiency）；（八）課責（accountability）。

色。

　　要之，基於公務人員考選、銓敘、保障、培訓及退撫基金管理業務所具有的超然、中立的特性，且為確保公務人員嚴守行政中立，避免政治力的干擾與介入，秉持公正立場為民服務。所以，維護五權憲政正常運作，讓考試院職權得以正常運作與發展，對政府良善治理是至關重要的。

參、良善治理與績效管理

　　在新公共管理風潮或新公共服務思潮的推波助瀾下，政府再造的良善治理與績效管理受到重視。各國政府所採行的各種管理方式，均在提高政府績效，以及符合民眾需求與期望。建構與推動政府再造之際，須使民主政治中之民意得以體現，及經由績效管理機制之實施，提升政府施政能力，同時需將團體績效與強化個人績效扣合，方能達到畢其功於一役之效果。

一、良善治理下文官角色定位與特質之形塑

　　政府無論以績效導向與顧客導向，乃至於服務導向作為施政前提，其措施必須能符合人民的期望，亦必須能滿足國會行政課責及完成政府施政績效目標，以奠立良善治理。公務人員永業化之目標，並維護其應有的尊嚴。再者，公務人員對外代表官方，依有關法令，規定必須忠於國家，愛護人民，為國家、社會、公共利益服務；對內之行事作為至少包括依法行事、廉潔奉公、遵守法令、嚴守機密及不得有非法兼職等。文官整體的形象，可以政府政策的執行者，及推動國家建設發展的動力來總結。所以，提供高素質的服務，以大公無私、平等、誠實的態度對待民眾，具有前瞻、創意、應變能力以因應民眾需求是其必備的條件（蔡良文，2008b：187）。至於公務人員的尊嚴，繆全吉教授對此問題曾有精闢的論析（繆全吉，1978：187-192），渠認為面對民意機構，公務人員應保持自己的尊嚴；公務人員與民意代表的良性互應、依民意維持平衡；公務人員的言行對外代表政府；公務人員生涯的成就融合在機關目標與任務的達成；公務人員應不斷自我教育；公務人員觀念上的革新帶動政府推行新政等。要之，公務人員的新形象、新精神，一定可以使政府推動政治的革新，完成時代使命，真正做到「周雖舊邦，其命維新」的境界。

　　再者，何種特質的文官有助「良善治理」之建構？具備某種特質或表現出某種行為的文官，其處理公共事務的結果，較有可能達成有效解決公共問題、促進社會正義、提升公共利益的結果。經由培養塑造具備特定特質的文官團隊，即可相對而言提升公共治理的良善程度。文官在建立信任的過程中，應具備以下特質：

（一）主動投入性格：協力是責任的分工與分擔。

（二）代位性思考：了解互動對方可能會遭遇的困難，預先預測互動過程中可能產生的認知差距與誤解，進而有必要調整自己的立場，維持穩定且有建設性的相互關係。

（三）互惠雙贏意識：必須要有建構並描述雙贏互惠遠景的能力，同時能經由有效的論述，讓民間的參與者認為確實有互惠的可能。

（四）互動資訊的獲取與分享：單方面的獲取資訊外，更要能主動將與自己有關的資訊分享，以利彼此的熟悉與相互了解（參照林水波、王崇斌，2005：10）。

　　因此，滿足人民對政府的信任與需求，就成為民主政府存在的最核心價值。為了確保政府及公務人員能真正負起對人民的責任，設計一套有效的行政或政治課責機制，即是民主行政不可或缺的重要策略。所以，考績相關人事管理措施的最終極目標應是回應人民的需求，創造人民福祉也。所以，「公務人員考績法」修法過程中，銓敘部於民國98年6月起多次邀集學者專家多數偏向考績就「工作績效、品德操守及其他與業務有關項目」進行評量。至於考核項目則由各機關自行訂定除獎優亦可汰劣外，其關鍵績效指標（Key Performance Indicator, KPI），可以提高考核之效度及符合機關組織之需要。

二、績效考核（評量）之論理及比較議題分析

（一）績效考核的目的與策略規劃要析

　　有關績效考核之目的除重視策略性人力資源管理目的外，至少應包括發展與激勵性目的以及管理與行政性，如何透過方法落實執行，是筆者關切的課題（參照Snell & Bohlander, 2007: 333）。吾人以考績有積極性與消極性目的，可以赫茲伯格所提之兩因子理論為例，考績制度發展的、積極的目的部分，較被關心的是雙向溝通、面談問題；行政性、管理性目的部分，即如：到底要不要發績效獎金，獎賞額度應為多少？考績丙等或丁等之退場機制應如何落實？兩者間應如何取得平衡點？有關績效考核相關內涵，略如：1.績效考核為對所屬人員的考核；2.績效考核以工作績效與品德操行表現為主；3.績效考核以平時考核、年終考績和專案考績三者並重；4.績效考核是達成人事行政目標的方法之一（參照蔡良文，2008：143-145）。

　　由於績效管理可分為對政府治理績效之評量（核）（performance measurement）及對行政體系組織成員個別績效之評定（參見美國之績效與成果法（Government Performance and Results Act, GPRA））。或謂包括評量及管理（measurement and management）而美國的相關績效管理之架構體系，其主要在使政府績效評估工作流程標準化，同時希冀改變文官行為與型塑良善有效能的管理文化，可供我國強化與建構政府績效體系之參考。

（二）績效管理方法之比較舉隅

首先，澳大利亞政府之績效管理被認為是：1.用以增進個人與團隊績效，以達成業務目標的方法（a means to improve the performance of individuals and teams to achieve business goals）；2.用以緊密聯結組織與個人規劃的方法（used to align organizational and individual planning）；3.用以激勵優良績效與管理不良績效的機制（a mechanism for rewarding and recognizing good performance and managing under-performance）；4.用以發展工作技能與永業職涯規劃的機制（a mechanism to support skill development and career plannning）；5.從職場規劃角度，用以找出與開發成為高效能工作團隊所需的能力（from a workplace planning perspective, a mechanism to identify and develop required capabilities for a capable, adaptive and effective workforce）（澳大利亞商工辦事處柯未名代表98年12月7日於考試院演講稿）。

再者，依據美國智庫研究中心（The Performance Institute）的設計，績效衡量是用以測量政府機構的活動（activity），並轉換為成果（outcome）的過程；而計畫的績效評核則是基於組織的努力（effort），了解機構對外部顧客或標的的影響力（impact）的過程（孫本初，2005：49）。茲以美國總統歐巴馬（B. Obama）任命之績效長J. D. Zients提出歐巴馬的績效管理改革系統的五大關鍵因素原則為：1.由高階主管充分掌握績效管理過程（senior leader ownership of performance management process）；2.聯結目標與評量方式（cascading goals and measurements）；3.績效導向、跨機關的目標設置與評量（outcome-oriented, cross-agency goals and measurements）；4.持續不斷的評估與課責（relentless review and accountability）；5.過程透明化（transparent process）等（胡龍騰，2009：20-25），可供參考。

復以英國外交部為例，其考核重點包括組織成員的創新能力，與人合作的能力及提供公務服務之品質。其服務優劣關涉到待遇獎金以及其快速升遷訓練等發展（參照英國駐台代表，98年演講稿）亦供參考。

綜上，再介述相關國家之績效管理方法後，應可歸納晚近績效管理取向，建構我國績效管理過程中，應側重於機關組織之策略，建立新的價值導向；重視績效達成之協調；重視顧客導向與公共服務導向；勿忽略短期利益更重視長期導向公共利益抉擇；以個人績效為基礎的團體績效觀；重視跨域功能之聯結與評量；留意過程中之監控成長與發展等，應是借鏡外國經驗時，必須思考者。

三、建立個人考績與團體績效之扣合機制

良善治理必須重視功績制文官體制之強化工程，其中落實績效管理與績效考核是重要途徑之一。績效考核在實務運作上，依公務人員考績法規範之考核種類、項目、等次及獎懲等，其規範密度較高，似乎難有多的彈性空間，加諸主管機關為管控各機關

人員甲等比例過高之現象，故其與績效評估（performance evaluation）或績效管理（李允傑，2000：4-14；丘昌泰，1998：103-128；吳定，2000：49-56；孫本初，2002：38-46；關中，2009：16-39），有極大不同，蓋後者強調組織及成員整體表現及其相關激勵誘因機制（ncentive mechanism），重視隨內外環境與需求動態調整與因應，必須授權各機關自訂極為彈性，及規範密度較低的績效管理與績效獎金制度（余致力，2002：45-60）。且以對績效產出與結果之特別強調，在組織及其成員管理上如何建構有效之機制，以提升單位、機關及政府整體績效，即成為文官改革之績效管理核心議題，就公務部門而言，首在政府之產出與結果是可被有效地衡量與評鑑，或至少須經由績效管理活動產生足夠之資訊，以達到促使進階績效改善之效果。

　　整體而言，團體績效的產出與結果和個人考績表現之確定，比較缺乏整合之機制，事實上也是有待強化。個人考績項目含括專業智能（績效）、服務精神、倫理道德等，如何在考績評定過程中將各項內涵評量出來，是一值得思考的問題。在團體績效中談到產出（苦勞）的問題，誠如關院長中所言，談文官的貢獻不能只談苦勞，重點是在於功勞即是結果，這兩者間如何扣合。

　　綜之，團體績效管理著重策略及目標之達成，主要係根據組織願景與使命，設定組織達成願景之策略，進一步擬訂明確之目標與衡量方式，並據以分配預算與資源，執行達成目標之行動方案，且定期衡鑑各單位目標之達成度，再分析或修正各單位目標達成度與整體組織策略目標之關係。至於個人績效管理，重點在於使人盡其才，且適才適所，除個人與職務間之契合外，更重視其與組織目標間之聯結度與個人之貢獻度與契合度。雖實務上有其困難，但至少其制度之理念與精神是可以借鏡參照的。

肆、績效管理的核心議題——評比工具之探擇

　　文官改革思想價值，必須要落實到制度，並形成機制之運作，所以考績要精確地衡鑑、有效地管理，此議題涉及功績價值及民主價值的問題，或政治價值與行政價值衡平性問題、中央機關與地方機關考績是否可作不同之設計，至於其考評的工具，包括個人績效與團體績效的扣合機制，尤應周全而可行，方能提升政府效能，並提高人民福祉。

　　任何評量或考核評比，最重要的目的，在於贏得人民的信賴，提高政府效率與效能。在不同時期，使用之績效管理與評量工具各不相同，各國績效考核之實務作為亦然。茲就有關個人與團體的考績或績效評量方法，略述如次：

一、個人考績方法之分析

　　關於個人考績的方法很多，各種方法的特性、運作、限制與實施對象均不同，難以認定某種方法的優劣或宜單獨使用某種方法。其實，考績有原則、有途徑，惟考績

對象不同，方法亦應有別。如對專家與通才，對主管人員與非主管人員，對高階層行政人員及中下階層人員，均有所不同。故對於考績方式不宜拘泥形式，只要合乎考績原理、價值倫理，但求從實品評優劣而做審慎有效之考核（林嘉誠，2004：1-20；施能傑，1998：35-51；余致力，2003；朱武獻，2003：301-405）以及運用績效評估的方法（Rosenbloom & Kravchuk, 2005: 226-231），俾落實績效評估，貫徹政府組織策略。要之，相關之評估工具與方法，必須與時俱進及妥善運用，方可獲得預期效果。惟無論採何種評核方式，均須考量其對組織之適用性、持續性、聯結性及共識性，積極應用新觀念與新方法，始能建立對組織有助益之績效評估制度。

二、團體績效評比方法之分析

茲再檢視相關績效評量的觀念與方法，筆者歸納學者專家意見，僅針對當前最重要且符合我國考績法制改革中，有關團體績效評比方法的觀念加以分析討論（參照鄭瀛川、鄭夙珍，2007：3-9）：

（一）平衡計分卡（BSC）：平衡計分卡係由Kaplan與Norton發表於1992年*Harvard Business Review*，主要在藉由簡明精確地測量檢視企業目標與願景策略相關之活動，俾利經理人全面了解企業績效。所謂的平衡即指評量項目中不僅包含早期的財務指標，更包含非財務指標。由1992年以降，不少學者提出不同向度組合，及可能參考指標。又為能克服選擇指標的問題，爰將指標之選擇與策略目標（strategic objectives）聯結，並以策略地圖（strategic maps）方式呈現策略與指標間之關連性。所以，公務部門推動BSC，重點應該在於其精神以及指標構面的多元化，因部門提供的服務類別不同，而有不同的權重，例如人事單位、研考單位與環保單位其指標與組織目標結合時，就不能一體適用，數字意義亦不能等量齊觀（參見孫本初，2007：2）。

（二）目標管理法：目標管理制度在1954年由彼得杜拉克（Peter F. Drucker）提出，近來融入「尊重個人」、「追求生活與工作之意義」、「個人的潛能開發」等思潮，其相關的評估方法，廣泛地應用在各職場中。申言之，在透過目標管理的過程，讓所有組織的成員共同參與，同時也將組織策略目標變成共同願景暨重視其品質水準，並非只是指目標建構的過程或方法而已（參照孫本初，2007：2-3）。

（三）標竿分析法（BM）：係指某一組織向該領域的第一名（標竿對象）看齊，簡單的說，就是取法乎外（上）、見賢思齊，且標竿分析法係由實務需要逐漸衍生，由於企業在營運過程中，無法確定是否仍持續保持高效率之狀態，藉由與其他公司比較，可以隨時得知營運效能及作業缺失，以增進內部效率與整體績效。由於標竿分析法係要求組織向該領域的第一名學習，但這種效法的精神，也可能忽略制度移植時可能產生的問題，且以公私部門的任務、使命和目標有相當大的歧

異；即便是公務部門之間的相互仿效，亦將因內外環境之差異造成標竿理想的難以達成，不可不察也。至於其他如360°考核，必要考量者爲倫理因素也。

綜之，在政府再造之機關簡併調整過程中，除依其法定程序進行外，尤應就未來新建構之機關，能於引進各種績效管理工具時，先釐清新的組織之任務、使命與願景爲何、所提的評核工具及其亟待解決的問題；且因各機關指標大多皆非量化概念，且都不易量化，在這樣的情形下，其適用性必須更加慎重。另外，績效管理若能確立相關的配套措施、課責機制等，或許能將績效管理的實質內涵與意義完全展現，更有利於績效管理的落實，以提升公務部門之產出與結果，建構高效能政府。

伍、結語

我國政府再造的願景在於提升國家競爭力，其目標在於打造精實、彈性、效能的政府；其策略目標不外：強化政府職能，釐正統合機關職掌，縮減整併增刪部會層級數，並有效管控公務人力資源；賡續健全決策機制，減低行政成本；進而改進型塑新的組織文化，以提升爲民服務品質與福祉。茲就公務人力品質與人民福祉之創造，彼此的認知與觀感而言，爲何公務人員的自我評價總覺得自己很認眞、做得很辛苦，但人民觀感不見得是如此，因此考績法在修法時應有策略思考與動態觀念，包括績效管理與考績方法等，在中央機關及地方機關是否應有不同之適用規定，如主管機關，中央爲行政院，建議以部會爲主管機關，其他如總統府與四個院及所屬機關，其業務性質相對地較高，可以府及四院爲主管機關，地方則以直轄市及縣（市）政府爲主管機關，並於偏遠與各鄉鎭（市）地區，因情況特殊，其考績宜可另案妥處，亦值得思考。

考績改革與績效管理要有方向感、急迫感，若改革方向不正確，是會產生問題的，考績法制確實是人事法制的火車頭，整體來講，我們要跨域的、協力治理，由個人到團體、團體到組織，彼此間進行良善的互動，在制度建置或改革過程中，能朝向目標趨同方式處理，型塑一個良善治理的組織文化或行政文化，是吾人必須去思考的，整體考績法制建構完成後，即可以聯繫個人與組織之價值、發展，並提升組織之動能，建立雙贏的局勢，進一步贏得人民之信賴與支持，亦有助於提升國家競爭力。

最後，行政院組織再造四法通過立法程序，筆者對於總統、行政院團隊表示高度肯定。對研考會[5]與人事行政局[6]之因應之道亦表支持。就政府組織改造而言，人民在乎的是能否提升行政績效及效能，如何落實人民福祉，提高生活品質，當然相對應地也要由一流的文官以高效能來完成。綜觀國際大環境變化，三災四大（地水火風）不調合。

5　現已併入國家發展委員會之業務。
6　現稱人事行政總處。

今日時序的變化時有異常，萬物的榮枯常隨陰陽消長而變化；自古以來，國運的興衰，隨君子與小人的進退而轉移，所以，在人事與組織變革裡面，我們發現君子得勢則國家興盛，小人得勢則國家衰敗。君子順應時機，動靜得宜，有其適當應變之道，才可能會有偉大的成果，值此推移變易的時刻，如何掌握治亂之機、吉凶之紐，至關重要，惟有進一步反復其道，得時得宜，才能得到亨吉，也才能夠振奮人心。

（本文原載於人事行政季刊，第171期，2010年4月，頁8-18；部分內文配合法制變革，略做修正。）

壹、前言

　　各國政府無論以績效導向與顧客導向，或以服務導向作爲施政前提，其措施必須能符合人民的期望，亦必須能滿足國會行政課責及完成政府施政績效目標，以奠立良善治理（good governance，簡稱善治）的基礎。公務人員的考績之獎優與淘汰（汰劣退場）機制與文官法制之健全、公務人員士氣之激勵等有極密切的關係，故而面對全球化與政治變遷中，配合政府治理環境的「變」而掌握「時」，以求其「通」（蔡良文，2005：11-38），是筆者關心的議題，此即所謂「趣（趨）時是也」，以達求「變」、求「通」、求「久」也。

　　由於「變革」爲公共治理不變之核心議題及國家政務改革的發展方向，其目的均在於提升政府施政績效，作爲公務部門改革之共同目標或理想。其中績效考核在實務運作上，依「公務人員考績法」規範之考核種類、項目、等次及獎懲等，其規範密度較高，似乎難有多的彈性空間，加諸主管機關爲管控各機關人員甲等比例過高之現象，故其與績效評估（performance evaluation）或績效管理[1]（performance management）（李允傑，2000a：4-14；丘昌泰，1998：103-128；吳定，2000：49-56；孫本初，2002：38-46；關中，2009a：16-39）所強調之組織及成員整體表現及其相關激勵誘因機制（incentive mechanism），重視隨內外環境與需求動態調整與因應，必須授權各機關自訂極爲彈性，及規範密度較低的績效管理與績效獎金制度（余致力，2003：45-60），有極大的差別。且以對績效產出與結果之特別強調，在組織及其成員管理上如何建構有效之機制，以提升單位、機關及政府整體績效，即成爲文官改革之績效管理核心議題，就公務部門而言，首在政府之產出與結果是可被有效地衡量與評鑑，或至少須經由績效管理活動產生足夠之資訊，以達到促使進階績效改善之效果（Peters, 2007: 19）。

1　有關績效評估可分爲組織評估（包括政府績效評估）、政策績效評估，以及個人績效評估；至於績效管理之模式又可分爲精緻的財務模式（sophisticated financial models）、比較與標竿模式（comparative and benchmarking models）、品質（管）模式（quality models）、宏觀模式（holistic models）等。另績效管理除績效評估及發展外，尚包括組織目標設置、確保組織成員及績效產出與結果暨與組織策略目標相符的一套完整與統合性系統架構與回應機制。而Weiss與Harflw（1997）以及C. Cokins（2004: 1）等認爲績效管理至少包括：是個過程；使成員對績效目標之達成內涵與做法均有共識；且必能增加成功或達成績效目標的可能性（特引自吳定，2009：535-541）。

茲就我國公務體系運作機制經驗，對於團體績效產出與結果以及個人考績表現之確定，比較欠缺整合之體系。由於現行公部門績效管理之運作，團體績效與個人考績分屬兩元之不同體系[2]，由於對整體績效產出與結果及個人考績表現之扣合機制尚未建立，導致政府面對整體績效表現不佳之困境時，不易認定原因，無法規劃有效改進對策；在就人事管理制度之運作上，因團體績效與個人考績之因果關係難以確定，以致無法依據組織成員個別工作表現來區別確定責任，導致人事管理功能，不易激發公務生產力（經濟、效率及效能與效果）及去蕪存菁之功能；且就課責之合理性及公平性而言，由於重視個人表現僅能單純以成員行為作為考核標的，在法制設計上未及於單位、團體或機關，政府等為基準之集體課責，易形成不符課責應具備之合理性及比例原則（參照陳志瑋，2005：131-148）。

爰此本文將針對公務部門績效管理之運作，就如何有效建立「個人考績表現」與「團體績效評比」間有效聯結與扣合之機制，進行討論，相關議題至少包括：（一）探討民眾對政府或公務人員績效評價與公務人員自身之認知之落差原因何在。（二）現行公務人員考績制度如何增訂團體績效評比機制？其各種評比標準如何設定始為妥適？（三）如何強化個人考績與團體績效評比扣合之管理作為機制與方法。要之，為期脈絡一貫，擬先討論績效考核與績效管理相關論理內涵及其工具方式，再討論個人考績與團體績效評比相關議題，最後分析彼此扣合機制建立之方策。

貳、績效考核與績效管理相關論理基礎與工具分析

政府在進行績效評量與落實績效管理的同時，惟有釐清績效衡量與績效評估的觀念，才能有效進行績效評量、制定與執行政府政策，建構新的政府績效管理的功能結構關係。所以，「公務人員考績法」未大幅修正前，不論是機關首長、單位主管或受考核之成員個人，在績效考核過程中，均應有績效管理的理念、態度與作為。至於實際之考績原則可指導考績方法，而考績方法則在以落實考績目的與目標為前提，試分述於下（參照蔡良文，2008a：421-425）。

一、績效考核（評量）之論理及相關議題分析

了解考績功用及其未來改進方向，必須對傳統人事管理的績效考核與現代人力資

2　在團體績效產出面向，主要可分為機關與機關間、單位與單位間之評比，前者主要係透過「研考機制」之運作來進行衡量，而單位與單位間之評比，亦是晚近績效獎金制度之法定規範，未來負責之人事單位是否宜輔以研考單位協助值得思考；而個人考績表現之評量，則係經由「人事管理機制」，經由考績法制之運作來確定。經濟部93年度實施「績效獎金暨績效考評作業規定」中，對適用對象包括該部所屬十一個機關首長績效（工業局、國貿局……）以及單位績效及個人績效等。

源管理的績效考核併同述明。傳統人事管理的績效考核強調以組織為核心[3]，現代人力資源管理的績效考核強調以個人為核心[4]，對於傳統與現代二者，如何相互採用與截長補短，允宜併同重視（蔡良文，2008b：41-147）。公務機關之績效考核，亦可稱為績效考核（評量）或效率考評（efficiency rating, service rating）（許南雄，2006：495）。有關績效考核之目的除重視策略性人力資源管理目的外，至少應包括如圖13-1所示之內涵，透過方法期以落實執行。

發展與激勵性	管理與行政性
提供績效回饋	人事決策檔案化
確認個人之優勢／劣勢	決定晉陞人選
認定個人績效	決定調遷與工作指派
協助目標確認	界定不好的績效
評估目標達成	決定留任或停止留用
確認個人訓練需求	決定解職／退場機制
決定組織訓練需求	有效的甄選準則
強化職權架構	符合法律規定之人事權益
允許成員討論關心事項	評估訓練計畫／進度
改善溝通與激勵發展	人事規劃與運用
公開討論或面談，讓領導者進行協助	制定獎賞／俸給薪資決策

圖13-1　績效評量（估）的目的

（資料來源：參照Snell & Bohlander, 2007: 333）

有關績效考核相關內涵，略述如次（參照蔡良文，2008b：143-145）：
（一）績效考核為對所屬人員的考核：依現制受考人必須具備下列條件，始享有受考績之權利，即：1.須為現職人員；2.須銓敘合格實授；3.須任職年終滿一年或六個月。即指考績涉及機關組織主管、成員與工作業務三者之間的關係，雖似分立，實則相關。即考績可作為工作輔導、改善關係、檢討組織或個人目標以及變革之工具。
（二）績效考核以工作績效與品德操行表現為主：公務人員之工作績效，是考核的要項之一。而公務人員品德操守是否忠誠篤實、勤慎清廉、熱忱關懷，影響人民對政府與公務人員的觀感，故亦為考核重點。個人考績內涵可參照考試院公布公務人員核心價值之廉正、忠誠、專業、效率及關懷來衡鑑。在績效評量內涵上，亦可依照Bowman主張將其方式分為，以個人特質為基礎（trait-based），以個人行為

3　重視：（一）薪資與生產力相結合；（二）事業的選擇；（三）訓練需求的評估；（四）改進主管與部屬間之溝通；（五）工作協議的文件等。
4　重視：（一）公正；（二）發展；（三）參與；（四）其他人力資源管理功能的整合與支持等。

爲基礎（behavior-based），以及以工作結果爲基礎（results-based）等三種多元途徑（1999: 557-576），僅其密度可再提高，使其評量績效更爲可靠。

（三）績效考核以平時考核、年終考績和專案考績三者並重：公務人員考績就時間觀點而言，有平時的考核和定期的年終考績；就事件內涵而言，可就重大功過事件辦理專案考績。其目的均在求綜覈名實，獎優汰劣，適時提升公務人員士氣與建構良善的組織氣候與文化。

（四）績效考核是達成人事行政目標的方法之一：人事行政的基本目標是獎優汰劣，提升機關效率與效能。因考選係施之於任用之前，且是測驗一般智識水準；考績則是任用後的考核和實際工作能力的考驗。所以，考績可視爲考試的延長，績效評量必須具備信度（reliability）與效度（validity），並配合策略性與具體性作爲，始能衡鑑人才之優劣[5]。同時行政機關中的獎懲是選優汰劣的根據之一，而獎懲又以考績爲基礎。因此考績實係激勵人才與增進效能的手段，亦即達成積極文官體制人事功能的主要途徑。

　　因此，滿足人民對政府的信任與需求，就成爲民主政府存在的最核心價值[6]。爲了確保政府及公務人員能眞正負起對人民的責任，設計一套有效的行政或政治課責機制，即是民主行政不可或缺的重要策略。所以，考績的最終極目標應是回應人民的需求，創造人民福祉也。「公務人員考績法」修法過程中，銓敘部民國98年6月起多次邀集學者專家多數偏向考績就「工作績效、品德操守及其他與業務有關項目」進行評量。至於考核項目則由各機關自行訂定除獎優亦可汰劣外，其關鍵績效指標（Key Performance Indicator, KPI），可以提高考核之效度及符合機關組織之需要。

二、績效管理之論理及相關議題分析

（一）績效管理的定義與策略規劃

　　一個組織的策略總目標和個別績效指標之間，是以一種垂直分化與聯結的方式，形成一個目標的體系，此亦即績效管理必須思考其動態過程的相關議題。譬如公共行政學者Shafritz與Russell（1997: 299, 302）提出績效管理的循環模式（如圖13-2所示）。第一，將機關內各個管理體系如預算、人事、績效評量，以及個人績效考核等體系加以聯結；第二，將高階人員的願望和基層人員的服務傳輸予以聯結；第三，將決策制定的核心單位和負責執行政策、處理顧客的末端單位之間做有效的聯結；以及第四，透過個人的績效獎金制度和組織層級之優先順序的轉移，來驅使成員的努力和獎勵之間作聯結。而且Shafritz與Russell兩人斷言，倘一個機關造成浪費、疊床架屋或無效率的話，其中主

5　在人事行政程序上，如僅有考試而無考績，即如有進場機制而無退場機制，此對已任用人員之工作才能及績效，無從評核其優劣，蓋目前之考試成績優異者未必即爲將來工作績效優異者。

6　在民主國家中，公務人員所需負責的層次有三：（一）是對行政長官負責；（二）是對民選或政務首長負責；（三）是對人民負責。其中，最重要也是最高層次就是對最終權力來源之人民負責。

要原因之一是上述這個模式中的要素間缺乏有效聯結所致。策略規劃與績效管理制度之間必須做緊密的聯結，才能使成員的績效標準隨時都能符合組織的願景與發展策略。

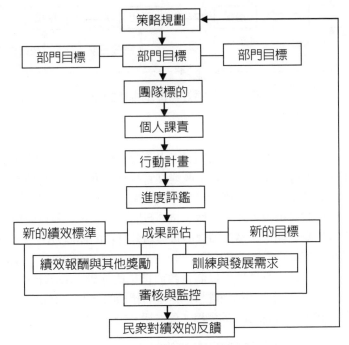

圖13-2　績效管理的循環圖

（資料來源：參照朱金池，收錄吳定編，2009：334-335）

（二）績效管理的基本內涵與架構體系

　　績效管理的基本概念包含減少投入的成本、合法的過程與維持公平性、投入與產出間的效率問題、評估投入與產出及結果的效能關係（如圖13-3）。

　　由於績效管理可分為對政府治理績效之評量（核）（performance measurement）及對行政體系組織成員個別績效之評定[7]。或謂包括評量及管理（measurement and

---

7　如美國之「績效與成果法」（Government Performance and Results Act, GPRA），以績效與成果法的內涵觀之，其係經由國會等非行政部門的外部干預與介入，要求組織提出策略規劃，並進行預算控管，同時加上「財務長法」（Chief Financial Officers Act, CFO Act）搭配的財政控制，來共同發揮外部監督制衡的功能。事實上，美國「績效與成果法」的實施，其最大的意義，在於促成政府機構的改革典範從「官僚驅力」（bureaucracy driven）朝「公民驅力」（citizen driven）方向發展，而使得行政模式能與當代的治理結構（governance structure）結合。

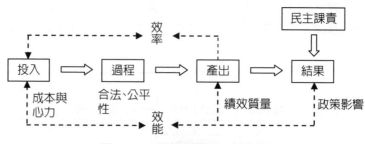

圖13-3　績效管理基本概念圖

（資料來源：參照胡龍騰，2009：8）

management）[8]（Cawte, 2009: 6）而美國的相關績效管理之架構體系，其主要在使政府績效評估工作流程標準化，同時希冀改變文官行為與型塑良善有效能的管理文化，可供我國政府績效體系強化與建構之參考。其在個人考績最後之目標即是在團體績效之提高，以及達成政府績效管理。當然，包括政府政策制定、執行與績效評量、績效衡量與績效評核的聯結關係，然而績效衡量與績效評核的操作方法，卻是各級政府機構目前最感困惑的議題，兩者是相互關連的。依據美國智庫研究中心（The Performance Institute）的設計，績效衡量是用以測量政府機構的活動（activity）並轉換為成果（outcome）的過程；而計畫的績效評核則是基於組織的努力（effort），了解機構對外部顧客或標的的影響力（impact）的過程（孫本初，2005：49）。

（三）績效管理作業中的謬誤與改進之道

績效管理原係企業用來強化成員表現之管理技術[9]，之後，有關績效管理之理論蓬勃發展，對績效管理之定義也趨於多元，或界定為一種管理之執行策略，以達成組織目標之管理過程；或認績效管理是成員與其直屬上司之互動關係，包括如何評量工作績效及找出阻礙績效之障礙並予以排除等；或謂績效管理者與屬下成員之間，進行持續、雙向之溝通，亦即希冀達到共同學習和成長之歷程（邱天欣，2002：16-17），而黃英忠

8　在澳大利亞政府之績效管理認為是：用以增進個人與團隊績效，以達成業務目標的方法（a means to improve the performance of individuals and teams to achieve business goals）；用以緊密聯結組織與個人規劃的方法（used to align organizational and individual planning）；勇以激勵優良績效與管理不良績效的機制（a mechanism for rewarding and recognising good performance and managing under-performance）；用以發展工作技能與永業職涯規劃的機制（a mechanism to support skill deveopment and career plannning）；從職場規劃角度，用以找出與開發成為高效能工作團隊所需的能力（from a workplace planning perspective, a mechanism to identify and develop required capabilities for a capable, adaptive and effective workforce）（註：澳大利亞商工辦事處代表於2009年12月7日到考試院演講稿）。

9　最早係由M. Beer、R. Ruh、J. A. Dawson、B. B. McCaa與M. J. Kavanagh等人，於1978年*Personnel Psychology*期刊中首次提出。

教授認為是評核部屬貢獻度與發展潛能，並與組織目標相聯結[10]。

　　茲以美國總統歐巴馬（B. Obama）任命之績效長奇茨（J. D. Zients）提出歐巴馬的績效管理改革系統的五大關鍵因素原則：1.由高階主管充分掌握績效管理過程（senior leader ownership of performance management process）；2.聯結目標與評量方式（cascading goals and measurements）；3.績效導向、跨機關的目標設置與評量（outcome-oriented, cross-agency goals an measurements）；4.持續不斷的評估與課責（relentless review and accountability）；以及5.過程透明化（transparent Process）等（胡龍騰，2009：20-25），可供參考。

　　綜之，團體績效管理著重策略及目標之達成，主要係根據組織願景與使命，設定組織達成願景之策略，進一步擬訂明確之目標與衡量方式，並據以分配預算與資源，執行達成目標之行動方案，且定期衡鑑各單位目標之達成度，再分析或修正各單位目標達成度與整體組織策略目標之關係。至於個人績效管理，重點在於使人盡其才，且適才適所，除個人與職務間之契合外，更重視其與組織目標間之聯結度與個人之貢獻度與契合度。雖實務上有其困難，但至少其制度之理念與精神是可以借鏡參照的。

三、個人考績與團體績效評比工具之分析

　　任何評量或考核評比的工具非主要目的，是僅為達成組織成員的共識價值觀與目標之完成，也包括機關組織卓越的運作與管理。最重要的在於贏得人民的信賴，提高政府效率與效能。當然，不同時期其績效管理與評量工具亦異，且不論是英國或美國績效考核之實務作為亦然[11]。茲就有關個人與團體的考績或績效評量方法，略述如次：

（一）個人考績的方法方面

　　關於個人考績，考績的方法很多，各種方法的特性、運作、限制與實施對象均不同，難以認定某種方法的優劣或宜單獨使用某種方法。其實，考績有原則、有途徑，惟考績對象不同，方法亦應有別。如對專家與通才，對主管人員與非主管人員，對高階層行政人員及中下階層人員，……均有所不同。故對於考績方式不宜拘泥形式，只要合乎

10　績效管理將機關施政計畫、策略目標、單位目標及個人目標，做有效統整、轉化及聯結的過程。所以，績效管理之範疇，已提升至績效發展（performance development）與策略管理之境界，並將以往著重於「事後評核」，擴充至「事前規劃」與「隨時回饋評量」。換言之，透過事前規劃、雙向溝通、持續改善等過程，使成員之能力與潛力能充分發揮，提升組織在激烈競爭環境之競爭力。無論績效管理係由哪個角度切入，其最終目的均係為了組織績效之提升。參照劉宜君，我國民間企業績效管理制度之個案研究——公部門考績制度之標竿學習。

11　茲以英國外交部為例，其考核重點包括組織成員的創新能力，與人合作的能力及提供公務服務之品質。其服務優劣關涉到待遇獎金以及其快速升遷訓練等發展（參照英國駐台代表，98年演講稿）；另參照Lunger（2006）歸納晚近績效管理取向，應側重於機關組織之策略，建立新的價值導向；重視績效達成之協調；重視顧客導向與公共服務導向；勿忽略短期利益更重視長期導向公共利益抉擇；以個人績效為基礎的團體績效觀；重視跨域功能之聯結與評量；留意過程中之監控成長與發展。

考績原理、價值倫理，但求從實品評優劣而做審慎有效之考核[12]以及運用績效評估的方法[13]（Rosembloom & Krachuk, 2005: 226-231）；俾落實績效評估，貫徹政府組織策略。要之，相關之評估工具與方法，必須與時俱進及妥善運用，方可獲得預期效果。惟無論採何種評核方式，均須考量其對組織之適用性、持續性、聯結性及共識性，積極應用新觀念與新方法，始能建立對組織有助益之績效評估制度。

（二）團體績效評比的方法方面

茲再檢視相關績效評量的觀念與方法，筆者歸納前述學者專家意見，僅針對當前最重要且符合我國考績法制改革中，有關團體績效評比方法的觀念加以分析討論（參照鄭瀛川、鄭夙珍，2007：3-9）：

　　1. 平衡計分卡（BSC）：平衡計分卡係由Kaplan與Norton在1992年發表於*Harvard Business Review*，主要在藉由簡明精確的測量企業目標與願景策略相關之活動，俾利經理人全面了解企業績效。所謂的平衡即指評量項目中不僅包含早期的財務指標，更包含非財務指標[14]。

　　由1992年以降，不少學者提出不同向度組合，及可能參考指標。又為能克服選擇指標的問題，爰將指標之選擇與策略目標（strategic objectives）聯結，並以策略地圖（strategic maps）方式呈現策略與指標間之關連性；管理人必須找出每一向度所代表的五至六項目標，並在策略地圖上呈現目標間的因果關係；在目標間因果關係確認後，每一目標再找出代表性指標；此一取向由於較能展現組織脈絡與發展之系絡，在近十餘年廣被使用[15]。由於理論與實務界僅參照其四個構面，便統稱其為平衡計分卡。如此很容易造成公部門在推動BSC時，可能造成莫

12　一般考績常用之方法，約如下述：（一）觀察判斷考績法；（二）按項目考績法；（三）比較考績法；（四）分配考績法；（五）績效標準法；（六）特殊事例列舉法等。除了上述的考績方法，另外仍有許多考績的技術存在，亦各有其優缺點，要如圖形評分表、加註行為評分法、交替評分法、強迫分配法、重要事件法及目標管理法（Dessler, 2004: 330）。至於，就績效評估而言，除了解以財務指標與間接成本的評估法外，更宜重視如標竿分析法（bench marking）、全面品質管理（Total Quality Management, TQM）、六個標準差（six sigma）、作業基礎成本制度（Adivitity Based Costing, ABC）以及平衡計分卡（Balanced Score Card, BSC）（林嘉誠，2004：1-20；施能傑，1998：35-51；余致力，2003；朱武獻，2003：301-405）等。

13　羅森布魯等提出，美國績效評估自二十世紀70年代受到很大的關注，期間亦存在著評定結果呈現的主觀差距以及公務人員產出的不可量化，所以，他們主張某程度上政府績效評估是一種「尋求技術的過程」，且關注的是績效因素與成員特質。

14　Kaplan與Norton提出各項關鍵績效指標。同時需透過關鍵流程以支持達成策略目標的作業活動，並提供關鍵性績效指標，以數量化方式清楚衡量企業經營績效，達到企業有效管理的目標，提升營運優勢與創造商業價值。

15　雖然平衡計分卡的範例在網路上唾手可得，然而學者認為直接採用現成的平衡計分卡並未能為組織獲取最大利益，善用平衡計分卡首重執行模式，管理人若能有效轉換組織機關願景為可操作目標，並將目標間之關連性釐清，蒐集具體指標反應績效發展，並據以調整發展策略，方能為組織與人民謀求最大福利（參照http://en.wikipedia.org/wiki/Balanced_scorecard）。

頓（R. K. Merton）所謂之目標錯置（displacement of goals）的現象[16]。因為公務部門比較多的是提供服務的事務性部門與公營事業單位等，前者所從事的工作難以得到量化的指標。又其他指標公務部門就算可具體找到量化指標，但顧客到底是誰？是否應思考公務人員是主要提供民主服務、公共服務與公共利益理念與價值，而非偏重提供顧客服務、公共管理與個人利益理念與價值（Denhardt & Denhardt, 2007: Xi-Xiii），是施政滿意度比較重要還是施政公平性？恐怕又得陷入政策辯論的議題，觀點不同指標就不同。所以公務部門推動BSC，重點應該在於其精神以及指標構面的多元化，因部門提供的服務類別不同，而有不同的權重，例如人事單位、研考單位與環保單位其指標與組織目標結合時，就不能一體適用，數字意義亦不能等量齊觀[17]。

2. 目標管理法：目標管理制度在1954年由彼得杜拉克（Peter F. Drucker）提出，近來融入「尊重個人」、「追求生活與工作之意義」、「個人的潛能開發」等思潮，其相關的評估方法，廣泛地應用在各職場中[18]。整體而論，完全以成果為導向，推論作為衡量機關、單位成員良善互動的機制與提升績效的方法。非但個人目標能與機關組織目標相互結合，彼此之目標間要明確、正當、可完成並考量自制自約的，以人為中心之思考模式與作為。其表格儘量以數字來表達，而文字說明為輔。所以隨時的檢測追蹤查詢便格外重要。由於目標管理重視的是具體的、量化的目標，容易忽視一些定量性不明顯的指標，如只鼓勵生產率而忽略創造性等[19]。易言之，在透過目標管理的過程，讓所有組織的成員共同參與，同時也將組織策略目標變成共同願景暨重視其品質水準，並非只是指標建構的過程或方法而已（參照孫本初，2007a：2-3）。

16　所以，借用策略地圖來補這個缺口，且以四個構面分別展開在公務部門的問題是：財務構面在公部門事實上是受到預算與行政程序等法律的限制，而私部門之營業部門可有財務績效的指標，公部門則顯然有所違背。

17　當然指標建構過程目前常用的有因素分析法，但也受到多質疑的態度，在於題目是哪裡來的？適合測試公務部門嗎？結果剛好是四個構面嗎？此構面能反映組織目標嗎？各構面的權重一樣嗎？上述質疑倘若無法解決其中任何一個，都有可能陷入「文書作業」的窘境，並嚴重違背選用BSC的初衷。雖謂策略地圖就某種程度而言，可補足此一缺失，但對公部門真正的啟發則在於：我們應釐清公務部門的遠景是什麼？組織的核心價值是什麼？衍生出的策略是什麼？若都能確認並明白說出其中的各種關係，其執行過程便可轉換成指標系統並予以評估，這樣或許較能掌握BSC的精神，又能將指標趨向於具體化（參見孫本初，2007a：2）。

18　目標管理能將組織整體的努力方向協調一致，由首長或主管對應於組織成員相互提出目標及對工作的衡鑑方法，並相互認可；另為確保其成果對於設置目標及衡鑑方法定期檢視評估與建置回饋機制，以為年終檢討組織個人與組織之成果，以及對於公務生涯規劃提出培養計畫，最終在於達到機關組織最好的績效。

19　Neely提出績效評量四項基本過程為（一）設計評量系統（measurement system），（二）執行，（三）藉由評量結果管理，及（四）修正評量系統（Powell, 2004）（鄭瀛川、鄭夙珍，2007：10），所以，在公務部門中，因其特殊的環境系統、組織文化、預算限制等，目標管理常常變成績效考核的參考工具，除花大量的資源去追求目標的建構與訂定外，尤應重視其參與之基本精神並引入願景管理、學習型組織等。

3. 標竿分析法（BM）：係指某一組織向該領域的第一名（標竿對象）看齊，簡單的說就是取法乎外、見賢思齊[20]，且標竿分析法係由實務需要逐漸衍生，由於企業在營運過程中，無法確定是否仍持續保持高效率之狀態，藉由與其他公司比較，可以隨時得知營運效能及作業缺失，以增進內部效率與整體績效。由於標竿分析法係要求組織向該領域的第一名學習，但這種效法的精神，也可能忽略制度移植時可能產生的問題，且以公私部門的任務、使命和目標有相當大的歧異；即便是公務部門之間的相互仿效，亦將因內外環境之差異造成標竿理想的難以達成，不可不察也。

綜之，在公務部門引進各種績效管理工具時，宜先釐清組織的任務、使命與願景為何、所提的評核工具、及其亟待解決的問題；且因公務部門指標大多皆非量化概念，且都不易量化，在這樣的情形下，其適用性必須更加慎重。另外，績效管理若能確立相關的配套措施、課責機制等，或許能將績效管理的實質內涵與意義完全展現，更有利於績效管理的落實，以提升公務部門之產出與結果，建構高效能政府。

參、個人考績與團體績效的相關議題檢視分析

績效管理強調產出面之成果評核及衡量，其基本概念係以政府整體或特定機關、組織之產出績效為衡量單元，以了解政府之產出是否合乎民眾之需求？是否達到人民極高的滿意度？是否確實有效地解決公共問題，以提升公共及人民福祉[21]？此一面向關注之焦點，著重於政府本身與其外在環境間互動交界構面，亦即政府之服務輸送系統（service delivery system）是否有效運作；而就公共組織運作而言，與績效管理最為有關者，即為廣義之「課責」（accountability），亦即確定每一個政府組織成員，其個人行為及所產生之效果，與整體政府機關、組織產出績效之間的關係[22]，進而將課責之

---

20 所以組織內外或是世界性的標竿都可以成為學習對象。標竿分析法的比較標的有三：（一）廣義之比較（broad comparisons），典型之比較標的如：企業組織、採購策略、人力資源調配、提供服務與解決問題之不同方式等，潛在之效益則可藉以激盪產生新的點子，找出較佳解決方法，將研究成果付諸實施等；（二）係為績效評量的方法（performance benchmarking），典型之比較標的如：企業之生產力、資源運用數量、成本、效率、品質之管控等，潛在之效益則可藉此凸顯出績效差異情形，探討差異原因，作為執行績效不良者改進之參考依據；（三）係為程序評量方法（process benchmarking），典型之比較標的如：作業程序、管理系統、行政流程等，潛在之效益則可以強調現行作業典範，提出增進效能之建議。

21 2009金馬獎最佳國片「不能沒有你」劇中所隱含之深意在如何激勵公務人員的熱情、關懷與同理心、傾聽人民的聲音（hear the citizens），回應民意及提升決策品質與人民福祉。在98年公務人員全國傑出貢獻獎頒獎典禮時蕭副總統萬長與關院長中同時指出，亦先後提出日本「官僚之夏」來借鏡與回顧我國光復初期公務人員忠勤敬業事蹟，並勉勵全國公務人員，創造新的里程碑。

22 （一）行政院人事行政局（現為人事行政總處，以下同）於98年10月15日新聞稿對外界關注公務人員上班時間玩「開心農場」指出上班應盡職負責，非因職務需要，不得動用公務資源等，各級機關首長與單位主管應確實督導考核，督導不周應依規定議處。（二）八八水災期間，某南部鄉公所同仁上網玩遊戲，經媒體報導，影響社會觀感。

結果回饋到機關組織之管理及人事運作機制中，以決定組織成員在組織中之生涯發展，以及獎懲激勵等相關人事管理措施。因此，公務人員考績制度在完整的績效管理制度下，應包括團體績效產出與結果之衡量，以及個人考績表現與團體績效產出及結果聯結或扣合關係（參照施能傑，2004：79-94）。

一、個人考績相關議題檢視分析

考績制度改革討論焦點之一，在於強調個人考績與團體績效間應有扣合機制。基本上，個人考績並非客觀不變的，而往往是主觀認定與評價結果，同樣之行為結果或產出，由不同考核者、運用不同之方法進行評估，將會產生不同之評價結果，因此，績效評比除技術方法及過程外，更包含人際互動及可能的權力運作。茲簡述之。

（一）個人考績是團體績效的基礎：針對個人所為之工作績效管理，著重之點在於績效評核，採用科學的、系統原理及方法，評定及測量成員職務上之行為及工作成果。即經由以一定之機制、過程及方法，將每一位組織成員工作成果予以具體化地表現出來，進而作為組織績效管理之基礎；因此，個人之績效評估應非最終目的，而係作為組織團體績效管理之基礎。個人層次之成員績效評核，由於係以人為對象，無可避免地受主觀人性及社會互動之影響，而使個人績效評核不可能完全客觀。而評估組織成員之績效，除組織管理之本身需求外，更可了解成員之價值與尊嚴，亦能提升成員管理與潛能之發展。

（二）個人考績的困難與謬誤：如前所述，績效考核必須具備信度與效度。通常績效考核有其指標與原則及相關的運用方法如圖13-4所示，可資參考，容後融入分析。在實際考核中，雖依「公務人員考績法」相關規定辦理，然又常發現行政機關在進行考核時，有下列困難與謬誤（error）（參照林水波，1989a；1989b：22-35）。

激勵因子	環境要素	能力與潛能
生涯抱負	設備／原料	技術能力
成員衝突	工作設計	人際關係能力
挫折感	經濟情勢	分析能力
公平／滿意	工會／協會	解決問題能力
目標／期望	規則與政策	溝通協調能力
團隊／凝聚力	管理者的支持	生理限制
	法律規定	心理意向

圖13-4　影響績效的因素圖

（資料來源：參照Snell & Bohlander, 2007: 367）

1.難於公正或流於形式，其主因為考績者的主觀偏見，或是主管偏見與鄉愿作風所致；2.過寬、過嚴或趨中傾向的謬誤（leniency, strictness or central tendency），係指考核者偏向兩端的評定或考核；3.暈輪與單點謬誤（halo and horns），在於考核者有以偏概全的傾向；4.比較謬誤或好同惡異的謬誤，乃考核者對考績的評定，以受考者間的相互比較而定，而非以每位受考者實際工作的績效為評比衡定的基礎；5.服務年資或考核者特性而引發的謬誤，包括考核者往往有給予資深的人員較高考績的傾向，以及考核者如堅持自己的考績，絕不能低於部屬等，均可能造成考績的謬誤與不正確性。

（三）建構個人考績完備的思維架構：政府推動績效管理，強調以績效作為考核的標準，同時又要重視廉正、品德與課責、授權、授能價值以及防止各種可能的謬誤等，與現行「公務人員考績法」規定是否相容，或有爭議，如何克服，值得重視（參照蔡良文，2006：44-49）。當然，政府部門進行組織成員績效評核之困難性，除了人情因素影響評估外，更因政府部門之工作性質及產出不易客觀量化，因而使成員之績效具有高度的模糊性（performance ambiguity），其成員考績評核之困難度也愈高（陳海鳴、郭東昇，2005：559-572）。所以，為克服個人考績謬誤，在實務作為上，就必須從完備之過程、靈活方法之運用及陷阱之規避等面向，思考法制設計之架構。

1.完備之過程：目前個人考績過程之重點，在於「由上而下的指揮監督功能」，未來應強化「水平的溝通協商功能」，並須取得衡平[23]；2.靈活之方法運用：任何評核方法具有多種可能性，關鍵在於審酌何種條件及情境下，應該選擇何種與多重組合之評核方法，才能使評核最具有信度及效度[24]；3.規避陷阱之發生：績效評核必須避免產生陷阱[25]，所以，應調和彼此立場，避免過度主觀性，以及防止可能的陷阱，方能完備法制與運作的思維架構。

二、團體績效評比相關議題檢視分析

（一）團體績效考核的現況分析

凡良好且有效的團體績效考核制度能客觀衡量組織績效，並檢驗績效是否符合組

---

23 在指揮監督功能方面，除重視其工作範圍評估指標外，並應考量其品德倫理之評量。在溝通功能方面，則表現在上述每個評估階段，都必須經由評估者與受評估者間之良善互動，並進一步商定未來績效改善或發展評量，以維持組織管理的穩定發展。

24 實務上進行團體績效評核時，先取決於組織文化、業務特性或重視組織發展等因素。至於組織成員則必要考量其行為舉止、重要事蹟等事項。而個人與組織團體績效之評比及其發展性，應予重視。

25 本項包括：（一）主管與成員視績效評核立場上互異。（二）績效評核由於不同立場及背景，對於績效評核的結果會賦予主觀之詮釋，使其產生有利於己之結果。（三）由於強調公平性，其評量採以格式化及一體適用方式，導致成員被評核項目與個人特殊工作職掌及能力間，呈現低度關連性。（四）績效評估之結果難免對和諧的人際關係與良好團隊帶來緊張，破壞團隊能力及凝聚力，對於組織團體績效造成不利影響（引自世界經理文摘，2008：24-26）。

織預設標準，同時從中修正個人與組織目標的偏差，以符合組織發展需求。所以，有效的團體績效考核可帶動成員進行學習以改正偏差，進而整合資訊，發揮組織成員之顯性與隱性知識傳承功能，並凝聚組織成員的向心力，以落實推動知識管理（KM），引導（steering）文官體制創造生產力，實踐服務型政府之運作。惟就考績理論有關發展與激勵性功能之強化之做法，目前之現實情況下實難有效推行，個人考績幾乎流於形式，而行政機關之團體績效考核尚未建立，何能冀望藉由個人的考績來達到考績的發展與激勵性功能。

其次，公務部門的行政管理並非憑空存在，社會大眾、政策領導者與公務人員之間，彼此之間透過制度安排與政治活動而緊密地相聯結（參照林水波、陳志瑋，1999：319-354）。因此，團體績效考核，應考量人民的感受；即公務人員應該考量之指標內涵，可區分為：公共利益、憲法及法令；各層級的政府機關組織職能；媒體、專業與職業標準及社群價值觀；民主規範，以及公民價值等，此皆與課責之運用有關[26]。Jabbra與Dwived對於課責面向的區分（參照Denhardt & Denhardt, 2007: 42-43），相當周延，其主要為1.組織課責（organizational accountability）；2.國會課責（legislative accountability）；3.政治課責（political accountability）；4.專業課責（professional accountability）；5.道德課責（moral accountability）等項，值得參考（孫本初，2007b：179-184）[27]。

再次美國歐巴馬的績效管理改革過程中，也呈現許多問題，包括障礙與謬誤。如評量指標未能衡鑑所欲達成之績效；指標與施政目標間因果關係不足；多以投入型、過程型指標作為評量標準；指標的方向性不明確；指標之分項權重分配不適當以及預定目標值不具挑戰性等。至於解決之道略以，在重視指標所評量的標的，須與最終的產出或結果，具有高度相關（不論正向或負向）。應重視結果指標，因其較能反應實質的績效，所以必須扣緊結果指標（含中介結果（intermediate outcomes）及最終指標（end outcomes））；至權重之設定方法要為：層級分析法（Analytic Hierarchy Process, AHP）、敏感度分析法及專家德菲法等；另為期預定目標具挑戰性，可以過去該項指標達成度之平均值加上一個標準差等加以考量。（胡龍騰，2009：34-48）要之，上述各

26　嚴格的定義下，課責性與責任性並不相同。課責指的是組織中的某個人必須因為其決策或行動而接受責難或獎勵；責任的意義較為模糊，而且是透過層級結構的另一個方向進行。另外顯的課責是行政人員執行其行政任務並對之負責。而人們對於非因自己行為而直接產生的結果有內隱的責任。

27　課責的真義是：要算清楚的、需報告的、可依賴的、能解釋的、知得失的、負後果的、重成果的。「課責者」要能承擔全責，要確定「負責者」能完成工作，進而要能縱觀全局，也能細審關鍵，能細分課責與負責的不同責任深度與廣度（張文隆，2006：55-71）。由以上論述可知，公務人員淘汰制度的重要原則之一就是要符合「課責原則」。公務人員淘汰制度之所以必須遵守課責原則之目的，一是在明確規範公務人員所應負的責任範圍，以使其在從事行政行為與行政決定時，在行為態度上能恪守相關法規之規定與符合公共組織所定之績效標準，以回應民主國家公民對政府之公共課責。另一目的，則在於保障公務人員不受監督者濫權之侵害，因為當公務人員淘汰制度的課責範圍確定之後，除非公務人員違反應盡義務與責任，否則其身分權及因公務人員身分所享有之權利，均不可被任意剝奪。

種績效管理作業中的可能問題及其解決之道，是值得重視的。

　　政府人力資源管理決策另一最重要的議題就是公平，因為公平對於組織成員而言是一項非常重要的激勵因素，如果組織成員感覺到組織人力資源的相關制度或決策缺乏公平性，則成員士氣將大受打擊。反之，則成員會因為認知到組織的公平對待，而以工作績效、對組織的承諾、以及良好的組織公民行為，作為回報。而個人考績或績效評比等相關人事管理措施，均必須考量公平原則。

（二）團體動力到團隊建立與績效考核目的之評析

　　團體績效著重於團體行為模式，以及成員與成員之間的互動關係，即在團體動力（group dynamic）的運作下，所表現出來之團體特徵與行為；對團體而言，團體績效為團體運作之結果，亦為團體過程之現象（宋鎮照，2000）。又團體具有科層體制及領導與權威，而團隊強調平等化、分權化，成員共享領導權；團體重視分工及個人之工作成果與責任；團隊則是強調個人和團體之責任並重，較著重集體之工作成果。所以，如何在重視層級節制與指揮監督的行政部門環境中融入團隊精神，也是重要的課題也。

　　再者，霍桑試驗（the hawthorne experiments）為早期重要之團體研究，而團體績效考評對於霍桑實驗延伸之正式組織與非正式組織的正反功能亦宜併同考量。有關團體績效部分，考量重點須放在團體互動，亦即其受「體動力」影響之情形，方能有效進行團體績效管理與評核。任何組織運作有其靜態結構如組織法制、人事法制等，更需了解其組織動態運作內涵，亦即團體動力產生之效果對於績效產出與結果之影響。

　　組織成員層級之高低對社會性監督或內部監督績效的影響程度是不同的，且團體中組織成員的背景因素，包括年齡、教育程度、性向等因素，及其彼此之互動，或產生加成作用，或產生減退作用，其團體表現亦有所不同。如何導引團體互動或團體動力正向功能，是必要正視的課題。又團體績效評比中，也關涉到個人考績及其升遷發展，必須克服負面競爭的可能後果，如「一個和尚挑水喝，兩個和尚抬水喝，三個和尚沒水喝」的推諉現象。所以，「一種米養百種人」，「人心不同各如其面」，如何導引善心善念的匯聚與團隊的建立，是提升團體績效時，須認真思索的課題，亦是善治的基礎。

三、個人考績與團體績效評比間應考量的議題分析

（一）現行考績制度改革背景分析

　　現行公務人員考績法制設計之本旨，係以受考人年度品德操守與績效表現為主要考核範疇，並於「公務人員考績法」及其施行細則規定考列丁等及甲等之條件，其實施過程，如民國34年「公務人員考績條例」規定不得超過三分之一；59年「公務人員考績法」廢止考列甲等人數限制，惟60年由總統府秘書長協調五院秘書長規定各機關考績考列甲等之比例，以三分之一為原則但不得超過二分之一。迨至76年「公務人員考績法

施行細則」明定可考列甲等之一般要件及特殊條件後，其比例又偏高，則有其變革措施[28]。如前所述，考量個人考績如未能結合機關整體績效與民意之相當落差，恐流於寬濫，且在各機關適用相同甲等人數比率情形下，如無團體績效評比作為衡鑑機制，會有不同機關或單位間具相同績效之受考人，卻可能在考績評定上產生不同結果，而欠缺衡平性；又基於給予機關適度之競爭壓力，督促機關努力達成目標管理，進而提升機關整體績效考量，確有實施團體績效評比之必要，考試院乃於94年7月14日函送立法院審議之「公務人員考績法修正草案」第13條之1第2項規定：「主管機關及各機關得視其業務特性及需要，分別辦理所屬機關間及內部單位間之團體績效評比，評比結果作為評定機關及單位人員考績比例及獎勵之依據；其範圍、標準、程序及有關事項之實施辦法，由考試院會同行政院定之。」然該草案未完成立法，至今仍由銓敘部重新檢討研議中。

　　考試院自第11屆開始積極與行政系統推動文官制度之興革，先組成文官制度興革規劃小組，次就施政綱領與關中院長上任後所闡示之改革理念，暨各界所提供建言，經多次開會討論後，彙整成六大方案，提該屆第39次會議通過，其中「落實績效管理提升文官效能」方案，其具體興革建議，含括研修「公務人員考績法」「建立個人與團體績效評比機制及績效獎金制度」。按團體績效評比機制及績效獎金制度，雖分別有過去實務做法可資借鑑，惟擬併入公務人員考績法予以規範時，允宜審慎配套妥善規劃制度內容，俾立法後得以順利實施。

（二）相關問題初步分析

　　現行公務人員考績與行政院各機關施政績效評估[29]，未來因有關考評時間點及受考評對象均不同，須考量考評時間、受考評機關及評量方法等，規劃考績法規團體績效評比制度相關規定，茲說明如次：

1. 考評時間：團體績效評比制度納入「公務人員考績法」規範，並作為分配考績甲等人數比率及發給績效獎金之參據，則各機關辦理所屬機關及本機關各單位間之

28　銓敘部及行政院人事行政局自90年起以首長聯名箋函請各主管機關配合依考績考列甲等人數比率以75%為上限之原則辦理，且規定主管機關在該比率上限內，得對具有特殊業務績效表現之所屬機關，酌予調高其比率；又行政院人事行政局於91年規劃特別重視業務推動之績效，乃試辦行政機關績效獎金制度，92年起全面實施，嗣因立法院審議96年中央政府總預算案決議、中央政府總預算自96年度起，人事費若有結餘，亦不得充作任何名目之獎金，爰96年之後即未再核發績效獎金。惟各機關內部仍有依團體績效評比結果據以分配各單位甲等人數比率之情形；另行政院研究發展考核委員會規劃經行政院於90年訂頒之行政院所屬各機關施政績效評估要點（於98年4月17日另訂行政院所屬各機關施政績效管理要點），自92年起開始推動辦理機關間之績效評比。

29　個人考績年度終了辦理，其結果自次年1月起執行；依行政院人事行政局（現為人事行政總處，以下同）規劃辦理之行政機關績效獎金制度，各機關應於當年12月15日前，就其內部一級單位及其所屬機關間之績效完成評比分等為原則；復依行政院研考會（現改隸國家發展委員會，以下同）規劃之行政院所屬各機關施政績效評估要點規定，行政院所評估之所屬各機關施政績效範圍，係以行政院下設各主管機關（各部、會、行、處、局、署、院、省政府、省諮議會，即該要點所稱各機關）及其所屬機關之年度績效為範圍，並規定各機關應將其年度績效報告於次年3月7日前，提送研考會辦理評核，至於考試院所屬兩部二會如何比較與評核？似可併入中長期規劃事項。

團體績效評比從務實面言，團體績效在行政部門以漸進採行為宜，且其考核均應於年終前完成，始有辦法如期於年終辦理個別受考人之考績；又各機關辦理所屬機關間團體績效評比，並據以分配所屬機關考績甲等人數比率後，其所屬機關始能進而分配所屬各單位之考績甲等人數比率，基此，在團體績效評比方法上須力求簡化，儘量以量化或類比或序列之標準評比，否則勢必影響公務人員考績之辦理時程。

2. 受考評機關（單位）：應予考量者為：主管機關的定位，包括中央機關與地方政府之互動關係，其考績權責定位宜審慎研處；及以各相關單位之性質及規模大小來做區隔或分類，是必須慎重思考的[30]。

3. 評比方式之檢視分析：就個人績效部分，現行「公務人員考績法」、考績法施行細則及各機關平時考核等相關規定，已就個人績效考評及品德操守予以規範。93年試辦績效獎金制度時，通常以單位績效評量其等次，發給團體績效獎金，再由各該單位主管就其所屬同仁評比績效，按優異順序給予個人績效獎金。所以，未來制度設計上，將團體績效與個人考績扣合即可。

至於團體績效之評比方式，則又涉及績效評比標準及評比工具兩部分[31]，由於政府業務為公共服務性質，多屬質化之本質，實施績效評比之困難度高於民間企業，過去實務多以可以測量質化的績效指標進行評比，雖可簡化評比作業，然做法仍有予再研議之處：其一，就機關內部單位之團體績效評比而言，不同單位間業務性質差異甚大，雖可採目標管理方式，透過其目標之複雜度、挑戰度、執行度及達成度等進行評比，惟多未有由受服務對象參與之評鑑機制，恐機關內部之績效評比與外部觀感未必一致，而易受質疑，因此，制度設計可將服務對象之回饋納入評比標準，或委託公正客觀之民調公司調查，以供作參考[32]；其二，就所屬機關間之團體績效評比而言，上級機關對於所

---

30 由於政府業務多係由中央各部會負責政策之規劃，其所屬機關或地方政府負責執行，即中央各部會負責規劃之政策普遍須透過所屬機關之執行結果，始能窺見其成效，是行政院研考會規劃行政院評估所屬各機關施政績效，乃以行政院所屬各主管機關暨其所屬機關之年度績效為範圍；另地方各主管機關對其自治事項（由於直轄市長、縣（市）長、鄉鎮（市）長的「政治派系之山頭心態」，團體績效在地方能否確實推動實施，地方自治的因素應予考量，或許對此，在考績法規之團體績效評比受考評機關是否排除主管機關審議，可再審酌。另依據業務性質差異分組評比之可行性方面，因評比標準一致，可減少評比公正性之質疑，由於不同機關業務性質可能差異甚大，不同業務性質之評比標準，事實上難完全求其一致，由公正公平之考量，宜依據各機關（構）業務性質差異分組辦理評比，例如分國營事業機構稅務機關、戶政機關、地政機關等分別評比；又重視評比對象規模大小因素方面，以組織團隊成員多寡可能會影響業務推展，是以，團體績效分組評比對象之規模大小宜相近。即人數較少之機關，其團體績效難與同層級機關相互比較，於制度設計上兼須予考量。

31 茲就後者而言，上述人事局及研考會規劃之做法，均以目標管理為主要評比工具；而前者則含括績效目標與績效評比指標，以政府各機關及各單位均有其一定之業務職掌，各該業務職掌依年度施政計畫不同，會有不同之工作重點，績效目標即係以年度工作重點提列，並據以訂定績效評比指標，誠為團體績效評比成功與否之關鍵。

32 政府不可全以民調施政，因民調的真意在於參照了解人民的感受與聲音，以降低官僚惰性，提醒行政部門提升其高度與廣度，以及前瞻精進戮力服務，協力完成政府施政目標與人民需求。

屬機關年度中之優劣事蹟宜即時建立資料庫記載，俾免由所屬機關自評可能形同文書作業與作文比賽之流弊。機關或單位年度業務如屬先期前置作業或設計規劃階段，致績效尚未呈現者，難以檢視其效益，如何評核或列入績效目標或排除之，應視個案處理。

（三）團體績效評比時應注意的課題分析

承上所述，實施團體績效評比至少應注意課題略以：

1. 實施團體績效評比須給予受評核者壓力與誘因，制度才易於推行成功，而壓力適切，誘因合理必能激發其動力。因此，除現行考績對個人之獎懲外，拉大單位團體績效評比之甲等比率，應有其激勵職能，至於適切合理發給團體及個人績效獎金亦有其制度推行之必要，惟應避免營私之流弊。

2. 須使機關首長或單位主管確實認知績效管理之重要性，而就制度而言，除應重視其公正性及避免深化自利個人主義之缺陷，須合理引入公民參與治理的內涵（參照Box, 2004: 25-41; 2007: Vii-Xii, 21-39），應設計拉大機關或單位績效評核好壞差距，決定機關首長或單位主管之去留，課予其對機關或單位績效表現之責任。至於民選首長似可經由公布績效表現成果，使其有民意與民主課責壓力，惟須留意評鑑之公正性。

3. 在團體績效評比建制後，各機關宜先就不同業務性質之所屬機關或單位研議所得使用之績效評核方法或工具，特別是在對不同機關採用不同績效評核工具，如考試院將其內部單位分成二類加以評比。而各機關或單位大小及人數不一，對於小機關或單位不易辦理績效評估者，於制度設計上應有彈性調整機制，例如各人事一條鞭人員併入上級機關整體績效考評[33]，由上級機關統籌辦理或合併小單位實施考評等。

綜之，公務人員之價值感與使命感，係由行為理論探討個人內在需求與價值，亦為馬師婁（Abraham H. Maslow）所提出之自我成就或自我實現感或靈性之需求表徵，而績效管理與考核不宜僅由數量或書面及文字績效表達，對於內在抽象之要素衡量，宜從發展與激勵性的功能出發，將考績（核）結果用以協助人員了解本身之工作能力，並藉由適當的計畫以提升、改善其工作智能，進一步建立個人未來目標，配合組織未來發展策略，方可衡鑑或凸顯績效考核之抽象概念的影響力。而關於行政性價值需求以考績結果作為調薪、獎金、陞遷、汰劣的憑據，因衡量標的不同，故無法於此精確衡鑑之，因此，清楚設定組織與個人目標與策略，並運用績效考核來衡鑑價值感與使命感的影響程

33　目前行政院人事行政局每年辦理之行政院所屬各主管機關人事機構業務績效考核成績審查，以98年度人事業務績效考核共分中央（含直轄市）人事處組；中央人事室第一、第二組；縣市政府人事處第一組、人事處（室）第二組，以及議會組第六組辦理評核，並列出其名次順序，據以表揚或對尚待加強部分，應予改進及列為追蹤查證重點，並作為評定各該主管機關人事主管年中考績及各該人事機構人員年終考績考列甲等比例之重要參據，上述實務經驗或可供未來運作之參考。

度。又筆者經由討論有關個人考績之學理謬誤與解決之道後，於借鏡國外經驗，再討論團體績效評比的可能問題、謬誤與解決方法之後，初步結論是必要修正公務人員考績制度，至於其改革成功關鍵之一，乃在如何建構個人考績與團體績效評比之結合機制等相關議題後，方能期待考績制度步入康莊改革大道。

肆、個人考績評核與團體績效管理有效聯結之分析

「公務人員考績法」原係針對公務人員個人及考績程序所定之規範，非作為評比團體績效之用，未來公務人員考績法增訂團體績效評比機制時，須經理性思考。又團體績效評比標準之設定，除國營事業外，須通盤考量一般行政業務涉及標準難以設定之實際問題。如何分定評比標準與評量方法？個人認為應僅以總綱架構規定，以保持其彈性原則。至於在實施過程上，其績效評比結果是否決定首長或單位主管之去留，應縝密設計，以避免淪為形式主義或政治操弄的工具。

復因組織運作有其複雜性，組織成員間又具差異性，因此，個人考績與團體績效評比之有效整合，難以直接以團體績效作為個人考績評比之依據，亦無法直接將個人考績之總和視為團體績效，而必須透過組織有目的性之管理作為，尤其是機關首長或單位主管之領導能力與評量經驗來評核之，其間之人事審議會議或考績委員會亦須扮演相當重要的角色，其目的，在於使個人考績與團體績效能達相互契應與契合之境域。就上述觀點，有關個人考績與團體績效評比扣合之管理作為，可從下列面向切入探討。

一、機制面向：互信參與建構共同願景與聯結配套作為

團體績效與個人考績管理聯結，係經由績效管理活動，對組織未來發展形成共識，亦即以「前瞻發展」評估（核）取代「回顧管控」之績效管理。基本上，績效評核以往在時間序列上較關注於過去之產出與結果，其績效評估（核）之進行，多為主管單向評述考核，較難建立成員與組織之間型塑共同體意識，同時使成員欠缺對組織之信賴關係，對於未來生產力產生不利的影響。因此，績效管理之核心，必須經組織與成員經由過去經驗下進行良性對話，即由相互對立到互相信賴，由組織疏離到組織承諾提升成員工作潛能與歸屬感，型塑共同願景與良善運作之績效管理機制。

再者，加強彼此對話及良善溝通，建立團體課責，有助於組織信任。在績效管理建構過程中，將個人與組織團體結合最直接之方法，即強化參與及對話之機制，使成員均能參與績效管理之規劃、目標設定、衡量作業及績效產出與結果之確認等，並能適切發揮影響力。以往績效評核多由上而下，在權力運作過程，課責之對象僅為個人。然實務運作上，以個人為課責主體對象並不具公平性與合理性，因成員之表現未必均與組織績效優異程度成正比，當個別成員之表現均為優異，但組織運作之產出或結果未能成功

時，其主要關鍵原因在於領導及管理層面，而非成員本身。因此，績效管理應適度導入民主課責機制，組織成員既爲被評估者，亦是績效管理之共同協力者，透過團體與民主課責，才能將組織團體與其單位及成果有效結合，成爲運作良善且完整之有機體。所以，個人考績及團體績效評估結果與人事獎懲或預算分配尚得維持目前之思考模式與做法，惟長遠宜予漸次脫鈎處理，因績效評估結果應導向發展與激勵性功能爲主，至少不必強調兩者之緊密聯結；此乃源於績效良窳之因果關係不只非常複雜，且以績效與政府預算之聯結，不單是簡單線性之邏輯，而是存在多元複雜之關係（參照張四明，2009：14），必須漸進配套改革之。

二、法制面向：研訂個人與組織目標之聯結及評量工具規範

績效管理必須考量個人考績與團體績效評比的議題，而將個人考績與團體管理績效有效整合之前提要件，係經由「策略規劃」之活動，將組織所有成員均納入組織年度內之運作策略的架構下，以達成組織之策略。每位組織成員應有之作爲爲何？應扮演之角色爲何？均可作爲衡鑑成員績效之基礎。由於對每一位組織成員之要求，均以組織策略之達成爲前提進行設定，因此，只要掌握每位成員績效達成度，即可推知組織策略達成度。未來「公務人員考績法」應規範配套性的績效管理工具，主要包括「目標管理」及「平衡計分卡」以及有條件參採360°績效評估回饋制度（徐木蘭，2000：239-246）。至於全國實施績效評估時的問題及其解決之道，亦可併同思考。

因爲目標管理之重點，在於成員依據組織總目標，以及成員工作職掌，設定其特定工作目標，主管必須發揮領導與管理功能，協助成員達成目標及展現被期待之行爲，完全奠基於成果之績效導向、參與式管理及成員自我控制之管理哲學。而完整的績效管理制度，須由上而下、由面而點，逐步建立順暢快速的回饋機制，目前公務人員考績制度爲人詬病者，在於未能有效將組織目標和預算與個人目標設定做有效之聯結與扣合，往往出現個人目標達成，組織目標卻未完成之管理謬誤，亦即出現人民觀感與公務人員考績甲等比例之落差現象，所以法制上應建立快速回饋參與機制，是讓個人考績與團體績效能有效扣合的關鍵所在。

復以目標管理爲確保所設定目標之正確性，且爲遷就目標必須達到「可被衡量」之原則，往往造成設定之目標偏向財務性目標，而無法完整涵蓋現代化組織高度智慧或知識管理的特性。爱配套的合於「策略地圖」應是可行的途徑。再以各機關使用平衡計分卡時，應先所提出完備之指標，呈現現代化組織必須實現之多面向價值，尋找組織短期與長期目標間、財務與非財務之量度間、落後與領先之衡量指標間、以及組織內部與外部績效構面間之平衡狀態。即在參照或引進不同時期之平衡計分卡時，應視爲因應不同的管理課題而定（Kaplan & Norton，朱道凱譯，2008），且應重視該策略價值之定位，以及其策略方法之精神所在即可，亦即考量降低不同單位之本位主義，或應避免因過度分化造成單位間之繁複協調互動與文書相關活動，方可避免目標錯置之謬誤現象。至於

360°回饋制度，主要在考量行政倫理與組織文化因素，所以，不宜貿然全部採行。

三、管理面向：強化首長與主管領導及考核能力

　　個人考績與團體績效之聯結，其成功之關鍵，在於能以整體角度區別不同成員對組織之貢獻度，而成員若對組織沒有貢獻時，即應有補強訓練或有退場機制之設計。因此，有效的績效管理，除考量品德、操守、忠誠、廉正、關懷外，亦須留意知能、效率與績效，並以確實分工與責任歸屬為評量基礎，同時針對不同業務性質訂定適當而多面向之評估方法與工具，以利評鑑個人考績等次與團體績效。

　　再者，首長與主管必須承擔個人考績與團體績效評比的責任。首長考核主管時，除重視功績原則（merit principle）外，更須重視民意，以同理心傾聽與關懷民眾的心聲等政治性價值因素。易言之，績效管理的主要目的在獲得人民對公務人員的尊敬，所以須能為民興利爭取福祉，非僅消極防弊而已，且係對依法行政的積極作為之正解。當然亦須正視其可能之盲點所在：如團體績效評核基礎要能完全客觀公正而且「有效」，至少應掌握SMART原則，惟其指標是多元的，而宜掌握4E之共同標準[34]（關中，2009b：19-20）。且如各單位選出評估委員來評比時，對於單位人數較多者，是相對有利。又對於不公評核案件，退回該評估委員之評分表（包括單位主管或評鑑委員），是否違反績效管理原則，亦為須重視之議題。同時，政策評估非以短期之利益為考量基準，而需觀察其長遠的利益及所謂「超後果判斷」也。另筆者長期觀察，好長官讓工作積極能力強的成員發揮，甚至容許成員犯小錯，使渠展現才幹潛能。但當成員遇到不太信任或能力德行均不足的長官，如何與長官產生互補而相互成長？實務上，團體或個人之績效不彰的原因何在？改進之道為何？從管理者角度言，至少應留意首長或主管的角度或非主管或不同層級非主管角度？是值得思索的。

　　至於如何增進或測定主管正確考核部屬的能力方面，筆者贊同關中院長日前對初任各主管演講中所指出（2009a）：善用考績法有關規定與工具，達到改善個人績效、單位績效及機關績效的目標；同時首長或主管人員必須要承擔一定的責任。參照渠提出之初步具體做法是：必須正確且有效的平時考核：主管不可為求單位和諧，縱容績效不佳的公務人員，致使機關包容怠惰，形成反淘汰之惡性循環，甚至於發展出許多陋規。另外，在團體績效承擔責任方面，於考評時需注意：（一）首長或主管要有正確有效的考

34　關中院長指出績效指標之設定應掌握SMART原則：S代表具體（specific），指績效評估的指標必須具體，不能籠統。M代表可衡量（measurable），指績效指標是可衡量的，例如可數量化或者行為化的，驗證這些績效指標的數據或者資訊是可以取得的。A代表可實現（attainable），指績效指標在付出努力的情況下可以實現，避免設立過高或過低的目標。R代表相關性（relevant），指績效指標與工作的核心內容有密切相關性。T代表有時限（time bound），指完成績效指標有一定的期限。而在績效評估的共同標準上，一般來說，慣用的指標是3E，即效率（efficiency）、效能（effectiveness）和經濟（economy），近年來又增加公平（equity）的指標。也就是說用最少的資源達到最大的產出、愈接近目標達成度，就是績效。

核能力，既能考評其產出有關之服務質量，亦可評鑑初期結果之目標達成度或所造成影響。（二）各單位應有分類差別，或僅列排名等第？確立各單位評分的寬嚴標準，或至少在各單位間有區隔，其獎懲亦有分數差異性。（三）同時要為部門同仁的能力優劣和績效產出表現負起責任，善用和開發同仁的能力與協助其成長，也是主管的責任之一；正確而有效的評估成員的績效只是手段，績效管理才是目的。（四）增加面談機制，協助成員了解其優缺點，並加以改善[35]。因此，首長或主管人員面談前的準備、面談的態度與技巧，面談時機（間）在上班或下班時、辦公室或非辦公室，都可能影響面談的結果。面談是可以協助首長或主管與成員良善互動，並決定成員之訓練需要，以及陞任遷調與潛能之評估與開發，在績效管理上是極為重要的。

四、技術面向：配合雙軌多元之評核方式

由於績效管理主要重在落實執行策略，以達成機關組織目標及管理作為。其內涵至少包括機關組織績效、各單位績效、個人考績，以及三者間之互動聯結關係。此亦可作為民意機關檢視評估行政機關施政作為之依據，並藉以確定民主政治的課責機制與功能。機關首長可經由單位績效與個人考績評量，以達到文官體制之政治控制；各單位主管經由個人考績評量來達到領導與協助首長指揮監督同仁完成既定工作目標；各機關組織成員可透過績效評量指標與考核，以確立個人工作標準與發展方向。

目前政府部門個人表現及整體績效產出與結果，係透過人事考績及研考評鑑之兩元體系進行，其結果除國營事業及相關機構外，施政績效不影響個人考績，個人考績少有反應組織績效產出與結果。從績效管理之觀點，人事考績及研考評量均為績效管理之內涵，在績效管理有效性上，應建立在兩者之相關聯結，而非獨立運作；民進黨執政時曾經試圖於人事考績中，導入具績效理念之獎金制度，以配合實施團體績效之評核制度，但未能全面成功地實施，其設計之制度內涵，亦未能完整地思考與研考功能緊密接軌[36]。未來於考績制度修正設計中，除實施團體績效評核外，亦應將研考職能導入制度設計中，或賦予人事部門具有部分研考職能；而程序上亦應有完整地聯結設計。績效考核主要根據施政目標，透過目標管理等方法進行所屬機關之團體績效考核，其等次分配之審查，係將團體績效考核結果，送考績審查單位進行先期審查，以決定所屬等次比例分配或其他考核標準；最後確定評核審查，由所屬根據先期決定之等次比例及考績標準，完成個人考績之初評，再送考績審查單位進行確認審查，俾使團體績效評核確實，並能於個人考績評核中發揮應有之功能。

35　未來主管每年必須與部屬進行一至二次的面談，面談內容及結果要列入平時考核紀錄；其目的是為促進考評者與受考人雙方之溝通與了解，由具考核權之主管，對其受考評員工就工作方法、態度、目標、如何執行職務及工作檢討結果等實施面談。面談的基本立場是溝通問題、解決問題、創造雙贏，而不是為了處罰組織員工，否則便無法取得同仁的信賴，更遑論改革。

36　如前所述，銓敘部配合考績法修正草案，於95年間研擬「團體績效考核實施辦法」，但因「公務人員考績法」未完成修正，故仍為草案階段。

　　據此，公務人員的考績表應該加以大幅改革，使其成為因應各機關不同情況的考核量表。考核工作績效與發展潛能的核心，應該是成員的績效與服務倫理等。又在考量我國的行政文化較偏重追求形式之公平，經常造成主管之鄉愿妥協作風，應該明確規定獎優汰劣標準與比例。因為極為優秀的成員是極少數及容易辨識的；而表現拙劣者亦然，均應訂定一定比率，必能形成績效管理者的激勵與壓力因子，亦可發揮組織成員的潛能，如此方能進展至策略性人力資源管理層次，建構高效能政府。

伍、結語

　　在面對全球化、資訊化及知識經濟時代的變遷與發展，以及政、經、社、文、科各種環境變遷的嚴峻衝擊，各國政府為有效推動施政願景、政策理念與方針，及提升國家競爭力，莫不致力於確認國家發展方向與提升政府施政能力，而其成敗關鍵，則在於有無健全的文官制度，以提升文官素質與效能。當前公共服務必須要跨域整合與協力治理，由個人至單位，由單位至團體，由團體至組織，由組織至機關政府體系，每一層級運作均須緊密整合，始能集中運用有限資源，經由協力而發揮綜效，而臻於善治之境域。

　　回顧現行「公務人員考績法」與績效管理有諸多未盡契合之處，而未來考績法修正案除納入考列甲等比例限制、團體與個人績效評量，以及平時考核之面談等較屬靜態的績效評量法制改革外，倘能顧及動態績效管理目標之達成，以建構一個彈性管理與行政高權倫理管制衡平的績效考核制度，應是最佳的決策。而型塑具有穩定周全的考核與適切淘汰退場機制，以及具有動態績效管理思維與方法之組織文化，是應戮力以赴的目標。因為透過績效管理制度的建立與執行在過程中，可對成員個人的心態及行為產生影響或導引之作用，使個人之努力目標能與組織目標一致，而發揮「目標趨同」（goal congruence）之作用。

　　綜之，公務人員考績法制，在融入績效管理及其達到目標趨同之過程，必須以策略規劃作為核心活動，使每一位成員之目標均由組織目標衍生而來，其評核過程能帶動組織成員參與，以建立共識，以策勵未來。當然，在鑑別不同成員對組織貢獻度差異之法制規範上，必須合乎公平理論的激勵原則，建立良善互動機制，方能建構個人考績與團體績效評估的扣合機制與做法，以有效聯結個人及組織價值、行為與發展與提升組織團體動能，建立個人與機關團體雙贏之結果，建構高績效的政府，贏得人民的尊敬、信賴與支持，亦能助益於提升國家競爭力。

（本文原發表於變革中的文官治理國際研討會，載於考試院八十周年慶變革中的文官治理國際研討會會議實錄，2010年6月，考試院考選部，頁261-283；部分內文配合法制變革與體例調整，略做修正。）

壹、前言

　　回顧在政治民主化後，政黨政治不再像過去威權時期存在著強人政治的陰影，政黨逐漸能夠發揮特性來監督政府施政，在另一方面，官僚體系的角色也與過去有所不同。隨著政黨政治的確立，使官僚體系有明確的轉型，為有效降低傳統官僚體系的影響力，同時也形成新的官僚與政府關係的網絡。在任何國家政黨輪替後的過程中，執政黨如何掌握權力通路，調控國家機器的運作，除改變文官價值文化，具體落實用人政策外，尤以政務領導（executive leadership）作為最直接控制文官體系的途徑。[1]相關文官制度配合改革，如增加政務職位、建立彈性外補的高階文官群與臨時契約進用人員，均為掌握國家機器運作或推動政務的重要方法與途徑。復以近些年來我國政黨政治迅速發展，隨著民主政治發展步之快速變遷，社會大眾對於民主政治要求日益殷切，對出任政務職位之政務人員期許甚高，整建政務人員法制洵屬必要。

　　在整體政府體制與文官制度改革方案上，除中央政府組織結構的調整外，在公務人員體系建構層次中，通常政務層次的功能主要係決定政府政策和公共資源分配的方向，政務人員必須為政策決定負起政治責任；而常務人員又分策略層次、行政管理層次及執行技術層次則是維持政府持續運作之三個層次，這三個層次必須依政務層次所制定的方向運作，保有「去政治化」的認知與自覺，且不能背離政策方向（參照彭錦鵬，2005：61-64；關中，2008：9-12），此涉及政治倫理的議題，同樣應予重視。[2]在民主國家為防制權力的專斷與腐化，皆遵循「權力分立」政府原則，政府組織通常設行政、立法、司法三權分立的機關；我國則因憲法的特色，另設獨立的考試與監察二院。所以，相對應的政務人員之類別則有異於三權體制國家矣！尤其在邁入新世紀後，所面對的內外政治、經濟與自然環境均有相當大的不同，此不僅衝擊著政府職能的調整，也影響著政務人員與常任文官之間的分工與互動。如何藉由政府機關人力職務設計，使經由選舉產生

1　政務人員及高階文官群，必須重新建構，注重渠等品德、操守、領導統御等能力之提升，可否在政務人員法中規範或於推舉中予以重視的（參照王作榮，1982），而常務文官忠誠歸屬感、績效管理與考核，以及臨時性契約之第三元人力架構需求等問題。

2　至於契約進用人力之配置，亦必須在合憲範圍內增補常務人員之不足，且在增強行政運作動能上，均應配套考慮相關課題（參照王作榮，2008：303-315）。

的政治領導者以及其政治任命的部會首長獲得適當的人才，扮演提出政策、推動計畫及監督計畫執行的人力，以穩定政策領導能力，貫徹施政理念，為不容忽視的工作。

　　再者，隨著「地方制度法」之公布實施及地方自治的落實，各地方政府自主性的需求更為急切。因此，一方面為期地方政府民選首長能夠因應地方需要，並能實現民主政治與責任政治，自有必要賦予其在人事任免上適度的自主彈性空間；另一方面為吸引優秀人才至地方政府服務，地方政府一級首長或主管所應適用之人事法制，亦應考量常務人員發展與地方實際需要做整體的規劃設計，尤其99年底五都選舉後的政治生態，亦必要未雨綢繆也。惟以本文主要就政務人員三法立法研修（定）過程之理論與實務爭議議題略加論述，其餘相關配套者，則另外為文暫略，並就教高明。

貳、政務人員範圍與角色功能概析

　　各民主國家中央政府隨歷次選戰輪替，政治性職位的輪替不可避免，隨著選戰而造成政府高層人事大搬風，也成為政黨政治的一項重要特徵。當然，政務人員為前瞻與動力的代表，而常務人員為永續與穩定的代表，首就政務人員在人事行政學理上，主要至少應具備下列條件：（一）分析內外情形與界定公共問題的能力；（二）尋求或提出備選方案之智識，抉擇能力及決心；（三）策動與運用政治資源的能力；（四）發揮政策說明論辯及斡旋妥協的能力；（五）可依其地位與權力掌握及推動組織變革的能力；（六）依隨政黨選舉成敗或政策改變而進退之理念與情操（吳庚，2005：188-189；吳定等，1998：277；任德厚，1992：286-288；蔡良文，2010a：130-132）。次以政府人事更迭，常務人員必須受到尊重與保障，[3] 並確立政務人員與常務人員分流之正軌，使後者以行政經驗與專業輔佐政務人員執行政策，俾利行政永續發展，更利於政黨輪替後政局之穩定與國家長治久安。

一、我國政務人員之種類與範圍概述

　　回顧我國政務人員之範圍，依據61年2月5日公布，74年12月11日修正公布之「政務官退職酬勞金給與條例」第2條之規定。88年6月「政務官退職酬勞金條例」修正為「政務人員退職酬勞金給與條例」，適用範圍並做修正，93年1月7日總統制定公布「政務人員退職撫卹條例」，其適用範圍定為：（一）依憲法規定由總統任命之人員及特任、特派之人員；（二）依憲法規定由總統提名，經國民大會或立法院同意任命之人員；（三）依憲法規定由行政院院長提請總統任命之人員；（四）其他依法律規定之中央或

3　且以同時應確認的是中央各機關常務副首長（簡任第十四職等人員）均應嚴格把守「依法任用」為原則，建立「文官長」制度，爾後為文論之。

地方政府比照簡任第十二職等以上職務之人員。

再者，銓敘部於99年提出之研修草案中，政務人員係指各級政府機關，依據憲法、中央機關組織法律或地方制度法規定進用之具政治性任命人員，如：（一）依政治考量而定進退之人員。（二）依憲法或法律定有任期及任命程序獨立行使職權之人員。但前述人員不包括特任之法官及最高法院檢察署檢察總長（99年9月15日公務人員基準法草案簡報）。因此，於憲法規定有特別任命程序者，亦應於機關組織法律中明定其職稱及政務級別，始得稱為政務人員。惟以特別程序任命之人員，如為無給職，或非屬每日到公服勤之兼任者，如：省政府兼任委員及省諮議會諮議員，雖亦為憲法增修條文第9條規定由行政院院長提請總統任命之人員，惟依「地方制度法」第9條及第11條規定，其分別為兼任或無給職，因與本法所規範政務人員係屬專任有給者有別，宜否稱之為政務人員，值得探究。

再依「地方制度法」第55條及第56條規定，直轄市政府副市長暨所屬一級機關除主計、人事、警察及政風之首長，以及縣市政府副縣市長，均為職務比照十二職等以上之人員。而縣市長爭取擴大一級單位主管用人彈性問題，其中除主計、人事、警政、政風首長依法任免外，其餘任用方式有其爭議之處。[4]最近者內政部將「地方制度法修正草案」函送立法院審議，[5]並邀請法務部、行政院人事行政局、行政院主計處及銓敘部等機關首長協調地方政府人事、主計、警察及政風一級主管、首長人事任免權等事宜，獲致下列結論：（一）縣（市）政府一級主管或所屬一級機關首長，基於地方自治發展及縣（市）長用人需要考量，除人事、主計、警察及政風主管或首長外，其餘全部均改為政務人員，職務比照簡任第十二職等；（二）縣（市）政府之人事、主計、警察及政風主管或所屬一級機關首長，比照直轄市政府之任免方式，由中央提出適任人員名單，經縣（市）長圈選同意後，再由中央依法任免；（三）有關縣（市）政府一級單位主管或所屬一級機關首長改為政務人員後，地方政府所增加之相關人事費用，以及取消鄉（鎮、市）自治選舉，廢除鄉（鎮、市）民代表會後所節省之費用，請內政部民政司加以彙整統計其增減情形，以供決策參考；（四）縣（市）政府一級單位及所屬一級機關之數目，應配合上開調整，加以整併縮減。所以，調整渠等職等或政務人員數的同時，應對所屬機關數予以整併並縮減為宜。惟倘有其事實之困難，則其政務人員數目應與簡縮，以照顧常務人員之權益為宜。筆者認為在憲法精神下，有關地方政務人員之設計與

4　先經銓敘部與內政部及行政院人事行政局（現改為人事行政總處，以下同）等相關機關會商結果，獲致縣市政府一級單位主管其中三人至五人得以比照機要人員方式進用，俾賦予民選縣市長較大的用人彈性。

5　第56條第2項規定，縣（市）政府內部一級單位主管及所屬一級機關首長，除主計、人事、警察及政風之主管或首長，依專屬人事管理法律任免，以及稅捐之主管或首長依「公務人員任用法」任免外，其中三人，職務比照簡任第十二職等，由縣（市）長任免之；縣（市）人口在二十五萬人以上，得增置一人，每增加二十五萬人，並得再增置一人，最多不超過一級單位及所屬一級機關總數之二分之一；其餘均由縣（市）長依法任免之。

數量應重視考試院的權責意見，且宜在政務人員法中規範之，方屬正辦也。

二、比較的政務人員角色與範圍概述

政務職位的設置，必需從職位的定位及職務的內容與政治（政務人員）、行政（常務人員）的動態密切關連兩方面來觀察。其模式則可區分為四，即（一）理想模式：民選及政治任命的官員，受民意付託享有決策權力，政策成敗由政務人員負政治責任。而在政策推動過程，常務人員涉入的程度逐步加深，發揮一定的影響力。常務人員除依法行政外，有服從政務官決策的義務；（二）政治主導模式：不論是民選的行政首長、政治任命的官員，還是立法部門，均透過監督管理、提議否決或附帶決議的方式，積極涉入行政事務的指導，引導行政事務的進行；（三）政治授權模式：相較於理想模式，常務人員在政策的推動與執行過程中，扮演更積極的角色。由於官僚體系具有人力資源與專業知識的優勢，不惟立法部門無置喙餘地，民選首長亦無法全盤掌控（Elliott, 1985: 7）。此即行政國由行政人員完全主導行政事務的運作，甚至影響及於政治決策領域；（四）政策分享模式：即民選首長願意請常務人員共同參與決策過程，使行政人員與政務人員共享決策權力。理論上，行政人員可積極將公共利益、公民參與、公平正義的價值理念帶進決策過程，使決策更為周延，可以彌補民選首長因過於政治性考量所產生的偏頗，或謂兩類應有理性又可能得權責分工（參照Svara, James H., 1985: 221-232；張世賢，2004：14）。

政務人員範圍之大小與其定義和國家政治體制有密切關係，也與一國之歷史背景、文化傳統、民族特性及憲政體制運作有關。理論上，政務人員必須隨選戰之結果進退。在內閣制國家，政務人員大多須具備國會議員資格，幾乎為執政黨之政治領袖成員，其人數少，範圍狹，必須與政黨執政與否同進退。反之，總統制國家如美國，總統為最高行政首長，隸屬於總統的內閣閣員不得兼任議員，於參議院同意後任命。總統為獲得國會議員от各州大選時的支持，必須有較多政治籌碼以為交換，因此，總統制需要較多政務人員職位，方能使制度順利運作。至於就世界各國政務人員的範圍而論，通常隨其憲政體制與實際需要而有所差異（參照蔡良文，2006：21-42）。我國現行偏雙首長制下，其政務人員數似乎少些，或許適切增加政策參贊人員或強化高階文官的政策規劃與論證能力是必要的。

參、政務人員三法之研修過程爭議議題分析

茲以政務人員法之制定與施行，可使政務人員之進退、行為分際、權利義務等事項有明確之法律依據，提升政府服務全體國民之效率與效能，確保民主法治之貫徹，以及促進政黨政治之正常運作與落實。次以，政務人員俸給，原係依38年1月17日公布之

「總統副總統及特任人員月俸公費支給暫行條例」之規定辦理。行政院於全國軍公教員工待遇支給要點三、規定：政務人員之給與，照政務人員給與表所訂數額支給。為期政務人員俸給之法制化，爰研擬政務人員俸給條例，係以政務人員法所規定之政務人員為適用對象，且明定政務人員俸給之內涵包括月俸、政務加給。再以93年1月1日施行之「政務人員退職撫卹條例」，因政務人員退撫給與改採離職儲金制度，產生軍、公、教人員轉任者，其政務人員年資無法併計軍、公、教人員退休（伍）年資之情形，影響其擔任政務人員之意願；對於政務人才之引進與轉任人員權益之維護等尚有改進之處，爰經考試院98年3月間院會審議通過再修正案，函送行政院會銜並送立法院審議中，茲就政務三法送請立法院審議版本之重點及其中行政院與考試院意見不同處略做說明如次：

一、政務人員法爭議議題分析

（一）政務人員類別之爭議方面

有關於政務人員類別部分，立法院司法與法制委員會審查保留之原因係司法院有不同意見。因司法院認為將司法院院長、副院長、大法官、具法官資格之秘書長、最高法院院長、最高行政法院院長及公務員懲戒委員會委員長納為本條政務人員所定義之範疇，尚非妥適。建議改以「準用」「政務人員法草案」即可。同時亦對於有關獨立行使職權機關之政務人員，是否屬本草案適用對象提出質疑？行政院認為應將最高法院檢察總長排除於「政務人員法草案」之適用，爰建議將第2條第2項修正為「前項各款人員，不包括法官及最高法院檢察署檢察總長」考試院則基於司法院釋字第601號解釋並無明確指明檢察總長或檢察官與國家間之職務關係，與政務人員或一般公務人員與國家間之職務關係不同、法官與檢察官具有本質上之差異、最高法院檢察署檢察總長之行為及行政中立規範適用「政務人員法」並無窒礙等理由，認為檢察總長仍應納入「政務人員法」予以規範，爰民國98年送請立法院審議之「政務人員法草案」，據司法院釋字第601號解釋，司法院院長、副院長、大法官均為法官；復以最高法院院長、最高行政法院院長及公務員懲戒委員會委員長，依各該組織法律規定，亦均並任法官、委員（依司法院釋字第162號解釋，公務員懲戒委員會委員係憲法上所稱之法官），參據司法院釋字第601號解釋意旨，上開職務均與政務人員有別，爰將其排除。因此，政務人員即「依政治考量而定進退之人員」（如各部會首長等），以及「憲法或法律定有任期及任命程序獨立行使職權之人員」二類人員，司法院釋字第589號解釋，亦明示憲法對特定職位為維護其獨立行使職權而定有任期保障者，其職務之性質與依政治考量而進退之政務人員不同，此不僅在確保個人職位之安定而已，其重要意義，乃藉任期保障，以確保其依法獨立行使職權之目的而具有公共利益價值。

又「中央行政機關組織基準法」公布施行後，中央行政機關置政務職務者，其職稱、官職等及員額均應於其機關組織法規中明定，因此，於憲法或法律規定有任期及任

命程序者，亦應於機關組織法律中明定其職稱及政務級別，始為所稱之政務人員。[6]另對於憲法或法律定有任期及任命程序獨立行使職權之政務人員[7]以及對於駐外大使、代表之任命，實務上雖須考量西元1961年「維也納外交關係公約」，派駐國更換大使須先徵求駐在國政府同意，方能向駐在國呈遞到任國書，以及為免增加駐在國政府困擾並橫生變數，進而阻礙邦交之發展，於民國89年、93年及97年總統選舉，以及近年之行政院內閣總辭，駐外政務大使、代表均未隨同總辭，而係由新任總統或行政院院長上任後，視業務需要酌予調整，與其他政務人員有所不同。惟渠等人員之身分屬性，以及上述人員均仍係本條第1項第1款所稱之政務人員為宜。

（二）政務人員級別之爭議方面

依「政務人員法草案」94年7月28日考試院版本，係將政務人員之職務級別，區分為下列六級（類），[8]本草案行政院則有部分不同意見。主要認為其各部會之機關屬性，多屬政策統合機關，需要處理政策性統整工作人員，故確有需要置政策襄贊人員，爰建議「行政院各部會之政務參贊」列入政務六級之範圍，而行政院各部會，得依組織規模及業務性質，於五人額度內定其政務六級之政務參議員額。

案經於98年4月3日考試院版本則將政務人員之職務級別，區分為特任及政務一級制至政務三級，特任指組織法律所定特任職務者；政務一級，指各部政務次長及其相當職務及直轄市副市長等職務；政務二級，指部會合議制委員、行政院各部會所屬一級掌理決策決定或涉及國家安全維護機關之首長、直轄市政府列政務職之所屬一級機關首長、縣（市）政府副縣（市）長及總統府、行政院之政務顧問等職務，總統府及行政院所置政務二級之政務顧問員額，最多分別不得超過二十一人及十七人；政務三級則指縣（市）政府列政務職之一級單位主管及所屬一級機關首長。同時參採行政院意見，增置政策襄贊性質之政務人員職務。另本次研修係為明確區隔政務人員與常務人員之人事法治體系之前提下，且為避免現行特任之政務人員產生比較心理，爰依我國目前政務人員

6　惟以定有任期及任命程序之人員，如為無給職，或非屬每日到公服勤之兼任者，與本法所規範政務人員係屬專任有給有別，爰非本法之適用對象；如：省諮議會諮議員雖亦為憲法增修條文第9條規定由行政院院長提請總統任命之人員，惟依「地方制度法」第11條規定為無給職，爰非本法所稱之政務人員。

7　如：（一）考試院考試委員；（二）監察院監察委員；（三）審計長；（四）行政院公平交易委員會委員；（五）國家通訊傳播委員會主任委員、副主任委員、委員；（六）行政院金融監督管理委員會主任委員、副主任委員、委員；（七）公務人員保障暨培訓委員會委員、專任委員；（八）最高法院檢察署檢察總長，均屬政務人員之範疇。

8　其一，政務一級，指行政、考試、監察三院院長、總統府秘書長及國家安全會議秘書長。其二，政務二級，指行政、考試、監察三院副院長。其三，政務三級，指各部部長及其相當職務者。其四，政務四級，指下列職務：（一）各部政務次長及其相當職務；（二）直轄市副市長。其五，政務五級，指下列職務：（一）部會合議制委員、行政院各部會所屬一級掌理政策決定或涉及國家安全維護機關之首長；（二）直轄市政府所屬一級機關首長、縣（市）政府副縣（市）長；（三）總統府、行政院之政務顧問。其六，政務六級，指縣（市）政府列政務職之一級單位主管及所屬一級機關首長。案以，前項第5款第2目及第6款之政務人員，不包括應依專屬人事管理法律任免之人員。至總統府及行政院所置政務五級之政務顧問員額，最多分別不得超過二十一人及十七人。

設置現況，以及因應未來中央機關增置政策襄贊職務，而將第三次版本所規劃「政務一級、二級、三級」維持現行之特任；至於原先所規劃之「政務四級、五級、六級」則分別修正爲「政務一級、二級、三級」。所以，特任官之院長、副院長或部會首長無需分級？或在其他法律規範，均可謂重要變革，是否得到立法院贊同值得關注。

（三）規範政務人員不得從事政治活動或行爲之爭議方面

茲具體規定政務人員不得從事之政治活動或行爲，以及授權考試院會同行政院以命令發布政務人員不得從事之政治行爲。又本草案序文所稱「支持或反對」含括正、負面之意涵，亦即本條各款行爲無論基於正面支持或負面反對均屬之。同時爲避免政務人員因參加政治活動，進而影響其行政中立，除具體規定其不得從事之政治活動或行爲外，另爲期周延可行，復授權考試院會同行政院以命令發布政務人員不得從事之政治行爲。對於規定之範圍，亦含括政務人員邀集職務相關人員或其職務對象表達指示渠等應參加特定公職候選人之造勢活動或競選活動之政治行爲。另鑒於我國政黨政治正在起步階段，各項政治活動的行爲分際或行爲規範尚在逐步建立中，爲期彈性，並避免因一一列舉禁止行爲，致產生掛一漏萬之情形，爰增列「其他經考試院會同行政院以命令禁止之行爲」。爲禁止之規定。而本法所稱公職候選人，亦包括「總統副總統選舉罷免法」規定之總統、副總統候選人，以及「公職人員選舉罷免法」規定之公職人員候選人在內。

惟行政院有不同意見，其認爲就「立法禁止之目的」及「目的及所欲禁止政治行爲之關連」而言，二者似無必然之關連性與因果關係，且難以評估，而徒增所稱「辦公場所」認定之困難。又政務人員即便在辦公場所穿戴特定政黨之服飾或徽章，是否就足以認定其影響行政中立？不無疑義。爰以併提供立法院定之。至於本法草案兩院無不同意見者，倘得立法院多予同意通過，誠謂周密可行。

二、政務人員俸給條例之立法過程及爭議分析

政務人員俸給[9]鑑於以「全國軍公教員工待遇支給要點」中「政務人員給與表」行政命令規定政務人員之給與，究非法制之常態，爲期政務人員俸給之法制化，爰配合「政務人員法草案」，制定政務人員俸給條例，俾資依循。

復按政務人員之俸給，係屬公務人員俸給法制事項之一環，依憲法增修條文第6條第1項第3款規定，係屬考試院主管權責；至於公務人員俸給數額之訂定及調整，涉及政府財政負擔，歷年來向由行政院配合全國總資源分配狀況，考量政府預算支應能力，本

9　立法院法制委員會84年6月1日審查沈委員富雄等十九人擬具「總統副總統及特定公職人員俸給條例草案」，並廢止「總統副總統及特任人員月俸公費支給暫行條例」及「立法委員暨監察委員歲費公費支給暫行條例」，經決議：「政府相關部門對於總統、副總統及政務人員之俸給應於半年內擬訂條例草案送本院併送委員會審查。」其後，並於86年3月13日審查行政院函送復議之「總統、副總統待遇支給條例草案」時決議：「考試院應於一個月內將有關政務人員待遇之法案，會衡行政院後遞送本院審議。」

整體平衡原則通盤規劃支給。有關政務人員月俸點數折算俸額事宜，宜尊重行政院主管權責，爰參酌「公務人員基準法草案」第50條規定（95年版）：「公務人員俸（薪）給數額之訂定……由行政院會商考試院辦理。」之體例，規定於第2項。其原為考試院法定權責中權變規定，係在提高其可行性也。

有關考試院與行政院共同於94年7月28日及98年4月3日會銜函送立法院審議之「政務人員俸給條例草案」，二版本總條次均為九條；其差異在於第5條、第6條、第7條及第8條，以下僅就差異較大之第5條及第8條說明如下：

（一）有關政務人員月俸方面

94年7月28日版本將該版本將政務人員區分為六級，其月俸支給之標準為「政務一級，按一千六百點計給」、「政務二級，按一千二百點計給」、「政務三級，按一千一百點計給」、「政務四級，按九百點計給」、「政務五級，按七百三十點計給」及「政務六級，按六百七十點計給」。而98年4月3日版則因同年月日函送立法院審議之「政務人員法草案」，其中「特任」部分業已不再分級，故政務人員級別即可區分為「特任」、「政務一級、二級、三級」等四級。另鑑於總統、副總統自89年起待遇調降後，已與86年總統府秘書長及考試院秘書長等機關所規劃之各級政務人員俸給原則有異，且為統一政務人員月俸點數折合率，在不增加現支俸給總額之原則下，重新調整政務人員月俸點數為「一、特任，區分以下三級：（一）院長級，按一千九百五十點計給；（二）副院長級，按一千四百五十點計給；（三）部長級，按一千二百點計給」、「二、政務一級，按九百五十點計給」、「三、政務二級，按七百五十點計給」及「四、政務三級，按六百五十點計給」（第5條）。

（二）有關資政及國策顧問月俸支給標準方面

有關「總統府組織法」第15條業經總統於99年9月1日公布修正，其內容：「（第1項）總統府置資政、國策顧問，由總統遴聘之，均為無給職，聘期不得逾越總統任期，對於國家大計，得向總統提供意見，並備諮詢。（第2項）前項資政不得逾三十人，國策顧問不得逾九十人。（第3項）資政、國策顧問之遴聘辦法，由總統府定之。」換言之，總統府資政及國策顧問業已全面改為無給職，故98年4月3日函送立法院審議之「政務人員俸給條例草案」其中第8條有關「總統府有給職資政，準用副院長級之月俸及政務加給標準支給；總統府有給職國策顧問……，準用部長級之月俸及政務加給標準支給」規定，應配合總統府組織法之修正再予調整。

三、政務人員退職撫卹條例之修正與待解決問題分析

有關政務人員退職撫卹相關制度，首見61年2月5日公布施行之「政務官退職酬勞金給與條例」，期間政府常因無法順利延攬優秀常務人員等人才轉任政務人員，朝野幾經

溝通協調，遂於92年12月30日經立法院重新完成「政務人員退職撫卹條例」（以下簡稱本法）之立法程序，並經總統於93年1月7日公布。在該法公布施行逾多年來，期間出現若干亟待解決之問題，例如同屬政務人員，因其係由軍、公、教、其他公職或公營事業人員轉任，而致其領取離職儲金權益上產生差別待遇；又如自93年1月1日起，因政務人員退撫給與改採離職儲金制度，進而產生軍、公、教人員轉任政務人員者，該段政務人員年資無法併計軍、公、教人員退休（伍）年資之情形，因而影響其擔任政務人員之意願等問題。

　　案經審慎研議後，考試院及行政院爰於98年4月3日提再修正版送立法院審議，修正條次計有第2條、第3條、第8條、第9條、第10條、第12條、第13條及第21條等八條條文。以下謹就較重要修正說明如下：

（一）為符社會安全保障基本原則及退休制度設計原則，並進一步維護政務人員之基本權利及避免阻礙優秀人才蔚為國用，爰將現行第3條第2項有關「前項人員非由軍、公、教人員、其他公職人員或公營事業人員轉任者，除符合因公傷病退職或死亡撫卹外，不適用之。」之規定予以刪除（第3條）。另為提高軍、公、教人員轉任政務人員之意願，使政務人員之遴選更順暢，爰於第3項增訂軍、公、教人員轉任政務人員者，得於政務人員退職或在職死亡時，以其退職之日或死亡日為其退休（伍）、撫卹或一次給與之生效日期，並得併計其於93年1月1日以後之政務人員年資；其併計方式則可就以下二種方式擇一辦理（第9條）。[10]

（二）參酌「政務人員法草案」第5條有關不得擔任政務人員之消極資格條件，修正現行政務人員喪失申請、領受公提儲金本息權利之規定，增列第1項第6款「犯貪污罪，經判刑確定」；考量政務人員如自始不適格，依第1項第7款「依法撤銷任命」應不得請領公提儲金本息，較為合理；增列考量動員戡亂時期終止後，犯內亂罪、外患罪及犯貪污罪者，影響國家安全及官箴情事較為重大，爰增列第2項「犯前項第一款、第六款，通緝有案尚未結案者，停止申請、領受公提儲金本息之權利，至其判決無罪確定時恢復」（第8條）。

（三）為回應立法院審議98年度中央政府總預算時作成決議，對退休（職、伍）人員再任與政府經費捐助有關之財團法人或政府轉投資公司職務同時領取月退休（職、伍）休金及薪資情形，要求應訂定相關規範予以限制，[11]使領受月退職酬勞金

10　（一）93年1月1日以後政務人員年資，依本條例規定領取公、自提儲金本息者，得併計其曾任軍、公、教人員服務年資，依轉任前原適用之退休（伍）或撫卹法令辦理，但不核給退休（伍）給與或撫卹給與。（二）93年1月1日以後政務人員年資，未依第4條規定請領公、自提儲金本息者，其公、自提儲金本息得由服務機關撥繳至公務人員退休撫卹基金管理機關；基金管理機關應即依政務人員服務年資、等級，對照軍、公、教人員同期間相同俸級繳費標準，換算複利終值之總和；如有撥繳不足而須補繳差額者，應通知服務機關轉知政務人員或遺族繳入軍、公、教人員退休撫卹基金帳戶後，併計其曾任軍、公、教人員年資，並依轉任前原適用之退休（伍）、撫卹法令或資遣給與標準，核給退休（伍）金、撫卹金或一次給與。

11　修正本條第1項第3款規定：「政務人員依政務官退職酬勞金給與條例或政務人員退職酬勞金給與條例

後再任政府捐助（贈）之財團法人或政府轉投資事業職務者，應停發月退職酬勞金，俾解決支領雙薪問題（第12條）。

（四）又爲規定政務人員月俸之支給，按職務等級規劃，與現行部分政務人員均按相同標準支領月俸之設計不同。依前開規定，在「政務人員俸給條例草案」經立法通過後，勢必影響月退職酬勞金、撫慰金及年撫卹金給與之計算標準。是爲免外界質疑變相提高已退職政務人員所支月退職酬勞金之數額，爰擬配套規定。[12] 故是類人員之退撫給與仍依政務人員俸給法律公布施行前政務人員月俸額計算，惟於軍公教人員年度待遇調整時，始得按比率隨同調整；至於其調整比率及數額則由行政院人事行政局計算公告之（第13條）。

　　要之，政務人員三法之建立，早期係先制定該類人員之退休撫卹條例來規範。次於「公務人員基準法草案」予以要項規範，其相關人員之範圍、任免、行爲規範及權利義務事項，另以法律定之。亦即制定「政務人員法」爲其基本法律及其相關之俸給條例與配套可行之退撫條例等，惟擬議之法制體系雖屬完備立意甚佳，其中雖有行政與考試院對部分條文有其爭議所在，其有爲行政運作便利之考量，其有官制官規衡平，然尚未完成立法程序，殊值可惜[13]，應積極推動完成之。

肆、政務人員三法與其人才質量配置相關議題之檢證

　　全球化的衝擊下，國家發展與國家治理（state governance）面臨取向之調整與變遷，包括人民全球性移動，而影響到移民政策外，語文官政策相關者如國及政策對高級文官或科技人才選用議題之變革；全球化與經濟、環境問題，導致其解決之道必要全球共同因應，而全球治理（global governance）成爲共同追求的模式（Held & McGrew, eds., 2007；曹俊漢，2009：175-201）。其所需不同層次人才是必然的，而且彼此相互合作是必要的。因爲完備文官制度對政府追求良善治理（good governance，或謂善治）具有關鍵性功能（關中，2009：167-197；蔡良文，2010a：34-38）。茲就人才質量、配置、

支領或兼領月退職酬勞金者，有下列情形之一時，停止領受月退職酬勞金之權利，至其原因消滅時恢復：……三、領受月退職酬勞金後再任於政府捐助（贈）之財團法人職務或再任政府暨所屬營業、非營業基金轉投資事業職務，並具有下列條件之一者：（一）任職於政府捐助（贈）經費累計達法院登記財產總額百分之二十以上之財團法人或政府及其所屬營業基金、非營業基金轉投資金額累計占該事業資本額百分之二十以上之事業職務。（二）擔任政府捐助（贈）成立財團法人之政府代表或政府轉投資事業之公股代表。」

12　增訂第3項規定：「政務人員俸給法律公布施行前，依政務官退職酬勞金給與條例或政務人員退職酬勞金給與條例規定領受月退職酬勞金、撫慰金及準用公務人員撫卹法規定領受年撫卹金者，其計算給與標準，仍依政務人員俸給法律公布施行前政務人員月俸額計算。但遇軍公教人員年度待遇調整時，其月俸額得按比率隨同調整。」

13　「政務人員退職撫卹條例」業於104年、106年分別修正，並經總統公布施行。

俸給及退撫議題予以檢證分析。

一、增置政策襄贊職務，並強化高階文官職能

　　文官法制規範內容乃特定時空之產物，是以亦須「法隨時轉」，求其合時宜、中易其制也，始能適應實際需要。隨著時代推移演繹或具體個案之發生，就檢視立法院審議中之政務三法草案結果，仍有須再思考或予以改進修正。

　　茲以政務人員總人數與高階文官及全國公務人員數來做輪廓式分析，現行公務人員總數爲三十五萬一千八百零三人，其中中央機關公務員人數爲十九萬兩千兩百八十八人，約占公務人員總數之69.61%；地方機關公務人員人數爲十五萬九千五百一十五人約占公務人員總數之69.61%，其中以政務人員之人數言，中央機關爲一百九十九人、地方機關爲兩百二十一人，茲觀諸政務人員占公務人員總數之比例，中央機關爲0.10%；地方機關爲0.14%，兩者合計約占0.181%，其政治與政策之動能，顯然不足，必賴相關配套作爲，方可致之。

表14-1　99年政務人員人數統計

區分	中央機關	地方機關	小計
特任（未有任期）	66	0	66
特任（定有任期）	55	0	55
比照簡任第十四職等	52	6	58
比照簡任第十三職等	26	95	121
比照簡任第十二職等	0	120	120
合計	199	221	420

（資料來源：99年9月20日銓敘部提供動態資料；又中央機關之行政院及所屬機關政務人員人數係人事局提供，又新五都選舉後，其人數將隨之變動）

表14-2　99年簡任第十二職等以上常務人員人數統計

區分	中央機關			地方機關	小計
	一般	司法審檢	警消		
簡任第十四職等	109	573	2	5	114
簡任第十三職等	256	179	5	19	275
簡任第十二職等	976	173	22	93	1,069
合計	1,341	925	29	117	1,458

（資料來源：99年9月13日銓敘部提供動態資料）

茲以政務人員與高階文官分工理想模式，在於政治任命首長或民意首長享有決策權力，而常務人員應依法行政及遵從政務人員決策之義務，就以上表中央與地方政務人員數占全體常務人員數約0.181%，其比例甚微，而簡任第十二職等至簡任第十四職等常務人數占全體公務人員約1.046%，其比例亦不高，或謂顯有不足[14]，故而上述兩類人員未能維持良善分工合作關係，其政務之規劃與執行效果均堪慮。所以，為提升政府效能，強化國家整體競爭力，使政府成為國家發展的助力，惟有優先提升公務人力資源素質一途；而政務人員之進用多有政治性考量，其專業性與行政歷練恐有未逮，為確保決策品質，建立優質決策團隊，提升政府整體效能，政務人員法草案允宜再適度增加政策襄贊職務人數，並與高階常務人員發生連動關係等，俾能共同適時提供政務人員決策過程所需之政策規劃、分析評估等支援功能，進而使政務人員決策更為妥適周延可行。

二、政務人員進用之協和配置，建立尊嚴細緻的退場機制

茲以「國家治理」運作機制與引進多元人力資源的觀點，提出建議如次：

其一，為因應現今環境的高度不確定性，在國家安全、政局穩定與政務改革前提下，只要能兼顧法律規定和政治現實，可以賡續將部分任命時不以政黨為主要考量之職位，開放給非執政黨籍專業中立人士擔任。蓋延攬各個領域之菁英，或學有專精，或經歷豐富者，至政府為民服務，不考慮其個人之政黨取向，而以其才德是尚，實可促進國內政治和諧，亦可創建專業倫理治國之新風範也。具體建議相關政務職位範圍如下：（一）任命時以政黨為主要考量之職位：特命、特派之職位中，關係國家體制和國家安全的職位、關係執政黨施政成敗的職位，及若干高度屬人性之職位。（二）任命時可不以政黨為主要考量之職位：1.特任特派之職位中，著重獨立性之行政機關、司法、考試、監察權中專業性之職位；2.法律對任用資格有明文限制之職位，或需再經立法院同意而任命之職位。

其二，蓋新的治理架構發展，對於我國地方政府處於民主化與全球化趨勢之下，宜重新考量其政務職位之設置範圍，俾利其任務之達成。茲具體建議如下：（一）政務職位不包含主計、人事、警察、政風、稅捐單位之主管或首長依專屬人事管理法律任免之職位。（二）其餘一級單位主管數之三分之一得設為政務職位，三分之一由常務人員擔任，另三分之一得由政務人員或常務人員擔任。如此，當能裨益縣（市）首長彈性運用適當人才，推動各項地方自治業務。

其三，俗云：「上台靠機運，下台靠智慧。」似乎是政務人員去留之最佳詮釋。對於無任期保障之政務人員，從政黨政治理論與運作上，「高風險、低保障」之政治課責價值，其間涉及政治誠信、政治倫理等問題，惟在告知免（去）職之程序上，似可再

14　有關比照常務人員簡任第十二職等至簡任第十四職等之政務人員，因配合行政院組織改造或「中央行政機關組織基準法」修正，及六都改制後之情況，其人數將有所變動，應審慎規劃。

細緻化，以維護當事人的尊嚴；在他律自律併行下，亦可顧及政務領導團隊之形象，維護公共利益之價值。至於有任期保障之政務人員的退場機制，由於為確保其獨立行使職權，不受不當之政黨政治之影響，且其任命多由國會同意，所以在確保其任期獲得保障與獨立行使職權之設計前提下（大法官釋字第589號解釋），為避免「假停職之名，行免職之實」，依憲法或法律規定有一定任期者，非有法定原因，諸如「公務員懲戒法」規定之撤職各機關組織法律所定免職等事由，不得任意免職，應予完成立法。另有任職之政務人員，於任期內主動請辭，除應得提名者之同意外，是否應先知會獲經得國會同意，似值研究。

三、理性建構政務人員俸給，強化尊嚴有彈性的調整機制

首先在確立俸給原則方面，應考量內外部環境因素（參見Bohlander & Snell, 2007: 385），筆者以為至少應考量者有三，（一）維持工作效能並兼顧政務人員社會地位；（二）與民間企業比較相當等級為高之薪俸；（三）規劃工作價值共現相對應的彈性薪俸調整機制價值。其次，政務人員待遇問題：政務人員之待遇原係依38年公布施行「總統副總統及特任人員月俸公費支給暫行條例」辦理，其中「總統副總統待遇支給條例」業於98年2月1日公布施行。[15]就政務人員月俸點數，因98年4月21日民進黨黨團召開記者會指稱「政務人員俸給條例草案」有變相加薪之情形，茲以政務人員為政府部門之高階人員，其職責繁重，為利雄才大略人才之延攬，相關部門對於我政府部門之政務人員待遇，亦多所研究，惟因政務人員待遇之調整牽動因素甚廣，且每每被扣以自肥的帽子，致此議題長期以來無法被理性探討，允宜理性溝通形成共識，建構高待遇與與有尊嚴的俸給法制，方能引進才德兼備之政務人才。

四、增設停職支俸機制，保障基本生計

由於政務人員與常務人員兩者屬性有別，從而渠等在俸給待遇之立法設計亦不相同。以規範常任人員之「公務人員俸給法」而言，其主要規範內容者多。[16]而「政務人員俸給條例草案」則僅就政務人員支領俸給之內涵、月俸支給標準、月俸點數折算俸

15　行政院人事行政局於85年間曾分別擬具「總統副總統待遇支給條例」暨「政務人員待遇支給條例」兩法律草案，經行政院於同年2月3日邀請總統府秘書長及考試院秘書長等機關人員研商，獲致總統、副總統待遇與政務人員分別立法，以及副總統月俸及政務加給點數按總統點數（標準）之75%訂定；院長、副院長及部長級月俸及政務加給點數各按總統點數（標準）之60%、45%及40%訂定等結論；其後，因陳前總統自行減薪，是自90年1月1日起，總統、副總統待遇調降，因此，如欲維持上開會議結論之總統到部長待遇之合理比例，則部長級之政務人員恐有減薪之虞，據此，本院及行政院於98年會銜函送立法院審議之「政務人員俸給條例草案」，除參酌立法院相關委員會審查該草案之意見，將各級政務人員之月俸額折合率均訂為八十六點外，並依上述會商結論比例訂定，各級政務人員月俸點數。

16　包括：俸給及加給之種類；俸級之區分；各類人員（初任各官等職等人員、升官等考試及格人員初任各官等職務、試用人員）之起敘；各種考試或任用法規限制調任之人員等之重新銓敘審定俸級；人員之調任、轉任、調任或改任、再任、升任職等人員之敘級；提敘俸級；停職人員薪俸之發給；曠職之扣除俸給及降敘之限制等規定。

額的權責機關等予以規定。兩者差異之原因，主要在於政務人員因係政治任命之人員，與永業性之常務人員性質不同，無須按年晉敘俸級以鼓勵其久任，因此立法政策上採不同設計，乃屬合理。

惟依司法院釋字第613號解釋意旨，任期制政務人員有違法、失職情事，而情節重大者，主管長官仍得依「公務員懲戒法」第4條第2項規定，依職權先行停止其職務。又依司法院釋字第589號解釋，對特定職位之政務人員，為維護其獨立行使職權而定有任期保障者，其職務之性質與依政治考量而進退之政務人員不同，此不僅在確保個人職位之安定而已，其重要意義，乃藉任期保障，以確保其依法獨立行使職權之目的而具有公益價值。因此，為貫徹建構任期制政務人員之目的或避免有政治力干預案件之風險，似可於「政務人員俸給條例草案」針對任期制政務人員停職期間之俸給增加相關處理機制，俾利保障其基本生計。

五、完善政務人員退職機制，擴大德才兼備人才管道

茲就政務人員之退職制度之設計，以最簡化的語言表示為：93年前後之制度設計，「前者是有過之」「後者顯有不足」為兩極端的制度變革。至於未來修正之基本原則略有（吳泰成，2007：2-4），（一）尊重政務人員不論出任前身分，均有參與退職制度之基本權；（二）配合政務人員之高度政治性，其高風險低保障之特性，應參照臨時契約進用相似之「離職儲金制」，以「固定提撥制」、「共同籌款」方式處理；（三）其離職儲金應與身分地位及貢獻平衡，其公提比例應予提高，以吸引優秀人才；（四）配合社會對政務人員之期待，對能力不足滋生弊案或任職未達半年不能勝任者，僅許其領取自繳本息等，以合理建構政務人員退職制度。就考試院函送立法院「政務人員退職撫卹條例修正案」中，有關上開建議事項，大部分納入修法考量，並予妥適處理。

惟隨具體個案之發生，似仍有未盡之處，如公務人員轉任政務人員，未來雖得併計曾任公務人員年資，然如併計年資後仍未能符合退休條件，而現行法制亦未能確保其得再回任公務人員的情況下，公務人員為避免損失其曾任公務人員年資，將影響其轉任意願，導致政府取才範圍受到限縮。政務人員與常務人員是否應考量截然不同的養成管道，而不鼓勵相互轉任；或因不同職務或職等予以部分彈性設計，在目前政治體制與政治環境下，的確應進一步思考。現階段似宜參考教師借調後回任教職之規定，於「政務人員法草案」或「公務人員任用法」等相關法規增定，在考量公務倫理與指揮監督體系因素下，公務人員轉任政務人員退職後仍得予回任相關公職之權益保障之合理設計，以提高國家得以延攬優秀常務高階文官轉任政務人員之誘因，惟就目前制度精神，必要審慎考量回任機制與制度設計之合理性。

伍、結語

在「國家治理」思維面臨「經濟全球化」與「全球治理」的極大衝擊，如何經由多元治理與管理運作，達到本土化思維架構，期在「全球治理」下，建構「善治」的理想目標，是我國文官體制改革必要重視的課題。尤其是政務人員之進用除須重視其忠誠，黨性、承諾外，其並須對行政管理業務具有足夠之認知，方能順利遂行政策及任務。

茲以政務人員為決定、導引與推動國家政務的舵手，如何延攬培育型塑具有高度、風度、氣度、深度及廣度的政務首長，其格局氣度、德行風範如何維護，均有賴政務人員法之規範？！如何提高政務人員薪俸以足以養廉培能，推動政務則有賴「政務人員俸給條例」有以致之。至於要讓政務人員毫無後顧之憂，降低高風險、低保障之衝擊，則有賴政務人員退撫條例之完整配套規劃方屬可行。

綜之，政策制定需要整體性與合作機制，政務人員雖有最終決定權，但應鼓勵常務人員的政策作成過程中的貢獻是必要的。相對的，行政運作須有經驗與專業，又為常務人員之主要職責，但政務人員應予監控確保忠誠執行，任務與管理的職責分立，以及政策與行政的職責共享，不僅使雙方才能及資源獲致最大的運用，同時確保民主政府運作的永續發展。復且為因應現今環境的高度不確定性，在國家安全、政局穩定與政務體制改革前提下，必要能兼顧法律規定與政治現實，加速完備政務人員三法的研修工程，擴大延攬各個領域之菁英，或學有專精，或經歷豐富者，共同創建民主專業、倫理治國之新風範，建構為民服務之善治基石，配合提升國家競爭力。

（本文原載於公務人員月刊，第173期，2010年11月，頁5-22；文內有關政務人員三法之動態資料，特別感謝考試院第二組及銓敘部法規司之主管同仁提供協助，惟文責由筆者自負。另部分內文配合法制變革，略做修正。）

壹、前言

在全球化的衝擊下，國家發展與國家治理（state governance）面臨取向之調整與變遷，在組織上跨國企業與國際或區域性組織之組設，對國家組織功能思維產生衝擊。與文官政策相關者，如國籍政策對高級文官或科技人才選用議題之變革；全球化與經濟、環境問題，導致其解決之道，必要全球共同因應，而全球治理（global governance）成為共同追求的模式（Held & McGrew, eds., 2007；曹俊漢，2009：175-201）。爰於「全球治理」思維下，政務人員之進用，除須重視其忠誠、黨性、承諾外，其必須對行政與管理業務，具有足夠之認知，並與高階主管維持良善互動關係[1]，方能順利遂行政策及任務，此亦為當前政務人員所須面對之重要課題（Svare, 1985: 228-229; 2001: 176-183）。當然如何體認良善治理[2]的特徵與因素，並避免產生「政務官事務官化」、「事務官政務官化」亦為重要議題。復自西元1980年代起，世界各國面臨全球化，資訊化的挑戰，政府效率及文官績效，普遍為民眾所要求，惟因政黨政治為民主國家之共同特徵，政黨輪替執政更是常態，各民主國家中央政府隨歷次選戰輪替，政治性職位的輪替不可避免，隨著選戰而造成政府高層人事大搬風，也成為政黨政治的一項重要特徵。在文官體制內之政務人員及常務人員，其進用各有其程序或軌道可循[3]，而這兩類人員於政府體制運作之關係，可透過政黨政治與責任政治運作之觀察說明，即政黨透過選舉取得治理權，並得以政治考量任命高階層職位人員，而是類人員（須負政治責任行政首長與政務人員）對其政策成敗向人民負責，並在政黨競爭之過程中，透過選舉接受選民

1　昔裴矩歷三朝七帝，司馬光評析，認為裴矩「君明臣直，君昏臣佞」不似魏徵始終如一，爰此乃「佞於隋而忠於唐」也。是以，高階文官應發揮道德良知與道德勇氣，不宜以政務人員之明昏善惡，決定其諫佞差別，應履行國家、公共利益承諾，結合公義與人文思維，不怯不求、知所進退，以文官精神贏取長官、部屬及人民的信任！

2　良善治理或謂善治的特徵或因素有：（一）參與（participation）；（二）法治（rule of law）；（三）透明度（transparence）；（四）回應性（responsiveness）；（五）共識取向（consense-oriented）；（六）公平與包容（equity and inclusiveness）；（七）效能與效率（effectiveness and efficiency）；（八）課責（accountability）等。

3　政務人員可自由選任，但仍應約略有軌跡可循，如政黨培植，立法機關歷練等，以具較開闊之胸襟與圓熟之政治技巧。常任人員必嚴守文官制度，無一人與事之例外，以恢復其尊嚴與榮譽。共同推動廉能政府與提升國家競爭力（參見王作榮，1996：244-247）。

之檢視，因選舉之勝利或失敗，產生政務人員輪替之情形。又朝野各黨舉薦選舉之人才的特質為何？關涉國家發展與動能永續。

　　我國現行文官制度，雖亦有政務人員與常務人員之分，惟在法制上並不盡明顯。而政務人員適用之法律，除早期之「政務官退職酬勞金給與條例」外，則僅有93年1月7日制定公布之「政務人員退職撫卹條例」一種，專為政務人員退職撫卹事項詳做規定，其餘如：「公職人員財產申報法」、「公務員懲戒法」與「公務員服務法」等之規定事項，固亦有其適用，惟政務人員之範圍、任免、行為規範、權利、義務與俸給等事項，或尚付闕如，或散見於相關法令中，迄無統一完整之法律規範，遂致適用上輒有困擾。復以近年來我國政黨政治迅速形成與發展，以及民眾對民主政治要求日益殷切，並對出任政府職位之政務人員期許甚高；因此，政務人員法制作一完整之規範，實已刻不容緩。而影響優秀人才擔任政務人員，可區分為心靈及報償兩大因素，雖同意立法院立法委員柯建銘、呂學樟均曾從心靈因素表示，能當政務官是祖上積德，是無上殊榮。誠如古人云：「德薄而位尊，知小而謀大，力少而任重，鮮不及矣」（周易，繫辭下）[4]。必須才德兼備者方可任之，惟先賢曾云：「是馬也，雖有千里之能，食不飽，力不足，才美不外現，且欲與常馬等不可得，安求其能千里也」（韓愈，雜說四）[5]。報償因素實亦具有重要之影響。是以，政務人員進用與報償（本文指稱：俸給、退職金等）制度，即攸關國家延攬優秀人才，型塑優質決策團隊，提升政府整體施政效能，本文試從政務人員條件要求、選才方式等角度，做初步探討，並對該職務具高風險及低保障之特質，與其待遇及退職金相關之問題，予以介紹，希能對政務人員法制之建立，以及提高優秀人才擔任政務人員意願，有所助益，並就教高明方家。

貳、政務人員之範圍、條件要求及選才方式

一、我國政務人員範圍概述

　　回顧我國政務人員之範圍，依據61年2月5日公布，74年12月11日修正公布之「政務官退職酬勞金給與條例」第2條之規定。88年6月「政務官退職酬勞金條例」修正為「政務人員退職酬勞金給與條例」，適用範圍並作修正，93年1月7日總統制定公布「政務人員退職撫卹條例」，其適用範圍定為：（一）依憲法規定由總統任命之人員及特任、特派之人員；（二）依憲法規定由總統提名，經國民大會或立法院同意任命之人員；（三）依憲法規定由行政院院長提請總統任命之人員；（四）其他依法律規定之中央或

4　錄自陳啓福主編（1996），儒道佛名言辭典，鄭州：河南人民出版社，頁239。

5　同註4，頁242。

地方政府比照簡任第十二職等以上職務之人員。

再者，101年6月25日考試、行政兩院會銜，函送立法院審議之「政務人員法草案」[6]中，政務人員係指各級政府機關依據憲法、中央機關組織法律或地方制度法規定進用之政治性任命人員，如：（一）依政治考量而定進退之人員；（二）依憲法或法律定有任期及任命程序獨立行使職權之人員。上開二類政務人員，係學理及實務兼之規定，惟其範圍依規定，並不包含法官[7]及最高法院檢察署檢察總長，是以，縱然屬於第二類非政治考量之「政務人員」範圍，亦可立法排除，此意謂著第二類政務人員範圍，存有彈性調整空間，不過此種排除依立法說明應具備兩種條件，即如單純依政治考量定其進退，顯然無法達成該職務所欲實現之公共利益價值，其次應以法律明文排除，然於此應注意者，在配合制定「法官法」[8]後，既與一般公務人員有別，亦不屬政務人員法規定之政務人員範圍，而屬特別任用類型之政務人員。另外「中央行政機關組織基準法」公布施行後，中央行政機關置政務職務者，其職稱、官職等及員額，均應於其機關組織法規中明定，而其他一級機關準用該法之規定。因此，於憲法或法律規定有任期及任命程序者，亦應於憲法或機關組織法律中，明定其職稱及政務級別，始為法制上所稱之政務人員。

二、我國古今政務人員之條件要求

我國傳統公開取士制度，所選取之「官」，受儒家教育及科舉制度所應科目影響，著重於圓通智識及具品德之通才，爰以，子謂子夏曰：「女為君子儒，無為小人儒」（論語，雍也）。子曰：「君子不可小知，而可大受也；小人不可大受，而可小知也」（衛靈公第十五）。即君子小人之才德器量不同矣！如以古對為官者，均稱「○大人」，而「大人者，與天地合其德，與日月合其明，與四時合其序，與鬼神合其吉凶……」（周易乾卦）；為官為事之道，在於「君子知微知彰，知柔知剛，萬夫之望」「君子安而不忘危，存而不忘亡，治而不忘亂，是以身安而國家可保也」；身心修持的方法，子曰：「君子安其身而後動，易其心而後語，定其交而後求，君子修此三者，故

6　銓敘部自80年8月起即研擬政務人員法草案，並經考試、行政兩院分別於87年9月21日、89年1月12日、94年7月28日及98年4月3日四度會銜函請立法院審議，惟均未能完成三讀程序，銓敘部爰配合法案屆期不續審規定重新研擬，並由考試、行政兩院於101年6月25日將「政務人員法草案」併同「政務人員俸給條例草案」及「政務人員退職撫卹條例修正草案」會銜函請立法院審議。茲因本文討論範圍限制，謹將最新送請立法院審議之政務人員法草案條文摘要如下：政務人員之定義（第2條）、職務級別及範圍（第3條）、不得擔任之消極條件（第5條）、任命程序（第6條）、宣誓及申報財產（第7條及第8條）、對國家忠誠及敦品勵行（第9條）、行為規範（第10條至第12條）、行政中立事項（第13條至第20條）、辭免（第21條及第22條）、其他權益事項（第24條至第26條、第28條）、違反本法之懲處（第27條）及民選地方行政首長準用本法有關事項（第29條）。

7　所稱法官司司法院院長、副院長、大法官；最高法院院長、最高行政法院院長及公務員懲戒委員會委員長。

8　「法官法」業於100年7月6日經總統令公布，該法除第5章法官評鑑自公布後半年施行、第78條自公布後三年六個月施行外，自公布後一年施行。

全也」（繫辭傳）；至於專業之職能，則由幕吏補其不足，形成官吏之共治也。

　　惟至現代，由君主體制轉變為民主體制，內外在之環境，古今已有不同。雖政務人員仍屬通才要求，但其要求內涵宜有所調整，在人事行政學理上，對於政務人員內在之要求，主要至少應具備下列條件：（一）分析內外情勢與界定公共問題的能力；（二）尋求或提出備選方案之智識，抉擇能力及決心；（三）策動與運用政治資源的能力；（四）發揮政策說明論辯及斡旋妥協的能力；（五）可依其地位與權力掌握及推動組織變革的能力；（六）依隨政黨選舉成敗或政策改變而進退之理念與情操（吳庚，1992：188-189；吳定等，1998：277；任德厚，1992：286-288；蔡良文，2010：130-132）。而就實務上，政務人員個人特質與高階主管之良善互動等相關因素，亦至為重要[9]。

　　至於現行法制上，但由「政務人員法草案」觀之，政務人員係向國家、民眾負責，故要求其須公正無私，廉潔自持，保持良好品德，並對國家忠誠，且須致力於其主管職務，以維護國家與人民之權益[10]。因此，法制上著重於政務人員忠誠、品德、操守之要求規定[11]，俾維護國家與人民之權益。

三、政務人員之選才方式

（一）我國傳統政務人員之選才方式

　　我國傳統官制有正確史料可稽者，溯及殷商時代[12]，官屬世襲，是官既世官，自然祿為世祿（楊樹藩，1986：2）。世官世祿之制，其後雖趨式微，但仍為貴族社會所牢守。嗣因戰亂不已，致社會的流動，產生一種新士人階級[13]，社會上發生許多學派，培養不少士人（余英時，1982：32-36）。雖士人有滿腹經綸之才，然難有脫穎而

9　政務首長成就政務事業最關鍵因素，除最高領導階層與國會支持外，個人方面的（一）強烈的使命感，目標既立，全力以赴；（二）無私心、不戀棧；（三）有同理心，有說明力，能苦民所苦；（四）有方法，有熱忱。參考高希均（2011），聯合報A4。

10　此外，政務人員參與國家行政方針之決策，涉及國家安全。因此，提名或任命政務人員前，須對其進行涉及國家安全及重大利益事項查核。此外，政務人員應公忠體國，故就職務上應守密事項為證言者，應經服務機關或上級機關之許可外，不論在職或離職均負有保密義務。復以政務人員掌握國家政策方針，擁有操控政府運作權力，有關政務決策階層唯有具引領風騷、導引變局、調控趨勢，才會同時具有大格局的思維架構，因其決策可能影響國家發展並牽動整個官僚體系，故應具備時衡時勢決定政策所需知能，乃屬基本要求。

11　政務人員應具有君子風範與倫理的品格，不可只講利害的（孫震，2003：第4篇），亦即政務人務是具有擔當與有品格者（高希均，2009：128-129、147-148、157-158）。主政者領導君子為要，不可為小人所影響，小人者，余秋雨先生所描述的「沒有立場的遊魂」，擁有「轉瞬即逝的笑臉」，說出「無法驗證的美言」，做出「無可檢收的許諾」，而高希均先生則加上，對主人「具有不可或缺的忠誠，對周圍捏造四面八方的埋伏與危機」。主政者不可不察也。

12　殷商時代，該時期官制分為史系與師系，史系之官主持祭祀，師系之官，主受殷王之命，出兵征伐。周克殷後，封建之制多承襲殷法，史系與師系之官仍存在，不過名稱稍異（楊樹藩，1986：2）。

13　士人階級中，如墨子謂：「官無常貴，而民無終賤，有能則舉之，無能則下之。……」荀子曰：「先平祖當賢，後子孫必顯，行雖如桀紂，列從必尊。」復曰：「以世賢賢，雖欲無亂得乎哉？……」（楊家駱，1976：301-302）於是強烈呼籲：「雖王公士大夫之子孫，不能屬於禮義，則歸之庶人。雖庶人之子孫也，積文學身行，能屬於禮義，則歸之卿相士大夫。……」

出之困境，但他們主張之「賢者在位，能者在職」，要求人君「尊賢使能」。這種口號很快傳布天下，終於動搖貴族政治（薩孟武，1969：55），亦爲文官體制奠立理論基礎。迨秦有天下，廢除封建，世官既已不存，代之而有公開取士之制（楊樹藩，1986：3）。就官僚制度言，於秦時已具有雛型，至漢武帝時乃見確立，均在掄拔人才，以蔚爲國用。

在君主體制「普天之下，莫非王土。率土之濱，莫非王臣。」概念下，前述公開取士制度所選取之俊秀，皆屬天子之門生，授予「官」職後，即爲天子所用。「官」在官僚體制內屬上位階人員，著重其品德才華，如前有謂：「德薄而位尊，知小而謀大，力小而任重，鮮不及矣」（繫辭傳），相對較不要求專業管理知識。至於行政專業事務，則多由「吏」者擔任，是類人員不必透過取士制度進用，擔任基層幕吏，屬專業幕僚，所要求者在於專業職能，與「官」不同。因歷代取士制度之對象以考「官」爲主，而「吏」爲胥吏、爲僕役等，而爲首者爲「師爺」，故我國傳統科舉制度爲「考官不考吏」也（繆全吉，1969：1；蔡良文，1993：16-22）。且以，爲吏之道有五（善）：一曰中信敬上，二曰精廉毋謗，三曰舉事審當，四曰喜爲善行，五曰恭敬多讓。據而推及爲組織認同，品德操守，敬業治事，待人處世及服務態度等倫理守則（繆全吉，1991：42-46），若將我國「官」與「吏」對照現代政府體制內之角色，「官」或可相當於負政治責任之行政首長或政務官，至於「吏」則相當於事務官。當然目前高階文官之特質[14]似乎應融合不同程度「官」、「吏」的特質。要之，我國傳統官僚體制之「考官不考吏」，對照現今民主政治與功績制度下，政務人員係政治性任命、常務人員係考選任用之原則，兩者有很大的不同，而傳統與現代之官制，其公開競爭、公正取才之精神是相同的。

（二）我國近代政務人員之選才方式

民國創建後，我國因應中山先生創立之五權憲法的特色，另設獨立的考試與監察二院，與其他現代民主國家行政、立法、司法三權分立之憲政體制有別。而斯時在人事行政實務上已有「政務官」之稱，惟並無明確定義，僅屬「事務官」之相對待詞。其後，政府播遷來台，隨者台灣民主政治之發展歷程，衍生了含括中國傳統制度、官僚系統、地方政治派系、日本統治經驗，以及西方民主政治價值移植影響之特有政治文化（蔡良文，1998；70-71），因此，在五權體制及複雜政治文化下，政務官與事務官並無法如

14　高階文官應具備的特質，依據Farazmand（2009: 1012-1013）建構思維，高階文官主要具備的能力爲：（一）治理能力；（二）功能性工具能力；（三）行政能力。又如加拿大政府對高階主管核心職能圖像（leadership competencies profile），其圖像有四：「價值與倫理」（values and ethics）、「策略思考」（strategic thinking）、「承諾與敬業精神」（engagement）及「卓越管理」（management excellence），並依不同層次人員明定各應符合之正負向行爲範例（特引自蔡璧煌、吳瑞蘭，2011）。當然，吾人以爲高階文官之位階越高，除應具備之理性、專業知能外，尤其應具圓熟、睿智的「直觀能力」，如「先機而發」、「審時度勢」、「超後果判斷」與「倫理心與關懷情」等。

西方英美國家般，有清楚之界限，故在實行五權憲法之我國，政務官與事務官之分類，尤有加以修正與補充之必要[15]。

101年3月27日考試、行政兩院會銜函送立法院審議之「公務人員基準法草案」，基於我國實務上對於政務官之認知，與學理上之嚴格定義並不一致，為顧及現況並避免引起爭議，特別採用「政務人員」一詞，以資區別[16]。至於政務人員法草案，亦以「政務人員」一詞取代「政務官」，除更符合民主原理，拉近與人民之間的距離外，亦是解決我國無法如西方民主國家概然區分政務官與事務官[17]之問題。

在民主政體下，政務官與事務官之區分，根源於民主政體下之政黨政治與責任政治，且兩者區隔明顯。我國為五權憲政體制國家，爰於「政務人員法草案」第2條第1項第1款所稱「依政治考量而定進退之人員」，大抵符合西方民主國家所界定之政務官範圍。至於其他依憲法或法律定有任期及任命程序獨立行使職權之人員，係屬特別的廣義政務人員。

---

15 誠如林紀東教授所言，五權憲法之第一特點，在於權能區分，使政府有能，以建立萬能政府，第二特點，其構造較三權複雜，就第一特點言，所欲建立者為有能之政府，儘量希望達到專家政治之境界，政務官可以不問學識專長，得以主持任何部會，與五權憲法之精神，顯不相符。再就第二特點而言，五權憲法體制，既較三權憲法為複雜，有若干既非政務官又非事務官之官吏，如在法官之外，強將所有官吏分為政務官與事務官兩種，「不歸楊，則歸墨」，不另設其他分類，加以補充，在各種人事法規之適用上，必有若干窒礙難通之處（林紀東，1978：244-245）。

16 88年6月30日總統令修正發布「政務官退職酬勞金給與條例」為「政務人員退職酬勞金給與條例」，並修正全文。

17 回顧西方民主政體下的政府機關人員構成，大抵有政務官與事務官之區分。政務官在英美國家稱為政治性行政人員（political executives）、政治性官員（politica officials）或政治性任命者（political appointees）。其概念起源於1701年英之「吏治澄清法」（The Act of Settment，或譯為「王位繼承法」），該法通過後，英國便有政務官與事務官之區分，而此係在英國政府政黨政治運作下，為避免政府施政或整體人事制度，受到政黨輪替影響所產生之制度。政務官係相對於事務官之概念而言，凡決定國家大政方針，並隨政黨選舉成敗或政策改變而負有政治責任的人稱為政務官（張世賢，2004：23；許南雄，2006：24-28；蔡良文，2010：127-134），至如需經過一定選拔程序，身分受到一定之保障，須遵循既定之方針或政策，依法執行其職務者，則為永業性之事務官。另有學者從政治與行政二分概念出發，將政權底下政府機關人員構成，分由屬於上位「政務機關」階層之行政首長與政務人員，以及屬於下位「行政機關」階層具永業性之常任文官等兩類人員組成（華力進，1981：311）。上位階層人員因政黨政治及責任政治運行，藉由反應人民偏好及政黨輪替之機會，取得行政權與行政職位。但因為須負政治責任之行政首長任期不長，而通才取向的政務人員亦無法於短時間內嫻熟行政上之細節，因此，在政策上或專業上均須依賴常務人員之協助，又因於政治任命之職位有限，政務人員對政策之形成與執行影響不足情形下，常造成由常務人員組成之下位階層權力越來越大，而有Waldo氏稱的「行政國」之現象（1948），而此種上下位階層人員權力消長之關係，也反映出傳統行政管理理論中「政治」與「行政」分際討論之問題。史跛勒（Svara, 1985: 228）於其行政、政治分立二元模式理論（dichotomy-duality model）中主張，任務政策是政治人物職責，機關內部行政管理是常務人員職責。除最先與最後過程階段可以明確區分外，介於其中的「政策」及「行政」既非完全分離，抑非完全混合，而是雙方的適當分工。惟若持肯定論，對於了解政府機關主要構成人員間之運作情形，有其實益。

參、我國政務人員之俸給及退職金

在全球化的衝擊下，人才亦面臨高度競爭，而影響優秀人才擔任政務人員，可區分為心靈及報償兩大因素，其中心靈部分，如尊榮、成就感（展抱負）等因素；至於報償部分，主要為俸給及退職金[18]等因素，茲因本文討論範圍限制，謹就政務人員俸給及退職金部分說明如下：

一、政務人員之俸給

（一）我國政務人員之俸給

我國現行政務人員之俸給，係依38年1月17日制定公布之「總統副總統及特任人員月俸公費支給暫行條例」規定及行政院100年6月22日院授人給字第10000406581號函核定之「全國軍公教員工待遇支給要點」附表一「政務人員給與表」所訂數額支給；亦即由行政院依上開暫行條例，所定法定給與標準乘以一定之倍數計算（除院長公費係按法定給與114.12倍計算外，其餘月俸、公費係按法定給與119.06倍計算）。其中部長級以上政務人員現支待遇，如下我國部長級以上政務人員現支待遇比較表（表15-1）：

表15-1　我國部長級以上政務人員現（102年）支待遇比較表（單位：新台幣元）

職位	月俸	公費	月支數額
院長	95,250	228,240	323,490
副院長	95,250	119,060	214,310
部長	95,250	95,250	190,500

備註：

1. 院長、副院長及部長等政務人員現支待遇係依行政院民國100年6月22日院授人給字第10000406581號函核定之「全國軍公教員工待遇支給要點」規定計算。

2. 表列各級人員支給數額，自民國100年7月1日起實施。

由於前開暫行條例公布施行迄今，並未隨時空環境之變遷，適時配合修正，已不符實際情況需要，且鑑於行政院以前開行政命令規定政務人員之給與，究非法制之常態，為期政務人員俸給之法制化，銓敘部爰配合「政務人員法草案」，制定「政務人員俸給條例草案」[19]，並已於101年6月25日由考試、行政兩院會銜函送立法院審議。依該條

18　我國政務人員給與項目有：（一）基本薪資（現金性給與）；（二）補助性給與（含福利性給與及補貼性給與）；（三）遲延給付（退職性給與）（參見林文燦，2008：187-198）。

19　銓敘部自84年6月起即研擬「政務人員俸給條例（以下簡稱俸給條例）草案」，並經考試、行政兩院分別於89年10月20日、94年7月28日及98年4月3日3度會銜函請立法院審議，惟均未能完成三讀程序，銓敘部爰配合法案屆期不續審規定重新研擬，並由考試、行政兩院於101年6月25日將「俸給條例草案」併同

例草案規定政務人員俸給，包括月俸及政務加給兩項，惟為避免政務人員自肥之政治性爭論，草案第5條立法說明已敘明，以不增加現支俸給總額為原則。是以，在不增加現支待遇之原則下，月俸點數調增，政務加給將相對調降（詳如現行及「政務人員俸給條例草案」所定部長級以上政務人員俸給數額對照表，表15-2），則縱使該條例草案未來完成立法後，政務人員之俸給恐仍無法調高。

表15-2　102年及政務人員俸給條例草案所定部長級以上政務人員俸給數額對照表

區分		102年				101年6月25日 考試、行政兩院會銜版			
		月俸	公費	合計	折合率	月俸	政務 加給	合計	折合率
特任	院長	（800元） 95,250	（2,000元） 228,240	323,490	月俸：119.06 公費：114.12	（1,950點） 167,700	155,790	323,490	86
	副院長	（800元） 95,250	（1,000元） 119,060	214,310	119.06	（1,450點） 124,700	89,610	214,310	86
	部長	（800元） 95,250	（800元） 95,250	190,500	119.06	（1,200點） 103,200	87,300	190,500	86

備註：

1. 院長、副院長及部長等政務人員現行待遇係依行政院民國100年6月22日院授人給字第10000406581號函核定之「全國軍公教員工待遇支給要點」規定計算；表列各級人員支給數額，自民國100年7月1日起實施。

2. 表列101年6月25日考試、行政兩院會銜版之各級人員待遇，係依不增加現支待遇原則試算金額。

「政務人員法草案」及「政務人員退職撫卹條例修正草案」會銜函請立法院審議。最新送請立法院審議之俸給條例草案制定重點摘要如下：

（一）考量政治任命之政務人員，須隨執政黨更迭或政策成敗進退，與永業性之常務人員性質不同，無須按年晉敘俸級以鼓勵其久任，因此各級別政務人員之月俸，均為單一月俸點數。爰「政務人員俸給條例草案」第4條第1項明定各級政務人員每月支領俸給之內涵，分月俸、政務加給，均以月計之。

（二）草案第5條第1項規定，政務人員級別區分為「特任」、「政務一級、二級、三級」等四級。另鑑於總統、副總統自90年起待遇調降後，已與86年總統府秘書長及考試院秘書長等機關所規劃之各級政務人員俸給原則有異，且為統一政務人員月俸點數折合率，在不增加現支俸給總額之原則下，重新調整政務人員月俸點數為「一、特任，區分以下三級：甲、院長級，按一千九百五十點計給；乙、副院長級，按一千四百五十點計給；丙、部長級，按一千二百點計給」、「二、政務一級，按九百五十點計給」、「三、政務二級，按七百五十點計給」、「四、政務三級，按六百五十點計給」。復按政務人員之俸給，係屬公務人員俸給法制事項之一環，依憲法增修條文第6條第1項第3款規定，係屬考試院主管權責；至於公務人員俸給數額之訂定及調整，涉及政府財政負擔，歷年來均由行政院配合全國總資源分配狀況，考量政府預算支應能力，本整體平衡原則通盤規劃支給。有關政務人員月俸點數折算俸額事宜，宜尊重行政院主管權責，爰參酌「公務人員基準法草案」第55條規定：「公務人員俸（薪）給數額之訂定……由行政院會商考試院辦理。」之體例，於草案第5條第2項規定：「前項各款月俸點數折算俸額，由行政院會商考試院定之。」其原為考試院法定權責中權變規定，係在提高其可行性也。

（二）各國部長級以上政務人員俸給之比較

我國與各國部長級以上政務人員之月支待遇，經比較歐美及我國鄰近主要國家，以新加坡總理（約新台幣568萬399元）月支待遇金額爲最高，且相對於其國民平均年所得（3萬5,163美元）之比率亦最高；馬來西亞首相月支待遇（約爲新台幣21萬7,904元）雖爲各國院長級最低，惟如相對於國民平均年所得（5,793美元）之比率，馬來西亞反而高於我國，是以，我國部長級以上政務人員之月支待遇，相較於該等國家實屬偏低水準。詳如我國與各國部長級以上政務人員月支待遇比較表（表15-3）：

表15-3　我國與各國部長級以上政務人員月支待遇比較表（單位：新台幣元）

職位	院長	副院長	部長	國民平均年所得（美元）
我國	314,080（323,490）	208,080（214,310）	184,960（190,500）	16,790（20,848）
美國	547,878（聯邦衆議院議長）		473,964（部長）	45,825
德國	761,323（總理）	693,398（外交部部長代理）	693,398（部長）	35,403
英國	959,358（首相）	698,906（副首相）	698,906（部長）	35,300
新加坡	5,680,399（總理）	4,508,472（副總理）	2,929,321（部長）	35,163
日本	651,448（首相）		461,009（各省廳大臣）	34,252
韓國	324,985（國務總理）	245,815（副總理）	228,758（部長）	20,015
馬來西亞	217,904（首相）	173,430（副首相）	142,301（部長）	5,793

備註：我國部分，除括弧內爲100年7月1日調薪後之資料外，餘與其他各國均爲96年資料，其他各國資料由我國駐外單位代爲蒐集。

（資料來源：行政院人事行政局給與處（現爲行政院人事行政總處給與福利處））

二、政務人員之退職金

（一）我國政務人員之退職金

　　我國政務人員之退職給付本無專法規定，迄至民國60年間，爲配合人事革新之「延攬人才方案」，考試院與行政院會銜函送「政務官退職酬勞金給與條例草案」，經立法院審議完竣於61年2月5日公布施行，始有規範政務人員退職之專法（蔡良文，2008：240-241）。

　　政務人員退職制度幾經變革[20]，自93年1月1日起，政務人員退撫給與已改採離職儲金制度，惟僅限由軍、公、教人員、其他公職人員或公營事業人員（以下簡稱軍公教等人員）轉任者始得參加，符合參加離職儲金之政務人員，其退職後亦僅得一次領取公、自提儲金本息，並無請領月退職酬勞金之規定。且除非92年12月31日以前的任職年資仍依原「政務人員退職酬勞金給與條例」規定辦理外，政務人員與軍公教等人員之任職年資係採分流處理，並分別依各自退休（職）法令規定計算退離給與。

20　政務人員退職制度沿革簡要略述如下：
　　（一）61年2月5日公布的「政務官退職酬勞金給與條例」，主要考量早期「政務官事務官化」的情形十分普遍，政務人員多由軍公教等常務人員轉任，由於政務人員與常務人員同服公職，若因出任政務人員而抹煞常務人員本應享有的退休權益，可能影響常務人員轉任政務人員的意願，因此，政務人員的退職給與規定大多參照「公務人員退休法」訂定，且爲延攬優秀人才爲國效力，增加常務人員轉任政務人員的誘因，故曾任常務人員年資均得採計，又以政務人員職務有高風險、低保障的特性，無法長期久任，爲慰勉其在職時的辛勞，所以明定任職滿兩年，即可據以辦理退職並請領退職酬勞金；任職滿十五年以上，亦得擇（兼）月退職酬勞金；其制度設計係採由政府全額編列預算支應退職經費的「恩給制」；退職給與的給付方式則爲「確定給付制」。
　　（二）嗣於88年6月30日，「政務官退職酬勞金給與條例」名稱修正爲「政務人員退職酬勞金給與條例」，並配合軍公教人員退撫新制的整體規劃，將制度設計改採政府與政務人員共同撥繳費用，建立基金支應退撫經費的「共同提撥制」；退職給與的給付方式仍維持爲「確定給付制」，並追溯自85年5月1日施行。
　　（三）其後銓敘部爲改革政務人員退撫制度，爰擬具「未來願重新建構政務人員退職制度之修法原則」，在報經考試院同意後，即依該修法原則，擬訂政務人員退職撫卹條例草案；歷經多次朝野協商後，已將政務人員退撫給與制度的設計，由原「確定給付制」改爲「確定提撥之離職儲金制」──符合參加離職儲金的政務人員，由服務機關依其在職時俸給總額12%的費率，按月撥繳65%作爲公提儲金，政務人員繳付35%作爲自提儲金，並於政務人員退職後，一次核發公、自提儲金本息，已無請領月退職酬勞金之規定。此外，政務人員與常務人員的任職年資應分流處理，並分別依各自退休（職）法令規定計算退離給與；但針對92年12月31日以前已轉任且於93年1月1日以後接續任職並依規定辦理退職的政務人員，其轉任前、後任職年資的處理，則另訂有保障措施──即92年12月31日以前的任職年資仍依原「政務人員退職酬勞金給與條例」規定辦理。
　　（四）至於政務人員一次退職酬勞金及公保養老給付辦理優惠存款之規定，均參照公務人員的相關規範辦理。唯一不同的是，政務人員公保養老給付額度依優存辦法規定核算後，不得超過200萬元。
　　（五）106年間，爲配合國家整體年金改革政策之推動，並爲解決若干人員權益未臻衡平之問題，爰參酌的「公務人員退休資遣撫卹法」之內容，修正「政務人員退職撫卹條例」，主要變革有：依人員是否由現職軍、公、教、其他公職或公營事業人員轉任，適用不同退撫制度，增訂再任相關職務停發退職所得規定，藉由所得替代率上限限制調降退職所得，以及調整優惠存款制度等。其中考試院所擬革案與立法院三讀通過版本主要不同之處在於，通過版本再予調整所得替代率上限，支（兼）領月退職酬勞金者之優惠存款利息，由草案所擬自修正施行後七年歸零，修正爲自110年1月1日起即歸零，並增訂離婚配偶分配請求權之相關規定。

　　由上可知，現行參加離職儲金之政務人員，僅限軍公教等人員轉任者，且其退職後大多僅得一次領取公、自提儲金本息，相較於常務人員得領取月退休金，現行政務人員之退養保障規定顯有不足。

（二）各國政務人員退職制度之比較

　　歐美及我國鄰近主要國家之政務人員退職制度，除德國另訂規範及英國之列舉人員外，大多適用與常務人員相同規定，亦均未如我國增加軍公教等人員轉任政務人員者，始得參加政務人員離職儲金之限制，詳如我國與各國政務人員退職制度摘要彙整表（表15-4）：

表15-4　我國與各國政務人員退職制度摘要彙整表

類別\國別	退職制度摘要	經費來源
我國	一、限軍公教等人員轉任政務人員者。 二、大多僅得一次領取公、自提儲金本息。 三、採確定提撥制。	政府與政務人員共同提撥費用
美國	一、聯邦政府所有文職人員（包括政務人員）均適用相同規定。 二、美國聯邦公務人員，於1920年起適用CSRS，自1987年起改適用FERS，根據FERS之規定，公務人員退休給付包括： （一）社會安全福利（第一層國民年金性質）。 （二）基本年金計劃（第二層職業年金性質）。 （三）聯邦節約儲蓄計畫（第三層確定提撥制）。	政府與公務員共同提撥費用
德國	德國政務人員之退職制度不同常務人員，另於依據德國「聯邦政府閣員法律關係法」之規定辦理。	全數由政府編列預算支付
英國	一、政務人員及常務人員，除列舉之人員外，均適用相同規定。 二、只有2002年10月1日以前任職於大英國協政府部門之員工可以參加傳統型計畫。 三、不論2002年10月1日以前或之後任職於大英國協政府部門之成員都可以參加優質計畫。 四、只有2002年10月1日以後任職者可參加合夥型計畫。	政府與公務員共同提撥費用
新加坡	一、政務人員及常務人員均適用相同規定。 二、採確定提撥制。	政府與政務人員共同提撥費用

類別 國別	退職制度摘要	經費來源
日本	一、政務人員及常務人員均適用相同規定。 二、日本公務人員有退職津貼，也有共濟組合年金。 三、公務人員除於退休並符合年齡條件時可支領共濟組合年金外，尚可領取國民年金（日本國家各種年金制度均含國民年金「基礎年金」）。	退職津貼部分，由政府編列預算支；共濟組合年金部分，由政府與公務員共同籌集基金支付
韓國	一、凡公務人員任職滿二十年，不論擔任政務人員或常務人員（年資合併計算），均可請領終身俸。 二、未具備上述條件者僅能領取一次退休金。 ＊按上述辦理退職之前提要件，需具公務人員相關法所定公務人員身分者。	政府與政務人員共同提撥費用

備註：

1. 按各國政務人員之退職標準，係請駐外單位協助蒐集整理所得，僅供參考（馬來西亞之資料未蒐得）。

2. 上述英美日德，為第二層職業年金部分，尚不包括第一層之國民年金（日本則為共濟組合年金及基礎年金）。

肆、我國政務人員進用與俸給及退職金關係之評述

　　面對全球化衝擊及競爭下，如何擴大延攬優秀人才，推動廉能政府與提升國家競爭力，滿足人民之需求與期待，為世界各國政府所面臨之共通課題。而政務人員承擔之責任重大，並為高風險職務，其除須為圓通智識及具品德之通才外，並應有開闊之胸襟與圓熟之政治技巧。是以，茲為擴大延攬優秀人才，提升國家競爭力，謹就我國政務人員進用與俸給及退職金關係之議題，略加評述如次。

一、廣徵進用圓通智識、才德兼備及知進退存亡不失其正之士

　　政務人員為決定、導引與推動國家政務之舵手，其必須不斷地接受歷練或訓練，以培養強化其之知能（器識）、見識及膽識[21]，賡續延攬培育型塑具有高度、風度、氣度、深度及廣度[22]的政務首長，其格局氣度風範，如何維護有賴「政務人員法」之規範。我國在面對全球化國際變局、政經社文科環境變遷與人民需求，自應配合調整治理機制，擴大延攬各個領域之菁英，或學有專精，或黨政企經歷豐富者等，方能奠立善治的礎石也。政務人員可自由選任，但仍應約略有軌跡可循，如政黨培植[23]，立法機關

21　關院長中，101年9月6日考試院第11屆第203次會議。

22　伍副院長錦霖，101年4月5日考試院第11屆「政務人員法草案」全院審查會議。

23　在培植政治的一般人才方面，渠主張最好的方法是從兒童時期就開始培養。著重兒童智慧的啟迪、性向的發掘、基礎知識的灌輸、觀察、分析、以及判斷力的鍛鍊和團隊精神及領導才能的培養，經過層層淘

歷練等，以具較開闊之胸襟與圓熟之政治技巧。甚至包括易學之天道盈虛、天人相應、朝代盛衰、人事成敗，以及知進退存亡、體悟顯仁藏智，通天下之志與成天之務等哲理。國家政務領導應能應天順時，處理國家大事，亦可以孔子用以律己之四句戒語：毋意、毋必、毋固、毋我[24]。

　　政府人事變革中，如何體悟人生如棋、事事如棋，在變局中透過對於棋奕之體驗，對人事管理能否有感通之處[25]。以象棋各子有其路徑與規矩[26]，相、象是部會首長，部會首長是護衛將帥，達到政通人和、使政務推動順暢。在易理上，十六卦的豫卦下順上動，部會首長德行要夠，德行不足團體會亂，繫辭傳云：知小而謀大，亦是力小而任重也有問題。位尊德薄、鼎折足，覆公餗，其形渥，是不吉的，所以部會首長除有才幹，更要修仁德性（蔡良文，2009：16-20）。

二、理性建構政務人員俸給，強化尊嚴有彈性的調整機制

　　政務人員承擔之責任重大，並對其政策成敗向人民負責。又政務人員恢宏格局氣度，並係具有依政治考量而定其進退之高風險職務，且須遵守專職之義務。以如，政務人員除法令所規定外，禁止兼職；依法令兼職者，不得兼薪。換言之，政務人員須承擔隨時去職失業之風險，亦無法如私部門工作者或民意代表等，可藉由經營業務、營利事業或兼任營利事業職務，以獲取更多待遇，則政務人員之待遇，是否足夠和私部門競爭取才頗值懷疑？雖然擔任政務人員之因素，並非僅有待遇，尚有使命感、尊榮等因素，惟面對「經濟全球化」與「全球治理」之極大衝擊，人才亦面臨高度競爭，則偏低之政務人員給與，亦勢必影響優秀政務人員之延攬，就世界主要國家部長級以上政務人員之月支待遇分析，我國部長級以上政務人員之月支待遇屬於偏低水準，允宜調高。至於確立俸給原則方面，應考量內外部環境因素（參見Bohlander & Snell, 2007: 385），筆者以為至少應考量者有三：（一）維持工作效能並兼顧政務人員社會地位；（二）與民間企業比較相當等級為高之薪俸；（三）規劃工作價值貢獻相對應的彈性薪俸調整機制價值。

　　汰之後，通常進入大學之學生，領導才能以及領袖氣質便已有相當之基礎。倘能循序進入高級政務參贊位置，一定已經具備與其職位權力相稱之訓練培植背景與智能（參照王作榮，1996：311-312）。

24　申言之，毋意便是斷事要憑真知灼見，要有根據，不能以意為之，推測或懸想其如何；毋必便是做事要有幾分把握，要認識現實，面對現實，不能有一廂情願的想法；毋固便是寧事不能固於成見，善於接納別人的意見；毋我便是處事要大公無私，不摻入個人的喜悲，不引進個人的恩怨，不計較個人的得失。

25　國家大事如照棋奕規矩行使，是否較益百姓，均是可以思考的議題。象棋的布局可從無極到神無方到易無體，整體上來說棋的一陰一陽，陽為在朝、陰為在野，各有三十二格合計六十四格。易經有六十四卦，其中有真空妙有之意涵。

26　帥是國家領導人、各黨主席或是大公司董事長；仕是三公、是五院院長；相是部會首長（有關相關易理，請參閱吳秋文，2005）。

三、非軍公教等人員轉任政務人員者宜放寬得參加離職儲金

　　誠如前述政務人員為高風險職務，且須遵守專職之義務，故提供政務人員合理之離退生活保障，有其必要性，亦符合社會安全保障之基本原則。惟「政務人員退職撫卹條例」第3條規定，非由軍公教等人員轉任者，不得參加離職儲金，致非軍公教等人員轉任政務人員者，其領取離職儲金權益上有差別待遇，雖同須遵守專職義務，卻無離退生活保障，將影響其擔任政務人員之意願，有礙優秀人才之進用，允宜放寬非軍公教等人員轉任政務人員者得參加離職儲金[27]，爰必須考量制度設計之合理性與社會觀感之衡平性。

伍、結語

　　面對全球化與各國政府再造浪潮下，文官制度之變革，如何配合政府治理環境的「變」而掌握「時」，以求其「通」，是筆者關心的，此即所謂「趣（趨）時是也」，以達求「變」、求「通」。在全球化人才競爭之環境下，如何吸引優秀人才蔚為國用，以利國家政策之推行，提升政府效率與效能，是當前各國政府所面臨之重要課題之一。惟由上可知，我國部長級以上政務人員，相較於歐美及我國鄰近主要國家，其俸給明顯偏低，加以政務人員之退養金，除有參加資格限制外，其保障亦顯有不足，恐均嚴重影響國家延攬優秀政務人才。

　　茲以政務人員為責任重、高風險及低保障職務，除才德不足與違法亂紀外，應相對賦予該職務高度之尊榮感、待遇及退養，俾讓優秀人才勇於承擔，而無後顧之憂，故應合理建構政務人員俸給及退養金制度。至於其俸給及退養金之調整（放寬）原則方面，則應衡平考量政務人員俸給及退養金兩者之給付情形，亦即倘其俸給已充分考量前開俸給原則予以調高，則得以適度忽略其退養保障不足問題；反之，亦然。

　　綜之，在面對政府再造與政務體制改革，如何延攬優秀政務人員進入政府體系而勇赴事功，是執政者必須面對的重要課題，如何建構理性思考、完善可行之政務人員法制，是朝野必須共同戮力的目標，俾能型塑民主專業、倫理治國之新風範，構築為民服務的良善治理基石，以提升國家競爭力。

（本文原載於公務人員月刊，第206期，2013年8月，頁5-17；文內有關法規動態及其相關資料蒐集，特別感謝（時任）銓敘部法規司科長梁傑芳、（時任）專員莊書銘協助，惟文責由筆者負責。另部分內文配合法制變革，略做修正。）

27　現行「政務人員退職撫卹條例」第4條及第5條規定，已放寬是類人員參加離職儲金。

壹、前言

　　一個國家要達成良善治理（good governance）的目標，應有兩種政治制度的配合運作：一為民主的憲政制度（constitutionalism）；二為功績（merit）的文官制度（civil service system），兩者缺一不可，且過與不及，均可能造成反效果（關中，2009a：3-4）。復自西元1980年代起，世界各國面臨全球化，資訊化的挑戰，政府效率及文官績效普遍為民眾所要求，因此我國文官體制須配合政治之發展與時代趨勢再進行相對的調整。晚近我國民主政治發展已歷經二次政黨輪替，政黨政治日趨成熟，其中建立文官體系行政中立文化以促使政黨政治與文官體系同步健全發展，在「公務人員行政中立法」完成法制化後，有關政務人員行為規範之法制化，至為關鍵。

　　在文官體制內之政務人員及常務人員，其進用各有其程序或軌道可循[1]，而這兩類人員於政府體制運作之關係，可透過政黨政治與責任政治運作之觀察說明，即政黨透過選舉取得治理權，並得以政治考量任命高階層職位人員，而是類人員（須負政治責任行政首長與政務人員）對其政策成敗向人民負責，並在政黨競爭之過程中，透過選舉接受選民之檢視，因選舉之勝利或失敗，產生政務人員輪替之情形。又朝野各黨舉薦選舉之人才的特質為何？關涉國家發展與動能永續。相對的在功績制度原則下，透過公開競爭之考選制度，而依法受永業保障任用之常務人員，其係依據政治考量進用人員所作政策來執行工作，惟須「依法行政」，並被要求「行政中立」，爰其能夠以公正無私執行其專業，並提升政府績效，而全力為國家人民服務，不受不當之政治干擾，而免淪為政黨之僕役。

　　茲以我國建立功績的文官制度與發展在前，民主政黨政治發展在後；與西方民主國家，先有民主政治，再由分贓主義逐步發展功績的文官制度不同[2]（蔡良文，2010b：

1　政務人員可自由選任，但仍應約略有軌跡可循，如政黨培植，立法機關歷練等，以具較開闊之胸襟與圓熟之政治技巧。常任人員必嚴守文官制度，無一人與事之例外，以恢復其尊嚴與榮譽。共同推動廉能政府與提升國家競爭力（參見王作榮，1996：244-247）。

2　由於政府播遷來台後，先積極推動現代化文官制度，與西方在成熟之民主政治制度上漸次建立文官制度不同，故如行政中立、政務官與事務官分途、以專業能力取才的用人標準等，原屬制度上當然之原理原則。我國因以不同方向發展，即先完備常任文官體制，再配合政黨政治發展，先落實常務人員行政中立法制與作為，再次重視政務人員法制等，期間透過漫長之努力，始得融入整體文官體系中。

36-37）。西方是先有政治中立的文化，才有行政中立的規範；我國由於缺乏政治中立的文化，所以要在上位之行政中立上有所規劃，並以建立制度來培養文化（關中，2009a：17）。「公務人員行政中立法」於98年6月完成立法，確認常任文官之行政中立價值，相對地亦保障常任文官不受政治之干擾。而衡平價值另一端之「政務人員法草案」，亦於98年4月3日由考試院會銜行政院函送立法院審議，至是否順利完成立法，關乎政黨政治與文官體制能否健全衡平發展。在「政務人員法草案」完成立法前，本文試從政務人員與常務人員之間特質差異與其所受政治活動規範情形，對該法草案相關規定做初步探討，並對相關之問題予以介述，以就教高明方家。

貳、政務人員之特質

一、我國傳統之「官」與「吏」

我國傳統官制有正確史料可稽者，溯及殷商時代，該時期官制分為史系與師系，史系之官主持祭祀，師系之官，主受殷王之命，出兵征伐。周克殷後，封建之制多承襲殷法，史系與師系之官仍存在，不過名稱稍異。在殷周時期，官屬世襲，是官既世官，自然祿為世祿（楊樹藩，1986：2）。世官世祿之制，其後雖趨式微，但仍為貴族社會所牢守。嗣因戰亂不已，致社會的流動，產生一種新士人階級，社會上發生許多學派，培養不少士人（余英時，1982：32-36）。士人階級中，如墨子謂：「官無常貴，而民無終賤，有能則舉之，無能則下之。……」（張純一，1975：67）；荀子曰：「先平祖當賢，後子孫必顯，行雖如桀紂，列從必尊。」復曰：「以世舉賢，雖欲無亂得乎哉？……」（楊家駱，1976：301-302），於是強烈呼籲：「雖王公士大夫之子孫，不能屬於禮義，則歸之庶人。雖庶人之子孫也，積文學身行，能屬於禮義，則歸之卿相士大夫。……」（楊家駱，1976：301-302）。雖士人有滿腹經綸之才，然難有脫穎而出之困境，但他們主張之「賢者在位，能者在職」，要求人君「尊賢使能」。這種口號很快傳布天下，終於動搖貴族政治（薩孟武，1969：55），亦為文官體制奠立理論基礎。迨秦有天下，廢除封建，世官既已不存，代之而有公開取士之制（楊樹藩，1986：3）。就官僚制度言，於秦時已具有雛型，至漢武帝時乃見確立，均在掄拔人才，以蔚為國用。

在君主體制「普天之下，莫非王土。率土之濱，莫非王臣。」概念下，前述公開取士制度所選取之俊秀，皆屬天子之門生，授予「官」職後，即為天子所用。「官」在官僚體制內屬上位階人員，著重其品德才華，有謂：「德薄而位尊，知小而謀大，力小而任重，鮮不及矣」（繫辭傳），相對較不要求專業管理知識。至於行政專業事務，則由「吏」者擔任，該類人員不必透過取士制度進用，擔任基層幕吏，屬專業幕僚，所要求

者在於專業職能，與「官」不同。因歷代取士制度之對象以考「官」為主，而「吏」為胥吏、為僕役等，而為首者為「師爺」，故我國傳統科舉制度為「考官不考吏」也（繆全吉，1969：1；蔡良文，1998：16-22）。若將我國「官」與「吏」對照現代政府體制內之角色，「官」或可相當於負政治責任之行政首長或政務官，至於「吏」則相當於事務官。要之，我國傳統官僚體制之「考官不考吏」，對照現今民主政治與功績制度下，政務人員係政治性任命、常務人員係考選任用之原則，兩者有很大的不同，而傳統與現代之官制，其公開競爭取才之精神是相同的。

二、現代政務人員之特質

民國創建後，我國因應孫中山先生創立之五權憲法的特色，另設獨立的考試與監察二院，與其他現代民主國家行政、立法、司法三權分立之憲政體制有別。而斯時在人事行政實務上已有「政務官」之稱，惟並無明確定義，僅屬「事務官」之相對待詞。其後，政府播遷來台，隨著台灣民主政治之發展歷程，衍生了含括中國傳統制度、官僚系統、地方政治派系、日本統治經驗，以及西方民主政治價值移植影響之特有政治文化（蔡良文，1998：70-71），因此，在五權體制及複雜政治文化下，政務官與事務官並無法如西方英美國家般，有清楚之界限，誠如林紀東教授所言，五權憲法之第一特點，在於權能區分，使政府有能，以建立萬能政府，第二特點，其構造較三權複雜，就第一特點言，所欲建立者為有能之政府，儘量希望達到專家政治之境界，政務官可以不問學識專長，得以主持任何部會，與五權憲法之精神，顯不相符。再就第二特點而言，五權憲法體制，既較三權憲法為複雜，有若干既非政務官又非事務官之官吏，如在法官之外，強將所有官吏分為政務官與事務官兩種，「不歸楊，則歸墨」，不另設其他分類，加以補充，在各種人事法規之適用上，必有若干窒礙難通之處，故在實行五權憲法之我國，政務官與事務官之分類，尤有加以修正與補充之必要（林紀東，1978：244-245）。

87年4月考試院院會通過之「公務人員基準法草案」，基於我國實務上對於政務官之認知，與學理上之嚴格定義並不一致，為顧及現況並避免引起爭議，特別採用「政務人員」一詞，以資區別[3]。至於在考試院98年函送立法院審議之「政務人員法草案」，亦以「政務人員」一詞取代「政務官」，除更符合民主原理，拉近與人民之間的距離外，亦是解決我國無法如西方民主國家概然區分政務官與事務官之問題。

回顧西方民主政體下的政府機關人員構成，大抵有政務官與事務官之區分。政務官在英美國家稱為政治性行政人員（political executives）、政治性官員（political officials）或政治性任命者（political appointees）。其概念起源於1701年英國之「吏治澄清法」

3　民國88年6月30日總統令修正發布「政務官退職酬勞金給與條例」為「政務人員退職酬勞金給與條例」，並修正全文。

（The Act of Settlement，或譯為「王位繼承法」），該法通過後，英國便有政務官與事務官之區分，而此係在英國政府政黨政治運作下，為避免政府施政或整體人事制度，受到政黨輪替影響所產生之制度。政務官係相對於事務官之概念而言，凡決定國家大政方針，並隨政黨選舉成敗或政策改變而負有政治責任的人稱為政務官（張世賢，2004：23；許南雄，2006：24-28；蔡良文，2010b：127-134），至如需經過一定選拔程序，身分受到一定之保障，須遵循既定之方針或政策，依法執行其職務者，則為永業性之事務官。

　　另有學者從政治與行政二分概念出發，將行政權底下政府機關人員構成，分由屬於上位「政務機關」階層之行政首長與政務人員，以及屬於下位「行政機關」階層具永業性之常任文官等兩類人員組成（華力進，1981：311）。上位階層人員因政黨政治及責任政治運行，藉由反應人民偏好及政黨輪替之機會，取得行政權與行政職位。但因為須負政治責任之行政首長任期不長，而通才取向的政務人員亦無法於短時間內嫻熟行政上之細節，因此，在政策上或專業上均須依賴常務人員之協助，又囿於政治任命之職位有限，政務人員對政策之形成與執行影響不足情形下，常造成由常務人員組成之下位階層權力越來越大，而有Waldo氏稱的「行政國」之現象（1948），而此種上下位階層人員權力消長之關係，也反映出傳統行政管理理論中「政治」與「行政」分際討論之問題。史跋勒（Svara, 1985: 228）於其行政、政治分立二元模式理論（dichotomy-duality model）中主張，任務政策是政治人物職責，機關內部行政管理是常務人員職責。除最先與最後過程階段可以明確區分外，介於其中的「政策」及「行政」既非完全分離，抑非完全混合，而是雙方的適當分工。惟若持肯定論，對於了解政府機關主要構成人員間之運作情形，有其實益。是以，在民主政體下，政務官與事務官之區分，根源於民主政體下之政黨政治與責任政治，且兩者區隔明顯。我國為五權憲政體制國家，爰於「政務人員法草案」第2條第1項第1款所稱「依政治考量而定進退之人員」，大抵符合西方民主國家所界定之政務官範圍。至於其他依憲法或法律定有任期及任命程序獨立行使職權之人員，係屬特別的廣義政務人員。

三、古今「官」與「吏」之條件要求

　　我國傳統公開取士制度所選取之「官」，受儒家教育及科舉制度所應科目影響，著重於圓通智識及具品德之通才，甚至包括易學之天道盈虛、天人相應、朝代盛衰、人事成敗，以及是否體悟顯仁藏智，通天下之志與成天之務等哲理。至於專業之職能，則由幕吏補其不足。惟至現代，由君主體制轉變為民主體制，內外在之環境，古今已有不同。雖政務人員仍屬通才要求，但其要求內涵宜有所調整，在人事行政學理上，對於政務人員內在之要求，主要至少應具備下列條件：（一）分析內外情勢與界定公共問題的能力；（二）尋求或提出備選方案之智識，抉擇能力及決心；（三）策動與運用政治資源的能力；（四）發揮政策說明論辯及斡旋妥協的能力；（五）可依其地位與權力掌握

及推動組織變革的能力；（六）依隨政黨選舉成敗或政策改變而進退之理念與情操（吳庚，1992：188-189；吳定等，1998：277；任德厚，1992：286-288；蔡良文，2010b：130-132）。而就實務上，政務人員個人特質相關因素，亦至為重要[4]。相對應地，高階文官應具備的特質，依據Farazmand（2009: 1012-1013）建構思維，高階文官主要具備的能力為：（一）治理能力；（二）功能性工具能力；（三）行政能力。又如加拿大政府對高階主管核心職能圖像（leadership competencies profile），其圖像有四：「價值與倫理」（values and ethics）、「策略思考」（strategic thinking）、「承諾與敬業精神」（engagement）及「卓越管理」（management Excellence），並依不同層次人員明定各應符合之正負向行為範例（蔡璧煌，2011）。當然，吾人以為高階文官之位階越高，除應具備之理性、專業知能外，尤其應具圓熟、睿智的「直觀能力」，如「先機而發」、「審時度勢」、「超後果判斷」與「倫理心與關懷情」等，擬另外為文論之，於茲從略。

　　至於在「政務人員法草案」規定上，政務人員係向國家、民眾負責，故要求其須公正無私，廉潔自持，保持良好品德，並對國家忠誠，且須致力於其主管職務，以維護國家與人民之權益。此外，政務人員參與國家行政方針之決策，涉及國家安全。因此，提名或任命政務人員前，須對其進行涉及國家安全及重大利益事項查核。再者，政務人員應公體國，故除就職務上應守密事項為證言者，應經服務機關或上級機關之許可外，不論在職或離職均負有保密義務。復以政務人員掌握國家政策方針，擁有操控政府運作權力，有關政務決策階層唯有具引領風騷、導引變局、調控趨勢，才會同時具有大格局的思維架構，因其決策可能影響國家發展並牽動整個官僚體系，故應具備盱衡時勢決定政策所需知能，乃屬基本要求。因此，法制上著重於政務人員忠誠、品德、操守之要求規定[5]，俾維護國家與人民之權益。

　　不過在全球化的衝擊下，國家發展與國家治理（state governance）面臨取向之調整與變遷，包括人民全球性移動，而影響到移民政策外，與文官政策相關者，如國籍政策對高級文官或科技人才選用議題之變革；全球化與經濟、環境問題，導致其解決之道必要全球共同因應，而全球治理（global governance）成為共同追求的模式（Held & McGrew, eds., 2007；曹俊漢，2009：175-201）。爰於「全球治理」思維下，政務人員之進用除須重視其忠誠，黨性、承諾外，其必須對行政與管理業務具有足夠之認知，方

4　政務首長成就政務事業最關鍵因素，除最高領導階層與國會支持外，個人方面的（一）強烈的使命感，目標既立，全力以赴；（二）無私心、不戀棧；（三）有同理心，有說明力，能苦民所苦；（四）有方法，有熱忱。參閱高希均（2011），聯合報A4。

5　政務人員應具有君子風範與倫理的品格，不可只講利害的（孫震，2003：第4篇），亦即政務人務是具有擔當與有品格者（高希均，2009：128-129、147-148、157-158）。主政者領導君子為要，不可為小人所影響，小人者，余秋雨先生所描述的「沒有立場的遊魂」，擁有「轉瞬即逝的笑臉」，說出「無法驗證的美言」，做出「無可檢收的許諾」，而高希均先生則加上，對主人「具有不可或缺的忠誠，對周圍捏造四面八方的埋伏與危機」。主政者不可不察也。

能順利遂行政策及任務，此亦為當前政務人員所須面對之重要課題（Svare, 1985：228-229）。當然如何體認良善治理[6]的特徵與因素，亦為重要議題。

四、法制上相關問題概析

我國「政務人員法草案」第2條規範的政務人員範圍，包含「依政治考量而定進退之人員」（如各部會首長等），與於「憲法或法律定有任期及任命程序獨立行使職權之人員」（前者如大法官、考試委員、監察委員等；後者如審計長、行政院公平交易委員會委員、國家通訊傳播委員會及公務人員保障暨培訓委員會委員等）等二類人員，係學理及實務兼顧之規定。惟以上開政務人員之範圍依規定並不包含法官（包含司法院院長、副院長、大法官；最高法院院長、最高行政法院院長及公務員懲戒委員會委員長）及最高法院檢察署檢察總長[7]，是以，縱然屬於第二類非政治考量之「政務人員」範圍，亦可立法排除，此意謂著第二類政務人員範圍存有彈性調整空間，不過此種排除依立法說明應具備兩種條件，即如單純依政治考量定其進退，顯然無法達成該職務所欲實現之公共利益價值，其次應以法律明文排除，然於此應注意者，在配合制定法官法[8]後，既與一般公務人員有別，亦不屬政務人員法規定之政務人員範圍，而屬特別任用類型之政務人員。另外「中央行政機關組織基準法」公布施行後，中央行政機關置政務職務者，其職稱、官職等及員額均應於其機關組織法規中明定，而其他一級機關準用該法之規定。因此，於憲法或法律規定有任期及任命程序者，亦應於機關組織法律中明定其職稱及政務級別，始為法制上所稱之政務人員。

此外，政務人員宜否包含政策襄贊人員（例如政務顧問），亦即政務人員範圍是否擴大？嚴格來說，是類人員並不屬於政務人員法草案所界定之政務人員範圍。惟若從落實政黨政治及責任政治角度論，民選或政治性任用首長應有一定政治性職務之任命權，才足以貫徹其政治主張，穩定其政策領導能力。因此，學者認為，政府應提供足夠的職務人力，為民選政治領導者所用，以協助其提出政策、推動計劃、監督計劃得以執行（施能傑，2002：265-266）。而這種為強化行政領導的職位設計，具有跨黨派性以及不排斥由常業文官轉任之特性[9]。理論上，政務人員必須隨選戰之結果進退。在內閣制國家，政務人員大多須具備國會議員資格，幾乎為執政黨之政治領袖成員，其人數少，範圍狹，必須與政黨執政與否同進退。反之，總統制國家如美國，總統為最高行政首

6　良善治理的特徵或因素有：（一）參與（participation）；（二）法治（rule of law）；（三）透明度（transparence）；（四）回應性（responsiveness）；（五）共識取向（consense-oriented）；（六）公平與包容（equity and inclusiveness）；（七）效能與效率（effectiveness and efficiency）；（八）課責（accountability）等。

7　參照立法院司法及法制委員會99年12月13日審查考試院、行政院銜審議之「政務人員法草案」情形。

8　「法官法」業於100年7月6日經總統令公布，該法除第5章法官評鑑自公布後半年施行、第78條自公布後三年六個月施行外，自公布後一年施行。

9　政務人員與常務人員是否應考量截然不同的養成管道，而不鼓勵相互轉任；或因不同職務或職等予以部分彈性設計，在目前政治體制與政治環境下，的確應進一步思考。

長，隸屬於總統的內閣閣員不得兼任議員，於參議院同意後任命。總統為獲得國會議員於各州大選時的支持，必須有較多政治籌碼以為交換，因此，總統制需要較多政務人員職位，方能使制度順利運作（蔡良文，2006：21-42）。我國現行偏雙首長制下，基於上開思考，法制上雖有增加政策襄贊人員之擬議，惟於立法院審查過程中，並未完全被接受[10]。爰以適切培訓強化高階文官政策規劃與論證能力，是必要途徑之一。

參、政務人員之政治活動規範

一、國外政治活動規範情形

政黨政治與文官體系要同步健全發展，型塑行政中立文化至為關鍵，行政中立之基本概念是掌握行政權力、握有行政資源、享有政府名器者，都應保持一定程度的中立，已完成立法之「行政中立法」，其基本目的是要藉由限制常任文官的政治參與，以實現公部門專業、公正、效率的價值，因此限制公務人員政治活動（political activity）的條文規範甚為細密。而基於行政中立之基本概念，政務人員比常任文官擁更多權力，也無法排除行政中立之要求，但基於職務屬性的差異，因此對於政治活動之規範程度即有不同（關中，2009b：25-27）。

以美國為例，公務人員政治活動規範從一般公務人員、受額外限制公務人員到政治性任命公務人員，依職務之屬性由嚴到寬作不同密度之規範。其中規範密度最寬，由總統政治性任命並決定全國政策之公務人員，得在上班時間、在辦公室或辦公大樓內、在穿著制服或正式標幟時、在使用政府或租用的交通工具時從事政治活動。不過，從事政治活動動用到的行政資源係有償性的，但「細瑣的」支出並不被要求償還（楊戊龍，2007：59）。此外，美國因總統擁有較大政治任用之權力，影響行政之運作深且廣，故有關政治活動規範目的，在防範過度政治力量介入文官行政體系，基此，1993年「哈奇法改革修正案」（The Hatch Act Reform Amendments of 1993），廣泛且細密明白列舉政務人員受允許、不允許之政治活動（余致力，2004：35-51）。

二、我國政務人員法草案之政治活動規範情形

我國法制上並未對「政治活動」作定義，僅適度規範政務人員某些政治行為。其訂定原則，基本上，職務屬性政治性較高者有較寬廣的活動領域；職務屬性越需要獨立、公正、客觀行使職權者，活動領域愈小，即禁止領域愈大（關中，2009b：26-27）。依「政務人員法草案」之規定，政治活動規範可概分兩類，一為具有政治目的之職權或行

10　參照立法院司法及法制委員會99年12月13日審查考試院、行政院會銜審議之「政務人員法草案」情形。

政資源濫用禁止，其次為列舉之政治活動或行為禁止。另外，除該二類之政治活動基本限制規範外，針對依據憲法或法律規定須超出黨派以外之政務人員，在其須超出黨派以外獨立行使職權，宜更有嚴謹之行政中立規範考量下，除上開二類限制外，另規定其於任職期間不得兼任政黨、其他政治團體或公職候選人競選辦事處之職務，介入黨政派系紛爭，於規定之上班或勤務時間，從事政黨或其他政治團體之活動，為支持或反對特定之政黨、其他政治團體或公職候選人主持集會、發起遊行、領導連署活動或在大眾傳播媒體具銜或具名廣告，公開為公職候選人站台、遊行或拜票。

因此，就規範密度言，政務人員除較常務人員規範密度低外，在不同特性之政務人員間，亦有不同密度之規範。另外，顧及我國政黨政治正在起步階段，各項政治活動的行為分際或行為規範尚在逐步建立中，為期彈性，並避免因一一列舉禁止行為，致產生掛一漏萬之情形，爰在列舉政治活動禁止項目外，定有其他經考試院會同行政院以命令禁止行為之概括規定，此雖有引致違反法律保留，限制人民自由權力之爭議疑慮，惟相較於西方英美國家因政黨政治已發展成熟，故得予細密規範之情形，我國此種慮及政治發展成熟度之授權做法，應屬適當。惟日後以命令定之時，宜審慎為之。

三、法制上相關問題之概析

我國法制上除上述政治活動之限制規範外，較為外界關切者，其一，政務人員在辦公場所之政治活動限制規範上，對於政務人員在辦公場所懸掛、張貼、穿戴或標示特定政黨、其他政治團體或公職候選人之旗幟、徽章或服飾等政治立場之表達，係做限制規範。如以前述外國立法例觀之，若以防止過度介入文官體系之規範目的論，似無須過度限制政務人員表達其政治立場。或許依我國目前政治發展之成熟度，上開限制有其必要，然隨著民主政治之進展成熟，日後恐需就此規範適時檢視調整。

其二，特別政務人員之政治活動規範上，政務人員法草案將部分法官與檢察總長等排除適用，而經三讀通過之法官法，對於法官等之政治活動規範，僅規定不得介入政黨之活動，故值得注意者，乃政務人員法制定前，部分法官與檢察總長之其餘政治活動規範，係屬自制範圍，抑或須準用公務人員行政中立法之相關規定。此外，針對職務屬性特殊之銓敘部長、人事行政局長、法務部長、國防部長等，是否有必要提高其政治活動規範密度，亦須再視我國民主政治發展情形，予以思考調整。

其三，政務人員如擬參加公職選舉，依考試院84年9月7日第8屆第239次會議決議，從候選人名單公告之日起至投票日止，應請事假或休假。「政務人員法草案」第17條亦規定，政務人員登記為公職候選人者，自候選人名單公告之日起至投票日止，應依規定請事假或休假。另「公務人員任用法」第26條之1規定，機關首長參加公職選舉者，自候選人名單公告之日起至離職日止。但未當選者，至當選人名單公告之日止，不得任用或遷調人員。是以，現行有關規範允許政務人員帶職參選，惟於特定期間需請假，且不得任用或遷調人員。然如具任免權責之政務首長，在上開限制期間前，即被所屬政黨規

劃爲公職參選人，則如何避免其於限制期間外，運用職權作爲競選資源，在尚未有相關規範，而於選舉瀕仍情形下，爲日後需嚴肅面對之課題。

　　其四，政務人員退場機制規範上，俗云：「上台靠機運，下台靠智慧。」似乎是政務人員去留之最佳詮釋。對於無任期保障之政務人員，從政黨政治理論與運作上，「高風險、低保障」之政治課責價值，其間涉及政治誠信、政治倫理等問題，惟在告知免（去）職之程序上，似可再細緻化，以維護當事人的尊嚴；在他律自律併行下，亦可顧及政務領導團隊之形象，維護公共利益之價值。至於有任期保障之政務人員的退場機制，應儘速完成立法。因爲爲確保其獨立行使職權，不受不當之政黨政治之影響，且其任命多由國會同意，所以在確保其任期獲得保障與獨立行使職權之設計前提下（大法官釋字第589號解釋），爲避免「假停職之名，行免職之實」，依憲法或法律規定有一定任期者，非有法定原因，諸如公務員懲戒法規定之撤職、各機關組織法律所定免職等事由，不得任意免職，應予相關法律規範之（蔡良文，2010c：18-21）。另有任期之政務人員，於任期內主動請辭，除應得提名者之同意外，是否應先知會或經國會同意，似值研究。

肆、結語

　　近些年來我國政黨政治迅速發展，隨著民主政治發展之快速變遷，社會大眾對於民主政治要求之日益殷切，除行政中立法制之建立與落實執行外，對出任政務職位之政務人員期許甚高，整建政務人員法制洵屬必要。易言之，「公務人員行政中立法」完成法制化後，如政務人員法亦能順利制定施行，除可使今後政務人員之進退、行爲分際、權利義務等事項有明確之法律依據可資遵循外，對於提升政府服務全體國民之效率與效能，確保民主法治之貫徹，以及促進政黨政治之正常運作與落實，助益尤多；且可使政務人員與常務人員在透明公開之行爲守則與倫理規範下，避免不當干預或主動參與政治活動，並建立兩者間關係和分際之制度性規範。

　　在民主國家爲防制權力的專斷與腐化，皆遵循「權力分立」政府原則，政府組織通常設行政、立法、司法三權分立的機關；我國則因憲法的特色，另設獨立的考試與監察二院。所以，相對應的政務人員之類別則有異於三權體制國家矣！尤其在邁入新世紀後，所面對的內外政、經、社、文、科與自然環境均有相當大的不同，此不僅衝擊著政府職能的調整，也影響著政務人員與常務人員之間的分工與互動。關於彼等人才之取得、其特質條件之適格性，亦必關注，方能保持其良善互動，提升動能與效能。如何藉由政府機關人力職務設計，使經由選舉產生的政治領導者以及其政治任命的部會首長獲得適當的人才，扮演提出政策、推動計畫及監督計畫執行的人力，以穩定政策領導能力，貫徹施政理念，爲不容忽視的工程。

　　綜之，政策制定需要各方聯手合作，政治人物雖有最終決定權，但應承認並鼓勵行政人員在政策過程中的貢獻，相對地，行政運作需有經驗與專業，應為行政人員主要職責，但行政人員應予監控確保忠誠執行，任務與管理職責分立，以及政策與行政的職責共享，不僅使雙方才能及資源獲致最大的效用，同時確保民主政府之永續發展，期待政務人員相關法律能儘速制定施行，讓我國文官體制在行政中立文化下，建構為民服務之善治基石，提升國家競爭力。

（本文原載於人事行政季刊，第176期，2011年7月，頁16-27；文內有關法規動態資料及相關議題蒐集等，特別感謝（時任）銓敘部法規司謝科長瀛隆協助，惟文責由筆者負責。另部分內文配合法制變革，略做修正。）

壹、前言

俸給待遇與福利二者，在推動政府再造與建構績效管理（performance management）過程中，具有重要的地位。就績效俸給制度而論，主要植基於績效的衡量，其衍生之績效俸給或績效獎金等議題，均值得探討。尤其學者研究指出我國政府部門正視邁向績效俸給待遇（薪俸）可支持的理由，至少包括：政府部門平均薪資已具外部競爭力；各官職等年所得已具備外部競爭力；可適度回應政府成員薪俸不公平感受的策略；亦是政府經營管理變革方向的配套策略等（施能傑，2006：63-70）。所以由績效管理來探討俸給福利政策亦有其必要性。

在政府再造過程中，文官體制變革重視俸給與福利給與之區分，並不表示成員俸給待遇制度之紛歧。相反地，卻有其意義，良善合理的福利互助措施，確能鼓舞士氣，具有激勵之功能。又現行法制有無更彈性之運用空間，且能落實各該領導管理者的權責？在績效管理中，其配套之績效獎金制度通常以秘密效果好，但公務人員依法應申報所得稅，以及會計單位必須清楚交代預算支出方式流向，對績效獎金制度之建立有否影響？均須深入研析，方能探求績效管理思維下，俸給與福利兩者的消長或衡平點。

要之，未來如何配合政府再造與策略性人力資源運用，在績效管理思維或財政負擔下，來設計與建立績效導向的俸給制度，及彈性福利制度？茲以政策貴在可行，爰擬就現行法制規範下，引介績效管理思維與做法，並予論證；再參漸進決策思維，或即易學「漸卦」之「變以漸也」的卦理精神，提出改進建議，其中包括：須否因不同職組職系或機關性質而作差別設計？尋求以績效管理為導向，建立俸給與福利的政策，並能照護機關各年齡層成員之彈性多元需求與急難救助等，均為本文探討之核心，並就教於高明。

貳、俸給福利政策與績效管理相關議題研析

公務人員服務國家，政府給與服務酬勞，以維持其生活，是為俸給。行政上，俸給問題頗為複雜，不僅在公務機關可能引起誤解與衝突，即使在私人企業亦復如此。俸給

不僅為公務人員的報酬，亦為促進工作者努力服務的誘因，更足以決定其生活方式與思想行動。又其相關的激勵性福利措施，可發揮其輔助性功能，舉美國公司以提供保險為其重要誘因為例，確能發揮吸引人才之功能。且在績效管理的思維與作為上，探究俸給及福利政策更具有意義，茲分述如次。

一、俸給管理的意涵與運用

傳統上政府在決定俸給時，宜遵守下列原則：（一）要能維持工作效能並顧及公務人員的社會地位：所謂「以官級定官俸，以俸祿保官秩」，官員與俸祿息息相關，因此，合理的俸給確為維護公務人員身分與地位之主要憑藉；（二）要與民間企業薪給求得衡平及有彈性增減機制：若能與國家總預算成長保持適當的比例，俾能提升社會經濟的發展與生活水平，並適切反映在公務人員的俸給、待遇上，促使公務人員認知：努力之成果，利人又利己，使能隨社會經濟變遷或生活水平的升降而相適應；（三）要有一個客觀的根據或標準及全國普遍一致水準：各種俸給體系應作有系統的整理簡化，多類俸給表分別依俸給法決定薪資，適度拉大上下層級的薪俸級距，各機關除合理的專業加給與福利措施外，不宜巧立俸給名目。

再者，雖然政府不同於企業，其俸給較不受競爭影響，自可依政策而定，但是政府仍是社會之次系統，必須與其他社會系統相應，以達終極一致之目標，自宜再考慮下列三種方向：其一，人力供需與生活水平；其二，同工同酬與生活俸給；其三，策略管理與績效俸給等。按以策略管理主要包括：釐清組織的功能、目標與哲學；認識組織面對的內在與外在環境情境；評估組織的優、缺點，機會與弱點等；規劃具體目標；以及形成適當的行動策略等互動要素（Nankervis, Compton, & McCrthy, 1992: 53）。諸如策略性人力資源規劃，而其方法用於人事行政上，如採策略性薪資、策略性甄補、陞遷等（張潤書、施能傑，1996）。績效俸給制度創造了一個競爭式的組織文化，也給予管理者更大的權威，而績效管理文化，必須融入成員的工作意念與行為中，方能產生其效果。

要之，歸納上述內涵，影響公務人員俸給的決定因素，可大致分為內部因素與外部因素兩項，如圖17-1所示，其中除應考慮人力供需與生活水平、同工同酬與生活俸給及策略管理與績效俸給之項目外，事實上尚須對國民所得增加與物價指數變動兩因素加以考量。職是之故，公務人力供需、同工同酬、策略管理與政府績效暨國民所得增加與物價指數變動，均係決定或調整公務人員俸給時，不能忽略的要素。

綜上，述俸給之原則，可知公務人員工作報酬的決定因素，相當複雜，自歷史文化、傳統習俗、政治意理、社會政策、經濟發展、心理趨向等均有所關涉。但俸給制度之中最重要核心乃為公平，其次則為運用考績功能來達到激勵之功能，如圖17-2所示，對組織成員而言，當其所獲得之薪資報酬與其工作表現價值相同時，就已達到俸給薪資公平的目標。管理者必須發展一套能夠同時達到內部公平與外部公平的策略性薪俸措施，以達到內部與外部的「比較認知」之公平（Snell & Bohlander, 2007: 381），此即建

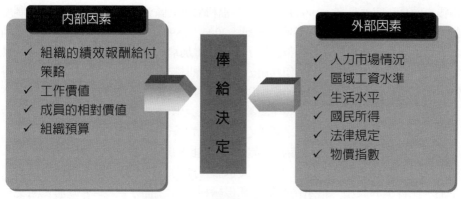

圖17-1 影響薪資決定的因素

（資料來源：參照自Snell & Bohlander, 2007: 385）

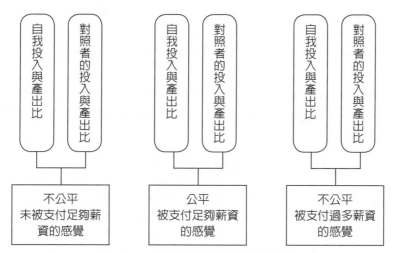

圖17-2 薪資公平與激勵間的關係

（參考資料：Snell & Bohlander, 2007: 382）

構良善俸給政策，必須信守的最基礎的原則也。

二、福利政策之意涵與目的之轉換

關於福利，又可稱之為附加福利，即除基本薪俸以外的待遇，民間企業更有其彈性措施，公務體系則有其先天限制，惟究其目的，旨在給公務人員一些優餘福惠、減輕生活困難、促進團體意識、合作精神及實現福利國家之理想（繆全吉，1978；繆全吉、

彭錦鵬、顧慕晴與蔡良文，1990）。俸給與福利給與之區分，並不表示人員待遇制度之紛歧，相反地，卻有其意義（參照許南雄，2006：189）。其一，福利措施可以彌補俸給之不足：通常與其長期計畫調整薪俸，不如以增加福利方式改善待遇，既快速又具成效；且福利之收入，化整爲零，如利用公家的邊緣財物得蒙其實惠等；其二，俸給待遇體制須顧及職務與資歷，而福利給與則以保障成員生活可以獲致改善爲目標；其三，各公私機構之成員在任職期間，當發生事故，宜有妥善照應或互惠濟助辦法，而良善合理的福利互助措施，確能鼓舞成員之感激心理與高昂士氣。

回顧行政機關採行之福利措施，究其原因與目的略以：（一）政府多對公務人員俸給支付，不能臻於合理的高度水平，又低於工商企業界的薪金時，爲改善公務人員的生活，採行福利設施，給予優餘福惠和邊緣利益以爲補助；（二）政府爲避免通貨膨脹，與因應物價上漲的幅度，遂採以相關福利措施；（三）公務人員因生活改善，相對促進其身心健康，亦是勝任工作的先決條件；（四）在於培養與增進公務人員的向心力及認同感，促進機關團體意識及合作精神；（五）政府既是爲全民謀福利的「服務機關」（social service agency），爲適應現代化的政治潮流，應予重視公務人員的福利措施（參照張金鑑，1984：28）。如今薪俸逐年改善，福利措施相對完備，惟以人爲本位及團體意識爲主要考量，未來如何融入績效管理思維，而將福利措施予以活化與激勵功能，是應併同思考的。

要之，福利政策與措施，源於早期財政困難、俸給有限下的配套措施，亦能適時適切改善公務人員生活，激勵其工作士氣，相對亦能減低政府退休給付的壓力，對公務資源運用亦有間接功能，誠屬良策也，如何配合績效導向是吾人必要關注的。

三、績效管理之意涵及其相關議題分析

關於政府要提升競爭力與服務人民，如何提高績效，則爲問題所在，尤其在面對愈來愈高的國內公民期望與愈來愈缺乏的資源，有關提高績效之理論、方法與技術之研商與實踐，日趨重要（Rosenbloom & Krachuk, 2005: 553）。而欲提高組織績效，便要進行績效管理（丘昌泰，1998：103-128；吳定，2000：49-56；陳敦源、林靜美，2005：96-121；關中，2009a：16-39）[1]，但往往因民選行政首長、議會代表、公共管理者及文官成員等，對於「績效」的認知各有不同，此正是政府推動績效管理的困境所在；易言之，績效管理具有「引導」（steering）的作用，更代表一種政治溝通的過程（孫本初，2007：555；2002：39-40），同時亦須考慮其民主課責（democratic

---

1　績效管理本身就是如何執行策略，達到組織目標的管理過程。因此，績效管理是一種控制程序，其意涵至少需要滿足以下四類行動者的需求：其一，對民選的行政首長而言，藉由績效管理可以強化對文官系統的政治控制力；其二，對民選的議會代表而言，藉由績效管理可確立民主政體的課責程度；其三，對文官系統內從事革新工作的管理者而言，藉由績效管理可以有效控制行政流程，持續改善生產力和品質，以提高組織的競爭力。

accountability），方符民主治理也。

　　再者，就政府組織而言，提高行政績效的前提，而績效管理的第一項步驟必須先確立清楚的方向，如施政綱領與年度施政計畫作為領導，而組織績效管理就是建立組織發展的策略方向和目標。所以組織落實績效管理需先進行策略管理的運籌調配，在策略管理的引導之下，透過動態過程得以按中程、遠程，或按年持續地調整組織的策略目標體系，並且將組織各項管理活動，包括內部資源管理和外部環境管理，變成是有意識之目的導向過程，以實踐機關組織目標（參照施能傑，2004：81）。故進行策略人力資源管理與績效管理，除提升政府組織效率效能與生產力外，更藉由績效管理之運行，俾落實獎懲與退場淘汰機制，助益於俸給、陞遷、培訓等人事體制功能運作。

　　至於績效管理之相關議題分析方面，即以績效管理與策略規劃來論，必須思考其動態過程的相關議題。譬如公共行政學者Shafritz與Russell兩人（1997: 299, 302）提出：一個機關造成浪費、疊床架屋或無效率，主要原因之一是上述模式的要素間缺乏有效聯結所致。亦即策略規劃與績效管理制度之間，必須做緊密地聯結，才能使個別成員的績效標準隨時都能符合機關組織願景與發展策略[2]。

　　其次，績效管理的架構體系上，基於績效管理的基本概念包含減少投入的成本、合法的過程與維持公平性、投入與產出間的效率問題、評估投入與產出及結果的效能關係（參照胡龍騰，2009：8），即較重視政府產出之效率（效能）與民主課責性之連動影響也。

　　由於績效管理可分為對政府治理績效之評量（核）（performance measurement）及對行政體系組織成員個別績效之評定[3]。或謂包括評量及管理（measurement and management）[4]（柯未名，Cawte, 2009: 6）。而美國的相關績效管理之架構體系，其主要在使政府績效評估工作流程標準化，同時希冀改變文官行為與型塑良善有效能的管

2　第一，將機關內各個管理體系如預算、人事、績效評量，以及個人績效考核等體系加以聯結；第二，將高階人員的願望和基層人員的服務傳輸予以聯結；第三，將決策制定的核心單位和負責執行政策、處理顧客的末端單位之間做有效地聯結；以及第四，透過個人的績效獎金制度和組織層級之優先順序的轉移，來驅使成員的努力和獎勵之間作聯結。

3　如美國之「績效與成果法」（Government Performance and Results Act, GPRA），以績效與成果法的內涵觀之，其係經由國會等非行政部門的外部干預或介入，要求組織提出策略規劃，並進行預算控管，同時加上「財務長法」（Chief Financial Officers Act, CFO Act）搭配的財政控制，來共同發揮外部監督制衡的功能。事實上，美國「績效與成果法」的實施，其最大的意義，在於促成政府機構的改革典範從「官僚驅力」（bureaucracy driven）朝「公民驅力」（citizen driven）方向發展，而使得行政模式能與當代的治理結構（governance structure）結合。

4　在澳大利亞政府之績效管理認為是：用以增進個人與團隊績效，以達成業務目標的方法（a means to improve the performance of individuals and teams to achieve business goals）；用以緊密聯結組織與個人規劃的方法（used to align organizational and individual planning）；勇以激勵優良績效與管理不良績效的機制（a mechanism for rewarding and recognising good performance and managing under-performance）；用以發展工作技能與永業職涯規劃的機制（a mechanism to support skill deveopment and career plannning）；從職場規劃角度，用以找出與開發成為高效能工作團隊所需的能力（from a workplace planning perspective, a mechanism to identify and develop required capabilities for a capable, adaptive and effective workforce）（註：澳大利亞商工辦事處代表於98年12月7日到考試院演講稿）。

理組織文化。依據美國智庫研究中心（The Performance Institute）的設計，績效衡量是用以測量政府機構的活動（activity），並轉換爲成果（outcome）的過程；而計畫的績效評核則是基於組織的努力（effort），了解機構對外部顧客或標的的影響力（impact）的過程（孫本初，2005：49）。又績效管理作業中應特別留意者，即在績效管理原係企業用來強化成員表現之管理技術[5]，而黃英忠教授認爲是評核部屬貢獻度與發展潛能，並與組織目標相聯結[6]。茲以美國總統歐巴馬（B. Obama）任命之績效長奇茨（J. D. Zients）提出歐巴馬的績效管理改革系統的五大關鍵因素原則，其中包括績效導向、跨機關的目標設置與評量（outcome-oriented, Cross-agency goals an measurements）、持續不斷的評估與課責（relentless review and accountability）（胡龍騰，2009：20-25），可供改革之參考。

　　綜之，機關團體績效管理著重策略及目標之達成，通常係根據機關組織願景與使命，設定組織達成願景之策略，依施政綱領或施政計畫方針，分配預算與資源，以執行達成目標之行動方案，且定期衡鑑各單位施政目標之達成度，再分析或修正各單位個別目標達成度與整體機關組織策略目標之關係。至於個人績效管理，除個人才德與職務間之契合外，更重視其與機關組織目標間之聯結度暨與個人之貢獻度與契合度，而落實到人事法制上是必要的。

參、績效管理與績效俸給之聯結分析

一、績效俸給的內涵與相關因素介述

　　茲以建構政府績效管理，必須重視策略管理與績效俸給，以及相關之福利措施，其間存在著必要的聯結關係。由於福利措施爲配套方法之一，爰先側重薪俸論述之，按以人力資源管理，在管理誘因上應採「績效俸給制度」配套聯結相互支應，使機關組織目標與個人目標均能彰顯，更進而共同聯結發展。於個人層次上，就是要建立誘因，就是結合績效評估與薪俸，亦即推動績效俸給制度（詳參施能傑，1994；Risher & Fay, 1997）。其理論概念如圖17-3所示，績效俸給制度的基本做法是，成員有其固定的基本

5　最早係由M. Beer、R. Ruh、J. A. Dawson、B. B. McCaa與M. J. Kavanagh等人，於1978年*Personnel Psychology*期刊中首次提出。

6　績效管理將機關施政計畫、策略目標、單位目標及個人目標，做有效統整、轉化及聯結的過程。所以，績效管理之範疇，已提升至績效發展（performance development）與策略管理之境界，並將以往著重於「事後評核」，擴充至「事前規劃」與「隨時回饋評量」。換言之，透過事前規劃、雙向溝通、持續改善等過程，使成員之能力與潛力能充分發揮，提升組織在激烈競爭環境之競爭力。無論績效管理係由哪個角度切入，其最終目的均係爲了組織績效之提升。參照劉宜君，我國民間企業績效管理制度之個案研究——公部門考績制度之標竿學習。

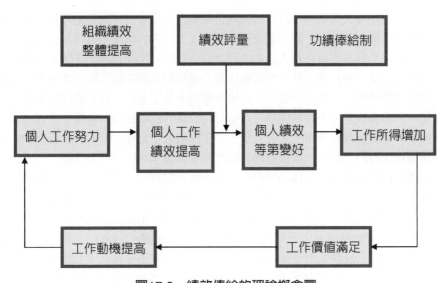

圖17-3　績效俸給的理論概念圖

（資料來源：施能傑，1999：111）

俸給，但工作績效高低確實影響基本俸給的調整幅度，或是獎金多寡。實際做法又可根據「績效決定基準」與「給與方式」兩個面向，分成考績俸給和獎金俸給等方式辦理（施能傑，1999：107-110）。

　　依圖17-3指出，績效俸給制度欲傳達其管理哲學，即在努力與進步之中，績效俸給制度創造一個競爭式的組織文化，並與組織主流文化密切配合，而績效俸給制度的實施，讓政治首長可以經由此種制度更有效地影響成員所關切之利益。理論上是一種有效的政治控制手段，亦是政府政治首長與高層管理者所預見到新的行政文化（施能傑，1999：111-112）。

　　要之，績效俸給是在功績原則下，個人權利行政價值與政務首長達到政治回應與政治課責的政治價值間的衡平策略與方法。

二、比較績效俸給制度概述

　　茲引介英國、美國兩之俸給制度，以供我國制度改革之借鏡（參照朱武獻，2007：155-156、170-171）。

（一）英國俸給制度概述：在英國傳統上，公務人員待遇由聯合協商或審查團體決定後適用之，每年對產業與非產業的協商均分開進行。當然公務人員職等調整，待遇也調整。而整個勞動市場生活成本和工作改變，亦影響待遇調整之談判。其中又以高級公務人員俸給待遇是由SSRB（The Review Body on Senior Salaries）特別決

定。一般基層人員之待遇略低於民間企業相當層級人員，主要是考量其工作保障性高和其他福利因素。惟以漸次面臨基層人力流失的情況，近些年已正視此一問題，並努力提高高級公務人員的俸給待遇。在1987年至1989年之間，五個工會和財政部達成一個長期、彈性的薪俸協議。重視績效與俸給之關連性，不再採取固定薪資獎懲標準，以工作表現決定俸給報酬，其主要內容在於薪俸政策決定不再集中於中央決定，而有些機構、單位可採以新的薪資政策；而幾乎所有成員工作績效評估將反應在薪俸上，並且是透過工作績效，來建立彈性的薪資合約。雖然後來英國政府大幅終止或修正此一制度，惟其觀念與程度可資借鏡。

（二）美國俸給制度概述：自1980年起開始，美國政府推行功績俸給、績效俸給制度，強調成員工作的滿足感、強化工作動機和重視工作績效之聯結關係，尤其2005年布希政府提出「美國工作法草案」（Working for America Act）希望於2010年建立一套以績效導向及市場取向的俸給制度（曾惠絹，2006），並提出有關績效管理議題：1.改善人力資源之策略管理；2.推行電子化政府；3.鼓勵公私部門競爭，並對於能提供更有效率、效能及更有競爭力價格之機關部門給予獎勵；4.改善財務績效；5.預算與績效結合等五項目標（OECD, 2003）。另外為使不同機關公務人員之待遇彈性化，亦授權各機關得就特殊職位訂定特殊待遇規定，以吸引優秀人才進入政府機關服務，同時亦授權各機關自行設定個人與團體績效之衡量指標，並與績效薪資相互結合，而其評比指標之設計理念為：具市場競爭性（marketability）、發展性（development）與績效（performance），希望能經由全面性實施績效導向之待遇制度，以建立高績效之政府（蔡良文，2008：119-122）。

（三）比較的俸給政策研訂原則概述：目前各國釐訂公務人員俸給與福利政策的原則略以：其一，「公平原則」（fair compensation）：不僅指政府機關與民間企業待遇力求均衡（外在公平），亦指俸給與職務及責任的程度有關，職務等級的高低須釐清，而後俸給的幅度與俸給金額的多寡相互比照，使易於獲致公平（內在公平）。其二，「比較原則與均衡原則」（comparability and alignment）：著重於政府與企業的待遇相互比較並力求均衡。相當層級的人員待遇不宜差別懸殊。如差異過大，即無法維護文官俸給體制的健全。其三，「集體協商原則」（collective bargaining）：是指由於工會勢力與集體協議制的普遍發展，薪資的調整以至文官俸給的釐訂，在若干大工業化國家幾皆透過集體協議制（政府與文官工會代表諮商談判）的方式，諮商而後調整改進文官待遇，此一方式在歐洲各國（英、法、德……）甚為普遍。但若干國家的俸給體制，不在政府與工會的協議範圍（如美國）。其四，「俸給與福例並重（區分）原則」（salary-welfare benefits）：是各國政府調整文官待遇均包括調整薪資與福利，尤其晚近以來，公務人員福利的增加比率多超越薪資調整率，這是重視俸給與福利區分的明證。

其五，「適應情勢原則」（situation principle）：係指文官俸給應配合國家資源發展分配與社會情勢變遷原則釐訂並彈性調整，以維護公務人員的權益、地位與尊嚴。其六，「績效原則」（merit or performance pay）：則指基於個人衡平理念之功績俸（如美國1981年至1984年實施之功績俸，英國1984年至1986年亦採功績俸）與績效俸（performance-related pay，如英國1990年代以來實施之績效俸），即除基本俸給與調整俸給外，尚須顧及個人工作表現之優劣差異而決定其績效給與之高低有無。英美實施有年但仍有困難度，有待繼續改進（許南雄，2006：479）。

綜之，英美兩國皆以績效結合俸給制度，關於績效考核之結果，除影響固定薪外，並將影響年終獎金、績效獎金發放及下一年調薪之比率。將績效管理制度與績效薪俸制度相結合，雖其間如同英國推行之初，難免產生矛盾或效果不佳之情事，惟予以配合策略計畫、策略管理，其成效是可以預期的，亦可併作為檢討我國俸給制度之參考。當然，我國預算制度於88年度於預算書上引入績效評估之做法，惟對公務人員俸給待遇尚未授權彈性調整或採其他激勵措施，未來似可考慮引進，而其配套措施亦不可忽略。

肆、俸給與福利政策相關議題論證與建議

茲依據文官體制變革中所隱含的政治性與行政性決策價值之抉擇，以及文官體制決策功能中之激勵性功能，對於俸給制度與福利措施功能調整方向提出相關論證（參考蔡良文，2009：10-15）及建議。

一、論證

（一）績效管理下的績效俸給，對團體績效與個人考績之定位與論證：基於組織績效是績效俸給之績效衡量主體、個人績效評量的有效性是績效俸給決定公平性的基礎（施能傑，2006：51-84）。茲檢視現行「公務人員考績法」重視個人績效與品德之考核，而99年「公務人員考績法修正草案」重視團隊建立之團體組織績效之衡鑑（關中，2009b：1-5）。現行有關考績獎金僅配合考績等次發給，行政院人事行政局[7]前曾致力推動績效待遇制度，但由於政府機關績效管理文化尚待型塑強化，以及立法院相關委員會不支持，僅試辦至95年，殊屬可惜。又目前考試院文官制度興革規劃方案建議第6案「改善俸給退撫，發揮給養功能」，提到重行排列及調整俸級級數、由階梯型改為矩陣式俸表等，對於目前由行政院主政之績效待遇或獎金制度予以凸顯著墨；惟第5案「落實績效管理，提升文官效能」，

7　現為人事行政總處（以下同）。

指出應建立個人與團體績效評比機制及績效獎金制度（考試院，2009：30）。至於獎金部分，是否在「公務人員俸給法」明定或採以年度編列預算或其他合理措施辦理，值得審慎思考之。本論證之核心即在於求得組織團體績效、個人貢獻度與俸給三者更為直接密切之聯結關係也。

（二）績效俸給植基於績效，書面績效與實質績效如何鑑別之論證：即績效俸給制度，主要植基於績效的衡量，但如何確悉服務品質？且如何縮小書面績效與實質績效的落差？且就實質衡量，如何區隔或考量其是否僅為當前短期之表面績效而長期是「利空」？或影響長遠之績效而短期未能察覺？因為書面績效與實質績效的落差主要起因於機關環境、年資與人情因素，致使考列評等流於形式，解決之道在於依規定切實做到以「同官等」為考評之比較範圍，必要時進行主管與部屬之互動面談，以功績制原則落實績效考評，強調專業加給的公平性、「只加不減」的俸給政策、避免有福同享、甲等過多的考績制度。民國99年4月考試院會議通過銓敘部所提之「公務人員考績法修正草案」，並函送立法院審議中，案內已有大幅改善機制[8]，如此才能建立個人權益與福利、彈性俸給待遇與功績褒獎等績效導向的俸給制度；同時，亦須調和俸給公平與業務需求未能及時因應之困境；復且，績效俸給非僅重視形式或「短利長空」的績效，必須重視績效考核的「發展

8　公務人員之考績，應綜覈名實，公正公平，作準確客觀之考核。又考績之目的旨在拔擢優秀人才，並對績效不佳人員予以輔導、訓練，藉由獎勵優秀及輔導表現不佳者之機制，以提升政府績效。鑒於考績實務存在功能不彰問題，為期落實公務人員考績意旨，發揮績效管考之積極功能，爰檢討修正本法。本次本法係全文修正，計修正十六條，新增八條，其修正幅度不可謂不大，其影響所及亦至深且遠。本法修正重點如有：（一）配合本次修正內容，將績效管考功能納入考績宗旨（修正條文第2條）。（二）修正平時考核項目：考核細目由各主管機關視整體施政目標及業務特性訂定或授權所屬機關擬訂，報請主管機關核定，以及主管機關之定義（修正條文第5條）。（三）增列年終考績列優等之獎懲規定；修正年終考績及另予考績列乙等及丙等之獎懲規定；增列十年內一年考列優等或連續三年考列甲等時，得抵銷丙等一次規定；增列因績效不佳考列丙等受降級改敘、減俸、辦理資遣或退休者得提起復審，應辦理資遣或退休者，其復審決定應經言詞辯論；增列主管人員考績不佳者調任非主管之機制，以及另予考績人員不得考列優等（修正條文第7條及第8條）。（四）增訂各機關考列優等、甲等以上及丙等人數比率限制：各官等及主管人員考列甲等以上人數比率限制；授權由本法施行細則規定受考人數較少機關考績等次人數比率之彈性調整機制；各機關未組設考績委員會者，其受考人總數併入上級機關受考人總數統籌計算，以及所稱上級機關之界定；人事、主計、政風人員考列甲等以上及丙等人數比率限制等依照一般人員相關規定，由各該系統人員之主管機關或機構籌辦；司法官考列優等、甲等以上及丙等人數比率限制，以及不適用丙等獎懲結果之規定（修正條文第9條之1）。（五）增訂各機關受考人考績等次人數比率，得每三年由考試院會商其他院，視國家整體推行行政績效檢討結果彈性調整，調整後之比率以命令定之（修正條文第9條之2）。（六）增訂主管機關應視業務特性、需要實施所屬機關間，以及各機關間視其業務特性及需要實施內部單位間之團體績效評比相關規定（修正條文第9條之3）。（七）明列授權考績委員會組織規程規定事項，以符授權明確性；將本法施行細則有關考績委員會對於考績案件得調閱考核紀錄及查詢有關人員之權限，提升法律位階於本法規定，以及增列考績委員會對考列丙等人員，於處分前應給予當事人陳述及申辯機會之規定（修正條文第15條）。
整體而言，本次考績法研修，係為達成肯定績優表現、協助後段改進、落實績效管理、結合陞遷培訓、善用人力資源、提升文官地位、型塑職場文化等積極性目標，以及遏止官僚陋習、改善勞逸不均、破除部分輪流甲等等消極性目標。其修正對基層公務人員考列甲等之權益，並未有影響，對主管則為責任之加強，修正後應有助於提升行政績效與國家競爭力，並可重塑文官形象及贏得人民信賴。

性」功能，並強化兼具「激勵與發展」價值機制，方能區隔釐正或考量績效短期或辯證短期利益之表徵績效。任何改革尤其是績效管理與績效俸給之落實關鍵在於機關首長的支持與主管的執行力，所以，公正無私的績效考核衡鑑機制及開明學驗俱豐的領導階層是重要的前提要件，而型塑績效管理的組織文化，乃此改革之基石也。

（三）績效獎金的公開與秘密問題的論證：由於俸給待遇之調整，尚關涉退休俸之給與，所以提供績效績效獎金不失為可行的途徑。惟公務人員依法申報所得稅，以及會計單位清楚交代預算支出方式、流向，乃依法行政之一環，更為公務人員當為之義務，有關績效獎金運作之透明化，有學者亦如此主張，然而績效獎金制度通常依私部門經驗，以秘密效果較好，但亦無法獨立於預決算制度之外，如何規範值得審慎為之。又績效獎金發給之目的係為激勵組織中績效表現良好之成員，然績效獎金制度之秘密效果僅為眾多功能性工具選擇之一，對於其激勵效果不可以偏概全，更應及時、正確獎勵，不然即是鼓勵失敗失能者；機關首長或單位主管應考量單位屬性與合理情況，進行正確與適切的激勵管理，調和行政性與發展性之績效評量機制，方能建立相對客觀與公平且多元評核的績效獎金制度。

（四）遷調（建議）權或獎金福利措施如何運用的論證：目前廣義之俸給待遇涉及公務人員權利義務事項而未以法律定之者，為公務人員福利部分尚待法制化，其核心內涵似宜由「以人為本位」到融入或強化「績效本位」的核心與方向。故為強化文官體制之激勵性功能，或可建議機關首長或單位主管將遷調（建議）權或獎金或出國旅遊等福利措施作為激勵管理工具；在公平且客觀的立場下，亦可進一步考量將俸給內容調整為以現行俸給待遇為主之基本薪俸、合理的職務加給以及依工作績效而發給個人或單位之績效薪俸，以彈性活化激勵管理工具。再者，除可適切考慮多元進用人員激勵差異性機制外，可增加便民服務獎金制度，以激勵同仁士氣，強化為民服務機制以提升公務效率，甚至考量在該機關總俸給待遇中提撥一定比例，作為首長依成員工作成果與績效服務，予以額外薪資或獎金，亦不失為激發士氣、增進公務生產力的可行辦法，且能同時落實領導管理者的監督權責。所以，在落實360°考核機制能考量倫理關係與組織文化等配套設計，或實施平衡計分卡制度，應參照不同時期之設計，以因應不同需要。又參照目標管理法時，應奠定成果之績效導向，參與式管理等，尤其留意策略地圖之配套運用（吳品清譯，2006：307-320；蔡良文，2010），均是必要的！

（五）利益均霑或彈性設計的福利政策制度之論證：政府再造強調效率、彈性與兼及公平、代表性價值，文官體制變革亦當然要考量政治價值與行政價值的衡平，即在造成俸給體制之變革中，有來自俸給法制、俸給政策與俸給管理的改進，甚至包括考試院與行政院共同研訂各機關之彈性俸給制度設計的可行性研究。又為配合績效管理制度，必須建構良善個人績效與團體績效及其間的扣合機制，以提升公

務服務之產出量與品質。而關於全國統一之福利、各機關自行規定之福利措施內涵，以及福利是否法制化，尚待後續研析[9]。無論其福利項目多寡，軍公教人員均設計有統一的措施。只是各機關在其公益、福利或互助範圍內，亦有自行規劃辦理之福利措施，以期安定並激勵公務人員之工作意願與情緒。由於涉及政府財政與中央地方機關間之情形不同，希冀在短期內建置全國合理化福利制度，似有其困難。且因彈性福利制度設計，尚需考量國家經濟、社會發展，財政情形等因素，不可貿然為之。但如何配合績效管理，求得彈性多元並配合政府施政的福利制度，或擴大或研修類似模範公務人員獎助規定，以增進績效優異者予以獎金或短期國內外旅遊休閒充電等福利措施，符合公務人員貢獻度之滿足的合理需求，似為改革重點所在。

　　綜之，公務人員俸給制度的改革，除了需配合績效管理制度之調整，以及由各機關辦理所屬機關及內部單位之團體績效評比，以為考列甲等及丙等人數比率，及發給個人及團體績效獎金之參酌外，更需考量政治價值與行政價值的衡平，來衡酌的方案推動之時機與廣度等。而公務人員保險在全民健保或勞、農、漁保未實施之前或可視為公務人員之福利，但目前可否仍視為公務人員之福利，則有討論之空間。就決策功能言，僅有維持及保障性功能，且此一功能仍待強化；就價值意涵言，或許仍存有若干行政價值，但政治價值勢必日漸消褪。而其他如何發揮俸給制度激勵性功能，以避免通貨膨脹及物價上漲，造成之相對剝奪感，並應建立績效與彈性導向的俸給制度，均值得深思。

二、建議

　　由於政府再造風潮，強調相關價值，或可以調整政治價值與行政價值的衡平軸點，作為文官人事改革的前導標準，如此俸給體制之變革中，有來自俸給法制、俸給政策與俸給管理的改進，甚至包括考試院與行政院共同研訂各機關之彈性俸給制度設計的可行性研究，已如前述。而福利制度，尤其是彈性福利措施，往往關係國家經濟、社會發展，財政情形亦是主要考量因素，同樣強調配合績效管理，以及如何求得彈性多元，既能配合政府施政，又能符合員工合理需求，是重要原則。於此謹參照新公共管理思潮，政府改造的人事改革方向，比較國家推動經驗，以及個人實務之經驗，對公務人員俸給與績效制度提出建議意見如次：

（一）建立個人與組織績效併行及彈性的俸給與福利制度：在俸給制度中，若以個人績效為著眼點，即係指功績俸給，強調業務績效獎金或以同工同酬及論件計酬

9　公務人員福利法制化，因涉及層面極廣，先前經85年8月13日考試、行政兩院副院長協商會議獲致共識及結論略以：（一）為激勵員工士氣與提升生活品質，政府機關應妥予規劃辦理福利措施；（二）福利與俸給二者性質有別，宜明確劃分；（三）福利事項宜以非金錢給付措施為原則，以金錢給付部分，宜研究逐步併入俸給；（四）公務人員福利法制化，涉及政府財政及各機關執行情形，其推動立法時機應由兩院組專案小組先行研究，俟有結論再依程序辦理。惟至99年4月止，是於政經社文科環境因素，尚未有進一步結論或法制化之計畫。

之獎金俸給制；未來宜重視以組織團體績效爲著眼，即係強調業務成本節省分享制，或強調創造利潤以共同分享制之獎金俸給制。在整體績效俸給（pay for performance）制度可考量兩者並重的設計（彭錦鵬，2003：73-74）。或許可推動依工作績效發給個人或單位之績效薪俸，及增加主動關懷便民服務獎金等福利制度，以激勵同仁士氣，強化爲民服務機制，提升公務生產力與競爭力。甚至可在該機關總俸給待遇中提撥一定比例，作爲首長依成員工作成果與績效服務，予以額外薪資或獎金或其他福利措施；而高級公務人員之激勵機制尤爲重要，長遠建構高階文官俸表，似可依其績效，調整一定數額之俸級。當然在我國之民主、多元、競爭、包容的行政文化尚未成熟之際，如何強化首長作爲之客觀公正性，暨績效俸給給予之方式、程序，均應妥善配套設計，以發揮其應有之功能。

（二）建立俸給待遇調整之基準及俸給結構：我國公務人員待遇調整之決定，係參考物價變動情形、平均每人國民所得、經濟成長率及民間薪資水準等因素，並視政府預算支援能力而訂定。公務人員待遇調整衡酌政府財力狀況，原無可厚非，但如僅以此爲主要考量因素，往往會流於先設定預算後決定調幅，或「有錢多調、無錢不調」，難求客觀合理。根據薪資理論，可供設定待遇調整目標之基準，有基本工資、生活費用、物價指數、民間薪資水準、平均每人所得等。我國公務人員待遇調整決策過程，有必要依上述薪資理論建立合理化、制度化的俸給待遇調整之法制基準。由於民間企業之薪資，較能正確反應出不同職責輕重程度，專業技能之合理報酬。因此，應參考世界先進國家及民間企業薪資，正視基層公務人員俸給高於民間人員，除合理調整我國公務人員俸給結構，以及高低階俸給差距外，配合考試院文官制度興革規劃方案，重新建構矩陣式俸表、整併俸點折合率及檢討加給給予等，以提高公務人員之工作士氣與吸引優秀人才投入公務行列，強化政府的施政能力。

（三）成立俸給福利調整委員會或機制，並加速其法制化：目前負責我國公務人員待遇調整作業之機關爲行政院人事行政局，參與決策的機關有國防部、財政部、行政院主計處等，在決定之前，由人事行政局局長或有關人員口頭報告考試院院長，並經行政院同意後，陳報定案。至於公務人員對待遇問題之意見，僅能以投書表達，與歐美各國有公務人員團體代表參與協商待遇情形不同。由於我國待遇決策過程中，缺乏公務人員代表與專家學者參與，易引起公務人員對待遇調整幅度不滿，以及導致一般民眾誤認爲公務人員待遇調整即將帶動物價上漲等後遺症。另其配套的福利措施，宜由以「人本位」到「績效本位」的思維作爲彈性設計，或許可以避免民間反彈，以及未來增加公務人員退休俸額的負擔。要之，爲健全待遇調整決策過程，似宜再設立公務人員俸給調整研議委員會，其成員包括政府代表、公務人員代表及社會公正人士，專責俸給調查研究工作，以期我國俸給調整過程更爲客觀合理化。且以俸給待遇涉及公務人員權利義務事項未以法律定之，

至少有關研訂之程序、標準等應予法制化，如此可避免引起誤解與衝突，也使行政首長減少許多壓力與困擾。為期使我國公務人員薪俸趨向制度化、法制化，實有必要將有關待遇支給規定、待遇調整目標及決策機制之強化等詳細納入法規內，俾使公務員調薪法制化，至於以人為本位福利措施宜減不宜增，而以績效為本位的思維似宜增不宜減，應屬可行的途徑。

伍、結語

在面對全球化、資訊化及知識經濟時代的變遷與發展，以及政、經、社、文、科各種環境變遷的嚴峻衝擊，各國政府為有效推動施政願景、政策理念與方針，及提升國家競爭力，莫不致力於確認國家發展方向與提升政府施政能力，而其成敗關鍵，則在於有無健全的文官制度，以提升文官素質與效能。當前公共服務必須要跨域整合與協力治理，每一層級運作均須緊密整合，始能集中運用有限資源，經由協力而發揮綜效，而臻於善治之境域。

在落實績效管理執行策略，可達成機關組織目標及管理作為。其內涵應將機關組織績效、各單位績效、個人考績，以及三者間之互動關係加以聯結。此亦可作為民意機關檢視評估行政機關施政作為之依據，並藉以確定民主政治的課責機制與功能。俸給與福利體制的缺失，或源自於政治環境的特殊，但亦來自於法制之不健全，故改革上，除積極彈性注入變動性的績效獎金制度外，如能再界定公務人力供需與人事精確預算，適切調整俸給待遇結構，並予法制化，強化引進組織團體績效與個人績效配合，及彈性俸給給與，即可能改造整個俸給體制；亦即不全然以年資俸給為主，採以變動俸給，當更能激發公務人員士氣，創新政府部門服務績效，也更能吸納優秀人才進入政府體系服務。

綜之，如何激發公務人員潛能與士氣，至關重要，而俸給與福利則為人事行政運作上主要的激勵措施。公務人員俸給與福利政策之目標，在使其有合理、尊嚴的生活水準，未來既要能配合策略性人力資源運用，建立績效導向的俸給政策，又要有照護各年齡層員工彈性、多元需求與急難救助等福利措施。所以，除針對俸給與福利政策予以檢討改進外，在國家整體資源分配中，對於俸給、待遇福利支給之比率，應理出二者間永久性、制度性、臨時性與緊急性需求，予以妥適衡平設計，並依循彈性與績效原則，提出互為消長、互為補足之道，此實為必須面對的主要議題，更是未來努力的方向。

（本文原載於人事月刊，第50卷第5期（第297期），99年5月，頁15-29；部分內文配合法制變革，略做修正。）

壹、前言

司法制度改革最重要問題之一，即能否維持審判獨立、裁判公正，包含司法機關能否不受立法或行政機關藉人事陞遷、削減預算薪酬福利干預爲手段，法官能否不受控制、壓力影響，以確保司法能得以公平及中立地執行[1]，此有賴落實相關政策、研修訴訟制度外，尚須建立完善、健全法律制度予以配合。

法官代表國家獨立行使審判職務，地位崇隆，工作特殊，爲維護法官於任職期間所保障之身分不受侵害，憲法第80條及第81條雖明揭獨立審判之旨，惟現行法官相關人事法制，散見於「司法人員人事條例」、「司法院組織法」等司法人員適用之法律，將其列入一般公務員範疇，屬廣義的公務員。倘多適用公務人員之任用、俸給、考績、懲戒、退休、撫卹法等一般公務人員法規時，易遭詬病有干涉審判之嫌。另一方面公務員強調課責（accountability）機制，是否可將此民主之課責，運用於審判獨立之法官及摘奸發優之檢察官，以何重振國民信賴度？對於特定司法人員所爲審判或檢察工作在不被人民或社會信賴時，如何建構其淘汰或退場機制[2]。易言之，如何設計或要求司法獨立（法官審判公正）與民主課責機制（國民信賴之提升）之衡平性，亦宜併同深思。

在憲法架構與精神下，維護國家司法權良善運作，爲司法人事法制建置的目的。法官法研訂之目標，爲建立健全之法官之人事制度，彰顯憲定法官職掌審判之獨立精神，以確保國民接受公正審判之權利。回顧司法院研議法官適用專法——「法官法草案」多年[3]，由於「法官法草案」之內容，牽涉行政院、考試院之職掌，經司法院函請考試

1　學者指出，司法獨立係指審判獨立，學理上約可分爲實質獨立：超出黨派獨立審判不受干涉、身分獨立：法官終身職不得任意免職調職、內部獨立：法官之自治與自律以及集體獨立：不受行政權之預算控制。參照法治斌、董保城（2003），憲法新論，台北：元照，頁285。

2　行政院研究考核委員會於97年委託天下遠見出版公司研究，其中對於民眾對司法機關的信賴度，約有40%表示可信任，近35%表示不可信任；雖以跨年比較，97年較諸96年信任度提升約18%，不信任度則降低約13%。易言之，民眾對司法機關之信任度尚未過半，即有很大的努力空間。另民眾不信任的原因依序爲：政治力介入與選擇性辦案（約52%）、執法人員涉貪污瀆職（約15%）、不公正（約7%）、審判結果與民意有落差（約6%）、積案太多與辦案太慢（約5%）、只辦大案愛作秀（約4%）、執法者行爲不檢（約3%）等。上開民意反映法官民主課責、法官自律、自重問題。參見行政院研考會（2008），「民眾對公共領域信任度與政府形象的看法」內部參考文件。

3　司法院自88年7月召開司法改革會議後，鑑於國內審、檢、學、辯及社會賢達各界人士多認爲司法體制，應配合政經環境制定符合現代之司法制度，爰展開一連串推動司法改革措施，包括邀請各界菁英人

院、行政院表示意見或參與會議，並邀集各界團體代表密集研議，歷經多次研商，逐步匯集各方意見，距召開司法改革會議七年後，於95年10月31日檢送「法官法草案」，請行政院同意會銜，經行政院將司法院擬具之草案條文函轉至考試院，考試院提96年3月15日第10屆第226次會議決議同意會銜，嗣此經三院會銜「法官法草案」，於96年4月2日送請立法院審議。經立法院司法、法制委員會召開九次聯席會議併同高思博委員等九十三人擬具「法官法草案」審查[4]。惟因立法院屆期不連續審查之規定，於立法院新屆任期中，司法院應重行提出，司法院迄今尚未提出。另立法院司法及法制委員會目前提出多項版本[5]，惟其內涵多以第6屆協商版本為主，於後分述之。

　　由於「法官法草案」內容與現制差異甚多，涉及司法制度全面性改革。自「法官法」起草至完成會銜經過、先進國家相關法制之實施成效或改革經驗，及現行人事法制是否衡平等，均足供借鏡。本文爰介紹法官法研議過程、朝野政黨協商重點內容與考試院人事法制相涉議題，並旁及先進國家相關法制。又法官法立法目的中，最高層次在於強化人民對司法的信心。其制度設計涉及法官權利義務之規範、身分之保障及地位之彰顯；相對應地，希藉由法官之評鑑、懲戒制度，以建立法官之淘汰、退場機制，建構一套有異於一般文官之人事制度。要之，本法草案之內容包括：法官之考選、任命、級俸等，乃至淘汰機制之設計。關於大法官與檢察官是否列為專章或另定專法，本文亦併同討論之。

貳、法官法研議過程分析

一、司法院研議概述

　　「法官法草案」緣於司法院77年組成司法制度研究修正委員會之研議，於86年1月25日函請行政院及考試院表示意見，研提建議修正意見，經考試院提經第9屆第40次會議討論通過，於同年7月16日函復司法院。嗣司法院彙整參酌相關意見擬具草案，於87

士參與司法改革座談會提建議意見，以了解對司法之期許，或藉由考察國外司法制度及實務運作，積極研擬具體改革措施方案，期能達成審判獨立、法官清廉及裁判公正等設定目標。

4　該草案於96年4月至10月間，經立法院第6屆司法、法制委員會召開九次聯席會議併同委員高思博等九十三人擬具之「法官法草案」審查。以審查過程中，部分條文經審查會決議保留，留待協商，朝野黨團雖於96年11月至同年12月召開四次會議，但因協商會議多僅有一、二名委員在場，並非各黨團委員均有出席，故保留之條文一直無法協商確定，嗣因96年12月21日各黨團代表協商破裂，未有共識，故「法官法草案」未能於立法院第6屆第6會期結束前完成立法。

5　立法院於第7屆第1會期期間，司法及法制委員會遲於97年4月24日及5月15日召開兩次會議，併案審查委員謝國樑等六十二人、委員黃淑英等二十三人擬具「法官法草案」及委員孫大千等三十三人擬具「司法官法草案」等案，惟因法案名稱究應訂為「法官法」，抑或「司法官法」，未有共識，謝委員國樑爰於97年6月5日召開公聽會，期能廣納各界意見。

年2月及7月2度函請行政院會銜並函轉考試院，惟因行政院對於法官專業加給尚有不同意見，乃於同年11月將全案退回司法院，因此，該會銜案並未正式送達考試院；其後司法院亦未再就「法官法草案」函請會銜。直至92年8月5日司法院再度檢送「法官法草案」（職務法庭版），函請行政院及考試院表示意見。該92年函送草案與上述86年版草案相較，因時空背景情事變遷，已有大幅修正，經考試院舉行四次聯席審查會，提經該院第10屆第65次會議討論通過，於93年1月13日函復司法院。

本次司法院提出「法官法草案」為司法改革之重要法案，大部分內容係與行政院、考試院、法務部、法官協會、檢察官改革協會、民間司法改革基金會、律師公會全國聯合會、台北律師公會等機關團體多次研議獲致共識而完成[6]。行政院於95年11月17日函送司法院擬具之草案條文致考試院，經考試院院會交銓敘組會同考選組及保訓暨綜合組聯席審查，計召開八次聯席審查會，審查竣事，經提96年3月15日第10屆第226次會議決議同意會銜，並於同月22日函復行政院，完成三院會銜案，三院會銜版「法官法草案」條文共計九十五條，分「總則」、「法官之任用」、「法官職務之執行與監督」、「法官會議」、「法官評鑑」、「法官之保障」、「職務法庭」、「法官之給與」、「法官之考察、進修及請假」、「檢察官」及「附則」等共十一章。其相關內容，將於後析述之。

二、立法院委員提案情形分析

以上所述「法官法草案」研議情形，係指司法院研議版本，因該草案須三院會銜，而各院又有法定職掌須執行或堅持，復各經縝密制定法案程序，往往歷經數年仍無法成案，因此「法官法草案」亦曾有經由立法委員以提案方式，交立法院審查之情形，例如民國87年間由民間司法改革基金會、台北律師公會、台灣法學會、法官代表等各界人士研議完成「法官法草案」，經由第3屆立法委員謝啟大等五十人擬具「法官法草案」[7]、陳瓊讚等六十四人擬具「法官法草案」、曹爾忠等四十五人擬具「司法官法草案」、葛雨琴等四十五人擬具「法官法草案」均交立法院審查，與相關提案併案審查，因該屆立法委員未審議完畢，依法案屆期不連續審查原則，法案須再提案。嗣後不同屆次立法委員亦有持相同理念，將「法官法草案」重新研擬後提案，例如第4屆立法委員彭紹瑾等四十七人擬具「司法官法草案」、邱太三等四十四人擬具「法官法草案」、曹爾忠等三十二人擬具「司法官法草案」；第5屆立法委員邱太三等三十三人、高育仁等五十一人、黃昭順等四十二人各擬具「法官法草案」交立法院審查，均未完成立法程序。第6屆立法委員高思博等九十三人擬具「法官法草案」[8]於94年11月提案交立法院審查，嗣經決議與司法院、行政院、考試院96年4月2日函請立法院審議之「法官法草

6　立法院公報，委員會紀錄，第96卷第37期，頁157。
7　立法院第3屆第5會期第9次會議議案關係文書，頁495-541。
8　立法院第6屆第2會期第9次會議議案關係文書，頁65-98。

案」併案審查，該併案審查「法官法草案」業經立法院司法委員會召開九次司法、法制委員會聯席會議審查竣事，部分條文因部分委員尚有不同意見或另有委員提修正動議版本[9]，均於審查會中予以保留，於二、三讀前進行朝野政黨協商。至第7屆立法委員多項提案，待召開公聽會廣納意見後再行審查。

三、司法院與立法委員提案之差異比較

　　第6屆立法委員高思博等九十三人提案之「法官法草案」（立法委員版，共十一章，八十七條條文、立法院協商通過版本）與三院會銜版重大差異部分，包括以下幾項：

（一）司法人員之考試：立法委員版將法官、檢察官、律師之考試納入「法官法草案」（參照該版本第5條）。三院會銜版因該三合一高等考試業規範於考試院所擬並已送立法院審議之「高等考試法官檢察官律師考試條例草案」中，為避免重複爰未規範。

（二）評鑑機制之設置：立法委員版認為評鑑係屬法官他律之具體做法，須藉由客觀公平程序淘汰不適任法官，爰定於行政體系之外，另成立財團法人法官評鑑基金會（參該版本第38條）以落實評鑑。三院會銜版則係參考美國各州受理投訴法官行為不當或無能力，進行個案評鑑之專責機關，均為政府機關，並採取委員會制之立法例，爰於司法院設法官評鑑委員會（參照該版本第31條），以掌理法官之評鑑。

（三）職務法庭之設計：有關處理法官懲戒、身分保障、職務監督之救濟等事項相關設計，立法委員版明定職務法庭組成，除納入三院會銜版之大法官、職業法官外，另加入參審制，即遴選律師、學者、檢察官與社會公正人士四人輪流擔任參審官，俾納入外部意見，以符合社會期待（參照該版本第53條）。

（四）給與及退養金之規定：為維護法官獨立行使職權，不受任何干涉，三院會銜版於草案明文規定法官之給與及退養金等。包括法官不設官等、職等，明定法官俸給之項目、俸級、俸點及計算方法，以及退養金加發之標準是否增加或維持現行規定等規定（參照該版本第69條、第70條、第73條），立法委員版則無相關規範。

（五）檢察官之準用：有關增加檢察官準用條文部分及是否訂定檢察官專法落日條款等，兩版本亦有差異（參照立法委員版第80條、第86條；三院會銜版第85條、第95條）。

9　包括立法委員李復甸等六人就司法院、行政院版第15條、高思博等五人就委員高思博等九十三人提案第57條、郭林勇等六人就司法院版第70條；郭林勇等六人、沈智慧等五人、楊芳婉等五人分別就司法院、行政院版第76條、李復甸等五人就司法院、行政院版第80條、陳宗仁等六人就司法院、行政院、考試版第84條、高思博等五人就司法院、行政院、考試院版第84條、郭林勇等六人就司法院、行政院版第85條、高思博等五人就司法院、行政院版第85條；高思博等五人分別就司法院、行政院、考試院版第86條至第89條及第93條、第94條；高思博等五人就司法院版第95條提出修正動議等各項版本。

要之，觀諸官方版，乃至立法委員版本，即便是第7屆立法委員的提案中，以其名為「法官法」，或「司法官法」，規範之對象與內容雖有差異，然衡諸各屆各版本，均希冀達到司法權的正常運作，包括公正裁判、民主課責之監督機制，以及維護相關法制之秩序等目的。由筆者觀察與分析立法院審議過程可發現各不同支持者均發揮其影響力。另於「法官法之理想與現實」之企劃主題中，對於學者與審檢律師對「法官與檢察官的實然與應然」間之論辯，可以發現彼此間尚存有許多爭點，有待溝通與尋求共識[10]。惟在憲法架構與精神下，維護國家獨立自主司法權之運作機制，應是其最高原則與目標[11]。

參、比較先進國家的法官相關法制之介述

如上述本次司法院提出法官法草案係與相關機關及民間司法改革基金會等團體，多次研議獲致共識而完成，對於現行司法制度不良情況確有改善，然他山之石足以攻錯，「法官法草案」中有關制定法官專法、權利義務、保障與退場機制等重要內容，先進國家相關法制之具體規定，均值參考與研究，俾利建立更周延、完善之人事制度。茲就司法院96年版本之「法官法草案」（以下簡稱本草案）重點內容，與英國、美國、德國、法國、日本等國法官相關制度要旨分述如次。

一、制定法官專法評議

法官爲國家公務員，本應同屬公務人員任用法律規範之對象，惟爲尊崇法官地位之特殊性及其審判職務之獨立性[12]，各國亦有制定專法以規範法官之任用、保障、俸給、權利義務、懲戒、退休撫卹等事項者，例如「德國法官法」[13]及「奧地利法官職務法」[14]。英國則無專法規範、美國各州法律規定不一。日本與我國現制相同，對法

---

10 許玉秀等（2008），法官與檢察官的實然與應然，台灣法學雜誌，第107期，頁109-148。

11 在我國討論各種人事制度之變革，其源頭必然要考慮憲法或憲法精神，方符合「憲政」原則。按以「憲政」存在之提在於憲法被具體落實，是一部「活憲法」或「有實際作用的憲法」。本研究名之曰憲法精神的導引功能，即是活憲法。參照翁岳生（2008），憲法之維護者——省思與期許，第6屆憲法解釋之理論與實務暨釋憲六十周年學術研討會，台北：中央研究院法律研究所籌備處，頁1-133，及拙著（2008），我國文官體制之變革：政府再造的價值，台北：五南圖書出版公司，頁270-274。

12 按傳統有關公務員與國家關係，在行政法上向稱特別權力關係，現雖因政治、經濟及社會結構之變革，有關公務員與國家關係之法理基礎亦有所改變，公務員與國家關係，從特別權力關係轉變爲公法上職務關係。

13 西德聯邦於1961年9月8日公布「德國法官法」自1962年7月1日起施行，參照朱石炎譯註（1968），德國法官法，法學叢書，第49期，頁98以下。另「德國法官法」自1972年4月19日公布；2002年7月11日修正，本文即以上述2002年版之「德國法官法」爲論述依據。可參照司法院（2003），德國法官法、德國法院組織法，台北：司法院。

14 「奧地利法官職務法」自1961年12月14日公布，最近一次修正於1999年。參照司法院（2002），奧地利法官職務法、奧地利法院組織法，台北：司法院。

官職務相關法律，散見不同法規規範。例如日本國憲法、「日本裁判所法」[15]。

　　法官職務身分保障之特殊性，與一般公務人員必須服從職務命令，與國家間為階級服從之命令關係相較，顯然有別，相關權義事項似應訂定專法予以規範。據本草案總說明所載，為期建立健全之法官制度，維護司法審判獨立，確保人民接受公正審判之權利，目前與法官人事相關之立法例散見於「法院組織法」、「司法人員人事條例」……「公務人員任用法」等法規，尚無統一適用之法典，致使法官與一般公務人員間之界限模糊不清，亦使憲法保障法官獨立審判之精神，隱晦不彰。為此，特研議擬定法官有關事項之專法──「法官法草案」。因此，未來若完成立法程序，我國立法例即屬制定法官事項專法。

　　要之，「法官法」屬下位法，其上位法包括「公務人員任用法」外，尚包括「司法人員人事條例」、「司法院組織法修正案」（如設置憲法法院……）。惟以過渡時期是否將大法官及檢察官列於專章併同立法，及其未來立法情形，值得觀察。

二、大法官之性質與定位

　　德國聯邦憲法法院法官之職權及地位與我國司法院大法官相當，其亦為「德國法官法」所稱之法官，即「德國法官法」第8條所稱之定期職法官（Richter auf Zeit）。實際上「德國法官法」中所稱之定期職法官亦僅存在於聯邦憲法法院。依「德國法官法」第69條規定：「本法之規定對於聯邦憲法法院之法官，僅於其規定與基本法及聯邦憲法法院法對其所定之特殊法律地位不相衝突時，始有其適用。」[16]

　　英國大法官兼內閣部長及上議院議長，分別承擔上述兩者之行政及立法職能，亦為法官及司法機構首長，但其與其他法官不同，並無任期保障，其職位由首相決定，因此，委任大法官之程序與高等法院及更高級法院法官並不相同[17]。

　　美國聯邦最高法院（亦有稱美國最高法院）是唯一由憲法規定之聯邦法院。主要職責亦為解釋憲法，由九位大法官組成（一位為首席大法官），總統提名，經過參議院聽證後批准委任，終身職務，其退休或死亡後，總統依法提名人選遞補缺任名額，其與其他美國聯邦法官相同均為無限期，除了死亡、辭職或自願退休者外，唯一非自願去職原因係被美國國會罷免。

　　日本有關違憲審查權（憲法訴訟審判權）屬最高法院權限（參照日本國憲法第81條及「日本裁判所法」第3條第1項規定）（95年度日本司法考察報告，2007：16-20）。

15　「日本裁判所法」改稱「日本法院法」。參照司法院（2005），日本韓國終審機關制度及法曹人才培訓變革考察報告，頁7、103，台北：司法院。

16　「德國法官法」上有關職務監督、懲戒及職務法庭之規定，均不適用於聯邦憲法法院之法官。聯邦憲法法院法官之任用資格、任期、遴任機關及程序、退休、撫卹、資遣及免職等事項，亦另規定於「聯邦憲法法院法」（該法第3條至第10條、第98條、第100條及第105條參照）。

17　張惠霖（2000），若干海外國家委任法官的程序：英國，香港立法會秘書處資料研究及圖書服務部，頁4。

最高法院由法官十五人組成，其中一人爲院長，最高法院院長由內閣提名，天皇任命
（憲法第6條）。至於其他法官，則由內閣任命。最高法院法官十五人，任命資格，須
見識卓越、具法學素養40歲以上者，其中至少十人須擔任高等法院院長、法官、簡易法
院法官、檢察官、律師、法律所另定之大學法律學教授或副教授職務，符合一定年資者
任命之[18]。

　　本草案明確界定法官之範圍及司法院大法官適用本法之範圍，依憲法第79條第2
項、憲法增修條文第5條第1項至第4項規定，司法院大法官爲我國憲法下之審判機關，
其職掌、任命程序、任期及身分保障，可界定爲憲法機關（Verfassungsorgan），享有自
律權與事務處理之自主權。法官與國家之關係爲特別任用關係，有別於一般公務人員，
行使司法權者，包括司法院大法官、司法院及各法院法官，皆屬憲法第80條所稱之「法
官」。司法院大法官爲法官，惟其亦具有特任官身分，係經總統提名、立法院同意任命
之政務人員，有關任用資格、進用方式、任期，與各法院法官相較，並不完全相同，其
懲戒、俸給及保障亦與其他法官有所不同。因此，本草案第3條規定：「本法之規定，
與司法院大法官依據憲法及法律所定地位不相容者，不適用於司法院大法官。」即特別
規定大法官適用本草案之範圍，以臻明確。

　　各國對憲法法院法官之地位多所尊崇，美國大法官爲終身職，德國、日本與我國
則以任期制爲保障，我國大法官雖經總統提名，立法院同意而任命，[19]未來依釋字第
601號解釋理由書闡明，公務員之任命程序與職務並無必然關連，司法院大法官之任命
程序、職位雖與一般法官不同，但其職務與一般法官並無二致，故與政務人員必須隨政
黨進退、政策變更而定去留，或其他因政治性之需要爲主要考量而依特別任命程序者不
同。因此，本草案規定法官與大法官，皆屬憲法第80條所稱之「法官」，又特別規定大
法官適用本草案之範圍，以臻明確，俾減少爭議。另公務人懲戒委員會如何定任，亦宜
同考量。

三、檢察官以專章或專法規定暨其資格與任命方式之析述

　　德國檢察官之任命方式，大致與我國、日本及法國相同，檢察官須與法官有同等之
資格。德國檢察官（Staatsanwalt）無法官（Richter）地位，檢察官之任用關係與一般公
務員相同，因檢察官係代表國家追訴犯罪，立於原告地位，基於檢察一體原則，並應受
上級指揮監督，與法官於訴訟程序中依據法律獨立審判之地位，顯然不同[20]。

18　章瑞卿（2005），日本最高裁判所制度之研究，全國律師，第9卷第2期，頁111。
19　依88年7月全國司法改革會議結論，司法改革之近程目標爲「一元多軌」，係於司法院內設各庭，行使審
　　判權，大法官組成憲法法庭，掌理釋憲權、政黨違憲解散權及政務官之懲戒權等。終極目標則爲「一元
　　單軌」，司法院未來組織整併後，置大法官十三至十五人，掌理民事、刑事、行政訴訟審判、公務員懲
　　戒、憲法解釋及政黨違憲解散權，大法官將實際辦理審判業務。
20　依「德國法官法」第122條第1項規定，具有法官職位之任用資格（第5條至第7條）者，始得被任命爲檢
　　察官。第2項復規定，檢察工作等同該法第10條第1項規定意義下之法官職務。有關該法特定事項亦明定

　　法國檢察官所需具備之資格與法官完全相同，必須具有法學士學位，經司法官考試及格後，在司法官訓練所接受訓練，受訓期滿分發擔任候補檢察官或法官[21]。因檢察官有司法官性質，且其任用資格完全與法官相同，檢察官雖被配置於各級法院執行職務，但其組織自成一體[22]。

　　日本檢察官無法官地位，隸屬檢察廳為國家公務員，係具有司法性質之行政官，檢察官及律師與候補法官相同，其任命方式，係由有法學士學歷或經過檢定考試及格者參加司法官律師考試，司法研修所研習兩年後，取得檢察官、律師或候補法官之身分，大多數日本檢察官經此而成為檢察官[23]。依「日本裁判所法」第42條規定，日本之法官得自候補法官、檢察官、律師等具有十年以上在職經驗者中任命之。因此檢察官得調任為法官。

　　英、美二國由於採用陪審制度形成與歐洲大陸不同之司法體制，其檢察事務係行政事務，不與各級法院相對應而設立，檢察機關與法院相分離，故其檢察官係屬行政官之性質，與大陸法系檢察官於身分、職掌及權力、保障等方面均有不同。例如英國檢察官之檢察權，僅得作為國王之法定代理人，向國王提供法律諮詢和參與訴訟，並不承擔法律監督職責。檢察官屬於國家系統之官員，須受上級指揮監督。

　　我國法官與檢察官，於考訓、任用資格及保障方面均同。依司法院釋字第13號解釋，實任檢察官之保障，除轉調外，與實任推事（法官）同。釋字第392號解釋，偵查、訴追、審判、刑之執行均屬刑事司法之過程，其間代表國家從事「偵查」、「訴追」、「執行」之檢察機關，其行使職權目的係為達成刑事司法之任務，在此一範圍內之國家作用，當應屬廣義司法之一。其係闡明實任檢察官之保障等同於實任法官，及其執行事項等同於司法。惟憲法第81條所稱之法官係指憲法第80條依據法律獨立審判之法官，並不包括檢察官在內。但法官得與檢察官互調任職（參照「法官檢察官互調辦法」第3條）。

　　本草案立法院第6屆之協商版基於檢察權公正行使，關係審判能否獨立，且參據各國檢察制度運作實況，並參酌民主國家權力分立及相互制衡之理論，認為檢察官之身分與職務於檢察官性質不牴觸者，應與法官為相同之保障，故其於法律上之定位屬性、身分及職務之保障等問題須予釐清，爰於本草案明定檢察官之範圍（第84條）而為專章（第10章）之規定，於性質相同部分，檢察官準用本法部分規定（第85條）。惟本草案

　　檢察官準用條款。因此，該法所稱法官並不包括檢察官。

21　吳巡龍（2005），檢察獨立與檢察一體——兼評檢察官未經檢察長核定逕行起訴事件，文發表於檢察一體與檢察獨立分際如何建立研討會，台北：東吳大學法學院，頁4。

22　法國檢察官與我國相同，均隸屬於行政系統，惟該國檢察官係以法務部部長為最高長官，其檢察官之任命，應由法務部部長推薦，由總統任命。法律對其任期無明文規定，故與法官不同，並非終身職，得隨時依法務部部長之陳報，由總統解職，參照見法務部司法官訓練所（2003），2003年法國法學教育及刑事訴訟制度最近情形考察報告，頁6-7。

23　檢察官檢察廳則為對應最高法院、高等法院、地方法院及簡易法院而分別設立最高檢察廳、高等檢察廳、地方檢察廳及區檢察廳，參照司法院，同註11，頁19。

復規定：「第八十四條至第八十九條施行期間自生效日起算二年。」之落日條款（於第95條第2項），依其立法理由，認爲檢察官之保障，除與檢察官屬性（似屬特別職之常務人員）相牴觸之事項外，固應與法官相若；惟其究非法官，終以儘速另立專法規範爲宜。

肆、比較先進國家的法官法主要內容分析

一、法官之考用分析

　　法官來源可區分爲職業法官制（career system）與法曹一元論。職業法官制，多爲大陸法系國家所採用，其法官之任用多經考試任用，往往自學校法學教育完成參加考試後，即開啓其職業法官生涯。例如德國、法國、我國（目前依「司法人員人事條例」及「司法官候補規則」所採之候補法官制）及日本所採行之制度。法曹一元論，係就具法曹資格者曾從事法官以外與法律相關之職務者（尤其是律師）任命爲法官之一種制度，即由有律師經驗者當中推出法官人選，原係英國、義國、加拿大及其他英美法系國家所採用[24]。

　　「德國法官法」規定，德國大學法律正教授具有法官職位之任用資格。另經國家考試及格者，亦得取得法官任用資格。該法明定法官法學基礎教育內涵，採法官、檢察官、律師三者「同考同訓」制度，稱爲司法考試，應考人須在大學修習至少三年半之法學教育，且須經完成第一次國家考試及實習後，完成第二次國家考試，及格者即屬合格之司法人員，可依志願申請爲初級法院法官、檢察官、行政部門法務官或執業律師。於2002年7月1日通過「法學教育改革法」，法學教育朝向四年制發展（即延長法學教育修習期間），法律人教育及考試，不再以法官爲主，逐漸重視律師的培養。任何人在大學學習法學並完成第一次考試，實習後，完成第二次國家考試，始取得爲法官職位之任用資格[25]。

　　日本於2004年設立法科大學（law school），司法考試制度進行大幅度之變革，但還是需通過國家考試（針對新設立法科研究所畢業生所舉辦之國家考試，於2006年開始舉辦）及接受一年之司法訓練。舊司法考試制度考試（仍持續舉辦至2010年），原係具大學畢業程度者即可參加考試；新司法考試制度自2006年起實行，改制後，須法科大學之課程修習完畢者，於修習完畢後第一個4月1日起算五年內，具有三次參加司法考試之資格；於新、舊制過渡階段（即2006年起五年內）爲新、舊兩制並行之狀態，至2011

---

24 司法院（2002），司法院90年度日本司法制度考察報告，頁6、51。
25 考選部（2006），美國、德國及日本司法考試制度參考資料，頁98。

年，除對於前一年（即2010年）面試不及格之人爲面試外，不另行舉辦筆試。[26]司法訓練課程培育新進司法專門從業人員，著重於法律程序上的技巧、更精深的法律專業及道德倫理。訓練期滿須再通過資格考試，始完成訓練，取得成爲法官、檢察官或律師的資格[27]。

我國目前法官、檢察官來源大都係透過特種考試司法人員考試甄選錄取合格者爲主，少部分就符合一定資格之律師、大學教授、副教授等任用之[28]。司法院爲回應各界對於提升法官素質之要求，革除法官過於年輕，欠缺經驗之弊，於本草案明定，將法官任用制度改爲遴選制，即將傳統由考試選任方式，改爲由具有一定執業經驗之檢察官、律師或是具有一定教學經驗之法學教授中選任，擬自民國97年1月1日起，將停止辦理法官考試。另考量現階段檢察官調任、法官再任、律師轉任及學者轉任等途徑，尚未成爲補充法官人力之主要來源，復於本草案中規定，司法院認有必要時，其考試得延展兩年，以紓解法官人力需求之壓力（第93條）。

如上所述，大陸法系國家多採職業法官制，亦有法官因年紀過輕，社會經驗不足之弊，德國改以延長法學教育修習期間因應，日本亦有相同問題，其律師界多年亦主張採法曹一元論，即由具律師經驗者推出法官人選，以提高法官之素質及辦案經驗，並讓法官有獨立之審判空間。惟最新改革經驗，全權主導法官考訓派任制度之最高法院仍採取保守之做法，即僅限制有法科研究所畢業資格者（2006年開始舉辦）始得報考司法特考，藉以提高法官之素質水準目的，惟未根本改變法官來源制度，可資參考。

二、法官任命方式要述

英美法系國家之法官任用採遴選制，無須經特定考試，強調法官之任用須符合「年長、閱歷豐富、菁英」，須自傑出之律師及檢察官中遴選，被遴選者爲其職業生涯中之輝煌成就，較能期待其任職後得以廉潔自持，無視威脅、利誘，獨立審判，因而享有較大陸法系國家法官爲高之地位、尊榮與待遇。大陸法系國家法官多經考試任用，爲取得較爲優厚之保障與待遇，工作之考核與職務之陞遷，反成爲法官重視及關心之重要內容[29]。

美國聯邦法院法官之任用資格，並無法律上之規定。就傳統而言，候選人須獲認許在法律界執業不少於十年，爲建立法官提名人選所須具備的基本資格水平，2000年7月，美國大律師公會採納了其轄下州法院法官遴選標準委員會報告中的遴選標準，適用於美國各州屬一般管轄權法院的原審法官及上訴法官[30]。

26　司法院（2005），94年日本韓國終審機關制度及法曹人才培訓變革考察報告，頁29。
27　司法院，同註11，頁37。
28　司法院，同註11，頁5。
29　蔡新毅（2006c），法官任用制度之變革──以法官法草案之評述爲中心，司法週刊，第1315期，頁2-3。
30　張惠霖（2000a），若干海外國家委任法官的程序：美國，香港立法會秘書處資料研究及圖書服務部，頁3。

依「日本裁判所法」第42條規定，日本之法官係自候補法官、檢察官、律師或大學教授、副教授等中，具有十年以上在職經驗者任命之，實務上法官來源幾乎來自候補法官，也是屬於職業法官制，候補法官任用期間，每隔二、三年或四年更動任職之法院，經過十年取得正式法官資格[31]。日本法官之任用資格依其分類各有不同，且日本法官採任期制，依據日本憲法第80條第1項規定：「下級法院之法官，由最高法院就名簿內指名並提請內閣任命之，且法官之任期爲十年，得再任命之。」

我國研提之「法官法草案」爲提高人民對法官裁判之信賴，吸引檢察官、公設辯護人、律師及學者等優秀人才投入，將我國行之有年之職業法官制，改採英美法制之選任制，並於該草案明文列舉法官任用之要件（第5條）。另基於司法院、高等法院以下各法院、高等行政法院之審判業務性質互有差異，任用資格應有所區隔，爰就其任用資格分設規定。又爲確保法官之素質，維持人民對於司法之信賴，本草案明定不得任法官之消極資格（第6條）[32]。又採取法曹一元制度，先決條件須有符合一定資歷之足額檢察官、律師、學者，且是類人員亦有意願轉任法官，本草案規定律師、學者轉任，除須具一定服務年限外，尚須具擬任職務任用資格，條件是否過苛，是否限制轉任人數？又目前金字塔訴訟制度尚未確立，法官之工作超出負荷，轉任誘因是否足夠？均係停止法官考試前，須審愼研究之問題（第5條）。

三、法官終身職保障分析

「德國基本法」規定：「正式任用之法官非經法院判決，並根據法定理由、依照法定程序，在其任期屆滿前，不得違反其意志予以免職，或永久或暫時予以停職或轉任，或令其退休。法律得規定終身職法官退休之年齡。遇有法院之組織或其管轄區域有變更時，法官得轉調其他法院或停職，但須保留全薪」（第97條第2項）。德國憲法上雖有終身職法官之名稱，但同時以立法委託之方式，明文規定終身職法官得適用屆齡退休制度。

法國第五共和國憲法規定：「（第1項）共和國總統爲司法機關獨立之保證人。（第2項）總統由最高司法會議襄贊處理司法事務。（第3項）司法官之地位，以組織法定之。（第4項）司法官爲終身職」（第64條）[33]。

美國憲法對於聯邦法院與法官規定：「美國之司法權，屬於一最高法院及國會隨時制定與設立之下級法院。最高法院與下級法院之法官忠於職守者皆受保障，按期領受俸金，繼續服務期中並不得減少之。」換言之，美國最高法院和其下審級法院法官品行良

31　參見司法院，同註11，頁5、8-10、21。
32　本草案第6條所訂消極資格，包括：（一）依「公務人員任用法」之規定，不得任用爲公務人員。（二）因故意犯罪，受有期徒刑以上刑之宣告確定，有損法官職位之尊嚴。（三）曾任公務員，依「公務員懲戒法」受撤職處分確定。（四）曾任公務員，依「公務人員考績法」或相關法規之規定，受免職處分確定。（五）受破產宣告，尚未復權。
33　參見總統府網站，最後瀏覽日：2008年11月20日。

好即可繼續留任，並得就其所提供之服務收取報酬，且該報酬於任職期間不得削減（第3條第1項）[34]。

日本對法官之待遇身分保障與審級無關，係隨年資及工作表現而定，因此上級審法官待遇未必高於下級審法官，形成法官平等之觀念。「依據德國著名的法學家賴得爾布魯夫所言，大陸法系的職業法官制原則上是要建立法官終身之任用制度，並且給予法官固定的薪俸，禁止對法官爲轉職或減薪，以保障法官審判之獨立性，日本採取法官任期制，一般的評價認爲對法官的獨立性有某種程度的侵害，故爲學界所詬病。」[35]

我國憲法規定：「法官爲終身職，非受刑事或懲戒處分，或禁治產之宣告，不得免職。非依法律，不得停職、轉任或減俸」（第81條）。與美國憲法對於法官職務終身保障之規定較爲接近。但與「德國基本法」雖明揭法官得爲終身職，但又授權法律得規定終身職法官退休年齡之立法例，顯然有別。因此，在我國憲法明文保障法官終身職之規範基礎下，並無以法律規定法官屆齡強制退休之空間；美國聯邦法官終身任職及自願退休制度可爲佐證及參考。本草案鑑於司法院、高等法院以下各法院、高等行政法院之審判業務性質互有差異，任用資格應有所區隔，爰就其任用資格分設規定，未區別地方法院及高等法院之任用資格，似較能達成「去階層化」，法官平等之目標（第5條）。

四、法官之考核與淘汰機制之分析

「德國聯邦憲法法院法」第58條明定，聯邦眾議院對違背職務之聯邦法官，得依基本法第98條第2項規定提出彈劾聲請。聯邦眾議院應由其代表在聯邦憲法法院提出聲請。「德國法官法」有關懲戒措施之規定爲：（一）職務長官所爲之懲戒處分僅得宣告一項申誡。（二）對聯邦最高法院之法官僅得處以申誡、罰鍰或離職（第64條）。法官可能遭受之處分有申誡、罰鍰或離職。

美國憲法設計爲典型三權分立制，例如行政與司法之制衡關係方面，總統可否決法案、任命大法官；立法與行政及司法之制衡關係方面，國會可推翻否決、可彈劾總統、法官；司法與立法之制衡關係方面，法院有法律解釋權等。有關法官之保障，依美國憲法規定，聯邦法官皆由任命產生，實際上是終身任命，最高法院和其下審級法院法官「忠於職守者皆受保障」，彈劾是唯一使其去職之方法，由立法部門所職掌，即國會得以行爲不當爲由免除法官職務，由眾議院提出彈劾，參議院審議並經出席議員三分之二通過，方可決定[36]。對於美國聯邦法官之懲處，國會於1980年10月1日制定一新成文法，名稱爲「司法理事會改革以司法行爲與無能力法」（Judicial Councils Reform and

---

34 參照司法院網站中譯外國法規，http://www.judicial.gov.tw/，最後瀏覽日：2008年11月20日。
35 司法院，同註11，頁24。
36 參美國國務院國際信息局（USINFO.STATE.GOV），美國司法系統概述，http://usinfo.org/PUBS/LegalSystem/index.htm，最後瀏覽日：2008年11月20日。

Judicial Conduct and Disability Act），該法規定對法官提起法律控告之程序[37]。亦即憲法第3條之法官不能被免職，彈劾仍是唯一辦法。如果理事會判定法官行爲構成彈劾原因，則必須通知司法會議，司法會議可能將案件轉給美國眾議院進行討論。

日本法官採任期制，惟在任期內各級法官，非經正式彈劾，不得罷免，日本法官被定位爲特別公務員，另設「法官彈劾法」，以示愼重，其彈劾權係屬於憲法之規範，委由國會議員組成之彈劾委員會處理，與懲戒權係屬行政權之行使有異，且彈劾與懲戒輕重有別，如要對法官發動彈劾權，並爲罷免時，須限於「法官彈劾法」第2條所列之情形：「一、明顯違反職務上之義務，或怠忽職務情節重大者。二、其他不問是否執行職務，足認有明顯喪失法官威信之不當行爲時[38]。」另有關其他涉及其職務義務與行爲之懲戒及相關懲處規定，均納入「法官身分法」規範[39]。要之，依前開「法官身分法」規定，法官可能遭受之處分有免職、申誡或罰鍰。

我國法官之行政懲處，實務上係依司法院頒行之「各級法院法官自律委員會實施要點」第5點規定：法院法官有該點第1項規定各款情形之一者，法院院長應檢具相關資料，送交法官自律委員會評議；法官三人以上，亦得檢具相關資料，送交法官自律委員會評議。至法官之懲戒制度，因法官仍被定位爲一般公務人員，無設專法特別規範法官之懲戒，有關法官之懲戒處分，原則上亦援用「公務員懲戒法」之規定，依我國憲法之設計，監察院彈劾權之發動，僅係促使司法院轄下之懲戒機關爲懲戒權之行使，被彈劾人員應受如何之處分，仍以懲戒機關之懲處結果爲據[40]。要之，目前我國對法官之懲處、懲戒仍與一般公務員等同視之，此非法治國家所應有之現象，爲避免行政權或監察權不當干涉司法權，建立法官之職務法庭，似有其必要性。

---

37 即允許權利受到非法侵害之當事人向上訴法院書記提出書面控訴，若該控訴有依據，首席大法官必須指派一調查委員會，調查過後，委員會向理事報告，若破產法官或治安法官違法就可能被免職，若係憲法第3條任命之法官則必須接受私下或公開訓斥或責備、證明沒有能力、要求自動辭職、或禁止接受進一步的案件指派。

38 司法院，同註11，頁26。

39 依據「日本裁判所法」第49條規定：「法官如有違反其職務上的義務，或怠忽職守或侮辱其品性的行爲時，得懲戒之。」日本法官之懲戒（類似我國之行政懲處）「按懲戒權的行使，是一種直屬長官對屬下違反內部規範的懲罰制度」。即法官涉犯情節較爲輕微之案件，交由法院內部自行處理。基於法官具有特殊身分，法官懲戒訂有專法「法官身分法」，該法設立之目的，係便於對法官職務之監督，爲避免法官在職中因故不能行使權職時，影響其工作之進行，「法官身分法」規定：「法官經判決認有身心難以回復之障礙致不能執行職務，或經本人提出免職之請求時，依據日本國憲法賦予對法官任命權限之機關，得予以免職。前項免職之請求，應經由最高法院（向內閣）提出」（第1條）。以示愼重。懲處之內容，依同法第2條規定：「法官之懲戒處以申誡或一萬元以下之過料」（按：過料——係屬行政罰（類似我國之罰鍰）。參照司法院，同註11，頁31-32、61。

40 換言之，彈劾權之行使，似僅對受處分人有追訴之性質，最終裁判決定權，仍在司法體系下之懲戒機關，而懲戒機關所受理之案件，除移自監察院之外，大多係來自各該受懲戒處分人之主管機關，若受處分人爲法官，依「公務員懲戒法」第18條規定，係由司法院逕行移送，疊床架屋，影響司法獨立性。據94年11月23日送請立法院審議之「公務員懲戒法草案」第43條規定說明，法官有應付懲戒事由，不論其職等，一律移送監察院審查。又目前檢察官之身分保障、待遇均與法官相同，其懲戒程序亦宜比照法官爲之。

　　再者，對法官法制中如何強化其課責機制，是應予重視的議題。又在各種課責理論中，或謂民主課責（democratic accountability）（或謂政治課責political accountability）及行政課責（administrative accountability）（Dunn, 2003: 60-79）；或謂國會課責（parliamentary accountability）、司法課責（judicial accountability）與管理課責（managerial accountability）（Flinders, 2001）通常選舉課責與議會（國會）課責之外，尚有監督政府施政，甚或影響決策的機制，包括司法或準司法體系，媒體及輿論壓力等。在我國討論行政權對國會負責，同樣地，司法權在審判獨立以外，亦受到國會課責機制之審查及監督等。倘進一步討論政府課責機制中，有關司法審查之外部審查，係針對執政政府與行政官僚，其負責步驟亦經由訊息揭露、討論及矯正的過程。且以在討論司法課責機制之建立，不能忽視社會課責的影響力，即以大眾媒介（體）作為主要的社會課責機制，可以給任何執政政府壓力，同時可藉由資訊揭露的功能，強化政治、司法、行政課責機制的落實。同樣地，對司法機關亦可經由外部媒體之運用，而提升公民監督政府司法審檢行為的能力，強化課責機制[41]。

　　憲法明定，法官為終身職，非受刑事或懲戒處分，或禁治產之宣告，不得免職。有關法官免職之事由，自受上述憲法規定之限制。又限於受刑事或懲戒處分，或禁治產之宣告方得免職，爰分別規定於本草案第40條及第48條。另基於司法機關懲戒自主之憲法原理，參考德、奧立法例，建構職務法庭之組織，處理有關法官懲戒、身分保障及職務監督之救濟等事項，以維護審判獨立、落實法官身分保障及懲戒法官之責任。法官有本草案第30條第1項各款所列舉應受評鑑之事由[42]，而且有懲戒之必要者，應受懲戒，懲戒之種類有撤職、免除審判職務而轉任審判以外之其他職務、罰款、申誡四種。本草案中撤職之懲戒處分，係由職務法庭為之，乃撤除現職之懲戒處分，免職則為機關長官所為免除職務之行政處分，兩者之涵義，雖皆在除去受處分人之現職，惟於性質上及程序上仍有不同。為使法官撤職之懲戒處分能與憲法第81條關於法官免職規定聯結，無須法官受撤職處分後尚須另經免職程序，方得除去其法官職務，且與憲法規定相符，本草案爰將受撤職處分之免職事由移列至第48條第3項規定，法官受撤職之懲戒者，毋庸另經免職之程序，當然免職，俾法官之撤職處分同時發生免職之效力。但對於司法院大法官之懲戒，得經司法院大法官現有總額三分之二以上之出席及出席人數三分之二以上之同意，由司法院移送監察院審查（本草案第68條）。

41　參照周育仁、詹富堯，從課責觀點探討內閣制下政府負責機制的設計與運作國政研究報告（憲政研（研）097-015號），國家政策研究基金會，http://www.npf.org.tw/post/2/4789，最後瀏覽日：2009年1月20日。

42　有關評鑑委員會設置於司法院或獨立單位，司法院版與民間版有不同主張，且委員之選任亦有不同主張，筆者認以凡事由折衷與動態衡平觀點應是可行的。

五、法官之退離場機制之述析

　　論述退休制度須先探討終身職保障與退休制度是否相容，法官終身職保障與待遇如前所述，例如德國、法國、美國憲法皆規定法官爲終身職，但德國憲法同時以立法委託方式，於「德國法官法」規定，終身職法官退休分爲自願退休及強制退休兩種，其中強制退休尚可分成屆齡退休、不堪勝任職務之命令退休（第34條）及爲司法利益之命令退休（第31條）三種，殊屬特別者。

　　美國憲法規定，聯邦法院之法官爲終身職，依其制度之設計，惟有透過彈劾，始能使其去職，無屆齡強制退休制度之適用（第3條第1項）。另有不堪勝任職務，保有法官職位，但解除例行職務之自願退休，即行爲良好之聯邦法院法官長期不堪勝任職務者，得檢具書面之證明向總統申請自其例行職務退休。日本法官爲任期制，除了最高法院法官外，一般法官之任期爲十年，但得爲連任。最高法院法官及簡易法院法官年滿70歲，其他法院法官則年滿65歲，應即退官[43]。

　　我國憲法第81條僅規定：「法官爲終身職，非受刑事或懲戒處分，或禁治產之宣告，不得免職。非依法律，不得停職、轉任或減俸。」未若「德國基本法」規定法官得爲終身職及以立法委託，容許得以法律規定，爲法官設立強制屆齡退休制度，似與美國憲法對於法官職務終身保障之規定較爲接近。憲法第171條第1項亦規定：「法律與憲法牴觸者無效。」基於憲法優位原則，另以法律規定法官強制退休，恐有違憲之虞。依現行「司法人員人事條例」及「公務人員退休法」之規定[44]，可知實任法官無論合於自願退休或命令退休之事由，均得自願退休。

　　本草案第75條規定停止辦理審判案件法官（應停止辦理審判案件之實任法官任職十五年以上年滿70歲者及得申請停止辦理審判案件之任職十五年以上年滿65歲，不能勝任職務者）仍爲現職法官，但不計入該機關所定員額之內，支領俸給總額之三分之二，並得依「公務人員退休法」及「公務人員撫卹法」辦理自願退休及撫卹。另實任法官自願退休時，應優厚其給與，以慰勞績並示酬答，故明訂實任法官自願退休時，除依「公務人員退休法」規定給與退休金外，另加給退養金。此爲在考量憲法精神與實務運作下，人事新陳代謝的配套措施。

43　司法院，同註11，頁18-19。
44　「司法人員人事條例」第40條第3項規定：「停止辦理案件司法官，仍爲現職司法官，支領司法官之給與，並得依公務人員退休法及公務人員撫卹法辦理退休及撫卹。但不計入該機關所定員額之內。」同法第41條規定：「實任司法官合於公務人員退休法退休規定，而自願退休時，除退休金外，並另加退養金；其辦法由司法院會同考試院、行政院以命令定之。」「公務人員退休法」第16條規定：「本法所定之命令退休，不適用於法官，但法官合於本法第五條第一項規定情形之一者，亦得自願退休。」

伍、法官法草案與文官法制爭議議題之研析

「法官法草案」自86年函請考試院表示意見起，歷經司法院十年之研議，直至96年始完成三院會銜並送立法院審議。本草案研議過程間，因草案內容涉及人事法制，經司法院分別於86年、92年間兩次函請考試院表示意見，雖係徵詢意見性質，惟因涉考試院職權事項[45]，亦經考試院舉行多次聯席審查會審慎研析，始將意見回復，且為使審查結果更趨周延，歷次審查會並均邀請司法院及法務部派代表列席，俾適時徵詢及說明相關背景與理由，審查結果亦經院會討論通過，過程周詳審慎。本次三院會銜草案，考試院針對其中依憲法或相關法律規定涉及該院職掌事項，提供之原則性意見，遇有爭議未具共識部分，與行政院函送會銜條文併列為甲、乙兩案或甲、乙、丙三案併陳方式，送請立法院審議，茲再就其爭議部分併同立法院第6屆立法院朝野協商版，簡要析述如次：

一、關於具擬任職務任用資格取得方式之規定方面

司法院規劃未來法官進用須經遴選，委由遴選委員會決定，有關大法官、律師、研究員、學者等，其具擬任法官職務任用資格之取得方式，該院為尊重憲法所定考試院掌理公務人員任免法制事項之職權，於第5條第6項明定取得具擬任職務任用資格之考試辦法由考試院定之。

考試院考量本條第6項所定考試，僅限大法官、律師、研究員、學者等特定對象應試，與「公務人員考試法」第2條規定，公務人員考試應以公開競爭方式有違，經決議該第6項規定，應予刪除。

依「公務人員考試法」第2條及第20條規定，公務人員考試應配合用人機關任用需求辦理，錄取人員應經訓練，訓練期滿成績及格者，予以分發任用。由於考試錄取、訓練及格、分發任用係公務人員考試制度之核心，本項所定考試錄取人員取得之資格僅係參加遴選法官之資格，與現行考用配合之考試制度設計，有所不同。若舉辦第6項所定之考試，於實務執行時，似將發生錄取名額及錄取標準之訂定困難，及行政爭訟事件甚難援引相關公務人員考試法規予以處理之問題，且易引發外界特權考試之質疑。以本條第1項至第5項既已規定各級法院法官之資格條件，當事人宜先具備各該資格條件俾供遴選，未具資格者，亦可參加相關國家考試取得資格，其考試方法可採以「公務人員考試法」規定的筆試或著作審查、口試或其他方式行之。實不須增列第6項專為其辦理定位不明之擬任職務任用資格之考試，刪除第6項規定，始能正本清源，並維護考用配合之公務人員考試制度。

45　基於有關改革議題涉及行政性者，如政府任務、人事……；應由本土化展開，外國經驗充當參考，至於法官法之爭議議題，必須考量本國憲法規定與憲法精神，加以詳述。參照黃錦堂（2002），政府再造的憲法原則，法學講座，第7期，頁1-19。

二、法官免職之限制規定方面

為維護法官獨立審判，保障其職務，憲法第81條規定：「法官為終身職，非受刑事或懲戒處分或禁治產之宣告，不得免職。非依法律，不得停職、轉任或減俸。」司法院意見以，該條規範之意旨，僅在排除法官因刑事、懲戒處分及禁治產宣告以外事由，而被免職之可能性，但無法導出法官受刑事、懲戒處分，即必須免職之結論。故對於非上述三種免職之事由，配合「公務人員任用法」相關規定予以納入停職事由，並於「法官法草案」第41條規定之。

有關免職限制規定於草案第40條第1項：「實任法官非有下列情事之一，不得免職：一、因故意犯內亂、外患、瀆職罪，受判刑確定者。二、故意犯前款以外之罪，受有期徒刑以上刑之宣告確定，有損法官尊嚴者。但宣告緩刑者，不在此限。三、受禁治產之宣告者。」至於法官懲戒規定，業於草案第48條第3項明定，故未列入第40條規定。

考試院意見以，本條第1項第1款規定，係將過失之情形排除，以法官之服務倫理，宜較一般公務人員之要求為高，尚不宜僅限故意之情形，建議將「故意」文字刪除。第2款規定，亦係基於各界對法官之道德標準有較高之期待，建議須符合「有損法官尊嚴」要件等文字刪除。另刑法於96年7月1日修正施行後，現職公務人員如經判決確定，同時宣告緩刑及褫奪公權者，自判決確定時起，即已構成「公務人員任用法」第28條第1項第7款情事，應予免職，爰建議增列一款「褫奪公權尚未復權者」之規定。

法官之免職、停職，之所以與公務人員不同，係受限於憲法第81條法官身分之規定與保障，司法院經衡酌法官職務之特性、參酌比例原則，分別於第40條、第41條及第48條以不同規定規範法官之免職、停職及撤職之情事，尚屬妥適，例如於第40條明定法官受如何之刑事或懲戒處分，方得以免職，另於憲法層次保障之外，對於已符合「公務人員任用法」第28條免職事由者，配合「公務人員任用法」相關規定納入停職事由。對於應受懲戒之具體情事足認已不適任法官者，業於該法第48條第3項明定，應予撤職。此種層級式之規範，除符合憲法規定法官之身分保障外，與公務人員免職之規定相較，較為一致。另有關考試院建議增列「褫奪公權尚未復權者」應予免職之規定，以公務人員在未辭、免（撤）職、資遣或退休生效前，其公務人員身分仍屬存續中，法官法草案中未就此情形規範，為符刑法規定，對於褫奪公權之法官不宜僅予停職，而應予免職，該項增列規定，應屬周安。

三、法官停止職務之限制規定方面

同上所述，司法院對於非屬憲法第81條所定3種法官免職之事由，配合「公務人員任用法」等相關規定，予以納入草案第41條之停職事由，依該條第1項規定：「實任法官，除法律別有規定外，非有下列各款情事之一，不得停止其職務：一、有依公務人員

任用法不得任用公務員情事者。二、喪失中華民國國籍或兼具外國國籍者。三、有第六條第五款之情事者。四、依刑事訴訟程序被通緝或羈押者。五、依刑事確定判決，受徒刑或拘役之宣告，未依規定易科罰金，或受罰金之宣告，依規定易服勞役，在執行中者。六、所涉刑事、懲戒情節重大者。七、因身心障礙或其他事由致不能勝任職務者。」

　　考試院意見以，本條第1項停止職務之事由與第40條第1項之免職事由有相同之情形，為避免適用疑義，建議刪除本條第1項第1款規定，並將「公務人員任用法」第28條所列免職情事，除已訂列於本草案第40條（免職事由）者外，其餘各款均予列舉明定於本條第1項[46]。

　　「法官法草案」中有關免職、停職之規定，其與憲法第81條規定之意旨是否相符，是否為限縮規定，尚非考院主管權責，惟法官免職、停職涉及整體人事法制事項，司法院對於非屬法官免職之事由，配合「公務人員任用法」規定，納入第41條停職之事由，雖得以區分免職、停職之不同規定，惟對於法官符合免職、停職之法律構成要件，宜具體明確，方不致產生適用疑義或法規競合，例如：有貪污行為經判刑確定者，依第40條第1項第1款規定係得予免職，惟其亦屬「公務人員任用法」第28條第1項第4款不得任用為公務人員之情事，依本條第1項第1款規定，又得予以停職，究應為「免職」亦或「停職」？另第41條第1項第2款「喪失中華民國國籍或兼具外國國籍者」之停職事由，業已涵蓋於第1款「有依公務人員用法不得任用公務員情事者」之範圍內，似造成重覆規定之情形。因此，第41條第1項第1款規定停職之事由，是否業已涵蓋「公務人員任用法」第28條第1項第1款至第9款之情事，先宜審慎檢視。考試院提出之乙案意見，建議刪除本條第1項第1款規定，即係避免與第40條第1項之免職事由有相同之情形，並將已列於第40條（免職事由）者除外，將其餘「公務人員任用法」第28條所列免職情事，列舉明定於本條第1項，應屬較為明確。

四、有關法官退養金之規定方面

　　司法院研議於草案明定法官適用「公務人員退休法」規定，給與一次退休金總額或月退休金數額外，並參酌司法官退養金給與辦法，衡酌公平性，另依任職法官之年資，按比例給與退養金。又法官之退養金，屬法官終身職待遇之一部，司法院秘書長是司法院重要之司法行政人員，其由法官轉任者，應予比照（第76條）。

　　考試院意見以，為鼓勵法官辦理自願退休，促進司法人事新陳代謝，宜有自願退休

46　有關消極要件規定：「一、喪失中華民國國籍或兼具外國國籍者。二、依刑事確定判決，受有期徒刑以上刑之宣告，尚未執行或執行未畢，且無須依第四十條第一項第一款及第二款規定免職者。但犯第四十條第一項第一款以外之罪，受緩刑宣告者，不在此限。三、依法停止任用者。四、經合格醫師證明有精神疾病者。五、有第六條第五款之情事者。六、依刑事訴訟程序被通緝或羈押者。七、依刑事確定判決，受拘役之宣告，未依規定易科罰金，或受罰金之宣告，依規定易服勞役，在執行中者。八、所涉刑事、懲戒情節重大者。九、因身心障礙或其他事由致不能勝任職務者。」

法官加發退養金之制度設計，惟其加發標準係於司法院、考試院、行政院三院會同訂定之司法官退養金給與辦法加以明定。至司法院秘書長係政務人員，並非法官，建議刪除其得準用司法院大法官及特任庭長退職之相關規定。又法官給與退養金制度實施迄今，優遇法官人數逐年減少，確已達到鼓勵法官自願退休之目的。考試院建議維持現行退養金加發標準之規定，除可免除外界認為法官待遇過於優厚，亦可避免增加國庫財政負擔或可能造成鼓勵早退之情形。

另有關考試院決議將本條第4項規定：「司法院大法官及特任庭長退職時，除依政務人員退職撫卹條例規定給與離職儲金外，並依前項規定給與退養金。但非由實任法官、檢察官轉任者，不適用退養金之規定。」之「依」字修正為「準用」部分，依憲法增修條文第5條第1項前段及「政務人員退職撫卹條例」第2條之規定，司法院大法官及特任庭長（即現行三終審法院之院長），目前係屬「政務人員退職撫卹條例」之「適用」對象。惟自釋字第601號解釋大法官係憲法第80條規定之法官後，是類人員自不宜再納為「政務人員退職撫卹條例」之「適用」對象，然為使其退撫給與事項有其辦理依據，考試院決議文字修正為「準用」「政務人員退職撫卹條例」規定給與離職儲金，始符法制，法律關係亦得以釐清。

此外，考試院考量由法官轉任之司法院秘書長，以其身分已轉換為政務人員，有關退職事項，悉依「政務人員退職撫卹條例」相關規定辦理，刪除本條第5項其得準用司法院大法官及特任庭長退職之相關規定，得以避免法條競合問題，並考量其他人員轉任政務人員後，退職規定之衡平性，確實值得司法院參採。

五、有關停止辦理司法官考試之規定方面

司法院意見以，為配合法官任用制度之改革，自97年1月1日起，停止辦理法官考試（第93條）。惟現階段檢察官調任、法官再任、律師轉任及學者轉任等途徑，尚未成為補充法官人力之主要來源，司法院認有必要時，其考試得延展兩年，以紓解法官人力需求之壓力。考試院則考量全面實施遴選，其人員之素質及數量是否均符合需求，有待實務檢驗；另年輕法官歷練不足之問題，得藉由較長期之訓練研修制度之強化、考試方法與技術之改進等措施，採漸進式方式改變，法官取才制度之整體改變在憲法精神下，並非唯一途徑，筆者同意考試院之意見，本條應予刪除。

再者，司法院版本之條文通過97年將廢止司法官考試，法官養成教育應更為嚴謹。此外，以遴選作為用人取才之制度，其他機關是否亦會仿效？經遴選合格任法官者，因其權益加大，任用條件是否須更為嚴格？由於刪除第5條第6項轉任法官考試之規定，司法院仍可以多元取才方式遴選法官，並不因此而受影響。為避免明定期限停止辦理法官考試，日後無法即時因應用人需要，且「法官法草案」完成立法後，司法院如考量無考試用人需求時，以不提報考試用人計畫方式即可因應。因此，於相關配套措施尚未考量周全前，考試院刪除本條之決議，實務上較為可行。

六、有關大法官宜設專章規範方面

考試院於審查本草案時，鑒於大法官任用資格、進用方式、任期，與各法院法官不盡相同，本草案各種規定，亦不全然適用於大法官，爰建議設立專法規範大法官事項。惟經司法院表示意見以，本草案未設專章規範大法官相關事宜，係因規範未盡之事項或委諸其他法律，或準用相關法令，立法較為簡約，亦較無掛一漏萬之虞。另重行建構完整規範大法官人事事項之規章，立法難度相對較高，亦不免延宕本草案完成會銜送請立法院審議之時程。考試院為避免延宕立法時程，爰未堅持於本草案設立大法官專章，惟決議，關於本法涉及大法官之規定，建議宜以專章規範，並於同意會銜回復行政院函中敘明考試院上述專章規範之意見，

有關大法官設立專章規範之建議，考試院前於86年7月16日函復意見即已敘明，係司法院遲未採納該項意見。大法官身分雖為法官，惟其與一般法官間仍存在著地位、任用、職權及保障上之差異，本草案關於法官遴選、遷調、任免、評鑑等部分規定，並不完全適用於大法官，例如大法官非由司法院法官遴選委員會遴選、任職期間無地區調動及審級調動、其有應受懲戒之行為，不經司法院法官評鑑委員會評鑑，而係由司法院經大法官之決議，移送監察院審查、其職務之停止及職務之免除，由大法官議決後呈請總統停職或免職。為期明確，司法院於本草案第3條規定：「本法之規定，與司法院大法官依據憲法及法律所定地位不相容者，不適用於司法院大法官。」惟第3條所稱「地位不相容者」為不確定法律概念，認定上仍有疑義，將大法官之人事事項悉納入本草案以專章規範，可收明確之效。本次囿於立法時效，未能改弦更張另設專章，後因本草案未能於96年底第6屆立法委員改選前完成立法程序，依立法院法案屆期不續審之規定，法案應由司法院提案，完成三院會銜後，始再送立法院審議，司法院宜將該項建議意見審慎評估其可行性，以重行建構完整之法官法草案。

陸、幾項建議──代結語

民主法治為世界潮流，而司法改革乃為達民主法治，長期推動工程之一，法官法制之建立又屬其基礎工程，上述比較西方先進國家法官相關法制，以及有關法官法制建構及其條文內涵之析述，係考量其特異性及特定環境因素，或有可供我國參採之處。就本草案內容言，基於尊重司法院立場，行政院、考試院對於不同意見之條文，悉以二案或三案方式併陳，期能在各自呈現主管權責之大原則下，節省再為協商之時間，俾利會銜送請立法院審議，難免影響整體法制之健全性。立法院第6屆會期中，司法與法制委員會聯席審查，本案之對象，除三院會銜版外，尚有立法委員高思博等九十三人提案版及修正動議版，惟朝野政黨協商歧見未解，基於立法院屆期不續審規定，自第7屆立

法院開議以來，雖有多項立法委員提案版本，然至97年10月間尚未見官方的提案，實屬可惜。未來希藉由最高民意機關之審議，分析不同替選方案後，制定出符合事實及時代法學思潮需要，並兼顧法官應有權益，與民主課責機制之良善法律。茲謹提建議意見如下，以供參考。

一、應在憲法及憲法精神之五權分立架構下，建構法官法爲特別職公務人員法制，並能與整體文官法制取得衡平。

二、將法官之權利、級俸、加給、保障及退養等，予以法律化，完備法官法制，並宜同時考量與其他司法人員（包括書記官、公證人、觀護人、法醫師、法警、司法事務官、檢審事務官、公設辯論人等）人事法制間之衡平性。

三、本法應考量者有司法獨立審判、權利、保障等（自律規範），以及相對於行政事務統合之分際與民主課責（他律規範）及動態衡平的抉擇點；在強化法官倫理規範及法官自治方面，宜由重視司法行政權責，朝向司法自治方向發展，在此過程制度設計上宜重振及強化法官人事審議委員會、法官評鑑委員會之功能，除彰顯評鑑淘汰機制，亦可融入民主課責與社會課責機制精神，適切體現良善課責機制運作，間接回應民意的監督，以強化及提升國民的信賴。

四、司法系統在統合建構整體法制時，應配合台灣民主法治進程，釐正各院之憲定權責分際，並採以漸進立法政策與策略。本法只列條綱要目，而細部運作定於施行細則，或以相關配套方案爲之，循序推動，法官法制工程當能順暢進行終底於成。

綜之，「法官法草案」涉及全面性之司法改革，更關涉整體文官體制之衡平性，其中許多改革措施，係經多年持續與各權責機關溝通、協調、研議後，經參酌各機關團體意見匯集而成，可謂工程浩大，其爲律定法官身分及權義之基本大法，該草案之內容，由司法院起草，牽涉行政院、考試院之職掌，所設立之職務法庭，又與監察院之業務有關，該草案經相關院會銜送請立法院審議，可謂橫跨五院職掌之基礎大法，其牽連性、複雜性可見一般，基於五院分立、彼此相維之體制，本案若能順利完成立法，確具有劃時代之改革意義。希望各界支持，尤盼主政者深體「世異變，則成功大」，變以漸的道理，以完成法官法制的世紀工程。[47]

47　（一）本文發表後，司法院於98年4月10日重行擬具法官法草案函請行政院同意會銜，行政院則於99年5月21日轉請考試院同意會判，該草案嗣於99年9月21日三院會銜送請立法院審議，經100年7月6日總統令公布，條文計一百零三條。考試院對於上開司法院擬草案內容（按：計九十四條）提出修正建議者計三十三條，經立法院審議後，考試院多數意見均獲採納或參採後予以修正通過，如本文所述有關擬任職務任用資格取得規定（第5條），以及免職（第42條）、停止職務（第43條）限制相關規定等。至考試院意見未獲參採者，主要係就法官連續四年職務評定良好，且未受有刑事處罰、懲戒處分者晉二級之規定，以其顯較公務人員優厚，爰建議修正爲「連續六年」，惟通過之條文（第74條）仍維持所擬四年之規定，另該草案仍未設大法官專章。
　　（二）其後於107年間，司法院爲建構金字塔型之訴訟制度，擬調整終審法院之組織，並將最高法院及最高行政法院之法官改爲特任，同時將職務法庭移置公務員懲戒委員會，改爲一級二審制，以及爲改進法官評鑑制度，提出「法官法部分條文及第71條第2項法官俸表修正草案」。其中擬將上開法院法官改爲特任，因不符官制官規規範，考試院爰提出1.打造金字塔型訴訟制度與終審法院法官需否採特任方

（本文原載於國家菁英，第5卷第1期，2009年3月，頁69-95；本文於撰述之際，（時任）考試院法規委員會鄭兼執行秘書毅明及（時任）第一組呂科長淑芳，均提供卓見及協助蒐集相關資料，謹此表示感謝。也特別謝謝兩位匿名審查先進的寶貴建議，雖已參酌修正，然文責由筆者自負。部分內文配合法制變革，略做修正。）

式，未必直接相關；2.該等法官職務性質與特任人員不符；3.公務員懲戒委員會亦屬終審法院，其委員未採特任，制度設計有所矛盾；4.任命程序之民主正當性程度不足；5.將實任法官職務作為取得權利保障跳板，不符公務人員任用常規；6.遴任條件等低於大法官，卻享相同待遇並有終身職保障，顯失衡平；7.職責程度低於終審法院院長卻享相同待遇，不合職酬相當原則；等意見，嚴正表達不予認同之立場。草案經立法院審議，有關上開終審法院法官改為特任之相關規定，均不予同意，嗣經總統108年7月17日令修正公布。

（三）另「法官法」施行迄今，實務執行上已出現若干待改進事項，銓敘部及考試院即多次就涉及其權責部分，函請司法院及行政院審酌的檢討相關規定。尤以歷年有關法官職務評定良好之比率均高達97%，似缺乏考核區辨與激勵效果，亦與其他各類人員考核制度失衡，爰建請其增修相關考核指標與評定未達良好之法定事由，並研訂職務評定結果之比率，且法官、檢察官職務評定辦法，應與考試院會銜；另對於人員轉任試署法官，其後改派實任法官已敘較高俸級者，當年度職務評定結果為良好，依現行「法官法」第74條第1項文義，得再予晉級，致生同一年度內晉級兩次之不合理現象，目前雖係於「現職法官改任換敘及行政教育研究人員轉任法官提敘辦法」中規範，然以其涉及人員權益，基於法律保留原則，仍宜於「法官法」中明定。

壹、引兌

　　首先，從中國大陸習主席到美國川普總統商談兩國貿易爭議，全球聚焦其談判結果的影響性，再從種種國際重大事蹟發展，似乎見證東西方兩大領導者聚首，看見自十九世紀以來的兩百年，是以西方思維為主，包括哲學、醫學等均由西方主導的世界秩序，在2008年北京奧運之舉辦，代表世界開始重視東亞大國，似亦象徵著東方將崛起時代的來臨，而東方則包括中國大陸、日本、韓國、印度、馬來西亞、台灣等，而由易經元會運世之年運推理，似亦印證2023年將開啓東西方唱雙簧時代。另外因素為晚近國際情勢發展觀察，其顯示者如：美國總統重申該國再次強大、英國脫歐等事件，亦然表示西方強國勢力的回返固本大戰略，相對地，似讓東西方局面已然成形，吾人似可以由上述情勢轉化中，作為高階文官研議決策，因應外在大環境變遷下，其決策作為的參考。

　　高階文官在公務體系中，扮演極為重要的角色，又倘能遇到明師教導中，其成長過程是豐碩順利的。如此公務人員與長官、明師互動過程中，反應又分為三等，係屬先機而發？抑或見機而動？或是失機而悔？第三等人為失機而悔，失去機緣，內心時常感到懊悔，根器鈍者為第三等人。第二等根器者，為見機而動，知曉掌握時機（timing）、分際拿捏得宜。根器第一等者先機而發，擁有足夠的智慧與修練就能達到先機而發，而高階文官通常是第一根器者。如經典之易傳云：「謙受益，滿招損。」希望就長官所講的話，為部屬者，要用智慧判斷「參詳」，倘長官的領導或許不是完全明理，甚至會出現防範部屬、忌妒部屬的心態，也要能洞察機先，預為防範。易言之，如何由中外聖賢教法或經典中，去體悟決策或抉擇的參據所在。

　　當然，文官修練過程中，倘自己在順境時，應時時念茲者，此為祖先積德、上帝與佛菩薩保佑、長官提拔、同僚部屬支持等累積而成，或即「不要用順境衡量自己的實力」，在處順境時，應保有謙卑之心，往往順境乃是靠種種累積德行醞釀而成的，所以，切記「謙卑是最高貴的因」（和尚語）。老子曾云：「智者不言，言者不智。」孔子亦云：「吉人辭寡，躁人辭多。」《道德經》和《繫辭傳》均以闡明慎言語可養德的意涵，高階主管修練過程，必須用心去體驗其中經典教示之意涵。尤其面對現今負面思維大於正面思維的時代。故而君子要能慎言語、養德行，如此，方能在紛擾的年代中，善行善心之仁人君子，亦將從地泉湧躍而出。要之，公職人員應時時體悟政治局勢變

遷，良善治理不易，必須先能於公務之餘研讀經典、宗教教理[1]，當可調伏身心，蓄積能量！

貳、道的世界觀與人生觀

一、世界觀

　　首先，就東方的虛空藏而言，由何謂東方虛空藏，人從出生到死亡的歷程都有一定的「道」，身體從哪開始即往何處去，猶如虛空無壞無成，無憶想分別，無動無搖，無愛無憎，無種無芽無果，無業無報。以佛教思維而言，虛空藏菩薩摩訶薩，祂橫空出世、凌駕群雄、心包太虛、量周沙界、光照萬宇、德被億眾、慈悲恆發、威力無窮，記憶力如虛空浩瀚無垠。虛空藏菩薩所代表的無邊無際正好與地藏菩薩所代表的大地互為呼應。復周以周易指出，人生實踐乃在「觀乎天文，以察時變；觀乎人文，以化成天下」。其意旨觀察天道自然的運行規律，以了解耕作漁獵之時序，觀察人類文明的進展，用人文精神來教化天下。倘以道家思維而言，「大道無形，生育天地；大道無情，運行日月；大道無名，長養萬物；吾不知其名，強名曰道」，其意旨大道是沒有形體，然能生成天與地；大道沒有私情，乃能讓日月不停地運行；大道本來沒有名稱，然能不斷的讓萬物得到滋養；不知該如何稱呼祂，只能稱祂為道。虛空藏雖然虛無飄渺空幻，卻是萬物運行無形中的規律，更是人生實踐的方向，虛空藏箇中涵義。要之，高階文官的體悟當以「心包太虛、量周沙界」為精髓，具恭敬心、謙卑心，為人處事當謹記在心，活用此八字箴言於生活工作中，將會工作順暢、身心康泰，尤其人只要有心念且願意付出且無所求，就容易相應的，達無遠弗屆，利益眾生。

　　再次，就西方的大霹靂意涵言，通常就大霹靂，係指宇宙誕生及其後續演化的狀態，根據科學家理論，宇宙是由一個極緊密、極熾熱的奇異點不斷的膨脹，經過一層一層的變化直到現在的狀態。宇宙微波輻射與哲學、宗教的關係為何，涉及暗物質與暗能量。[2]根據2008年WMAP團隊結合宇宙微波背景輻射和其他觀測數據的結果，宇宙含有72%的暗能量、23%的暗物質、4.6%的常規物質和少於1%的微中子，在整個宇宙組成

1　筆者歷經數十年公務生涯，深覺公務人員如能富有經典情懷，能有志工精神，必然提升服務人民品質，倘具有因果觀念的教義，定無貪腐敗德之情事發生，爰試以列舉五大教義的核心，甚至建議將宗教定義為：生命的宗旨，生活的教育。藉由引介為高階文官的修養內涵，當然建議高階文官，要能擇一修持，一門深入，以避免陷入「博聞愛道，道必難會」；要能真正悟入「守志奉道，其道甚大」的道途。

2　暗物質是肉眼所無法看見，前台大校長李嗣涔對暗物質與暗能量有相當的研究，暗物質需要藉助它與其他物質的引力交互作用。但至今尚未發現構成暗物質的初始粒子為何；暗能量被解釋為廣義相對論中的宇宙學常數，例如有些人的耳朵或手，可以取代眼睛來閱讀文字，常理推論認為這是不可能，但是暗能量證實確有其事。科學家試圖提出相關理論解釋暗物質與暗能量，同時亦進行相關實驗探究當今宇宙組成。

當中，我們可以掌控理解的內涵僅僅約5%，另外95%還有待科學家等持續研究，宇宙起源是待解的謎，仍有很大的努力空間。若此理論以成立，則吾等怎可不敬畏天地，怎可不謙卑。又大霹靂理論雖然是以科學爲據試圖解釋宇宙的生成，但作爲一個闡述「實在」起源的理論，對神學和哲學或多或少產生了暗示作用，亦即宇宙所隱藏的無形力量，控制整個宇宙，對此身爲高階文官或決策者有何體悟！？

二、人生觀

再者，簡述道的人生觀，所謂道，若將之解釋爲：是種理念、信仰、人生觀，則道包括聖人（儒）、先知（耶）、眞人（道）、菩薩（佛）、大人（易）等，四書五經、《可蘭經》、《道德經》、《聖經》、《佛經》、《易經》等均是，「圓滿者，成聖者，乃道的化身，經者，道也；道者，路也」。又此推而及之，凡於生活中秉持信念，依循教義而實踐修行者，即爲修道。茲簡述如次：

（一）聖人（儒）：儒家重視修身養性，進而兼善天下，「內聖外王」，意謂內有聖人之德，外施王者之政，即人格理想及政治理想兩者的結合。儒學八目爲格物、致知、誠意、正心、修身、齊家、治國、平天下。儒佛本是相應，「順乎天道，超凡入聖」，退休年金改革、長照法通過後，似可以「領得少就領得長，領得多就領得短」來思維，而修一切福德相報。我國老人平均於往生前臥床長達七年，北歐國家僅臥病兩週，所以，國人更應重視誠心正心與養生（身）保健、鍛鍊身體，能身心靈健康有尊嚴地老去，而長照法之相關措施，應能推展於前，延伸於後，周整配套，與聖賢道理互爲貫穿，相互輝映而落實於公務人生道旅中。

（二）眞人（道）：道家重視養生之術，《道德經》：「夫練大丹者，固守爐鼎，返老還童，功成行滿，氣化爲血，血化爲精，精化爲髓。一年益氣，二年益精，三年益脈，四年益肉，五年益髓，六年益筋，七年益髮，八年益骨，九年益變形神，身中有三萬六千精光神，居身不散。身化爲仙，足下雲生，頂中鶴舞，號曰長生……上佐玉皇，下度黎庶，號曰眞人。」在公門修行中，倘能鍛鍊「功法」，逐年精進，可以益氣、益神、益精、益髓等，最後達到三萬六千精光神。當然，由道德經口傳心授，能悟之者，可傳聖道。高階文官對此意涵，又有何體認？

（三）大人（易）：《易經》云：「夫大人者，與天地合其德，與日月合其明，與四時合其序，與鬼神合其吉凶。」大人了解天地相應的道理與得失，能找到自性本性，尋找本性面貌。所謂返老還童的老其意爲老神在在。有些人初至某個地方，彷彿似曾相識，代表已經達到感悟與感通，或累世依稀的回憶已經在腦海中浮現，當有這種思維時，就能聚積能量、延續能量，人生的體驗將會非凡，能量場亦隨之而生。古云：「道高龍虎伏，德厚神鬼欽。」故而從行善與建功立德去思維與推展。

（四）菩薩（佛）（六通）：菩薩，菩提薩埵，爲覺悟的有情眾生。經云：如神足通，

或曰：神境智之登通，心如意通，隨念即至，可在一想念間，十方國土，同時通達，變化無窮也。而菩薩成道，得大自在。而自由自在，或謂：見性之處，「縱橫盡得」。整體而言，就此意涵，是否對高階文官有何啓示？或曰：大智若愚，大巧若拙。佛教對菩薩的意涵因南傳佛教與北傳佛教而略有不同，南傳佛教：菩薩的主要修行內容就是十波羅密。北傳佛教：從初發心（初信位的菩薩）直到圓滿成佛，有五十二個階位。或謂凡人可成佛！公職人員可否藉由人事公務的淬鍊，經由「超凡入聖」，以蒼生爲念，戮力服務民眾！？

（五）先知與天使（耶[3]）：就基督教教義而言，耶穌爲神所召喚，爲神代言的人，而先知是神的使者，接受從神而來的誡命、預言、啓示，其神髓意涵，先知是教示（導）者、警（教）戒者、代求（傳）者等角色。茲就回教教義而言，天使（Rasul）或先知（Nabi）「帶來神之訊息者」亦即其職責包括轉達眞主的啓示、讚美眞主、記下每個人的行爲，以及在人們去世時取去他們的「魂魄」。其共同任務是教化自己族人，宣揚福音，使之步入正道，且以阿拉爲唯一的眞主。如此思維，對高階文官角色扮演，有何啓示？

三、道的心法

吾人以爲修行首重心法，所謂心法即「道不離方寸，凡是多用心」。又謂繫緣修心、藉事練心、隨處養心，以及無住生心，心法是在修德行道的過程，修行者是可彼此相應，可以互爲感通。在處理人事時，若能理解「三理四相，變在其中」，即物理、生理、心理對於上開變化各有闡釋，物理從形體空間解釋，成、住、壞、空；生理從身理歷程解釋，生、老、病、死；心理從意念思想解釋，生、住、異、滅。史記云：「世異變，成功大。」其意涵即高階文官或決策者洞察適應環境之變遷，才能成功立業在人事運用，與爲民服務。而此至聖先師孔子亦云「一陰一陽之謂道，繼之者善也」（大傳）；故契應周易不外乎「乾道變化各正性命」（乾卦象辭）而已。

綜上，從上述各教的教理中，如開悟、覺悟、先知、菩薩之論述，推論高階文官面臨重大利益抉擇，能否堅守大是大非，尤其當面對生命抉擇時，可應效法聖人賢者秉持道的理念！？舉例說明，從基督最後的晚餐、紂王囚姬昌、郭璞與王敦，觀察東西方賢者，對生命抉擇是否能持守殉道而已。耶穌遭羅馬兵逮捕的前夕和十二宗徒共進最後一餐時，預言「你們其中一人將出賣我」。周文王是商紂王時期周國的領袖，三分天下有其二，被紂王囚於姜厔城（河南安陽），紂王殺了伯夷考，周文王仍忍辱裝得若無其事而食其肉。東晉著名文學家、易經大師郭璞，王敦將軍圖謀篡位來聽從智者的諫言，甚而斬殺郭璞之公案。要之，東西方的聖人賢者在面對生命抉擇時，雖然是不同的抉擇與引領「教友」效行之方式。但均願意以生命殉道來驗證命運，而對高階文官在面對國

---

3 本目的敘述以及上述經論的摘述，亦多係根據前人著作，以及網路資訊，敬請指正與海涵。

家利益，公共利益與政黨利益、個人利益的抉擇時，其抉擇與效行的方式為何？值得深思。

參、經典在修練中「道」的涵因

在公門修行上，從公務倫理與道的涵因分析，試從四書五經、《道德經》、《佛經》、《聖經》、《可（古）蘭經》、《易經》等核心價值去體悟修行之心要，茲簡要闡釋如次：

一、四書五經

《論語》仁學綱要——「仁」，《孟子》大義凜然——「義」，《大學》大哉儒學——「大」，《中庸》中道妙理——「中」。儒家「內聖外王」，「聖」是理想人格的最高境界，達到這一境界的人格就是「聖人」。主體一旦達到仁、聖的精神境界，必然要釋放出巨大的精神力量，見之於政治實踐，成就「外王」事業。易經出自聖者對宇宙與人生之智慧結晶（於後詳述之）；書經為上古及夏、商、周的君王重臣進行宣示布告的講話紀錄為主，為儒學建構其政治思想的源頭。先周之文告內涵；詩經為民間之反映文本，亦為詩歌總集，溯自西元前十一世紀到西元前六世紀；禮記為禮制之解釋；周禮為周朝之官制，為我國有獨特之歷史文化、社會背景及完整之法理學體系，自宜特析諸端思維在法理之指針，為國家治理之政策建構的參據。

高階文官閱讀四書五經，和三千多年前的聖者生命力結合，人生觀就不會限縮於自身的思維框架，而是可以突破當前困境而燦爛光明的。且以孔老夫子的聖業（蹟）為歷代歷朝所推崇，而能傳承七十幾代，筆者以為係對待蒼生皆慈悲也，而聖人以身為國，以心為君，心正則萬法皆從，心亂則萬法皆廢，或可闡發其心要，亦可讓其後代長遠蒙渠德澤，值得高階文官作為內在修持的重要參考。

二、道德經

道德經重視的是七分修心、三分治國，所謂修心修行是從個人己身做起，進而輔佐君王（甚或玉皇大帝），是一種志業與道業。《道德經》：「孔德之容，唯道是從。道之為物；唯恍唯惚，惚兮恍兮，其中有象；恍兮惚兮，其中有物；窈兮冥兮，其中有精；其精甚眞，其中有信。自古及今，其名不去，以閱眾甫（命運黑盒子）。吾何以知眾甫之狀哉？以此。」（§22章）何謂孔德之容，可以觀察儒教、佛教、基督教、道教、回教等五大教主，各各德相、法相莊嚴，相傳渠背後均有股光明綻放。又謂每個人亦然光芒不同，從光芒就可以看出人生歸去的道，爰以必要秉持善心善念，去除貪念癡念，才能往人生的正道邁進。再者，老子指出：精氣為民，民安則國霸，民散則國廢。

玄中有玄是我命，命中有命是我形，形中有形是我精，精中有精是我氣，氣中有氣是我神，神中有神，是我自然之道也。茲以高階文官的內在修為上，尤其個人面對無明或處在紛擾年代，在清淨內心上，應有其啟發的理則，當然在處眾解紛之時，深切體悟天網（73）章之天網恢恢，疏而不失；天道（77）章的天之道與人之道的分別，終至如聖人體合天道，無心無我，而潤漬蒼生。

三、佛經

　　佛陀講經分五時期，（一）華嚴，（二）阿含，（三）方等，（四）般若，（五）法華。茲以般若時之《金剛經》為例。《金剛經》談事物之定性幻化，「法相者，如來說即非法相，是名法相」，法非法相非相，是相非相即是相，是佛非佛即是佛，似乎很難理解其中意涵，其實意就是一般凡人看到任何事物，都可以定立「假名」，但它們並非「獨立自存」和「永恆不變」的「實體」。一切事物或現象都是「緣聚則生、緣散則滅」及「緣來緣去、緣生緣滅」的。換言之，它們本來就如幻如化，如夢幻泡影，要用佛菩薩之不同層次來看待。而地藏經談人生的知因達果，種什麼因得什麼果，「一切眾生來解脫者（清靜），性識無定，惡習結業，善習結果，為善為惡，逐境而生；如是因，如是果」。高階文官若能得知因果觀，則行事作為上，必然符合天道與天德等理則，何有貪贓枉法或傷天害理的情事！

　　再以法華經言，文殊師利菩薩已是七世佛之師，佛陀講誦法華經時，文殊師利菩薩願為啟機者（「司儀」），彌勒菩薩未來佛亦然，經文云：「爾時，文殊師利語彌勒菩薩摩訶薩，及諸大士、善男子等：如我為忖，今佛世尊欲說大法，雨大法雨，吹大法螺，擊大法鼓，演大法義。如來者，無所從來，亦無所去，故名如來。」文殊師利菩薩與彌勒菩薩兩位都願意乘願服務，對我國高階文官應有深層的啟示；即是高階文官能夠不以自己位高而驕傲，能夠學習文殊師利菩薩的大智慧、大慈悲心，學習彌勒菩薩的大氣度；亦即深知「謙卑是最高貴的因」（和尚語）。若再予以延伸言之，即就四大菩薩在華人社會所扮演重要的角色，茲以其各自之象徵意涵為：觀音菩薩，以大悲聞名，救度人間苦難；文殊菩薩，以大智聞名，象徵智慧；普賢菩薩，以大行聞名，象徵實踐；地藏菩薩，以大願聞名，主要拯救六道眾生。其悲智願行，均可供高階文官政策思維與效行的。

四、聖經

　　基督教在聖經中提到，太初有道，正如同地球有黃道，道與神的意識狀態同在，道是神生命為其造，生命就是人的光，接者，道成了肉身，住在我們中間，靈在我們的心中。在基督教義裡，先知可以得到靈感，為人類福利而預言將來的事，先知的主要責任是為基督作見證。耶穌基督後期聖徒教會的總會會長，就是今日神在地面上的先知。總會會長與十二使徒都被支持為先知、先見、啟示者。先知是神的代言人，藉由先知所傳

遞的信息，豐富人民的信仰信念，激起人民的信心意志，使人民即使在經歷國家危亡之際，仍能堅守信仰。

再以，今日的講道者就是先知，講道者一方面要熟悉神的話語，另一方面要了解信徒的需要，俾能按時分糧。他將使痛苦的信徒得著安慰，使陷在罪惡邊緣的信徒能夠及時回頭，可以引導信徒走在正確的道路上，成爲神所喜悅的先知。茲以「先知」而言，或可引申高階文官處理重要事務時，如常言道的「先機而發」、「洞察先機」者，如此服務公職，必然造福社會人群。

五、可（古）蘭經

可蘭經共分一百一十四章，而伊斯蘭爲一天啓（Wahy）宗教，穆斯林認古蘭經乃天啓的呈現。所謂天啓即是眞主阿拉（Allah）啓示給世人的教訓與其旨意。天啓在伊斯蘭建立前之阿拉伯半島地區指的是「藉由聲音、信號與特殊的、神秘性的力量做溝通」。在泛神信仰的阿拉伯傳統中，這種溝通通常是由祭司執行。伊斯蘭建立後，則指阿拉與人之間從上而下經由先知使者（Nabi or Rasul）爲中介的溝通。因爲人是被造物，無論如何無法確切地認知神，因此，必得透過高於人類的先知來傳達神的訊息。換言之，抽象的神意，充滿神聖性，經由先知所熟悉的語言轉化成訊息（Risalah），亦是具有無所不包的特性。

回教在可蘭經中指出，五功是穆斯林崇拜眞主及履行宗教信仰的準則和證明，分別是（一）作證詞（清眞言）、（二）日常禮拜（薩拉特）、（三）施捨（天課）、（四）齋戒月齋戒及（五）在身體與財政條件許可之下於有生之年至少有一次到麥加朝覲。如此，高階文官如爲衷心信仰者，且能內化公務作爲上，當能忠於憲法，忠於國家，其服務品質必然提升，關懷人民必然更爲貼切入裏，值得高階文官思維與效行！所以，任何正信的宗教信仰者，對公共事務的推動應該是正向助緣！

六、易經

伏羲聖人，觀察宇宙變化，暨與人的關係等，就先天八卦，乾坤等八卦對應都是三陰三陽；後天八卦，離水是三陰三陽，其他都不是三陰三陽，因爲後天八卦加入人的因素在內，就會變得錯綜複雜。伏羲聖人在造先天八卦的時候，陰陽、天地都是非常協調，後天八卦加入人的因素後，變得千變萬化。易經如同佛經之理則，有其次第與位階。而「般若」意指大智慧，「波羅蜜」是到彼岸。般若可分爲文字般若、觀照般若、實相般若。實相般若是指我們這一念本具的心性。透過文字般若，經過觀照，最後通達實相，就能夠到達彼岸。同樣易理也有「文字般若」，有「觀照般若」，亦有「實相般若」，智慧也。

易云：「天尊地卑，乾坤定矣；卑高以陳，貴賤位矣；動靜有常，剛柔斷矣。」又眞正完整的，認識易經之發展脈絡，則要再進一步探究七大聖人，即六千四百多年前的

伏羲聖人，五千多年前的神農氏，四千多年前的黃帝（開啟父系社會時代），三千多年前的周文王、周公撰寫《周易》象爻辭，二千五百多年前的老子《道德經》中的易理，而孔子雖是儒教，但對《易經》極有鑽研，其代表作乃是《繫辭傳》。另有學者曾指出：孔子如文殊、老子如觀音，亦值得併同參悟，或謹供參考。

肆、高階文官的修練維度與內涵

一、公務人生最應思維的維度

　　高階文官或決策者修練中，空間之度量的思維，倘從道、儒、法引申為立身、處事、治事的三度思維，道家重視己身所出的立身之道，儒家重視對人處事的待人之道，法家重視對待事物的治事之道，亦即黃老立身、儒墨處世、孫韓治事。不同聖者有不同維度，也會決定其不同思維，而在當小主管時所見之視野、與當中階主管所看到的視野、與當高階主管的時候看到的視野，隨著位置的提升，視野層面更廣，而當到外交大使代表，視野更是提升到世界層面。任何高階文官也要看到更深更廣的思維、價值，甚至包括良善價值抉擇，如此，要特別重視的，在不同思維或價值抉擇，雖同樣面臨一件事，則將會因有所不同之觀點而改變。而高階文官應參考生命的維度與意涵，並與我國之道儒法三者間的意涵相互呼應，如此，行事作為必然不同！

二、高階文官的修行五度內涵

　　2000年至2020年，是重視團隊進場、英雄淡出的年代，如果為人處事（世）過於重視個人主義將很辛苦。伍院長錦霖在高階文官飛躍方案107年決策發展訓練等班曾談論五度內容。其一，高度：公務人員職務愈高則制高點必須愈高，才能看得遠、看得準。勇於面對世界挑戰，而永保國家競爭的優勢。其二，氣度：氣度是高級之忍讓藝術，它決定了您人生的高低起落，避開足以致命的厄運災難。身為公務人員要有包容心，有海納百川的胸襟，才能成就大事。其三，風度：公務人員須有氣質和品位，更須有一顆寬容的心和博大的胸襟，良好的風度是人生無形的助力，更是提升自己的美德。其四，深度：文官的生涯，如下象棋，要看下一步二步甚或三步，研訂策略更要深謀遠慮，才能提升境界及貢獻度。其五，廣度：公務生命的廣度，一是來自知識的廣度，二是來自視野的廣度，要有世界觀，「放眼天下」、「立足台灣」，必須具備的人文素養和國際交流能力。

　　茲以筆者藉此引申出高階文官的五度內涵：（一）高度——制高點，即重：首出庶物，萬國咸寧；有些領導者已經知曉前方有險境，卻不選擇避開或是繞道而行，或無判斷力，致其非但無法承擔解決，反而傷亡重，乃思維高度不足也。（二）氣度——

忍讓藝術，君子以容民畜眾也。（三）風度——品味寬容：心包太虛，量周沙界；君子以居，賢德善俗。（四）深度——深謀遠慮，具伏入之德；君子以申命行事，做高階文官的也要知道大數據與大方向。（五）廣度——放眼天下，澤被天下，即君子以厚德載物。另在紛擾的年代裡，建議高階文官在與政務人員間之互動中，時時思維「君子交絕，不出惡聲；忠臣去國，不潔其名」的胸懷素養。

伍、高階文官的考驗與願行

君子儒如是大乘，小人儒如是小乘，君子和小人之間，古人云：「君子如青松，小人如紅花。」小人如紅花般，很美麗但是三、五天就凋謝，青松雖無紅花般的面貌，枝葉可能也不討人歡喜，但是蒼勁有力，大家會喜歡君子。據此，可參採其他經典教義對此比喻之道理，爾後再為文探討，於今吾人試以易理內涵，在剖析高階文官在團隊作為上的可能困境，及其相對應的對治之道，以就教高明。

一、團隊的四大考驗情事之理則內涵

易學大師吳秋文先生曾云：團體會面臨四大困難卦理的考驗[4]，尤其是未來的年運到2020年，高階文官或決策者之意志必須堅定，方能成聖成賢成聖克服萬難，增益人民之福祉，然或又存乎於心念也。

首先，面對動藏於險中局勢，必須思維者：雖面對困難，但困難只是挑戰，不等同於事情之不可為，應著重實力的累積，重視養精蓄銳，是最佳對策。

再者，在紛擾年代，面對光明隕落，光明消失，黑暗、災難的亂世時，為政者，仍應把持發揮光明、智慧與才能，重視政治良知與政治道德，所以未來任何境界，無論是好是壞亦存於心念問題。

再次，在易理中，決策者或高階文官在研議重大決定時，尤其任何在外，可為防禦之天險者，係建議吾人只要不執意往前，不任意行動，或回頭是岸，知險而止，則吉在其中。

末了，以《繫辭傳》云：「困，德之辨也。井，德之地也。」又說：「困，窮而通。井，居其所而遷。」故而依此推論，即是要成為好的領導人，必須閱讀研析《繫辭傳》；孔子在易大傳對於君子之言行、管理都寫得很精微，對人生管理亦有幫助。高階文官窮困之時，考驗一個人的操守與修養。所以君子在窮困的時候，反能夠堅守節操，

4　其一，動藏險中，剛柔始交，本能通暢則艱屯，故云難生；其二，明在地中，光明隕落，其明滅也。又內文明而外善順，以蒙大難，文王以之；其三，知險而止，即難也，險在前也。茲有，始難而未得通；有力之窮；亦有險阻艱難之義，各不同也；其四，困，亨，貞，大人吉，无咎，有言不信。窮中求通，乃大人處困之道。

因此，得以窮中求通與求變，而達到大人吉的境域。

二、高階文官的願行

　　首先，決策者要存有慈悲心、智慧心、大行與大願，即信願行典範，就前述之四大菩薩的悲智願力，因爲觀世音菩薩表徵大悲心；文殊菩薩表徵大智慧；普賢菩薩表徵大行；以及地藏王菩薩表徵大願。如此即可將公職轉成利益蒼生的志業，如同伍院長所說，要服務人民，亦能以國家利益與人民福祉爲依歸。

　　再者，可茲藉佛四聖諦之苦、集、滅、道的隱喻，對高階文官在研析政府治理之參照。按以世人經生知道苦，把苦集中，知道滅，尋找解決方法，但是要以正道爲途徑，所謂「所作已辦，不受後有」，即實證四諦。引申現在首長或是主管認以，第一種人知道問題，但不知問題之癥結，只能唉聲嘆氣；如對民粹主義、部屬管理等都不知如何解決。第二種人知道問題及癥結所在，但沒有對策，只能困擾其心；如對民粹主義、民意代表亦沒有對治的方法來解決。第三種人知道問題及癥結所在，也知道對策，但無力完成；也就是雖然知道解決方法卻使不上力。第四種人知道問題、癥結及對策，更有才德、勇氣與能量去完成。要之，任何教派的理則，或教導人人發大願，或中心行願，均可應用在高階文官處理重要事務上，亦賴決策者多思維、多用心。

陸、結語：對高階文官建議

　　回顧高階文官或決策者的心法修練，大凡處理事情就如同駕駛帆船般，要處理事理。即先調理心，從心法修練。因爲決策者或高階文官之船諭，係從知性、理性、心性三層面而言，知性是帆，意指事事認眞；理性是舵，意旨價值抉擇；心性是操船功夫，意旨人品素養。參悟者的匯一融合，缺一不可，此爲高階文官內在修練的涵因，吾人不可不察。

　　綜之，儒教、佛教、道教、基督教、回教等五教心法總攝，高階文官對於五教心法的攝入，建議最好綜整成有融合的宗教觀（宗者，生命的宗旨；教者，生活的教育）信仰，人人能夠時時思維，作爲未來依循處，也能知悉未來的去處。最後，高階文官在公務生涯之修行路徑上，必須秉持「身在公門好修行」的信念；尤其切不可如小人恆發願，應如大人發恆願。在公務作爲，時刻轉換心念，以確保良善治理；如此，方能達到自利利他、福國利民的境域！

（本文原載於人事行政季刊，第205期，2018年10月，頁67-77；部分內文配合時勢變遷，略做修正。）

壹、前言

「公務倫理」（public service ethics）又稱為「行政倫理」、「職業倫理」、「公務道德」、「服務道德」或「服務倫理」，為「第一部門」（政府機關）所有成員應遵循之職業倫理，亦即「行政生活中的倫理」。昔日稱以「官箴」或「官常」，指公務人員應嚴守品位而有所為、有所不為，尤其特別重視官制官規；時至今日則是指行政生活中，主體（行政機關及行政人員）間互動的正當關係及正當行為準則之一種規範秩序（陳德禹，2011：48；蔡良文，2007）。

公務倫理具高度重要性，尤其於價值多元、後現代、資訊網絡化社會所形成之人心動盪時代特別重要；且於全球化競爭時代與尤待創新突破的年代，其動能之培育蓄養，倫理價值扮演重要的關鍵角色與功能。況且現今在公務體系中時而發現「貪污」或「食安治理」或「高雄氣爆」等現象，除賡續落實公務人員廉政倫理規範法制建構外，積極讓公務人員激發其內心深層的動因（慈悲心、博愛、大愛心），在各行各業均能重視其專業倫理與品德管理。

惟何以推動重視公務倫理相關法制與倫理宣導，社會仍然失序未能上軌道？尚欠缺何種元素，俾使其淨化與內化其自性本性（真如本性）？我國儒家倡導的仁愛，基督教強調的博愛，慈悲平等是佛法的根本，均是主張慷慨普施眾生，安定眾生。孟子更明白指出：「惻隱之心，人皆有之。」人類因為相助共存，相對地自他關係息息相關，所以自然流露出慈悲的情懷。筆者認為除重視行政責任與課責機制外，或許可藉由儒學或佛法[1]傳道等以激發其關懷情與慈悲心。亦或能符合「身在公門好修行」之意旨。

茲因篇幅所限，筆者先論公務倫理的基礎內涵，次就本加以解析，再就公務倫理發展困境中，亟待何種元素福德值得探究。最後試舉個人在公務人員公務行為標準過程，能獲致個人在聞、思、修、證的心靈福德。

---

[1]　由於論述公務倫理或公務行政作為時，多予引論佛法或其他宗教（含哲學），往往不能得到全面性認同，而引述儒學或許較為外界認同（如《易經》與倫理、儒家精神）惟如何會道非屬易事，待爾後戮力以赴。

貳、公務倫理的基礎內涵與實踐原則[2]

公務倫理就是行政機關及公務人員符合公務上的道德共識及道德自律，落實到實務上就是公務人員在處理公務時能掌握正當價值觀。至於在公務倫理在各層次上，略分為政務的、事（常）務的、專業的及個人的倫理等層次，其內涵與著重點亦有不同。[3] 而公務倫理任何層次的落實內化，則在於如何強化公務人員對於公務倫理的認知以及規約，激發其內在動能與動因，並能與時俱進，次第深化與穩固之。

我國民眾重視公務人員之公務倫理，對政府積極推動廉能政治亦有高度期待，此均為公務倫理的目的與內涵，究其底蘊，政府行政運作中，首在確立民主防腐機制，樹立清廉政治，進而激勵公務人員勇於任事，積極興利，俾能建立公民對國家政府的信任，期能提升國家競爭力。至於公務倫理的價值涵義是較不變動的，但其政策思維方向、行政作為、組織結構設計之目的等常隨時間、空間的不同而有顯著差異。[4]

一、公務倫理的基礎內涵

（一）公務倫理的價值基礎

價值是隨時間、空間因素、以及民族性、文化性之不同而有所變遷，例如以社會主義為意識型態的共產國家於二十世紀初葉興起、中葉盛行並在末葉衰落，此一世紀之波瀾壯闊，斑斑史跡可為明證；冷戰結束，接續90年代的全球化及資通科技革命，帶來更為巨大的寧靜革命，無論在生活形態、價值抉擇、道德指標所受影響更鉅。過往由強調「忠黨愛國」的公務人員價值取向，今日已然轉型，行政運作與行政作為上，必須「忠於人民國家」，且合於涵融價值多元、民主、法治、人權保障、效率、效能等取向。

行政的道德價值原則主要包括愛心（儒家所謂仁愛；基督教所謂博愛；佛教所謂慈

2　本項主要參照蔡良文、陳德禹與邱志淳（2013），高階文官公務倫理，台北：公務人員保障暨培訓委員會。

3　通常政務倫理著重在政府組織內部的領導及對外溝通；事務倫理則偏重在工作態度、行政處理、生活態度及人際交涉；專業倫理重在法規執行、裁量權用及公共利益；至於個人倫理則強調反省能力及交互主觀性（Harmon, 1981）。

4　其發展趨勢略以，其一，從「消極性」到「積極性」的公務倫理觀：即以往對公務人員的要求乃以「依法行政」為依歸，其用意在於「防弊」思維。但後遺症就是不敢勇於任事「目標錯置」的現象。如今則是強調「效率觀」，要落實「新管理主義」，希望公務人員能夠發揮績效並勇於任事。其二，從重視「他律」到「自律」和「他律」並重的公務倫理觀：即傳統的公務倫理深信可以透過各種法規去規範公務人員的行為，結果導致公務人員成為「單向度的人」（one dimensional man），昧於時勢而不知變通。現今的觀點強調「自律」，從後天修養的訓練，去激發人性中積極、向善與為人服務的良知與熱誠，就是儒家思想中「達則兼善天下，窮則獨善其身」的儒者。其三，從「規避性」到「生產性」的公務倫理觀：即傳統行政組織制度設計傾向防弊，因此公務人員基於人性怕被處罰或拘泥行事法規以免犯錯的心態，出現數衍了事和報喜不報憂的組織文化。現今組織文化的觀點要求公務人員自我修練與自我教育、自我成長，培養有為有守，清楚自我職務責任與願意和同事分享團隊精神的公務人員（參見蔡良文、顧慕晴與許立一（2014），公務倫理與核心價值，台北：國家文官學院）。至於其實質之基礎內涵，課責關係與全觀視野，暨具體實踐原則，為本節論述之所在。

悲──無緣大慈、同體大悲）、公正（即公平與正義；公平包括平等的自由、機會的平等；互利）、正義（包括功績主義、平等主義、服務主義等之正義觀）及服務（其要義包括人民利益、公共利益、國家利益至上；一切向人民負責；辦實事、求實效）。公務人員內化之愛心、公正、公義及服務，均不應與不會因時空因素而變異，但公務人員何以行政服務不為人民所滿意與信賴，除了外在政經社文科因素外，是否因公務人員內在道德價值動因或動能不足？所以筆者以為凡事有其因果關係之理哲，[5]亦不可不察，必須讓公務人員理解或認同；時時留意個人內在修為，亦是筆者關注的。

（二）公務倫理的文化脈絡

　　文化是涵養價值與道德的土壤、實踐倫理的載體。從早年的「西風東漸」，到今日的「全球化」浪潮，我國在台灣地區逐漸成功建立起一種「富有中華文化特色的現代化模式」，配合東方國家的發展，同時重視其文化內涵，因應筆者認以未來十年內將是「東西方開始唱雙簧的年代」的需要。當然東西方的文化內涵也將不斷地激盪、融合、演進。「人同此心、心同此理」，各地區、社會之文化共性反映出一種人所共知、恆長久遠的普世價值（參照陳德禹，2011：52）即：1.真、善、美、聖（宗教、超凡），偏於個體內在行為之發展、昇華；2.自由、平等、正義，偏重於人際關係中的價值原則；3.安定、和諧與進步，即追求社會生活之保障與改善，不僅持續現有利益，尚須積極追求未來的新希望、新理想；4.民主時代新增的價值，如民主、專業、效能、責任等。要之，人類未來的普世價值，除了外顯的行為與「外在世界」之因應外，更重要的在於體悟外在世界是「內在世界」的顯現，所以追求內在個人修煉思維與行為動能，是重要課題。

　　再以孔漢思（Hans Küng）等人在1993年世界宗教會議所提出「全球倫理」宣言之必要準則，可使吾人體會文化脈絡共性正是反映出人類心靈深處的共善（common good）：1.建構非暴力及尊重生命的文化；2.建構團結和諧、而且具有公正經濟秩序的文化（元素）；3.建構互相包容及具有虔誠生活的文化；4.建構兩性之間具有平等權利、伙伴關係的文化。要之，儘管在現實生活中，人們對於文化差異甚至「文化鴻溝」（cultural gap）的感受愈顯鮮明，然而上開倫理的普世價值，則可視為跨越種族、文化之源道，讓公務人員共同嚮往的理想境界。

5　筆者於考試院第11屆第298次會議指出：傳統上，在儒、道、釋、耶、回等各種宗教之意涵，均談到倫理、道德與因果之聯結。教育之內涵包括倫理、道德、因果、哲學、科學五大類。前三者為普世之教育宗旨，無論男女老少、各行各業都應認真學習內化。人品典範、標竿人物、借鏡人物雖各有其倫理與道德內涵，但如欠缺了因果元素等部分，其效益影響較小。牟宗三先生在「認識心之批判」一書中提到，對休謨（Hume）思維之論辯，至為切要。按以，儒家重視倫理，道家重視道德，而耶教、回教等各宗教都談十善與十惡，此即有其因果關係，而因果關係可分為一般自然物理現象的因果關係，另一者為特殊性的因果關係，包括各宗教間重視的因果關係，包括三世因果或鼓勵追求無限生命、生命典範等理念價值之體認，公務人員倘有此等認知並入化於心，其在為惡時會有所省思，而貪污等惡行即會消弭於無形。

（三）公務倫理的生活基礎

倫理規範以價值、道德爲內在核心，涵養於文化脈絡中，蛻變於社會生活，未來仍將在日常生活的人我互動中，經過相互詮釋及再三確認後，社會成員逐漸取得具高度共識的行爲準則，經過反覆溝通、時間推演的倫理規範，形成一種隱於衷、形於外的社會穩定力量。社會生活中個人與個人（人己）間、個人與群體（群己）間、群體與群體（群際）間，發生種種錯綜複雜之關係，倫理規範爲各種互動關係設立可資依循，並預期他人行爲互動的規則，使芸芸眾生能尋得安身立命之所在。儒家傳統之五倫八德深植人心，長期維繫華人社會秩序穩健運作，然當代台灣社會文化脈絡急遽變遷，五倫綱常相應於價值多元之後現代社會，似力有未逮。聖嚴法師提倡包括家庭、生活、校園、自然、職場、族群在內的「新六倫」準則，可謂回應時代精神、關注公共利益之「心倫理運動」。爰以新六倫對當前台灣社會生活提出反思與建言，在後現代、全球化的處境中賦與各種人倫新義，此等革故鼎新、歸返初心的思維，值得公務人員取法與效力的。

公務生活指涉公務人員之社會生活，公務倫理無法自外於社會風俗的影響，復以現代新管理思潮以及新公共服務精神相互激盪，行政倫理內涵融入社會正義、多元利益、公民參與、政治回應及專業精神等理念，公平、正義、公共利益等多元憲政價值中，公門中人如何發揮道德良知、慈悲大愛，在各方利害關係人的期待中，因應調和並做最佳的抉擇？易言之，在公務生活中必要塑造「人性尊嚴」的圖像，進而營造推己及人、民胞物與的群己關係，規範內容則可依所指涉行動主體區分爲個體及總體二個層次（參照陳德禹，2011：55-58；蔡良文，2014b：396-398）[6]，至其相關的個體內在行爲與整體價值系絡之聯結性，將於後再析述之。

（四）公務倫理的法制配套方案

在價值多元、民主行政中，考試院先後就行政院93年提出「創新」、「進取」、「專業」三項核心價值暨97年之「廉正、專業、效能、關懷」價值爲基礎，進一步頒布

6　一、個體倫理：以公務人員爲行動主體。在關係規範上，最基本要求是對下屬之關懷、教導、培養；對上級的尊敬與服從；以及彼此尊重、和諧、合作。個體與群體關係之準則爲：個體對機關應當敬業、盡職（責）；個體對人民要仁民愛物；個體對國家當忠誠與愛護。在行事規範上，需積極恪守工作倫理、政策倫理、服務倫理及效能倫理；同時也當消極地避免觸犯下列行爲基準：不得圖謀違背責任之財務利益，不得濫洩公務機密以圖利，不文過飾非，漠視法律，放寬標準圖利他人等。二、總體倫理：以公務機關爲行動主體；在關係規範上，在各機關之間，上下級需相互尊重與協助，平行機關當彼此尊重、協調（商）及配合。機關與人民關係之準則爲：爲民謀福利，使民安和；向人民負責及爲社會伸張公平正義。機關與國家關係的規範則是：維護國家尊嚴、獨立自主；保衛國境安寧；以及達成合法政治目標。在行事規範上，基本上應先確立價值目標，不致不合理地屈服於政治，並順應社會及人民之要求；對各種價值應同等尊重，並協助其平衡發展；以開放的心胸，促進互信、合作與共榮。制定公共政策時，應把握公共利益取向、程序之民主（如回應民意及公民參與）及公開、政策制定之科學化等準則；進行行政規劃時，要注重政策執行之可行性（行必果），成本效益分配之公平性，以及資訊、知識、道德之有效結合；在行政裁量過程中，追求合法的（legitimate）、良善的（good）、效能的（effective）公共服務，並遵守公眾取向、深思反省、開誠布公、尊重程序及手段自制等原則。

「廉正、忠誠、專業、效能、關懷」[7]——作為公務人員行事之準繩，此乃上述行政道德價值原則的具體內涵之體現與執行的指針。而考試院曾以「再造國家新文官」為要旨，於98年推動「文官制度興革規劃方案」，首要建議即為「建基公務倫理、型塑優質文化」。復於104年考試院第12屆施政綱領之行動方案中的銓敘業務之五、「強化文官優質文化，營造廉能公義政府」方案，如文官優質組織文化推動方案、行政中立法之落實、激勵法制與考績制度，以及強化公共服務日的內涵與策略等等，均為相應配套的作為。

　　茲再就我國公務倫理主要法律依據及規範略述如次：（一）「公務員服務法」（就該法內涵言，包括道德宣示之倫理規範、公務（人）員與長官之個別倫理關係、公務（人）員與長官之個別倫理事項、公務（人）員「有所為」及「有所不為」之倫理事項）；（二）為促進廉能政治、端正政治風氣、建立公職人利益衝突迴避規範；（三）法務部訂定之「公務（人）員廉政規範」，即為確保公務員清廉自持、公正無私、依法執行職務，參酌美、日等國立法例，以及我國前述兩法等相關規定，訂定本規範；（四）為期建構廉政的藍圖，法務部參酌「聯合國反腐敗公約」及國際透明組織「國家廉政體系」概念，於101年6月頒訂「國家廉政建設行動方案」，提出八項具體作為、四十四項策略及八十項措施，由主政部會設定績效目標，整合政府、企業及民間的力量，共同協力推動國家的廉政工程（蔡良文，2014b：413-420）。

　　要之，除涉及內在修為之公務倫理的核心價值與道德規範外，其相關外在配套的法制方案不可不謂完備，惟何以政府廉能形象與行政效能仍不為人民所信賴與認同？且仍有不肖政府官員或貪污或失職官員時有所聞，公務人員行政作為中，是否應融入儒家仁愛，宗教博愛大愛等元素，強化「人性尊嚴」的動因，方能弊絕風清，全心全力為人民謀福祉，容後探討之。

二、公務倫理內涵的實踐原則

　　政府公共服務的本質是作權威性的價值（資源）分配，其權力來源多為透過民主選舉或依法行政程序，政府組織的決策者和執行者得以有權合法使用公共資源，與作價值（資源）的權威性分配。因此，民主國家的政府必須根據最高的憲法與憲法精神外，尤

7　各核心價值之重要內涵為：（一）廉正——以清廉、公正、行政中立自持，自動利益迴避，公平執行公務，兼顧各方權益之均衡，營造全民良善之生存發展環境。（二）忠誠——忠於憲法及法律，忠於國家及全民；重視榮譽、誠信、誠實並應據道德感與責任感。（三）專業——掌握全球化趨勢，積極充實職務所需知識技能，熟悉主管法令及相關政策措施。實踐終身學習，時時創新，保持專業水準，與時俱進，提供全民第一流的公共服務。（四）效能——運用有效方法，簡化行政程序；研修相關法令、措施，力求符合成本效益要求，提升決策品質；以對的方法，做對的事；明快、主動、積極地發揮執行力，以提高行政效率與工作績效，達成施政目標，提升國家競爭力。（五）關懷——時時以民重福祉為念，親切提供服務；對人民之需要及所遭遇之困難，以同理心及時提供必要之協助與照護，增進人民信賴感。並培養人文關懷與多元文化素養，以寬容、民主的態度，讓族群間相互尊重與包容，社會更加和諧（蔡良文，2014b：398）。

應秉持最高的國家利益來運作，以善盡公共資源分配和有效公務管理的職責，體現公務倫理精神，強化其治理正當性，以贏得民眾高度的信任與信賴。

通常民主國家在公務倫理上的實踐原則，至少當遵循三道基線（陳德禹，2011：54-55）：

（一）人本（道）主義：即強調人的主體性、自主性、發展性：1.尊重人的價值和尊嚴；2.肯定人們相互間的人格平等；3.肯定個人謀取正當利益的合理性。以個體建構集體，以集體約束個體，向集體負責的社會義務與個人權利平衡兼顧。

（二）民主主義：此乃人道主義的必然要求，亦是將人道實踐於政治與社會生活的體現；其核心價值為自主（參與）及與其密切相連的自由、平等，具體落實在民主制度設計上則為：主權在民（全體成員）、分權制衡、權責相稱、法律主治、程序之治。

（三）科學主義：強調依科學精神辦事，要求行政人員於處理行政事務中，應嚴謹治事（尊重事實、勇於糾正、尊重成果）、追求真理、勇於創新、謙虛謹慎；表現在行政事務中，即追求合理的成本與效益關係，本於專業主義，提升效率效能，完成合理、正當的目標。

這三道基線是從西方經過文藝復興、宗教革命、英美法三國政治革命等重大事件凝煉與演化而成，體現求真奮進精神的寶貴歷史遺產，迄今為全人類所共享與依循之。時至今日，其中Cooper則從社群意識的觀點進一步闡明倫理的本質，認為公務倫理實踐的內涵，至少包括：（一）重視個別公民的尊嚴；（二）強調權威的共識本質；（三）強調對於共善的關懷；（四）強調公民美德的重要性；（五）強調參與既是公民的權利與義務，更是一種公民教育。基於以上實踐原則及其本質的觀點，公務倫理基本上係涉及「公權力與環境」互動之規範倫理（蔡良文，2014b：388-389），亦即在多元價值當中，如何適當地解決其分歧與衝突，並謀求公共利益與社會公正的過程。

復以公務倫理的規範及內容，乃是伴隨著時代環境及學術思想而與時俱進、迭有更易。其規範出於國家利益、公共利益，而對公務人員基本權的限制，必須合於「比例原則」與「平等原則」。但就我國國情言，今日政府面對的是迥異於以往的嚴峻挑戰，為適應我國生態環境背景，並遵循憲法精神、追求公共利益，如何發揚我國固有傳統良善倫理精神與彰顯「人性尊嚴」圖像，行政機關與首長亦均必須審慎營造義利裁量的倫理工程（蔡良文，1994：23-34）。因此，如何在行政系統中再推動全面品德管理（Total Ethical Management, TEM）教育，藉以活化公務倫理，在個人內在修為的內涵與行為作為，儼然成為必然之趨勢。這種環境的變遷也激發公務倫理，在實踐層面上，必須朝向興利、激勵與培力的「積極性」、「生產性」及「建設性」方向發展，而內在行為的動因亦必須與以激發顯化，讓公務作為更重視人性化與人性尊嚴，提供人民更有感的公共服務，是其必要且急迫的課題。

參、公務倫理的基本設定與管理思維的轉變

一、公務倫理的基本設定

公務倫理必要有全觀視野導向，其目的在於確保目標的正當性以及手段的適當性：即為公務倫理的目的應是在於為公共行政預立一種警示機制，避免目標錯置（goal displacement）；[8]公務倫理實務上尤其應重視兼顧內省途徑以及外控途徑（Cooper, 2006: 151; Friedrich, 1935: 38；許立一，2014：292-295），即除外控途徑之藉由公務倫理相關法制規範，強制公務人員依法遵行外，當今時空環境下，尤應藉由誘發行政人員內心良知之途徑，包括透過道德觀念的養成或是內在修為，建立負責任的行動意識與認知，使行政人員「自我約束」，至少避免做出逾越倫理或違背道德、法律的行動，此或許是「身在公門好修行」的初階工程，如此再由內在動因的激發後，達到先自利再利他的聯結，方可真正確保民主實踐與人民權益的保障。

所以，公務人員並非僅為科學理性宰制下的「技術官僚」，而是應懷抱仁民愛物與博愛、大愛之心志，在執行公務當中流露尊重他人、慈悲喜捨的胸懷。以仁愛原理作為公共行政道德基礎，成就當代人道行政，提升部屬信任與忠誠，增進國家利益、人民福祉，建立民胞物與的生命共同體。[9]換言之，公務人員應具備術德兼修、才德兼備的特質，其現代行政意義即主張為核心職能與公務倫理相輔相成（蔡良文，2007：655-656）。或許可藉由儒學「內聖外王」與佛法「悲憫蒼生」來強化公務體系能量的匯聚與德性光輝之顯現發揚。

綜上，在行政作為中，既不可忽略國家利益以及分配正義，更必須具有宏觀、整體的思維能力與策略性思考，重視公共利益、社會公平與分配正義；即使於回應個別民意要求時，亦需要重視整體長遠利益，其手段則是重視科學化、效能與效率。由此推動，發揚公務倫理，至少應做到提倡術德兼修，避免傳統「小人儒」的敗壞政事的習性，積極提升培塑「君子儒」的恢弘格局，重建公義社會、服務公眾的良善作為。要之，公務人員個人的任務（使命），對應於變遷中的公共任務，無論如何在政經社文科變遷下，均能朝向客觀的公共利益，靈活衡量行政效率與效能，並從根本處去體認與奉行，時時體證與實現「身在公門好修行」之宗旨，至於其他宗教觀的公務服務者，亦可參照儒家

8　在此視野下，公務倫理的內涵與機制應該要能夠包含：（一）目標的反省，即思考政策目標會行政行為的結果是否符合民主政治的價值——公共利益、正義、社會公正？此又稱為實質的正義。（二）手段的反省，即思考達成政策的各種手段是否過當？各種手段是否違背政策目標甚而違背民主政治的價值？此又稱為程序的正義。（參閱許立一，2014：289）。

9　外國學者也有相似見解。Harmon認為主動的─社會的自我，對於建立一套具有人文主義色彩的公共行政最有助益（Harmon, 1981），文官的行政行為在其主觀價值詮釋下，有意識地與服務對象主客交融、相互成就（而非僅止於利益交換），裨益於政策利害關係人平等表意及共同參與界定公共利益。擁有「主動的─社會的自我」的文官，必然是個勇於自省的人，而文官的自省也將與民眾的互動激盪出更為豐沛的社會學習能量。

道德倫理之價值指標與方法，落實於公務作爲中，共同爲提升公共服務品質而努力。

二、公務管理思維的轉變

國家行政權運作，主要觀涉國家及人民的關係，其中介角色乃是公務人員。而公務人員具有一般公民角色，目標享有憲法保障之權利與義務。早期探析國家與公務人員的關係爲「力」，而無「法律」存在的關係。亦即由特別權力關係到公法上的職務（平權）關係。此即應讓國家法治理念的流變關係。復以，整個公務管理思維受到「團（集）體主義」過渡到「個人主義」，其重視人權、尊嚴外，更重視權利義務的衡平觀，或謂重視合於比例原則與平等原則等。所以，倘過度重視個人的人權、尊嚴與權義的平衡，則往往是導致目前發生失衡現象的原因。如部分公務人員產生貪污或亂紀的事件，所以，可否藉由佛儒（含其他宗教教義）對治之法，希冀公務人員皆能生起先反省、懺悔，祈求與發願是基本功夫！[10]即由上述「個人主義」引發全力滿足公務人員希求目的，及爲配合機關達到高績效及有效率，導致型塑非理想的公務倫理的公務人員圖像或過度重視個人權益、尊嚴等，必須能增加博愛、大愛的元素動因予以導引，方能符合人民的期待。

因爲現代公務人員應認清指稱的思維圖像是：目前官僚體制（bureaucracy），既是笨拙無效率，又是咄咄逼人的權力是互相矛盾的現象。究其原因是今日國內的政府施政受到人民高度期待，同時又被民粹或政客（非政治家）施以嚴苛無情的對待。[11]現行公務體系自我反省與外在制約的面向極其多端複雜；若粗分在發展過程的流變，在於人事分類法制[12]與人的器識和氣識的修爲，必須相互調整融合之。

前者，是制度變革因素，有待改善精進，爾後爲文論之，於茲暫略。後者，即是本文側重點，且聚焦在如何恢宏公務人員的見識、膽識、氣識（器識與氣勢）。易言之，公務人員的專業，知識、經驗與縱深度夠的「深度」，不受限於一隅，不堅持己見的「廣度」；要跳脫局限的框架，全人關照，宏觀全局的恢弘「高度」；去除貢高我慢的傲慢思維，傾聽包容異見的「風度」；以及能發揮天地正氣，法古今完人的精神、道德修養的「氣（器）度」（關中，2014：125-134；伍錦霖，2014：589-591；黃丙喜、馮

---

10 戒石銘云：「爾俸爾祿民膏民脂，下民易虐，上天難欺。」即在於尊儒道統，是有自覺而覺他的氣度，更是重視居官爲民，以貴下賤，大得民心之思維。

11 台灣早期國家成功發展中，擁有一批有遠見、有魄力、不畏艱難以及廉能的現代政務人員（官）典範，如孫運璿、俞國華、李國鼎、趙耀東、余玉賢等。

12 回顧人事分類法制，是用以處理公務人員事務之一套完整體系，其基本原理係依據組織層級體系（hierarchy）及工作專業化原則，決定分類之性質與列等，通常各國採行者爲品位分類（rank classification）與職位分類（position classification）。而品位分類是對人的分類，包括人員的品級、官階加以分析，重視其品級、名位、年資與資格；而職位分類係對事的分類，包括所擔任的職位（工作性質）以及工作程度（責任輕重、繁簡難易及所需資格條件等）。我國早期採以品位分類制，而1958年公布「職位分類法」，在1969年實施職位分類置的人事法制；兩者於1986合併採行，該制施行至今超過二十年，尤其是政府再造工程與五都一準之衝擊，當前最迫切應改造者有：職組及職系暨職務列等之調整，因涉及中央與地方官制官規亟應檢討改進（蔡良文，2014b：19-39）。

志能，2012：49-50），理論上，如此說來似乎容易，但實際去做或對境（心是被動或主動不同，但同樣目標被牽引而影響）時，往往難以達到，究其原因即是公務人員完成善治的勇猛精進心之動能不足也。

公務人員進入公務體系中，仍待改變昔日習性，激發熱忱關懷之情。至於改過習性（含冷眼旁觀），必先把「觀過（負面思維）」變成「觀功（正向思考）」，方能次第推展終實現個人與團隊之理念與理想，而有「水滴雖微、漸盈大器」的感受與意樂。相對的，「身在公門好修行」，即公務人員如何在依法行政、執法公正之下，激發其內在的動能，對應任何公共事務均能發揮宗教志（義）工精神，而內聖外王與悲憫蒼生等價值觀念不失為可行的路徑。

三、公務倫理中對修行的導引

身在公門如何修行，在法門諸多，惟必須因應公務人員之素質與領悟能力，而因材施教及漸進而為，方具成效。至最核心者為三法印，亦是可資推展的方法（法門）（註：不同層級不同的倫理觀，所以相應於修行次第應有不同，或謂於程度不同，如Savara提出行政／政治分立二元模式，指政治人物和行政人員在任務、政策、行政、管理等各面向比重不同，顯示出不同程度的比例（Savara, 1985: 228）），於後敘明之。另公務人員處理公務至少有三方面應予行持者：

其一，公務人員在處理公務時，最重要的是認真把事情做好，又得明師與好長官同仁（同行善友）之指導協力，可得圓滿達成任務，至於如何善巧運用內聖外王哲理與悲憫蒼生願力，是公務人員應有的體認與心志。

其二，公務人員初發心的的維繫，任職公務體系難免受到名利的誘惑，或服務人民，或僚屬互動，或陞遷發展過程，難免順心者寡，如何保有初心？如何恆持刹？都是公務人生的功課！

其三，在公務生涯中，難免發生煩惱或愚痴（或無明）之事，如何對治？茲就無量義經中所提「心包太虛、量周沙界」其意解為：「靜寂清澄、志虛玄寞；守之不動、億百千劫；無量法門，悉現在前；得大智慧，通達諸法；曉了分別，性相真實。」即能於公務作為中放下世俗煩惱，而智慧自然生起也（參照證嚴法師，無量義經，2008：55-60）。且以公務人員安能清淨心相印，即心性論自覺的基礎倫理，又惠能祖師在「壇經」指出：「世人性本自淨，萬法在自性。」[13] 而與儒家孟子所云：「仁、義、禮、智，非由外鑠我也，我固有之也」的道德規範是一致的。[14] 希冀均能融入公務行

13　「壇經」二○&二七：其中「萬法」是泛指精神與物質的存在；萬法都在「自性」中，這自性就是「真如性」

14　在佛教闡微其教義真理中，以「三法印」為「十二緣起」與「四聖諦」為初期佛教的根本思想。「三法印」者，為佛法的根本大綱，既說明宇宙人生生滅變化之現象，亦詮釋諸佛寂滅無為的解脫境界；是含括世間法與出世間法的三條定律。佛陀宣說三法印，就是為了破除眾生的我執，以引導眾生出離生死之苦，而得涅槃之樂，所以「法華經」云：「我此法印，為欲利益世間故說。」三法印所要傳遞的就是：

政倫理作為。

再者，公務倫理無論在行政上的個體或整體倫理，其內涵是細緻的。就行事倫理（規範）上要分積極「有所為」的倫理（包括工作倫理、決策倫理、服務倫理）；消極「有所不為」的倫理（包括不可受賄、貪污、假公濟私、洩漏公務機密；禁止不實造假；不得文過是非、放寬標準圖利他人等）。至於整體倫理之行事倫理的公共政策倫理（其指標有：公眾利益、社會公平、公民參與、科學化及回應民意）；行政規劃倫理（原則有：分配正義、程序正義及勇擔責任等）；行政執行倫理（包括合理、合法、一律平等）（蔡良文，2014b：393-398），亦即因公務人員之層級與權責不同，其相應的倫理內涵程度有別。易言之，任何層級公務人員除依法行政、執法公正外，其內在動因、動能可因公務需要或公務人員之根器而有不同，此吾人亦不可不察者，因篇幅有限，暫略，爾後為文論之。

綜上，公部門服務的人員，古今不論是官（政務官、高階文官）或吏（事務官），[15] 甚至一般基層人員所從事的公共服務，都是在為人民謀公共福利、為民眾解決問題，均應具大公無私的精神、熱誠感動的服務心，正是古云：「身在公門好修行」的體現。其中又以明代袁了凡先生的事蹟[16]為最佳範例之一。現今民主時代的官員和過去君主時代的官吏，雖在性質上、觀念上及運作上，有不盡相同之處，然居官無私、尊重人性以及心懷社稷民眾福祉的本質並無不同，所以，只要心繫全民、親民愛民、盡心盡力、勇於擔當與奉公盡職，洞悉民瘼與聞聲知苦，為便民利民著想而慧常樂行，此即行善積德的最佳機會，也是成就「身在公門好修行」的起步。未來如何將內聖外王與悲憫蒼生神髓要義融入公門中的「公務倫理」，尤待志者賡續深入相契應，予以內化規範，俾推展福國利民之志業。

無常才有希望、無我才能和眾、涅槃才是究竟。因此，能理解三法印，即能把握佛陀的根本思想（參照方立天，1995）。

15 我國傳統公開取士制度所選取之「官」，受儒家思想及科舉制度所應試科目影響，著重於圓通智識及具品德之通才，爰以，子謂子夏曰：「女為君子儒，無為小人儒」（論語，雍也）。子曰：「君子不可小知，而可大受也；小人不可大受，而可小知也」（衛靈公，第十五）。即君子小人之才德量不同矣！如以古對為官者，均稱「○大人」，而「大人者，與天地合其德，與日月合其明，與四時合其序，與鬼神合其吉凶……」（周易，乾卦）；為官為事之道，在於「君子知微知彰，知柔知剛，萬夫之望」、「君子安而不忘危，存而不忘亡，治而不忘亂，是以身安而國家可保也」；身心修持的方法，子曰：「君子安其身而後動，易其心而後語，定其交而後求，君子修此三者，故全也」、「言行，君子之所以動天下也，可不慎乎！」（繫辭傳）；至於專業之職能，則由幕吏補其不足，形成官吏之共治也。

16 過去明朝袁了凡先生出任寶坻知縣時，發心做一萬樁善事，但因衙中一時無事可積功累德，起初還有點憂慮、擔心無法完成。在看到寶坻縣田賦收得太多，他不忍心，所以下令減稅，得讓農民可以富裕一些。晚上睡覺夢到天神，告訴他，你那一萬樁善事已經圓滿了。他非常驚訝，怎麼圓滿的？你減稅這一條就圓滿了，不止一萬人受利益，整個寶坻縣人統統受到利益。了凡先生夫妻幾十年積極行善、布施修福積德圓滿，澈澈底底轉變了個人、家庭及家族的命運，原無功名後成進士及第，原短命成多活24歲高壽，從命中無子得三位聰慧子嗣傳承，實在是「公門好修行」的最佳典範（引自聖嚴法師（2010），法鼓鐘聲）。

肆、公務人員內在修為之路徑內涵舉隅

通常公務人員修道為其內在修為，即「道，不可須臾離也；可離，非道也」。聖人教導以慈悲與智慧來因應世間煩惱，依其處世的修為路徑，分述如次：

一、遇見考驗或煩惱境界的因應

在公務生涯中，在逢升遷考核或人事調整時，若被惡意中傷或污衊時，如何對應或處理？日常法師云：「理論上面說遇見境的時候，千萬不要發脾氣，要忍耐。為什麼就是忍不住，要發脾氣呢？學了這個法，就要拿來用」（日常法師，2008：12-14）。當然此刻想法或許可以由體證「寶鬘論」云：「諸苦從不善，如是諸惡趣，從善諸善趣，一切生安樂。」故諸苦樂非無因生，亦非自性、自在天等不順因生，是為從總善不善業生總苦樂。諸苦安樂種種差別，亦從二業種種差別，無少紊亂，各別而起（參宗喀巴大師，2009：117-120），並體悟「所未造業不會遇者，已造之業不失壞者。」而其是趣入修忍辱的方法。其自性可分生忍、法忍（安忍不為所動）與能去除瞋恚心、怯弱心者。所以，在公務機關中，需有明師般長官的導引與關照。而「付出無所求」、「代人著想」、「觀功念恩」才是公務人員修習心法的第一要義；或許俗諺云：「仇人泰半是親友，敵人永遠是自己」、「凡事從自我檢討做起」，亦可作為借鏡與座右銘。

二、公務人員清淨心的培養與內化

在公務運作中，遭逢重大貪污或氣爆或食安等危機事件時，倘被惡意扭曲、任意毀謗，如何對應以保持神清靈敏，作最佳決策？按以公務人員必須有清淨心，才能持戒、安忍、精進、布施，實須持之以恆，漸次會產生定、慧，如此就會生起一個積極服動因，塑造守分安忍與清明的公務人員形象。凡能持有清淨心的公務人員，即是有修行者；倘渠等內在有其動因，並得清淨心，即是「微諦先墮，以淹欲塵，開涅槃門，善解脫風，除世熱腦，致法清涼」，易言之，在公門修行要老老實實、腳踏實地，不要為名利而修行（參照悟達國師造「慈悲三昧水懺」）公務人員能生淨解脫之心志（參照證嚴法師，2008：69-74。）如此，其行政作為中，其心志就迥然不同。

至於六度之引介融入行政運作中，就高階文官，或政務人員（官），甚至總統、院長之公務倫理要求，鑑於世俗世界之變動不已，且政治勢力纏鬥，各方利益需索之下，必須達成之善治績效，如何致之？爰以，聖嚴法師云：「慈悲沒有敵人，智慧不生煩惱。」讓政治是（成為）可能的藝術。

三、正視組織運作中之儒家文化的影響

儒家的仁愛是以自我為中心，在愛的實踐上是以類似同心圓向外推展的架構，形成一種脈絡化的人際網絡，也就是普遍存於華人社會中的一些通用概念──「人

情」、「關係」、「面子」等。此等概念再推衍至現實生活中，在職場上形成了「圈子」和「自己人」（圈內人），組織運作上則有所謂的「班底」或「親信」（羅家德，2012）；其實這些「類親屬」或家庭、宗族的擴大應用，都是在文化脈絡的引導下，個人理性選擇並遵守的遊戲規則。華人社會重視人際和諧、集體思維，避免正面衝突，不輕易表露個人好惡，溝通委婉、迂迴，話至多說到「七分」，「話不可詳，詳必究疑」；此外，還有許多影響華人領導統御、行政管理至深的文化因素不勝枚舉，且早已轉化為各人心中的「常識」，不言自明的「默會知識」（tacit knowledge）或「潛規則」。文化差異本無優劣之別，但對於不同脈絡下，社會成員的價值形塑及具體實踐，確有相當深遠的影響，行政文化之內涵與行政運作亦有不同矣！

　　當然由於世代改變，不同年齡層的價值觀亦有不同，如何調和是必須同時考量的議題：對儒家而言，仁與義是一體兩面，成仁是取義的理由與基礎，或謂「義利裁量」之論辯與抉擇（蔡良文，1994：23-34）。晚近西方奠基於宗教文化，衍伸及發展「職場精神力」（workplace spirituality）之概念，探究工作意義、內在生命、群體三者之相關（Ashmos & Duchon, 2000）。舉例而言，消防隊員甘冒生命危險深入火場，在基督教的脈絡思維，是基於「神愛世人」的崇高理念，而在儒家文化則是基於「仁之四端」（惻隱、羞惡、辭讓、是非）（李俊達，2013：169-170）均是值得重視的課題。

四、釐正君子儒與小人儒之抉擇

　　在君子儒與小人儒[17]的論述中「君子」是具知天命的、洞悉天理的獨立人格、有為有守者；如子曰：「不知命，無以為君子也；不知禮，無以立也；不知言，無以知人也」（論語・堯曰篇，第三章）；又云：「君子居易以俟命，小人行險以徼幸」（中庸，第十四章），此一概念引申為自性、本性、德行、文明與能量，隨著歷史演進，「君子」宜由社會性菁英，進一步昇華回歸到傳統道德性的菁英（Frederickson, 2002: 615）。或為建構良善官僚的理念型模，亦即既具專業性（professionalism）亦兼及道德性（morality），產生自利利他與無私無我的奉獻心志。

　　司馬光以史為鑑，藉「才」與「德」指稱：「才德全盡謂之聖人，才德兼亡謂之愚人，德勝才謂之君子，才勝德謂之小人[18]。」在待人處事上：「君子喻於義，小人喻於利」；「君子成人之美，不成人之惡；小人反是」；「君子固窮，小人窮斯濫矣」。申言之，謹有能將公共價值（利他的）充分內化人格的君子，才能在其公職生涯中承擔

17　呂佩安、邱志淳（2013），君子儒乎？小人儒乎？——論現代文官的倫理修持，中國行政評論，第19卷第3期，頁1-22。內文對君子小人界定清晰明瞭，其核心在利他於否也。

18　才者，德之資也；德者，才之帥也。……才德全盡謂之聖人，才德兼亡謂之愚人，德勝才謂之君子，才勝德謂之小人。凡取人之術，苟不得聖人、君子而與之，與其得小人，不若得愚人。何則？君子挾才以為善，小人挾才以為惡。挾才以為善者，善無不至矣；挾才以為惡者，惡亦無不至矣。愚者雖欲不善，智不能周，力不能勝，譬之乳狗搏人，人得而制之。小人智足以遂其奸，勇足以決其暴，是虎而翼者也，其為害豈不多哉！（資治通鑑，卷一）。

重責大任，發揮公共服務精神，作為福國利民的利基。

五、孝道之起始點在公務作為的延伸

中國文化向來講求「孝道」，尤其是儒家更是萬善以孝為先，歷代政府莫不是提倡以孝治天下，唐宋以後經常的論調是「求忠臣必於孝子之門」（南懷瑾，2011：84）。孔子於孝經開宗明義章指出：「先王有至德要道，以順天下，民用和睦，上下無怨。……。」又云：「夫孝，德之本也，教之所由生也。」在講述治理國家的根本道理中提到：「……故為政在人，取人以身，修身以道，修道以仁。仁者，人也，親親為大。義者，宜也，尊賢為大。親親之殺，尊賢之等，禮所生也。故君子，不可以不修身。思修身，不可以不事親。……」（中庸，第二十章）又云：「人而不仁，如禮何人？人而不仁，如樂何人？」而仁所表述的方式就是忠孝節義等（日常法師，2009：91-1360）。

再者，在孔門中曾子能傳「心法」的根本原因，在於「實踐」（日常法師，2009：同上）；曾子曰：「吾日三省吾身；為人謀，而不忠乎？與朋友交，而不信乎？傳不習乎？」所以，傳心法者必是經過聞、思、修、證的過程。而為政者應如同父母對子女的關懷、愛護一樣的程度，不僅要曉得各階層的需求所在，尤其是對中、下階層社會民眾的苦痛有深切感受。子曰：「……己欲立而立人，己欲達而達人。能近取譬，可謂仁之方也已」（雍也，第六），即重視人與人相處中，不僅要設身處地具同理心；同時能從自己、近處親人著手，復擴及鄰朋、同事等他人，即「孝、悌、忠、信」等概念的展開，復仁、義、禮、智、信，復四維八德，放之彌六合，收之藏於密。此與現今公務倫理所強調「人民意識」、「憲法精神」、「民主關懷」及「公平正義」等倫理價值是不謀而合的。

伍、結語

我國傳統上重視人倫秩序，講究「觀乎人文，以化成天下」。但國內從民國50年代起，民眾沒有隨國民所得驟增，而養成更守禮、守法、守紀的習慣，往往為求個人身家利益，而巧取豪奪，做出種種破壞社會秩序與紀律或傷害道德的行為。相對地，現今的社會政治體系影響了宗教體系活動之內涵，而宗教體系如何能影響政治體系之穩定與成長，良善行政文化的型塑，又是一個值得思考的議題。倘公務人員均視行政權力是公務倫理的來源，倫理行為的基礎是在環境價值，尤其個人職務的行政運作，直接面臨多元複雜的價值環境時，如何遇境做最佳的抉擇與裁量是重要議題，如此涉及公務人員他律之責任觀與自律之課責機制的完善，亦是有修行者與無修行者之差異。

公務人員在不同的職位上做好自己的本分工作，恪遵公務人員倫理法制與原則，

實踐公務之善行目的，並「以內聖外王爲表，以悲憫蒼生爲裡」，體現「身在公門好修行」的眞諦，並導引公務人員能重視人性尊嚴，又能維護人民利益的行政作爲，究其內在之程序法則，乃孔子所云：「禮」、「恭敬於禮，遠恥辱也」（論語，學而篇），亦是任何外部行政行爲都要遵守合法正當的規範（儀軌），且內在不可偏離合乎人本與人性的價值與程序。倘公務體系能眞正落實公務倫理本質與社會公平正義之價值，體現眞如本性與中立才能導向的作爲，當能維護國家善治的永續發展。

（本文原載於國家菁英，第11卷第4期，2015年12月，頁105-123；特別謝謝兩位匿名審查先進的寶貴建議，雖已參酌修正，然文責由筆者自負。部分內文配合體例，略做文字修正。）

壹、前言

　　由於知識經濟時代（knowledge economy）的來臨以及網絡社會之崛起，使得當前政府任務環境丕變，政府掌握知識的能力愈強，愈能強化發展的機會。在知識經濟時代，無形的知識已取代有形的土地、資金、勞動等傳統生產要素，其中以人力資本與知識累積為主要生產要素之知識密集產業，為知識經濟之主導者，又此主要包含電腦、電子、航太、生物等科技產業之知識密集製造業，以及教育、通訊及資訊服務業等新興產業之知識密集服務業。申言之，知識取代傳統生產要素，決定經濟的成長與發展，隨著資訊科技快速進步及網路發達，促使知識快速流通和資訊爆炸，如何在變遷的動態環境中，萃取有用的知識並予以加值運用，是組織適存及永續發展的關鍵。當代政府於網絡社會與知識經濟時代中，所需具備的能力或技術主要有三項，即以民眾為核心、完善資訊技術應用及知識管理。就考試院所屬及部會而言，主要負責公務人力資源相關法制與管理，以及衡鑑專門職業及技術人員之執業資格等業務。在知識管理中，如何將考銓人事法制與政策和公務人力資源管理發展相融入與聯結？並進一步尋求公務人力資源與發展的核心與靈魂，以達到知識共享與創新，而相關公務部門推動知識管理的經驗與策略，可否提供公務人力資源管理之改革參考等，是吾人關心的議題。

　　1986年歐洲經濟合作開發組織首度發表「知識經濟報告」，認為以知識為本之經濟，即將改變全球經濟發展型態。當代政府於網絡社會與知識經濟環境下，知識成為當代政府維持公私平衡關係並有效施政的關鍵要素，民眾需求管理、完善資訊科技應用與有效知識管理成為政府最重要的能力（林嘉誠，2004：19）。我國在國內大企業台積電、宏碁集團、台塑等都進行知識管理的改革工程。行政院於民國89年8月通過「知識經濟發展方案」，並於93年頒布「加強行政院所屬各機關研發創新實施要點」，要求各機關首長應運用知識管理方法積極推動研發創新工作，規定行政院所屬各一級機關應將實施計畫函送行政院研究發展考核委員會備查，並督導所屬機關訂定執行計畫。究其本源觀之，不論在探討知識經濟、知識管理與人力資源運用，其核心在人才也。再者，世界經濟論壇（WEF）在2007年10月31日發布2007年至2008年全球競爭力評比，在一百三十一國受評國家中，我國排名14名。韓國排名第11名。依行政院經濟建設委員會（以下簡稱經建會）指出應對我國競爭力退步較大項目（也包括金融市場成熟度、體

制、勞動市場效率等）積極檢討。公部門作為政府施政的主軸，自不能自外於潮流，本文主要就考試院及相關公務部門推動知識管理，其在對全球競爭力評比中提升創新（innovation）及效率（efficiency）之助益上，加以說明，並進一步論及其與公務人力資源運用之關係。

貳、知識管理與國家競爭力

一、知識管理的重要性

　　所謂知識係指「凡是可以為組織創造競爭利益及價值，並可經由組織發掘、保持、應用及再創造的資訊、經驗、智慧財產」（孫本初，2006：435）。筆者認為，知識是一種能將資料或資訊轉化為有效行動的思考架構，它是一種資訊、經驗、價值以及專業知識的混合體，能幫助使用者評估與整合新的資訊與經驗，增強其知識與能力，並且能適用於未來不同的情境需要。依據Maryam與Dorothy（2001: 107-136）認為知識可分五層面分析：是一種心理狀態（a state of mind）、物件（object）、程序（process）、存取資訊條件（a condition of having access to information）及一種能力（capability）。知識就其特徵可分為隱性的、行為導向、由規劃導引支持及變動無常（Sveiby, 1997）。通常知識可分為兩種，外顯知識（explicit）與內隱知識（tacit）[1]，在外顯與內隱型態的交流、互動，即可創造組織的知識層次。當然亦可將知識分成操作性知識與發展性知識（Gilbert & Gordey-Hays, 1996: 301-312）。知識管理的實踐就是要把組織的知識跟個人的知識，無論是外顯或是內隱，將其全部結合、管理在一起，予以具體化以便知識的儲存、分享與再造。各政府機關在推動知識管理過程必須審慎面對之。

　　再者，知識管理係藉由知識有效溝通、知識轉換、知識擴散、知識創作（造）、知識整合的活動，促使組織內部員工皆能充分體認知識產生、分享[2]與應用之重要性，

1　外顯知識，是可以客觀地明顯看到的概念，它具有語言性及結構性，例如：一般的報告書、手冊、紀錄等；內隱知識，是主觀的、不易形式化、非結構性的，它存在於組織與個人團體之間，透過個人的經驗、熟練的技術、習慣等方式表現出來。申言之，知識管理可分為二種模式，一種是知識類型以顯性知識為主，將知識的重心放在資訊系統上，將知識編製成典範，並且儲存於資料庫當中，以便於存取與使用，對於其產品已具標準化或市場階段已進入成熟期等產業較為合用，其優點是可建立知識重複使用的經驗規模，其缺點就是只能提供資料庫中有的知識服務。另一種是知識類型以隱性知識為主，以人為知識核心，希望透過人與人之間的直接接觸來分享知識，資訊系統的主要目的，只是協助知識應用者與知識發展者，緊密地進行知識的溝通，而不僅是用於知識儲存，適用於量身訂製、創新型的產品，優點是可針對待解決的問題，反覆討論而得到更深入的看法，以及效益由內部控制與衡量，缺點是很難將隱性知識系統化。

2　知識分享可經由溝通過程完成，或經由學習使人們在資訊分享過程，不但「知其然」，更能「知其所以然」；當然亦可以經由交易過程來達成。詳可參R. H. Buckman (2004): Building a Knowledge-driven Organization. (The Mcgraw-Hill Comp. Inc.), chap 1.

使個人、團體與組織整體的知識獲得有效管理，並建立分享的組織文化。一般人對於知識管理的認知，認為擁有資料庫及一些資訊設備即為知識管理，然而這僅觸及到知識管理的部分而不是全部，知識管理除了架構性的資訊科技支援，人還是最主要的核心，透過人的分享及應用，知識才能不斷的創新，帶來價值。透過兩者的結合，知識才會如活水一般源源不斷，提供獨特的競爭利基。知識管理必須有計畫與系統性地建立、分享、應用與更新知識，以提升組織的效能與成本效益。知識管理可以定義為KM＝（P＋K）S，即透過資訊科技（＋）輔助，以及分享精神（S）的實踐，結合知識工作者（P）與其知識內容（K），發揮知識管理（KM）效益。如何將外顯性知識與內隱性知識透過一個模式聯結起來，形成知識轉換過程及創新的模式，是知識管理的重點，也是組織管理創造知識，生存發展的關鍵（林嘉誠，2004：15）。所以，相對應的，有關組織行為學、管理學、資訊科學及人力資源管理學等之應用是必要的，尤其在討論知識管理與人力資源運用上是其核心課題。

由於，組織是由眾人組成，為達成共同目的而組成的團體機制，知識可能會在組織中正式或非正式的管道中相傳，也可能藏在不同的書籍、檔案、資料庫、工作程序甚至習慣或組織文化之中。因此如何搜尋這些有用的直覺、經驗以及價值，並將它們轉化為書面的知識，有效地傳播給需要進行決策或行動的個人，如何使處於其中的不同單位與人員以及組織外的利害關係人，都能相互溝通所需的知識，並協調彼此的行動而使組織朝向一定的目標前進，自然成為組織管理的優先課題。所以，知識管理的流程包括知識創造、知識移轉、知識擴散、知識蓄積[3]。考銓機關除就相關人力資源作有效運用與管理外，在考銓政策之制定過程，對於公務人力資源管理法制如何融入知識管理活動中，是決策者重要策略與行動方案的指導方針。為期周延論述，乃輔以行政院人事行政局及行政院研究發展考核委員會推動知識管理的經驗，借供論述其在公務人力資源上之運用。

為了推動知識管理，組織要有高投入成本的預期，並需要主管精神與實質上的支持，同時相關的系統環境功能也要配合提升。從今天的組織環境來看，知識管理對於組織成敗的影響更具關鍵性。由於大環境的轉變，組織精簡、決策分權、人事快速更迭以及全球性的競爭與合作，乃是不可避免的組織管理趨勢，因為下列七項因素相互影響，使得知識斷層及知識崩解日趨嚴重（王德玲譯，2003：17）：（一）知識成為資源；（二）職務性質轉變；（三）資訊爆炸；（四）高流動率；（五）企業縮編；（六）臨時雇員日增；（七）知識管理的需求。二十一世紀新經濟中最重要的四項管理概念：

3　知識創造包含分享內隱知識、創造觀念、證明觀念的適當性、建立原型、跨層次的知識擴展等。知識移轉包含內隱到內隱、內隱到外顯、外顯到外顯、外顯到內隱等知識創造途徑，知識管理移轉的路徑，可以藉由判斷知識本身是否易於外顯，進而針對知識易於外顯與否，依不同的路徑設計較適當的知識移轉機制。知識擴散則易受員工共同知識的影響，包含共同語言、共同符號、專門知識共通性、共享的知識、認識個別知識領域等。知識蓄積可以採用知識萃取、知識擴散、結構化等方法。

不斷進步、致力提升品質、不斷創新、建立組織學習機制，必須建立在有效的知識管理上。在當前趨勢下成功的關鍵，正是組織中的人所具有的知識，以及組織獲取、累積、分析、傳播與善用這些知識的能力。由於策略聯盟的競合形態需求、管理經驗的傳承需求，以及分散決策權力的需求日益迫切，現代組織的成敗日益依賴其蘊含的核心知識，而此源自於卓越企業的新管理途徑，能幫助組織更有效率與效能地累積、發展、萃取以及分享組織的核心知識。同樣地，筆者觀察行政機關組織也透過推動知識管理，期以達到留住組織記憶（organization memory）適時適切的經驗傳承，增強組織動能，並藉以提升組織績效，強化組織核心能力，配合提升國家整體競爭力。

再以，知識管理的導入，可分為基礎設施結構的評估、知識管理系統的分析設計及開發、知識管理系統的導入及導入後的評估及再改良等階段。在實務運作上，管理者欲將組織型塑成為知識型組織時，必須採行下列做法：（一）完善的教育訓練計畫；（二）建立誘因機制；（三）提供知識分享之途徑；（四）協助成員與專家接觸；（五）型塑樂於學習的組織文化；（六）設置知識執行長（孫本初，2006：448）。為推動知識管理，組織應該建立一套整合性的支援系統，以支持不同形式的知識內容與分享模式。此外，並應該鼓勵組織人員以各種形式（如會議、專案合作、公文傳遞或tea time非正式交流等）進行知識分享與交流，並提供足夠的人力培訓機會，以確立正確的組織核心價值。管理階層須在必要時，調整組織文化與人員的心態，促使組織中的相關人士，都能接受並承諾知識管理的理念。高層主管應該隨時監測相關的活動，進行知識管理工作的績效評估，並獎勵正面的行為與活動。易言之，知識管理在考試院及其他相關政府部門的推展過程，同樣面對的是與領導階層對於知識管理的認識與承諾，以及是否能整合、協調知識管理各結構面向有絕對的關係。茲先就其在公務部門之運用上，依照實務推動的研究，指出知識管理為公部門的知慧寶庫，並彙製如圖21-1。

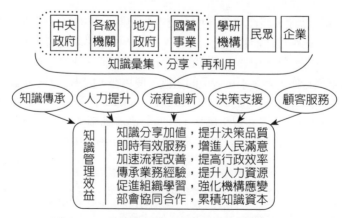

圖21-1　知識管理為公部門智慧寶庫之核心

（資料來源：劉武，2007：5）

要之，知識管理是一種思想（考）與行動的過程，各機關部門在推動過程必須經由知識的彙集、分享與再利用、再分享，以增進組織知識經驗傳承，人力素質提升、建立行政支援系統，達到落實知識管理的效益，增進服務效能。

二、運用知識管理提升國家競爭力

知識管理，是二十一世紀的管理新風潮，美國政府於1997年公布「全球電子商務推動架構」，英國政府於1998年公布「1998年競爭力白皮書」以及1999年公布「推動英國成爲全世界最好的發展電子商務環境計畫」，新加坡於1996年公布「Singapore One（S-One）計畫」與「智慧島」願景，韓國於1999年公布「二十一世紀韓國網路發展計畫」，愛爾蘭於1996年公布「實現資訊社會之行動計畫」，紐西蘭於1998年公布「前瞻計畫」，韓國於1999年公布「二十一世紀韓國網路發展計畫」，日本於1999年公布「日本新千禧年大計畫架構」等。我國行政院亦於民國89年揭櫫政府未來的施政重點，將以「知識經濟發展方案」爲重心，並以「十年使我國達到先進知識經濟國家的水準」爲其願景（經建會，2007）。

根據經濟合作暨發展組織（OECD, 2003）對其會員國中央政府機關的知識管理實施調查報告，並對照世界經際論壇（WEF, 2007）全球國家競爭力評比排名，全球前五名依序爲美國、瑞士、丹麥、瑞典與德國。亞洲國家中，我國落後新加坡（7名）、日本（8名）、韓國（11名）、香港（12名）。似乎顯示公部門對於投入知識管理的努力程度愈多，其國家競爭力就愈高，如圖21-2及表21-1所示。

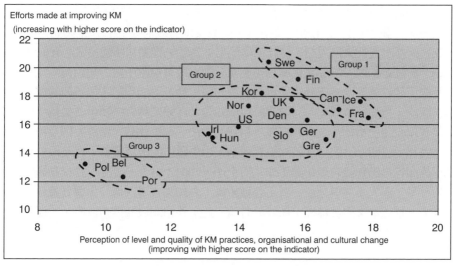

圖21-2　OECD會員國對於投入知識管理的努力程度

（資料來源：OECD對會員國知識管理實施調查報告，2003）

表21-1 世界經濟論壇（WEF）2007年「全球競爭力指數」排名

國家	排名	國家	排名
美國US	1	法國Fra	18
丹麥Den	3	比利時Bel	20
瑞典Swe	4	愛爾蘭Irl	22
德國Ger	5	冰島Ice	23
芬蘭Fin	6	葡萄牙Por	40
英國UK	9	斯洛伐克Slo	41
韓國Kor	11	匈牙利Hun	47
加拿大Can	13	波蘭Pol	51
挪威Nor	16	希臘Gre	65

（資料來源：整理自WEF全球競爭力報告2007-2008，2007）

依圖21-2與表21-1顯示在Group1與Group2國家，其投入知識管理的努力程度高，相對應於全球競爭力指數排名亦較佳。茲再以芬蘭經驗為國內政府部門研事的重要國家之一，將進一步說明之。

芬蘭是推動知識管理的領先群國家之一，且世界經濟論壇（WEF）公布全球「成長競爭力」排名，2003年到2005年，芬蘭連續三年奪冠[4]。芬蘭國家競爭力的突飛猛進與其將知識管理作為政府改造的重要策略，推動下列四大方針並加以落實，至為相關：其一，知識管理推動範圍擴及中央、區域及地方政府；其二，推動跨部門知識分享，支援跨部門進行策略規劃，提升策略能力；其三，推動「傾聽民眾心聲」（hear the citizens）的創新制度，讓專家民眾意見及知識豐富政策規劃所需的知識視野，提升策略規劃及決策品質；其四，提升電子資訊服務的親近性，並能利用各種新興的電子媒介形式提供服務，提高行政效率。芬蘭政府目前知識管理變革獲致之初步成果為：公共管理與知識管理改造已被納為政治的議題；相關的立法、政策建議、指導原則及推動策略已經大體就緒；已明示及隱含地將知識管理納入中央政府的改造策略；以及政府資訊管理部門已經開始推動知識管理相關工作（何全德，2004：53）。要之，其推動範圍、跨域管理與分享、擴大參與與創新、運用各種傳媒工具加強宣導（傳），暨其獲致成果均可藉供參考。惟以本文限於篇幅，僅限於討論考銓主管相關機關推動情形，並提建議之。

---

4 參考世界經濟論壇（WEF）於2003年、2004年、2005年公布之全球「成長競爭力」排名（Growth Competitiveness Index rankings）。

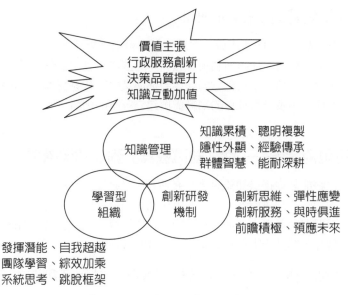

圖21-3　知識型政府三大構面

（資料來源：劉武，2007：5）

三、建構知識型政府必要性與發展

　　為因應動態、複雜與多元的知識經濟時代，建構知識型政府是最可能強化政策運作、改善政府施政能力的關鍵。知識型政府的意涵是透過推動政府機關內部的知識管理與研發創新，型塑新的行政或組織文化，並創新既有的政府組織結構、決策制定、溝通協調、服務方式、法規制度以及人力資源應用等模式，進而建立以知識為核心價值的組織架構，運用政府的知識、智慧及創意資本，提供智慧型服務，提升政府的策略規劃能力與豐富質優的公共價值，助益於提升國家競爭力。

　　知識型政府的特質大致可歸納為學習型組織、知識管理及研發創新等三大構面，如圖21-3所示。其一，學習型組織即是將「學習」的動機、成效，應用在「組織」上，使組織發揮最大的功能，目前各機關加強終身學習認證為其主要活動之一。其二，知識管理即是掌握隱性知識與顯性知識的轉化與運用，以擴大組織的知識擴散與分享，並為政府與社會各界擴大接觸與加強互動的絕佳方式。其三，研發創新在高度競爭的知識經濟時代，是獲取競爭優勢的最大泉源。又政府近些年來在推動技術創新、產學研發合作專利權數提高與購買先進技術產品等有相當進展。

　　知識型政府在全世界仍處萌芽期，尚未有大量的成功經驗構建定型的發展模式。林嘉誠（2006：12-16）提出數項未來可能的發展方向，可供參照：

（一）國家基礎建設上從NII到KII

　　KII建設的重點包括：促進知識、智慧與創意自由跨界流通的知識平台、激發知識創造、轉換、組裝、整合、保護與利用智慧資本的國家研發創新體系建立、推動多元價值的社會發展、建立知識分享與創意的社會架構與文化、智慧資本、社會資本與創意資本的累積、政府與企業及公民社會的知識價值建立等有關創造無形知識資產高價化的基礎建設。

（二）政府角色職能——從「知識機器」到「知識機場」

　　政府的角色職能將從提供知識經濟發展動力，供應知識原料，並且管理知識流量的一部龐大的、複雜的「知識機器」，逐漸蛻變爲一座能夠創造吸引國內及全球人才、智慧、創意在台灣群聚匯集自由流通、起降的「知識機場」或創意的「知識花園」。此涉及政府角色之轉變，其動能來自高效能、高智慧的文官群。

（三）政府的任務——從公共事務管理到公共價值創造

　　知識型政府的主要任務將從公共管理轉型爲利用知識創新，爲社會創造公共價值的最大化——社會的互信、政策的創新、智慧型的服務、知識導向的決策、洞燭機先的策略能力及時間價值的創造等公共價值。但其核心不外要知「知機而發，不可失機而悔」，達到窮變通久的境域。

（四）政府人力運用——從人事管理到智力管理

　　建立人員跨界流通變動所需的終身學習、多重專長轉換、創新核心能力培育、知識創造分享誘因等助益智力創造的環境，讓每一位公務人員皆蛻變爲具備「3Q」（IQ、EQ與CQ，C代表creativity）的新世代知識工作者，讓渠等都能盡情的發揮創意，貢獻知識生產力與創造力。甚至「4Q」或「5Q」，不一而足。所以，公務人員不但要提升專業能力或培養第二、第三專長外，亦需追求才德兼備與處事圓融，方能因應不時之需。

（五）政府組織運作——從階層組織到「知識化組織」

　　二十一世紀的政府組織型態，誠如杜拉克（Peter Drucker）所言，仍然是一個組織分層、階級嚴明的制式化的組織，但將是澈底的「知識化的組織」，是一個知識社群網路林立、管理階級角色重整、知識專業人員匯集、知識與創意跨界自由流通的組織，亦是以知識爲核心的知識導向型或知識密集型政府組織。所以，各社群之聯結、協力支援與調控及激勵，是必要建立的機制。

（六）從知識管理到「知識治理」

透過知識管理活動、開放性知識交換平台的建立、知識社群的建立、擴大權力的下授與民眾的參與公共政策研議、行政程序的公開與流程透明化等，將有助於「知識治理」的進一步體現。當然，治理在於如何促使決策更接近民意或政府效能目標之達成。

要之，如何由國家上層理念發展方向與具體目標，落實融入機關各層級每一位成員的腦中與行為運作之中，組織成員非僅知悉該機關組織目標，尤其應知道大到知識型政府的發展方向，以及小到知識管理的策略與方法，經由理念心智的改變，達到行政作為的改變，因應變革管理需要。

參、公部門推動知識管理概述

一、知識管理總體層面論述上

在知識管理中，各機關組織應了解內部成員的知能、心態與核心價值外，並能知悉成員的流動或流失率，以為因應組織變革與知識管理的基礎。所以，採取建構「知識地圖」（knowledge map）的方式，供各機關組織釐清所需，有助於建置知識管理系統。茲以組織層面論述，知識管理價值鏈可分為「知識管理基礎建設」與「知識管理流程活動」，期以提供公務機關在踐行知識管理過程之參考（李嵩賢，2006：79-96）。

易言之，各機關組織經由建構知識管理系統，可以對組織目標與使命願景進行知識管理策略方向的選擇，並能對各機關的核心能力，價值抉擇與競爭力優劣進行評估，使機關組織建立高效能的機制，型塑良善運作的行政文化。惟以許多機關尚未能推動，或因機關層級、性質，或因資源有限因素，或因該機關組織決策者的意願？均值得研究之。

根據財團法人中國生產力中心在95年8月的調查，回收1,288份中央、地方政府機關及事業機構的問卷，各機關導入知識管理並已建置平台者僅占22.28%，但其中成效不顯著者達59.93%。尚未導入的原因，主要為缺乏經費資源、尚未了解知識管理、沒有立即的需求、沒有合適的推動人員，及缺乏導入能力等；而導入成效不顯著的原因，主要為缺乏推動共識、缺乏推動誘因、推動人力不足、缺乏分享文化，及缺乏明確推動策略等。中國生產力中心在95年6月於行政機關知識管理推動作業研習會的學員意見調查，回收136份的問卷，提出推動知識管理的需求，主要為爭取高階支持、中央成立委員會統籌規劃、提供具體知識管理評量指標，及編列足夠的資訊預算等。另中國生產力中心也整理歸納出我國公部門導入知識管理之SWOT分析及成功因素，如表21-2及表21-3所示，藉供政府高層推動知識管理策略的抉擇。

表21-2　我國公部門導入知識管理之SWOT分析

優勢（S）	劣勢（W）
1.電子化政府推動成效顯著。 2.公務人力素質高。 3.網路及e化基礎建設良好。	1.政策未明確規定。 2.高階主管支持度不高。 3.缺乏誘因及預算。 4.缺乏標竿學習對象。 5.缺乏導入能力與技術。 6.未能與工作結合，增加工作負擔。 7.缺乏明確的績效評量指標。
機會（O）	威脅（T）
1.資訊產業基礎雄厚，高科技產品具國際競爭力。 2.已有公部門成功案例。	1.OECD調查，知識管理領先國家，其國家競爭力明列前茅。 2.與台灣競爭激烈的國家如南韓、新加坡政府亦積極導入知識管理。 3.技術服務業能量無法滿足需求。

（資料來源：劉武，2007：12）

表21-3　公部門導入知識管理之成功因素

政策面	1.具備明確政策依據。 2.高階主管支持。 3.具有足夠經費。
環境面	1.已建立分享學習文化。 2.尋得標竿學習的對象。 3.導入正確知識管理觀念。 4.形成全員推動共識。
運作面	1.具備核心推動成員。 2.擁有足夠的外部技術服務能量參與。 3.建置人性化知識管理平台。 4.與組織績效評量聯結。

（資料來源：整理自劉武，2007：13）

　　要之，在討論公部門導入知識管理之SWOT分析，應進一步強化其策略聯盟，即去結合擴大其優勢與機會面，及消除或控制其劣勢與威脅面，並落實其成功因素，方可致之。所以任何政府施政的改革，除了強化各層級的動能與心智，型塑共識與目標，更需要能審時度勢，因應變局，當然變的過程應是漸進與可行的變革，如司馬遷所云：世異變，則成功大，而變以漸也，理應參探，方能讓改革順利成功。

二、考試院院本部推動知識管理概述

為因應政府改造及知識經濟時代來臨，考試院暨所屬部會積極建立知識管理系統，俾利經驗傳承與知識轉換，形塑學習型組織，並加強推動電子化、環保、節能、綠色採購等業務，俾提升機關人力素質、工作績效及資源運用。由於院部會業務性質相同，僅其決策內涵層級不同，爰論述考試院本部及其所屬部會外，並就業務相關之知識管理推動情形，扼要述明之。

在考試院院本部部分，為了推動知識管理，促使組織內部員工隱性知識傳承轉化為顯性知識，並運用資訊科技，透過知識庫及搜尋機制之建置，萃取加值成為組織智慧，以尋求組織的永續發展，就事實而言，筆者觀察，由於政黨輪替，各機關高級文官與政務之首長互動產生問題，部分文官有提早退休情形，所以如何留下退休人員的經驗，是重要課題，而知識管理成為應景的工具之一。

考試院於91年9月改組，由於時程與預算因素，爰於94年8月26日業務會報決議推動知識管理工作，隨即擬訂考試院知識管理推動方案據以推行。

考試院推動知識管理的目標，在建構知識管理機制及系統運作平台，將相關業務知識作業及流程完整有效地儲存於知識庫，復經流通、轉換、創造、整合之活動，提高組織經驗及智慧分享與學習能力，以型塑考試院成為創新導向的學習型組織，並藉由強化內部溝通管道的功能，提高行政效率，落實業務改革，以為我國文官法制奠立穩固的基礎，提升國家競爭力。其策略與做法包括：

（一）規劃成立考試院知識管理推動工作小組。

（二）訂定知識管理運作及管理機制。

（三）建置考試院知識管理系統運作平台。

（四）訂定推動知識管理評核獎勵作業機制。

考試院推動知識管理的組織架構，係由知識管理推動工作小組及各知識社群所組成，由知識管理推動工作小組擬定推動知識管理之策略、方法及相關作業規定，並透過各知識社群之運作，以達知識管理之目標。推動工作小組的任務是負責推動考試院知識管理活動之行政支援活動，其成員由知識長、業務執行秘書、技術執行秘書、各社群組長、幹事及指派若干人為秘書組成，必要時得經知識長指派人員加入。知識社群主要負責知識建立、整理、分享與交流等工作，社群成員之分工得視各社群實際運作情況做適度調整，社群組成分為組長、幹事及組員，組長為社群主要負責人，其任務包括：實現社群成立目標，清楚了解考試院推動與經營知識社群的方法；招募組員、分配任務；掌握分析內部與外部的相關資源，包含人與知識物件，並與知識管理推動工作小組保持互動；推動並參與所屬社群之知識管理活動，帶動所屬社群的分享氣氛，並鼓勵組員發表研究心得、提出問題事宜；與組員共同擬定社群計畫書及運作模式；賦與組員分享領導者權限，以便培養團隊領導的能力等。各社群得視需要置幹事一至二人，協助組長帶領

社群運作事宜，作為小組與推動工作小組之聯絡窗口，幹事與推動工作小組密切聯繫及出席推動工作小組之相關會議，並負責社群運作相關庶務及各項聯繫事宜。知識社群組員的任務為：主動積極參與社群的活動；提出創見，並分享所知與心得；對社群應解決之問題，參與研究，提呈物件等。

　　考試院推動知識管理係由副秘書長擔任知識長，資訊室主任及研究發展委員會執行秘書分別擔任技術及業務執行秘書，再由各社群組長、幹事及指派若干人為秘書，共同組成推動工作小組。該小組於95年陸續召開多次會議，成立「組織改造」、「考銓業務」、「行政管理」、「活動規劃」、「國會公關」、「國際交流」等六個社群，分別由六位主管擔任組長，並擇定工作核心幹部及成員，各自擬妥初步推動之知識項目，開始啟動運作，各社群知識物件盤點結果於95年9月底提推動工作小組進行初步檢視與交換意見，各知識社群系統運作之成果發表，將視年度預算解凍情形適時辦理。各社群成立後分別訂定社群計畫書[5]、年度活動計畫與年度經費運用概算，由推動工作小組備查。各社群應配合推動工作小組規劃之活動，定期舉行社群成果發表會活動，讓各社群成員了解各社群運作情形，並藉此機會不斷擴充社群規模。各社群小組並應定期提報執行情形，由推動工作小組彙整。各社群應隨時在指定的知識管理系統上建置、管理知識物件並更新維護該社群相關資訊。知識物件的管理係由各社群自訂知識物件提呈、審核、儲存等管理事項與作業程序。考試院各社群的議題如次：

（一）組織改造社群：1.人力評鑑：各單位人力配置評鑑。2.組織結構變革：(1)組織法修正；(2)處務規程修正。3.員工權益保障：(1)職能再訓練；(2)權益保障。4.憲政功能定位：憲法組織定位改造。

（二）考銓業務社群：1.提院會討論案件：(1)討論案；(2)院會交付審查案件；(3)舉辦公聽會、研討會或座談會。2.提院會報告案件：(1)報告案；(2)舉辦公聽會。3.法規命令及行政規則發布（下達）：(1)作業流程；(2)法規命令發布；(3)行政規則發布；(4)行政規則下達；(5)問題及研究。4.陳情（建議）案件：(1)作業流程；(2)電子郵件案；(3)非本院主管案；(4)本院主管案。5.證書業務：(1)證書製發；(2)證書補發；(3)證書改（加）註；(4)證書撤（註）銷。6.組織編制：(1)作業流程；(2)組織相關規定及參考資料；(3)部報院審議組編案；(4)部代辦院函組編案；(5)其他案件。

（三）行政管理社群：1.院會運作：(1)議程；(2)紀錄；(3)院會議案管考；(4)院會其他事項。2.資訊：(1)管理資訊系統；(2)電腦軟硬體設備；(3)資通訊安全；(4)教育

5　社群計畫書之研擬應確定社群之定位與價值，描述社群的整體願景與目標，建立社群對知識管理的共識，訂定社群的職責與角色，建立社群的知識架構，規劃知識地圖及決定知識蒐集範圍。社群計畫書之內容涵蓋組員任務；組員管理制度，包括招募方式與退出機制等；社群運作方式；知識物件管理，如提呈、更新、刪除物件等流程，及智慧資產的整理維護與品質控管；組員激勵機制；社群自我評量機制；討論組員互動機制；智慧資產散布及推廣；辦理組員獎勵事宜等。

訓練。3.人事：(1)任免遷調；(2)考績獎懲；(3)退休；(4)差假管理；(5)保險。4.主計：(1)歲計；(2)會計；(3)統計。5.編纂：(1)刊物編輯及出版；(2)圖書管理；(3)展覽館。6.文書：(1)電子信箱；(2)收發文處理；(3)公文管制稽催；(4)檔案管理。7.總務：(1)採購管理；(2)財產車輛管理；(3)出納管理；(4)工友管理。

（四）活動規劃社群：1.國內考察及參訪：(1)國內考察；(2)參訪活動。2.國內會議：(1)人事行政會議；(2)研討會；(3)座談會。3.終身學習：(1)讀書會；(2)專題演講；(3)紀念月會。4.文康活動：(1)知性之旅；(2)社團；(3)慶生；(4)競賽。

（五）國會公關社群：1.國會聯繫：(1)與立法委員之聯繫；(2)與委員助理之聯繫；(3)與各黨團之聯繫；(4)與立法院職員之聯繫。2.議案審查：(1)法案審查程序；(2)預算案審查程序；(3)同意權行使程序；(4)業務報告。3.新聞聯繫：(1)新聞稿之撰擬與發布；(2)新聞聯繫會議；(3)與新聞記者之互動；(4)記者會之召開。4.來賓參訪：來賓參訪。

（六）國際交流社群[6]：1. I-Visiting：(1)規劃依據；(2)作業流程；(3)成果彙報。2. I-Learning：(1)相關法規；(2)作業流程；(3)研習成果。3. I-Conference：(1)相關禮儀；(2)接待事項；(3)翻譯事項。4. I-Hospitality：(1)接待流程；(2)來訪紀要；(3)工作報告。

考試院知識管理推動工作小組將陸續辦理相關訓練、演講或參訪活動，強化知識管理智能。又為落實辦理知識管理推動工作，各社群運行成果將列為年度績效考評重要參考，期望經由知識管理的推動，達到下列預期效益：（一）建立組織內知識文件產生者之文件製作、分類、管理、搜尋及分享等機制；（二）透過單一介面即可查詢各項業務參考資料或活動內容，強化各單位間的橫向聯繫功能及群組協同作業；（三）利用知識庫查詢功能，提升決策所需資料回應速度；（四）進行工作流程簡化與合理化，據以研訂標準作業程序，並因應環境變遷隨時加以檢討精進；（五）傳承歷任同仁工作經驗，促進知識社群經驗交流，增進主管與同仁間良性互動，發揮腦力激盪，創造集體智慧。

要之，知識之累積、成長、淘汰無效知識、創造新的知識，為知識管理永無止境的歷程，未來考試院應持續致力於知識庫之經營管理及系統功能的提升，使知識的累積及汰換更新的歷程能更為便利與快速，除對社群擇優敘獎，以激勵各單位社群組織運作，積極提供各項知識外，亦將於原有之基礎上，能進一步積極充實各項功能以支援考銓決策，以達成配合推動電子化政府的施政目標。

三、所屬部會推動知識管理簡述

（一）考選部倡導考選行政全新思維，如能善用知識管理利器，建立機關分享文化，必

6　考試院在2007年11月起為強化執行秘書的職務發揮激勵與調控機制，擬將國會公關社群與國際交流社群合併，併此敘明。

能克竟其功。爰訂定推動知識管理實施計畫，其目標爲建構考選部知識管理之機制，設置知識管理資訊運作平台，將考選部現有業務相關知識完整且有效的儲存於知識庫，復經流通、轉換、創造、整合之活動，塑造分享文化，提高行政效率，落實業務改革，以新視野、新思維爲國家掄取優秀公務人才，提升國家競爭力。爲實施本計畫，考選部已依業務核心能力成立六個社群小組，分別爲國際事務組、政府改造組、試題分析建檔組、試務改革組、行銷及顧客服務組、e化組，全力推動此一計畫。其實施策略如次[7]：1.強化知識管理觀念；2.建立組織分享文化；3.執行知識盤點；4.推動知識管理資訊化；5.達成知識加值、建立考選智庫之目標。透過知識盤點的統計結果，以專業知識項目爲主軸繪製成知識地圖，提供同仁作爲激發自動學習之參考。提供最適切之知識交流平台，讓同仁經由簡便使用界面檢索相關資料，並與同仁互相交流學習，激發創意，創造新的知識。透過社群運作，進行知識盤點、知識分享與學習、成果發表，知識創造與分析，復藉由評量與回饋機制，使知識能持續累積，雙向整合，達成知識加值之目標，俾加值後之知識，彙整爲考選智庫作爲政策擬定之參考。

考選部之知識管理計畫係於93年6月開始推動，並於93年10月14日提報考試院第10屆第104次會議，於94年6月1日舉行第一次成果發表會，檢視各社群小組知識盤點成果，於6月中旬進行內部行政網知識管理專區之盤點物件，轉換至知識平台之作業，6月30日完成知識平台雛形展示，7月1日上線測試，8月1日知識管理資訊平台正式啓用，未來將依照知識管理獎勵作業要點，進行各社群間之良性競爭，激勵社群積極運作，並建立評量與回饋機制，促進知識管理系統的應用深度及廣度，達成知識加值目標，並將加值後之知識彙整爲考選智庫，或作爲政策擬定之參考、或作爲考試分權化相關之典試與試務工作經驗傳承。由於典試工作經驗與試題題庫作業必須是類如「師徒制」重視內隱知識傳承，所以考選部之知識管理，如何透過經驗分享與傳承，至爲重要。

(二) 銓敘部鑑於知識管理爲時勢所趨，且爲電子化政府之必要途徑，爰於92年度規劃銓敘部知識管理系統，包括建構知識管理基礎平台、開發知識蒐集、分類、整理、蒐尋等介面及功能等，以建構知識管理系統之基礎工程。由於知識管理系統屬較新發展之資訊系統，爲使系統之規劃功能符合需求，該系統自92年5月進行開發，迄92年12月順利完成，主要建構完成知識文件管理及檢索等系統。同時，爲推動知識管理系統，導入知識管理之觀念及行政機制，銓敘部爰由常務次長統

7　各策略主要內容如次：觀念的釐清與建立是推行知識管理的基石，爰於知識管理初期辦理一系列專題演講及參與知識管理研習會，以強化同仁知識管理觀念之建立。知識管理成功的關鍵在於建立組織分享文化，亦即將個人知識團體化，團體知識組織化，爰依核心業務區分知識社群，以分享方式使內隱知識外顯化，外顯知識文件化，運用資訊科技，建立分享文化。將現有考選相關知識使用資訊系統進行整理盤點，並分門別類建立目錄以利檢索。

籌擘劃知識管理策略、主持知識社群聯席會議，以協調溝通知識管理系統有關事項，包括討論知識文件基準分類法、應納入知識管理機制之文件等，均依決議由各知識社群積極辦理[8]。

銓敘部知識管理系統之基礎工程完成，並進行全員教育訓練以及採購配置各社群組織掃描設備等上線準備作業後，業於93年3月18日正式上線運作。因知識管理系統要發揮功能，需有相當充實之知識庫，銓敘部各單位之知識社群並持續積極建置充實各社群知識庫，建置之知識包括各單位主管之法規釋例、重要簽陳及文件，以及各項重要參考資料如標準作業流程，圖像資料（無電子檔之重要文件掃描成圖像檔存入）、影音資料等。未來藉由知識的匯集與累積，銓敘部各項組編、銓審、退撫等審查作業，可充分運用知識庫，迅速得到作業所需的各項資訊，做最有效率的處理，以提升行政效率[9]。當然，銓審作業重在效率，但法規則需要有人力資源管理運用的知識與智慧來起草研訂，方能與時俱進，配合人力資源策略與多元化管理的需求。

（三）保訓會為推動組織及員工之知識管理，落實學習分享與分享學習之組織文化，以提升工作效能，由國家文官培訓所（以下簡稱培訓所）於民國94年3月10日訂定培訓所知識管理推動方案，以有效推動知識管理，其推動目標為建置培訓所知識定位系統、強化培訓所學習分享與分享學習之組織文化、提升培訓效率與效能。其具體做法如次[10]：1.知識管理觀念之建立；2.知識管理專案組織之成立與運

8　依專業職掌由銓敘部各司室會及退休撫卹基金管理委員會等十七個單位分別組成知識社群，由各單位副主管負責監督，並自所屬員工內選任適當人員若干組成該社群之工作小組，主要負責各社群主管知識領域相關知識文件、資料之彙整、建置、維護及更新，並參與知識管理系統之開發、測試及執行應用；此外，由資訊室組成行政幕僚小組，負責各項標準之訂定（含資訊作業標準及行政作業標準）、系統之規劃與設計、相關資料之彙整等作業。由於系統開發與行政機制同時進行，使得系統開發完成，各項行政機制亦同時建置完成，縮短系統正式上線運作期程。

9　例如於知識管理系統中，輸入「政務官退職酬勞」進行搜尋，知識庫即會將「政務官退職酬勞金給與條例」、相關釋例、歷辦簽呈及文件，甚至報章雜誌的相關報導等資料顯示提供參考；另如職務輪調時，亦可利用知識庫快速了解調任職位之標準作業流程、相關法規釋例、作業上應特別注意事項，以及之前歷辦之相關經驗等，大幅減少人員輪調對單位業務的影響。此外，對於所有鍵入之知識，均可設定開放之權限為全部公開，或僅對同司、同科人員公開，以使資料之運用受到適當的管理及保護。銓敘部並將定期擇定部分社群進行觀摩，擇優敘獎，以激勵各單位社群組織運作。未來各項組織編制、銓敘審查、退休撫卹等審查作業，均可運用知識庫，迅速得到作業所需的各項資訊，做最有效率的處理。

10　各具體做法之主要內容為：知識管理係組織整體知識建構與分享文化之建立，其推動成功最重要之關鍵在於全體同仁的參與及正確觀念之建立。據此，培訓所爰先後辦理七場次專題演講，以建立知識管理觀念與社群經營管理技巧；採購知識管理相關圖書，成立知識管理圖書專區；並爰訪人事行政局與考選部等機關，以汲取其建置經驗；為順利推動知識管理，培訓所爰成立知識管理推動小組，由培訓所所長擔任主任委員，並設置知識長，由黃副所長國材擔任，及成立六個知識社群組，分別為創新成長組、培訓管理組、職能發展組、顧客關係管理組、後勤支援組以及中部園區業務管理組等，全力建置知識物件；知識物件之建立是知識管理的基礎工作。培訓所經數度討論確認各社群之核心業務，盤點整理知識物件，並撰擬與審查物件後，業已分門別類逐步建構完整之知識地圖。未來將廣續使知識物件更加深入完整，並不斷地更新充實，發揮知識物件之功效；為達到知識物件儲存、審查、檢索、分享的目的，建置知識管理資訊系統，以作為各社群意見分享與交流之平台，洵有必要。培訓所知識管理系統業採委外服務方式，於民國94年11月決標，得標公司除知識管理系統外，並提供顧問諮詢服務，以建立完整之知識

作；3.知識之盤點、審查與建立；4.知識管理資訊系統之規劃與建置；5.知識社群之運作與學習；6.知識管理之績效評估與激勵。要之，保訓會未來將本於知識分享創新之理念，賡續全力推動，俾成為公務人員培訓的知識中心。

四、其他相關機關推動情形

（一）行政院研究發展考核委員會（以下簡稱行政院研考會，現已併入國家發展委員會，以下同）肩負提供行政院前瞻性決策建議、周延政策規劃、落實政策執行與評估、推動電子化政府、暢通政府資訊流通運用之責，對於掌握我國政經發展與社會需求的變遷，世界各國政策最新發展趨勢，以及相關社會科學與管理科學知能等相關知識的累積與管理，確有其迫切的必要性。有鑑於此，行政院研考會自民國89年8月開始推動知識管理，其推動策略如次：1.取得高階主管的認同支持；2.從核心政策研究逐步擴及全會其他業務；3.強化知識管理觀念的建立；4.加強分享知識的聯繫網路；5.內部知識盤點建構知識管理系統。

行政院研考會推動知識管理的方式分三階段進行：1.第一階段——政策資料支援階段：(1)成立國家安全、政府改造、社會保障、產業經濟、國家建設、教育文化等六個政策分組，並由主任委員擔任召集人；(2)撰寫作業手冊，建置專屬網頁，並辦理說明會。2.第二階段——政策知識管理階段：(1)通過「政策知識管理推動計畫」，健全原有推動組織，指定副主任委員擔任知識長，並增設「地方發展」政策分組；(2)擴大參與範圍，強化知識管理認知教育，增強激勵誘因機制，並強化資訊系統運用。3.第三階段——推動全會知識管理階段，目前持續進行中：(1)確認知識管理執行的主要願景：成為國家發展的智庫、行政現代化的推手、政策創新中心、建構知識型政府；(2)知識管理重大的執行策略：建立全機關知識分享的組織文化、充分利用科技與業務密切整合、推動知識管理與業務結合、全面進行知識盤點；(3)藉由訪談、問卷調查、相關會議及課程講習輔導同仁學習各項知識管理運作之技巧；(4)由主任委員擔任知識長，並成立知識管理推動委員會、變革促動小組及知識管理推動工作小組；(5)知識社群除原有的國家安全、社會保障、產業經濟、國家建設、教育文化，地方發展外，增設跨處室業務的「電子化政府」及「績效管理」兩個示範知識社群；(6)建構全會之知識管理系統；(7)繼續進行撰寫知識管理作業手冊、社群運作手冊、講習課程及

管理；知識社群成立之主要目的，係經由社員彼此討論，共享知識與彼此之意見看法，讓知識物件更加完整多元，並形塑組織學習文化。培訓所之各知識社群依其核心業務，撰寫知識社群工作計畫，描繪其願景與核心能力，透過社群聚會與網路社群交流機制，營造組織學習分享文化；為鼓勵同仁積極參與知識社群運作與知識物件之建立，培訓所爰訂定獎勵作業要點，以評核知識管理推動成果，鼓勵同仁參與貢獻。培訓所曾於94年12月16日辦理第一次知識管理成果發表會，選出最佳知識物件優質獎、傳承獎、貢獻獎與團體獎等，以鼓勵同仁持續推動知識管理工作。

資訊系統改進[11]。

（二）行政院人事行政局（以下簡稱行政院人事局，現已改制爲人事行政總處，以下同）鑑於知識經濟時代，追求速度講求創新是競爭力的主要關鍵，爲創造組織的價值與提升競爭優勢，師法美國微軟總裁比爾‧蓋茲（Bill Gates）「數位神經系統」（Digital Nervous System, DNS）概念，爰於民國90年底針對「人事行政數位神經系統——知識管理專案」之規劃進行專案委託研究，以爲未來實際建置及導入之參考依據。民國91年5月底完成「規劃人事行政數位神經系統專案委託研究計畫」建議書後，即於民國92年初開始委外建置「人事行政數位神經系統——知識管理專案」。

行政院人事行政局推動知識管理，於組織架構上由局本部各業務單位及所屬機關副主管（或副首長），及局本部行政單位主管爲委員所成立之專案推動委員會，主任秘書爲委員兼召集人，不定期召開專案之導入會議或推動委員會議，針對專案之重要事項做決策；並分四階段進行：1.先導階段：(1)成立企劃處之行政法人化、考訓處之考核獎懲、給與處之待遇三個先導知識社群；(2)完成知識社群計畫書、典範知識物件、社群溝通計畫、及階段性成果報告。2.擴散階段：(1)對象爲企劃處、人力處、考訓處、給與處及資訊室知識社群；(2)建立全局專業知識地圖、啓發知識管理概念認知，以實體課程、經驗分享來推廣知識社群建置運作。3.全面推動階段：(1)擴大社群範圍爲九個單位，包括企劃處、人力處、考訓處、給與處、資訊室、地方人事行政處、秘書室、人事室、公務人員住宅及福利委員會；(2)強調追求自我超越、推動系統思考、萃取加值。4.永續維運階段：(1)持續推動社群深化工作；(2)目標營運自主化、知識管理日常業務化、組織學習養成[12]。

綜上所述，無論是考銓人事主管機關或其他相關之行政院研考會與人事局，其實務作爲上，均在知識管理推動過程，特別留意到：（一）組織文化之型塑與組織結構之調整，如參與及分享的文化，跨單位組合及彼此間之信賴與合作，是知識管理成功的要件；（二）知識管理系統建置中，知識長均由該機關常務副首長擔任，而執行秘書則由該機關研發及資訊主管分別擔任，顯示知識管理的永續發展性；（三）有關知識管理流程建置，重視知識地圖、知識庫的整建，且除立基於SOP與文書作業外，更重視隱性知

---

11 行政院研考會推動知識管理，除了爲達成機關的使命，更期借助其推動經驗，推動建構知識型政府的新願景，進而提升國家整體的競爭力。未來展望如次：（一）重塑政府機關組織分享文化；（二）將知識管理深化於組織管理；（三）拓展內部外部知識管理面向；（四）建構知識型政府的創新基礎（何沙崙等人，2004：113-138）

12 行政院人事行政局推動知識管理的成效如次：（一）同仁熱忱參與，並透過情境模擬、社群成果發表及觀摩學習等方式激盪集體智慧，進而進行組織學習；（二）展現組織知識所在，且作業方法及流程均經合理化及簡化，對於未來業務推動有極大的助益；（三）知識物件豐碩，可達聰明複製，以使初接觸業務人員於最短時間內建立概念並正確、迅速分析個案；（四）同仁工作更爲豐富化，增加自我學習機會及成就感，有效提高行政效能，精進爲民服務品質（吳三靈，2006：34-44）。

識經驗的建置；（四）充分支持與鼓勵各社群發展的自主性與聯結性的衡平，激勵分享與創新，尤其是後者其成長尚有很大的空間；（五）推動知識管理上，難免產生機關組織成員之疑慮，諸如：由於鼓勵打破原來建置為原則，是否造成領導權力之分散？鼓勵分享是否造成個人優勢不再之隱憂？知識管理系統e化，是否涉及公務保密的問題？由於「知識螺旋理論」（Nonaka & Takeuchi, 1995），產生個人與組織互動學習，但是否造成組織成員強者恆強，弱者恆弱的困境？

要之，在知識經濟與全球化競爭時代。公部門推動知識管理是永無止境的工程，是利多於弊的行動方案。政府機關本身推動外，尤應擔負創新知識的隱者，協助民間推動，共同提升國家競爭力。

肆、公部門推動知識管理暨對人力資源運用之評析

茲就知識管理在我國政府部門的持續推展，尤其對於公務人力資源策略管理與法制如何藉由知識管理予以活化，謹提出評估意見與建議：

一、運用知識管理精進公務人力資源管理之分析

（一）整體層面探求知識管理與文官體制功能之評估意見

有關公務部門知識管理與公務人力資源運用上，先就整體層面來評析，通常人力資源管理或文官體制在提升政府效能，就體制功能（繆全吉、彭錦鵬、顧慕晴與蔡良文，1990；蔡良文、蕭全政，1993）要分為：1.引進與甄補性功能，為經由公務人力資源探勘後，繼之篩選的人力引進工程，最後由各機關首長對考選合格人員，派以適當職位暨決定人才彈性進用及後續之輪調方式的過程。所以，在推動知識管理時，應經由知識社會化、適應及多樣化，來促進考選多元取才、人才任用及工作輪調等。其中未來理想的公務人力，應該是朝向Peter Drucker所提出之「知識工作者」來建構，知識工作者意味一個能夠分析、應用資訊，並能創造知識以提供良好之決策方案之人員，不僅能將資料與資訊轉化為有意義的知識，並具有同時解決結構性與非結構性問題之能力（鄭錫鍇，2001：133-136）。2.激勵性功能，旨在提升公務人力（行政效率與效能）與工作士氣、工作意願、即經由個人之激勵到促進公務人員之團體意識。所以，在推動知識管理過程，經由知識管理之實務社群，運用其經驗與網路，可建立組織社群感與相關激勵措施，以及建構非正式團體管理直接、間接協助達成文官體制之激勵功能。3.發展性功能，在於強化成員工作知能、改善態度、激發潛能及獎優汰劣制、訓練發展與本機關或其他機關之升遷調免等。在知識管理中，經由跨部門的共享解決問題經驗，來考量多元管理與選擇性僱傭關係，讓人事部門協助機關建立團隊夥伴工作關係，以及組織成員

終身學習及績效導向之培訓與發展。4.維持與保障性功能，即在維持組織中立、公正運作，給予受到違法或不當處分公務人員合理救濟，暨良善退撫制度，以期公務人員退而能安能養，在知識管理過程，建制意見平台，除有知識庫功能，亦能透過資訊、知識、智慧的分享，讓制度建構更完善。

（二）知識管理在人力運用之角色功能的評估意見

知識管理在扮演支持人力資源、人事管理工作者的角色功能上，要爲：先能提供知識移轉的平台經驗，供人力資源知識管理經驗交流，並重視資訊、知識、智慧之分享，建立組織學習，以因應知識社會之需求，協力完成文官體制維持性功能；再經由留住特別才具之內隱默會知識工作者，引介人力資源、人事管理工作者，能鼓勵成員規劃生涯發展與協力建立人事快速陞遷制度之指標；復能透過團隊解決問題及共識化知識彙聚之經驗，建構各機關各單位與人事部門多重溝通、參與決策之網絡，及設立知識節點，以期人事政策建構與運作順暢可行；最後經由知識管理活動萃取、創造、移轉、蓄積流程、引導人力資源、人事管理工作者，成爲新知識創造、理念萃取、以及轉化行動的戮力實踐者，使其有足夠的學能因應挑戰。

（三）在核心能力與智慧資本之培育與建置的評估意見

爲使我國公務人力資源發展在知識經濟時代能著重「核心能力」及「智慧資本」的培育與建置，其前提應著重：型塑機關「知識分享」的組織文化；善用資訊科技力量，建立組織的知識管理資料庫；成立專案小專責推動智慧資本方案；加強投資各機關人力資源發展工作，以提升公務人員的專業知能；以及系統性運用各機關智慧資本教材，建立網路文官學院（江岷欽、莫永榮，2002：254-257）。如今考銓主管機關及各相關機關朝此方向戮力推動，對活絡文官政策及提升公務人力素質應有助益。未來能否全面推動實施是值得觀察分析。

二、公務部門知識管理應再強化之建議

（一）策略管理階層的領導及經費支援

各機關推展知識管理的策略，除賴高層主管具有進行知識管理之意願，並賴其與同仁時投注相當的努力與承諾。故除首長支持與人力訓練之外，各機關應重視對於知識管理的宣傳推廣及經費支持。對於一項新知識管理制度，高層人員的承諾可從其本身參與的程度，以及其提供組織人員參與的時間和其他資源清楚顯現。考試院及所屬部會亦然。知識管理的領導者必須眞正認清轉化人員的智慧資產爲組織價值的重要性，建立適當的組織基礎架構，以發展這些重要的資產，並隨時在心態與行動上，持續地強化知識管理的文化與環境，創造工作夥伴關係，和諧互助合作與分享知識經驗智慧的氣氛；要

營造「權力來自知識分享」、「幫助別人即是成就自己」的氛圍,打破「官大學問大」的迷思,以及「知識就是力量,也是責任」的非利他觀念。惟有如此,知識管理才有機會茁壯,並為政府的生產力做出積極的貢獻。

（二）強化知識社群型態與型塑知識管理組織文化

知識社群主要是負責知識的建立、整理分享與交流工作,社群成員可彈性分工,組織成員亦可同時加入其他社群。其中社群組織與幹事（或其他職稱）,均為社群之靈魂人物,所以在知識管理推動過程中,應賦予渠等一定的裁量空間與資源分配的權責,當然公務部門有考核獎懲制度,由於長期未能訂出在業務創新過程中,可容忍錯誤範圍與規定,加諸規章制度為求穩定,難免失之僵化較無彈性,如何型塑在國家利益與公平正義前提下,樂於學習、創新、分享的良性互動與競爭的組織文化,是必要的課題。當然多元知識社群推動之初,均以組織最迫切、最有意義或最需解決的議題為優先,如何授權各社群組長裁量空間,容忍可接受的錯誤,以及極富激勵創新之措施,是同時應重視者。

（三）鼓勵組織成員知識分享與確立績效評估標準

目前大多數機關對於人員的績效評估標準,並未涵蓋知識管理方面的表現,也僅有極少數機關會實質地鼓勵組織人員進行知識交流與分享。因此,強化員工知識分享的動機,是當前各機關進行知識管理,亟需改進的第一要務。對組織的領導階層而言,推動知識管理最大的挑戰之一,就是創造出重視與獎勵知識分享的文化環境。建立知識分享的組織目標,即在於融入良性競爭因子,讓組織目標與個人目標能結合,讓組織同仁分享所知,而非僅是輸出其工作成果,讓組織產生改變,其潛力動能才可發揮。不論一項管理改革看起來有多麼理想,對於個別員工而言,只有與其被上級期待的績效有關,才有意義。成功完成組織目標,本身即是組織成員最大成就與激勵,所以報酬不僅在金錢,而是長官的肯定與可能的良性發展。易言之,組織個人因組織而獲致滿足,組織因個人成就而提升組織效能及完成組織任務與目標,並能引導組織適應政經社文科環境的變遷與發展（DeSimone & Harris, 1998: 8-9）。必須藉由知識管理運動,讓考銓人事主管機關轉型,以助益於提升政府行政效能。因此,考銓人事主管機關組織的管理制度應該將知識管理推動的成效,作為管理者與各單位的績效評估標準,同時配合適當的激勵措施,強化正面的知識管理行為。

（四）加強資訊科技與人力同時升級發展

由於世界性電子化政府的趨勢,多數行政機關都已大力投資於資訊科技的建置,諸如:內部網路、知識庫、知識平台、績效評估管理系統、行政決策支援系統,以及檔案管理資訊化,以建構良善的知識管理環境。當然在快速進行資訊科技升級的同時,各

機關的領導階層應同時考慮人力升級的投資。任何組織要在如此多變的環境中成長，日益依賴最接近「顧客」與工作流程的人員。因此，促進人員的思考與創意能力，早已成為現代組織提升競爭力不可或缺的投資。知識管理與資訊管理最主要的相異之處，即在於強調「人」的因素，知識管理旨在蒐集、組織與發展人員的知識、技術與專業能力，公務人力素質提升在於內隱默會知識的養成，對應於資訊系統之儲存與管理外顯運用知識。再者，二者是互為依存的，密切妥適結合科技與人力資源素質，方能促進知識管理活動的遂行與發展。

伍、結語

由於推動知識管理，對個人的工作以及組織的生產力有明顯幫助，知識管理在多數機關中已超越口號或書面程序的層次。筆者發現各機關的管理階層，不僅多已在心態上接受知識管理的精神，更已實質地在管理文化與科技設備上投資於相關的工作；導入知識管理之目的，包括促進知識分享、強化經驗傳承、提高決策品質、提升行政效率與效能、加強服務品質、鼓勵研發創新與分享，已形成組織發展的主要思潮。當然，推動知識管理必然要能完備：成熟的資訊科技與運用環境；領導階層重視而能主動引領知識管理的活動；建立機制激勵員工樂於奉獻分享與創新學習；組織結構與文化的解構與重塑，以蠲除隱性知識分享後的威脅；與工作及生活充分結合，享受輕負擔高品質的工作生活等，方能推動順利。

綜之，公部門推動知識管理過程，從導入知識管理的內容予以評估，其已包含知識發展策略規劃、知識社群、知識管理平台、知識文件管理機制、知識地圖、激勵績效評估制度等項目，未來可以考量使知識管理平台包含知識庫、專家資料庫、知識學習系統、常見問答集、協同作業、搜尋引擎、決策支援系統等功能，並將公務人力資源策略管理、人事政策與法制均能融入知識管理中，以提升公務人力素質及衡鑑專技人才之專業素養。考銓人事主管機關透過人事機構或主管，協助解決各機關在推動知識管理時遭遇的阻礙，包括影響高階主管支持、協助長遠規劃與明確導入策略或模式、利用各種人事措施，凝聚推動共識、強化分享意願，使各機關能達到知識彙集與再利用、流程簡化與創新、強化決策品質、提升公務人力素質、加強為民服務，則提升國家競爭力乃屬必然的成果也。

（本文原發表於「探索公共行政真義：吳定教授榮退紀念」學術研討會（2008年）；部分內文配合法制變革與體例修正，略做修正。）

壹、前言

　　文官體制是國家統治機關運作的主體，而文官體制中的主體則為全體公務人員。為加速國家現代化發展，建立一套具有功能性價值之文官制度，實屬必要。因此保障制度在設計與規劃上，必須兼具積極性與整體性，俾使公務人員能安心任事，發揮潛能，全力以赴。在傳統威權體制下，公務人員係基於國家之特別法律關係所任用，有別於一般人民與國家之間的權利義務關係，亦即強調公務倫理與行政紀律的「特別權力關係」。二次大戰後，民主憲政蓬勃發展，強調對於基本人權的尊重，使得舊有的特別權力關係學說在理論與實務上，面臨衝擊，因而逐漸修正為強調職位與工作權的保障，使公務人員權益在遭受不法侵害或不當處分時，得以尋求法定途徑予以救濟。而國家與公務人員間即形成公法上的職務關係，有關公務人員之保障救濟體系於焉形成。

　　綜上，隨著時代巨輪流轉產生新的事物，創造出新的事實與制度。而歷史是人類現在與過去的對話，以及人事時地物交互活動歷程有系統的紀錄，涵蓋了文官制度源遠流長的典章（伍錦霖，2019：8）。追古溯濟歷史學家錢穆先生在其所著「中國歷代政治得失」前言中提到，要講一代的制度，必先精熟一代的人事。若離開人事單來看制度，則制度祇是一條條的條文（錢穆，2018：前言1）。本文即針對公務人員保障制度，在因應文官制度變革後，參考各國制度如何配合修正，並介紹我國相關規定及實務運作情形。

貳、保障的意涵及重要性

一、意涵

　　公務人員保障係對於政府機關依法執行職務之人員予以合法保障，使其安心任職，提高行政效率、以為民眾提供最佳服務，謀求國家長治久安。是以現代各國建立永業化之人事制度，保障公務人員之地位，非依法定程序不得免職、降級處分，確保其人員不受政黨輪替之影響，而政黨政治在人事安定中與日俱進良善運作。茲就陳鑑波教授、前

考試委員傅肅良先生以及前考試委員許濱松教授主張（考試院，1997：4-5）略以，不論廣狹兩義或積極、消極保障，或謂除身分、地位及依法執行職務之保障外，尚包括請求行政救濟之保障。

　　要之，公務人員保障係指公務人員，在職期間依法所享有身分、工作、生活、職務、服務、請假權益、人事處理及其他各項權益，並受法律保障；如其權益遭受違法或不當之處分，得經由陳述、申訴、再申訴、復審、調解、協議及仲裁及訴願、行政訴訟等途徑尋求救濟。

二、保障之重要性

　　我國憲法第83條及增修條文第6條均規定，公務人員之保障，係屬考試院權責。惟於考試院第8屆起，鑑於有關公務人員權益保障之規定，係分別散見於「公務員服務法」、「公務人員任用法」、「公務人員考績法」、「公務員懲戒法」等法律之內，並未單獨制定完備之公務人員保障法律，亦未成立統籌處理公務人員保障事項之專責機關，致公務人員權益尚未能獲取充分完整之保障。且國內政黨政治已漸次形成，公務人員權利意識日益抬頭之時，建立超然中立之公務人員保障法制，使公務人員權益於遭受不法或不當侵害時，能循合法途徑獲得救濟，而無後顧之憂，以激勵公務人員勇於任事，並貫徹憲法賦予考試院之職掌，誠屬迫切，[1]爰有成立專責機關與制定其作用法，以資運用之議。茲分述保障之重要性如次：

（一）保障合法合理權益：法治主義之基本原則為依法行政，即要求政府機關行政行為必須合乎法制，其實質目的，在以法規拘束行政權之運作，確保人民之權利與自由。惟行使行政權之政府機關之公務人員，其行政作為上之違失在所難免，亦有侵權之可能性，為救濟違失與糾正不法，乃設計各種必要救濟途徑，依法定程序補救其權益。據此推論，機關各級主管對於屬員所為之行政管理措施，固係在法規範圍內為之，惟欲其作為不發生違法、濫權或不公之情事，且能為民服務造福社群，誠屬難能，因之，若致使公務人員權利受損，自應賦予行政救濟之道，方符有權利即有救濟與依法行政之原則，亦可落實公法上平權關係之旨意。

（二）發揮行政統制運作：公務人員行使行政權，除應合法合理外，對於促進公共利益與實現公平正義，更是責無旁貸的。因此，行政之合法性與行政之合目的性，乃是法治主義下行政之重要原則。如前所述，「有權利即有救濟」，行政救濟制度一方面在發揮救濟權利，以保障行政之合法性與合目的性，同時亦能引發行政機關之自我反省與節制，可以說具有行政統制運作之功能。相同地，行政機關對公務人員所為之措施，如無違法、不當情事，則應就爭議點加以澄清說明，就其應

有的權益與尊嚴加以維護，俾建立政府威信；反之，如係行政措施有欠允當，應經由有權機關之審查與復審，予以適切之矯正與監督，澈底檢視行政措施之妥適性，以實現機關本身自有統制調節機制功能，使行政運作有效發揮。

（三）促進行政準司法化：現行公務人員之行為責任與施行救濟方法，因法律制度背景而有不同之設計，大體而言，允許公務人員經由聲明異議、陳情、訴願等方式提起行政救濟。此相對於行政機關而言，亦使得其獲得準司法之職權，兼具有行政司法性質，又其所採取程序及處理案件之方法與態度，與一般行政行為不同，較著重於吸收司法制度之精神，使公務人員權利獲得客觀、公正、合法、合理之裁決。保障制度之實施，有助於促進準行政司法化之發展，所以，公務人員保障機制被視為具有「行政司法」（administrative justice）制度之功能。

（四）促進機關團結和諧：行政組織不僅是權責分配關係與行政運作之體系，亦是一種適應與成長之有機體；同時更是機關人員基於對權責觀點之認識，感情互動與思想溝通所形成之團體意識。因此，欲求機關組織之健全，除注意層級節制與權責分配外，更應加強成員間之溝通與協調，使機關目標與人員目標相互平衡，方能真正達成目標。就行政管理觀點言，權利救濟乃是可以解決衝突之一種上行溝通管道，具有紓解不滿情緒，促進共同了解，達成機關團結和諧之作用。通常爭訟行為之產生，常導因於當事人內心不滿，而不滿情緒之形成又緣於個人主觀認定，至實際上有無違失情事，則非所論。因之，如缺乏正常紓解管道，小者影響工作情緒，消極反抗；大者四處陳情濫告，傷害機關團體。建立權利救濟制度，提供陳情、申訴甚至訴願等救濟方法，使公務人員內心之不滿或冤屈得以循正式管道獲得宣洩排解，並賦予合法正當之保護手段，對於促進機關之和諧與團結應有裨益。

（五）提高行政運作效能：保障制度非但可使公務人員受損之權益獲得救濟。相對地，可增進工作之滿足感，激勵團體士氣，從而提高行政效率與強化行政效能。蓋公務人員內心若有冤屈而不得紓解時，在工作上可能產生反功能之行為方式，如怠工、缺勤、人事異動率頻繁等現象。再者，組織具有反饋系統（feedback system），當人員內心之冤屈壓抑時，不惟易於形成感染作用，俟其日積月累，將使人員職能降低，機關之機能衰退，致使問題愈趨嚴重。建立一個公正有效之權益救濟制度，除可減少組織反功能行為之發生，亦可作為機關內部適應與維持之機制（adaptive and maintenance mechanisms），用以迅速止息內部顯現之問題，促其新陳代謝，使機關正常運作，永續經營發展，亦能滿足公務人員之需求，促使機關職能得以強化，有助於提升行政效率與效能（歐育誠，1997：136-141）。

參、比較保障制度內涵舉隅

　　世界各主要民主國家，如英國、美國、德國、法國、日本等，均已建立一套健全之公務人員保障制度，有效保障公務人員之權益，尤以二次世界大戰後，公務人員與國家間之「特別權力關係」，無論在理論上或實務上，均已逐漸修正，例如我國司法院釋字第187、201、234、298、312、323及338號等解釋，對於公務人員重大權益事項，已逐次認為亦應如一般人民之權利，給予合理保障。

　　為利了解我國保障制度建立過程與內容，茲簡要介述主要國家保障制度之主要內容，俾供借鏡與分析（蔡良文，1997：126-128）。[2]

一、英國公務員保障制度

　　英國文官保障制度與規範均散見於申訴制度、公務員團體之協議與仲裁等規定，亦未單獨立法規範有關行政中立的行為保障。茲分述如下：

（一）公務員申訴之保障：其一，得提出申訴之不利益處分：文官因品行、工作效率等原因而受免職或提前退休之處分時，有處分權者在決定處分前，應將事實及理由以書面通知受處分者，並接受其答辯。其二，受處分者之上訴：文官接獲免職通知書時，如任職已達二十六週以上，又未達領取年金之最低年齡者，可向其任職所在部之文官申訴委員會提出申訴；如文官於見習期間，因身體不佳而被取消任用時，或因身體不佳不能繼續執行職務，要求退職遭拒絕時，得向任職所在部醫事委員會提出申請。

（二）公務員團體之協議與仲裁：按以英國文官爭議協議，係由文官團體及政府指派之代表組成之全國惠特利委員會議及各部惠特利會議，以處理全國性或部別性之有關公務員待遇及工作情況爭議問題。其中公務員代表與政府代表係處於平等之地位。在惠特利委員會議中，如無法達成協議，則其爭議最後可上訴於文官仲裁法院。通常文官之俸給（待遇）、工作時間、給假等事項，均得提請仲裁。至行政管理事項如退休養老年金、編制人員之法定地位辦公時間、編制人員法定地位與進用高級文官之爭議事項，則不得提請仲裁。要之，英國文官的保障制度，主要規範政府與文官間之和諧關係，確保文官之申訴保障與文官團體協議與仲裁的公正性。再以於1980年成立之全國文官聯盟（The Council of Civil Service Unions），強化了文官協議體制，加強保障文官權益，進一步增進公務員與政府之關係。

2　各國之比較文官保障制度，多所變革，謹就其結構性內容予以介述，至最新動態，讀者可自行上各該國政府網站研閱。

二、美國公務員保障制度

公務員保障制度，源於先樹立申訴救濟制度，再形成團體協議制，美國有關保障制度之建立，亦復如此。1940年代聯邦政府基於工會組織與田納西流域管理局（TVA）之協議制度之成就，證明團體協議制度與行政效率是可相輔相成的（Presthus, 1975: 248），自此其政策走向則逐年由保守而趨於開放。在1978年「文官改革法」施行後，將原有的文官委員會改制設立功績制保護委員會（Merit System Protection Board）聯邦公務員之申訴權利受到更為周密之保障，茲分述如下：

（一）不利處分之保障：即經機關以工作不良而擬予降等或免職之人員，具有下列權利：即1.有權於機關採取降免措施之前三十天，收到書面通知；2.有權委請律師或其他代表；3.有權在適當期限內進行口頭或書面答辯；4.有權收到敘明懲處理由之書面決定書。各機關於前述有效通知期限屆滿時，若對有關人員為降職或免職之決定，該等人員得向功績制保護委員會申訴，請求聽證，如有關人員屬於工會團體，可循冤情仲裁程序。不服功績制保護委員會決定或命令者可向聯邦上訴法院（The U.S. Court of Appeals）上訴，如為涉及俸給案件，則上訴到求償法院（The Court of Claims）。

（二）混合案件申訴之保障：係指有關人員為歧視而得以向功績制保護委員會申訴，機關所採取之行動，例如免職或降職案件者，機關可在一百二十天內以協商與查處方式嘗試解決。對機關的最後決定不滿意者，或期限屆滿者，得逕向功績制保護委員會申訴。若不提起申訴，工會則可要求冤情仲裁。有關人員不得將混合案件逕向平等就業機會委員會（Equal Employment Opportunity Commission, EEOC）申訴，僅得要求該委員會重新審查功績制保護委員會所作之決定。若兩會之決定不一致時，再採其他步驟解決。

（三）歧視案件申訴之保障：指因採取行動或不採取行動而形成之歧視事件控訴案，例如關於陞遷或工作條件之歧視控訴案，不得向功績制保護委員會申訴。此種案件，有關人員可將機關的最後決定向平等就業機會委員會提出申訴，或由工會要求循冤情仲裁程序解決。向平等就業機會委員會申訴時，應依現行處理歧視申訴案之程序，功績制保護委員會不得參與此類申訴案之決定。

（四）對弊端揭發人之保障：按所謂弊端揭發人，係指對於有相當理由信其為違反法規、或構成不當管理、浪費公帑、濫用職權、或危害公共衛生或安全之情事，願挺身而予揭發之公務員或職位申請人等而言；但對法律或行政命令特為禁止揭發者，則不予保護。特別檢察官在處理各機關對弊端揭發人施以報復之案件時，應予以調查及保護，調查時亦不得洩漏揭發人之身分，並得向功績制保護委員會的任何委員提出請求，即在該案調查期間停止其有關的人事作業，調查結果應告知弊端揭發人。

　　就早期統計資料顯示，美國功績制委員會每年受理約8,000件個案，進行行政裁決，多能依規定在一百二十天內決定，其中半數案件可經由公聽會得到解決。依據該會向總統及國會提出1994年度報告書指出，該會該年度行政法官審議決定8,552件申訴案件（較上年度7,530件增加9.5%），而三位委員決定2,031件（ANNUAL report for Fiscal Year 1994: 25-28，參訪宣導品）。該會亦對75件有關赫奇法、特別檢察官紀律行為，對行政法官之案件及申請審查人事管理總署法規等案件作成決定。若不服該會裁決，可向聯邦上訴法院等提出上訴，惟以該會處理公正，通常每年類此案件只約2至4件，可見其功能之顯著，似可供我國公務人員保障暨培訓委員會運作之參考。

三、德國公務員保障制度

　　從德國公務員的權利保障制度，可以了解其國家與公務員關係體制運作，其內涵有申訴與訴訟權、結社參與及協商等權限，茲分述如下：

（一）申訴與訴訟權方面：公務員的申訴要分為三：1.一般申訴案，如公務員遭到不利之措施，如任用與陞遷案，均得向各部內之申訴委員會申訴。2.向公務員協議會申訴或請願。依公務員代表法規定公務員協議會接受職員之申訴或訴願時，如認為正當者，該會應與公務員所屬長官協商，並謀求改進。3.不服所屬長官懲戒處分之抗告。公務員對所屬長官決定之懲戒處分，得於處分書送達後二週內，向處分之長官提出抗告。公務員對上級長官之決定不服者，得再向其上級提出抗告。對於抗告之決定仍不服者，得向聯邦懲戒裁判所申請受理控訴案件，並決定該案件是否有理由。如認為無理由，聯邦懲戒裁判所對此判決，得予廢棄、退回或自為判決。另外，公務員得向聯邦人事委員會提起訴願（「聯邦公務員法」第171條），暨公務員關係之訴訟適用「公務員權利原則法」第126條與第127條之規定（同上，第172條），即原則上准許行政訴訟程序。

（二）結社參與及協商等權限方面：德國憲法及「聯邦公務員法」賦予公務人員結社之自由（第91條）。有權結合為工會或職業團體；且公務員不因其在工會或職業團體之行為而受到職務上之處罰。又依「公務員代表法」之規定，各工會及職業團體得設置公務員協議會，公務員透過工會或職業團體，得與服務機關辦理交涉，並參與公務員權利關係一般規定之擬訂。特別應予指出者，即是公務員法未賦予公務員罷工權。此款做法可供有司參考。但公務員可經由「全國公務員聯盟」（約有一百一十名會員）就福利等事項與政府談判。

（三）其他方面：有關主管機關之照顧義務方面，主管機關（Diensterr）應保護公務員執行職務及其為公務員的地位（同法第79條），另有關公務員代表之產生應予特別規定，以加強其功能。

四、法國公務員保障制度

　　法國文官法（第一部分）第一、第二兩章規定公務員之保障，要分「身分」、「地位」之保障，亦可分四方面說明：

（一）工作保障：公務員競選或當選國會、歐洲議會……等之議員或經濟社會委員會之委員，其原有公務職位，不得因其得票多寡或其競選或任職期間利害關係人之意見而受任何影響。公務員，除作為公務機關之代表外，於依法組織之機構或依公權力設置之諮詢機關擔任職務者，亦不因而影響其原有公務員職位。

（二）職務保障：法國「文官法」（第一部分）第11條規定略以，公務員執行職務時，應有依刑法或其他特別法規之保護措施，公務機關應保護公務員執行職務時，免受恐嚇、暴力、暴行、傷害、誹謗或侮辱，如有上開情事，可申請給予合法補償。

（三）地位保障：公務員相對於政府機關，其地位受法令之保障（「文官法」第一部分第4條），其意見自由應予保障（同前第6條）、自由加入公會之保障（同前第8條）、公務員調任時，其內部異動機關為其職業之基本保障（同前第14條）。

（四）申訴權：法國公務員倘若受損害可依行政法尋求救濟，再輔以行政申訴制度，使法國公務員之權益得以受到完善之保障。法國政府與公務員雙方為處理集體協議問題所設之相關機構有「最高國家公務員制度協議委員會」、「人事管理協議委員會」、「行政管理協議委員會」、「衛生安全協議委員會」等，其中以「最高國家公務員制度協議委員會」最為重要，其以內閣總理為該委員會主席，審議受諮詢有關國家公務員制度之全國性問題（「文官法」第二部分，第13條至第16條）。茲以其申訴保障情形略以：1.不服機關長官之懲戒決定者或因職務上能力不足之休職案件，被懲戒人或被休職者得向最高國家公務員制度協議委員會申訴。2.不服部長有關人事懲處決定，被懲處人員得向評政院申訴。

五、日本公務員保障制度

　　日本政府極為重視公務員福利，而其廣義的福利制度則包括身分保障、申訴權利等保障制度及其他福利措施，茲分身分保障、公務員團結權及申訴救濟等，加以介述之。

（一）身分保障：日本基於行政中立法制，對公務員基本權益特予維護，同時要求應符合公平原則，即不分種族、性別、信仰、社會地位或政治意識，皆受到應有之保障，此為維持公務員永業化的基本前提（「國家公務員法」第27條）。又公務員任職期間非因責任疏失，其身分權益受到保障，其政治行為受到限制，其相對的，即是適度保障公務員免受政治外力之干擾，亦是一種保障措施。

（二）組織公務員團體及交涉權：日本憲法第28條規定略以，勞動者團結之權利，暨團體交涉其他團體行動之權利，均應予保障。即依據憲法之基本精神，公務員應享

有組織公會之權利。再依日本「國家公務員法」規定，公務員團體係指公務員以維持及改善其服務條件爲目的而組織之團體或聯合體（第108條之2）。惟下列人員不得組織團體：1.警察人員、海上保安廳人員及監所人員；2.適用公共企業體等勞動關係法之作業人員；3.擔任管理人員、監督人員及處理秘密事務人員等。同時依「國家公務員法」規定，公務員團體有向當局提出交涉之權利，其交涉事項包括俸給、服務時間等之人事服務事項（第108條之5）。有關國家之事務管理、營運事項等，公務員團體不得提出交涉。當公務員團體對上述事項提出適法交涉時，當局應予處理。

（三）申訴制度（公平制度）：日本對申訴係採以消極之救濟與積極之改善工作條件，故而名之爲公平制度。其一，基本原則：公平原則：「國家公務員法」規定，對於所有職員之身分變更、懲戒及保障，應公正處理之（第74條）；職務保障原則：公務員非依法律或人事院規則所定，不得違背其本意而予以降任、休職或免職（「國家公務員法」第75條）；以及保障之不適用原則：對臨時性職員、附條件錄用期間之職員依職位分類改辦歸級之結果，發生與減俸或降任同一結果之職員，不適用保障之規定（「國家公務員法」第81條）。其二，申訴權（公平制度）之行使：當公務員受到機關極不利處分，包括懲戒處分、降級、免職、休職等身分處分（「國家公務員法」第89條）及違反公務員意願之調動、輪調等處分時，得依規定向人事院提出申訴，要求撤銷其處分以謀求救濟。此外公務員對於俸給及其他一切工作條件，亦可向人事院提出請求，期使人事院、內閣總理大臣、或機關首長，採取行政上的適當措施（「國家公務員法」第86條），又人事院對上開請求認有必要得經調查、言詞審理等（「國家公務員法」第87條），認其有必要救濟措施者，非其權限，則向有關當局建議，屬其權限，則自爲處理（「國家公務員法」第88條）。另不服人事院之處理者，尚可提起行政訴訟。

要之，日本公務員申訴保障制，主要權責由人事院負責辦理，其重視消極性的保障救濟，同時也強調積極性的激勵功能，期以鼓勵人才任使，提高工作效率。

肆、我國公務人員保障制度內涵

一、保障法制的建置過程要析

我國政府爲健全保障法制，加強保障公務人員權益，考試院爰於民國79年擬具「公務人員保障法草案」函送立法院審議，嗣因憲法增修條文中調整考試院職權，考試院組織法爰配合修正，於第6條規定增設「公務人員保障暨培訓委員會」（註：於85年6月1日正式成立），專司公務人員保障暨培訓事項，以因應公務人員權益意識日漸抬頭與提

升公務人力素質之需。有關「公務人員保障法草案」，立法院於83年6月16日將該草案提出審查，經立法院法制委員會第2屆第3會期第7次全體委員會決議：「暫緩審議」，考試院爰將重新擬定之新草案於83年11日14日函送立法院審議，並將原送之草案撤回。案經立法院於85年9月19日三讀通過，完成立法程序，並於同年10月16日奉總統令公布施行。爲我國公務人員保障制度創下新頁，至此有關公務人員保障之組織法制與作用法制於焉建立。

公務員與國家之關係，往昔由於受「特別權力關係」理論之支配，致僅強調爲民服務及忠實執行職務之義務，公務員之權利因而未受相對之重視。直至司法院大法官會議釋字第187號解釋，始於實務上對「特別權力關係」加以修正。自該號解釋以降，司法院大法官對有關公務員權益之保障，已作成多號解釋在案。考試院爲貫徹憲法第83條及憲法增修條文第6條有關公務人員之保障規定，以健全人事法制，爰參照司法院大法官之相關解釋意旨，並參酌世界各主要國家有關公務人員保障制度，擬具「公務人員保障法草案」，92年5月總統公布修正全文一百零四條條文。

嗣於106年6月14日總統公布修正條文二十七條，新增條文五條。其修正重點摘述如下：公務人員於停職、休職、留職停薪期間，仍具有公務人員身分；但不得執行職務。又此類人員於停職、休職、留職停薪原因消滅或期間屆滿，得依「保障法」申請復職（第9條之1、第11條之1、第11條之2）；公務人員辭職，要以書面申請，除非有危害國家安全之虞或法律另有規定之情形，服務機關或其上級機關即應准其辭職（第12條之1）；公務人員對於長官書面署名下達之命令，除非違反刑事法律，否則都應服從，其並可免負相關行政責任（第17條）；公務人員因執行職務發生意外導致受傷、失能或死亡時，服務機關應發給慰問金（第21條）；公務人員公法上財產請求權消滅時效期間，分爲十年及二年（第24條之1）；公務人員經機關駁回其依法申請之案件時，得提起復審，請求該機關爲特定內容之行政處分（第26條）；復審事件也可以申請調處（第85條至第88條、第91條）；再申訴事件決定確定後，有再審議事由，也可以申請再審議（第94條、第95條、第100條、第101條）；應公務人員考試錄取參加訓練之人員，不服保訓會所爲之行政處分者，因不宜再向保訓會提起復審救濟，增列此類人員應依訴願法規定提起救濟。另對於參加訓練期滿成績及格而未獲分發任用之人員，亦可準用「保障法」之規定（第102條）。

二、保障法制之權益種類

依據「公務人員保障法」第2條規定：「公務人員身分、官職等級、俸給、工作條件、管理措施等有關權益之保障，適用本法之規定。」據此，公務人員受保障之權益種類，主要爲身分、官職等級、俸給、管理措施、工作條件等五項（據本法修正條文對照表說明，此五項爲例示規定）茲分述如下：

（一）身分保障方面

　　首先，公務人員之身分非依法律不得剝奪：公務人員之身分保障權係指公務人員得主張非有法定原因，非依法定程序，不得任意免職或為其他身分之變更。「公務人員保障法」所稱之「公務人員身分」係指法定機關，依法任用之有給專任人員及公立學校編制內依法任用之職員（「公務人員保障法」第3條第1項）。具有「公務人員身分者」其在本法公布施行前之身分是否受本法之保障，各有爭議。該法第9條前段規定：「公務人員之身分應予保障，非依法律不得剝奪。」是為我國法制上之直接規範之法律依據。所稱「非依法律不得剝奪」，係指公務人員身分之剝奪應依法律為之，例如，「公務人員考績法」之專案考績一次記二大過或考績列為丁等發生免職之效果、「公務員懲戒法」上之撤職處分、因刑事犯罪受法院為褫奪公權之宣告者等均是依「法律」而剝奪公務人員之身分。

　　其次、基於身分請求權之保障上，因公務人員之身分而得享有之公法上請求權，「公務人員保障法」亦明文加以保障。該法第9條後段規定：「基於身分之請求權，其保障亦同。」例如，基於身分而生之俸給權、退休金請求權、福利互助金請求權等皆屬之。

　　再次，有關停職後復職方面：按以停職係指停止公務人員之職務之執行，但並不喪失公務人員之身分。停職雖非懲戒處分之一種，惟常為懲戒或刑事訴訟進行程序中之一種處置，與人民服公職之權利難謂無影響。故停職之事由消滅後，其復職亦應受到法律之保障。茲以「公務人員保障法」第10條規定：「經依法停職之公務人員，於停職事由消滅後三個月內，得申請復職；服務機關或其上級機關除法律另有規定者外，應許其復職，並自受理之日起三十日內通知其復職。依前項規定復職之公務人員，服務機關或其上級機關應回復原職務或與原職務職等相當或與其原敘職等俸級相當之其他職務。如仍無法回復原職務時，應依公務人員任用法及公務人員俸給法有關調任之規定辦理。經依法停職之公務人員，於停職事由消滅後三個月內，未申請復職者，服務機關或其上級機關人事單位應負責查催；如仍未於接到查催通知之日起三十日內申請復職，除有不可歸責於該公務人員之事由外，視為辭職。」

　　最後，機關裁撤、組織變更或業務緊縮之身分保障上，即因非可歸責公務人員之事由，而係因機關裁撤、組織變更或為業務緊縮時而職務減少，公務人員之職務仍應予以保障。「公務人員保障法」第12條規定：「公務人員因機關裁撤、組織變更或業務緊縮時，除法律另有規定者外，其具有考試及格或銓敘合格之留用人員，應由上級機關或承受其業務之機關辦理轉任或派職，必要時先予輔導、訓練。依前項規定轉任或派職時，除自願降低官等者外，其官等職等應與原任職務之官等職等相當，如無適當職缺致轉任或派職同官等內低職等職務者，適用公務人員任用法及公務人員俸給法有關調任之規定辦理。」

（二）官職等級保障方面

公務人員之官職等級係依「公務人員任用法」所定之法定資格，於規定期限送請銓敘部銓敘審定。初任簡任各職等職務公務人員，初任薦任公務人員，經銓敘部銓敘審定合格後，呈請總統任命。初任委任公務人員經銓敘部銓敘審定合格後，由各主管機關任命之。所以，經合法銓敘審定及依法任命者，自應受法律之保障。「公務人員保障法」第13條規定：「公務人員經銓敘審定之官等職等應予保障，非依法律不得變更。」例如，機關擬任之公務人員，經人事主管機關審查而降低原擬任之官等（釋字第323號解釋），自屬對於服公職之權利之侵害，係屬於本法之保障範圍。

復以，「公務人員任用法」第18條第1項第3款規定：「在同官等內調任低職等職務，除自願者外，以調任低一職等之職務為限，均仍以原職等任用，且機關首長及副首長不得調任本機關同職務列等以外之其他職務，主管人員不得調任本單位之副主管或非主管，副主管人員不得調任本單位之非主管。但有特殊情形，報經總統府、國民大會、主管院或國家安全會議核准者，不在此限。」各機關倘違反該規定，公務人員自得依「公務人員保障法」請求救濟。

（三）俸給保障方面

首先，就俸給之保障，即公務人員之俸給權係公務人員執行職務之酬勞，國家對於公務人員依法執行職務，實現國家公法上之目的自應給予一定之報償。俸給權是屬公務人員對於國家之公法上請求權，自應加以保障。「公務人員保障法」第14條規定：「公務人員經銓敘審定之俸級應予保障，非依法律不得降級或減俸。」

其次，加給之保障上，緣以加給係指本俸、年功俸以外，因所任職務種類、性質與服務地區之不同，而另加之給與；亦為公法上之請求權。「公務人員保障法」第15條規定：「公務人員依其職務種類、性質與服務地區，所應得之法定加給，非依法令不得變更。」即保障公務人員之合法加給之給與，亦為對其因工作性質、不同地域服務之肯定與酬勞。

（四）工作條件方面

首先，是必要機具設備及良好工作環境之提供上，依「公務人員保障法」第18條規定：「各機關應提供公務人員執行職務必要之機具設備及良好工作環境。」以確保公務人員戮力執行職務，落實「工欲善其事，必先利其器」之要求。

其次，執行職務安全之保障，為「公務人員保障法」第19條規定：「公務人員執行職務之安全應予保障。各機關對於公務人員之執行職務，應提供安全及衛生之防護措施；其有關辦法，由考試院會同行政院定之。」現行行政院與考試院會銜發布之「公務人員安全及衛生防護辦法」即為維護公務人員執行職務之安全，避免其權益受到侵害，

以提振工作士氣之整體配套的有關之法規，未來亦應配合案例之累積，適時配合修訂，以資周全；至於不受違法工作指派之保障上，在於依「公務員服務法」第2條之規定：「長官就其監督範圍以內所發命令，屬官有服從之義務。但屬官對於長官所發命令，如有意見，得隨時陳述。」又依刑法第21條第2項規定：「依所屬上級公務員命令之職務上行為，不罰。但明知命令違法者，不在此限。」惟上開規定對於公務人員不受違法命令指派之保障，仍屬間接。故「公務人員保障法」第16條規定：「公務人員之長官或主管對於公務人員不得作違法之工作指派，亦不得以強暴脅迫或其他不正當方式，使公務人員為非法之行為。」第17條規定：「公務人員對於長官監督範圍內所發之命令有服從義務，如認為該命令違法，應負報告之義務；該管長官如認其命令並未違反，而以書面署名下達時，公務人員即應服從；其因此所生之責任，由該長官負之。但其命令有違反刑事法律者，公務人員無服從之義務。前項情形，該管長官非以書面下達命令者，公務人員得請求其以書面署名為之，該管長官拒絕時，視為撤回其命令。」

再次，因公涉訟之保障上，查「公務人員保障法」第22條規定：「公務人員依法執行職務涉訟時，其服務機關應輔助其延聘律師為其辯護及提供法律上之協助。前項情形，其涉訟係因公務人員之故意或重大過失所致者，應不予輔助；如服務機關已支付涉訟輔助費用者，應予追還。第一項之涉訟輔助辦法，由考試院會同行政院定之。」俾公務人員執行職務無後顧之憂，更使公務人員能勇於任事與主動為民服務。

最後，就上班時間外執行職務補償之保障方面：依「公務人員保障法」第23條規定：「公務人員經指派於上班時間以外執行職務者，服務機關應給予加班費、補休假、獎勵或其他相當之補償。」俾能保障公務人員合理之工作補償。108年11月29日釋字第785號解釋認為該規定及其他相關法律，並未就業務性質特殊機關所屬公務人員（如外勤消防人員）之服勤時數及超時服勤補償事項，另設必要合理之特別規定，致業務性質特殊機關所屬公務人員（如外勤消防人員）之超時服勤，有未獲適當評價與補償之虞，影響其服公職權，於此範圍內，與憲法第18條保障人民服公職權之意旨有違。相關機關應於本解釋公布之日起三年內，依本解釋意旨檢討修正，就業務性質特殊機關所屬公務人員之服勤時數及超時服勤補償事項，如勤務時間二十四小時之服勤時段與勤務內容，待命服勤中依其性質及勤務提供之強度及密度為適當之評價與補償等，訂定必要合理之框架性規範。

（五）管理措施方面

機關為達行政目的所為之作為或不作為，除屬復審救濟事項範圍以外，包括機關內部生效之表意行為或事實行為，均屬管理措施範圍，如機關長官或主管所為之工作指派、不改變公務人員身分關係之記過、申訴懲處、考績評定或機關長官所發之職務命令等均屬之。

三、保障法制之程序規範

保障之程序可分為復審、申訴、再申訴等程序，茲分述如下：

（一）復審程序

標的為行政處分，依「公務人員保障法」第25條規定，復審應以「行政處分」為標的。查「訴願法」第3條規定：「本法所稱行政處分，係指中央或地方機關，就公法上具體事件所為之決定或其他公權力措施而對外直接，發生法律效果之單方行政行為。前項決定或措施之相對人雖非特定，而依一般性特徵可得確定其範圍者，亦為行政處分。有關公物之設定、變更、廢止或一般使用者，亦同。」故復審應以具備行政處分所定之要件始足以當之。另依據大法官會議歷次相關解釋意旨，例如，對公務人員依法辦理退休請領退休金為拒絕之處分（釋字第187號、第201號）、依「公務人員考績法」或相關法規之規定對公務人員所為之免職處分（釋字第234號）、公務人員基於已確定之考績結果依據法令而為財產上之請求為拒絕之處分（釋字第266號）、請領福利互助金或為其他公法上財產請求權遭受侵害（釋字第312號）、人事主管機關任用審查認為不合格或降低原擬任之官等（釋字第323號）、審定之俸級（釋字第338號）等事項，均係足以改變公務人員身分關係或於公務人員權利有重大影響，均屬公共上具體事件，且已發生法律效果，應為復審之標的。至於未改變公務人員身分之記過處分、考績評定或上級機關所發生之職務命令，均屬內部之管理措施，應依申訴或再申訴之管道救濟之。惟依最高行政法院104年8月25日法官聯席會議決議，該年終考績列丙等之法律效果，於公務人員權利影響重大，應許提起司法救濟，爰保訓會104年10月28日公保字第1041060456號函，考績丙等事件之救濟程序，自104年10月7日起改依復審程序。

本案受理機關，依「公務人員保障法」第4條規定，公務人員提起之復審事件，由保訓會審議決定。同法第44條規定：「復審人應繕具復審書經由原處分機關向保訓會提起復審。原處分機關對於前項復審應先行重新審查原行政處分是否合法妥當，其認為復審為有理者，得自行變更或撤銷原行政處分，並函知保訓會。」

至於救濟途徑，乃保訓會所為之復審決定，當事人如有不服，仍得依法向行政法院提起行政訴訟以為救濟。

（二）申訴、再申訴程序

茲以本法規定略以，標的為服務機關所為之管理措施或有關工作條件之處置，依據「公務人員保障法」第77條之規定，申訴或再申訴應以「服務機關所為之管理措施或有關工作條件之處置」認為不當，致影響其權益者為標的。所稱「服務機關所提供之工作條件之處置」，如服務機關是否提供執行職務必要之機具設備、良好之工作環境、安全及衛生完善措施之提供，又如依法執行職務涉訟時是否提供法律上之協助等；所

稱「所爲之管理措施不當」，如長官或主管所爲之違法工作指派、不改變公務人員身分關係之不當懲處或考績評定等。本節依吳庚大法官指出：「在解釋上認爲係指行政處分以外對機關內部生效之表意行爲或事實行爲，包括職務命令（weisungen）、內部措施（verwaltungsintene massnahmen）及紀律守則（innerdiensliche anordnungen）等，不問其內容屬具體、個別或抽象性及普通性，亦不論以書面下達或用口頭宣示。其由服務機關自主所提供之工作條件或所爲管理行爲，固屬申訴之標的，其非出於服務機關之自主而係依據上級機關決定由服務機關執行者，理論上亦應包括在內」（吳庚、盛子龍，2017：222）。至以，申訴、再申訴之標的範圍至爲廣泛，爲避免公務人員濫訴濫控之情事發生，仍應依「公務人員保障法」第84條準用第61條、第73條之規定加以界定與過濾，分別爲不受理決定或不予處理。以維持申訴處理或再申訴決定之品質及減輕機關之負荷。

1. 受理機關：依據「公務人員保障法」第78條第1項規定，申訴應向服務機關提出。服務機關則應依申訴之事件內容或性質，決定案件承辦之主管單位。例如，對於未改變公務人員身分之考績評定不服，應由人事單位辦理；對於執行職務所需之機具設備不足，應由總務單位辦理。而再申訴亦應向保訓會提出之。

2. 「特別權力關係」理論之終結：同一申訴事由，經再申訴決定後，即爲確定；除具有再審議事由，得申請再審議者外，不得再以同一事由復提再申訴。即不得提起行政訴訟。但108年11月29日釋字第785號解釋：「本於憲法第16條有權利即有救濟之意旨，人民因其公務人員身分，與其服務機關或人事主管機關發生公法上爭議，認其權利遭受違法侵害，或有主張權利之必要，自得按相關措施與爭議之性質，依法提起相應之行政訴訟，並不因其公務人員身分而異其公法上爭議之訴訟救濟途徑之保障。」至於現行「公務人員保障法」有關申訴、再申訴救濟之相關規定「並不排除公務人員認其權利受違法侵害或有主張其權利之必要時，原即得按相關措施之性質，依法提起相應之行政訴訟，請求救濟」。此解釋強調公務人員作爲基本權主體之身分，與服務機關或人事主管機關發生公法上爭議，仍得按相關措施與爭議之性質，依法提起相應之行政訴訟。

綜上，公務人員不服行政處分者，均得循序提起復審、行政訴訟；對於不具行政處分性質之措施或處置，公務人員除得依「保障法」規定向保訓會提起申訴、再申訴外，如認其權利遭受違法侵害，或有主張權利之必要，按釋字第785號解釋得按其性質向行政法院提起救濟。

（三）保障程序其他相關規定

保訓會審理復審、再申訴案件除應依該會組織法第9條所定，須經委員會議決定之及委員於審議、決定有關保障事件時應超出黨派，依據法律獨立行使職外，並應注意下列規定：

首先，在迴避上，保訓會審理及協辦保障案件之人員，依「公務人員保障法」第7條規定情形之一者，應自行迴避；否則應移送懲戒；其次，訪談及調閱：保訓會於審理保障事件期間，得經保障會委員會議決議，派員前往調閱相關文件及訪談有關人員。受調閱機關或受訪談人員，應予必要之協助；末了，決定之效力及未依期限處理回復者之處置上，保障事件之決定確定後，有拘束各關係機關之效力。各機關即應依決定意旨執行，並依本法第91條規定限期將處理情形回復。如於該期限內未為處理者，依本法第92條規定，保訓會應檢具證據將違失人員移送監察院依法處理。其違失人員為薦任第九職等以下人員時，則由保訓會通知原處分機關或服務機關之上級機關依法處理。又為貫徹保障事件決定之執行，違失人員如為民意機關首長，本法第92條第2項亦另設有處罰規定，賦予保訓會得處新台幣10萬元以上100萬元以下之罰鍰，並公布違失事實之權限。且對該項罰鍰，經通知限期繳納，逾期不繳納者，得依同條第3項規定，移送強制執行。

四、保障制度之保障對象及其他保障法規

首先，依「公務人員保障法」之適用對象，亦即得依該法享有保障權之人員，可區分為下列兩類：即適用對象：依「公務人員保障法」第3條規定法定機關及公立學校依「公務人員任用法」任用之有給專任人員，均適用該法；但政務官及民選公職人員不適用該法。

其次，準用對象上，依「公務人員保障法」第102條第1項規定下列人員準用該法之規定：（一）「教育人員任用條例」公布施行前已進用未經銓敘合格之公立學校職員；（二）私立學校改制為公立學校未具任用資格之留用人員；（三）公營事業依法任用之人員；（四）各機關依法派用、聘用、聘任、僱用或留用人員；（五）應各種公務人員考試錄取參加訓練的人員，或訓練期滿成績及格未獲分發任用之人員。

最後，就其他保障法規上，有關公務人員保障法規，除「公務人員保障法」外，另尚有：（一）「公務人員安全及衛生防護辦法」；（二）「公務人員因公涉訟輔助辦法」；（三）「公務人員因公傷亡慰問金發給辦法」；（四）「公務人員保障暨培訓委員會保障案件審議規則」等有關規章，均與公務人員保障有關。

伍、檢討與建議——代結語

因應「訴願法」及「行政訴訟法」之修正，現行保障制度已提出配合改進建議並完成修法，茲以公務人員保障機制，關係到公務人員權益保障，暨與公共利益達成的平衡性，謹就其保障案件審理之組織體系與實體保障項目等方面，仍有改進之處，提出檢討及建議如下：

一、建立「文官法庭」之組織機制

美國之功績制保護委員會及其所設置之各地分會，職司公務人員保障救濟案件之審理，功能完善。日本之人事院下設公平審查局，由公平審理官審議公務人員之保障案件，著有成效。我國公務人員保障制度建立伊始，保訓會下設「保障案件審查會」其功能類似外國之「文官法庭」宜進一步參酌他國之制度，充實案件審理之機制，建立「文官法庭」之制度。以檢討目前由於保障處擬具處理意見送專任委員審理後再由保障處簽提「保障案件審查會」審查，審查會由副主任委員一人及專任委員組成，作成決定後，由保障部門擬定決定書稿提由主任委員主持之全體專、兼任委員之委員會議審議決定。茲以主任委員、副主任委員非由專任委員兼任，且以各代表機關副首長與學者專家組成之兼任委員亦參與委員會議審議，能否超然公正獨立行使職權，似有疑義。吾人以為允宜參照外國「文官法庭」設計，或參照大法官會議之方式，由主任委員與專任委員組成審議會議，議決所有保障案件，以符專任委員獨立行使職權之旨意。

二、充實實體保障內涵

我國公務人員實體保障項目，依據「公務人員保障法」第2條規定，原則有身分、工作條件、官職等級、俸給等事項。對於公務人員應有之保障大致上均已涵蓋，尚稱周妥。惟其中福利事項，因行政院認為「福利」為俸給以外之補助性給與，多由行政規章規範，範圍甚廣，難以界定，且各機關福利措施不一，政策上已逐步檢討併銷，不納入「保障法」內。雖經考試院列舉大法官會議解釋認為福利已屬公法上財產權之行使，且各機關福利措施不一，納入保障規範後，始可朝公平合理方向改善之理由，在「公務人員保障法」立法時力爭，但立法院終仍認為考試院刻正研擬「公教人員福利條例草案」，俟完成立法後再依該條例所定內容辦理保障即可，而未將「福利」納入「公務人員保障法」所定保障項目，造成公務人員保障對於「福利」事項未加規定，似形成美中不足。福利事項雖未明列為保障項目，但依「公務人員保障法」第25條規定，公務人員對於服務機關或人事主管機關所為之行政處分，認為違法或顯然不當，致損害其權利或利益者，得提起復審請求救濟。又據本法第2條修正說明，該條所舉應受保障之五種權利係例示，未來保訓會宜依司法院釋字第785號解釋意旨修訂「保障法」，檢討修正現行之規範。

三、落實實質平等就業機會

政府對於不同背景團體之人員，應予以平等就業的機會，在美國強調公務部門對於性別、人種、種族、宗教背景、身心障礙者等，均以修法改善消除一些差別待遇規定，且能發揮應有的職能，以期建立和諧的工作團隊，如此生產力、競爭力必然提升。所以，就上述保障的內涵中，除公務人員的身分、工作條件、官職等級、俸給等有關權

益，應予保障外，我們認爲除應落實性別工作平等法之規定外，倘能就有關更積極性、公正性與合乎正義的平等就業機會，似爲未來推動保障制度之方向與重點。

　　英國在平等就業方面，同樣重視性別之無差異性，尤以增加高級文官女性的比率；改善種族歧視規定，重視少數民族的就業與發展機會；重視身心障礙的就業機會，尤其在陞遷和訓練方面的加強。在我國重視女性就業機會，拔擢女性主管；舉辦身心障礙特考，依法進用身心障礙者於政府部門；以及由早期高普考試重視按省分區定額，到舉辦山地特考及成立原住民委員會進用原住民及培育原住民公務人力，以照護原住民的就業機會等，均是合乎時代潮流的人事政策作爲，未來應賡續推動多元化管理的公務人力資源運用等策略與方案，以創造更和諧的公務環境，增進工作效能，提升公務競爭力。

（本文修正自拙作（2018），人事行政學——論現行考銓制度，頁307-354，暨參照中華民國考試院院史（2020），頁332-338、438-442。）

壹、引言

　　我國公務人員退休制度最早始於民國元年公布之「中央行政官官律法」及3年公布之「文官卹金令」，迄16年9月9日公布「官吏卹金條例」，該條例為公務退休制度之基礎。在公務人員退休制度上，最早係採行「恩給制」，84年7月1日開始實施退撫新制，由原先之恩給制改為由政府與公務人員按月共同提撥一定數額，建立公務人員退休撫卹基金，用以支應公務人員退休金，退休金給與方式仍維持「確定給付制」，此為我國公務人員退休制度重大變革。

　　復依銓敘部102年函送考試院審議之「公務人員退休撫卹法草案」（以下簡稱「退撫法草案」）總說明，公務人員退撫新制實施迄今，由於客觀環境之改變，隨著退休給付人數及給付年限增長，依據精算結果，結至104年底，軍公教人員退撫基金之後續應給付金額高達新台幣2兆元以上，政府財政負擔日漸加重，退撫基金之收支結構亦趨險峻，銓敘部爰成立「文官退撫制度及基金研究對策小組」，經討論後於102年間提出「退撫法草案」，惟未完成立法程序。105年5月20日新政府上任，總統府於105年6月8日設置「國家年金改為委員會」，邀請相關人員代表及專家學長與會討論後，銓敘部再次研擬「退撫法草案」送考試院審議。

　　政策議題是社會大眾所共同認知的社會狀況，在公共政策分析專業中，公共政策的研擬始於問題建構（problem structuring），透過利害關係人之間相互辯論與溝通，形成共識，理出影響公共政策的成因，並依照議題影響之嚴重程度，加以評比的系統化過程（參照丘昌泰，2010：145、153）。因此，政策方案必須是利害關係人之間的互動對談的共識結果，而非決策者或分析家單方面主觀判斷的結果。銓敘部所擬的「退撫法草案」立法說明，雖指出該方案係依據年金改革委員會之討論，但觀察年金改革過程中，年金改革委員會雖然邀請利害關係人代表參與及召開「國是會議」，而參與者就年金改革方案惟一的共識，則是年金必須進行改革。

　　然而，對於如何改革？改革幅度為何？優先改革對象有哪些？諸如這些關鍵的議題，並未達成共識。這些疑義的主要癥結，仍在於政府部門對於年金問題的建構之歷史脈絡，以及長遠目標是否正確整全？全案必須避免錯誤或不周延的配套思維，方能建構擬具良善的政策方案。

貳、退休相關學理與本次年金改革方案概析

一、公務人力資源與社會安全保障下的退休政策功能

關於公務人員退休制度之學理，學者從不同之觀點提出不同之論述。綜整相關學說，約略可歸納為公務人力資源與社會安全保障二大觀點或界面。公務人力資源觀點主要係基於相關組織新陳代謝及透過對成員在職時付出之酬賞，吸引優秀人才進入組織；因此，又可再分成人事新陳代謝、功績報償與遞延薪資等看法。

另方面，從社會安全保障觀點而言，基於現代經濟社會型態，個人無法自給自足維生，而須透過交易獲取生活所需，在老年無法繼續工作賺取生活所需經費後，基於風險分擔，爰透過退休制度給予退休金以解決老年經濟安全問題。社會安全保障觀點的主要學說，有社會保險說、危險分擔說與適當生活維持說等看法（蔡良文，2008：218-219；徐有守、李震洲，1991：4-6；趙其文，2001：623-624；周麗芳、陳金貴與蕭麗卿，2005：8-11）。此次改革，關涉新舊制退休人員退休金給付性質之差異，先宜審慎為之。

二、本次年金改革方向與旨趣

依據總統府年金改革委員會所提出的106年年金改革方案，除了針對特殊退休給予規定之檢討，如終結18%惠存款制度及改革黨職併公職之年資採計外，涉及退休制度核心之改革主要方案係以多繳、少領及延後為主要思維。具體做法雖臚列有調降公教所得替代率；延長投保（提撥）薪資採計期間、縮減基金收支落差；因應人口老化、延後請領年齡；提高費率上限、漸進調整費率；以及設計年金年資可攜帶制度；基金管理專業化、透明化、提升投資效率等方向等。但歸納各項做法，實際上約略看出中心點僅有減少財務支出、職業別領取退休金額差異二大部分，對於其中根本的公務文官體制功能之選才、育才、用才、留才，尚未能整全設計，值得重視補強之。

參、公務人員年金改革所涉及之主要政策議題

本次年金改革過程受社會大眾及相關人員關注之程度遠大於以往，甚至在105年9月3日出現軍公教人員浩大遊行之景。在改革過程中，對於大眾退休金的給與上，基於國家如欲發揮「奠定社會安寧，增進人民福利」、「維持基本權利實現的架構得以順利運作」的基本功能，必然含給予最基本的經濟安全與生活維持，以落實社會國之國家責任，保障所有個人符合最低生存條件的人性尊嚴。然軍公教勞等改革之所以不易推動，實繫於各類人員退休改革中的核心價值與關鍵議題。

一、退休金的性質及信賴保護的整全平衡

　　公務人員退休制度是人性關懷與尊嚴的實踐，早期以國家之於公務人員為特別權力關係，晚近為公法上職務關係，其間關係變化成增加類似於雇主之於勞工關係；在此雙重身分下，國家除本身應建立國民退休後之老年經濟安全制度外，尚有相當之退休金給付額度之規劃與設計。就退休金之性質，在司法院釋字第578號解釋中，傾向勞工舊制退休金制恩給照顧，惟公務人力資源管理學者及法學者已有將退休金定性為薪俸（資）遞延之看法，不同退休金之性質在法律信賴保護的程度會有不同之結果。

　　在美國，部分的州最高法院甚至將退休規定視為契約（contract），嚴格禁止透過法律的修改調整退休條件與給付額度等。早期如加州上訴法院在1936年的「Dryden v. Board of Pension Commissioners of Los Angeles案」中，認為退休規定具有契約性質。近期的如2016年3月美國伊利諾州最高法院對於芝加哥市政府以財務失衡有破產危機為由，所通過的降低市府成員年金給付改革，做出的判決認為此舉違反了州憲法，並嚴正指出：「財務危機不得作為放棄法律原則的藉口」（crisis is not an excuse to abandon the rule of law）。該判決還認為，公務人員年金是政府與其成員所訂定的契約，在既定制度下，給付事先約定不論是否訂立新法，政府皆應遵守承諾，不可減少或損害退休或在職公務人員之利益，甚至強調：「正因為是危機，所以更須挺而捍衛法律原則」（it is a summons to defend it）。（陳聽安、陳國樑，2016）未來年金退休改革，如何在信賴保護與公共利益取得最佳衡平點，是需要大智慧的抉擇。

二、優惠存款之存廢的思考

　　關於優惠存款的存廢，在民進黨首次取得政府執政權後，91年間即要求進行檢討，95年推出第一波的改革，透過退休所額得替代率之計算，調降優惠存款本金方式調節。97年國民黨再次執政後，認為95年改革方案有「肥高官、瘦小吏」之不公平現象，銓敘部爰重新研議，並在99年推出新的改革版本並於100年實施，但又遭受到有所謂「瘦高官、肥小吏」之現象。由於現行銀行利率普遍偏低，而18%高利率優惠存款亦有其變革脈絡，至今理應儘速作合理改革，以回應社會大眾及各政黨團體之關注，但應重視其脈絡，以最合理可行的方式推進。要之，本次改革是要完全「歸零」，或善巧調整，也是決策者價值觀念的抉擇！

三、改革方案可能之重大隱性影響

　　本次的改革係源於財務危機，年金改革委員會所提出的年金改革方案，將目標訂為「健全年金財務，促進制度永續」、「確保老年生活、經濟安全無虞」及「兼顧職業衡平，實現世代互助」，但未正視文官功績精神之提振與維護，且就其改革目標後續的作為，乃在透過此次改革，延長基金餘額至少一個世代不會用盡（公務人員退休基金延

至133年、教育人員延至132年、勞保基金延至125年），並透過定期滾動檢討，讓基金永續。雖然年金改革委員會之網站宣導資料宣稱，年金改革改革之後，以產生延後退撫基金破產的時間，讓年輕世代領得到、制度永續等效益。但是公共政策之規劃之所以重要，就在於政策過程中及實施後，對社會各層面所產生的交互影響性。因此，年金政策並不僅只是影響財務面，亦影響個人生活品質等。總體而言，在整個方案的設計上及推動過程中，造成之社會成本與紛擾等隱而未顯的負面影響，恐將大於年金改革對於政府財務的改善。

其一，就人力運用與供需結構上，公務人員之俸給為法所明定，無法如同私人企業給予獎金紅利，且公務人員俸給與退休金是聯結關係。因此，穩定與可保障老年經濟安全的退休金，影響可「求」得之人「才」與願意留任的公務人力素質，並影響政府施政效能。

其二，經濟發展與社會成本上，諾貝爾經濟學獎得主寇斯（R. H. Coase）曾經提出「社會制度交易成本理論」，指社會制度的變革，都必須衡量新舊兩種制度的營運成本及制度轉換所需付出的代價，以符經濟效率原則。因此，現行年金改革以財務成本為主軸，但隱藏在其中的經濟發展與社會成本深不可及。其中，至少應重視公務人員退休金若少領，對經濟消費之影響，即因為少領所減少的政府退休金支出，是否足以平衡經濟發展的損失？

其三，消融代際之誤解，加強彼此包容互助，即在年金改革過程中，採行退撫基金將破產、世代正義、讓年輕一代領得到等論述，易於造成不同世代間之對立，宜審慎之。

其四，在淡化不同職業別間之衡平上，即忽略了勞工之現職待遇除了工資外，實際所得尚有紅利、獎金、股利等，但公務人員之實質所得與名目所得則是相同的。並且，勞工在職並未如公務人員不得兼職，也無嚴格之官箴遵守等限制，退休後亦無再任須停發月退休金之限制等。

肆、推動本次退休年金改革之省思與建議

綜觀此次年金改革工程，牽涉者不僅僅是財務面，也涉及公務人力資源運用與功績精神之維護，更重要的是台灣社會的信任感。對於年金改革之推動，筆者認為至少有如次之省思與建議：

一、重拾強化台灣社會之信任感

國家不同於公司，無可能也不會「結束」或「倒閉」。退撫基金經營管理主要採大水庫理論，前有源頭後有支出，源源不絕；因此，基金財務精算方式採行公司保險之方

式，是否妥適？實值再議。目前退撫基金預算如有賸餘，全數撥為基金，如有不足時應由政府撥補，或提高提撥率問題，但應屬階段性困境。若整個社會從族群不和諧、政黨對立，將走入階級、職別，乃至價值立場紛擾的現象。如今，雖未得先機而發，至少應適時適切調整。

根據Trust網站所示，英國牛津大學經濟學家麥克斯（Max Roser）於2014年對各該國人民間之信任度的問卷結果，呈現相當顯著的跨國異質性。例如，北歐的挪威、瑞典、芬蘭，分別皆有60%以上的人同意，哥倫比亞、巴西、厄瓜多和秘魯平均只有10%的人對此持正面意見；再如澳洲為54%、德國為42%、日本為35%、南韓為29%，而台灣1998年為37%到2014年則降為29%，似代表僅有29%的台灣人覺得周邊絕大多數人是值得信任的。如今，國內推動各重大政策改革中，是否變動？而如何提升國人信任感，確為當前要務。該研究亦指出，「人我之間高信任度」的社會，將有助提高集體和平決策的能力，也就是提升公民參與的質量，並且使得不同利益團體的發言權、課責機制，以更健康的方式進行，最後促成內部的政治穩定性。且以高度聯結的正相關者，則是在「人我之間高信任度」的社會，於統計圖表上的落點，多是國家GDP表現優異，以及人均收入較高的社會，值得重視與借鏡。

二、妥適因應信賴保護與不溯及既往原則之最適抉擇衡平點

年金改革所致之退撫法律變動，必將造成預期利益的減損，依據「中央法規標準法」第18條規定，舊法規有利於當事人而新法規未廢除或禁止所聲請之事項者，適用舊法規；若新法較舊法有利於當事人，仍須適用新法。其意旨在於不利溯及之禁止。在公益的考量下，不得已須調整退休金之財產權保障，但需兼顧現職人員及退休人員之信賴保護，即使基於公益或財政考量，不能驟然改變而應分段實施。至或考量降低軍公教人員所得替代率時，應請思維古聖所云：「人之所需者飲食，既有所須，爭訟所由起也。」所以，更應重視標的團體之承受程度，讓軍公教人員的人心得以平和，其尊嚴得以維護。

又18%優惠存款前無法律基礎，在103年的司法院釋字第717號解釋中，認為不違反信賴保護原則，但公務人員退休制度是依據「公務人員退休法」等相關法律，是有明確的法律規定，能否違反此原則呢？所以公務人員在信賴現行（舊法）的前提下，如何規劃退休生活（何時退休？如何擇領？），年金改革所導致之退撫法律變動，必會造成預期利益的減損，即使基於公益或財政考量，不得已進行變革，亦不能驟然改變而應分段實施。就退休所得替代率上限（草案），實施第一年擬改為75%，允宜請適切提高外，而退休人員之所得替代率最終之替代率，是否考慮能等同新制人員之比率（如三十五年者70%），或至少應請適切再提高，方為寬厚、樂觀、正向之決策。

三、重申釐清各職業分立與保障差異性

　　各職業別年金為人力資源管理之一環，在職業年金的發展歷史過程中，因為不同職業別的雇主，所願意承擔員工退休後生活照顧責任之程度，以及人力資源運用上的考量，而各自發展出不同的職業年金制度。各職業別年金本因職業分立而各有其優缺點，在投保薪資（保費）、退休所得替代率、提撥比例等本存有差異，；因此，職業別之衡平必須是收繳與支付利率之衡平，而非最後給付金額之表象。在計算退休所得替代率時，必須先以勞工（如金融、電子資訊、服務業等）與軍公教人員在職薪俸待遇與退休金連動思考，不同職業別之所得替代率宜授權由主管機關依實需規劃。所以，必須整體且清晰的論述，同步考量不同職業別選才、育才、用才、留才之統整規劃與整全相融，避免造成社會人心難以「調伏」，正視及有效地減低改革之社會成本。

伍、結語

　　現代國家為使公務人員守法盡職，對於現職人員固須保障其工作安定與生活，即於退休後，對其晚年生計與生活，亦必須有適當之保障與照顧，然後始能讓其公爾忘私，為民服務。所以，政府任何退休年金改革，應戮力使其安老，給予人性的關懷與尊嚴，而心能安定，成為社會穩定之堅實力量。為政者，在思維退休年金改革成效的可能性，雖秉持「謀事在人，成事在天」原則，若人事已盡，當遵依天命；所以，「順乎天道天德」應是良善決策之參照基準。

　　綜上，由於改革之難，往往甚於革命，改革需要大慈悲與大智慧，愈是大幅改革，愈要謙卑。年金改革雖然修改的是「制度」，不是「人」，但對被改革者的「感受」要有「同理心」，才易獲得支持。「尚書」所云：「居上克明，為下克忠，與人不求備。」「周易」：「敦臨，吉，无咎。」可否供參？倘為社會信賴感之不足，使國家統治階層重視防弊、監管或財務等管控作為，將可能導致社會與資源成本錯置，更可能產生負向能量。在改革中，建請先建立高信賴感的社會，重視興利、願景等展望規範與決策思維，讓國家社會產生正向能量，達到良善治理與保合太和之境域。

（本文原載於理論與政策，第20卷第1期（第72期），2017年3月，頁105-113；部分內文配合法制變革與體例調整，略做文字修正。）

壹、引言

　　由於公務人員與國家關係的改變，政經變遷與政府改造及新公共管理思潮的衝擊，國家整體的退撫制度是必須配合調整。就公務人員的退撫制度變革，關涉公務人員守法盡職，在其退離時，予以適時保障與照顧，俾其保有尊嚴與無後顧之憂，如此方可再引進年輕才俊之士，使人事新陳代謝，提高行政效能。有關公務人員退離照顧制度，不但關係公務人員的生涯規劃，也影響到公務人力供給素質之優否，任何改革不可不慎重（蔡良文，2007：37-70；2014：423-450）。任何制度的改變，必須掌握其趨勢，並循「變以漸也」的道理[1]。

　　回顧我國公務人員退休制度，最早始於民國元年公布之「中央行政官官律法」及3年公布之「文官卹金令」，迄16年9月9日公布「官吏卹金條例」，該條例為公務退休制度之基礎，並將退休及撫卹制度併同規定，於民國32年退休撫卹各自訂定，並公布「公務人員退休法」及「公務人員撫卹法」。在退休給與制度上，最早係採行恩給制，84年7月1日開始，由原先之恩給制改為由政府與公務人員按月共同提撥一定數額，建立公務人員退休撫卹基金，用以支應公務人員退休金，退休金給與方式仍維持確定給付制。要之，我國公務人員退休制度，自民國3年「文官卹金令」制定公布後至102年間，歷經十一次修正。

　　本次銓敘部參照總統府年金改革委員會所提改革目標有三，包括（一）健全年金財務，促進制度永續；（二）確保老年生活，經濟安全無虞；（三）兼顧職業衡平，實現世代互助。茲為利公務人力資源管理與運用，理應加上「調整退休制度，重視人才運用」精神，而且本次年金改革主要在減輕財務負擔，所以軍、公、教、勞人員至少必須以同步且漸進、溫和穩健、合理可行的原則來循序推動。本文旨在分析公務人員退休制度之給與變革，並研析在整個退休年金制度精神之流變，進而提供決策者改革之抉擇方向，也就教於高明。

1　本案原以政治性應屬不高，或在政治抉擇的考量與影響下，導致其有相當程度的政治性？其真正原因何在？值得思考。要以有關公務人員退撫體制之變革，理應關涉到公務人力資源運用、社會安全制度、國家財政負擔、退撫基金管理與運作，以及公務人員本身服務績效與年資採計等非政治因素；而且各國有關退休撫卹之給予或謂所得替代率，其數據多參考精算推估。

貳、退撫年金制度改革之學理與性質概析

　　任何一個組織均有其目標及使命，而達成組織目標及使命之重要關鍵爲：組織人力資源之運用，公務人力資源管理學者亦應分別自目標、環境及結構面向，提出公務人力資源管理之含意（參照黃英忠，2016：26-27），而在公務人力資源管理方式上，已發展爲將公務人力結合機關組織願景與目標之策略性人力資源管理觀點，即應特別強調因應外環境，對達成組織使命之策略性人力運用。申言之，以政府各部門爲完成國家發展目標之組織，公部門人力之優劣關乎國家發展成敗。因此，在公務人力運用及政策上，較之於私人部門，更需重視組織結構及人才留用。

　　至於退休制度關涉進用與留用，在公部門人力資源管理中之功能[2]，學者雖有不同之觀點，或謂退休撫卹制度之相關學理或因觀點不同，其所隱含的政治與行政價值之流變與抉擇亦有不同，然約可歸納成公務人力資源管理的人事機能、社會保險與安全結構、以及退休（撫卹）金給予性質爲遞延薪資，或永久所得一部等面向如下（參考蔡良文，2008：218-220；徐有守、李震洲，1991：4-6；趙其文，2001：623-624；周麗芳、陳金貴與蕭麗卿，2005：8-11）。茲就我國退休制度發展過程，其兼具新舊制對應之學說。至於撫卹制度之學理，亦有多種，應予審酌。再由退休撫卹相關學理言，其主要觀點爲：其一，公務人力資源管理面向：維繫組織運作最重要的資源「人」，將退休制度視爲組織新陳代謝的人事機能，透過退休制度維持政府機關之人力新陳代謝。其二，廣義社會保險及安全結構面向：從廣義社會保險及社會安全結構觀點，強調在退休制度在退休人員之社會經濟安全，以及將退休人員之老年經濟安全之保障視爲社會安全結構之一環[3]。其三，退休金給予性質爲遞延薪資或所得一部分：著重將退休金性質界定爲遞延薪資或永久所得一部分，將退休金視爲薪資之一部分，並依據規定於在職時保留一部分，待其退休時再予給付，其對於退休金性質之界定，經常會影響退休金調整時之法律上財產權之保障問題（蔡良文，2008：219）。另法律學者孫迺翊從保護規範理論，若該項給付屬於國家生存照顧責任實踐方式，該項給付具有憲法保障的層次，該恩給性給付仍然可以受到保障，不得任意廢止（孫迺翊，2007：84）。

　　要之，各學說有其著重之面向與基本價值理念。因此，一個退休制度的調整都必須從多元觀點，兼容併論，方能完整。

2　主要，就退撫制度之建立及其功能，不外考量組織與組織成員之良善關係的立基工程。不但讓組織成員無生活匱乏之虞，且能配合其生涯發展與維持個人尊嚴。對於組織之新陳代謝、永業發展倫理效能之強化，更對國家社會的政治功能有整合與增進之助益，符合國家發展的目的（蔡良文，2008：218）。

3　本案主要觀點，包括所得替代率之設計；或著眼於國家有發展社會服務協助老年人之必要功能；以及爲保障人員基本生活，避免其因退休而使生活陷入困境等。

參、公務人員退撫法草案暨年金改革之比較制度介述

一、公務人員退撫制度變革之介述

各類人員年金改革議題涉及世代之間的資源運用，無論前任及現任總統均盡最大力量處理，就102年草案之立法架構係依據改革方案制定，其要旨在「逐步終止現行已經失衡之退撫制度」；「重新建構不留債務於後代子孫之退撫新制」，同時搭配「溫和緩進之過渡措施」及「有效緩解搶先退休機制」等多元思考，以達捨舊立新，穩健發展之理想目標。全案於102年4月11日函送立法院審議。茲因屆期不續審，乃另起擬改革法案。有關本案之回顧，恩給制變革到儲金制之前因後果，乃至新制的困境與變革，筆者同意其均涉及財務經費、職業差異，以及世代互助議題（王作榮暨范馨香基金會，2016：24-29）。

本次年金改革參酌總統府年金改革委員會所提出的106年年金改革方案，除針對特殊退休給予規定之檢討，如終結18%優惠存款制度，及改革社團（黨職）併公職之年資採計外，涉及退休（撫卹）制度核心之改革，主要方案係以多繳、少領及延退為主要思維。具體做法雖臚列有調降公教所得替代率；延長投保（提撥）薪資採計期間、縮減基金收支落差；因應人口老化、延後請領年齡；提高費率上限、漸進調整費率；以及設計年金年資可攜帶制度；基金管理專業化、透明化、提升投資效率等方向等，但歸納各法條規範之做法，實際上其中軸心，僅在減少財務支出、職業別領取退休金額差異兩大部分，值得重視與調整之。

（一）主要規範對象類別

銓敘部106年2月23日函送考試院審議之「公務人員退撫法草案」（以下簡稱「退撫法草案」）為因應退撫基金財務支出，以及為其國家財政預算合理分配，除了將退休撫卹在合併規定外，主要在於調整退休條件及退休給付與，並分別就已退人員、現在職人員以及未來新進人員進行不同之考量與規定，其立法重點為，其一，已退人員：一方面調降屬於政策性福利措施之優惠存款利率；另一方面逐步調降其退休所得替代率，並給予最低金額保障。調整之立論依據為，世代正義（包容、互助）、公平處理及循序漸進原則。其二，現在職人員：採多面向及漸進式之改革措施；相關具體方案為：1.調降屬於政策性福利措施之優惠存款利率；2.延後月退休金起支年齡至65歲；3.調降退休金計算基準（從最後在職俸額，至102年改革之前五年之平均俸額，漸進過渡至以最後在職前十五年之平均俸額為計算基準）；4.調整退休所得替代率，並給予最低金額保障；5.調整退撫基金提撥費率，主要考量面向為縮減退撫基金因不足額提撥之財務缺口。其三，新進人員（希望三層年金）：因應未來全面實施公教人員保險養老年金（以下簡稱公保年金）制，爰將公保年金及月退休金合併計算總所得，並重新設計給付率；

其餘事項照現職人員方案進行調整。

（二）改革所依據之相關法理之說明

　　銓敘部在本次擬具的「退撫法草案」，業提出公務人員退撫政策主管機關立場，提出關於退撫法草案之法理，以及改革後之政策效益分析，為利後續論述，先就主管機關之政策論述先行說明如下，而後再就主管機關之論述，自信賴保護之法理、退休改革之成本效益、公務人員老年安全保障，以及公務機關人力資源管理等面向進行分析說明。茲參據銓敘部研擬之「退撫法草案」立法說明中，退撫法改革相關法理之論述如次：

　　其一，信賴保護原則：採用司法院釋字第525號解釋意旨[4]，依情事變遷及國家公益，固非不可為，惟應搭配以合理配套機制。

　　其二，比例原則：本次規劃調整方式採多面向方式調整，考量任何一種單一途徑之調降方式，皆無法達成前開改革方案所定搶救退撫基金，以及世代正義（互助）等目標，爰採取一致及全面性調降，以達公平合理原則。再者，調降後之退休所得替代率維持在「最後在職本（年功）俸加一倍之60%（以平均任職年資三十五年者而論）」外，同時訂定「最低保障金額」，足以保障其維持退休基本生活，爰亦已符合比例原則[5]。

　　其三，平等原則：本草案規劃係配合改革方案訂定之調降退休所得措施，無論退休年度、職務高低及年資長短，皆採相同調整方式調降退休所得，其調整幅度均相等；意即，公務人員在改革方案實施後，其退休所得係依自身所具退休年資、等級等計算，因此，年資較長或職等較高者，其實質退休所得亦較年資短或職等低者高，以此主張其仍維持功績制精神並符合平等原則之要求。

（三）「退撫法草案」主張可帶來之改革效益

　　本案包含有二，其一，在節省政府支出部分，透過整體多面向調降公務人員退休給與，每一年度為政府節省若干財政支出，單以公務人員之節省金額而言，未來五十年內，預估可為政府節省相當之財務支出；其二，改革結果對於退撫基金之效益為擴增退撫基金規模，減緩退撫基金支出流量，有效搶救退撫基金財務危機。同時特別規劃將調降退休所得可撙節政府支出之經費，全數挹注退撫基金，以有效延後退撫基金收支不足及用罄年度，提升退撫基金財務穩健。

4　「退撫法草案」在第525號解釋意旨下，配合改革方案採循序漸進之過渡措施，訂定調降現職及已退休人員退休所得之機制，以減輕衝擊爰符合信賴保護原則。此外，退撫法草案亦針對信賴保護層次，區分不同類型人員而爲不同處理，其中在已退休人員部分，僅調整其退休所得替代率及優惠存款利息；現職人員於改革方案實施前已符合支領月退休金條件者，保障其於改革方案實施後退休時，仍不適用退休金計算基準調降規定，即仍可適用改革前規定。

5　另外，在延後起支年齡之改革措施部分，係接續於100年1月1日起實行之85制所定過渡期之後逐步延後，並非一步到位，此亦已考量比例原則之精神。

（四）對公務人員老年經濟安全保障之思維內涵

已退及現職人員之退休給與均按現行給付標準計算——經逐年調降後，最終以「最後在職本（年功）俸加一倍」之60%（以三十五年爲例）爲退休所得替代率上限，合理維持退休人員基本經濟生活安全。至於新進人員則在推動公保年金化之原則下，將公保年金及月退休金合併計算總所得，並重新設計給付率，同時維持與現職及已退人員相當之退休替代率水準，以維持世代間之衡平。惟本次改革未能周全考慮人才績效激勵效果，亦乏功績制精神之重視，未來應適時修法強化之。

二、比較年金制度之借鏡介述

由於各國政經社文科環境不同，其國情亦大爲不同，茲據考試院近年考察國外年金制度及的改革情形，略加介述，俾供我國退休年金變革之參考。

（一）日、韓兩國考察報告摘述

考試院基於人事法制與軍公教退撫基金監理、管理之主管機關立場，曾於102年9月、103年4月先後赴日本與韓國考察年金制度[6]，日、韓兩國與我國國情不同，年金制度或改革方式無法全盤移植，但其改革經驗確可提供我國思考（考試院，2013；2014）。茲再分別就其內涵，略述如次：

其一，日本年金制度值得參採與省思之處，如建立基礎年金創設，消除行業不平；通過年金整合，以保障原有權益；積極併行經濟（公與民間投資）與稅制改革（大舉印鈔，日幣大幅貶值；提高消費稅等）；因爲年金改革多半朝向「減碼」的方向，尤其重視改革政策溝通，並認定掌握改革時機，且採漸進、溫和手段，其成功機會似更大！

其二，韓國年金制度值得參採與省思之處，如持續性分階段推動改革；記取公務員年金改革的經驗（如補貼政策之不周延，行業不平等）；基金的有效管理與運用；就韓國年金基金管理及運用，係韓國年金度的特色之一。因韓國國民年金規模龐大，整體績效表現亮麗，又有獨立運作的監管機構，允許監督管理機構建構自主的薪酬與獎懲制度，值得稱許；鬆綁相關法令並調整各種年金基金的投資與經營策略，成立社會安全研究專責機構等，更有參採之處。

6　方案獲致經驗如下：（一）制度方面：思考建構基礎年金，俾保障老人退休生活基本需求，並可弭平行業的差距；制度興革後，及時了解運作缺失，進行改革機制；爲利制度調整，方案內容應予簡化，年金權益（年資保留）應予保障；成立專責社會安全研究機構，完備國家年金制度規劃。（二）基金管理方面：法令鬆綁，期使基金管理組織、人力進用或投資策略更爲彈性，有效發揮經營能力。（三）配套措施方面：併行經濟與稅制改革，改善政府財政失衡問題；做法上，強化政策溝通、掌握改革先機。然制度是成長的，必須隨著環境的變化有所調整與改變。

（二）德國年金考察報告摘述

德國公務員退撫年金制度為社會福利制度重要一環，亦為保障公務員生活工作穩定而得以盡責服務的重要基礎。德國社會保險制度中，很重要的一項乃是公營老年保障體系，對老年化人口提供保障。其又可分成非自營業者及自營業者之保障，其中非自營業者又分成公務部門及私人部門。公務部門在1998年前，公務員採恩給制，由政府編列預算支付之。自1999年則開始朝向儲金制，公務員逐年提供薪資進入儲金[7]。

茲就制度體系方面，德國建立三層年金體系，第一層為法定年金，第二層為公務員恩給年金，第三層為自願性補充年金（register）。其給與機制與我國相同均採均採確定給付制（DB）。至於該國近年之改革方向為縮減退休制度福利，延長退休年齡，以補貼措施鼓勵個人自費保險（考試院，2015：113-118）。

（三）美國年金考察報告摘述

美國為聯邦國家，各州之退休年金制度設計亦有不同（考試院，2016：143-146），但以加州CalPERS公務員退休制度所採用的給付因子（benefitfactor）、舊金山SFERS的退休年齡係數（age factor），及洛杉磯LACERA的最終薪資百分比，不論是適用新制或舊制人員，均依退休年齡給予不同的給付率，愈晚退休，所領退休給付愈多，用以鼓勵成員久任[8]。

茲以強化基金投資收益，究其核心為財務問題，依加州CalPERS對其退休金計畫的說明，其支付退休人員的給付中，來自成員提撥占13%，用人單位提撥費占22%，其餘

7　公務員之年金財務來源，原係由政府編列算的恩給制，來自於政府稅收。自1999年改變制度，公務員每一份新增薪水提撥0.2%進入由德意志聯邦銀行（Bundesbank，即德國之央行）管理之帳戶，把注公務員年金支出之儲戶。2007年1月1日，成立公務員年金基金，預計2020年起亦由德意志聯邦銀行管理。在此規劃下，公務員已逐年提撥部分薪資進入此基金，以充裕即將支付之年金支出。若公務員離開公部門職務，參加法定年金保險，亦可要求支領老年福利。惟此類公務員必須至少在公部門服務七年，其中五年任職於聯邦部門。除受工作保障之公務員外，政府尚聘用契約進用人員，而其年金可包括三項內容：（一）法定年金保險，雇員與雇主各支付50%保險金；（二）補充保險（職業年金規劃），具強制性；（三）私人保險，可自行參加，尋求全額保險。至於私人部門以及民營化之礦工、鐵路等機構以及海員等組織，亦有其保障體系。

8　美國加州、舊金山及洛杉磯的三個退休系統，除了均提供確定給付制的職業退休金計畫外，都依美國「國稅法」第401（K）或457等條款規定開辦確定提撥制的遞延薪資退休計畫，以鼓勵成員在職時能為日後退休生活預作準備。再以，加州CalPERS等三個確定給付制的退休金系統，對於成員曾任其他公務部門年資，須是相互間訂有互惠關係者，得以採計就退休條件的服務年資及不互移轉，成員退休時亦分別由各該退休系統依其規定計算退休給付給予。至無互惠關係的退休系統或私部門服務年資則不予採計。另外，不論是加州、舊金山或洛杉磯的退休年金給付，自成員退休第二年起適用「生活費調整規定」（Cost-of-LivingAdjustment），依消費者物價指數檢討調整，使退休人員的退休金不致因通貨膨脹而減值，使退休生活受到一定保障。如加州的補充收入457（Supplemental Income 457）、補充提撥計畫（Supplemental Contribution Plans）、403bCompare計畫、儲蓄加值（Savings Plus）計畫等，舊金山市和郡的遞延薪資計畫（City and County of San Francisco DeferredCompensation Plan），洛杉磯郡有地平線計畫（Horizons Plan）及儲蓄計畫（Savings Plan），採行自薪資直接扣款撥入儲投資帳戶，提供稅前提撥或稅後提撥的賦稅優惠，並由用人單位配合作相對提撥，投資方式亦設計多樣化的投資組合工具供參加者選擇，成員在退休後不僅可領回自己提撥及用人單位相對提撥部分，且經由投資可獲得更高收益。

65%來自投資收益[9]，其成效值得深入研析探究的。

（四）小結

茲以任何國家之退休年金制度，及其改革過程，必須去除迷思：其一，完美之年金制度，正確認知核心問題是關鍵；其二，任何改革涉及軍公教勞農等權益，難以周全；其三，經濟發展與財務仍是關鍵，實質公平難以計算。究查各國年金制度持續運作之關鍵在財務面，若缺乏經濟發展、稅制改革，即便年金改革通過，亦難持久。唯有人心能夠調伏、政治能夠和諧、經濟能夠發展、稅捐能夠挹注，即可減輕年金改革的壓力。至於各類人員之實質公平言，雖然社會對於公平的要求可能更甚於實質所得，但公平是主觀的，尤其是相對剝奪感。比較制度改革之政策論述中，倘缺乏合理的、人道的、具說服力的說明，甚至各自解讀，或算計的過程中，徒然增加就可能帶來愈多不公平的感受，而造成更多的對立與不信任。

肆、年金退撫制度變革之政策議題暨其檢證

本文在論述時，該改革之草案刻在考試院審議中，因為年金改革是重中之重的國政議題，基於政府一體，考試院本依五權憲法的憲政體制，貫徹憲定職掌，秉持超然、獨立、合議制精神。透過彼此體諒、相互尊重、理性溝通的過程，希冀建立一個可大可久的年金制度。從前述歷來我國公務人員退休制度修正變革之原因，可以歸納發現主要在：促進新陳代謝與鼓勵久任兩個價值間擺盪，而政府財政為歷次修法主要原因；採行調高退休給與獲年資採計上限方式為之，對於退休人員產生之不利益較低，在推動過程中遭遇之改革阻力較低，且使其較符合法律變動下的信賴保護原則。茲再分析如次：

一、信賴保護之法理面向分析（含四大標的團體意見摘述）

法治國原則之遵守為民主國家權力運作之根基，法治國原則包含權力分立、法律優位、法律保留、明確性與可預見性、以及信賴保護原則，各種原則建立之法理均係考量行政機關在提案立法的權力下，為避免政府機關透過法律恣意的解除政府責任，致國家恣意行為侵犯人民之各種權利，如財產權。就717號解釋理由書亦指出，人民依法規而取得之法律地位；或可預期取得之利益，即有信賴保護；且法規之變動，在無涉法律溯及既往原則之情形時，亦須注意人民對於舊法有無值得保護之信賴，以及是否符合比例原則。在英美法系國家如美國憲法第1條第10項規定：任何州不得通過損害契約義務之

9　又依洛杉磯LACERA2015年度報告，截至2015年6月30日止其年度收入中，成員提撥441,258千元（約占11%），用人單位提撥1,494,975千元（約占38%），投資收益為1,991.053千元（約占51%）。

法律。

　　再者，如前大法官楊仁壽所說的，若干國家在憲法上明文禁止新法規的溯及既往為原則，其亦指出公務人員退休金是公務人員辛苦多工作多年的退休權益（楊仁壽，2017）。在信賴保護的要件上，除了「退撫法草案」所援引的大法官釋字第525號解釋文及解釋理由書的論述[10]。黃錦堂教授意見略以，「信賴保護原則」，可分「法原則」（rechtsprinzip, grundsatz）與「法律條文」（gesetzliche regelung）。立法者（與發生憲法爭議時之違憲審查者）且應考量系爭修法之前後的重要關連因素，而為衡量。尤其，原先規定於時空轉換下之合理性及當事人的承擔能力（王作榮暨范馨香基金會，2016：44-45）。或林三欽教授就年金改革所涉及的信賴保護、法令不溯及既往等說明：包括改革應建立在維護人民正當信賴的基礎之上；軍公教同仁是國家維續的重要支柱；以及如果考量國家財務危機等重大公益因素，對於已經退休者所適用的退休制度，仍有改革的可能性（考試院，2017[11]）。在年金改革的爭議中，由於退休金並非是純屬願望、期待而未有表現其已生信賴之事實者。至於現行年金改革之理由為退撫基金及國家財務困窘，自無法透過補償的機制維持信賴保護之法理[12]，惟基於國家財政困難若欲進行年金改革，在改革過程中，剝奪或減少公務人員之退休金，均需要審慎漸進，並與退休公務人員取得合理共識，較為周允可行。[13]

10　本目指出（一）行政法規之廢止或變更亦適用信賴保護原則；（二）法規預先定有施行期間，或法規因情事變遷而停止適用，不生信賴保護問題；（三）經廢止或變更之法規有重大明顯違反上位規範情形，或法規係因主張權益受害者以不正當方法或提供不正確資料而發布者，其信賴即不值得保護；（四）純屬願望、期待而未有表現其已生信賴之事實者，則欠缺信賴要件，同樣不在保護範圍；（五）受規範之對象必須有客觀上具體表現信賴之行為。

11　在奉行法治國原則的憲政體制，國家有保護人民正當信賴之義務，特別是有關安身立命的退休年金制度。穩定合理的退休年金制度，不但是國家能否吸納優質人才到政府部門、並使其安心投入工作的關鍵，也是防杜貪腐的重要元素。其具體理由其一，改革年金是否為真正溯及既往是否違反信賴保護？包括不採真正、不真正溯及既往的簡略二分法，而可以依據衝擊程度的差異，規劃出更多層級的差異化立法措施；另年金改革對於已退休者的衝擊，即使對於即將退休者來說，衝擊也很大。年金改革對於已退休者的衝擊，也將因改革當時退休軍公教同仁年齡（80、90歲）的不同而有所差異。其二，法令不溯及既往、信賴保護等原則，在面臨國家財政危機等極度例外情況下才有調整餘地。要之，以國家財政危機及細膩而周到的差異化過度措施來爭取軍公教同仁對於這次改革的認同：如應提出充分的歷次退撫基金財務精算報告（以證明基金財務危機），以及中央政府財務分析報告（以證明政府已竭盡所能、無法再予撥補），以昭信於民眾，並爭取認同。並建議政府通盤檢視各行業的退休給付制度年金，以維持各行業退休年金額度具有合理的衡平關係。

12　關於退休金之性質，人力資源管理學者及法學者已有將退休金定性為薪資之遞延之看法，因此，其具有財產權保障之憲法保護位階，且來自於公務人員在職時與國家權力關力不對等的公法上職務關係下，諸多限制下的相對給付，其係屬憲法所保障不得任意侵犯之權利，若國家基於公益所必須必須加以侵犯，將必須給予合理的補償。例如我國公務人員退休制度在84年7月1日轉換為繳納退撫基金費用之退撫新制實施時，因此為利改革推動，而設有補償金之規定，以彌補公務人員在退撫新制後除了提撥退撫基金外，任職年資可獲得之基數卻相對減少之情形。因為公務人員須相對提撥退撫基金，而新制之退休金基數雖然自「本俸」調高為「本俸二倍」，但因為每一任職年資之基數在任職年十五年部分，舊制年資前十五年，每年基數為5%，相當於一年年資可以獲得5%的本俸，而新制年資為一年2%的本俸二倍年資，相當於一年資僅可獲得4%的本俸。

13　從我國公務人員退休制度財源籌措方式，一開始採行恩給制，在民國84年7月1日改採儲金制時之說明為，又公務人員畢竟是在信賴舊法的前提下，來規劃未來的退休生活，突然的法律變動，勢必造成其預

二、改革的成本效益暨退休公務人員經濟安全保障層面要析

首先，從經濟學之觀點而言，在資源有限的情形下，資源應分配給創造最高效率的活動與計畫，因此必須透過成本效益分析，對方案、計畫做全面性的分析，求取設或最大淨效益。同時，在分析成本效益時必須全面的成本與效益考量「內部與外部」，及「直接與間接」的成本與效益（郭昱瑩，2007：12、20-23）[14]。但公務人力資源管理面向而言，其可能產生引進素質不佳的公務人員，以及其所造成一連串的政策可能失誤，引發其他的國家賠償性支出，或是公共政策的失策。申言之，依據整全成本效益分析或結果論思維，在年金改革過程中，至少必須針對多數輿論已討論到的年金改革，對人力資源及公務人力素質所產生的外部及間接成本影響，而非僅以退撫基金或是政府預算支出減緩單一面向考量。

再者，退休公務人員老年經濟安全保障面向上，茲公教人員退休制度在於保障退休公教人員之生活條件與尊嚴，使其在職時戮力從公。所以，在針對已退休人員現行支領退休金者，基於公共利益及國家財務考量若仍考量溯及既往時，究其涉及金額部分宜考慮是否為法定退休金？或為法律授權之辦法或行政規則，均宜審慎分別為之，尤其重視其基本人性尊嚴之保障金額[15]。

三、公務人力考用與素質之影響分析

從前述退休制度的相關學理可以發現，對組織成員在職時付出之酬賞，以及退休後之保障，可以吸引優秀人才進入組織。然以公務人員之俸給為法所明定，無法如同私人企業給予獎金紅利。所以，在公務人力資源的求才上，可以吸引優秀人才至公務部門服務，其有形誘因為公務人員俸給與退休金兩者。因此，穩定與可保障老年經濟安全的退休金，影響可「求」得之人「才」與願意留任的公務人力素質，並影響政府施政效能。由於自95年起退休年金改革的後續效應，是值得觀察的[16]。公務人員之俸給為法所明

期利益的減損，主事者就應思考適用對象的承受能力，循序漸進調整，才能使被改革者安心，且非「懸崖式改革（草案第31條）」，如依目前的規劃，110年至114年是過渡期，符合指標數（年資＋年齡達85至89）即可退休，惟最低請領年齡是55歲，但若因年齡未達55歲或指標少1，如何降低影響，值得重視。

14　其中內部與直接成本或效益，係方案執行後可以直接獲得之效益，較易觀察到。然而外部成本及效益，係指方案實施後可能加諸第三者的成本或效益。如因為所得的減少，造成消費支出減少，經濟景氣下降等。至於間接成本則是指因為計畫的執行，造成決策部門外以外的單位的資源耗損，而決策單位未能予以補償。例如年金改革政策，以較低給付及延後退休年齡為主，給付降低雖然暫時紓緩了退撫基金的財務困窘。

15　如公務人員退休所得替代率之調整，草案採逐年自75%調降至60%（第37條、第38條及第39條等）。另草案（第44條、第45條等）針對遺族請領撫慰金之要件，擬將年齡由55歲調整為65歲，額度由二分之一調整為三分之一，請領資格嚴格，且忽略死生大事之意涵，亦難維護公務人員遺族之基本生計所需，其人道影響所及，不能不審慎抉擇！

16　茲據報載「106年大學個人申請入學第一階段篩選結果，……公共行政財政等科系，因為就業趨向不明，級分數大跌（由65級分，降為57、53級分）」。雖然大學分數位能代表未來公務部門人力素質之保

定，無法如同私人企業給予獎金紅利。因此，穩定與可保障老年經濟安全的退休金，影響可求得與願意留任的公務人力素質，並影響政府施政效能；再參考104年考選部統計資料顯示，民國100年公務人員考試報考人數約近五十一萬、及格率4.77%，逐年下降至104年報考人數約近三十三萬、及格率8.39%，明顯看出願意投身公職之人數下降，均不可不重視，應予妥慎因應之。

再以，現行公務人力在現行法制下俸給固定，且無法運用個人能力從事其他工作，退休後再任尚須停發月退休金的情況下，如本次的「退撫法草案」，更將限制退休後再任薪資，非由政府預算支出的私立學校職員，納為退休後停發月退休金之對象[17]，爰以，倘在「公務人員俸給法」未大幅修正前，更將衝擊優秀人才進入公部門服務之意願。比較在我國歷次的退休法修正立法說明中，可以發現，為提高退休金以吸引優秀人才入公部門服務；透過如55加發等規定，促進公務機關人力新陳代謝，避免組織老化。相對地，而本次「退撫法草案」之立法說明中，並未就現行改革對有才幹者進入公部門服務意願之影響，以及延退或延後起支年齡（65歲）等對公務組織新陳代謝、政策決策者支持退休年齡偏高、無法退休釋出職缺之情形下，對於年輕人員之於公部門就業率之影響；且以財務為優先考量的情況下，未來必須建構配套作為，以免造成整個人力供需結構性失衡！

伍、年金退撫制度流變的抉擇暨政策建議

任何改革之成敗，提升人民之信賴感，尤其是標的團體之順服，爰以政府應善盡責任並塑造良善和諧的社會關係，同時應從增加基金經營績效著手，鼓舞軍公教士氣，提升全民之社會信賴感。對於年改的建議，各方說法不同，如陳博志教授主張略以，由於（一）政府財政和原制度之缺失；（二）改革理由與方法要合情理；（三）調降是軍公教為國家整體利益而犧牲；（四）新制度建立與既有制度之破壞應分開處理（王作榮暨范馨香基金會，2016:13）。茲將各相關學者的觀點，以及筆者觀察，就制度流變的核心議題與價值抉擇下，對關鍵議題與條文建議如次：

一、健全文官制度與功績精神是不可忽略的核心議題

年金改革討論，歷經多場座談會與審查會，現在已進入關鍵抉擇時刻，再此重申，

證，但二者雖無直接因果關係，以公共行政學系之宗旨及在培養優秀之政府公務人力，其級分之下降隱含著未能招募到更為優秀的公務人員之未來隱憂。

17 按以108年8月23日公布之司法院釋字第782號解釋，「公務人員退休資遣撫卹法」第77條第1項第3款有關再任私立學校職務且每月支領薪酬總額超過法定基本工資之退休公務人員，停止領受月退休金權利之規定，與憲法保障平等權之意旨有違，應自解釋公布之日起，失其效力。

為利公務人力資源管理與運用，軍公教人才之選、育、用、留，宜循統整文官制度與功績精神的思維設計。建議本次年金改革法案中，對爾後新進人員應以「實質薪俸」為退休所得替代率的分母，至於實質薪俸內涵可請再行定義。近來，隨著全球化的發展，這種永業性的用人模式雖有改變，政府漸採行多樣化的任用模式，人力資源策略朝有利公、私人才交流發展，鼓勵不同職域間的流動，而有可攜式年金（年資保留）的機制設計。但本院職掌公務人員退休法制，為全國最高人事主管機關，自應綜合考量各項因素，妥宜設計公務人員退休年金制度；而在做法上，應就現職人員、已退人員與新進人員做不同的調整方案，始能更細緻考量不同情況，亦不宜全然考量財務負擔而忽略社會成本之深遠影響。就「善」與「利」之孰輕孰重[18]，至關重要，而迎得人民共同之信心與信賴，更是國家光明願景藍圖的礎石。

目前公務人員年金最重要與最迫切的問題，是如何解決基金財務永續問題[19]，關於退休財務成本壓力，無論是退撫新制前恩給制（未來應負擔之法定給付義務），或新制後儲金制（未提存精算應計負債），原均係法定政府應予確定給付之金額。但公務人員鑑於政府財政壓力，並不反對改革，惟為兼顧國家財政及國家誠信之善良價值，政府仍亦應本於誠信領導之衷，在改革上避免劇烈之改革衝擊，給予合於比例原則之調整，並透過合情合理之說服，以獲取被改革者之認同。

二、信賴保護與公共利益的關鍵條文規範之抉擇

公務人員授予官職起即有「入此門來，莫作升官發財思想；出此門去，要有修己安人功夫」，希冀國家能給予對等的人性尊嚴與合理保障。「信賴保護」為法治國家的基本原則之一，人民對公權力行使所生之合理信賴，法律自應予以適當保障。退休性質之信賴保護，綜觀歷次大法官釋字第472、485、589、596、717號解釋等，即闡釋法律不溯及既往與信賴保護原則。依該原則，制定或發布法規之機關，基於公益考量（社會整體利益優先於適用對象之個別利益），雖非不得修改法規，但若因此使人民出於信賴先前法規，而有利益受損者，制定或發布法規之機關自應採取合理之補救措施或訂定過渡期間條款，以減輕損害。至於採取何種措施（損失補償、維持現行保障、過渡條款）？則須衡酌法秩序變動所追求之政策目的、國家財政負擔能力等。

所以，在針對已退休人員現行支領退休金者，基於公共利益及國家財務考量若仍考量溯及既往時，究其涉及金額部分宜考慮是否為法定退休金？或為法律授權之辦法或行

18　孟子曰：「雞初鳴而起，孳孳為善者，舜之徒也。雞初鳴而起，孳孳為利者，蹠之徒也。」
19　提高基金收益、檢討委外機制及多元布局，如增加不動產、天然資源、海外投資等。退撫基金成立之初，雖未獲立法院同意將不動產投資列為該基金之投資項目，惟時空背景已然不同，且新制勞退基金亦已無此限制。因此，宜請儘速檢討修正「公務人員退休撫卹基金管理條例」，使退撫基金成為可以登記取得不動產之權利義務主體，以增列不動產之投資項目。至於該條例未修正前，或應適切權宜使其得先就不動產投資信託或不動產資產信託等相關商品進行投資，以增加其投資績效。另外，針對管理退撫基金經營之人員建立獎勵措施，藉此提高誘因以強化退撫基金經營績效。

政規則，均宜審慎分別爲之[20]，尤其重視其基本人性尊嚴之保障金額。如公務人員退休所得替代率之調整，草案（第37條、第38條及第39條等），以其係以任職年資三十五年者爲例，高於目前一般公務人員退休之任職年資，爰允宜請適切提高外（如自78%起調降），而最終之替代率，亦應考慮能等同現（新）制人員之比率（如三十五年者70%），其他二十五年資與十五年資者，均請或至少應請適切再提高，方爲存仁寬厚、樂觀前景、正向鼓勵之決策。又公務人員畢竟是在信賴舊法的前提下，來規劃未來的退休生活，突然的法律變動，勢必造成其預期利益的減損，主者就應思考適用對象的承受能力，循序漸進調整，才能使被改革者安心，如「懸崖式改革（草案第31條）」，顯非漸進緩和之決策。

三、改革應重視提升社會信任感與尊嚴關懷之實踐

吾人所不願見到的社會情狀，若整個社會從族群不和諧、政黨對立，將走入階級、職別，乃至價值立場的紛擾的現象。如今，雖未得先機而發，至少應適時適切調整。又據報載，在外有國際局勢變動不居，內部又未見和諧之景象，似受到極端多元主義（polarized pluralism）衝擊與影響。在2011年，英國牛津大學經濟學家麥克斯（Max Roser）曾提出一項研究，其中有份針對不同國家進行的問卷調查，問及「你是否同意你周邊絕大多數人都是值得信任的？」[21]如今，重大政策改革中，是否變動？而如何提升國人信任感，確爲當前要務！尤其草案（第67條）規範退休金支給規定，惟在立法說明未予詳述退撫新舊制精神與給付義務之差異，易造成年輕人員以爲其所繳付之退撫基金費用是支給已退人員之錯覺，請於立法說明中說明退撫舊制爲恩給制等語，俾資明確，避免世代間之誤解。

陸、結語

現代國家爲使公務人員守法盡職，對於現職人員固須保障其工作安定與生活，即於退休後，對其晚年生計與生活，亦必須有適當之保障與照顧，然後始能讓其公爾忘私，

---

20 即應請思維古聖所云：「人之所需者飲食，既有所須，爭訟所由起也。」所以，更應重視渠等之承受程度，讓標的團體的人心得以平和，尊嚴得以維護。

21 根據Trust網站所示之2014年問卷結果，呈現相當顯著的跨國異質性，如位處北歐的挪威、瑞典、芬蘭，分別皆有60%以上的人同意，哥倫比亞、巴西、厄瓜多和秘魯平均只有10%的人對此持正面意見；再如澳洲爲54%、德國爲42%、日本爲35%、南韓爲29%，而台灣1998年爲37%到2014年則降爲29%，代表僅有29%的台灣人覺得周邊絕大多數人是值得信任的。英國牛津大學經濟學家麥克斯研究，因爲「人我之間高信任度」的社會，將有助提高集體和平決策的能力，也就是提升公民參與的質量，並且使得不同利益團體的發言權、課責機制，以更健康的方式進行，最後促成內部的政治穩定性。且以高度聯結的正相關，則是「人我之間高信任度」的社會，於統計圖表上的落點，多是國家GDP表現優異，以及人均收入較高的社會，值得併同思考與重視。

爲民服務。所以，任何退休年金改革，應周妥使其安老，給予人性的關懷與尊嚴，其心能安定，勢成爲社會穩定之堅實力量。吾人以爲最高決策者，在思維退休年金改革成效的可能性，應請秉持「順乎天道天德」爲其決策之參照基準。改革中眞正做到：上者明察寬厚，下者固守威儀，良善互動，上下相合，圓滿理順問題之爭議與不平，且上下均能持念：知進退存亡而不失其正的道理。

　　考試院銓敘部作爲一個公務人員退休主管機關，應賡續與改革對象及社會大眾溝通說明，以使各界具年金之正確基礎知識，減少紛擾。至於最高決策階層，希冀思維者，文王曰：「何如而可以爲天下？」太公對曰：「大蓋天下，然後能容天下；信蓋天下，然後可約天下；仁蓋天下，然後可以求天下；恩蓋天下，然後能保天下。」因此，在推動改革時，採「以剛斷柔，剛建而且悅合，果決而且溫和」方可謂順天依時，大有所成也。年金改革推動過程中，優先尋求政治與社會和諧，建立社會與經濟良善發展，記取「天之所眷者德，民之所望者恩，德業者福祿之源，恩澤者名位之本，報施有數，因果不虛」之理則。要之，退休年金改革中，決策者能思維國家之長治久安、社會之祥和、人心之淨化，暨社會成本與財務成本之衡平抉擇等前提，必須能讓老者享安康、少壯者有希望，人人從長遠及人文關懷角度出發！

（本文原載於人事行政季刊，第199期，2017年4月，頁50-63，部分內文配合法制變革，略做修正。另有關該法修正過程與影響，可參閱本書第三章。）

一、中文部分

第一章

伍錦霖（2014）。**憲政體制與文官制度**。自印本。

桂宏誠（2009）。**中國立憲主義的思想根基：道德、民主和法治**。北京：中國社會科學文獻出版社。

彭錦鵬（2007）。高級文官團制度之聚合趨勢。**歐美研究**，第37卷第4期，頁635-679。

詹中原（2010）。高階主管特別管理制度建構之政策思考。公務人員月刊，頁1-3。

蔡良文（1993）。**五權憲法的考試權之發展**。台北：正中書局。

蔡良文（1998）。**行政中立與政治發展**。台北：五南圖書出版公司。

蔡良文（2006）。公務人員核心價值與行政倫理。考銓季刊，第47期，頁16-43。

蔡良文（2007）。**考銓人事法制專題研究**。台北：五南圖書出版公司。

蔡良文（2008）。**我國文官體制之變革——政府再造的價值**。台北：五南圖書出版公司。

蔡良文（2010a）。中山先生考試權思想與體制建構。**孫學研究**，第8期，頁21-53。

蔡良文（2010b）。**人事行政學——論現行考銓制度**。台北：五南圖書出版公司。

蔡良文（2011）。論政務人員特質與政治活動規範。人事行政，第176期，頁16-27。

蔡良文（2012）。政府組織改造與人事變革管理。公務人員月刊，第189期，頁9-24。

關中（1999）。**繼往開來，贏得信賴——考試院與文官制度的興革**。台北：考試院。

關中（2011）。**文官治理：理念與制度革新**。台北：考試院。

關中（2012）。**天下為公　選賢與能**。台北：考試院。

第二章

王作榮（2008）。**走上現代化之路**。台北：天下雜誌。

朱愛群等（2004）。**契約進用公務人力之範圍、甄選、權利及義務之研究**。考試院：考試院研究發展委員會。

考試院（2009）。考試院文官制度興革規劃方案。考試院第11屆第39次會議通過，單行

本。

吳品清譯（2006）。平衡計分卡。台北：麗勤管理顧問，頁307-320。

林明鏘（2007）。政務人員退職制度及相關問題之研究。考試院研究發展委員會委託研究，頁16-7。

施能傑（2005）。政府卓越運作的功能與人力組合要素。文載於高級文官考選與晉用制度之研究（彭錦鵬編）。考試院：考試院研究發展委員會，頁5-7。

徐有守（1997）。考銓制度。台北：台灣商務印書館。

翁岳生（1985）。行政法與現代法治國家。台北：台灣大學法學叢編委會，頁475-480。

翁岳生（2008）。憲法之維護者——省思與期許。文載於第六屆「憲法解釋之理論與實務」，暨釋憲六十週年學術研討會論文。台北：中央研究院法律研究所籌備處，1月11日，頁11、117-133。

傅肅良（1995）。人事行政。台北：三民書局。

彭錦鵬（2005）。全觀型治理——理論與制度化策略。政治科學論叢，第23期，頁61-100。

黃錦堂（2002）。政府再造的憲法原則。法學講座，第7期，頁1-19。

趙其文（1997）。中國現行人事制度。台北：五南圖書出版公司。

蔡良文（1992）。憲政改革中考試權定位之評析與建議。人事管理，第337期，頁4-24。

蔡良文（1998）。論文官再造與強化政府職能。考銓季刊，第16期，頁39-40。

蔡良文（2006）。人事行政學——論現行考銓制度，增訂三版。台北：五南圖書出版公司。

蔡良文（2007）。我國公務人員俸給與福利制度相關議題分析。考銓季刊，第51期，頁10-28。

蔡良文（2008）。我國文官體制之變革：政府再造的價值，初版一刷。台北：五南圖書出版公司，頁77。

蔡良文，考試院會第11屆第9、17、27、36及43次會議發言錄。

繆全吉（1978）。行政革新研究專集。台北：聯經出版，頁129-138。

關中（2008）。文官制度和考試院——我們需要什麼樣的文官制度以及考試院應扮演的角色。自印本，頁5-12。

關中（2009）。文官制度改革的兩個重點：培訓體制的強化與高階文官養成。文發表於「公務人員發展趨勢與展望研討會」，4月22日。自印本。

關中（2011）。文官制度與台灣政治、經濟和社會的發展。文載於文官治理：理念與制度革新，頁223-263。

關中，考試院院會第11屆第36次會議發言錄。

第三章

王作榮（1996）。考選部六年施政回顧。台北：考選部。

伍錦霖（2015）。文官制度改革的政策目標與推動策略。人事月刊，第360期，頁1-15。

伍錦霖（2015）。高階文官培訓——國家競爭力的支點。文官培訓學刊，創刊號，頁1-34。

江明修（1997）。公共行政學：理論與設回實踐。台北：五南圖書出版公司。

考試院中華民國110年施政計畫。台北：考試院。

考試院全國人事法規釋例系統，考試院第12屆施政綱領，網址：http://weblaw.exam.gov.tw/LawArticle.aspx?LawID=C0046000（最後瀏覽日：2020/3/23）。

吳瓊恩（1996）。行政學。台北：三民書局。

林鍾沂（1998）。文官甄補政策的價值意涵及其實踐。台北：考試院。

法治斌（2002）。論行政法院對人事行政裁量及不確定法律概念之審查權限——從公務人員制度之多元複合價值談起。台北：司法院。

施能傑（1996）。我國文官甄補政策的回顧與檢討。國立政治大學學報，第73期，頁111-144。

施能傑（2003）。公務人員考選制度的政策評估。台灣政治學刊，第7卷第1期，頁165-176。

施能傑（2005）。政府卓越運作的功能與人力組合要素。文載於彭錦鵬（研究主持人），高級文官考選與晉用制度之研究（頁5-7）。考試院研究發展委員會委託研究報告，未出版。

張家洋主編（1995）。公共行政的知識議題與新趨勢，上冊。自印本。

郭倩茜（2011）。我國高階主管特別管理制度之規劃策略——兼論英、美、荷、韓四國與我國之比較。文官制度季刊，第3卷第4期，頁77-104。

彭錦鵬（2005）。高級文官考選與晉用制度之研究。台北：考試院。

彭錦鵬（2007）。高級文官團制度之聚合趨勢。歐美研究，第37卷第4期，頁635-679。

蔡良文（2000）。從政權輪替看文官體制之鞏固與發展。文發表於「政治變遷與文官體制研討會」。

蔡良文（2001）。五權憲法中考試權獨立行使之意涵與發展。政策研究學報，第1期，頁51-83。

蔡良文（2004）。論政治變遷中銓敘體制之變革與發展。考銓季刊，第37期，頁19-40。

蔡良文（2006）。公務人員核心價值與行政倫理。考銓季刊，第47期，頁16-43。

蔡良文（2008a）。我國文官體制之變革——政府再造的價值。台北：五南圖書出版公

司。

蔡良文（2008b）。政治價值流變中國家考試之變革。**國家菁英**，第4卷第2期，頁
　1-18。

蔡良文（2009）。文官體制變革之論證。**文官制度季刊**，考試院八十週年慶特刊，頁
　1-24。

蔡良文（2010）。中山先生考試權思想與體制建構。**孫學研究**，第8期，頁21-53。

蔡良文（2012）。國家考試與文官制度──王前院長作榮對文官制度的貢獻與啓發。文
　發表於「王作榮教授與國家發展研討會」。

繆全吉、彭錦鵬、顧慕晴與蔡良文（1990）。**人事行政**。台北：國立空中大學。

關中（2008）。文官制度和考試院。2008年9月接受立法院同意權審查所提之書面報
　告。

關中（2010）。文官制度與台灣政治、經濟和社會的發展。文載於**文官治理：理念與制
　度革心**，2010年9月15日講於台灣政治、經濟和社會的發展。

第四章

王作榮（2008）。**走上現代化之路**。台北：天下雜誌，頁303-315。

朱雲漢（2010）。全球進入政治體制多元競爭時代。**中國時報**，2010年6月12日，
　A18。

考試院（2009）。**文官制度興革規劃方案**。台北：考試院，頁15-19、44-45。

余英時（1982）。**史學與傳統**。台北：時報文化，頁32-36。

沈雲龍主編（1981）。**中華民國憲法史料**。台北：文海出版社。

周陽山（2010）。「善治」與五權憲法──以監察與考試兩權爲軸心的分析。文載於**孫
　中山與黃花崗之役──庇能會議與海外華人國際學術研討會學術論文**，台北：國父
　紀念館、教育部等，頁558-573。

林明鏘（2000）。**公務員研究法（一）**。自印本，頁6。

施能傑（2005）。政府卓越運作的功能與人力組合要素，文載於**高級文官考選與晉用制
　度之研究**（彭錦鵬編）。考試院：考試院研究發展委員會，頁5-7。

唐振楚（1965）。**行政管理學**。台北：國防研究院，頁97。

孫中山（1981a）。**國父全集**，第二冊。台北：中央黨史會，頁205-206。

孫中山（1981b）。**國父全集**，第三冊。台北：中央黨史會，頁3。

徐有守（1999）。**考試權危機**。台北：商務印書館，頁2-16。

桂宏誠（2009）。**中國立憲的思想根基**。北京：社會科學文獻出版社，頁250-278。

翁岳生（2008）。憲法之維護者──省思與期許。文載於第六屆「憲法解釋之理論與實
　務」，暨釋憲六十週年學術研討會論文。台北：中央研究院法律研究所籌備處，頁
　11。

高永光（2006）。**我國考試權與監察權之發展與變革**。台北：時英出版社，頁1-22。

張君勱（1969）。**立國之道**。台北：商務印書館，頁346。

張純一（1975）。**墨子集解**。台北：文史哲出版事業公司，頁67。

曹俊漢（2009）。**全球化與全球治理：理論發展的建構與詮釋**。台北：韋柏出版公司。

陳金讓（2000）。憲法的傳承，歷史的開創。國民大會於2000年4月24日完成修憲重任，陳議長金讓於閉會前發表之閉幕辭。

傅宗懋（1967）。**清代軍機處組織及職掌之研究**。台北：嘉新文化基金會，頁2。

彭錦鵬（2005）。全觀型治理──理論與制度化策略。**政治科學論叢**，第23期，頁61-100。

湯德宗（2002）。**權力分立新論**。台北：元照出版，頁280-302。

黃錦堂（2002）。政府再造的憲法原則。**法學講座**，頁1-19。

楊家駱主編（清王先謙集解）（1976）。**荀子集解**。台北：世界書局，頁301-302。

楊樹藩（1982）。**中國文官制度史**。台北：黎明出版公司，頁2-3。

臧運祜（2005）。孫中山先生五權憲法的文本體現──葉夏聲「五權憲法草案」研析。文載於曾一士總編輯，第八屆孫中山與現代中國學術研討會論文集，台北：國父紀念館，頁273-274。

蔡良文（1992）。憲政改革中考試權定位之評析與建議。人事管理，第337期，頁4-24。

蔡良文（2002）。五權憲法中考試權獨立行使之意涵與發展。**政策研究學報**，第1期，頁51-83。

蔡良文（2005a）。論政府改造中考試院職能調整之研析。**考銓季刊**，第41期，頁35-61。

蔡良文（2005b）。政治變遷中考試院組織職權定位分析。月旦法學，第115期，頁194-208。

蔡良文（2009a）。從文官體制改革脈絡論考試權之發展。**考銓季刊**，第54期，頁35-61。

蔡良文（2009b）。文官體制變革之論證。文官制度季刊，考試院八十周年慶特刊，頁1-24。

蔣中正（1967）。整軍建軍的根本問題。文載於蔣總統嘉言錄（二），台北：中央文供社，頁168-169。

繆全吉（1978a）。**中國制憲史資料彙編──憲法篇**。台北：國史館，頁228。

繆全吉（1978b）。**行政革新研究專集**。台北：聯經出版，頁147。

薩孟武（1969）。**中國社會政治史**。自印本，頁55。

關中（2008）。文官制度和考試院──我們需要什麼樣的文官制度以及考試院應扮演的角色。自印本，頁5-12。

關中（2009）。**繼往開來，贏得信賴**。台北：考試院，頁167-195、89-102。

第五章

王作榮（1996a）。文官制度與考選政策。文載於**考選部六年施政回顧**。台北：考選部。

王作榮（1996b）。**亟待造時勢的英雄──行政、司法與文官制度**。台北：天下文化。

王作榮（1999）。**壯志未酬──王作榮自傳**。台北：天下文化。

王作榮（2008）。**走上現代化之路**。台北：天下文化。

王作榮（2010）。**鐵口直斷**。台北：天下文化。

立法院（1993a）。法制委員會紀錄。**立法院公報**，第82卷第26期，頁416-418。

立法院（1993b）。法制委員會紀錄。**立法院公報**，第84卷第2期，頁91。

任德厚（1992）。**政治學**。自印本。

江大樹（1997）。**國家發展與文官政策**。台北：憬藝出版社。

考試院（2009）。**考試院文官制度興革規劃方案**。台北：考試院。

考試院考銓叢書指導委員會主編（1984）。**戴季陶先生與考銓制度**。台北：正中書局。

吳定、林鍾沂、趙達瑜、盧偉斯、吳復新、黃一峰、蔡良文、黃臺生、施能傑、林博文、朱金池、李宗勳、詹中原、許立一、黃新福、黃麗美、陳愷、韓釗、林文燦、詹靜芬（1998、2016）。**行政學析論**。台北：五南圖書出版公司。

吳庚（1992）。**行政法之理論與實用**。自印本。

邱創煥（1996）。主持人致詞。文載於**文官制度與跨世紀國家發展研討會專輯**。台北：考試院。

施能傑（2003）。公務人員考選制度的政策評估。**台灣政治學刊**，第7卷第1期，頁165-176。

洪凱音（2012）。88%民間上班族　想改吃公家飯。**中國時報**，101年2月17日，A6版。

紀俊臣（2008）。論台灣跨域治理的法制及策略。**研考月刊**，第32卷第5期，頁26-33。

唐振楚（1965）。**行政管理學**。台北：國防研究院。

孫震（2003）。**臺灣經濟自由化的歷程**。台北：三民書局。

徐仁全（2011）。2011職場大「試」。**遠見雜誌**，公職特刊，頁9。

翁岳生（2008）。憲法之維護者──省思與期許。文載於第六屆「憲法解釋之理論與實務」，暨釋憲六十週年學術研討會論文。台北：中央研究院法律研究所籌備處。

高希均（1999）。出版序。文載於**壯志未酬──王作榮自傳**。台北：天下文化。

高希均（2009）。**閱讀救自己：50年學習的腳印**。台北：天下文化。

曹俊漢（2009）。**全球化與全球治理：理論發展的建構與詮釋**。台北：韋柏出版公司。

許濱松（2002）。**中華民國公務人員考試制度**。台北：五南圖書出版公司。

陳德禹（2011）。公共行政核心價值與倫理。**人事行政**，第176期，頁46-59。

彭錦鵬（2005）。**高級文官考選與晉用制度之研究**。考試院研究發展委員會委託研究。

黃錦堂（2002）。政府再造的憲法原則。**法學講座**，頁1-19。

蔡良文（1993）。**五權憲法的考試權之發展**。台北：正中書局。

蔡良文（1998）。**行政中立與政治發展**。台北：五南圖書出版公司。

蔡良文（2006a）。**人事行政學──論現行考銓制度**，三版。台北：五南圖書出版公司。

蔡良文（2006b）。公務人員核心價值與行政倫理。**考銓季刊**，第47期，頁16-43。

蔡良文（2008）。**我國文官體制之變革──政府再造的價值**。台北：五南圖書出版公司。

蔡良文（2010）。中山先生考試權思想與體制建構。**孫學研究**，第8期，頁21-53。

蔡良文（2011）。論政務人員特質與政治活動規範。**人事行政**，第176期，頁16-27。

關中（2009）。**繼往開來，贏得信賴──考試院與文官制度的興革**。台北：考試院。

關中（2010）。**文官治理：理念與制度革新**。台北：考試院。

關中（2012）。**天下為公　選賢與能**。台北：考試院。

第六章

江大樹（2000）。憲政變遷、政府再造與文官政策。文發表於「考試院、中國考政學會、中國人事行政學會與國立政治大學中山人文社會科學研究所共同主辦政治變遷與文官體制學術研討會」，2000年9月1日。

吳瓊恩（1997）。現代化文官制度的衝擊。文載於文官制度與跨世紀國家發展研究研討會（二）專輯。台北：考試院。

邱華君（2007）。公務人員貪瀆與防弊對策之研究。**考銓季刊**，第52期，頁36-51。

翁岳生（2008）。憲法之維護者──省思與期許。文載於第六屆「憲法解釋之理論與實務」暨釋憲六十週年學術研討會論文。台北：中央研究院法律研究所籌備處，頁1-133。

陳德禹（2003）。當前公務人力資源管理的新政策取向。文載於**行政管理論文選輯第十七輯**。台北：銓敘部，頁237-249。

黃東益（2010）。我國行政院部會政務官、事務官互動的潛規則。文發表於「開南大學公共事務管理學系第五屆『全球化與行政治理』國際學術研討會」。

熊忠勇（2012）。政權交接期間高階文官與卸／新任政務官的互動規範。文發表於「公義社會與廉能政府理論與實務研討會」，10月15日。高雄：高雄大學。

蔡良文（1993）。**五權憲法的考試權之發展：甲等特種考試個案分析**。台北：正中書局。

蔡良文（1998）。**行政中立與政治發展**。台北：五南圖書出版公司。

蔡良文（2007）。**考銓人事法制專題研究**。台北：五南圖書出版公司。

蔡良文（2008）。**我國文官體制之變革：政府再造的價值**。台北：五南圖書出版公司。

蔡良文（2010a）。中山先生考試權思想與體制建構。**孫學研究**，第8卷，頁21-53。

蔡良文（2010b）。**人事行政學——論現行考銓制度**。台北：五南圖書出版公司。

蕭全政、黃錦堂、施能傑、江大樹與蔡良文（1994）。**重建文官體制**。台北：國家政策研究中心，1-24頁。

繆全吉（1978）。**行政革新研究專集**。台北：聯經出版。

繆全吉（1984）。**理性政治的共識**。台北：黎明文化事業出版公司。

繆全吉（1990a）。官吏之道。**空大學訊**，第61期，頁10-42。

繆全吉、蔡良文（1990b）。學習人事行政之道——理論與實務之結合。**空大學訊**，第56期，頁56-59。

繆全吉（1990c）。現代文官制度爲平衡新封建之關鍵——防止「官無封建、選有封建」之道。**空大學訊**，第71期，頁37-40。

繆全吉（1990d）。中國自由地區官僚體制發展經驗的剖析。**人事月刊**，第11卷第4期，頁15-26。

繆全吉、彭錦鵬、顧慕晴與蔡良文（1990e）。**人事行政**。台北：空中大學。

關中（2013）。回應　課責　透明：**貫徹民主治理**。台北：考試院。

第七章

考試院（2008）。**考試院第11屆施政綱領**。台北：考試院編印。

考試院（2009a）。**考銓報告書**。台北：考試院編印。

考試院（2009b）。**考試院文官制度興革規劃方案**。台北：考試院編印。

考選部（1996）。**公務人員考試法修正案專輯**。台北：考選部編印。

李震洲（2002）。從考用之間關係演變談資格考試之可行性。**考銓季刊**，第29期，頁47-60。

施能傑（2002）。公務人員考選制度的政策評估。文發表於考試院舉辦二十一世紀文官體制發展國際會議。

施能傑、曾瑞泰與蔡秀涓（2009）。美國、英國和日本中央政府初任文官的甄補與介紹。**國家菁英季刊**，第5卷第1期，頁13-34。

徐有守（2000）。行憲後考選制度演進釋論。**考銓季刊**，第21期，頁214-257。

彭錦鵬（2005a）。全球競爭下的高級文官新構想。**考銓季刊**，第46期，頁28-63。

彭錦鵬（2005b）。從英美等國文官制度發展探討我國考試制度改進方向。**國家菁英季刊**，第1卷第3期，頁35-61。

彭錦鵬（2009）。考選制度的觀念革新——以簡併考試類科及考試及格人員地方歷練爲例。**國家菁英季刊**，第5卷第1期，頁49-67。

曾慧敏（2007）。從高等教育發展趨勢談國家考試學歷資格之規範。**國家菁英季刊**，第

3卷第1期，頁17-32。

楊朝祥（2009）。國家考試語文科目改革芻議。**國家菁英季刊**，第5卷第1期，頁9-10。

劉坤億（2009）。從多元角度檢討分階段考試之利弊得失度討。**國家菁英季刊**，第5卷第1期，頁35-48。

蔡良文（1999）。**人事行政學——論現行考銓制度**，增訂三版。台北：五南圖書出版公司。

蔡良文（2004）。考試院研議原住民族文官考銓問題與對策過程之評析。**考銓季刊**，第40期，頁20-46。

蔡良文（2006）。政府改造與彈性用人政策。**考銓季刊**，第46期，頁28-63。

蔡良文（2008）。政治價值流變中國家考選之變革。**國家菁英季刊**，第4卷第2期，頁1-18。

蕭全政、黃錦堂、施能傑、江大樹與蔡良文（1994）。**重建文官體制**。台北：國家政策研究中心。

關中（2008）。**文官制度與考試院**。自印本。

第八章

江明修、曾冠球（2009）。政府再造：跨部門治理的觀點。**國家菁英**，第5卷第1期，頁97-122。

考試院（2008）。**考試院第11屆施政綱領**。台北：考試院編印。

考試院（2009）。**考銓報告書**。台北：考試院編印。

考選部（1996）。**公務人員考試法修正案專輯**。台北：考選部，頁30。

考選部（2016）。「研商公務人員考試類科及應試科目檢討原則」第3次會議紀錄。

吳泰成（1997）。職組職系改進芻議。**公務人員月刊**，第7期，頁22-34。

施能傑（2002）。能力模式與人力資源訓練發展。**人事月刊**，第34卷第3期，頁5-19。

施能傑（2003）。高級文官的能力需求。文收編於彭錦鵬高級文官考選與晉用制度之研究。考試院92年考銓研究報告，頁8-12。

施能傑、曾瑞泰與蔡秀涓（2009）。美國、英國和日本中央政府初任文官的甄補制度介紹。**國家菁英**，第5卷第1期，頁13-34。

張四明（2016）。**公務人員職組職系及公務人員考試類科之檢討研究**。台北：考試院專案委託研究報告，未出版。

彭錦鵬（2005a）。從英美等國文官制度發展探討我國考試制度改進方向。**國家菁英**，第1卷第3期，頁35-61。

彭錦鵬（2005b）。全球競爭下的高級文官新制構想。**考銓季刊**，第42期，頁18-43。

彭錦鵬（2009）。考選制度的觀念革新——以簡併考試類科及考試及格人員地方歷練為例。**國家菁英**，第5卷第1期，頁49-67。

曾慧敏（2007）。從高等教育發展趨勢談國家考試學歷資格之規範。**國家菁英**，第3卷第1期，頁17-32。

楊朝祥（2009）。國家考試語文科目改革芻議。**國家菁英**，第5卷第1期，頁1-11。

劉坤億（2009）。從多元角度檢討分階段考試之利弊得失。**國家菁英**，第5卷第1期，頁35-48。

歐育誠（2012）。官制發展與考試用人相關性初探。**國家菁英**，第8卷第1期，頁1-17。

蔡良文（1999）。公務人員考選體制的新發展方向。**國家菁英**，第5卷第3期，頁3-17。

蔡良文（2008）。從文官體制改革脈絡論考試權之發展。**考銓季刊**，第54期，頁30-53。

蔡良文（2009）。高級文官進用變革與發展——兼論高考一二級考試類科科目之設計。**人事行政**，第169期，頁36-53。

蔡良文（2012）。國家考試與文官制度——王前院長作榮對文官制度的貢獻與啓發。文發表於「王作榮教授與國家發展研討會」，國立台灣大學社會科學院經濟學系、臺灣金融研訓院主辦，台北市。

蔡良文（2014）。**人事行政學——論現行考銓制度**。台北：五南圖書出版公司。

蔡璧煌、彭富源（2013）。公務人員考試錄取人員訓練制度之定位、現況與展望。**人事行政**，第182期，頁56-67。

第九章

李大偉（2010）。**國家考試職能評估標準作業程序之研究——國家考試職能評估標準作業程序之探討**。國家考試職能評估分法與標準之建立研討會會議實錄。台北：考選部。

李漢雄（2000）。**人力資源策略管理**。台北：揚智文化。

李聲吼（1997）。人力資源發展的能力內涵。**就業與訓練**，第15卷第2期，頁51-58。

沈介文（1999）。台灣科技公關公司核心職能之研究。文載於1999中華民國科技管理研討會論文集，頁141-150。

施能傑（2010）。職能理論對國家考試制度設計的啓示。**國家菁英**，第6卷第3期，頁17-35。

陳金貴（1999）。人力資源發展的新趨向——公務人員職能的提昇。**公務人員月刊**，第40期，頁6-14。

陳銘祥（2005）。建立以核心職能爲基礎的人力資源管理策略。文發表於行政院人事行政局、政治大學公共行政系與中國行政學會共同舉辦之強化文官核心職能，再造政府競爭力學術研討會，2005年9月19日。

黃一峰、陳衍宏（2007）。從核心職能觀點探討能力型政府建構之策略。**人事月刊**，第44卷第5期，頁3-12。

黃煥榮（2009）。**強化績效導向及核心能力評量陞遷制度之研究**。行政院人事行政局委託研究報告（國科會GRB編號：PG9811-016），頁45。

楊振昇（2007）。「變革領導」之理念與應用。研習論壇，第84期，頁1-11。

劉宜靜（2000）。加拿大政府建構文官核心職能之研究：兼論對我國中高階主管發展核心職能之啓示。**游於藝雙月刊**，第43期，頁7-8。

蔡士敏、藍家祺（2010）。學習地圖儲備未來成功能量。**能力雜誌**，8月號。

蔡良文（2008）。**我國文官體制之變革——政府再造的價值**。台北：五南圖書出版公司。

蔡良文（2010）。**人事行政學——論現行考銓制度**。台北：五南圖書出版公司。

魏梅金譯（2002）。**才能評鑑法——建立卓越績效的模式**（Competence at work: Models for superior performance）（L. M. Spencer & S. M. Spencer原著）。台北：商周。

關中（2011）。**繼往開來，贏得信賴——考試院與文官制度的興革**。台北：考試院。

第十章

考選部（1996）。**公務人員考試法修正案專輯**。台北：考選部編印，頁413。

余致力（2002）。台灣行政學研究的新課題：政黨輪替對文官體系的衝擊與影響。文載於**張金鑑教授百齡誕辰紀念會暨學術研討會論文集**，頁1-33。

施能傑（2003）。高級文官的能力需求。文收編於**彭錦鵬高級文官考選與晉用制度之研究**。考試院92年考銓研究報告，頁8-12。

施能傑、曾瑞泰與蔡秀涓（2009）。美國、英國和日本中央政府初任文官的甄補制度介紹。**國家菁英季刊**，第5卷第1期，頁13-34。

彭錦鵬（2005a）。從英美等國文官制度發展探討我國考試制度改進方向。**國家菁英季刊**，第1卷第3期，頁35-61。

彭錦鵬（2005b）。全球競爭下的高級文官新制構想。**考銓季刊**，第42期，頁18-43。

彭錦鵬（2009）。考選制度的觀念革新——以簡併考試類科及考試及格人員地方歷練爲例。**國家菁英季刊**，第5卷第1期，頁49-67。

曾慧敏（2007）。從高等教育發展趨勢談國家考試學歷資格之規範。**國家菁英季刊**，第3卷第1期，頁17-32。

劉坤億（2009）。從多元角度檢討分階段考試之利弊得失。**國家菁英季刊**，第5卷第1期，頁35-48。

蔡良文（1993a）。**五權憲法的考試權之發展——甲種特考個案分析**。台北：正中書局。

蔡良文（謹鍼）（1993b）。甲等特種考試修正之立法過程分析。**人事行政**，第107期，頁36-57。

蔡良文（2006）。政府改造與彈性用人政策。**考銓季刊**，第46期，頁28-63。

蔡家增（2005）。**南韓轉型：政黨輪替與政經體制之轉變**。台北：巨流圖書公司，頁225-257。

第十一章

朱景鵬、謝偉智（2010）。行政院組織改造推動方向與執行策略。**研考雙月刊**，第276期，頁8-19。

吳復新、孫本初與許道然（2010）。**組織變革管理與技術**。臺北：國立空中大學。

宋餘俠、陳鳳美（2010）。行政院組織改造變革管理推動構想。**研考雙月刊**，第276期，頁20-34。

周旭華譯（2000）。**領導與變革——企業變革中的領導新思維**（John P. Kotter原著）。台北：中國生產力中心。

孫本初（2005）。**公共管理**，第四版。臺北：智勝文化。

孫本初（2011）。**新公共管理**，第四版。臺北：一品文化出版社。

蔡良文（2008）。**我國文官體制之變革：政府再造的價值**。台北：五南圖書出版公司。

行政院研考會網站，網址：http://www.rdec.gov.tw

國立政治大學選舉研究中心網站，網址：http://esc.nccu.edu.tw/

第十二章

丘昌泰（1998）。建立績效導向的公務員俸給制度：公共管理的觀點。文發表於1998年考試院主辦之「文官制度與國家發展研討會」。

朱武獻（2003）。公務人力績效管理制度。文載於**政府改造與文官體制國際研討會實錄**。台北：考試院。

江岷欽、劉坤億（1999）。**企業型政府——理念、實務、省思**。台北：智勝文化。

余致力主持（2003）。**公務人員考績制度改進之研究**。考試院研究發展委員會委託研究。

吳定（2000）。建立公共服務卓越服務模式探討。**空專學訊**，第99期，頁49-56。

吳定等合著（2009）。**行政學析論**。台北：五南圖書出版公司。

吳瓊恩（1992）。**行政學的範圍與方法**。台北：五南圖書出版公司。

李允傑（2000）。公部門績效評估。人事月刊，第29卷第4期，頁4-14。

林水波、王崇斌（2005）。文官核心能力與良善公共治理的關連性。文發表於「強化文官核心能力——再造政府競爭力」學術研討會。行政院人事行政局，國立政治大學公共行政學系，中國行政學會主辦，台北市。

林嘉誠（2004）。公部門績效評估技術與指標建立。**國家政策季刊**，第3卷第2期，頁1-20。

施能傑（1998）。政府的績效管理改革。人事月刊，第26卷第5期，頁35-51。

胡龍騰（2009）。資訊權與透明治理。文發表於2009年國立中興大學國家政策與公共事務研究所主辦之「第二屆公共治理研討會」。台中：國立中興大學。

孫本初（2002）。政府績效管理的新思維。考銓季刊，第29期，頁38-46。

孫本初（2005a）。公共管理，第四版。台北：智勝文化。

孫本初（2005b）。績效衡量與評估的操作概念。考銓季刊，第43期，頁39-52。

孫本初（2006）。新公共管理。台北：一品文化出版社。

孫本初（2007）。新公共管理，修正一版。台北：一品文化出版社。

張潤書（1998）。行政學。台北：三民書局。

葉俊榮（2009），堅持、妥協與混亂：當前行政院組織改造的省思。台灣競爭力論壇主辦，「行政院組織改造」研討會，頁1-4。台北市。

詹中原主編（1999）。新公共管理：政府再造的理論與實務。台北：五南圖書出版公司。

蔡良文（2008a）。我國文官體制之變革：政府再造的價值。台北：五南圖書出版股份有限公司。

蔡良文（2008b）。人事行政學。台北：五南圖書出版公司。

鄭瀛川、鄭夙珍（2007）。績效評量工具之探討。文發表於「政府部門人力資源績效管理研討會」。

繆全吉（1978）。行政革新研究專集。台北：聯經出版。

關中（2009）。國家文官培訓所演講，自印本。

第十三章

世界經理文摘（2008）。評估績效，重點放在未來。世界經理文摘，第268期，頁24-26。

丘昌泰（1998）。建立績效導向的公務人員俸給政策：公共管理的觀點。空大行政學報，第8期，頁103-128。

朱武獻（2003）。公務人力績效管理制度。文載於政府改造與文官體制國際研討會實錄。台北：考試院。

朱金池（2009）。策略規劃與策略課責。文載於吳定等著行政學析論。台北：五南圖書出版公司。

朱道凱譯（2008）。平衡計分卡──化策略為行動的績效管理工具（羅伯·科普朗（Robert S. Kaplan）、大衛·諾頓（David P. Norton）原著）。台北：臉譜出版。

余致力主持（2003）。公務人員考績制度改進之研究。考試院研究發展委員會委託研究。

吳定（2000）。建立公共服務卓越服務模式探討。空專學訊，第99期，頁49-56。

吳定等（2009）。行政學析論。台北：五南圖書出版公司。

宋鎮照（2000）。**團體動力學**。台北：五南圖書出版公司。

李允傑（2000a）。指標管理：績效指標與政策指標。文收錄於吳瓊恩等著，公共管理。台北：空中大學，頁175-202。

李允傑（2000b）。公部門績效評估。人事月刊，第29卷第4期，頁4-14。

林水波（1989a）。**考績制度——理論研析與經驗驗證**。台北：五南圖書出版公司。

林水波（1989b）。考績謬誤論。**研考月刊**，第13卷第4期，頁22-35。

林水波、陳志瑋（1999）。顧客導向的政府再造策略。**政治科學論叢**，第10期，頁319-354。

林嘉誠（2004）。公部門績效評估技術與指標建立。**國家政策季刊**，第3卷第2期，頁1-20。

邱天欣譯（2002）。**績效管理立即上手**（羅伯特‧貝可（Robert Bacal）原著）。台北：麥格羅希爾出版社。

施能傑（1998）。政府的績效管理改革。人事月刊，第26卷第5期，頁35-51。

施能傑（2004）。建立組織績效管理引導員工績效評估的制度。**考銓季刊**，第37期，頁79-94。

柯末名（Alice Cawte，澳大利亞商工辦事處代表）（2009）。"An Introduction to the Australian Public Service and Its Approach to Performance Management."（澳大利亞文官制度及其績效管理）。2009年12月7日考試院國際文官制度學術交流專題演講。台北：考試院。

胡龍騰（2009）。**行政機關績效評估技術之探討報告**。台北：行政院研究發展考核委員會。

孫本初（2002）。政府績效管理的新思維。**考銓季刊**，第29期，頁38-46。

孫本初（2005）。績效衡量與評估的操作概念。**考銓季刊**，第43期，頁39-52。

孫本初（2007a）。績效評量工具之探討評論文。文發表於公務人力發展中心由行政院人事行政局、淡江大學公共行政學系共同舉辦之政府部門人力資源績效管理研討會，2007年10月8日。

孫本初（2007b）。**新公共管理**。台北：一品文化出版社。

徐木蘭（2000）。360度績效評估政府的胎盤素。**行政管理論文經選輯**，第14輯，頁239-246。

康博偉（David Campbell，英國貿易文化辦事處代表）（2009）。"Civil Servant: meeting future challenges, rewarding success and tackling under performance."（公務員：迎向未來挑戰，獎優輔劣）。2009年8月14日考試院國際文官制度學術交流專題演講。台北：考試院。

張文隆（2006）。**當責**。台北：中國生產力中心。

張四明（2009）。政府實施績效管理的困境與突破。T & D飛訊，第7期，頁14-25。

許南雄（2006）。**人事行政學**，增訂五版。台北：商鼎文化出版社。

陳志瑋（2005）。邁向民主課責：透明化機制運用之分析。**國家菁英季刊**，第1卷第4期，頁131-148。

陳海鳴、郭東昇（2005）。績效評估策略、績效模糊性與評估方法的運用。**商管科技季刊**，第6卷第4期，頁559-572。

蔡良文（2005）。論績效考核與淘汰機制之建立與變革。**考銓季刊**，第43期，頁11-38。

蔡良文（2008a）。**我國文官體制之變革：政府再造的價值**。台北：五南圖書出版公司。

蔡良文（2008b）。**人事行政學——論現行考銓制度**。台北：五南圖書出版公司。

鄭瀛川、鄭夙珍（2007）。績效評量工具之探討。文發表於公務人力發展中心由行政院人事行政局、淡江大學公共行政學系共同舉辦之政府部門人力資源績效管理研討會，2007年10月8日。

蕭全政（2005）。**績效管理指標及評估制度檢討**。台北：台北市研考會。

關中（2009a）。2009年12月3日與考試院暨所屬機關一級單位主管以上同仁，就公務人員考績法改革與修正事宜進行座談講詞。

關中（2009b）。文官制度的革新與活化——有關公務人員考績制度改革的講詞。

第十四章

王作榮（1982）。**財經文存續編**。台北：時報文化。

王作榮（2008）。**走上現代化之路**。台北：天下雜誌。

任德厚（1992）。**政治學**。自印本。

吳定、張潤書、陳德禹與賴維堯（1998）。**行政學（一）**。台北：空中大學。

吳庚（2005）。**行政法之理論與實用**，第九版。台北：三民書局。

吳泰成（2007）。俸給法制興革的幾個重要課題。**公務人員月刊**，第137期，頁2-4。

施能傑（2002）。彈性化職位設計與政府人力運用。文載於**行政管理論文選輯第十六輯**。台北：銓敘部，頁265-269。

張世賢（2004）。**我國政務人員職務設置及相關法制之研究**。考試院研究發展委員會委託研究。

曹俊漢（2009）。**全球化與全球治理**。台北：韋伯文化國際出版有限公司。

彭錦鵬（2005）。全觀型治理——理論與制度化策略。**政治科學論叢**，第23期，頁61-100。

蔡良文（2004）。論政治變遷中銓敘體制之變革與發展。**考銓季刊**，第37期，頁19-40。

蔡良文（2006）。論我國政務人員法制之建構與運作。**考銓季刊**，第45期，頁20-42。

蔡良文（2010a）。中山先生考試權思想與體制建構。文發表於檳城舉行之「孫中山與
　　黃花崗之役──庇能會議與海外華人國際學術研討會」，2010年3月27至28日。
蔡良文（2010b）。人事行政學──論現行考銓制度。台北：五南圖書出版公司。
關中（2008）。文官制度和考試院──我們需要什麼樣的文官制度以及考試院應扮演的
　　角色。自印本。
關中（2009）。繼往開來，贏得信賴。台北：考試院。

第十五章

王作榮（1996）。考選部六年施政回顧。台北：考選部編印。
任德厚（1992）。政治學。自印本。
余英時（1982）。史學與傳統。台北：時報文化。
吳定、張潤書、陳德禹與賴維堯（1998）。行政學（一）。台北：空中大學。
吳庚（1992）。行政法之理論與實用。自印本。
吳秋文（2006）。易經探源與人生。台南：易立文化出版公司。
林文燦（2008）。新加坡何以能延攬「才德兼備」的一流政務人員──「高薪養賢，後
　　祿養廉」待遇制度的啟示。公共行政學報，第27期，頁187-198。
林紀東（1978）。中華民國憲法逐條釋義。台北：三民書局。
孫震（2003）。臺灣經濟自由化的歷程。台北：三民書局。
高希均（2009）。閱讀救自己：50年學習的腳印。台北：天下文化。
張世賢（2004）。我國政務人員職務設置及相關法制之研究。台北：考試院研究發展委
　　員會。
曹俊漢（2009）。全球化與全球治理：理論發展的建構與詮釋。台北：韋伯文化。
許南雄（2006）。人事行政學。台北：商鼎出版社。
陳啟福主編（1996）。儒道佛名言辭典。鄭州：河南人民出版社。
華力進（1981）。政治學。台北：經世書局。
楊家駱主編（清王先謙集解）（1976）。荀子集解。台北：世界書局，頁301-302。
楊樹藩（1986）。中國文官制度史。台北：台灣黎明文化事業公司。
蔡良文（1993）。五權憲法的考試權之發展。台北：正中書局。
蔡良文（1998）。行政中立與政治發展。台北：五南圖書出版公司。
蔡良文（2008）。我國文官體制之變革：政府再造的價值。台北：五南圖書出版公司。
蔡良文（2009）。談象棋中之易理在人事管理的運用。人事月刊，第85卷第5期，頁16-
　　20。
蔡良文（2010）。人事行政學──論現行考銓制度。台北：五南圖書出版公司。
蔡璧煌、吳瑞蘭（2011）。高級文官團培訓制度析論。人事行政季刊，第179期，頁17-
　　28。

繆全吉（1969）。**明代胥吏**。台北：嘉新水泥公司文化基金會。

繆全吉（1991）。**為吏之道——秦竹簡良吏與惡吏比較**。人事月刊，第12卷第3期，頁42-46。

薩孟武（1969）。**中國社會政治史**。台北：三民書局。

第十六章

王作榮（1996）。**亟待造時勢的英雄——行政、司法與文官制度**。台北：時報文化企業公司。

任德厚（1992）。**政治學**。自印本。

余致力主持（2004）。**政務人員參與政治活動範圍之研究**。台北：銓敘部。

余英時（1982）。**史學與傳統**。台北：時報出版事業公司。

吳定、張潤書、陳德禹與賴維堯（1998）。**行政學（一）**。台北：空中大學。

吳庚（1992）。**行政法之理論與實用**。自印本。

林紀東（1978）。**行政法新論**。台北：三民書局。

施能傑（2002）。**彈性化職位設計政府人力運用**。文載於行政管理論文選輯第十六輯。台北：銓敘部，頁265-269。

孫震（2003）。**臺灣經濟自由化的歷程**。台北：三民書局。

高希均（2009）。**閱讀救自己：50年學習的腳印**。台北：天下文化。

張世賢主持（2004）。**我國政務人員設置及相關法制之研究**。考試院研究發展委員會。

張純一（1975）。**墨子集解**。台北：文史哲出版事業公司。

曹俊漢（2009）。**全球化與全球治理**。台北：韋伯文化國際出版有限公司。

許南雄（2006）。**人事行政學**。台北：商鼎文化出版社。

彭錦鵬（2002）。政治行政之虛擬分際：由「兩分說」到「理想型」。**政治科學論叢**，第16期，頁89-118。

華力進（1981）。**政治學**。台北：經世書局。

楊戊龍（2007）。**美國聯邦公務員的政治活動規範**。台北：翰蘆圖書出版公司。

楊家駱主編（清王先謙集解）（1976）。**荀子集解**。台北：世界書局。

楊樹藩（1986）。**中國文官制度史**。台北：黎明文化事業公司。

銓敘部法規司（2011）。**公務人員參與政治活動界限之研究——以公務人員行政中立法第9條為範圍**。台北：銓敘部。

蔡良文（1998）。**行政中立與政治發展**。台北：五南圖書出版公司。

蔡良文（2006）。論我國政務人員法制之建構與運作。**考銓季刊**，第45期，頁20-42。

蔡良文（2010a）。中山先生考試權思想與體制建構。文發表於檳城舉行之「孫中山與黃花崗之役——庇能會議與海外華人國際學術研討會」，2010年3月27至28日。抽印本。

蔡良文（2010b）。人事行政學——論現行考銓制度。台北：五南圖書出版公司。

蔡良文（2010c）。我國政務人員三法理念建構與研修相關議題分析。公務人員月刊，第173期，頁5-22。

蔡璧煌（2011），2011年6月9月考試院第11屆第140次會議，公務人員保障暨培訓委員會100年度出國考察加拿大文官學院等機關（構）報告。

繆全吉（1969）。明代胥吏。台北：嘉新水泥公司文化基金會。

薩孟武（1969）。中國社會政治史。自印本。

關中（2009a）。文官制度與民主行政：從行政中立談起。台北：考試院。

關中（2009b）。變革中的文官制度：介紹「文官制度興革規劃方案」。台北：考試院。

第十七章

丘昌泰（1998）。建立績效導向的公務員俸給政策：公共管理的觀點。文發表於「文官制度與國家發展研討會」。台北：考試院。

朱武獻（2007）。人事行政法制論文集。台北：三民書局。

考試院（2009）。考試院文官制度興革規劃方案（考試院第11屆第39次會議會議通過）。抽印本。

吳定（2000）。建立公共服務卓越服務模式探討。空專學訊，第99期，頁49-56。

吳品清譯（2006）。平衡計分卡（Performance drivers: a practical guide to using the balanced scorecard.）（Nils-Goran Olve, Jan Roy, & Magnus Wetter原著）。台北：麗勤管理顧問。

邱天欣譯（2002）。績效管理立即上手（羅伯特‧貝可（Robert Bacal）原著）。台北：麥格羅希爾出版社。

施能傑（1994）。行政機關俸給政策：公平性理論的觀點。台北：洪葉文化。

施能傑（1999）。美國政府人事管理。台北：商鼎文化出版社。

施能傑（2004）。建立組織績效管理引導員工績效評估的制度。考銓季刊，第37期，頁79-94。

施能傑（2006）。政府薪資績效化的政策設計。公共行政學報，第18期，頁51-84。

柯末名（Alice Cawte，澳大利亞商工辦事處代表）（2009）。"An Introduction to the Australian Public Service and Its Approach to Performance Management."（澳大利亞文官制度及其績效管理）。2009年12月7日考試院國際文官制度學術交流專題演講。台北：考試院。

胡龍騰（2009）。行政機關績效評估技術之探討報告。台北：行政院研究發展考核委員會。

孫本初（2002）。政府績效管理的新思維。考銓季刊，第29期，頁38-46。

孫本初（2005）。績效衡量與評估的操作概念。**考銓季刊**，第43期，頁39-52。

孫本初（2007）。**新公共管理**，修訂一版。台北：一品文化出版社。

張金鑑（1984）。**行政學新論**。台北：三民書局。

張潤書、施能傑（1996）。**公務人員陞遷之研究**。台北：銓敘部。

許南雄（2006）。**人事行政學**，增訂五版。台北：商鼎文化出版社。

許南雄（2009）。**各國人事制度**，增訂七版。台北：商鼎文化出版社。

陳敦源、林靜美（2005）。有限理性下的不完全契約：公部門績效管理制度的反思。**考銓季刊**，第43期，頁96-121。

彭錦鵬（2003）。英國公部門薪俸制度改革的經驗與探討。**政治科學論叢**，第18期，頁71-100。

曾惠絹（2006）。美國聯邦政府待遇改革趨勢。人事月刊，第256期，頁35-42。

蔡良文（2008）。**我國文官體制之變革：政府再造的價值**。台北：五南圖書出版公司。

蔡良文（2009）。文官體制變革之論證。文官制度季刊，考試院80周年慶特刊，頁1-24。

蔡良文（2010）。個人考績與團體績效評比扣合相關學理與作法之研析。文發表於「變革中的文官治理國際研討會」。台北：考試院。

蔡祈賢（2003）。**公務福利制度**。台北：商鼎文化出版社。

繆全吉（1978）。**行政革新研究專集**。台北：聯經出版。

繆全吉、彭錦鵬、顧慕晴與蔡良文（1990）。**人事行政**。台北：空中大學。

關中（2009a）。**繼往開來，贏得信賴——考試院與文官制度的興革**。台北：考試院。

關中（2009b）。2009年12月3日與考試院暨所屬機關一級單位主管以上同仁，就公務人員考績法改革與修正事宜進行座談講詞。抽印本。

第十八章

台灣法學（2008）。法官與檢察官的實然與應然座談會記錄——法官的理想與現實。**台灣法學**，第107期，頁109-148。

司法院（1999）。全國司法改革會議結論具體措施暨時間表。

司法院（2001）。**司法院89年度邀請各界參與司法改革座談會所提建言暨處理意見彙編**。台北：司法院。

司法院（2002a）。**司法院90年度邀請各界參與司法改革座談會所提建言暨處理意見彙編**。台北：司法院。

司法院（2002b）。奧地利法官職務法、奧地利法院組織法。

司法院（2002c）。司法院90年度日本司法制度考察報告。

司法院（2003）。德國法官法、德國法院組織法。

司法院（2004）。**司法院91年度邀請各界參與司法改革座談會所提建言暨處理意見彙**

編。台北：司法院。

司法院（2005）。**法官法草案研究彙編（十四）**。台北：司法院。

司法院（2006a）。**司法院92-94年度邀請各界參與司法改革座談會所提建言暨處理意見彙編**。台北：司法院。

司法院（2006b）。**法官法草案研究彙編（十五）**。台北：司法院。

民間司法改革基金會、台灣法學會、台北律師公會聯合草擬（1998）。民間版法官法草案總說明，民間司法改革基金會，網址：http://www.jrf.org.tw/（最後瀏覽日：2008/12/12）

朱石炎譯註（1968）。德國法官法。**法學叢書**，第49期，頁98以下。

考選部（2000）。**奧地利、德國、瑞士、法國律師司法官考試制度考察團考察報告**。台北：考選部。

考選部（2006）。**美國、德國及日本司法考試制度參考資料**。台北：考選部。

吳巡龍（2005）。檢察獨立與檢察一體——兼評檢察官未經檢察長核定逕行起訴事件。文發表於「檢察一體與檢察獨立份際如何建立研討會」，台北：東吳大學法學院，3月5日。

吳庚（2007）。**行政法之理論與實用**，第十版。自印本。

吳東都（2005）。檢察人事民主化——檢察官之人事參與權立法芻議。**律師雜誌**，第236期，頁57-71。

吳雄銘、朱建男、鄭玉山與惠光霞（2004）。**93年度美國司法制度考察報告**。台北：司法院。

周育仁、詹富堯（2008）。從課責觀點探討內閣制下政府負責機制的設計與運作。國政研究報告（憲政研（研）097-015號）。國家政策研究基金會，網址：http://www.npf.org.tw/post/2/4789（最後瀏覽日：2009/1/20）

林明鏘（2005）。**公務員法研究（一）**，第二版。自印本。

林輝煌與吳巡龍（2003）。**法國法學教育及刑事制度最近情形考察報告**。法務部司法官訓練所。

法治斌、董保城（2003）。**憲法新論**。台北：元照出版。

法務部司法官訓練所（2003）。2003年法國法學教育及刑事訴訟制度最近情形考察報告。

邱冠彰（2002）。**我國司法人員人事法制之研究**。南華大學公共行政與政策研究所碩士論文。

翁岳生（2008）。憲法之維護者——省思與期許。文發表於第六屆「憲法解釋之理論與實務」，暨釋憲六十週年學術研討會。台北：中央研究院法律研究所籌備處，頁1-133

高瑞錚（1998）。法官法須能有助於改革司法，民間司法改革基金會，網址：http://

www.jrf.org.tw/（最後瀏覽日：2008/12/12）

張惠霖（2000a）。若干海外國家委任法官的程序：美國。香港：立法會秘書處資料研究及圖書服務部。

張惠霖（2000b）。若干海外國家委任法官的程序：英國。香港：立法會秘書處資料研究及圖書服務部。

章瑞卿（2005）。日本最高裁判所制度之研究。全國律師，第9卷第2期。

許玉秀等（2008）。法官與檢察官的實然與應然。台灣法學雜誌，第107期，頁109-148。

許南雄（2006）。各國人事制度，第七版。台北：商鼎文化出版。

陳宗鎮、許正順、許紋華、林長吉輝與黃曼莉（2002）。90年度日本司法制度考察報告。台北：司法院。

陳宗鎮、許紋華、邱琦與張清淵（2003）。92年度英國司法制度考察報告。台北：司法院。

陳炳煌、陳國禎、陳重瑜、徐文亮、簡清忠與何菁莪（2007）。95年度日本司法制度考察報告。台北：司法院。

黃錦堂（2002）。政府再造的憲法原則。法學講座，第7期，頁1-19。

詹文凱（1998）。論法官保障，民間司法改革基金會，網址：http://www.jrf.org.tw/（最後瀏覽日：2008/12/12）

齊樹潔（2005）。英國司法制度。廈門市：廈門大學出版社。

劉騏嘉、張惠霖（2001）。香港及若干海外國家委任法官的程序：整體比較。香港：立法會秘書處資料研究及圖書服務部。

蔡良文（2008a）。我國文官體制之變革：政府再造的價值。台北：五南圖書出版公司。

蔡良文（2008b）。人事行政學——論現行考銓制度，第三版。台北：五南圖書出版。

蔡炯燉、劉麗芬、林柏君與鄭伊玲（2005）。日本韓國終審機關制度及法曹人才培訓變革考察報告。台北：司法院。

蔡新毅（2006a）。司法院版法官法草案評介（上）。公務人員月刊，第117期，頁13-19。

蔡新毅（2006b）。司法院版法官法草案評介（下）。公務人員月刊，第118期，頁42-47。

蔡新毅（2006c）。法官任用制度之變革。司法週刊，第1315期。

蔡德揚（1998）。民間版暨司法院版法官法比較，民間司法改革基金會，網址：http://www.jrf.org.tw/（最後瀏覽日：2008/12/12）

蕭蘭（1998）。司法官養成變奏曲，民間司法改革基金會，網址：http://www.jrf.org.tw/（最後瀏覽日：2008/12/12）

中華民國總統府網站，網址：http://www.president.gov.tw/（最後瀏覽日：2008/11/20）

中華民國司法院網站，網址：http://www.judicial.gov.tw/（最後瀏覽日：2008/11/20）

中華民國考試院網站，網址：http://www.exam.gov.tw/（最後瀏覽日：2008/11/20）

香港立法會－資料研究及圖書館服務部，網址：http://legco.gov.hk/general/chinese/sec/library/lib3-6.htm（最後瀏覽日：2008/11/20）

美國國務院國際信息局（USINFO.STATE.GOV），網址：http://usinfo.org/PUBS/LegalSystem/index.htm（最後瀏覽日：2008/11/20）

第十九章

吳秋文（2006）。**易經探源與人生五**。台南：易立文化出版公司，頁337-396。

宋 程頤。**易程傳**。台北：文津出版社，頁154-162。

傅隸樸（2003）。**周易理解**。台北：臺灣商務印書館，頁152-158。

黃壽祺、張善文（2015）。**周易譯注**。台北：萬卷樓圖書公司，頁194-202。

蔡良安（2018）。**道德經注釋**。聖弘企業公司。

孔子。網址：https://zh.wikipedia.org/w/index.php？title=%E5%AD%94%E5%AD%90&oldid=51250742（最後瀏覽日：2018/9/11）

老子。網址：https://zh.wikipedia.org/w/index.php？title=%E8%80%81%E5%AD%90&oldid=50905830（最後瀏覽日：2018/8/17）

佛。網址：https://zh.wikipedia.org/w/index.php？title=%E4%BD%9B&oldid=51325576（最後瀏覽日：2018/9/17）

耶穌。網址：https://zh.wikipedia.org/w/index.php？title=%E8%80%B6%E7%A8%A3&oldid=51330431（最後瀏覽日：2018/9/18）

穆罕默德。網址：https://zh.wikipedia.org/w/index.php？title=%E7%A9%86%E7%BD%95%E9%BB%98%E5%BE%B7&oldid=51328085（最後瀏覽日：2018/9/18）

第二十章

大正新修大藏經第二十五冊No. 1509大智度論CBETA電子佛典V1.64普及版

方立天（1995）。中國佛教倫理及其哲學基礎。**哲學與文化**，第259期，頁1136-1147。

方立天（1996）。中國佛教倫理及現代意義。文載於1996年**佛學研究論文集三──當代宗教的發展趨勢**，頁175-224。

日常法師（1997）。**學佛次第十二講（下）**。台北：福智之聲出版社。

日常法師（2007）。**論語摸象記（上）**。台北：福智之聲出版社。

日常法師（2008）。**佛法要義（二）**。台北：福智之聲出版社。

日常法師（2009）。**儒家精神**。台北：福智之聲出版社。

伍錦霖（2014）。**憲政體制與文官制度**。自印本。

印順法師（2005）。**成佛之道**。台北：正聞出版社。

吳定、蕭武桐與邱志淳（2012）。**公務倫理**。台北：公務人員保障暨培訓委員會。

呂佩安、邱志淳（2013）。君子儒乎？小人儒乎？——論現代文官的倫理修持。**中國行政評論**，第19卷第3期，頁1-22。

李俊達（2013）。**臺灣公務人員職場精神力之研究**。國立臺北大學公共行政暨政策學系博士論文，未出版。

宗喀巴大師（2009）。**菩提道次第廣論**。台北：福智之聲出版社。

林鍾沂（2012）。行政倫理的脈絡與理解。**公務人員月刊**，第192期，頁24-36。

法尊法師、劉小儂（2009）。白話「**菩提道次第廣論**」。台北：橡樹林出版社。

邱志淳（2011）。論「知、情、意」的中道文官。**文官制度季刊**，第3卷第3期，頁89-111。

邱華君（2007）。公務人員貪瀆與防弊對策之研究。**考銓季刊**，第52期，頁36-51。

南懷瑾（2011）。**論語別裁**。上海：復旦大學出版社。

施能傑（2004）。公共服務倫理的理論架構與規範作法。**政治科學論叢**，第20期，頁103-140。

許立一（2009）。公務倫理思維及其實踐行動的再思考——從人性假定出發。**文官制度季刊**，第1卷第1期，頁77-96。

許立一（2014）。**公務倫理的後設分析：現代與後現代思維**。台北：五南圖書出版公司。

陳敦源、蔡秀涓（2006）。國家發展的倫理基礎：反貪腐與公職人員倫理準則。**台灣民主季刊**，第3期，頁185-199。

陳義孝（2011）。**佛法常見詞彙**。台北：福智之聲出版社。

陳德禹（2011）。公共行政核心價值與倫理。**人事行政季刊**，第176期，頁46-59。

黃丙喜、馮志能（2012）。**新時代的為官之道**。台北：商周出版社。

圓持法師（2010）。**佛教倫理**。台北：東方出版社。

聖嚴法師（2008）。**心六倫行動方針**。台北：財團法人法鼓山人文社會基金會。

聖嚴法師（2010）。**法鼓鐘聲**。新北市：財團法人法鼓山文教基金會－法鼓文化。

蔡良文（1994）。論公務是義利裁量。**中國行政**，第56期，頁23-34。

蔡良文（2006）。公務人員核心價值與行政倫理。**考銓季刊**，第47期，頁16-43。

蔡良文（2007）。**考銓人事法制專題研究**。台北：五南圖書出版公司。

蔡良文（2011）。行政倫理與公務人員核心職能。文載於許立一（編），**人事行政**。台北：空大出版社，頁371-404。

蔡良文、顧慕晴與許立一（2014a）。**公務倫理與核心價值（含公務員廉政倫理規範）**。台北：公務人員保障暨培訓委員會。

蔡良文（2014b）。**人事行政學——論現行考銓制度**。台北：五南圖書出版公司。

蔡良文、陳德禹與邱志淳（2013）。**高階文官公務倫理**。台北：公務人員保障暨培訓委員會。

蕭武桐（2002）。**公務倫理**。台北：智勝文化。

蕭武桐（2012）。公務倫理：公務人員自我靈性的實現。**公務人員月刊**，第192期，頁13-23。

錢穆（1991）。**論語新解**。台北：東大圖書公司。

羅家德（2012）。中國組織的圈子現象。文發表於世新大學舉辦之「謀略、關係與華人的管理思維研討會」，11月3日。

證嚴法師（2008）。**無量義經**。台北：慈濟文化出版社。

證嚴法師（2013）。**說法無量義經**。台北：慈濟文化出版社。

關中（2014）。**健全制度　永續發展**。台北：考試院出版。

顧慕晴（2010）。領導者與文官核心價值之建立。**T&D飛訊季刊**，第97期，頁14-16。

顯明法師（1993）。**福慧莊嚴**。台北：慧炬出版社。

第二十一章

王如哲（2000）。**知識管理的理論與應用**。台北：五南圖書出版公司。

王德玲譯（2003）。**延續管理——留住員工的腦袋**。台北：天下雜誌。

江岷欽、莫永榮（2002）。知識經濟時代公務人力資源發展之探究。文載於**行政管理論文選輯第十六輯**。台北：銓敘部，頁229-262。

考選部（2006）。九十五年度考選制度研討會系列三：知識經濟時代專技人員考試研討會。台北：考選部。

行政院經濟建設委員會（2007）。知識經濟發展方案——各國知識經濟發展之補充說明，取自行政院經濟建設委員會，網址：http://www.cepd.gov.tw/m1.aspx?sNo=0002552&key=&ex=%20&ic=（最後瀏覽日：2007/12/1）

何全德（2004）。知識型政府的願景。文載於**知識型政府**。台北：行政院研究發展考核委員會，頁47-66。

何沙崙、張文熙與周曉雯（2004）。行政院研考會知識管理的建構與推展。文載於**知識型政府**。台北：行政院研究發展考核委員會，頁113-138。

吳三靈（2006）。從知識管理到組織學習——行政院人事行政局的經驗分享。**考銓季刊**，第48期，頁34-44。

李嵩賢（2006）。公務機關對知識管理的實踐與應用——國家文官培訓所之經驗分享。**考銓季刊**，第48期，頁79-96。

林東清（2003）。**知識管理**。台北：智勝文化。

林嘉誠（2004）。知識型政府的意涵。文載於**知識型政府**。台北：行政院研究發展考核委員會，頁3-27。

林嘉誠（2006）。知識型政府的意涵與發展。**考銓季刊**，第48期，頁1-17。

孫本初（2006）。**新公共管理**。台北：一品文化。

徐有守（1997）。**考銓制度**。台北：商務印書館。

財團法人中國生產力中心（2006）。**公部門知識管理推動現況調查問卷**。台北：財團法人中國生產力中心。

馬曉雲（2001）。**新經濟的運籌管理：知識管理**。台北：中國生產力中心。

劉武（2007）。知識管理在公部門之應用。文收錄於「技術服務業與公部門知識管理經驗交流會議資料」，頁1-28。

蔡良文、蕭全政（1993）。文官政策的時代意義與改革方向。**國家政策雙週刊**，第55期，頁2-3。

蔡良文（2006）。**人事行政學──論現行考銓制度**。台北：五南圖書出版公司。

鄭錫鍇（2001）。知識管理對政府部門人力資源管理之影響分析。**考銓季刊**，第25期，頁124-137。

蕭佳純（2003）。從知識管理觀點論學習型組織之建構。**人事月刊**，第37卷第6期，頁42-50。

繆全吉、彭錦鵬、顧慕晴與蔡良文（1990）。**人事行政**。台北：空中大學印行。

第二十二章

伍錦霖（2019）。序。**中華民國考試院院史**。台北：考試院，頁8-9。

考試院（1997）。建立公務人員保障制度之研究。文載於**公務人員保障法專輯**。台北：考試院，頁4-5。

吳庚、盛子龍（2017）。**行政法之理論與實用**。台北：三民書局。

歐育誠（1997）。平議公務人員權利救濟。文載於**公務人員保障法專輯**。台北：考試院，頁136-141。

蔡良文（1997）。**行政中立與政治發展**。台北：五南圖書出版公司。

錢穆（2018）。**中國歷代政治得失**。台北：東大圖書公司。

第二十三章

丘昌泰（2010）。**公共政策**。台北：巨流圖書公司。

周麗芳、陳金貴與蕭麗卿（2005）。**維持公務人員合理退休所得可行措施之研究**。銓敘部九十四年度委託研究計畫。

徐有守、李震洲（考試院考銓叢書指導委員會）編著（1991）。**中華民國公務人員退休撫卹制度**。台北：正中書局。

陳聽安、陳國樑（2016）。新政府磨刀改年金　溯及既往塞大法官嘴？。**聯合報**，5月10日，版14。

趙其文（2001）。**人事行政學——兼論現行考銓制度**。台北：華泰文化。

蔡良文（2008）。**我國文官體制之變革——政府再造的價值**。台北：五南圖書出版公司。

第二十四章

王作榮暨范馨香伉儷文教基金會（2016）。「年金改革之回顧與前瞻」座談會成果報告書。自印本。

丘昌泰（2010）。**公共政策**。台北：巨流圖書公司。

考試院102年度考銓業務國外考察日本考察團考察報告。

考試院103年度考銓業務國外考察韓國考察團考察報告。

考試院104年度考銓業務國外考察德國考察團考察報告。

考試院105年度考銓業務國外考察美國考察團考察報告。

考試院106年3月7日公務人員年金改革公聽會發言紀要。

周麗芳、陳金貴與蕭麗卿（2005）。**維持公務人員合理退休所得可行措施之研究**。銓敘部九十四年度委託研究計畫。

孫迺翊（2007）。恩給性社會給付沒保障？憲法與行政法角度的分析。月旦法學教室，第52期，頁79-88。

徐有守、李震洲（考試院考銓叢書指導委員會）編著（1991）。**中華民國公務人員退休撫卹制度**。台北：正中書局。

郭昱瑩（2007）。**成本效益分析**。台北：華泰文化。

陳聽安、陳國樑（2016）。新政府磨刀改年金 溯及既往塞大法官嘴？。**聯合報**，5月10日，版14。

黃英忠（2016）。**人力資源管理**。台北：三民書局。

楊仁壽（2017）。年金改革 勿違憲轉嫁軍公教。聯合報投書，106年1月25日。

趙其文（2001）。**人事行政學——兼論現行考銓制度**。台北：華泰文化。

蔡良文（2007）。公務人員退撫體制的現況與變革分析。**考銓季刊**，第50期，頁37-70。

蔡良文（2008）。**我國文官體制之變革——政府再造的價值**。台北：五南圖書出版公司。

蔡良文（2014）。**人事行政學——論現行考銓制度**。台北：五南圖書出版公司。

二、英文部分

第一章

Elliott, R. H. (1985). *Public Personnel Administration: A Values Perspective*. Reston Publishing Co., Inc.

Klingner, Nalbandian, & Llorens (2010). *Public Personnel Management: Contexts and Strategies*. Pearson Education, Inc.

OECD (2008). *The Senior Civil Service in National Governments of OECD Countries*. Paris: OECD.

West, J. P. & E. Berman (2012). "Ethics Management and Training." in Riccucci ed., *Public Personnel Management: Current Concerns, Future Challenges*. Pearson Education, Inc., pp. 213-227.

第二章

Frederickson, H. George (1990). "Public administration and social equity." *Public Administration Review*, 50(2): 228-237.

Hart, David K (1984). "The virtuous citizen, the honorable bureaucrat, and 'Public' administration." *Public Administration Review*, 44(2): 111-119.

Kettl, Donald F (1990). "The perils-and-prospects of public administration." *Public Administration Review*, 50(4): 411-419.

Lepak, David P. & Snell, Scott A (1999). "The Human Resource Architecture: Toward A Theory of Human Capital Allocation and Development." *The Academy of Management Review*, 24(1): 37.

OECD (1996). *Integrating People Management into Public Service Reform*. Paris: OECD, p. 18.

Rohr, John A (1986). *To run a constitution: The legitimacy of the administrative state*. KA: University Press of Kansas.

Rosenbloom, David H. & Kravchuk, Robert. S. (2005). *Public Administration: Understanding Management, Politics, and Law in the Public Sector* (6th ed.). New York: McGraw-Hill.

Snell, Scott & George, Bohlander (2007). *Human Resource Management*. New York: Thomson.

第三章

Bruce, Willa (1989). "Educating Supervisors to Deal with the Problem Employee." *Public Productivity Review*, 12(3): 323-329。

Lepak, David P. & Snell, Scott A. (1999). "The Human Resource Architecture: Toward A Theory of Human Capital Allocation and Development." *The Academy of Management Review*, 24(1): 31-48.

Rosenbloom, David H. & Kravchuk, Robert. S. (2005). *Public Administration: Understanding Management, Politics, and Law in the Public Sector* (6th ed.). New York: McGraw-Hill.

第四章

Elliott, Robert H. (1985). *Public Personnel Administration: A Values Perspective*. Reston Publishing Company, p. 7.

Giddens, Anthony (1999). *Runaway World: How Globalization is Reshaping Our Lives*. London: Taylor & Francis..

Held, D. & A.G. McGrew, eds. (2007). *Globalization Theory*. Cambridge: Polity.

Klingner, Donald E. & Nalbandian John (2003). *Public Personnel Management: Contexts and Strategies* (5th ed.). Upper Saddle River, NJ: Prentice Hall, pp. 10-12.

OECD (2004). *Trends in Human Resources Management Policies in OECD Countries: An Analysis of the Results of the OECD Survey on Strategic Human Resources Management*. Paris: OECD.

第五章

6 Perri, Diana Leat, Kimberly Seltzer, & Gerry Stoker. (2002). *Towards Holistic Governance: The New Reform Agenda*. New York: Palgrave.

Denhardt, Robert B. (1999). *Public Administration: An Action Orientation*. New York: Harcourt Brace & Company.

Held, D. & A.G. McGrew, eds. (2007). *Globalization Theory*. Cambridge: Polity.

Klingner, Donald E. & Nalbandian John (2003). *Public Personnel Management: Contexts and Strategies* (5th ed.). Upper Saddle River, NJ: Prentice Hall.

Svara, James H. (1985). "Dichotomy and Duality: Reconceptualizing the Relationship between Policy and Administration in Council - Manager Cities." *Public Administration Review*, 45(1): 221-232.

第六章

Cooper. Terry L. (1991). *An Enside of Citizenship for Public Administration*. Englewood Cliffs, NJ: Prentice Hall.

Downs, Anthony. (1967). *Inside Bureaucracy*. Boston: Little Brown.

Ferrara, J. A. & Ross. L. C. (2005). *Getting to Know You: Rules of Engagement for political Appointees and Career Executives*. Arlington. VA: IBM Center for the Business of

Government.

Kaufman, Herbert. (1981). "Fear of Bureaucracy: A Raging Pandemic." *Public Administration Review*, 41(1): 1-9.

Klingner, Donald E. & John, Nalbandian (1998). *Public Personnel Management: Contexts and Strategies* (4th ed.). Upper Saddle River, NJ: Prentice Hall.

Klingner, Donald E. & John, Nalbandian (2003). *Public Personnel Management: Contexts and Strategies* (5th ed.). Upper Saddle River, NJ: Prentice Hall.

Lepak, David P. & Snell, Scott A. (1999). "The Human Resource Architecture: Toward A Theory of Human Capital Allocation and Development." *The Academy of Management Review*, 24(1): 31-48.

第七章

Klingner, Donald E. & Nalbandian, John (2003). *Public Personnel Management: Contexts and Strategies* (5th ed.). Upper Saddle River, NJ: Prentice Hall.

Noe, Raymond A., Hollenbeck, Barry G., & Wright, Patrick M. (2004). *Fundamentals of Human Resource Management*. Boston, Mass. New York: McGraw-Hill.

Rosenbloom, David H. & Kravchuk, Robert. S. (2005). *Public Administration: Understanding Management, Politics, and Law in the Public Sector* (6th ed.). New York: McGraw-Hill.

Shafritz, Jay M. & Russell, Edward M. (2002). *Introducing Public Administration*. New York: Longman.

第八章

Noe, Raymond A., Hollenbeck, Barry G., & Wright, Patrick M. (2004). *Fundamentals of Human Resource Management*. Boston, Mass. New York: McGraw-Hill.

Rosenbloom, David H. & Kravchuk, Robert. S. (2005). *Public Administration: Understanding Management, Politics, and Law in the Public Sector* (6th ed.). New York: McGraw-Hill.

Elliott, R. H. (1985). *Public Personnel Administration: A Values Persepective*. Virgina: Reston Publishing Co., Inc.

第九章

Athey, Timothy R. & Michael S. Orth. (1999). "Emerging Competency Methods for the Future." *Human Resource Management*, 38: 215-226.

Dubois David D. & William J. Rothwell (2004). *Competency-Based Hunan Resource Management*. Davies-Black Publishin.

Levine C. H. et al. (1990). *Public Administration: Challenges, Choices, Consequence*. Glenview,

Ill.: Foresman & Company.

Lucia, Anntoinette D. & Richard Lepsinger (1999). *The Art and Science of Competency Models: Pinpointing Critical Success Factors in Organizations*. San Francisco, California: Jossey-Bass Pfeiffer

Spencer Jr., L. M. & S. M. Spencer (1993). *Competence at Work*: *Models for Superior Performance*. New York: John Wiley & Sons.

第十章

Donald E. Klingner, John Nalbandian, & Jared Llorens (2010). "Chapter.3 Thinking Strategically about HRM." in *Public Personnel Management: Contexts and Strategies*.

Norma M. Riccucci, ed. (2012). *Public Personnel Management: Current Concerns, Future Challenges*. Pearson Education, Inc.

Snell, Scott & George, Bohlander (2007). *Human Resource Management*. New York: Thompson.

West, J. P. & E. Berman (2012). "Ethics Management and Training." in Riccucci ed., *Public Personnel Management: Current Concerns, Future Challenges*. Pearson Education, Inc., pp. 213-227.

第十一章

Beckhard, R. & Harris, R. (1987). *Organization Development: A Process of Learning and Changing* (2nd ed.). Reading, Mass.: Addition-Wesley.

Reed, J. & Vokola, M. (2006). "What role can training needs analysis play in organizational change?" *Journal of Organizational Change Management*, 19(13): 393-407.

International Institute for Management Development (IMD). http://www.imd.ch/wcy.

第十二章

Cokins, G. (2004). *Performance Management: Finding the Missing Pieces (to Close the Intelligence Gap)*. Hoboken: John Wiely & Sons.

Cooper, Terry L. (1991). *An Ethics of Citizenship for Public Administration*. Englewood Cliffs, N.J. Prentice-Hall.

Denhardt, Robert B. & Denhardt, Janet V. (2003). *The New Public Service: Serving not Steering*. New York: M.E.Sharpe.

Elliot, R.H. (1985). *Public Personnel Administration: A Values Perspective*. Virgina: Reston Publishing Co., Inc.

Farnham, David & Horton, Svlvia (1996). *Managing the New Public Services*. London: Macmillan Press.

Hughes, Owen E. (2003). *Public management and Administration* (3rd ed.). Palgrave Macmillan.

Nicholas L. Henry (1999). *Public Administration and Public Affairs*. Prentice Hall PTR.

Osborne, David & Plastrik, Peter (1997). *Banishing Bureaucracy: The Five Strategies for Reinventing Government*. Mass: Addison-Wesley.

Rosenbloom, David H. & Kravchuk, Robert. S. (2005). *Public Administration: Understanding Management, Politics, and Law in the Public Sector* (6th ed.). New York: McGraw-Hill.

Wamsley, Gary L. & Wolf James F. (1996). *Refounding Democratic Public Administration: Modern Paradoxes, Postmodern Challenges*. Thousand Oaks, CA: Sage Publications.

第十三章

Bowman, James S. (1999). "Performance Appraisal: Verisimilitude Trumps Veracity." *Public Personnel Management Review*, l25(4): 557-576.

Box, Richard C. (2004). *Public administration and society*. Armonk, N.Y.: M.E. Sharpe

Box, Richard C. (2007). *Democracy and public administration*. Armonk, N.Y.: M.E. Sharpe.

Bruce, Willa (1989). "Educating Supervisors to Deal with the Problem Employee." *Public Productivity Review*, 12(3): 323-329.

Denhardt, Robert B. & Denhardt, Janet V. (2007). *The New Public Service: Serving, not Steering*. New York: M. E. Sharpe.

Dessler, Gary (2006). *Human Resource Management* (10th ed.). Upper Saddle River. N.J.: Pearson/Prentice Hall.

Halachmi, A. (2005). "Performance measurement is only one way of managing performance." *International Journal of Productivity and Performance Management*, 54 (7): 502-517.

Lunger, K. (2006). "Why You Need More Than a Dashboard to Manage Your Strategy." *Business Intelligence Journal*, 11: 8-18.

Marr, B. (2005). "Business performance measurement: an overview of the current state of use in the USA." *Measuring Business excellence*, 9(3): 56-63.

Neely, A., Adams, C., & Crowe, P. (2001). "The performance prism in practice." *Measuring Business Excellence*, 5: 6-12.

Peters, B. G. (2007). "The Pitfalls of Performance: The Unintended Consequences of Reform." paper presented at 2007年5月2日行政院研究發展委員會政府績效管理國際研討會論文。

Powell, S. (2004). "Spotlight: the challenges of performance measurement." *Management Decision*, 42(7/8): 1017-1023.

Rigby, D. (2001). "Management tools and techniques: A survey. California." *Management Review*, 43(2): 139-60.

Rosenbloom, David H. & Kravchuk, Robert. S. (2005). *Public Administration: Understanding Management, Politics, and Law in the Public Sector* (6th ed.). New York: McGraw-Hill.

Shafritz, Jay M. & E. W. Russell (1997). *Introducing Public Administration*. New York: Addison-Wesley Educational Publishers Inc..

Snell, Scott & George, Bohlander (2007). *Human Resource Management*. New York: Thomson.

Talbot, C. (1999). "Public Performance - towards a new model?" *Public Policy and Administration*, 14(3): 15-34.

第十四章

Bohlander, George & Scott Snell (2007). *Human resource management*. New York :Thomson.

Elliott, Robert H. (1985). *Public Personnel Administration: A Values Perspective*. Reston, VA: Reston.

Held, D. & A. G. McGrew, eds. (2007). *GlobalizationTheory*. Cambridge: Polity.

Svara, James H. (1985). "Dichotomy and Duality: Reconceptualizing the Relationship between Policy and Administration in Council - Manager Cities." *Public Administration Review*, 45(1):221-232.

第十五章

McGrew, A. & Held, D. (2007). *Globalization Theory: Approaches and Controversies*. Cambridge: Polity.

Snell, Scott & George, Bohlander (2007). *Human Resource Management*. New York: Thomson.

Svara, J. H. (1985). "Policy and Administration in Council-Manager Cities." *Public Administration Review*, 45(1): 221-232.

Svara, J. H. (2001). "The Myth of the Dichotomy: Complementarity of Politics and Administration in the Past and Future of Public Administration." *Public Administration Review*, 61(2): 176-183.

Waldo, Dwight (1948). *The Administrative State: A Study of the Political Theory of American Public Administration*. Transaction Publishers.

第十六章

Farazmand, Ali (2009). "Building Administrative Capacity for the Age of Rapid Globalization: A Modest Prescription for the Twenty-First Century." *Public Administration Review*, 69(6): 1007-1020.

Held, D. & A. G. McGrew, eds. (2007). *Globalization Theory: Approaches and Controversies*. Cambridge: Polity.

Svara, James H. (1985). "Dichotomy and Duality: Reconceptualizing the Relationship between Policy and Administration in Council - Manager Cities." *Public Administration Review*, 45(1): 221-232.

Waldo, Dwight (1948). *The Administrative State: A Study Of the Political Theory of American Public Administration*. Transaction Publishers.

第十七章

Nankervis, A. R., R. L. Compton, & T. E. McCarthy (1992). *Strategic Human Resource Management*. Victoria, Australia: South-western strategic Human Resource.

OECD (2003). *Working for Results: The American Experience in Enhancing Government Performance*. Paris: OECD.

Pynes, Joan E. (1997). *Human resources management for public and nonprofit organizations*. San Francisco: Jossey-Bass.

Risher, Howard & Charles H. Fay (1997). *New Strategies for Public Pay: Rethinking Government Compensation Programs*. San Francisco: Jossey-Bass.

Rosenbloom, David H. & Robert. S. Kravchuk (2005). *Public Administration: Understanding Management, Politics, and Law in the Public Sector* (6th ed.). New York: McGraw-Hill.

Shafritz, Jay M. & Edward W. Russell (1997). *Introducing Public Administration*. New York: Addison-Wesley Educational Publishers Inc.

Shafritz, Jay M. & Edward W. Russell (2002). *Introducing Public Administration*. New York: Longman.

Snell, Scott & George, Bohlander (2007). *Human Resource Management*. New York: Thomson.

第十八章

Dunn, D. D. (2003). "Accountability, Democratic Theory, and Higher Education." *Educational Policy*, 17(1): 60-79.

Flinders, M. (2011). "Daring to be a Daniel: The Pathology of Politicized Accountability in a Monitory Democracy." *Administration & Society*, 43(5): 595-619.

第二十章

Ashmos, D. & Duchon, D. (2000). "Spirituality at Work: A Conceptualization and Measure." *Journal of Management Inquiry*, 9(2): 134-145.

Cooper, T. L. (2006). *The Responsible Adminstrator*. San Francisco: Jossey-Bass.

Denhardt, J. V. & Denhardt, R. B. (2007). *The New Public Service: Serving, Not Steering*. New York: M. E. Shape.

Denhardt, K. G. (1988). *The Ethics of Public Service: Resolving Moral Dilemmas in Public Organization*. Westport, CT: Greenwood Press.

Denhardt, R. B. (2004). *Theories of Public Organization* (4th ed.). Belmont, CA: Wadsworth/ Thomson.

Frederickson, H. G. (2002). "Confucius and the Moral Basis of Bureaucracy." *Administration & Society*, 33: 610-628.

Friedrich, C. J. (1935). "Responsible Government Service under the American Constitution". in C. J. Friedrich et al. eds., *Problems of the American Public Service*. New York, NY: McGraw-Hill.

Harmon, M. M. (1981). *Action Theory for Public Administration*. New York: Longman Inc.

Mosher, F. C. (1981). *Basic Literature of American Public Administration*. New York: Holmes and Meier.

Nigro, A. F. & Nigro, G. L. (1989). *Modern Public Administration* (7th ed.). New York: Harper & Row, Publisher.

OECD (2002). *Public Sector Transparency and Accountability: Making it Happen*. Paris: OECD.

Romzek, B. S. (2000). "Dynamic of Public Sector Accountability in An Era of Reform." *International Review of Administrative Science*, 66(1): 21-44.

Rosenbloom, D. H., Kravchuk, R. S., & Clerkin, M. C. (2009) *Public Administration: Understanding Management, Polities and Law in the Public Sector*. New York: McGraw-Hill.

Svara J. H. (1985). "Dichotomy and Duality: Reconceptualizing the Relationship Between Policy and Administration in Council-Manager Cities." *Public Administration Review*, 45(1):221-232.

第二十一章

Alavi, Maryam & Leidner, Dorothy, E. (2001). "Review: Knowledge management and knowledge management systems: Conceptual foundations and research issues." *MIS Quarterly*, 25(1): 107-136

Buckman, R. H. (2004). *Building a Knowledge-driven Organization*. The Mcgraw-Hill Comp. Inc.

DeSimone, R. L. & Harris, D. M. (1998). *Human resource development* (2nd ed.). Fort Worth: Dryden Press.

Gilbert, M. & Gordey-Hays, M. (1996). "Understanding the process of knowledge transfer to Achieve successful technological innovation." *Technovation*, 16(6): 301-331.

Nonaka, I. & Takeuchi, H. (1995). *The Knowledge-Creating Company: How Japanese Companies Create the Dynamics of Innovation*. Oxford University Press, New York.

OECD (2003). Conclusions from the results of the survey of knowledge management practices for Ministries/Departments/Agencies of Central Government in OECD Member Countries. Retrieved January 12, 2007, from http://www.olis.oecd.org/olis/2003doc.nsf/43bb6130e5e8 6e5fc12569fa005d004c/59cd861ba79107e0c1256cbc0041fcb7/$FILE/JT00138295.PDF.

Sveiby, Karl Erik (1997). *The new organizational wealth: Managing & measuring knowledge-based assets*. Berrett-Koehler Publishers.

WEF (2003). Global competitiveness report 2003-2004. Retrieved January 12, 2007, from http://www.weforum.org/pdf/Gcr/GCR_03_04_Executive_Summary.pdf.

WEF (2004). Global competitiveness report 2004-2005. Retrieved January 12, 2007, from http://www.weforum.org/pdf/Gcr/GCR_04_05_Executive_Summary.pdf.

WEF (2005). Global competitiveness report 2005-2006. Retrieved January 12, 2007, from http://www.weforum.org/pdf/Gcr/GCR_05_06_Executive_Summary.pdf.

WEF (2007). Global competitiveness report 2007-2008. Retrieved January 12, 2007, from http://www.weforum.org/pdf/Global_Competitiveness_Reports/Reports/gcr_2007/gcr2007_rankings.pdf.

第二十二章

ANNUAL report for Fiscal Year 1994: 25-28，參訪宣傳品。

Farnham D. & S. Horton (1996). *Managing People in the Public Service*. London: Macmillan Press, Ltd.

Presthus, R. (1975). *Public Administration*. The Ronald Press.

Pynes, J. E. (1997, 2012). *Human Resources Management for Public and Nonprofit Organizations*. California: San Francisco, Jossey-Bass, Inc.

有關各國保障制度（含法規）可參照各該國政府網站。

附錄壹

　　國家公務人員考試制度自建立以來，即以高普考為主流，60年代隨著政治、經濟及社會環境之快速發展，政府為充實地方機關基層人力，以加強地方自治功能，並改善基層人力流動過大，而影響行政運作之問題，於民國63年開辦台灣省基層公務人員特種考試，依用人機關所需不定期舉辦，並限制永久在地方機關服務。嗣應地方制度法制化及政府人力運用需求等考量，修正「公務人員考試法」等法規，將基層特考改為地方特考，並放寬限制任用年限。因此，高普考與地方特考並行數十年，對地方機關公務人力之補充確曾發揮一定效果，但因主政者思維決定其考試類科與應試科目幾至相同，致逐漸產生應否合併或分流之問題。

　　回顧國民政府於民國18年公布「考試法」，將考試的種類分為普通考試、高等考試、特種考試。24年修正「考試法」，更確定國家考試，以普通考試及高等考試為主體，至於特種考試，則明定需遇有特殊情形時，始得與行之。行憲後，37年修正公布之「考試法」，亦大致延續上開規範。至其原所稱「不能適應需要」，即確如第一任考試院長戴傳賢先生所言，難以具體言之，但知（高普考無法適應需求者）必有其用途，以適應特殊需要等語。再以，每種考試改革都該考量用人機關、應考人與考試制度永續性三項因素，地方特考係為因應地方用才，以符合地方自治精神、賦予地方機關首長用人權限。因此，有其存在之價值。以其所具之重要性略以，其一，差異性，在中央與地方分權治理之政治體制下，兩者處理公共事務之目的、權限及性質均有所不同。其人力需求有其差異性，且非僅垂直性之差異。其二，在地性，即全球化發展至今已出現反思浪潮，而「全球在地化」為各方討論之焦點。就人力資源管理角度，在人事之穩定性上，地方政府相較於中央而言，更需強調人員之生根在地，亦即經由適切久任而與地方環境及社會關係產生聯結，以提升地方政府效能及服務品質。其三，制度性，基於中央與地方文官之管理仍存有結構上之差異，甚至助益於民主鞏固深化。其四，交流性，有謂透過轉調之限制（由十年改為六年）以減低人員之流動，係地方特考存在之重要價值，惟地方人力流動問題，非僅於地方生活條件因素或政治層面，仍須考量於人事管理、陞遷、激勵等因素，以地方特考引進之人力，促進中央與地方間人才適度、適當且適時之互動交流。其五、歷史性，茲以數十年來兩項考試之雙軌並行，運作上為社會接受之成例事實，除非具有絕對必要性及合理性，否則制度之變遷將因與歷史經驗有違，而不易取得必要的支持。

　　至於地方特考分區錄取的傳統究否應予保留？根據考選部召集會議資料顯示，地方自治機關直轄市意見，多數機關表達反對將直轄市併入高普初考取才，避免人才流動頻繁及不利直轄市政府人力穩定等。又依歷年直轄市提列地方特考比例與實際任用情形觀之，顯示直轄市政府仍有地方特考提缺之需求，且以地方機關以高普考及地方特考之進用比例分析約為1比3，表示地方特考有其重要性。倘依擬議將同為地方自治法人團體，實施政府自治之直轄市，排除地方特考之用人機制，其餘縣市則繼續維持地方特考，亦有限縮應考人之權益及違反人權之疑慮。當然其最核心的問題在於限制轉調期限，暨各地方政府查缺報缺列入何種考試之人事行政局（總處）之相關函示規定。按以地方特考之重要價值，應在於提供因應地方特殊需要之人才，而非以限制流動為目的。倘為解決高普考分發地方政府而流動率較高之情事，可從調整兩類考試職缺提列數之比例規定為之。

　　綜之，高普考試及特種考試之區分，已成為考試制度之基本內涵。目前文官體制在單軌一元體制下設計與運作，惟中央與地方文官之管理仍存有制度上之差異，爰以在民主鞏固深化之趨勢下，適切因應地方文官管理制度，予以相對之獨立性。茲為維持高普考試與地方特考分流，可從訂定中央與地方人才交流機制，或訂定地方機關人員採地方特考取才之比例，以及地方特考考試方式之不同設計，並合理調整錄取分發區。要之，地方特考之定位與變革應從整體性、制度性、通盤性檢討為宜，且基於憲法精神及國家考試取才思維，應能兼顧全球治理、國家治理與地方治理之優良傳統特色，爰以維持高普考試與地方特考分別舉辦，當為良好的政策作為也。

（本文原刊載於考選通訊，第31期。）

　　各國政府推動政務，除有賴各機關研訂方針，公務人員戮力執行外，多數政策為贏得民眾之配合與支持，則有賴事先與民間社會加強溝通。在此國內若干思潮採納分權化的價值觀（Rosenblom, 1998: 566-567）與強調政府組織與職能轉變之際，有關國家機關與民間社會之互動關係，值得探討。復以新公共行政（new public administration）與新公共管理（new public management）在價值方面均強調更具創發、創新和感知的管理，並著重服務對象、公民或顧客的觀點（林鍾沂，2001：2-21）。晚近，新公共服務（new public service）重視公民導向與公共利益（Denhardt & Denhardt, 2000: 549-559；孫本初，2006：53-56；蔡良文，2007：295-317）。所以，在公共行政思潮的導引下，引進運用策略人力資源管理、多元化管理，加強政府與民間人才交流，亦屬必然。

　　有關政府引進民間人才方面，例如依「專門職業及技術人員轉任公務人員條例」（以下簡稱「轉任條例」）、「司法人員人事條例」、「公設辯護人條例」、「法院組織法」等規定，具有專門職業及技術人員考試者，如醫事人員或律師，得在具備特定條件下，分別任職於公立醫療機構，或轉任法官、民間公證人、公設辯護人及檢察事務官，醫事人員具一定條件下得任職於公立醫療機構。此外，當前考試院研議中之「聘用人員人事條例草案」，推動專技人員專業證照國際認證與公務人員專業證照化等，除強化公務人員專業知能外，在在均擴大了民間專業人員進入政府機關服務的管道。本文謹就專門職業及技術人員轉任公務人員法制的建構過程予以檢視，並就相關議題略予析述之。

　　回顧民國61年之「考試法」第7條規定：「公務人員考試與專門職業及技術人員考試，其應考資格及應試科目相同者，其及格人員同時取得兩種考試之及格資格。」該法施行細則第9條規定：「舉行全國性公務人員考試時，依本法第七條所定，專門職業及技術人員考試及格人員，同時取得公務人員考試及格資格者，以在公務人員考試規定錄取名額以內者為限。公務人員考試及格人員，同時取得專門職業及技術人員考試及格資格者，其考試總成績，須達到專門職業及技術人員考試之錄取標準。」惟此一兼取資格之規定，往往使錄取人數超過需求人數，致考用難以配合，為改善上述缺失，考選部自72年起，乃將公務人員高普考試及專技人員高普考試改為分別於每年8月及12月舉行。因此兩種考試已非在同一時間舉行，且應考資格及應試科目亦不盡相同，自不再有兼取資格之情形。

又為配合推動新人事分類法制，考選部於研議「考試法修正草案」時，為解決上述兼取資格之問題，乃刪除兼取資格之規定，惟考試院於74年將該法草案送請立法院審議，立法院法制委員會審查時，以公務人員與專門職業及技術人員資格取得性質迥異，且憲法第86條就「公務人員任用資格」與「專門職業及技術人員執業資格」分項立法為由，將考試院原送「考試法草案」，分以「公務人員考試法」及「專門職業及技術人員考試法」立法。但為顧及政府機關羅致技術人員仍有其實際之困難，乃於考試院同案送請審議之新人事分類法制之「公務人員任用法草案」中，增列第34條規定，以經高等考試、普通考試或特種考試及格之專門職業及技術人員轉任公務人員，另以法律定之，使具有專門職業及技術人員考試及格資格者，必要時仍得轉任為公務人員。此轉任條例考試院於76年1月送請立法院審議，於立法院法制委員會審查時，多位立法委員認為此一轉任制度牽涉甚廣，且草案有欠周延，乃決議將原草案退回考試院詳加研擬，經考試院重行研擬函送立法院，迄至82年完成立法制定公布，已歷六年有餘。此一制度之創建，對政府部門借重專技人員專業知能，有其積極正面之功能，然其對於整體公務人員考用制度之運作可能產生何種效應？而本項轉任制度之立法目標是否即可透由上述規範內容獲致實踐？仍有待繼續觀察。轉任條例原來之立法意旨，在藉以延攬社會上具有專門職業及技術人員考試及格資格者。進入政府部門擔任技術性職務，以補公務人員考試進用專技人員之不足，但由於政府在面對政、經、社、文外在環境之變遷與需要，此條例有其大幅調整之必要。[1]

基於當前政府強調與民間社會建立夥伴關係，及推動公務人員專業證照認證制度之需要，加強公務人才交流為必然之趨勢。惟以公務人員依法選用，其職能在依法行政，為民服務，並貫徹國家公權力。如何在不影響常任文官體制之建立與運作之下，引進優秀民間專業人才進入政府機關服務，建構完善的轉任交流機制，以強化公務人力資源再造，並精進服務品質與行政效能，乃當前提升政府治理能力與國家競爭力的重要課題之一。茲據此理念原則與國家發展需要，謹就轉任制度提供未來發展方向，以就教高明。

其一，**轉任應以漸進放寬方式辦理**：即依目前轉任規定者，宜從嚴審查，維持現行

1　107年5月24日考試院第12屆第188次會議決議，請考選部會同銓敘部、行政院人事行政總處儘速組成專案小組，檢討現有政府進用專門職業及技術人員管道，並研議最適切之選才、任用、待遇、陞遷、留才等整體配套措施，於六個月內提出檢討報告與相關法制作業建議案。嗣考選部於同年12月17日函送政府進用專門職業及技術人員途徑檢討報告，在擬議刪除大部分公職專技人員類科，以及專技轉任制度宜存不宜廢之政策前提下，銓敘部研提之專技人員轉任公務人員制度改進方案與相關配套措施包括：（一）任用面：1.配合職組暨職系名稱一覽表之修正，適度放寬「一專技人員考試類科適用一職系」原則之限制。2.建構完善專技人員考試及格人員得轉任公務人員考試類科適用職系對照表，俾利機關中長期之人力資源規劃。3.各機關需用考試及格人員職缺擬進用專技人員審核原則仍應維持現行規定，但得調整實務作業處理時程。（二）陞遷面：1.放寬簡任第十二職等以上轉任人員在各職系職務間得予調任。2.有條件鬆綁及漸進式開放專技轉任人員之調任職系限制，俾利專技轉任人員職涯發展（按：該報告就待遇面僅陳述近年相關檢討改善情形，未有進一步改進方案，爰予省略）。案經108年1月17日考試院第12屆第222次會議決議交付全院審查會審查，並於108年2月14日召開第1次審查會，以考選、銓敘兩部均朝限縮方向檢討，無法滿足政府專技用人需求，請考選部、銓敘部及人事總處檢討規劃後，再賡續審查。

專技人員轉任公務人員之限制標準，但輔以考試院（考選部）負責辦理或授權辦理之甄選過程，可放寬其轉任人員比例及標準。

其二，**依政府用人需求彈性調整轉任職系之限制**：目前轉任人員之職系限制可予維持，惟應配套檢討，以配合政府當前施政需要，作較彈性之轉任，如法制人員（如律師）、財務人員（如會計師）、經建人員（如建築師、各類技師）、食品衛生人員（如醫事檢驗師、相關技師），且其轉任之比率，宜在不輕易增加組織員額下，適切調整其員額配置。

其三，**專技人員轉任對照表與考試等級表應予保留並適時研修**：即在轉任方式未作大幅調整前，其相關等級表應予保留，惟應檢討目前由原九十六類科減列為二十七類科之做法，似宜配合公務人員考試錄取不足之名額，及國家未來發展所需重點人才，予以適切增加，以應需求。至於其審查原則亦可配合檢討修正。

其四，**以官等為標準規範轉任之職組職系之規定**：即轉任薦任職以下職務者，以適用一職系為原則；至轉任簡任職者，以適用一職組為原則，其對照表由銓敘部訂之。

其五，**配合研修專技人員轉任公務人員年資採計之原則標準**：即由銓敘部適時邀集各專技人員主管機關、相關工會代表或標的團體，以彙集各方意見，確認各該類人員轉任基本年資，以及未來轉任後之年資衡平採計事宜。

（本文原刊載於公務人員月刊，第148期，頁3-5；部分內文配合法制變革略做修正。）

三、論政務人員法制建構與運作取向

面對全球化與政治變遷，政府治理應配合環境的「變」而掌握「時」，以求其「通」，亦即在「趣（趨）時是也」，以達求「變」、求「通」。隨著政黨政治的確立，官僚體系有明確的轉型，不僅有效降低傳統官僚體系的影響力，也同時形成新的官僚與政府關係的網絡。政黨輪替過程中，執政黨掌握權力通路，調控國家機器運作之法，除改變文官價值文化，具體落實用人政策，以利新政府彈性用人外，尤以政務領導（executive leadership）作為最直接控制文官體系的途徑。故如增加政務職位、建立彈性外補的高級文官群與契約進用人員，均為執政黨掌握國家機器運作的重要方法與途徑。

民主先進國家之文官大體區分為政務人員與常務人員兩類，依不同管道及方式延攬人才進入政府系統服務，分別扮演不同角色。政務人員範圍之大小與其定義和國家政治體制有密切關係，也與一國之歷史背景、文化傳統、民族特性及憲政體制運作有關。在內閣制國家，其人數少，範圍狹，必須與政黨執政與否同進退。如美國之總統制，則需要較多政務人員職位，方能使制度順利運作。

我國現行文官制度，雖亦有政務人員與常務人員之分，惟在法制上並不盡明顯。而政務人員適用之法律，除早期之「政務官退職酬勞金給與條例」外，則僅有93年1月1日制定施行之「政務人員退職撫卹條例」一種，專為政務人員退職撫卹事項詳作規定，其餘如：「公職人員財產申報法」、「公務員懲戒法」與「公務員服務法」等之規定事項固亦有其適用，惟政務人員之範圍、任免、行為規範、權利與義務等事項，或尚付闕如，或散見於相關法令中，迄無統一完整之法律規範，遂致適用上輒有困擾。復以近年來我國政黨政治迅速形成與發展，以及民眾對民主政治要求日益殷切，並對出任政府職位之政務人員期許甚高；因此，政務人員法制作一完整之規範，實已刻不容緩。

87年4月考試院院會通過之「公務人員基準法草案」第4條規定：「政務人員指各級政府機關政治性任命之人員。政務人員之範圍、任免、行為規範及權利等事項，另以法律定之。」按以「政治性任命」人員，如必須隨政黨進退；或隨政策變更而定去留；或以特別程序任命等。考試院銓敘部有鑑於此，擬訂「政務人員法草案」及「政務人員俸給條例草案」，於94年間報經考試院審議通過，並與行政院於94年7月28日會銜函請立法院審議，惟未能於當屆立法委員任期屆滿前完成三讀程序，銓敘部爰重新研議後於97年11月間再次陳報考試院審議，業於98年2月函請行政院辦理會銜作業中，將函送立法院審議。

　　政務人員法之施行，可使政務人員之進退、行為分際、權利義務等事項有明確之法律依據，以資遵循，對於提升政府服務全體國民之效率與效能，確保民主法治之貫徹，以及促進政黨政治之正常運作與落實，助益尤多。政務人員俸給，原係依38年1月17日公布之「總統副總統及特任人員月俸公費支給暫行條例」之規定辦理。次以，行政院於「全國軍公教員工待遇支給要點」三、規定：政務人員之給與，照政務人員給與表所訂數額支給。為期政務人員俸給之法制化，爰研擬政務人員俸給條例，以政務人員法所規定之政務人員為適用對象，且明定政務人員俸給之內涵包括月俸、政務加給。另93年1月1日施行之「政務人員退職撫卹條例」[1]，因政務人員退撫給與改採離職儲金制度，產生軍、公、教人員轉任者，其政務人員年資無法併計軍、公、教人員退休（伍）年資之情形，影響其擔任政務人員之意願；對於政務人才之引進與轉任人員權益之維護等尚有改進之處，爰經考試院98年3月間院會審議通過修正，函送行政院會銜中。

　　考試院積極推動制（修）定「政務人員法」、「政務人員俸給條例」、「政務人員退職撫卹條例」，構成完整的政務人員法制體系，對於我國政務人員人事法制的建構，具有重要指標性的意義。茲以「國家治理」（state governance）運作機制與引進多元人力資源的觀點，擬就上開法案立法意旨與實際運作取向，提出建議如次：

　　其一，為因應現今環境的高度不確定性，在國家安全、政局穩定與政務改革前提下，只要能兼顧法律規定和政治現實，可以將部分任命時不以政黨為主要考量之職位，開放給非執政黨籍人士擔任。蓋延攬各個領域之菁英，或學有專精，或經歷豐富者，至政府為民服務，不考慮其個人之政黨取向，而以其才德是尚，實可促進國內政治和諧，亦可創建專業倫理治國之新風範也。具體建議相關政務職位範圍如下：（一）任命時以政黨為主要考量之職位：特命、特派之職位中，關係國家體制和國家安全的職位、關係執政黨施政成敗的職位，及若干高度屬人性之職位。（二）任命時可不以政黨為主要考量之職位：1.特命特派之職位中，著重獨立性之行政機關、司法、考試、監察權中專業性之職位；2.法律對任用資格有明文限制之職位，或需再經立法院同意而任命之職位。

　　其二，蓋新的治理架構發展，對於我國地方政府處於民主化與全球化趨勢之下，宜重新考量其政務職位之設置範圍，俾利其任務之達成。茲具體建議如下：（一）政務職位不包含主計、人事、警察、政風、稅捐單位之主管或首長依專屬人事管理法律任免之職位。（二）其餘一級單位主管數之三分之一得設為政務職位，三分之一由常務人員擔任，另三分之一得由政務人員或常務人員擔任。如此，當能裨益縣（市）首長彈性運用適當人才，推動各項地方自治業務。

　　其三，俗云：「上台靠機運，下台靠智慧。」似乎是政務人員去留之最佳詮釋。對於無任期保障之政務人員，從政黨政治理論與運作上，「高風險、低保障」之政治課責價值，其間涉及政治誠信、政治倫理等問題，惟在告知免（去）職之程序上，似可再

1　該條例業經104年、106年二次修正，並經總統公布施行。

細緻化，以維護當事人的尊嚴；在他律自律併行下，亦可顧及政務領導團隊之形象，維護公共利益之價值。至於有任期保障之政務人員的退場機制，由於為確保其獨立行使職權，不受政黨政治之影響，且其任命多由國會同意，所以在確保其任期獲得保障與獨立行使職權之設計前提下（大法官釋字第589號解釋），為避免「假停職之名，行免職之實」，「政務人員法草案」乃明文規定，政務人員得由具有任命權者，隨時予以免職。但憲法或法律規定有一定任期者，非有法定原因，諸如「公務員懲戒法」規定之撤職各機關組織法律所定免職等事由，不得任意免職，誠是正確之立法也。

　　綜之，我國在面對全球化國際變局、政經社文科環境變遷與人民需求，自應配合調整治理機制。而政務人員職司政策之決定，負有政治責任，其相關之法制，包括政務人員之範圍、行為、權利、義務等，均宜有完善之配套規定。常務人員為政務推動的執行者，其人事法制相當完備，各有其不同掄才管道，且扮演不同角色與功能，必要在政府文官二元體制確立後，各司其職，發揮良善分工與互動機制，方能奠立善治的礎石也。

（本文原刊載於公務人員月刊，第154期，頁1-3；部分內文配合法制變革略做修正。）

四、論聘用人員人事條例之關鍵性議題

　　自79年以來，新公共管理思潮與公共選擇理論之主軸圍繞在政府再造，而政府再造之文官改革策略中，又以「多元、彈性、鬆綁」為其核心價值。究其原因，在於政府科層體制之僵化及職能擴張造成人事成本之壓力。時至今日，又面臨新公共服務思潮之衝擊，政府用人勢必要調整因應之。

　　87年政府推動之政府再造工程，其中在彈性用人方面，初期擬議將「學術研究、科技、社會教育、文化及訓練」等五類機關研究及專業之聘任人員整合採「聘任制度」。至94年之改革方案，係對「聘用、派用、機要、聘任、約僱」等五類人員予以整合規範，而擬訂「聘用人員人事條例草案」。該草案其研議彈性用人制度之特點是：聘用人員係由主管機關根據學、經歷公開甄選，審查過程與限制相當嚴格；並建構完善之契約進用人力制度及績效考核機制，淘汰不適任人員，促進人力新陳代謝，使政府人力運用具有更彈性活化的管道。而該條例草案除界定聘用人員之聘用範圍（包括現行聘任、機要、聘用、派用及約僱人員等五類人員）外，另規範括聘用等級、資格、程序、薪給、考核、保險、退職撫卹及過渡條款之設計等人事事項，研擬過程極為審慎，期在國家考試用人上增加彈性用人制前提下，能全盤建構聘用人員之人事法制，並充分保障聘用人員權益，進而提升政府機關之效能[1]。

　　98年6月間銓敘部擬以規劃縮小以聘用及約僱人員範圍，考量排除派用、機要及聘任人員。據悉本草案係以現行「聘用人員聘用條例」、「行政院暨所屬機關約僱人員僱用辦法」及「行政暨所屬各級機關聘用人員注意事項」等規定為基礎，重新研擬「聘用人員人事條例草案」，並以現行聘用人員級約僱人員為適用對象，均以聘用人員稱之。本條例草案除界定聘用人員之聘用範圍外，另含括聘用等級、資格、程序、薪資、考核、保險及退休等人事事項，期能全盤建構聘用人員之人事法制，以充分保障聘用人員權益[2]。經由前後之規劃法案草案予以回顧後，進一步對新聘用制度在建制法制過程

1　有關「聘用人員人事條例草案」規範內容，問題仍多，行政部門仍未有共識，對現行文官體制影響與衝擊的確不容忽視，其所涉問題包括：（一）五類人員彼此權益之衡平及與常任之公務人員間之權益衡平；（二）能促進政府機關人力資源多元化，惟是否有牴觸憲法與違反考試用人政策之虞？（三）未來聘用人員之進用，係由各主管機關自行組設審查委員會，是否發生各機關之甄選標準不一，甚至發生安插私人，破壞原有陞遷？是否可以經由設置統一之甄（考）選機制，以杜絕爭議？（四）本條例草案於立法院第6屆會期審議階段，在公聽會及審查本法時，各界意見仍多紛歧。

2　基於「屆期不連續」原則，銓敘部重行研擬「聘用人員人事條例草案」，擬將於98年10月提該部法規委

中，提供淺見供參。

　　茲以彈性用人制度雖經多階段之政策改變，惟不離「契約用人」之概念。公部門契約用人有其特殊性，而在憲法精神下，其定位功能應予釐正，簡述如次：

　　（一）**輔助角色及非屬永業之定位**：在政府多元人力運用之論證中，參照策略性人力資本規劃之理則，發展性人力資源需要，有關契約人力，的確應予重視。惟契約人力究爲非常態之「輔助角色」，且以契約進用強調其「臨時性」，亦仍應建立在績效及成本之基礎上，與永業常任人員仍有區別。

　　（二）**員額比例及人事需要之配合**：政府職能擴大及人事成本之壓力，對彈性用人之需求增加，包括行政庶務，乃高至政策幕僚，或一般事務或科學技術，均在契約用人制度中討論。惟契約人力非政府運轉之主體，且不須經由國家考試進用，不可形成另類之永業人員，而破壞國家考試用人，其業務性質員額比率，必須參考Lepak與Snell之人力運用模式之象限三與四爲主要策略[3]，並且重視契約人力規劃之效率與成本觀，合理限縮其員額比率方爲正辦。

　　（三）**公平進用及功績專業之要求**：經由公開競爭進用公務人力，爲憲法賦予考試權獨立之主要核心價值之一；惟政府之契約用人政策，倘由用人機關自行召募，此是否違憲，論者仍有爭議。且以非常任人員之進用，亦必要確保功績用人及程序正義，俾契約用人制度能獲得人民之信賴。

　　（四）**身分保障及權利義務之聯結**：聘用人員在政府規劃中係以公法契約關係予以設計，乃排除私法僱傭關係，即不適用勞動三法，惟聘用人員行使職務時，其涉及公權力之密度如何？應予以正視。至其關涉薪資結構、保險撫卹、退離給與等，均須兼顧並有別於永業人員，當然績效產能之綜合考量，是必須重視者。

　　（五）**績效考核與淘汰機制之必要**：個人權益、歸屬感及其對組織之承諾，對於組織績效將會有重大影響；在人事管理實務上，缺乏保障之契約人力，確有短期績效不錯，惟於緊急時難免出現低績效表現與高離職率之情形。因此，爲期契約用人制度能夠發揮其應有之功能，契約人力效能之維繫與激發，必須能達激勵效果、獎懲措施與考核結果之密切結合，方可致之。

　　（六）**品德忠誠與專業倫理之重視**：契約人力於公務體系中，可接觸或擁有相當多的公務資訊，尤其參與政策幕僚或科學技術之高級契約人員，其忠誠度與歸屬感應予重視，此乃因其產出對國家、政府及人民產生一定之影響。其專業倫理之遵行亦應併同規範，易言之，對於契約人員品德及忠誠感之要求，如何參照常務人員處理，且在契約用人體制中，對人才進用離退時之權益照護與保障，如何在彈性取才專業倫理、忠誠感與

員會討論，11月陳報考試院審議。

3　參照Lepak, David P. & Snell, Scott A. (1999). "The Human Resource Architecture: Toward A Theory of Human Capital Allocation and Development." The Academy of Management Review, 24(1): 37. 併參蔡良文（2008），我國文官體制之變革：政府再造的價值（初版一刷），台北：五南圖書出版公司，頁77。

組織承諾價值間取得平衡？均值得探討。

　　綜上，在彈性聘用制度設計上，至少應就三項議題，審慎檢視與釐清，俾能建構合理之制度規範。

　　其一，**定期聘用與績效考核應有效聯結**：新聘用制度之契約人員考核機制，逕由現行考績制度參照移植者，尚不宜過多，宜依契約人員之特性設計，如以契約內容為考核之指標、將考核結果與解聘有效聯結等。

　　其二，**功績進用及公開甄選應有公信力**：目前聘用人員公開甄選制度，法制上並無定型化或條件化之統一規範，實施以來，所受信賴程度未及國家考試用人，未來聘用人員之甄選，在甄選機構、方式及程序上，都應有較為完備之設計；宜由考試院研定甄選辦法，須把握公平、公開甄選，再授權用人機關辦理，以達到專業性功績用人之目的。

　　其三，**組織員額比例與人事成本之有效控制**：契約人力所占比例，宜避免員額進用浮濫及人事經費不減反增情形，除注意薪資之衡平外，其人事費隱藏在業務費項下之假象亦應消除。至控管方面，應注意地方政府自治職權之問題，在「總量管制」下，亦必須避免齊頭式額度分配，以達到配合特殊業務性質需要。

　　總之，無論國家政府權力行使或文官體制變革中人力策略之運用，契約性人力之運用有其需要亦有其限制。在全球化環境中，提升政府治理能力之多元人力政策，是必須重視的課題。契約性人力之規劃，歷經多次重大政策之轉折，且其在適用範圍亦多所調整，規範於新「聘用人員人事條例草案」中，希望能在體現憲法精神下，掌握上開關鍵性議題，提升政府機關之效能，方符立法之目標也。

（本文原刊載於公務人員月刊，第159期，頁1-4。）

五、公教人員保險養老給付年金化議題之要析

　　現代國家為使公務人員守法盡職，對於現職人員，固須保障其工作，安定其生活，即於退休後，對其晚年生計與生活，亦必須有適當之保障與照顧，然後始能讓其公爾忘私，為民服務。故以人事行政上健全的退休養老制度，予以適切的退休、養老及輔導。憲法上原明定退休與養老為兩個項目，但其間關係極為密切；後憲法增修條文刪除「養老」，有關養老則併入內政部所掌社會福利事項。就我國現行「公務人員退休法」[1]之規定目的而言，實已包含有養老之意，但就其條文內容言，又未包括養老在內，因此有關養老之規定尚未立法，而是散見在有關之行政規章中。

　　復就人力資源管理的策略途徑而論，即在配合組織整體策略及其他資源等，發展建構及完成組織目標（Towers, 1992: 149），其管理運作過程表現之功能有四：（一）引用功能（staffing function）；（二）激勵功能（motivation function）；（三）發展功能（training and development function）；（四）維持功能（maintenance function）。若參照上述內涵，文官體制之功能歸納為：（一）經由多元考選制度與政策規劃之調整，暨政府彈性用人政策與法制之變革，以落實引進與甄補性功能；（二）經由績效管理與考核，配合修訂考績法制，落實更新與發展性功能；（三）推動績效俸給及彈性福利之法制與措施，展現激勵決策功能；（四）以行政中立法制之建構，以及退撫制度（含公保養老給付）之改革，賡續實現維持與保障決策功能；並進一步讓公務人員勇於任事，免除後顧之憂。其中後者有關公務人員公保養老給付得辦理優存，係緣於軍職人員保險之退伍給付得依「陸海空軍退伍除役官兵優惠儲蓄存款辦法」辦理優存，銓敘部爰於63年12月訂定發布「退休公務人員公保養老給付金額優惠存款要點」據以施行。此一規定，確實提高退休人員之實質所得，尤其對於早期退休支領一次退休金人員，具有彌補因通貨膨脹造成實質退休所得降低之功能。迄至84年7月1日公務人員實施退撫現制後，由於退休金基數內涵義已改按本俸之二倍計算，有助於退休所得之提升，爰配套對於優存制度採行斷源性措施。

　　要之，退休所得合理化改革方案主要在增長行政價值，合理改革不但不會減損行政價值的永業保障功能，也相應的增長了政治價值。故對公務人員退休給與的合理改革，要能把握理性與公正原則，考量成本效益，使現存人力與組織能發揮最佳效能，而不應

1　此法業於107年11月21日公布廢止，另已於106年8月9日制定公布「公務人員退休資遣撫卹法」。

以政治思維混淆常任文官之維持與保障功能。且以公務人員退休所得合理化改革方案涉及層面及因素繁多，實非一般立法體系所能申算設計，且由於朝野立法委員溝通不足，立法系統與行政系統溝通有待強化，致改革美意似乎失焦，徒增阻礙矣！而主管機關配合改革方案，修正相關退休法規，送請立法機關審議，其中涉及人民之重大權利，倘懸而不決，則改革之美意，將無法順利達成，且使行政機關與公務人員間產生法令適用上之困擾。允宜再積極慎重處理。

再者，敬老尊賢與崇德報功是國人傳統美德，而歷代亦有類似之退休養老制度。世界銀行於1994年時提出三層退休年金保障體系之構想包括：第一層為政府責任之基礎年金；第二層為雇主責任之職業年金；第三層則為個人責任之私人年金。公務人員退休金亦宜建構之，其中第二、三層係配合公務人員退休制度採雙層制，至第一層年金則由現行制度轉換為基礎年金制，或謂公保養老給付年金制來做配套處理。至於規劃方案，應考量者有二：

其一，規劃公保養老給付年金制度，除應考量公務人員及公立學校教師等適用月退休制度之人員外，尚應包括私立學校教職員、公營事業機構兼具勞工身分之公務人員、國策顧問、未具任用資格之駐衛警、編制內之約聘人員及準用人員等未能適用月退休制度等人員之多元適用問題，及其退休所得之合理性。

其二，採三層年金制，原則上退休所得不宜超過現職待遇，而第一層公保年金，因涉公保財務自給自足，以及與月退休金合併計算後之所得替代率問題，其規劃原則為：（一）不增加政府及公教人員之負擔；（二）穩健公保財務；（三）採保障年金之設計。

關於公保設計之理，係採「平等互惠」、「自助互助」、「危險分擔」及「大數法則」等，為強制性社會保險，其彼此間之權利義務應採一致為原則。是故公保養老給付年金化之規劃，至少應優先考量合理所得替代率及財務精算，前者著重點是公務人員退休所得與社會觀感的衡平點；後者應考量公保財務與保險費率之平衡，以利永續經營。

至於98年5月20日立法院第7屆第3會期第14次會議，部分委員提案建議於修正「公教人員保險法」一次現金給付相關條文中，比照「勞工保險條例」增列失能年金、老年年金及遺屬年金乙節，以彼此法制之屬性與精神不同，法制規範對象亦異；況公保已有殘廢給付；且被保險人在職死亡，其未成年子女與父母及配偶享有月撫慰金等之照護，考量社會評價與國家資源分配等理由，對於立法委員之建議，以不推動為宜。倘考銓機關順勢推動該草案，則將陷入尼斯坎南（W. Niskanen, 1971）、莫艾（T. Moe, 1989）所言之官僚預算行為、官僚的自利行為；或謂組織成員（特別是上層主管）的自行行為，導致政府官僚體制傾向於不合理地擴大機關預算，造成社會輿論不良的觀感。

綜上，有關公保養老給付年金化議題，吾人認為可得言之者有三，其一，在考量因應國內高齡化社會與少子化趨勢之下，仿效各國推動年金化，以及保障性功能，使退休者領受適切年金，且不受通貨膨脹或消費物價指數影響，得以安享老年經濟生活等，在

此政策思維原則下，積極推動年金化政策，可謂此其時矣。

　　其二，公保養老給付年金化方案的成敗關鍵因素，非但從人力資源策略管理觀點出發，以公平正義、合理合宜、貢獻與報償衡平爲原則，以提升公務人員對政府之信心，尤應考量退休合理所得與財政負擔以及社會觀感之衡平性。

　　其三，在公教保險養老給付年金之改革上，銓敘部研提改革方案，不可有過多的「自利」思維與做法，而應考量公民社會之觀感與政務推動之順利。對此改革方案之決定，應有公正的抉擇，當然爭取立法部門之支持更是必要的。要之，公保養老給付年金化之變革，必須在行政部門與立法部門間建立互賴互信良善關係與運作機制，方能有成。

（本文原刊載於公務人員月刊，第165期，頁1-3；部分內文配合法制變革略做修正。）

六、公務人員退休年金制度改革相關議題研析

　　本次公務人員退休年金制度改革，雖導因於政府退撫經費支出日益成長，造成之政府及退撫基金財務困境，惟爲整全妥適解決，其相關人事法制議題均一併研議，俾使制度運作永續，讓退撫基金財務長久穩健發展，退休年金制度更加健全順利，爰同時建議在改革過程中，尤應予退休公職人員人性關懷與尊嚴，維護公務人員士氣等。當然在全面制度之關照、因應高齡化、少子女化與照顧弱勢等客觀環境變遷前提下，針對人口結構與質量改變，以及面對公務人員過早退休、政府菁英快速流失等均應重視愼處之。

（一）前言

　　近來我國公務人員退休及年金制度改革，因涉及層面廣泛，複雜度及爭議性均係前所未有，馬總統及關院長中亦均於相關場合明確指出，本次改革之重點至少有三項：一爲經費不足、二爲行業不平、三爲世代不均[1]。另關院長則配合提出從所得替代率、提撥率、延長退休金起支年齡及提高投資報酬率等面向進行改革，以有效解決相關問題[2]。爲全面關照、因應高齡化、少子女化等客觀環境變遷造成人口結構改變，以及面對公務人員過早退休、政府菁英快速流失、政府退撫經費支出日益成長造成之政府及退撫基金財務困境，就相關人事法制上，重新檢討建構合理穩健之公務人員退撫法制，爲確保退撫基金之財務健全，以及就退撫基金運用上，從基金管理部門行政法人化之擬議、提高資金運用效率、檢討委外機制及增進投資多元布局等面向檢討改進，以提高退撫基金經營績效外，茲爲確保本次退撫改革成效及貫徹馬總統宣示本次改革後，三十年內無庸再爲改革之政策主張，並期在改革過程中，應予退休公職人員人性關懷與尊嚴，以維護公務人員士氣，相對應如中央政府改造工程，暨五都一準避免改制員額增加及人事費驟增之壓力等議題，有關人事法制及官制官規亦應整體配套思考，方能收相輔相成之效，爰試提淺見，以就教高明。

（二）退撫年金改革的緣起概述

　　在公務人員退休撫卹法制歷經將近八十年之運作，現行公務人員退休及撫卹制度除

1　關中院長對於公務人員退休年金改革的理念與說明。

2　關中，同上註。

自84年7月1日起的改革，退休金準備責任制度由恩給制轉換為儲金制，由政府及公務人員共同成立公務人員退休撫卹基金（以下簡稱退撫基金）支應退撫經費，對公務人員退休生活保障發揮應有功能，並經99年退撫制度之大幅度制度性改革外，但至今仍應正視「公務人員過早退休」、「政府菁英人力快速流失」、「政府退撫經費支出日益成長」及「退撫基金財務危機顯現」等重大課題。

回顧實施十八年迄今，由於客觀環境迥異於退撫新制建制之初，如退休過早、年齡過低、經費不足及世代不均等問題相繼浮現，導致政府及退撫基金沈重負擔及財務安全危機；經參照考試院、銓敘部之分析，其原因略以：1.退撫基金潛藏負債激增，已危及退撫基金永續經營的根基；2.退休人數激增及退休年齡下降，致退休給付人數及年限增長，政府財政負擔日漸加重，退撫基金之收支結構亦愈趨險峻；3.我國人口結構快速高齡化及少子女化，短期內已是無可逆轉之趨勢，如何調和世代正義與包容，應併同考量；4.政府及退撫基金已面臨重大財務支出壓力，必須立刻防阻惡化；5.公務人員提早退休情形日益嚴重，不利國家發展[3]。

要之，本次公務人員退撫年金改革之緣起與改革動能，不但影響國家永續發展之客觀情事重大變遷，亦係基於迫切的公共利益維護的必要性。同時制度變革中，必須考量公務人才培養及其生涯發展等，方能適時、適切重構良善的退撫制度。

（三）改革政策方向之檢視

關於退撫年金改革的原則方面，茲以考試院為確保制度建構之合理性與永續性，並依前開改革方案，擬訂原則略以[4]：1.採取溫和漸進模式，規劃適切配套制度，務求合理可行；2.統整軍、公、教退撫基金管理一元化之理念與實務，藉由公務人員退撫法制改革，帶動軍、教人員退撫法制之一致性改革；3.建構穩健退休撫卹制度，兼採開源及節流機制，減緩退撫基金支出流量，有效搶救退撫基金財務危機，確保退撫基金財務永續健全；4.兼顧退撫權益及退休所得合理，俾符社會公平與世代正義（包容）；5.減輕政府負擔公務人員退撫經費壓力，合理分配國家資源，促進國家均衡發展及全民公益；6.避免公務人員提早退休，有效留住菁英人力，以利政府機關經驗傳承，提升國家競爭力。

茲再以我國公務人員退休撫卹制度給付標準，以及退休金準備責任等變革所適用之理論脈絡觀之，緣於早期公務人員待遇偏低及採行恩給制時期，確係著重「功績原則」及「延遲薪資理念」；然而隨著公務人員待遇大幅提升，以及實施退撫新制採行共同提撥制之後，公務人員退撫制度之發展建構則趨向「社會保險」之自助互助、權利義務對等及適當生活維持等論述理路。從而衡酌現今退休及撫卹制度建構理念基礎，以及基於

3　參照考試院、銓敘部，公務人員退休撫卹法草案總說明。
4　銓敘部（2013），公務人員改革規劃方案說帖。

退休年齡偏低、平均退休所得偏高所引發政府與退撫基金財務安全危機等情事之重大變遷，以及迫切性國家公共利益等考量，現行公務人員退休及撫卹制度確實必須立即進行合理妥慎之調整，方可落實社會公義，進而解決現存行業不平、世代不公及分配不均等世代正義與包容。且因涉及對現有法制之修正，自應謹守信賴保護、比例及平等原則等一定法理原則，方不致引發爭議，俾達到減緩政府對公務人員退撫經費支出壓力，合理分配國家資源；積極擴增退撫基金規模，解決退撫基金財政危機；合理調整公務人員退休所得，落實政府對於退休人員退休生活之合理照護等目的。當然，改革過程，必須先讓標的團體體悟支持，維護渠等尊嚴及予必要之關懷，方能於底於成。

要之，本次改革法案之立法架構，係依據前開改革方案制定，考試院主張在「逐步終止現行已經失衡之退撫制度」及「重新建構不留債務於後代子孫之退撫新制」，並同時搭配「溫和緩進之過渡措施」及「有效緩解搶先退休機制」等多元思考，以達穩健發展之理想目標，並賡續請求各界支持與諒鑒。爰以全案於102年4月11日函送立法院審議，其過程尤應積極加強溝通協調，讓全案更周全可行，早日完成立法。

（四）改革之必要配套作為

1. 整體衡平的心念與思維

對於銓敘部擬議方案初時，筆者曾多次提出整體意見略以，在規劃公務人員退休年金制度改革方案時，主政機關除了考量「政府財政狀況」及「社會觀感」外，尤應適度適切維護「公務人員權益」，並請找到上述三個面向的平衡點，做通盤而周全的考量。亦即在規劃改革方案時，應同時做正面思考，政府各相關部門多考量如何「興利」應比「除弊」更為重要。並贊同軍公教人員退休制度應尋求基準點同步改革，當然，內外環境的和諧樂觀是改革成功的重要因素。

2. 釐清相關法理與提升基金投資報酬

為確保本次改革成效及避免公務人員退休制度處於不穩定狀態，影響未來公務人力運用與士氣，實有全面研議相關問題必要[5]，包括：

(1) 90制之月退制度實施之法理及期程

銓敘部雖基於信賴保護原則之適用，將90制之實施採取過渡、漸進方式為之，惟如依銓敘部擬議方案，90制真正落實需至115年，距今尚有十三年之久，對於該項改革方案之成效能否符合社會大眾之期待，恐有疑義，且銓敘部所擬議過渡期間分別係以由75制改85制之十年過渡期間，以及再由85制改為90制之五年過渡期間，此對於同屬有信賴保護原則適用之公務人員，其所適用過渡期間何以會有不同，宜有合理之法理說明。為盡量避免讓公務人員對該過渡期間之適用，有全憑個人運氣之感，或應將此過渡期間之適用時程再做考量，以順暢落實90制之施行。

5　蔡良文、黃俊英（2013），考試院第227次院會提案（102.3.7）。

(2) 退撫基金收益應予提高

有關退撫基金投資績效在整個基金財務運作上，實扮演相當重要的角色。誠如關院長所提：績效的提升可以期待，但不能依賴。惟如能一併檢討，使其有效改善，對退撫基金財務負擔應有實質助益。至其改善方式，除關院長所提長遠擬將管理部門行政法人化，不失爲澈底解決之道外，筆者等認爲目前至少可從下列三面向檢討改進：

a. 提高資金運用效率方面

茲以約當現金之短期票券投資爲例，由於票券利率偏低，因此，一般退休基金除因退休給付之需求外，多僅供投資於其他資產類別前之短暫停泊之用，甚少配置過高之比例，而退撫基金有關短期票券每年之中心配置比例均維持5%左右，實際配置比例更高達12%以上，雖然仍在允許變動區間範圍內，但終究顯現資金運用效率仍有可改善空間，尚宜重新檢討妥善運用。

b. 全面檢討委外機制方面

據了解，國內委外代操雖已有超過十年的歷史與經驗，惟其仍有些許問題，除國內投信業者選擇性不多，投資類型高度相似，存在嚴重之系統性風險外，其他尚包括資訊不對稱所引發之逆向選擇，以及道德風險等代理問題、獎懲制度不夠周延問題、委託期間或績效評估期間過短造成經理人趨於短視，以致於「殺進殺出」問題、管理費率太低問題等，其中除有賴主管機關金管會建立完備之代操機制，並查察不法情事；投信公會發起業者自律等外，亦請基金管理部門以委託者立場，就目前委外實務做法，進行全面檢討改善。

c. 多元布局，增加基礎建設、不動產、天然資源等另類資產之投資，並增加海外投資比重方面。

根據J. P. Morgan調查北美機構法人對於退休金管理時資產配置，在金融海嘯後已有改變，其中最大改變即係「降低股票部位，提高另類投資比重」，由於金融海嘯時，全球股票債券資產大縮水，因此，法人機構、退休基金或慈善基金等對股票的配置都降至五成以下，取而代之的是，對沖基金、房地產、私募股權和公共基礎建設等另類投資比重的提高，並具有分散投資、降低資產波動度、增進收益與抗通膨等優點。另據研究指出，歐美退休基金多已將另類資產之投資比重，提高到二成以上，即便鄰國日本於2012年另類資產布局，亦有約7%之投資比重，退撫基金宜儘速研議如何逐步增加另類資產之布局。復以不動產投資爲例，縱使退撫基金成立之初，未獲立法院同意將不動產投資列爲該基金之投資項目，惟其既已歷經十七年之後，時空背景已然不同，且新制勞退基金亦已無此限制。因此，宜請儘速檢討修正「公務人員退休撫卹基金管理條例」，使退撫基金成爲可以登記取得不動產之權利義務主體，以增列不動產之投資項目。至於該條例未修正前，或應權宜使其得先就不動產投資信託或不動產資產信託等相關商品進行投資，以增加其投資績效。

3. 相關人事法制之檢討與修正

就本案相關之人事法制之配套改革，至少有三[6]：

(1) 修正公務人員俸表結構

目前公務人員退休金等退撫給與之計算基礎，均與公務人員所敘俸級息息相關，對於相同年資之退休者而言，所敘俸級高者，退休金相對較高。目前最主要問題在於委任已可經由升官等訓練等方式晉升薦任官等，時空背景與現行公務人員俸表結構設計之初已有不同，且由於拉長年功俸級數，形成俸額部分占非主管公務人員薪資之比例提高，導致退休所得替代率相對攀高，以及因前後職等間俸級重疊比率甚高，委任第五職等年功俸十級，與薦任第九職等本俸三級相當，九職等年功俸七級，則相當簡任第十三職等本俸一級，無法比敘俸級彰顯不同職等職責程度之差異，更無激勵公務人員勇於任事，取得升任較高職務之作用，爰為減輕退撫基金財務負擔，以及發揮激勵公務人員勇於任事等作用，俸表結構調整是值得考慮之重要途徑之一。

(2) 檢討職等標準及各機關職稱及官等職等員額配置準則

職等標準係敘述每一職等之工作繁、簡、難、易，責任輕、重及所需資格條件程度之文書，隨著歷次職務列等調整，以及科技進步、業務資訊電子化及委外政策之推動，各機關基層勞動、執行性、例行性之非核心業務逐漸朝委外或替代性人力方式辦理，職等標準及各機關職稱及官等職等員額配置準則均宜適度研修，以符實際需要，以及鑑於年金改革每年雖約節約60餘億，惟五都一準改制前後員額增加、職等提高，每年即增加人事經費約90餘億元，未來尚可能續增加員額數千餘人，除增加人事負擔成本外，亦造致未來退休金負擔日益沉重，銓敘部於面對各機關要求增加員額配置或提高職務列等時，宜有衡平審核機制，並應促請考試院洽商行政院或請行政院人事行政總處協調各該直轄市相關機關，進行嚴謹員額管控，以達三贏之境域，至於因應中央政府改造工程者，亦然。

(3) 重新思考考試及格人員之任用與考績升等

「公務人員任用法」第13條有關考試及格人員之任用部分，均規定無相當職等職務可資任用時，得先以低一職等任用，「公務人員俸給法」第6條亦規定初任各官等職務人員，先以低一職等任用者之等級起敘規定。惟84年及85年調高中央及地方機關基層職務列等後，基層職務多已列委任第五職等至薦任第七職等，並派薦任第六職等。復因現行考績升等條件較寬鬆，因此多數公務人員於十餘年間即可達到其最高俸級，爰請銓敘部邀請行政院人事行政總處等機關，就整體公務人力運用、初任公務人員職務職等取得，以及考績升等條件與其年限等議題，予以通盤審慎研議解決。

6　蔡良文（2013），第11屆第235次會議（102.5.9）提口頭原則報告，第11屆第238次會議（102.5.30）提書面報告案。

（五）結語

吾人檢視本次改革所涉層面廣泛，考試院基於憲定職掌權限，雖僅及於公務人員部分，惟銓敘部於擬議公務人員退撫年金改革時，仍已儘量併同考慮不同行業別、不同世代間權益及弱勢族群衡平等問題，俾達共體時艱及和諧尊嚴的改革目標。

再者，本次改革涉及各該院部會主管之法制，包括「公務人員退休法」、「公務人員撫卹法」、「學校教職員退休條例」、「陸海空軍軍官士官服役條例」及「勞工退休金條例」等相關法規修正（目前立法院僅審議勞保條例，先予敘明），為使該等法規得以同步施行，各部會已加強協調，使立法期程一致，未來更企盼立法院在審議時能衡平審酌。

綜之，退撫年金改革預期法益，不僅希冀減輕政府對於退撫經費支出之財務負擔，疏緩退撫基金財務危機，同時能兼顧公務人員權益，使其退休所得趨於合理，並降低已累積之財務負擔及避免將債務轉嫁給現職及未來新進人員。爰以在面對國內外經濟金融環境之不利情勢下，為達成改革之理想目標，必須戒慎虔誠、戮力以赴，尤其立法過程尋求各標的團體之支持與諒解，立法院朝野委員之支持，才是成功的關鍵。

（本文原刊載於主計月刊，第692期，103年8月，頁25-30；部分內文配合法制變革略做修正。）

　　考試院推動公務人員退休及年金制度改革，爲建構社會安全結構工程，促進世代和諧與國家發展，因涉及層面極廣，除相關人事法制之研定暨提高基金運用效率，檢討委外機制及多元布局（參照第227次院會臨時報告）外，如建構一個具有多元彈性與適用之組織結構，共同協力達成馬總統暨關院長提示年金改革之三大目標。就基金管理機關之改造上，誠如關院長提示及銓敘部之擬議，長遠之計，擬將基金管理部門行政法人化，不失爲澈底改善解決之道。

　　按以行政法人係政府爲提升行政專業效能，增加國家競爭力，由於立法院已決議「行政法人法」於100年4月27日公布施行三年內，政府部門改制行政法人數以不超過五個爲原則，並俟各該行政法人成立三年後評估其績效，據以檢討該法持續推動之必要性。而目前行政院亦刻正積極將國家中山科學研究院、國家運動訓練中心、國家災害防救科技中心、國家表演藝術中心及台灣電影文化中心（尚由文化部函請行政院審議中）規劃爲行政法人，惟如何達成改制爲行政法人之政策目標，考驗政府相關主管部門對於該制度之規劃是否具有前瞻與周延性之思維。倘考試院爲配合提出基管會之組織改造，爲期組織之穩健變革，其中仍有部分待解與思考之議題，謹提意見以就教高明。

（一）先請確認基金管理行政法人化之定位及必要性

　　首先，考試院推動之基金管理行政法人化之屬性定位，是否參照日本獨立行政法人中之「特定獨立行政法人」（公務人員型獨立行政法人），或屬「非特定獨立行政法人」（非公務人員型獨立行政法人），其性質不同，則相關配套亦異矣；且在引用日本行政法人之際應考量該國廣泛設置行政法人之策略，是否符合我國現行公務升遷發展體制，並詳細研究該國現行之行政法人運作，是否具有考試院所希冀達到退撫基金改革或營運管理之目的（參照行政院國家發展基金管理會委託研究：「行政院國家發展基金管理會法人化」，102年9月）。

　　再者，參考美國加州公務人員退休基金多元用人政策，除一般具有公務人員身分之雇員外，另以專案聘用之方式招募具有投資實務專業之人員，分別依其專業特性與身分擔任不同職責之工作，如投資人員以積極性較高之業界人士擔任，而公務人員則擔任風險控管與稽核人員，讓適當的人任職適當的職位；暨如我國現行公立醫院以作業基金聘用非公務體制內人員之做法，將退撫基金之用人分爲具有公務人身分之行政經費及以退

撫基金盈餘進用之聘雇人員,而其使用盈餘進用人員之成本多寡則需視前一年度獲利情形決定,要之,中外案例均可併供參考。

(二)基金之績效良窳與組織型態之關連性

茲以退休基金之管理與監理全世界各個國家由於國情上的不同或制度設計上差異難免會有不同的架構,比如確定提撥制之退休基金較少由國家統一管理,通常都是由國家制定政策或設立監督機構負責,而實際運作大多交由資產管理公司負責,如澳洲及香港強積金為最具代表,又如日本係由行政法人負責實際管理運作,而其投資管理向來皆較為保守。我國目前退撫基金係由政府設置專責單位負責監督、管理與運用,雖公務人員之心態向來較為保守,但因其身分有較大之拘束力,違規之事件亦較少發生;而投資之業務雖有委任之性質,然當其發生不當事件時,非具有公務人員身分之管理者,難以「公務員懲戒法」相關之法令規範之,多需以長期之訴訟方式方可定案。且以退休基金屬長期投資之基金,其成敗根據研究有90%以上皆屬資產配置,是否允當所造成,爰以績效之良窳優劣,是否皆為組織體制所造成,實有深入研究之必要。

再以現況而析述之,目前行政與考試兩院業已建立「提升政府基金運作效能推動小組」,為所有政府基金之管理運作與績效提升提供溝通與建議之平台,在兩院長期良善互動與共同努力下,相信長遠必有甚佳之效益,為政府基金之改革呈現更大效果。就此可否進一步參照韓國之基金管理的做法,亦可併案審酌之。

(三)基金管理行政法人化之國會支持及其倫理性

查行政法人與公務體系之最大差異乃在於人事與會計之鬆綁,亦不似一般公務體系須受國會之監督,我國勞工退休基金監理會於95年至96年於會組織立法期間,當時勞委會所提出之版本即為行政法人,惟於立法院審議期間並未受到多數立法委員之支持,其原因即為龐大資金若國會無法監督,屆時產生任何弊端時,將由誰負其最後責任。而觀諸其勞退基金新制係屬確定提撥制,其最終責任依理係屬加入成員負責,於立法院審議時,即有不同聲音且未受到多數委員支持;而公務人員退撫基金目前係屬百分之一百的確定給付制,即使是修改後之制度仍有65%係屬確定給付制,而確定給付制之最後支付責任係屬政府,若以負責該退休基金管理運用之機構非可逕由國會監督,該組織之改制如何能獲致立法院之全力支持,恐需妥以審慎思考。

復以,為期行政法人制度能適度引進民間多元活力,提高國家整體競爭力,有效遂行特定之公共任務及贏得國人信賴,若持續穩定茁壯與發展,在現行法制上,宜健全倫理機制、周延課責機制、多元評估機制、建立交流機制(參照第262次院會臨時報告),其中即談到有關健全倫理機制,在此再針對投資市場之行業特性作補充,按以投資與一般可委外之公共事務實有程度上之差異,投資無法完全以結果來衡量其是否允當,且當進行事後監督時,該項決策皆已定案,故負責投資決策人員之良心與道德,應

以最高標準來自我檢視，而此確非一般監督機制可以加以衡量與評估者，是以退休基金之管理，除賦予高報酬之薪資與獎金外，如何賦予法律上之責任亦屬重要事項，此乃所謂之善良管理人責任。其次，行政法人用人之獎勵或退場淘汰、建立可彈性調整之機制，亦十分重要，爰以為達成組織設立目標，如何彈性調整與用人機制之設計，為該組織可否順利運作之重要關鍵因素。

（四）組織定位、組織再造與組織變革調整之議題

目前考試院的政策思維，似對退撫基金管理組織究竟以何種型態呈現，尚無定論，惟對負責投資管理之機構給予較為寬鬆之用人與會計政策實有其必要性，尤其是組織之定位尤應有所釐清，而賦予該組織擁有法人地位，亦為投資運用產權登記之必要措施，故組織之定位亦應於此次組織調整變革中一併受到重視。爾後管理會若改制為行政法人，依目前所實施之「行政法人法」規定，未來監督單位之重要性，亦需審慎思考其組織定位，並應賦予多樣化之監督工具，如行政法人首長之任用權、以理事會之組織運用其理監事之核派、經費之核給、績效評估與風險管理等。要之，如何以專業之公務機關去監督，以投資專業人員組成之行政法人，當屬重要之課題。而軍、公、教之主管機關目前分屬三個不同部會，現行行政之組織架構是否仍適宜，亦應請一併考量。要之，未來無論就上級機關之監督或國會之監督，均以該行政法人之監督單位為主，故如何設計一個跨院部治理，暨具有專業且符合行政機關之監督單位，是必要考量的課題。

（五）改制效果應妥慎評估分析暨併提相關配套措施

首先，就以100年4月立法院通過行政法人法之重點觀之：如將不適合或不需由政府機關推動之公共任務，交由行政法人來處理，打破以往政府、民間體制上之二分法，俾使政府在政策執行之機制選擇上，更具彈性與效率，並適當地縮減政府之組織規模；如引進企業經營之精神，使相關公共任務之推行更具專業化、效能化；如將行政法人之機制，由現行政府法規鬆綁，不受有關政府人事任用與會計、財務制度之束縛等的良善意旨。惟就實施以來之個案觀之，如以國立中正文化中心改制後之利弊分析，在成效方面，如藝術專業性的提升、人事管理制度彈性提高、經營層面多元化、財務管理彈性增加、組織運作效率提升、顧客滿意度提升、整體營運績效有顯著提升等。惟亦相對產生許多問題，如組織運作、人員管理、監督機制、預算經費暴增、政治力介入現象或矛盾等，似又與原設立該行政法人初衷相違，而此又關涉決策價值之抉擇議題。

至於基金管理法人化之其配套措施上，除上述日本之案例或韓國做法外，再以英國國家儲蓄與投資基金採以行政法人之組織運作觀之，由該國之財政部負責監督，彼此間係以簽訂所謂的框架文件（framework document）加以規範，該規範即為該行政法人與上級監督單位所簽訂之協定，而政府與國家儲蓄與投資基金的責任納入規範。爰以當政府將其基金委由行政法人管理時，係以委任之方式處理，而其彼此間的權利義務與責任

則需明確規範與簽訂,未來倘考試院擬將管理會行政法人化,上開相關之配套措施,亦應請併同思考與規範,俾制度運作順暢。

綜之,年金制度之改革必需要能達成馬總統及關院長明確指出之改革重點與目標:即先由經費不足到經費充裕;同時重視由行業不平到行業衡平;尤應完成由世代不均到世代互助之融合目標與使命。且以改革過程中,首要強化國家政務推動之骨幹團隊,維護軍公教人員退休生活無虞與基本尊嚴,次為解決國家財政負擔問題及暨改善化解社會觀感等氛圍。當然基金管理有關組織結構功能調整上,先予明確定位;實務運作目標與執行作為,應有良善之節奏與方法,因為機關之組織改造同屬退撫法與年金制度改革過程中之重要事項,企盼朝野齊心合力,順行而動,以期大有慶也。

附註一:

有關考試院第11屆第227次會議蔡委員良文、黃委員俊英提:為確保本次退撫改革成效及貫徹馬總統宣示本次改革後,三十年內無庸再為改革之政策主張,是以本次改革宜一併通盤研議相關問題,俾使退撫基金財務長久穩健發展;同時在改革過程中,尤應予退休公職人員人性關懷與尊嚴,維護公務人員士氣等臨時報告摘要。

查以近日我國公務人員退休及年金制度改革,因涉及層面廣泛,複雜度及爭議性,均前所未有,馬總統及關院長指出改革之重點有三:一為經費不足、二為行業不平、三為世代不均。另關院長亦提出從所得替代率(領少)、提撥率(繳多)、延長退休金起支年齡及提高投資報酬率等面向進行改革。復以確保本次改革成效及避免公務人員退休制度處於不穩定狀態,影響未來公務人力運用與士氣,除90制之月退制度實施之法理及期程;逐年調整退休金計算基準及基數內涵標準之過渡做法,恐無助於防止搶退,甚有鼓勵早退之疑慮之外,有關退撫基金收益等應予提高部分,建議如次:

(一)**提高資金運用效率**:茲以約當現金之短期票券投資為例,由於票券利率偏低,因此,一般退休基金除因退休給付之需求外,多僅供投資於其他資產類別前之短暫停泊之用,甚少配置過高之比例,而退撫基金有關短期票券每年之中心配置比例均維持5%左右,實際配置比例更高達12%以上,雖然仍在允許變動區間範圍內,但終究顯現資金運用效率仍有可改善空間,尚宜重新檢討妥善運用。

(二)**全面檢討委外機制**:國內委外代操仍有些許問題,除國內投信業者選擇性不多,投資類型高度相似,存在嚴重之系統性風險外,其他尚包括資訊不對稱所引發之逆向選擇,以及道德風險等代理問題、獎懲制度不夠周延問題、委託期間或績效評估期間過短造成經理人趨於短視,以致於殺進殺出問題、管理費率太低問題等,除有賴主管機關金管會建立完備之代操機制,查察不法情事;投信公會發起業者自律等外,請基金管理部門以委託者立場,就目前委外實務做法,進行全面檢討改善。

(三)**多元布局,增加另類資產之投資與海外投資比重**:根據J. P. Morgan調查北美

機構法人對於退休金管理時資產配置，在金融海嘯後已有改變，其中最大改變即係「降低股票部位，提高另類投資比重」，由於金融海嘯時，全球股票債券資產大縮水，因此，法人機構、退休基金或慈善基金等對股票的配置都降至五成以下，取而代之的是，對沖基金、房地產、私募股權和公共基礎建設等另類投資比重的提高，並具有分散投資、降低資產波動度、增進收益與抗通膨等優點。另據研究指出，歐美退休基金多已將另類資產之投資比重，提高到二成以上，即便鄰國日本於2012年另類資產布局，亦有約7%之投資比重，退撫基金宜儘速研議如何逐步增加另類資產之布局。復以不動產投資為例，縱使退撫基金成立之初，未獲立法院同意將不動產投資列為該基金之投資項目，惟其既已歷經十七年之後，時空背景已然不同，且新制勞退基金亦已無此限制。因此，宜請儘速檢討修正「公務人員退休撫卹基金管理條例」，使退撫基金成為可以登記取得不動產之權利義務主體，以增列不動產之投資項目。至於該條例未修正前，或應權宜使其得先就不動產投資信託或不動產資產信託等相關商品進行投資，以增加其投資績效。

（四）長期應請併同修正公務人員俸表結構：目前公務人員退休金等計算基礎均與公務人員所敘俸給息息相關，對於相同年資之退休者而言，所敘俸級高者，退休金相對為高。以目前公務人員俸表結構設計之初，係早期政府擔心各職等之俸級過少，公務人員進入公職後，會快速面臨無級可進情形，此對無級可進者之工作意願恐有不利影響，為激勵其士氣並鼓勵久任，復以因當年委任尚無法晉升薦任官等，爰將俸表年功俸之結構拉長，致本（年功）俸部分占非主管公務人員薪資比例提高，爰導致退休所得替代率過高之結果。倘慮及無級可進者，其年終考績為甲等者，尚較其餘年終考績甲等人員，多領一個月考績獎金；又因前後職等間俸級重疊比率甚高，尚無法彰顯不同職等本（年功）俸之差異，且目前委任已可經由升官等訓練等方式晉升薦任官等事實，其相關時空環境或有變遷，爰為減輕退撫基金財務負擔，減少俸表內各職等俸級之級數，或屬值得考慮之重要途徑之一。

整體而言，本次改革所涉層面廣泛，其所考慮世代是否不均、行業是否不平等問題，即係涉及勞、軍、公、教、農、漁等各類人員間及其各世代權益衡平等。本院基於憲定職掌權限雖僅及於公務人員部分，請部於擬議公務人員類此改革事項時，亦儘量併同考慮不同行業別及不同世代間權益衡平等問題，以達共體時艱及和諧改革之目標。另因本次改革涉及本院及行政院所屬相關部會權責，並涉及各該部會主管之「公務人員退休法」、「公務人員撫卹法」、「學校教職員退休條例」、「陸海空軍軍官士官服役條例」及「勞工退休金條例」等相關法規修正，為使該等法規得以同步施行，各部會應加強協調，俾其立法期程之一致。

附註二：

考試院第11屆第262次會議，蔡委員良文提：配合政府組織再造與行政革新，行政

法人化爲其策略原則之一，爲確保行政法人制度穩健發展，全面引進民間多元活力，提高國家整體競爭力，有效遂行公共任務，贏得國人信賴臨時報告摘要。

按以政府推動行政法人的角度來看，所要達成之政策目標，包括提升政府部門的營運效能、運作彈性與服務品質、強化經營責任與成本效益，以及開放多元參與公共服務等，而行政部門能否從93年我國首例行政法人兩廳院改制迄今之實務運作經驗與歷程中，尋求解決相關問題的措施，值得重視。爲期行政法人制度持續穩定發展，建議本院及行政院在現行法制上，宜有下列四項宏觀思維與做法：

（一）健全倫理機制：對於行政法人相關決策人員之行爲義務、利益迴避等倫理機制應予適度深化及填補，例如訂定自律規範、旋轉門條款等，以強化行政法人相關決策人員之專業倫理與道德觀。

（二）周延課責機制：在監督機制方面，因現行法制及公眾等監督納入機制尚稱完備外，對於行政法人負責人之課責應予明文規定，如違反「公務人員行政中立法」時，解聘或不續聘之條件，或增加其法律責任等，俾使法制更臻周延。

（三）多元評估機制：先明確界定各行政法人所負之公共任務，據以訂定績效評量指標，並跳脫固化思維框架，採取多元、有效的評估方式，方能確保行政法人制度永續穩健發展。

（四）建立交流機制：從人力資源管理及人才流動觀點而言，未來行政法人機構陸續成立後，應積極就各類不同政府組織建制人員間之交流機制預爲妥適規劃，以利政府各部門人才之培育，以及取才管道之活絡。

（本文原刊載於公務人員月刊，第211期，頁71-73；公務人員月刊，第212期，頁59-62；部分內文配合法制變革略做修正。）

附錄貳

（一）前言

　　人生如棋、世事如棋，在變局中透過對於棋弈之體驗，對人事管理能否有感通之處，而國家大事如照棋弈規矩行使，是否較益百姓，均是可以思考的議題。象棋的布局可從無極到神無方到易無體，整體上來說象棋的一陰一陽，陽為在朝、陰為在野，各有三十二格合計六十四格。「易經」有六十四卦，其中有真空妙有之意涵。我們簡單的說，你可以感通、感悟、感動、感觸，這四者境界不同，古時候是黑、白兩道共治，黑道並非不好，黑道是非正式的道，盜亦有道。有在朝有在野，通常古代社會流動是草寇流氓取代帝王位置，其他如士大夫階層變動有限。

　　再者，以象棋各子有其路徑與規矩，帥只能在框框裡面，士也不能亂走，帥是國家領導人、各黨主席或是大公司董事長；士是三公有兩個卦，相是部會首長。士、相都是不能亂走，車是部會次長、司長，也有兩個到三個卦；馬是簡任非主管及薦任科長，有三個卦。炮、卒、兵都有卦，卦談的是在領導的時候有一定的規矩，一定的法則、氣度。四千多年前象棋原理寓有一定的內涵，整體上是善治與治理的問題。中華文化可以流傳，一定有其道理。下象棋可先看恆卦，其隱喻是要達到亨達、通達、无咎、利貞、大吉大利者，必須先由內心之清淨、才能轉凶為无咎、轉无咎為吉、轉吉為大吉大利。茲就各棋子之隱喻，略述其意（參照吳秋文易經課程講義，另有關卦爻意涵，參照同作者（2006），易經探源與人生），並就教於方家，敬請指正之。

（二）兵&卒之人事易理

　　年輕人考上高普考要先當卒，卒為科員、會員、眾生，卒向左（逆天），向右（背帥），退後陣亡，只有過河向前，路才能可長可久，也可能被車打來或隔山炮打過來，卒也會夾死帥，不能小看卒，卒是萃卦。2006年是萃卦，在朝通常輸給在野，在野輸給沒有團體的，閩南語講的「黑卒也可以變英雄」，層級不高的檢調單位可以偵訊層峰，2007年2月4日前職務比你低的，你還要受制於他們，聽他們的話，多聽民意也。2007年2月4日後是晉卦，有八字真言「自昭明德」「顯仁藏智」要大智若愚。萃卦到極致是民為貴，卦象所說天地不仁以萬物為芻狗，聖人學天地之不仁，所以百姓為芻狗，有虛空才有真空妙有，多言數窮，不如守中。和各位分享一個故事，有一位員外到鳥店買鸚

鵡，員外一進店門，其中一隻鸚鵡直喊生意好、生意興隆通四海，講很多吉祥話；另外一隻鸚鵡只點點頭說客人好就結束了。員外問老闆：「這隻那麼會講話的要賣多少？」老闆說要250文，員外又問另外那一隻只點點頭的要賣多少？老闆說要500文，員外說沒道理呀！鸚鵡要聰明伶俐才會講那麼多的吉祥話，為何只賣250文，都不講話的要賣500文。老闆說：「員外你有所不知，老子說：『智者不言、言者不智。』所以鸚鵡也有智者和不智者，講個不停只值250文，500文是有智慧的。」未來還有十幾年可能會是困頓不堪、考驗無窮的年運，要多修行，要縮小自己像微塵、奈米之物，要小到極致，人家要寬心的容下你、接納你。整體心思架構是：觀乎天文察其時變，觀乎人文可化成天下。人要知時局變化，對社會多付出關懷，散發善念。

台灣考試的筆試有時測不出人才，應輔以其他的方式，如口試、學經歷、著作發明審查等取才。有一次警察特考題目為「論反省」，那時正在精省，警察同仁就說政府在精省、凍省，但考試院是要我們談反「省」，部分警察同仁政治意識過高，寫了長篇大論，不能給零分，只好給個位數的分數，似乎社會的波動造成這樣的思維。所以各位先進多結善緣、口出蓮花，不要小看自己，奈米之物也能發出大動能，希望大家一起來。

人事管理中快速升遷要挑戰能力、決斷力、流暢力、適應力、敏銳度，用人不疑、疑人不用，現代人際之間的信賴有限，我們希望能加以考驗。對於兵、卒之科員層級應重視與培養。如英國快速升遷的人格能力方面：在強化1.挑戰能力（the ability to challenge）；2.決斷力（decisiveness）；3.流暢力（lucidity）；4.強韌力（robustness）；5.合作態度（a collaborative attitude）；6.好學的（an inquisitive mind）；7.適應力（a daptability）；8.公正（impartiality）；9.敏銳度（sensitivity）等，要努力做一些事，甘願做、歡喜受，會獲益很多。當然上述能力，對於以下之炮&包，傌&馬層級，亦有相當程度之適用。

（三）炮、包之人事易理

象棋中炮很好用，但不能隨便犧牲，要相機而為、有險阻隔山才打。炮界定在專員，薦任秘書層級，辛苦焠煉後走上更好的路。炮有險阻如用「易經」來談第一個卦是第四卦蒙卦，「包蒙吉」，可發揮潛能，此在談教育。現在的學生不好教，我的老師說學生不好教，是老師能力太差，如果學生資質不好，把他教好才顯出老師的本事，就是要有蒙卦的悲願。第二個卦是第十一卦地天泰，坤在上面尊重坤，乾在底下人生應尚中行，以光大也。泰是五吉一凶，泰卦到極致會樂極生悲，最後一個爻要注意，它開始要變爻。有個麵食店是鼎卦、泰卦、豐卦，三個卦都是好卦，是五吉一凶的卦。鼎卦年運影響為民國73年到132年，當然「易經」有它的效益但不要迷信，這是過程並非究竟。第三個卦是姤卦，是談女人的卦，在一個團體五個男生碰到一個女生，這個女生有多重要，女生如果花枝招展勾引男生，這個團體就亂七八糟，這叫「遭遇」。如果這個女生行動舉止中規中矩、儀態萬千就是「相遇」。卦象就很好，這個卦談緣，緣生緣起的問

題。另科長級就學炮，雖有阻礙，但可跳過河，專員以下可以看蒙卦、泰卦及姤卦，在做事不順時，參考此卦會有所體驗，並離迷津。

（四）傌、馬之人事易理

傌、馬在此所指的就是簡任非主管或薦任一級主管，馬習性走斜惟不能不把握「不以規矩，不成方圓」之理，簡任非主管可看屯卦（發大願），屯卦與明夷卦為六十四卦中四大難卦之二。

屯卦是應迂迴而行，避其鋒也。如果不懂解決方法，有可能山窮水盡，明夷卦也是四大難卦之一，通過重重的困難後會有很光明的未來、好的結果。

我們不能只看到表面的東西，還要看背後的涵意，如果主管通過上兩個卦，第三個卦是渙卦，渙卦顯示亨通，王假有廟，利涉大川跟萃卦一樣，六十年才一次，要多到寺廟或教堂裏走動，要有悲願、大愛的心，才能利涉大川、利貞、大吉大利、悲願無盡、共乘法船行善、淨心行善。由於前面困頓後，面臨峰迴路轉的桃花源，這是古人對馬的感嘆與祝福。

未來有不如意的事，但一善化千災，大家如有善念可以改變社會紛擾的事件；再看人事管理簡任非主管或地方機關薦任一級主管，如發揮悲願力可以很順暢，若無法跳脫則會困頓。

（五）車、俥之人事易理

車、俥界定於十二職等到十四職等，包括部會副首長，他的角色似通行無阻，但他的阻礙就比較不能迴轉，心性上覺得自己比較了不起，其實要懂得謙卑、遁法，有個遯卦，做老二不能搶了老大的光，不能多做事，也不能少做事，更不能不做事，這是老二哲學。與此有關的卦第一個是大有卦，其第二爻：大車以載，有攸往无咎。第二個是坤卦，第二爻：直方大，不習无不利。地道光也。第三個卦是大壯卦，大壯之貞吉悔亡，如不會謙卑就會有一些狀況，做得像大有卦，副首長不要太出鋒頭，只要修德行，有大悲願心即可轉為泰卦，高級文官要具備這些才能、資質，這三個卦對這幾個層級應該有所幫助。

至於高級文官的特質，以能力的要求著重在領導能力，而且是一種以成果為導向的能力，其能力架構有六大項：提出目標和方向（giving purpose and direction）、創造個人影響力（making a personal impact）、策略性思考（thinking strategically）、選拔最優人才（getting the best from people）、學習和進步（learning and improving）、服務為主（focusing on delivery）。可供此一高階層文官的參考。

（六）相、象之人事易理

相、象是部會首長，部會首長是護衛將帥，達到政通人和、使政務推動順暢。每尊

佛都有左右護法，且以「觀近臣，知主人」，看到老闆的秘書就知道老闆的爲人處事，就知道老闆的心性，藥師如來左右護法是日月光菩薩，文殊菩薩是釋迦牟尼佛的老師，但願做學生的左右護法。在人世間有的老師看到學生比他強很高興，但有的長官看到部屬比他強就受不了，如果一個團體部屬比長官好，青出於藍而勝於藍，這個團體就會興旺。

在易理上，十六卦的豫卦下順上動，部會首長德行要夠，德行不足團體會亂，繫辭傳說知小而謀大，這就有問題，如果以力小而任重也有問題。位尊德薄、鼎折足，覆公餗，其形渥，是不吉的，所以部會首長除有才幹，更要修德性。「易經」給政務人員、政務首長兩個卦，即鼎卦及豫卦，簡單說要學張良還是韓信，做到三公，做到部會首長之上，還想高；或是做到總經理要做到董事長，如果要想攀到大位，總經理就要跟董事長互動很好，可以順暢。

在人事行政學理上，政務人員至少應具備下列條件：1.分析內外情形與界定公共問題的能力；2.尋求或提出備選方案之智識，抉擇能力及決心；3.策動與運用政治資源的能力；4.發揮政策說明論辯及斡旋妥協的能力；5.可依其地位與權力掌握及推動組織變革的能力；6.依隨政黨選舉成敗或政策改變而進退之理念與情操（吳庚，1992：188-189；吳定等，1998：277；任德厚，1992：286-288；蔡良文，2006：199-200）。要之，在此給部長送的卦爲豫卦（上動下順），而鼎卦則需自我檢討是否位尊德薄，力小任重，知小謀大？

（七）仕、士之人事易理

在洛書之九宮，只在四個方位內走動，不可走出。類如馬走斜，也只在四個格局中行動也。在易理上，應參贊國務，可體會澤風大過卦（尤以第五爻之精義）或雷澤歸妹卦，其命運不同也。

征凶，无攸利，又天地不交，而萬物不興。如何互動得很好，學張良是大過卦，知所進退，功成後告老還鄉，聽任安排。如像韓信是歸妹卦，征凶，无攸利，又天地不交，而萬物不興。五院院長要包容人民、器度大是師卦。

在政府如國之三公也，在企業集團、大公司有如總經理職位，即要能對「帥&將」「保護」好也，爲左右重臣。如此五院院長及國安會、總統府秘書長及資政，均是在扮演提供領導者治國良方的角色與功能。

（八）帥、將之人事易理

在象棋的易理，指國家領導人、各主要政黨領導者、重要宗教領袖、主持。以國家領導人而言，是國家領導（階層），也是國家的象徵與代表。主要在決定國家發展方向（包括國家定位與抉擇）、調和與運用國家政府之賢士、重臣。

其次在「易經」的卦象，此主要卦理爲第七卦地水師卦帥也。

　　就師卦之第五爻：貞，丈人吉，无咎。師眾也；貞，正也；能以眾正，可以王矣。

　　又六五爻：田有禽，利執言，无咎。長子帥師，以中行也。弟子輿尸，貞凶。使不當也。

　　要言之，代表帥、將，最好在九宮之內，運籌帷幄決定國家大事。必要時走訪地方仕紳聽取民意可也。

　　治亂在於國家領導階層的智慧、格局與氣度，祈求國泰民安！而進一步說：國不可無君，不然爲國之大難也。其是國家領導人要有「心包太虛、量周沙界」悲願力，則國泰民安，人民富足矣！

（九）結語

　　綜之，人生如何下棋、政府人事如何布局，均值得深思也。而玩棋可由「易經」著手也。無論是最小或最大之領導者，應了解自己人生中「時位」與「才德」是否相配相符也。在人生旅途中，對「觀棋不語眞君子，起手無回大丈夫」應有深層的神會體認。

　　從「易經」來看，從象棋來看國家職位的安排，運用之妙，也就是那一顆心，心淨到極致是無我、無人、無眾生、無壽者，就是平等心。就是以平等心及愛心大公無私用人，國務、政務之推動必然順暢！當然，爲政者應用更寬闊的心放眼看地球，因爲地球只不過是太陽系中小小一個星球，身在小小地球中的一個台灣，我們的心量其實是可以寬廣無比，就是所謂的「心包太虛，量周沙界」。

　　大家多用心，各有分寸，各守本分，各盡其責，發揮大愛的心念，則國泰民安！

（本文原刊載於人事月刊，第85卷第5期；部分內文配合法制變革略做修正。）

二、人文關懷的易學觀

（一）前言

　　若說「導盲犬」[1]，是一雙帶領視障者獲得更獨立行動能力的眼睛。那麼「中外經典」就是帶領我們獲得更多身心靈健康與發展的指引。本文探討者，就宏觀而言，而在人類文明發展過程中，有關基因改造、環境改造、身心靈改造的核心理念，多少均隱含著易的道理，值得用心觀察與思考。就微觀而言，人們由於內外環境的因素，而陷入迷盲之中，如何克服身忙而目盲而心盲，是必要重視者。所以，觀察內在的個性光明或「會跟」從大智慧悲願者，導入自性本性的人間淨土是重要的人生功課與議題。

　　當然，從宇宙世界來觀，發現全球化[2]（globalization）帶來的機會和挑戰是兩面的。全球化給予小國文化與其他文化交流的機會，永續發展是達到社會和諧以及環境的永續發展。全球化浪潮也激盪出人類最傑出的特質，如創造力，團結力以及對整體世界的那份責任感。人人相互依存，保合太和，才是全球化的真諦，亦是全球治理（global governance）的核心價值，更是國家治理中良善治理（good governance）（善治）的最高指標。其要義將另外為文析論之，於茲從略。

　　「易經」：「觀乎天文，以察（其）時變，觀乎人文，以化成天下」（賁卦）。觀天文知宇宙之運轉，四時之變化（春夏秋冬）（物理──成住壞空）。觀人文知文化之興衰，更了解人之成長過程（生理──生老病死）（心理──生住異滅）。天文談科技科學，人文談人文社會科學等。要之，觀察天地人之變化，亦為觀三理四相也，更為人文關懷的底蘊內涵，[3]值得研析。

　　最後，吾人以為無論是周易、歸藏易、連山易。[4]易是生活之經驗，易之開始是由

1　按以導盲犬的背上戴有導盲鞍，盲人握住導盲犬身上的導盲鞍後，就能由導盲犬帶領他前進。經過特殊訓練之導盲犬，可藉由口令之下達，正確進行左轉、右轉、前進、減速、停止等動作，安全帶領主人到達目標地。在遇到行進間的障礙物等，牠會提早帶領主人繞行避開障礙物。在歐美、日本、紐澳、韓國，導盲犬都已經是一種相當普遍的工作犬，而使用者在導盲犬之帶領下，可獲得更從容、更安全之行走品質。相對地，明眼的人，往往因為事忙而心盲，甚至茫然無助，如何在人生旅途上獲得明師導引光明大道，是眾人企盼的。

2　曹俊漢（2009），全球化與全球治理──理論與發展的建構與詮釋，台北：韋伯文化國際。

3　蔡良文（2009），人文關懷與志工社會，公務人員薦任晉陞簡任訓練課程講義。

4　三易的關係與中華文化有關，例如夏朝文化、商朝文化，「周易」其為周，似有融合、包容之精神。

生活而來，是從自然，或從萬物互動的經驗衍生，[5]而觀三理四相與人類有關，其最根源之處在於人心也，爰以本文分別就大觀或內觀論人品典範、糧食未來與病毒相處、志工關懷等當前迫切議題，結合人文關懷與易理，或許可爲推廣「易經」生活化的新路徑，並就教高明。

（二）人品典範與易理

1. 人品典範舉隅

從「佛佛道同」讓筆者想到先聖先賢的經典宏著與人品典範，回顧晚近年間，爲紀念先聖先哲，想起中國易學大師與哲人朱伯崑先生，天主教之德雷莎修女與佛教界聖嚴師父，讓吾人有極深切之體悟，倘再結合易理，當能有深層的感悟與會通也。

(1) 慈愛天使——德蕾莎修女：1979年的諾貝爾和平獎，頒發給一位天主教修女時，舉世驚奇。這位修女既不參予政治，也不管國家大事，她只是默默的奉獻自己，爲窮人中的窮人服務。她獲得諾貝爾和平獎，正說明了她那種爲愛而奉獻，爲和平而服務的偉大情操，值得世人敬佩和讚頌。這位修女就是有「世界最偉大的乞丐」之稱的德蕾莎。爲表達對德蕾莎一生慈愛行爲的敬意，值得傳頌效法。

(2) 人間的淨土導師——聖嚴法師：聖嚴法師[6]以其深厚的禪修經驗、正確的禪修觀念和方法指導東、西方人士修行，每年在亞、美、歐洲等地主持禪七、佛七，爲國際知名禪師，尤其著重以現代人的語言和觀點普傳佛法，陸續提出「心靈環保」、「四種環保」、「心五四運動」、「心六倫」等社會運動，提供現代人具體可行的人生觀念與方法。師父往生前之數年間，更致力於國際弘法工作，參與國際性會談，促進宗教交流，提倡建立全球性和諧倫理，以致力於世界的和平。

(3) 易學哲學大師——朱伯崑先生：著名學者王博先生指出：朱先生是著名的易學家，易學哲學領域的奠基人，易學哲學的研究大師。渠認以西方哲學傳入中國前，中國人的理論思維基本上是通過易學來鍛鍊與型塑的。另一位學者鄭萬耕先生指出：朱伯崑先生曾專門爲文「易學中的邏輯思維與辯證思維傳統」，並曾在台灣地區中央研究院發表演說。渠較突出之易學思維區分爲四：直觀思維，形象思維，邏輯思維和辯證思維。[7]朱先生長期培養實證分析並重之年青學子，強化團隊研究精神，將易學與發揚光

5　成中英教授指出：由太極而兩儀，兩儀生四象，四象生八卦，推致無窮之認識，需經由長久之「觀」，並深入體會與思考。「觀」爲觀象、觀思，到了八卦其實已到成熟之境，「繫辭傳」曰：「伏羲氏觀象於天，觀法於地。」乃爲觀象的方法。從易經之觀，要把心胸擴大，「大心而觀」，敞開胸懷，無私心、私見、宇宙整個全觀呈現於前，或謂「心包太虛」之心觀也。再者，易經之觀，由空間而言，觀外在之形象，掌握形象之間關係，觀象於天，因爲整個世界是由形象所組成，人在一個大宇宙易法中，去了解天地道理（參見成中英（1990），一部易經觀天下演講稿）。

6　聖嚴法師更是一位思想家、作家暨宗教家，曾獲台灣「天下」雜誌遴選爲「四百年來台灣最具影響力的五十位人士」之一。著作豐富，至今已有中、英、日文著作百餘種，其中有些禪修著作還被翻譯成數十種語文，此外，更先後獲頒中山文藝獎、中山學術獎、總統文化獎及社會各界的諸多獎項。

7　所謂直觀思維，係指從感性出發，直接觀察自然現象與社會現象，從而探討事物之性質與功能。所謂形

大，且取得豐碩的學術成果，令人敬仰。

2.「易經」的透視與啓示

(1) 兌：[8]其引伸意謂：物相入則相悅，合乎禮與合乎正，經由「順天應人」與「朋友講習」之衍化，方能達天人合一之道。上六引兌；萃卦：[9]卦辭意旨與其成其天時、地利及施政之配合，達利有攸往之境；再由「知命」「立命」到至其命之道，而利見大人也。其中六二爻乃居中得正之道，引吉，无咎，中未變，以期上下和合之道也。如此境遇似乎是朱伯崑教授的寫照之一。

(2) 人生或進修或修行過程中，或遇如蒙卦[10]的茫然，又遇蹇卦[11]的障礙重重而路難行，君子先以反身修德。倘得禮敬諸聖，親近賢人，勤習法以累積智慧德行，將有所成。此境遇似乎見證聖嚴大法師修行之心路歷程，渠無論在修行宏法、建立和諧社會與世界和平等方面，都做出貢獻。

(3) 艮卦[12]之卦德，如艮上九：敦艮之吉，乃本性的善良、純眞、純潔也，且以「動靜不失其時，其道光明」，亦爲合乎自然之妙理也。另同人卦之「同」，或謂與天同明，而成天日之象，或謂撥亂反正象。茲因天地造化之中合人物以共進也。中孚：豚魚吉，信及豚魚也，爲中心、誠信、爲相親相應，先以人物合一到天人合一的歷程與境域。筆者認爲以上之卦理均能描述三位聖賢者，而倘用之於德蕾莎修女似更爲貼進入裡也。

（三）人類與環境相處現況暨其易理

1. 人類與環境相處現況

在鄰近台灣地區的菲律賓每年約有二十個颱風造訪，但除了1991年橫掃雷伊泰島南部造成傷亡五千人最多，依次不等的颱風來襲，均有上千或百人之傷亡。除歸咎全球氣候變化外，木材過度砍伐所引起的山林水土流失是最主要和直接的原因。颱風是天災，亂砍是人禍，天災加上人禍，造成全菲律賓的大災難。而1999年台灣之921地震與南亞2004年的大海嘯，均造成各該地區生命財產的損失慘重。在觀諸先後十年災難頻傳，雖均獲各界持援關懷而得有膚慰，然必要殷鑑之。茲列如下表：

象思維，係通過形象進行思考或表達觀念的方式。所謂邏輯思維，並非談形式邏輯問題，如先秦名家所討論的問題，而是以形式邏輯之思維方式，思考與認知客觀、主觀世界。就歷代易學所提出之原則：其邏輯思維大略包括：分類思維、類推思維與形式思維。再者朱生先論述最多，剖析更深者，莫過於辯證思維。所謂辯證思維，係指以辯證觀點考察自然和人生之思維方式，其不同於形式邏輯之思維方式，係基於事物之動態與變化過程而形成之思維方式，即重視反面與動態，以及整體角度來思考問題（參照邱亮輝主編（2008），國際易學研究（第1版））。

8　參照吳秋文（2005），易經探源與人生十，台南：易立文化，頁3-5。

9　參照吳秋文（2005），易經探源與人生八，台南：易立文化，頁14-17。

10　參照吳秋文（2005），易經探源與人生四，台南：易立文化，頁3-11。

11　參照吳秋文（2005），易經探源與人生七，台南：易立文化，頁28-31。

12　參照吳秋文（2005），易經探源與人生九，台南：易立文化，頁10-13。

晚近十年世界各地災難一覽表

2000年	台灣921地震，死亡2,415人
2003年	歐洲熱浪死亡5萬人
2004年	南亞海嘯30萬人死亡，50萬人受傷
2005年	美國卡崔娜災，1,800人死亡，10萬人無家可歸
2007年	冰島接近破產，負債1,000億歐元（全國約30萬人）（推其原因以人禍為主）
2008年	中國四川地震，7萬人死亡
	美國第四大銀行雷曼破產，全球股市兩個月內下跌50%，損失35兆美元（2009年間報載，過去一年縮水12兆美元）
2009年	台灣南部莫拉克風災與水災，死亡700人；當年7月22日之全蝕暨大暑，其所到之處約1,300萬人（大陸四省約800萬人；孟加拉、印度約330萬人；台灣約3萬多人無家可歸）
	世界第一汽車製造公司通用破產
2010年	希臘等歐盟國家經濟崩盤
	海地地震（7.9級）
	智利地震（8.8級）
	印尼地震（7.8級）
	索羅門群島（6.5&7.2級）
	墨西哥地震（7.2級）
	中國青海地震（7.1級）
	冰島火山爆發（影響歐洲空運）
	巴基斯坦水災逾2,000死亡
	紐西蘭第二大城基督城發生規模7.4強烈地震

2.「易經」的透視與啓示

　　成中英先生指出「易經」之「觀」，有三個層面：即(1)能觀察事物之整體性；(2)觀要從原始之統一、分成為二，以了解其對立性；(3)由正反之相對而至相輔相成，產生之新事物。[13] 所以，在分析人類與自然環境之互動發展過程，其易理與啓示略有

13　宋明理學之「觀」思想亦十分發達，重在觀理與觀氣。天下之理就是事物之結構，內在之持續，所以由觀得知識、智慧，除觀理外，還要觀氣，因爲宇宙存在是一個持續，也是一個動的狀態，而所謂動就是氣，因爲「觀」即觀過去之事情，觀氣能知過去之紋痕，發現認識與推測未來。參照成中英（1999），「一部易經觀天下」演講稿。

三：

其一，天災乃无妄之災。无妄：[14]元、亨、利、貞，其匪正有眚不利有攸往。或謂：天命不祐，行矣哉。惟以天道本虛，人心可質。人心貴於克己復禮，使天下歸仁，以保國泰民安。推而極致又與佛家之「掃三心，飛四相」有相通之理。剝卦[15]係因天道至賁，氣已外洩，乃變為剝也。其不利有攸往。君子尚消息盈虛，以應天體運行也。吾人似乎在見證由於科技之發達，加諸人心之變異，而天災有加速惡化與頻臨之勢，不可不思謀良策以為因應。

其二，人類與大自然，由睽到暌，[16]其重在防止，志不同行，達到訟卦之天與水違行，爰以必須提醒君子以作事謀始，以及不知否卦[17]雖為時運不通之道，然其第五爻，其亡其亡，繫于包桑。大人之吉，位正當也；或謂君子忍人所不能忍，則可避天下不可避之難也。

其三，明夷卦[18]之利艱貞，君子臨事之作為，或謂應憑其忠貞志節為準則，或奮不顧身，或委曲求全或從容赴義，應視人、事、時、地而權衡解決之。

（四）糧食大未來的永續經營之觀

1. 糧食相關議題舉隅

彼得・聖吉：糧食危機將衝擊全球。如果中國在未來的十年間開始需要進口50%的飼料，對全球糧食供應鏈將產生重大影響。[19]茲依元會運世而論，於2012年至2022年將是進入鼎卦第四爻之年運，允宜妥為因應。倘就糧食而論，多國積極從事基因改造作物播種未來的種子。但回顧多個世紀以前，農民已利用傳統雜交方法，使農作物長得更大、更美味及更容易種植。而目前之科學家已能透過生物科技，挑選和改變可控制生物某些特性的基因。利用生物科技，精確地選擇某個基因，使其不再活躍，或將之轉移至另一種生物，來產生經基因改造的生物。目前基因改造農作物，略有芥花油、玉米、馬鈴薯、棉花、亞麻、木瓜、大豆、南瓜、菊苣、蕃茄及甜菜。其中大豆占全球基因改造農作物的63%，玉米19%。而美國是基因改造農作物的主要產地，占全球總量68%，其次是阿根廷22%，加拿大6%居第三位。其後續影響與發展值得觀察。

發展基因改造作物對人類帶來的好處是增加農作物產量。使農作物更能適應不利的生長環境，如乾旱增加農作物的營養成分，如增加稻米的蛋白質含量。增強農作物對病蟲害的抵抗力，從而減少使用除蟲劑。改良食物的外觀、味道和口感。改變農作物的特性，使其更易於加工，以減少浪費和降低生產成本。除去食物中某些可引致過敏的成

14　參照吳秋文（2005），易經探源與人生十，台南：易立文化，頁3-5。
15　參照吳秋文（2005），易經探源與人生六，台南：易立文化，頁3-4。
16　參照吳秋文（2005），易經探源與人生七，台南：易立文化，頁24-27。
17　參照吳秋文（2005），易經探源與人生五，台南：易立文化，頁3-5。
18　參照吳秋文（2005），易經探源與人生七，台南：易立文化，頁18-20。
19　吳韻儀（2007），彼得・聖吉：糧食危機將衝擊全球，天下雜誌，第374期，頁152-171。

分。但基因改造非萬靈丹，尚存有不少疑慮。基因改造作物的花粉和種子可能會意外地傳播到鄰近田野，令相近的傳統品種改變。基因改造作物可能會擾亂生態平衡。而且種植基因改造作物可能會導致變種病毒與超級野草。有些人擔心所進食的食物中，會含有一些他們因為宗教、健康或其他理由而不會進食的食物的基因[20]。科學家關懷聯盟網站：「如同一種新技術，與遺傳工程有關的全面性風險至今幾乎仍無法確知。礙於目前對於生理學、基因學、生物學、生態學以及營養學的有限了解，我們難以想像某種技術會出什麼差錯。」[21]所以，吾人不禁要問基因改造食品的必要[22]？這是必須嚴肅思考的問題。

據上，推動守護生態的有機耕作之迫切性大大提高，其係以遵循生態的自然法則來耕作，不僅限量生產，並顧及生物多樣性，執意走一條「回歸原始、恢復自然」的復古道路。其深層之目的，在於解決或減輕人與土地已然失和之窘境也。事實上，其嚴重性已到必須正視與積極解決之時刻[23]。所以，必要重視有機農業之研究與發展。按此，有機農業對生態環境之影響，主要包括：(1)降低對環境污染；(2)農業廢棄物回收；(3)建立良好之耕作制度；(4)改進空氣品質；以及(5)防止土壤沖蝕等正向影響。

要之，無論是基於關切身心靈健康之個人動機，抑或為生態保育、土壤永續使用之環保理由，作為「有機體的人類」，因為大自然是人類生存的根源，但卻不僅為人類享用而存在的資源，而是眾生所賴以為生者。吾人期盼有機耕作這股清流力量逐漸形成綠色生活圈，實現人間淨土之理想境域。

2.「易經」的透視與啟示

茲糧食是大問題，基因改造有利有弊，如何改進與改良是重要課題，而回歸有機農業當為重要之途徑，倘能輔以「儉以養德」之習性，必能達到「儉德避難」之情境也。在依此論點進一步分析其相關易理如次：

20　溫室內正在測試新種稻米對殺蟲劑的抵抗能力。使用殺蟲劑及農藥會傷害環境，惟設計一種超抗藥性之基因作物，對脆弱的生態體系卻可能造成更大的危機。安萬特農業科技公司之基改玉米內含殺蟲性的蛋白質成分，可能引起人類之過敏症狀。基因改造大西洋鮭，新魚種成長到能販售的體型只需一般鮭魚一半時間。生態學家警告，現在之科學知識並不足以評估基因改造鮭魚的危險性，特別是基因轉殖魚被釋放或逃脫到野生環境中，對原生鮭魚群可能造成嚴重傷害。

21　陳宏合（2005），會飛的禽流感病毒二十一世紀黑死病預言，經典雜誌，第87期，頁72-87。

22　以聯合國2000年之研究，地球正供應足夠的食物給每個人。儘管有八億人口仍營養不良，每天有二萬四千人死於飢餓或飢餓相關問題，但這是因貧窮及分配不均所致。因此，基因改造食品真的有必要嗎？直至目前為止，全球消費者斷然說「不」。美國、加拿大、日本、歐洲，因為消費者疑慮，基因改造品要加上標示。而在擁護與反對遺傳工程的論戰中，所依據的仍是太多的「如果」及「可能」，基因改造食品擺上我們的餐盤之前，取得更多相關資訊是有必要的。

23　因為使用過量的除草劑與殺蟲劑，所產生的毒性不是稀釋或泡一泡水就能消除的，除了威脅消費者的健康，也是農民提早罹患失憶症和老人癡呆症的主要禍源，除了殘留在作物上，劇毒的農藥也散播在空氣、土壤與河流中，嚴重危及土地與農業生態。以自然學者李奧波（Aldo Leopold）「人與土地、包括土壤之間和諧共存」的「土地倫理」概念來檢測，台灣當前觸目所及一塊塊鹽化、石化、沙漠化的土壤，正明白地昭告著，人與土地已然失和的關係。

其一，屯[24]乃因乾坤之交也，而農產之改造或研發，或謂剛柔始交而難生，君子以經綸；即產生多陰少陽，少陰多陽的錯綜複雜現象也。

其二，升卦[25]的提升、進步，惟必要遵守順其自然，循序而進，亦即君子以順德，積小以高大，乃順時節而上進，方為正道也。所以基因改造的前提，其理至明也。

其三，從革卦：[26]澤中有火來析述，其為改革、改造也，且必要能秉持順乎天，應乎人，方可成就無上之道。又謂天地革而四時成，為其引伸之意也。凡事應能順其自然，反其道而行，似難以有成也。

其四，倘從頤卦：[27]養正則吉而論，其重點在於慎言語與節飲食之隱喻，按以言語關乎養氣，為德業之本，飲食關乎養生，乃性命之樞紐。歸納其為養立人道之準則，而儉德必須併行也。

（五）觀人類與病毒相處之道

1. 如何學習與病毒共處

在2002年台灣地區第一位發現SARS病例的陳豪勇先生曾指出人類對於自然資源之的過度開發，迫使病毒從原始野外環境，進入人類文明社會，但人類與微生物交鋒，永遠居於敵暗我明之下風，固然當前人類科技在相當的程度內可以控制疾病的傳播，但是當人類還陶醉於戰勝病毒的快感當中時，微生物卻已經過重新整編，蓄勢待發準備下一波的攻擊。人類不可不察也。[28]

再者，會飛的禽流感病毒：通常在農場裡，瞪大眼睛望著鏡頭的公雞，渾然不知透過雞隻傳染給人類的禽流感[29]，已被描繪成人類在二十一世紀即將遭遇的第一場大規模傳染病，專家預測一旦疫情爆發，全球將有兩百萬至七百萬人死亡。

按歷年來於家禽產業所發生的高病原性家禽流行性感冒，其H抗原皆屬於H5或H7兩種亞型。一開始禽流感病毒只會影響禽鳥，因病毒會不定時基因突變，產生新的品種，導致原來僅感染禽類的流感病毒，變得可以影響人類。此突變的流感病毒對人類而言是全新的病毒，大多數人對這種病毒沒有抗體，因此容易導致嚴重病變。在國內首次感染人類的禽流感病毒為H5N1型，於1997年在香港發現死亡病例。在我國2009年對抗H1N1型流感防治過程的經驗中，發現疫苗的主作用（保護不被感染）遠大於其所產

24　參照吳秋文（2005），易經探源與人生四，台南：易立文化，頁3-11。

25　參照吳秋文（2005），易經探源與人生八，台南：易立文化，頁17-20。

26　參照吳秋文（2005），易經探源與人生八，台南：易立文化，頁27-30。

27　參照吳秋文（2005），易經探源與人生六，台南：易立文化，頁10-12。

28　人類與病毒之間的戰爭可說是沒完沒了，人類不應該對全球物種都抱持征服者的心態，而是應該謙卑地面對其他物種，並且學習與病毒和平共處，如此一來方有機會化解病毒所帶來的危機。參見吳韻儀（2007），彼得・聖吉：糧食危機將衝擊全球，天下雜誌，第374期，頁152-171。

29　禽流感是家禽性流行性感冒，又稱鳥類流感，是動物間接觸傳染的病毒性疾病。鳥禽類感染此病，輕微者出現羽毛不平整與蛋量減少的症狀；若是感染「高病原性」禽流感，則會快速暴斃死亡，死亡率幾近100%。

生的副作用，且第三波疫情流行之威脅專家背書社會領袖人士支持疫苗疑似不良事件通報率未高於美、加、日，而自行研發之「國光」疫苗疑似不良事件通報率亦未高於「諾華」，惟往往因媒體不實報導疫苗不良反應（新案例），且其選舉政黨操作，導致人民信任度下降，使得社會產生不安的影響。要之，其最根源之處，亦是起於人心之未能調和，殊屬可惜也。

2.「易經」的透視與啓示

在分析人類與病毒相成相處之道，讓吾人了解「易經」訣竅當中的的互卦關係，按互指的是兩個經卦的定義、交互、互錯的關係，又每一卦的二、三、四爻與三、四、五爻之間部分重疊，上下經卦互相定義，可尋求生機。

再者，鼎卦曰：聖人烹以享上帝，而大烹以養聖賢。其意旨君子以正位凝命，亦爲歷代聖賢「修心養命」「凝命成道」之含因。元運──九三：雉膏不食，乃重剛不中，行道阻塞不通，倘能自強不息，則可轉凶爲吉。所以，在探求人與病毒和平和諧相處之良策，乃在於本其需而容萬物，以兼養大德；治國者必須信守仁民愛物，以導引民心，並發揮與天地同德之胸襟與關懷情，當可達治國鼎養與民心安泰之境域也。

（六）推動志工社會以強化人文關懷

志願服務與志工：[30]通常指以慈悲爲念的志願服務（無人、無我、無眾生、無壽者），其特質略以：自發性，基於自主原理；有目標有計畫的設計；直接、間接利他的行爲；互助合作（相互扶持）；持續性投入；普遍而經常性的推展；提供者與接受者的互惠過程（感恩戶）；資源整合與最佳運用過程等等。按以從易學來觀，人之投入志工的利他行爲與天下之關係言，即證：「易是讚論天地人之道，以天道之變易，定人道之變易，以人道之變易，合天道之變易」。故由天地以後言，則人物自天地出；由天地以前言，則天地自道而成。[31]

志願服務是新世紀的重要資產，也是世界各國普遍重視的主流價值。[32]根據聯合國2008年的統計，先進國家有過志願服務經驗的人口，現在已逐漸增加，例如德國有34%的人做過志工，美國更高達56%，日本也有26%，其他國家也愈來愈重視志工的角色與功能，並積極推動志工的培養與運用。我們台灣，目前做過志工比例約占總人口的

30　參照柴松林（2007），導讀「志工與企業家」演講稿。

31　參照吳秋文（2005），易經探源與人生三，台南：易立文化，頁395-396。

32　90年台灣頒布「志願服務法」，其立法目的即在推廣志願服務，營造「志工社會」。其發展背景爲：90年，聯合國訂爲「國際志工年」，其主要目標在：增強認識志願服務、促進運用志願服務、建構志願服務網絡、倡導志願服務；之後90年1月，台灣地區公布「志願服務法」，目的在整合社會人力資源，使願意投入志願服務工作之國民力量做最有效之運用，以發揚志願服務美德，促進社會各項建設及提升國民生活素質；再於90年12月，內政部修正「廣結志工拓展社會福利工作──祥和計畫」；91年6月，行政院修正公布「行政院及所屬各機關推動公教志工志願服務要點」，一方面由行政院及所屬各機關、機構、學校加強運用志工人力資源參與公共事務，以提升服務品質及行政效能；另一方面鼓勵所屬人員積極從事志願服務工作，各機關應籌組志願服務團隊，即時投入災後之關懷及服務工作。

23%，似乎還有相當大的發展空間，將來必須努力的可能是設法與世界同步發展，逐步向「志工社會」的理想境界邁進。

　　由於志工服務之目的，在鼓勵社會大眾秉持施比受更有福、予比取更快樂的理念，發揮助人最樂、服務最榮的精神；擁抱志工情，展現天使心或菩薩行，胸懷燃燒自己、照亮別人之德操，踴躍投入志願服務行列，積極散播志願服務種子，共同為協助拓展社會福利工作及增進社會祥和而奉獻心力。所以，吾人人生價值抉擇中，您選擇「富中之富，富中之貧，貧中之富，貧中之貧」？且以「福從做中得歡喜，慧從善解得自在」，亦然關涉價值抉擇，也是心念，既可參贊天地之化育，亦能上下與天地同流也。而「孟子・盡心篇」第一章：「盡其心，知其性也。知其性，則知天矣。」要之，由心而性而天，是「淨心行善」與心靈潔淨之展現也。

（七）結語

　　在處於國內外之政治、經濟、社會、文化與科技發展變化多端的時代，加諸：或人口成長，或生態環境之改變等，所以變革、改變、再造、革新都是這個時代的主流思潮與議題。而研究周易讓吾人非但能妥慎處理家務、社務，乃至對國務與國際事務之觀察及體悟，更能與自然宇宙綿密交互影響與感應，達到和諧共存共榮。

　　「易經」是觀察宇宙之學，如圓形代表整體，觀察宇宙要整體觀，且能夠為人類所用，並產生影響力與動能。人心如何契應天心與天道？回顧「易經」教示「觀乎天文，以察其時變」（賁卦），觀宇宙與周遭事件，能妥為因應，其須具備觀之能力與智慧，以了解所處之世界，體會由一到無量，而無量於一的道理。「易經」觀天下，讓吾人神清靈明，能夠認清處境與問題之所在，亦可推及觀心之法也。「易經」之宇宙觀為觀天下的基礎，或謂「仰以觀於天文，俯以察於地理」（「繫辭傳」第五章第二節），爰以，觀天下乃知道外在世界之宏觀性與整體性，自亦可洞悉內在之微觀性與個體性也。

　　綜之，由於天災、地變與人禍，均緣自於人心也。所以如何秉持「驚世的災難，應有警世的覺悟」的信念，發揮大愛之敬天與愛人胸懷是重要的關鍵。或謂道不離方寸，其心法在於在於心念，凡是多用心也。吾人應時時把握繫緣修心、藉事練心、隨處養心，以及「觀以無心何來何去何自在」無住生心的心境。再深切體會生、住、異、滅與成、住、壞、空之相；並能對應於陰陽相融，剛柔相推，變在其中之道理，即可得和諧之境遇。未來的年，吾人以為：惟有心寬念純，把握「心包太虛，量周沙界」，以及「靜寂清澄，志玄虛漠，守之不動，億百千劫」，方能度過難關；「金剛經」中之「淨心行善」，必須寬容含納，學習放下，堅定善心善念，行一切平等法，營造人間淨土；同樣地，應發揮周易之哲理，共同促進人類和諧相處之道，真正達到「乾道變化，各正性命，保和太和」之境域。

（本文原發表於第5屆國際易學與現代文明學術研討會（2010），香港。）

（一）本卦之由來

　　隨卦以德言爲剛柔，皆由陰陽消長之殊也。隨之下動以德，上悅以言，內剛外柔，孚于道用，合乎人情，四德以全，道行于天下，且以隨卦原來的卦體是乾上坤下的否卦，初六與上九互易其位，用初六與上九互換，遂成爲隨卦。故有「剛來而下柔，動而說，隨」。衍伸其義，古時女嫁夫爲隨，士投主爲隨，君受諫爲隨，政策的因地制宜，因人制宜，因時制宜，亦爲隨。如此，可隨則隨，遂時而用，所利則大，方可獲致嘉善吉祥。

（二）本卦的內涵

　　隨之道，可以致大亨，引申爲人君之從善，臣下之奉命，學者之從義，臨事而從長，而各行各業服從倫理規範，均是隨得其正，後能大亨无咎，亦必能與天地同參。爰以隨之道利在於貞正，隨得其正，然後方能大亨而無咎；相反的，隨而不正，或盲從，或詭隨，則有咎，難有大亨！誠信所孚，可以致大亨，亦必能與天地同參，倘彼此關係未能理順，或不正不健全，則破亂隨之矣！易言之，既動而得人之悅隨，聖業必大亨通，而爭取悅隨者，均必循正道，方得大通。且以，隨卦之旨重在此「時」字。君子之道，隨時而動，從宜適變，不可爲典，要非造道之深，知幾能權者，不能當於此也。故中和天下之達道、時中，乃隨時之核心，而聖人順天道以行大用，然後可以隨時，乃時義之大矣！

（三）本卦的真實義

　　君子於進德修業，即當日出而行化大道；日入即功成不居，隱藏不現。乃君子體察「澤中有雷」隨之理象，而兌上震下，說而動，動而說，皆隨之義。或謂以陽下陰，陰必說隨，皆然。爰以當能隨時而動，隨時之宜，萬事皆然。君子體察「澤中有雷」隨之理象。

　　復以，古時農耕不違其時；其在人心，有感必有寂，有動必有靜，此造化之自然：「禮記」曰：「君子晝不居內，夜不居外。」皆隨時之義。此程子解曰：雷震動在澤中，澤就隨著雷之震動而動，乃隨之宇宙現象。孟子有「存夜氣」之教，「孟子・告子

上」第八章云：夜氣不足以存，則其違禽獸不遠矣。再以，苟得其養，即無物不長；苟失其養，即無物不消。乃孔子曰：「操則存，捨則亡，出入無時，莫知其鄉，惟心之謂歟。」此均與隨卦大象「嚮晦入宴息」有其契通之處，叮嚀人生之深切，至爲著明。

（四）觀隨之深蘊

天地萬物，均於大休大息中而成長，厥爲生命無盡之泉源。惟生乃消之始，息乃生之機。而「剛來下柔」，乃具乾坤元、亨、利、貞的德性。乾卦文言所謂：「知進退存亡而不失其正者，其唯聖人乎！」隨之太過，或不亨貞，則君民上下紛擾，不可不防！茲再以三極的演化言：以頤卦重在明哲保身，觀其象，知慎言語以養德，節飲食以養生；以漸卦指漸進之意，且利於守正道（賢德善俗），則可端正邦國，乃知進以正，漸進得位往有功；而大過卦之理則在於剛居中與巽順合時宜，即能持以謙遜和兌，則可亨通。要之，君子能秉持順天道與符時中，在紛擾年代，方得和兌之吉，可利有攸往！

（五）本卦心法

茲就本卦之原理及應用，謹參照賢者所言，爲其心法略以：
其一，內動以德，外悅以親；時運之來，不可違之；應天之命，是謂隨時。
其二，爲民公僕，忠貞則吉；交往賢良，服膺正道；誠正信實，元亨利貞。

（本文完成於2018年1月9日。）

（一）本卦之由來

「无妄」序卦，復，則不妄矣，故受之以无妄。動以天理（道）為无妄，動以人欲則妄，无妄之義大矣哉！即上位者，克己復禮，剛健（正）篤實，天下歸仁，政治興隆，國運亨通。倘上位者，無端求變，社會紛擾，天下騷然，時局難料。故古之先王用其咸德，處无妄之世，渙以人民无妄往吉之天性，可維持太平天下，福國益民也。

（二）本卦的內涵

人能至誠合无妄之道，則所謂與天地合其德。法无妄之道，利在貞正，失貞正則妄也。雖无邪心，苟不合正理，則妄也。以剛變柔，為以正去妄之象，又剛正為主於內，无妄之義也。故云：其道大亨通而貞正，乃天之命也。倘悖於天理，天道所不祐。

要之，先王觀天下雷行發生，賦與之象，而以茂對天時，養育萬物，使各得其宜，如天與之无妄也，亦對時謂順合天時，天道生萬物，各正其性命而不妄，乃對時育萬物之道也。

（三）本卦之真實義

依其真實義，略可分為四：其一，如子曰：「言忠信，行篤敬，雖蠻貊之邦行矣。」即往吉之義，能得民咸願；其二，有得則有失，爰何足以為得乎？其三，近君之臣能為柔順之行，以正臨下，至公無私者，守正无私，可得無咎；其四、任何无妄政府，堅守既定國策，未有不勝的智慧。

（四）本卦之深蘊

茲依三極與外象，其意旨有五：其一，頤卦：自養是獨善其身，養人則是兼善天下。頤義為養，貞義為正，養的含義，在此有四：一為養身，二為養德，三為養民，四為被人養。惟獨被人養，則屬於出處進退，辭受取予，為立身大節所關，尤不可不循正途也。爰以頤貞吉，養正則吉也；其二，推動國政行之以漸，不可操切，更不宜急求超遷，貪權攬勢；君子以居賢德善俗，國君能以知足謙卑的態度接待四方的才德之士，則天下的賢德，就會受其祿養，為之竭智盡忠；國君能以知足謙卑的教化來移風易俗，

全國的風俗便趨於善良。王弼注云：「賢德以止異則居，風俗以異乃善。」其三，姤卦：本卦繼夬卦之後，是夬卦的倒體。故忽視在下的小人，是政治上最大的危機。天地相遇，品物咸章也；剛遇中正，天下大行也。人君效法此天的威令，以施行命令，誥誡四方，使全國人民咸被其教化。任事消極是止邪防淫之警告，積極是以爭取民心為當務之急；其四，睽：小事吉，「大事謂興師動眾，小事謂飲食衣服」。便是改善民生，其相對地，大事便是國家體制，而悟處世之道，當於同中保持其所異；故曰：君子以同而異，言君子處世當於大同中，存其小異；其五，序卦：「飲食必有訟，故受之以訟。」子曰：「聽訟吾猶人也，必也使無訟乎。」訟之吉，在有孚、窒、惕、中四個原則，要重視訟乃是由人性的乖戾而起。所以，治國平天下之君子，當消弭訟之起因，永無後患為吉。

（五）心要

无妄即无妄念、妄作為，剛健篤實之意。天道下濟，地道上升。震者陽德之見也，而發于陰；天者生氣之本，而蓄于下，順乎大者，不吝于細，道之所以貴中也，德之所以貴久也。爰以關乎天人因果，性命吉凶之本，且以，古人云：「易通大學中庸，大學中庸解易，正是解易至誠无妄的卦。」必要體悟其深細的道理。

（本文完成於2019年1月7日。）

（一）引兌

本年先應信守晉卦君子知進退存亡之道。次則洞悉明夷歷代聖哲在憂患中，均能顯諸仁，藏諸智，善養浩然正氣，且堅心不移與保有愛護眾生的心志；末了凡夫個人處憂患中，則應保有靈明本性，信守道之所存，德之所明，確乎知止有定也。要之，人人持守性命雙修，把握福慧雙修與慧智雙運，方能自利利他而兼善天下也。

（二）本卦之內涵

首先，君子知幾，依時位作出處事之要，更用以教化世人。而領導者參悟老子所云：「以智治國國之賊，不以智治國國之福。」的道理，易言之，智者，須隱藏聰明，示民樸魯，可化民成俗、化成天下也。

其次，本年運中，應請留意君子當明夷之時，利在知艱難，而能不失其正，即不失其貞正也。即：君子之行，當以道爲本，達到「无思无爲，常清常靜」之境域，不晦其明，則被禍患，不守其正，則非賢明。而所謂內難而能正其志，本著用晦而明，如孟子「養心莫善於寡欲」及「降龍伏虎」的修道功夫，方能於堅苦卓絕中邁進。

（三）時勢之變通

在面對多變的時勢，順逆境時應持守正道，既濟方能免於混亂紛擾，並體悟易者乃變易不窮之理。因爲功成業就之日，便是身敗名裂之始。故而聖人不惟無歡欣之情，卻提出初吉終亂之警告，而六爻爻辭盡是危言，乃聖人憂世之心，概見於既濟卦矣。其次，本年必要體悟修復之道，孟子云：「行有不得，皆反求諸己。」而復卦的爻辭，是君子應有的態度，亦是聖人立教的微意；再次，落實解卦善治之方，西南坤方，其體廣大平易，可解天下之難，人心懷而安之。故而當修復治道，正紀綱、明法度，可得來復善治之吉也。末了，凡事得中方能得吉，爲決其所訟作事謀始的考驗。因爲訟者，非和平之事，當擇安地而處，不可陷於危險，亦不利涉大川，爰以君子大人能以其剛明中正決所訟也。

其次，茲以吳秋文教授所云：此卦可能面對的種種考驗略以，明夷之以蒙大難；蹇以險在前，難也；需于郊，不犯難行也；屯之剛柔始交、創業轉型而難生，動乎險中，

大亨貞；兌，說也，說以犯難，民忘其死。凡事必要醒覺：驚世災難，要有警世的覺悟，且對可能發生蠱卦之蠱惑或蠱毒等重大考驗，必要遵循大自然之理則與尊重萬物蒼生之平等性，修道修行者應以顯仁藏智，用誨而明來度過難關，亦知易與天地準，方能彌綸天地之道。

末了，以宇宙時差，天地變化；社會變遷，人事變動；由形而下到形而上，均在天道規範之內，必須深思之。

（四）心要

本卦指出君子在未來處憂患之道，須持守「養心莫善於寡欲」，則可轉凶為吉。在團體中，或因利相爭，言行衝突等，未能和敬無諍，故而主其事者，必須修持忍辱，體悟謙卦的真理平和相處之道。又以其序卦理則次第言，宜參悟家人卦之分定則不爭，情合則不亂，不爭則嚴，不亂則整，嚴整則能無私合和，而社會和諧與國泰民安。

要之，在體悟本年年運之人事治理，除了解儉以養德，儉德辟難，以及觀功念恩，隨喜稱讚外，在因人類過度開發，而對蠱毒瘟疫等，最根源之處，在於人心之調和，所以，要能把握「動靜不失其時，其道光明」之鑰，亦能明體達用，融入「人能常清靜，天地悉皆歸」的境域。

（本文完成於2020年1月10日。）

參考書目

人文關懷的易學觀

成中英（1999）。一部易經觀天下。文收錄於易道之鑰。台南：易立文化出版公司。

成中英（1999）。周易天地的探索。文收錄於易道之鑰。台南：易立文化出版公司。

吳秋文（2005）。**易經探源與人生三**。台南：易立文化出版公司。

吳秋文（2005）。**易經探源與人生四**。台南：易立文化出版公司。

吳秋文（2005）。**易經探源與人生六**。台南：易立文化出版公司。

吳秋文（2005）。**易經探源與人生七**。台南：易立文化出版公司。

吳秋文（2005）。**易經探源與人生八**。台南：易立文化出版公司。

吳秋文（2005）。**易經探源與人生九**。台南：易立文化出版公司。

吳秋文（2005）。**易經探源與人生十**。台南：易立文化出版公司。

吳韻儀（2007）。彼得‧聖吉：糧食危機將衝擊全球。天下雜誌，第374期，頁152-171。

邱亮輝主編（2008）。**國際易學研究**，第1版。國際易學研究編委會。

柴松林（2007）。導讀「志工與企業家」演講稿。台北：國家文官學院。

陳宏合（2005）。會飛的禽流感病毒二十一世紀黑死病預言。**經典雜誌**，第87期，頁72-87。

曹俊漢（2009）。**全球化與全球治理——理論與發展的建構與詮釋**。台北：韋伯文化國際。

蔡良文（2007）。易道的藍海境域——政府治理之觀察。文發表於中華周易學會2008.11.07～2008.11.09於北京舉辦之第四屆國際易學與現代文明學術研討會。

蔡良文（2007）。以虔誠的心祝福周易學會。中華周易學會會員大會演講稿。

蔡良文（2009）。人文關懷與志工社會。文收錄於公務人員薦任晉升簡任訓練課程講義。台北：國家文官學院。

隨之易理在2018人事治理年運之啓示

宋 程頤。易程傳。頁154-162。台北：文津出版社。

吳秋文（2006）。**易經探源與人生五**。台南：易立文化出版公司，頁337-396。

傅隸樸（2003）。周易理解。台北：臺灣商務印書館，頁152-158。

无妄易理在2019人事治理年運之啓示

宋 程頤。易程傳。台北：文津出版社，頁219-227。

吳秋文（2006）。**易經探源與人生四**。台南：易立文化出版公司，頁157-224。

傅隸樸（2003）。周易理解。台北：臺灣商務印書館。

黃壽祺、張善文（2015）。周易譯注。台北：萬卷樓圖書公司，頁272-280。

明夷易理在2020人事治理年運之啟示

宋 程頤。易程傳。台北：文津出版社，頁313-322。

吳秋文（2006）。易經探源與人生七。台南：易立文化出版公司，頁473-559。

傅隸樸（2003）。周易理解。台北：臺灣商務印書館，頁152-158。

黃壽祺、張善文（2015）。周易譯注。台北：萬卷樓圖書公司，頁378-387。

國家圖書館出版品預行編目資料

考銓制度專題研究／蔡良文著. -- 初版. --
臺北市：五南，2020.08
　　面；　公分
ISBN 978-986-522-050-1 (平裝)

1.考銓制度

573.4　　　　　　　　　　109007676

1PZD

考銓制度專題研究

作　　者 ― 蔡良文 (374.1)

發 行 人 ― 楊榮川

總 經 理 ― 楊士清

總 編 輯 ― 楊秀麗

副總編輯 ― 劉靜芬

責任編輯 ― 黃郁婷、王者香

封面設計 ― 王麗娟

出 版 者 ― 五南圖書出版股份有限公司

地　　址：106台北市大安區和平東路二段339號4樓

電　　話：(02)2705-5066　　傳　　真：(02)2706-6100

網　　址：http://www.wunan.com.tw

電子郵件：wunan@wunan.com.tw

劃撥帳號：01068953

戶　　名：五南圖書出版股份有限公司

法律顧問　林勝安律師事務所　林勝安律師

出版日期　2020年8月初版一刷

定　　價　新臺幣580元

經典永恆・名著常在

五十週年的獻禮——經典名著文庫

五南，五十年了，半個世紀，人生旅程的一大半，走過來了。

思索著，邁向百年的未來歷程，能為知識界、文化學術界作些什麼？

在速食文化的生態下，有什麼值得讓人雋永品味的？

歷代經典・當今名著，經過時間的洗禮，千錘百鍊，流傳至今，光芒耀人；

不僅使我們能領悟前人的智慧，同時也增深加廣我們思考的深度與視野。

我們決心投入巨資，有計畫的系統梳選，成立「經典名著文庫」，

希望收入古今中外思想性的、充滿睿智與獨見的經典、名著。

這是一項理想性的、永續性的巨大出版工程。

不在意讀者的眾寡，只考慮它的學術價值，力求完整展現先哲思想的軌跡；

為知識界開啟一片智慧之窗，營造一座百花綻放的世界文明公園，

任君遨遊、取菁吸蜜、嘉惠學子！